아이스테시스

AISTHESIS: Scènes du régime esthétique de l'art
by Jacques Rancière
Copyright © Editions Galilée (Paris), 2011
Korean Translation Copyright © Ghil Publisher 2024
All rights reserved.
This Korean edition was published by arrangement with
Editions Galilée (Paris)
through Bestun Korea Agency Co., Seoul

이 책의 한국어 판 저작권은 베스툰 코리아 에이전시를 통해
저작권자와 독점 계약한 도서출판 길에 있습니다.
저작권법에 의해 한국 내에서 보호를 받는 저작물이므로
무단 전재 및 무단 복제를 금합니다.

우리 시대의 새로운
프런티어21
지적 대안 담론

아이스테시스

미학적 예술체제의 무대들

자크 랑시에르 지음 | 박기순 옮김

도서출판 길

지은이 **자크 랑시에르**(Jacques Rancière, 1940~)는 알제리에서 태어나 프랑스 파리고등사범학교를 졸업했으며, 파리 8대학에서 1969년부터 2000년까지 미학과 철학을 가르쳤다. 루이 알튀세르의 영향 아래 인간주의적 마르크스 해석과 단절하고 마르크스를 과학적으로 읽으면서 「비판 개념 그리고 『1844년 수고』에서 『자본』까지 정치경제학 비판」이라는 논문을 썼다. 그러나 68혁명을 경험하면서 알튀세르주의자들이 주장하는 이론적 실천이 내포한 '앎과 대중의 분리', 그들의 이데올로기론이 함축하는 '자리/몫의 배분'에 반대하며 『알튀세르의 교훈』(1974)을 집필했다. 이후 노동자 문제에 집중해 『노동자의 말, 1830/1851』(1975), 『평민 철학자』(1985)를 편집했고, 국가 박사학위 논문인 『프롤레타리아들의 밤』(1981) 및 『철학자와 그 빈자들』(1983), 『무지한 스승』(1987) 등을 연이어 발표했다. 구(舊)소련의 붕괴와 더불어 선포된 정치의 몰락/회귀에 맞서 정치와 평등 그리고 민주주의에 대해 고민하면서 『정치적인 것의 가장자리에서』(1990, 1998)와 『불화』(1995)를 발표해 세계적인 명성을 얻었다. 1990년대 중반부터는 미학 혹은 감성론과 정치의 관계를 사유하는 데 집중하면서 『무언의 말』(1998), 『말의 살』(1998), 『감각계의 분할』(2000), 『이미지의 운명』(2003), 『미학 안의 불편함』(2004) 등을 펴냈다.

옮긴이 **박기순**은 서울대 미학과와 같은 대학교 대학원 철학과를 졸업했으며, 프랑스 파리 4대학에서 스피노자에 관한 연구로 박사학위를 받았다. 스피노자를 중심으로 한 근대 철학과 프랑스 현대 철학 및 미학을 주로 연구하고 있다. 주요 논문으로 「스피노자와 니체의 관계: 감정과 기억의 문제를 중심으로」, 「랑시에르의 로댕: 미학적 사건으로서의 로댕과 그 정치성」, 「스피노자와 데리다에서 폭력과 신학—정치적 문제」, 「스피노자와 바디우: 진리와 주체를 사유하는 두 가지 길」 등이 있으며, 역서로는 『스피노자의 철학』(질 들뢰즈, 민음사 1999)이 있다. 아울러 주요 저서로는 『미술은 철학의 눈이다』(공저, 문학과지성사 2014), 『동서의 문화와 창조』(공저, 이학사, 2016), 『현대 프랑스 철학사』(공저, 창비 2015), 『서양 근대미학』(공저, 창비 2012), 『덕의 귀환: 동서양 덕의 역사』(서양편)(공저, 서울대학교출판문화원, 2017), 『비판적 사고』(공저, 이음, 2020) 등이 있다. 서울대 인문학연구원 HK연구교수를 거쳐 현재 충북대 철학과 교수로 있다.

아이스테시스 미학적 예술체제의 무대들

2024년 8월 10일 제1판 제1쇄 찍음
2024년 8월 20일 제1판 제1쇄 펴냄

지은이 | 자크 랑시에르
옮긴이 | 박기순
펴낸이 | 박우정

기획 | 이승우
편집 | 이남숙

펴낸곳 | 도서출판 길
주소 | 06032 서울 강남구 도산대로 25길 16 우리빌딩 201호
전화 | 02) 595-3153 팩스 | 02) 595-3165
등록 | 1997년 6월 17일 제113호

한국어판 ⓒ 도서출판 길, 2024. Printed in Seoul, Korea
ISBN 978-89-6445-281-3 93100

서곡

이 책은 14개의 무대를 통해 단 하나의 주제를 다룬다. 그 주제는 제목 자체에 주어져 있다. 바로 아이스테시스(aisthesis)•이다. '미학'(美學)은

• 잘 알려져 있듯이 아이스테시스는 18세기에 독일 철학자 알렉산더 고틀리프 바움가르텐이 '감각적 인식의 학문'이라는 의미로 정립한 미학(aesthetica)의 그리스어 어원이다. 이 용어는 어원상 일차적으로는 '감각 지각'을 의미하지만 보다 일반적인 의미로 '이해'를 뜻하기도 한다. 예를 들면 『불화』에서 랑시에르가 아리스토텔레스에서 등장하는 'aisthesis'(이해)와 'hexis'(소유)의 구별을 언급할 때가 그렇다(*La Mésentente*, Galilée, 1995, p. 38; 진태원 옮김, 『불화』, 도서출판 길, 2015, 46쪽). 또한 랑시에르에서 아이스테시스는 '존재 방식'(*Malaise dans l'esthétique*, Galilée, 2004, p. 16; 주형일 옮김, 『미학 안의 불편함』, 인간사랑, 2018, 32~33쪽). 좀 더 정확히 말하면 감각적 세계 속에서 보이거나/보이지 않거나 혹은 들리거나/들리지 않는 등의 존재 양식을 지시한다. 이 점에서 그것은 제작 방식을 의미하는 'poiesis'와 재현 방식을 뜻하는 'mimesis'와 구별된다. 제작 방식에서의 분할(사회적 분할)과 존재 방식의 분할(감각계의 분할) 사이의 연속성과 통일성을 보장하는 역할이 재현 규범에게 주어지고, 바로 이 재현 규범에 의해 예술이 규정되는 재현적 예술체제와는 다르게, 미학적 예술체제에서는 재현 규범이 해체되면서 예술을 규정하는 것은 아이스테시스 자체가 된다. 이때 아이스테시스는, 18세기에 칸트와 실러 등이 보여 주고 있듯이, 자율성, 독특성, 보편성을 통해 규정될 수 있는 경험 방식과 감각적 존재 방식을 지시한다. '아이스테시스'가

두 세기 전부터 서양에서는 우리가 '예술'(Art)*이라고 부르는 것의 감각적 짜임새(tissu sensible)**와 이해 가능성의 형식을 지시하는 범주의 이름이었다. 나는 이미 다른 저작들에서 이 점을 강조할 기회가 있었다. 예술사가 자신의 서사를 아득한 옛날의 동굴 벽화에서 시작하고는 있지만, 특별한 경험 형식을 지시하는 개념으로서의 예술(Art)은 서양의 경우에는 18세기 말부터 존재했을 뿐이다. 물론 그 이전에는 온갖 종류의 기예들, 온갖 종류의 제작 방식들이 있었다. 그런데 그 가운데 아주 적은 수의 기예만이 어떤 특권적 지위를 누리게 되었는데, 그러한 특권은 그것의 내적 탁월성이 아니라 사회적 신분의 분할에서 그것이 차지하고 있는 자리에서 온 것이었다. 예술(beaux-arts)은 이른바 교양과목(arts dit libéraux)의 소산이었다. 후자는 자유로운 인간들, 여가의 인간들이 하는 놀이라는 점에서 수공업적 기예와 구별되었다. 자유로운 인간들은 자신들이 가진 이 자유라는 자격 덕분에 장인이나 노예가 성취할 수 있었던 물질적 성과의 차원에서는 과도한 완전성을 추구할 필요가 없었다. 서양에서 예술은 삶의 형식들의 이러한 위계질서가 흔들리기 시작했을 때 예술로서 존재하기 시작했다. 이러한 출현의 조건들은 예술에 대한 어떤 일반적 개념으로부터, 또는 인간과 세계 혹은 주체와 존재에 대한 어떤

미학적 예술체제의 주요 무대들을 다루고 있는 이 책의 주제가 되고 있는 이유가 여기에 있다.

- 이 책에서 대문자 단수 'Art'는 소문자 복수 'arts'와 구별되는 특별한 의미를 갖는다. 개별 예술가들의 예술(arts)이 아니라 어떤 공통적인 "생산과 경험의 자율적 영역"을 지시하는 '예술'(Art)은 이야기들/역사들(histoires)이 아니라 "집단적 삶의 형식"으로서의 '역사'(Histoire)와 상호 의존적 관계에 있다. 랑시에르는 이 책의 1장에서 이 두 개념의 성립을 요한 요아힘 빙켈만의 '미술사'(histoire de l'art) 개념에 대한 분석을 통해 설명한다.
- ** 랑시에르는 이 책의 주제인 아이스테시스와 같은 의미로 이 '감각적 짜임새'라는 표현을 사용한다. 이것보다는 덜 사용되기는 하지만 '감각적 구성'(texture sensible) 또한 같은 의미를 갖는다.

포괄적인 사유에 기초해 있는 아름다움에 대한 어떤 일반적 개념으로부터 연역되지 않는다. 그러한 개념들 자체가 감각적 경험 형식들, 즉 지각하고 변용되는 방식들의 변화에 의존해 있다. 그것들은 이러한 경험의 재구성에 대한 이해 가능성의 양식을 규정한다.

아이스테시스라는 용어는, 2세기 전부터 우리가 생산 기술과 용도의 차원에서 아주 상이한 것들을 다 같이 예술에 속하는 것으로 지각할 수 있게 해주는 경험 양식을 지시한다. 여기에서 문제가 되는 것은 예술작품의 '수용'이 아니다. 오히려 그것은 예술작품이 생산되는 환경으로서 경험의 감각적 짜임새이다. 그것은 완전히 물질적인 조건들 — 퍼포먼스와 전시의 장소들, 유통과 재생산의 형식들 — 이고, 그 작품들을 식별하는 지각 양식들, 정서 체제들, 범주들이며, 그것들을 분류하고 해석하는 사유 도식들이다. 이 조건들은 말, 형식, 동작, 리듬이 예술로서 느껴지고 사유되도록 만든다. 일부 사람들이 제도, 실천, 변용 양식과 사유 도식의 짜임새에 대립시키기 위해 예술적 사건과 예술가의 창조적 작업을 아무리 과장하더라도 어떤 형식, 어떤 색의 강렬한 표출, 어떤 리듬의 가속, 말 사이의 침묵. 어떤 동작, 혹은 표면 위의 어떤 반짝거림이 예술적 창조의 관념과 연결된 것으로서, 사건으로서 느껴지도록 해주는 것은 저 짜임새이다. 다른 사람들이 예술과 미학의 숭고한 이념성에 아주 산문적인(prosaïque)* 그 실존 조건들을 아무리 강조하면서 대립시켜도, 그 이념성의 비밀을 밝혀줄 수 있다고 그들이 생각하는 작업에 지표를 제공하는 것은 여전히 그 이념성이다. 마지막으로 또 다른 사람들이 우

---

* 프랑스어 'prosaïque'는 일반적으로는 '평범한', '범속한' 등의 의미로 새길 수 있으나, 여기에서는 이 책에서 반복해서 논의되고 있는 시(詩) 혹은 운문(vers)과 산문(prose)의 구별, 혹은 이 구별과 경계의 파괴라는 문제설정을 고려해 우리말로는 다소 어색한 감이 있지만 '산문적인'으로 옮긴다. 그러나 상대적으로 이러한 문제설정에서 벗어나 보이는 곳에서는 '평범한'으로 옮겼다. '평범한 걱정들'(soucis prosaïques) 같은 것이 그 예다.

리 시대의 훌륭한 미술관들이 시장에서 선호하는 작품들을 받아들이는 것을 보면서 아무리 쓰린 마음을 표현하고 있어도, 그것은 미술관의 탄생에 의해 이룩된 혁명이 먼 훗날 만들어낸 결과일 뿐이다. 이 미술관의 혁명은, 대중에게 문을 연 왕립 미술관이 이국풍에 정신이 홀린 독일 군주들이 네덜란드 상인들에게서 구매한 서민적 삶의 장면들을 전시했을 때, 그리고 공화주의를 표방한 루브르 미술관이 혁명군이 이탈리아 궁전과 네덜란드 미술관에서 약탈한 군주의 초상화나 경건한 그림들로 가득 채워졌을 때 이루어졌다. 예술은 어떤 것이라도 참가할 수 있는 예외의 세계로서 존재한다. 그리고 이것은 이 책이 다루게 될 주제들 가운데 하나다. 이 책은, 예술이라는 관념에 가장 대립적인 것으로 보이는 이미지, 대상, 퍼포먼스를 수용하면서 지각 혹은 감각 체제 그리고 예술 해석의 체제가 어떻게 구성되고 전화되는지를 보여 줄 것이다. 예를 들면, 장르화의 통속적 형상들, 운율에 얽매이지 않은 운문으로 표현된 극히 산문적인 활동들에 대한 찬양, 뮤직홀에서의 곡예와 어릿광대짓, 산업 구조물과 기계적 리듬, 기계장치가 반복해서 만들어내는 기차와 배의 연기, 빈자들의 삶에 동반하는 잡동사니의 기상천외한 목록 등이 그것들이다. 이 책은 예술이, 예를 들면 이야기, 형식, 회화의 이념들을 운동, 빛, 시선의 이념들로 바꾸면서, 다시 말해 예술을 규정하는 고유성과 예술을 산문적 세계와 구별하는 경계들을 뒤흔들며 자신만의 고유한 영역을 구성하면서, 어떻게 세계의 산문이 보여 주는 이 침입들과 더불어 침몰하는 것이 아니라 끊임없이 재규정되는지를 보여 줄 것이다.

예술의 근거들이 다른 경험 영역들의 근거들과 끊임없이 뒤섞임에 따라 우리가 예술을 규정할 때 의거하는 감각적 짜임새에서 나타나는 이러한 변화들을 나는 몇 개의 특별한 무대들을 통해서 연구하기로 마음먹었다. 이러한 의미에서 『아이스테시스』는 먼 과거의 한 모델을 안내자로 삼고 있다. 이 책의 제목은 에리히 아우어바흐가 자신의 책에 이름 붙였던 『미메시스』라는 제목을 반영하고 있다. 실제로 『미메시스』는 호메로스에서 버지니아 울프에 이르기까지 서양 문학에서 현실의 재현이 겪어온 전환들을 연구하기 위해 일련의 짧은 발췌문에 집중한 바 있다. 물론 미메시스와 아이스테시스는 여기에서 다른 의미를 갖는다. 왜냐하면 그것들은 더 이상 예술의 내적 범주들이 아니라 예술의 식별 체제들을 지시하기 때문이다. 내가 선택한 무대들은 단지 글쓰기 예술뿐만 아니라 조형예술, 공연예술, 또는 기계적 복제예술에서 가져온 것들이다. 그리고 그것들은 이러저러한 예술의 내적 전환들보다는 어떤 예술적 출현이 예술의 패러다임을 변틀케 만드는 방식을 우리에게 보여 줄 것이다. 따라서 이 무대들 각각은 독특한 사건을 제시하며, 대표적인 한 텍스트를 중심으로 그것에 의미를 부여하는 해석적 네트워크를 탐험한다. 그 사건은 연극 공연, 연설, 전시, 미술관이나 아틀리에 방문, 어떤 책이나 영화의 출시일 수 있다. 이러한 사건을 중심으로 구축되는 네트워크는 어떻게 한 공연 또는 대상이 예술로 느껴지고 사유되는지, 또한 독특한 예술적 주장이나 독특한 예술적 정서의 원천으로서, 예술에서의 새로움 혹은 혁명으로서, 나아가 예술이 그 자신으로부터 벗어나는 하나의 방식으로서 느껴지고 사유되는지를 보여 준다. 이렇게 그 네트워크는 그 공연이나 대상을, 예술의 패러다임을 규정하는 지각 방식, 감응, 해석 형식이 형성되는 역동적인 성좌 속에 기입한다. 무대는 어떤 관념에 대한 예시가 아니다. 그것은 작은 광학 기계로서 우리에게 어떤 사유를 보여 주는데, 이 사유는 지각·감응·언어·관념을 통합하는 연관들을 직조하고, 이 연관들이 조직해 나는 감각적 공통성과 이 직조작업을 사유 가능한 것으로 만드는 지적 공통성을 구성하는 일을 떠맡는다. 무대는 실행되고 있는 개념들을 그것들이 전유하고자 하는 새로운 대상들과의 관계 속에서 파악하고 그 개념들이 새로이 사유하려고 하는 과거의 대상들과 이러한 목적을 위해 그 개념들이 구성하거나 전화시키는 도식들을 파악한다. 왜냐하면 사유는 항상 무엇보다도 사유 가능한 것에 대한 사유, 사유 불가능했던 것을 받아들이면서 사유 가능한 것을 변형하는 사유이기 때문이다. 여기에 모아놓은 사유의 무대들은 어떻게 절단된 조각상이 완전한 작품이 될 수 있는지, 어떻게 이가 들끓는 아이의 이미지가 이상의 재현일 수 있는지, 어떻게 광대의 재주넘기는 시적인 하늘로의 비상일 수 있는지, 어떻게 가구가 신전이 될 수 있는지, 어떻게 계단이 등장인물이 될 수 있는지, 어떻게 기운 작업복이 왕자의 옷이 될 수 있는지, 어떻게 너울의 선회가 우주생성론이 될 수 있는지, 그리고 어떻게 점점 빨라지는 몸짓들의 몽타주가 공산주의의 감각적 현실일 수 있는지를 보여준다. 이 변환들은 개인적인 환상이 아니라 내가 '미학적 예술체제'라는 이름으로 부를 것을 제안한 바 있는 지각, 감응, 사유 체제의 논리다.

이후에 보게 될 14개의 에피소드는 그만큼의 소우주들이기도 한데, 여기에서 우리는 미학체제의 논리가 형성되고 전화되는 것을, 말하자면 미지의 영토들을 병합하고 이를 위해 새로운 도식들을 만들어내는 것을 보게 될 것이다. 이 에피소드들의 선택에 대해 놀라워하는 사람들도 있을 것이다. 독자는 예술적 모더니티의 역사에서 피해갈 수 없는 것이 된 지표들을 헛되이 찾을지도 모른다.「올랭피아」도 없고,「흰색 위의 흰색」이나「샘」도 없으며, 나아가『이기투르』나『현대의 삶을 그리는 화가』도 없기 때문이다. 이들 대신에, 문학책들이 시련을 겪던 시기의 시인들이 퓌낭뷜(Funambules) 극장과 폴리-베르제르(Folies-Bergères) 극장의 공연들에 대해 썼던 비평, 명성을 잃은 사상가나 비평가의 연설, 거의 현실화된 적이 없는 연출을 위해 준비한 스케치 수첩 등이 등장한다. 물론 이러한 선택에는 그만한 이유들이 있다. 모든 정당한 이유들이 그러한 것처럼 그것들이 이후에서야 드러나겠지만 말이다. 예술적 모더니티를 기술하는 지배적인 역사와 철학은 예술적 모더니티를 각 예술에 의한 자율성의 획득과 동일시한다. 그런데 이 자율성은, 고답적인 예술과 산문적 삶의 '심미화된' 형식들로부터 동시에 스스로를 분리하면서 역사의 흐름에 단절을 만들어내는 대표적 작품들에 의해 표현된다. 나는 15년간의 연구를 통해 다음과 같은 정반대의 결론에 이르게 되었다. 미학체제에 고유한 운동, 즉 예술적 새로움에 대한 꿈과 모더니티라는 관념 아래서 파악된 예술과 삶의 융합에 대한 꿈을 품었던 운동은, 예술의 고유성들을 지워가는 경향이 있으며 예술들 사이를 분리하고 예술들을 일상적 삶과 분리하는 경계들을 뒤흔드는 경향이 있다. 작품들은 자신들에 선재하고 외부에서 형성된 지각과 사유 체계들의 특징들을 응축적으로 표현하는 데 참여하는 한에서만 단절을 만들어낸다. 예술적 사건에 회고적으로 승인되는 중요성의 등급은 그것을 사건으로 만들었던 지각과 사유 체제들에 대한 계보를 지워버린다. 지금은 누구도 읽지 않는 시인들, 예를 들면 티오필 고티에나 테오도르 드 방빌이 관람했던 퓌낭뷜 극장과 폴리-베르제르 극장의 저녁 공연들을 고찰하지 않고서는 20세기 무대예술의 혁명을 이해하기 힘들며, 러스킨의 '고딕적' 몽상들을 경유하지 않고서는 기능주의적 건축이 보여 준 격설적 '정신성'을 지각하기 어렵고, 로이 풀러와 찰리 채플린이 몬드리안이나 칸딘스키보다 훨씬 더 모더니즘에 기여했으며, 또한 거기에는 말라르메 못지않게 휘트먼의 유산도 있었다는 점을 잊는 한 모더니즘 패러다임에 대해 어느 정도라도 정확한 역사를 쓰기 어렵다.

따라서 원한다면 우리는 이 무대들에서 '예술적 모더니티'의 한 대항-역사를 보여 주는 에피소드들을 볼 수 있을 것이다. 그러나 이 책은 결코 백과사전이 되려는 목표를 갖지 않았다. 이 책은 2세기 동안의 예술의 장을 포괄하는 데 관심이 없었으며, 단지 예술이 의미하는 바에 대한 인식에서 나타났던 몇 가지 전위의 발생을 파악하는 데에만 관심을 가졌다. 사실 이 책은 1764년에서 1941년에 이르기까지의 연대기적 순서를 따른다. 이 책은, 빙켈만의 독일에서 어떤 천상의 자율성 속에 갇혀 있는 것이 아니라 새로운 주체인 민중(peuple)*과 새로운 장소인 역사(Histoire)를 스스로에 부여하면서 예술(Art)이 예술로서 말해지기 시작한 역사적 순간으로부터 출발한다. 이 책은 이들 둘 사이의 관계가 보여 준 몇 가지 모험을 추적한다. 그러나 이 책은 이 모험들 사이의 연쇄가 아니라 단지 여러 교차점과 영향을 확립했다. 그리고 이 책은 그 모험들을 어떤 정점이나 최종 도달점으로 이끌고 가려 하지 않았다. 물론 이 책은 우리 현재로 더 가까이 다가갈 수도 있을 것이다. 그것은 다른 에피소드들을 포함시킬 수도 있었을 것이고, 아마도 언젠가는 그렇게 할 것이다. 그러나 현재로서는 의미심장한 교차점에서 이 책을 멈추는 것이 내게는 가능해 보였다. 이 교차점은, 제임스 에이지의 미국에서는 아주 일상적인 삶의 아주 사소한 순간에 무한한 울림을 부여할 수 있는 예술을 향한 모더니즘의 이상이 자신의 마지막이자 가장 선명한 불꽃을 피우는 동안에, 젊은 마르크스주의 비평가였던 클레멘트 그린버그가 이 모더니즘의 시대가 종결되었음을 선언하고, 어느 정도 중요성을 갖는 그 어떤 예술에 대해서도 그 근거를 제시하지 못하면서도 아방가르드의 황금빛 전설을 강제하면서 한 세기 동안의 예술적 전복들의 역사를 자신에 맞게 다시 쓰는 데 성공하게 될 회고적 모더니즘의 기념비가 세워지던 때였다.

이 책은 따라서 완결된 것이면서도 동시에 미완성으로 남아 있다. 그러한 이유는 이 책이 미래의 확장에 열려 있기 때문이고, 또한 그 독립된 에피소드들을 연결할 수 있는 상이한 줄거리의 구성에 동의하기 때문이다. 자유로운 민중의 표현인 벨베데레의 토르소에서 시작해 무리요의 거지 아이들, 퓌낭뷜 극장의 램프, 굶주린 방랑자의 도심 유랑, 혹은 소비에트 아시아의 가장 외딴 곳에서 키녹스(Kinoks)**가 촬영한 유목민들

- 프랑스어 'peuple'은 맥락에 따라 상이하게 번역된다. 다른 공동체와 구별되는 특정한 역사적 공동체와 관련해 사용될 경우에는 '민족', 그리고 여기에서처럼 내적인 관점에서 공동체를 구성하는 집단적 주체의 의미로 사용되는 경우에는 '민중'이라는 번역어를 선택했다. 그리고 귀족과 같은 사회적 상위 계층과의 구별이 강조되는 맥락에서는 '서민'으로 번역했다.
- ** 키녹스는 영화눈(kino-oki)을 의미하는 합성어로 베르토프와 스빌로바, 그리고 베르

을 지나 앨라배마 소작인들의 막사에 이르는 길을 따라 가면서 독자는 민중의 나라로 가는 그만큼의 짧은 여행들을 볼 수 있게 될 것이다. 나는 또 다른 책에서 이 여행들을 다룬 바 있다.[1] 벨베데리의 절단된 조각상에서부터, 핸론 리 형제들의 탈구된 신체, 숨어버린 로이 풀러의 신체, 코댕의 신체 없는 사지들 또는 사지들 없는 신체, 혹은 지가 베르토프의 조합된 몸짓들의 극단적 파편화를 지나 소작인 딸의 깨진 토끼 도자기에 이르기까지 독자는 파편화된 커다란 신체와 이 파편화 자체로부터 생겨난 전대미문의 아주 많은 신체들의 역사로서 한 예술체제의 역사를 구성할 수 있을 것이다. 또한 그는 현대적인 것이 자신의 자양분을 얻었던 옛것의 다양한 변형을 추적할 수도 있을 것이다. 예를 들면, 어떻게 올림포스의 신들이 민중의 아이들로, 고대 신전이 살롱의 가구나 극장의 실물 장치로, 그리스의 항아리 그림이 미국의 자연을 찬양하는 축으로 전화되었는지, 그리고 그 밖의 다른 변환들은 어떻게 이루어졌는지를 볼 수 있을 것이다.

이 책이 진행되면서 이러한 역사들 가운데 특별히 하나가 더 반복적으로 나타났다. 미학적 패러다임과 정치적 공동체 사이의 역설적 연관들의 역사가 그것이다. 헤라클레스의 절단된 조각상을 그리스 민족의 자유에 대한 가장 고귀한 표현으로 삼음으로써 빙켈만은 정치적 자유, 행위의 절제, 공동체적 신체의 상실 사이의 독창적 관계를 확립한다. 미학적 패러다임은 담론을 잘 조합된 사지들을 가진 신체로, 시를 이야기로, 역사를 행위들의 배치로 규정하는 재현 질서에 대항해서 구성된다. 재현 질서는 명백하게 시를 — 그리고 이 시가 규범의 역할을 하고 있는 예술적 생산물들을 — 한 위계적 모델에 맞추어 구성했다. 우월한 부분이 열등

토프의 동생인 미하일 카우프만으로 구성된 1920년대 러시아 영화인들을 지시한다. 이에 대한 논의는 이 책의 제13장 참조.
1 Jacques Rancière, *Courts voyages au pays du peuple*, Paris, Le Seuil, 1990.

서곡 13

한 부분을 지휘하는 잘 질서 잡힌 신체의 모델이 그것인데 여기에는 행위의 특권, 즉 목적에 따라 행위할 수 있는 자유로운 인간이 무자격의 인간들이 보여 주는 삶의 반복적 흐름에 대해 갖는 특권이 존재한다. 미학 혁명은 이와 같은 신체, 이야기, 행위에 관한 위계적 모델과의 끝없는 단절로 발전되었다. 실러가 말하듯이 자유로운 민중은 유희하는 민중, 능동과 수동의 대립 자체를 중지시키는 활동 속에 구현된 민중이다. 세비야의 어린 거지들은, 헤겔이 말하고 있듯이, 아무것도 하지 않기 때문에 이상의 구현이 된다. 소설은, 어떤 형태의 관념적 영감이나 감각적 강렬함도 체험할 수 있는 무자격의 남성과 여성이 갖는 능력을 보여 줌으로써, 드라마로부터 전형적인 언어 예술이라는 왕관을 빼앗았다. 그런데 이것은 원인과 결과로 구성되는 이야기의 모델과, 수단과 목적으로 구성되는 행위의 모델을 파괴하는 대가로 이루어진 것이다. '행위하는 인간들'의 옛 무대인 연극은 삶과 예술에 동시에 좀 더 다가가기 위해서 스스로를 합창, 벽화 또는 움직이는 건축으로 간주하면서 행위와 그 행위자들을 거부하게 된다. 사진은 손에 대한 시선의 승리를 확인했으며, 전형적인 영화적 신체는 결코 의지의 산물이 아닌 사건들이 끊임없이 일어나는 장소로서의 신체로 밝혀지게 된다. 새로운 공동체의 미학적 패러다임, 즉 감각적 삶에서 자유롭고 평등한 인간들로 구성되는 공동체의 미학적 패러다임은 우리가 통상 어떤 목표에 다다르려고 할 때 선택하는 모든 길로부터 이 공동체를 단절하는 경향을 갖는다. 물론 행위의 중지를 향한 이러한 경향은 계속해서 저항에 부딪혔다. 그러나 이 전투 자체는 저 저항이 공격의 대상으로 삼았던 비능동성을 끊임없이 재생산했다. 능동적인 것이 된 연극과 발레를 추구하면서도 드니 디드로와 장-조르주 노베르는 그것의 모델을 회화적 구성에서 발견해야만 했다. 시민 축제의 능동성을 연극 관객의 수동성에 대립시켰던 장-자크 루소는 동시에 몽상의 무위(farniente)를 찬양했고, 『신 엘로이즈』와 더불어 보르헤스가 나중에 "따분한 무위의 일상"이라고 부르게 될 것에 할애된 긴 시리즈의 무위 소설들을 시작했다. 바그너는 기술하는 대신에 행위하는 살아 있는 시를 원했다. 그러나 자유로운 영웅의 형상을 받아들이기 위해 만들어진 그 살아 있는 시는 자신의 자리에 행위에서 벗어난 신의 형상이 들어서는 것을 보게 된다. 무용과 연극의 개혁가들은 신체의 동작을 이야기의 굴레로부터 해방했다. 그런데 이 동작의 해방은 또한 어떤 목적을 향한 계산적인 의지 행위로부터의 격리이기도 하다. 그리고 과거의 것인 줄거리와 등장인물을 공산주의의 감각적 짜임새를 구축하는 활동들의 살아 있는 유대로 대체하려고 한 베르토프의 영화는 영화관에서 시작되고 완수되는데, 이 공간에서 저녁 관객들은 자신들을 공산주의의 주간 행위자들로 제시하는 이미지들과 유희하고 있는 것처럼 보였다. 해방된 운동은 원인과 결과, 목적과 수단의 전략적 도식을 재통합하는 데 성공하지 못한다.

물론 성급한 사람들은 여기에서 미학적 유토피아와 현실에서의 정치적이고 혁명적인 행위 사이의 어쩔 수 없는 간격의 증표를 볼 것이다. 그러나 나는 오히려 거기에서 내가 사회적 해방에 대한 실천과 사유 속에서 마주친 바 있었던 동일한 역설을 확인했다. 해방된 노동자들은, 자신들을 위계적 모델에 종속시키는 제작 능력과 미래의 건설자들이 지켜야 할 행동강령에 대해 거리를 취하지 않고서는 활동의 분배를 지배하는 위계적 모델을 거부할 수 없었다. 그들은 모두, 새로운 산업군대의 병사들을 모집하러 왔던, 노동의 복권을 주창했던 생-시몽적 종교 투사들에게 그들 가운데 한 명이 내뱉은 순진한 다음과 같은 말을 대립시킬 수 있었을 것이다. "내가 생-시몽주의의 아름다움을 생각할 때, 나의 손은 멈춘다." 전투적인 노동자 집단성에 대한 완성된 표현은 총파업이라 불린다. 이 총파업은 전략적 행위와 급진적 무위 사이의 등가성을 보여 주는 전형적인 예다. 확실히 마르크스주의적 과학혁명은 노동자들의 공상 및 유토피아적 강령과 단절하기를 원했다. 그러나 이것들에 사회의 현실적 발전 결과들을 대립시킴으로써 마르크스주의는 여전히 행위의 목적과 수단을 삶의 운동에 종속시켰다. 그러나 그것이 역설적으로 발견하게 된 것은 이 운동의 고유성은 아무것도 원하지 않는다는 것에, 그리고 어떤 전략이라도 그 운동을 이용하는 것을 허락하지 않는다는 것에 있다는 사실이다. 공산주의를 연쇄적인 운동들의 교향곡으로 실현해 제시한 영화인에게 소비에트 비평가들은 그가 주창한 공산주의는 사물들의 이유 없는 흐름에 대한 범신론적 숭배와 형식주의적인 순수 주의주의(volontarisme) 사이에서 끝없이 동요할 수밖에 없다고 응답한 바 있다. 그러나 정작 그들은 루소와 실러가 한 세기 반 이전에 그 부질없음을 이미 보여 준 바 있는 도덕적 예시라는 낡은 기능으로 예술가들이 되돌아가는 것 말고 이 이중의 결함에 무엇을 대립시킬 수 있었는가? 실제로 그 영화인은 자신의 판관들에게 그들이 그들 과학의 딜레마를 확인할 수 있게 거울을 제시하는 것 말고 다른 것을 했는가? 사회혁명은 미학혁명의 소산이며, 자신의 세계를 상실한 전략적 의지를 예외적 치안으로 전화함으로써만 이 계보를 부정할 수 있었다.

차례

서곡 5

제1장 아름다움의 분리 — 1764년 드레스덴　　　　　　　　　　　　19
제2장 거리의 어린 신들 — 1828년 뮌헨-베를린　　　　　　　　　　53
제3장 평민의 하늘 — 1830년 파리　　　　　　　　　　　　　　　　79
제4장 새로운 세계의 시인 — 1841년 보스턴 - 1855년 뉴욕　　　　103
제5장 불가능에 도전하는 곡예사들 — 1879년 파리　　　　　　　　131
제6장 빛의 춤 — 1893년 파리, 폴리-베르제르 극장　　　　　　　　155
제7장 부동극 — 1894~95년 파리　　　　　　　　　　　　　　　　179
제8장 사회적 예술로서의 장식예술: 신전, 집, 공장 — 파리-런던-베를린　209
제9장 표면의 거장 — 1902년 파리　　　　　　　　　　　　　　　　239
제10장 신전의 계단 — 1912년 모스크바-드레스덴　　　　　　　　　263
제11장 기계와 그 그림자 — 1916년 할리우드　　　　　　　　　　　291
제12장 순간의 위대함 — 1921년 뉴욕　　　　　　　　　　　　　　313
제13장 사물들을 통해 사물들을 보기 — 1926년 모스크바　　　　　339
제14장 존재하는 것의 잔혹한 광채 — 1936년 허일 카운티-1941년 뉴욕　365

옮긴이 해제 | 랑시에르의 무대 개념과 평등주의 391
옮긴이의 말 455
찾아보기 459

일러두기

* •는 옮긴이의 주(註)이고, 1, 2, 3 등은 원주이다.

제1장 아름다움의 분리

1764년 드레스덴

비록 파괴되고 절단되고, 자신의 머리·팔·다리가 잘려 있어도, 이 조각상은 예술의 비밀을 꿰뚫어볼 수 있는 사람들에게는 오늘날에도 여전히 그 고대적 아름다움의 광채 속에서 빛나고 있다. 그 예술가는, 인류 문명의 찌꺼기들로부터 정화되어 불멸성과 신들 가운데 한자리를 차지한 후 여기서 그 모습을 드러내고 있는 이 헤라클레스 속에서, 신적인 충만함의 차원으로 승화된 남성적 성숙함의 본성과 함께 자연 너머의 차원으로 승격된 한 신체의 고귀한 이상을 동시에 형상화했다. 실제로 이 헤라클레스는 인간의 영양물도 필요하지 않고 이제 자신의 힘을 쓸 필요도 없는 것처럼 재현되어 있다. 우리는 어떤 혈관도 볼 수 없으며, 복부는 무엇을 섭취하기 위해서가 아니라 향유하도록, 채워지지 않아도 충족되도록 만들어져 있다. 다른 부분들의 위치를 통해 추정할 수 있듯이, 그는 머리를 일으켜 세워 위로 향한 채 앉아 자신이 이룩한 위업들에 대한 즐거운 사색에 빠져 있다. 이것은 또한 깊은 성찰의 자세를 하고 있는 굽어진 등이 보여 주고 있는 것이기도 하다. 강렬하게 돌출된 가슴은 우리에게 거인 게리온*을 질식시켰던 그 가슴을 재현하고 있으며, 우리는 길고

힘이 넘치는 엉덩이에서 청동의 발을 가지고 있던 꽃사슴을 쫓아가 잡았고 여러 나라를 경유해 세계의 경계까지 나아갔던 지칠 줄 모르는 영웅을 확인하게 된다. 이 신체의 윤곽 속에서 그 예술가는 한 형태의 다른 형태로의 끊임없는 흐름, 그리고 마치 파도처럼 일어섰다 다시 떨어지면서 서로 침투하는 파동 운동을 찬미하고 있다. 우리의 눈을 이끄는 약동하는 운동의 방향이 지각할 수 없을 만큼 빗나가게 되어 다른 흐름을 갖게 됨으로써 눈과 손을 방황케 할 때, 그 예술가는 그 누구도 이것의 완벽한 복제품을 만들 수 있으리라고 자신할 수 없게 될 것이라고 확신했을 것이다. 골격은 부드러운 피부로 감싸여 있는 것처럼 보이고 근육은 과도하지 않게 기름지다. 어떤 다른 형상도 이만큼 잘 배합된 육체적 견고함을 제시하고 있지 못하다. 그렇다. 우리는 아폴론 상보다는 이 헤라클레스 조각상이 가장 수준 높은 예술의 시대에 관계하고 있다고 말할 수 있을 것이다.

헤라클레스의 토르소에 대한 이 서술은, 라오콘과 벨베데레(Belvédère)**의 아폴론 상에 대한 서술과 더불어, 빙켈만이 1764년에 출간한 『고대 미술사』의 화려한 대목들 가운데 하나로 손꼽힌다.[1] 물론 빙켈만이 처음

- 게리온(Geryon)은 그리스 신화에 나오는 거인으로 세 개의 머리와 몸통을 가지고 있다고 알려져 있다. 헤라가 광기로 몰아넣어 자신의 가족을 죽였던 헤라클레스는 죄를 씻기 위해 미케네의 왕 에우리스테우스(Eurystheus)가 부과한 열두 가지 과업을 수행해야 했다. 그 가운데 열 번째 과업이 에리테이아(Erytheia) 섬에 살고 있는 게리온의 소떼를 대가 없이 가져오는 것이었다. 세계의 경계에 있다고 생각한 이 섬을 찾아 여러 나라를 경유한 끝에 도착한 헤라클레스는 마침내 게리온을 죽이고 그의 소떼를 데려오는 데 성공한다.
- 오스트리아 빈(Wien)에 위치한 바로크 양식의 궁전으로 아래와 위쪽의 두 궁전으로 구성되어 있다. 본래 사부아의 공자 외젠(Eugène de Savoie, 1663~1736)의 별궁으로 건축되었으나, 이후 미술품 전시관으로 이용되고 있다. 오스트리아의 바로크 건축가 요한 루카스 폰 힐데브란트(Johan Lucas von Hildebrandt)가 지었다.

1 Johann Joachim Winckelmann, *Histoire de l'art dans l'Antiquité*, tr. fr. D. Tassel, Paris,

으로 그리스 조각의 로마 만신전에 속해 있었던 이 조각상을 찬미한 것은 아니다. 두 세기 이전에 미켈란젤로는 그것의 완전성을 찬양한 바 있다. 그러나 빙켈만의 이 찬양은 역설적이다. 여기, 열두 가지 과업의 승리자였고 탁월한 장사(壯士)이자 격투사였던 헤라클레스, 또 다른 유명한 조각품인 「파르네세 헤라클레스」(Hercule Farnèse)가 자신의 몽둥이에 기대고 있는 거인으로, 그리고 죽은 네메아의 사자˚ 가죽을 걸치고 있는 모습으로 재현하고 있는 바로 그 헤라클레스의 조각상이 있다. 그런데 빙켈만의 이 조각상이 보여 주고 있는 것은 힘 있고 민첩한 어떤 동작에 필요한 사지가 모두 잘린 채 앉아 있는 신체다. 이러한 이유로 여러 예술가들은 이 영웅의 동작을 상상하면서 그 형상을 온전한 것으로 만들려고 애써왔다. 한 축소 복제품은 거기에 몽둥이를, 또 다른 복제품은 활을 덧붙였고, 한스 발둥 그린의 데생은 그의 손에 옴팔레(Omphale)의 물레를 쥐어 주었다.[2]˚˚ 그런데 빙켈만은 이러한 전통을 역전시킨다. 그 결함을 얼버무리는 대신에 그는 그것을 탁월성으로 전환한다. 상상해야 할 어떤 동작도 거기에는 없다. 그 절단된 조각상이 재현하고 있는 것은 과업 끝에 신들이 맞이한 영웅이다. 그리고 이때 그의 과업들은 그에게는

    Le Livre de Poche, 2005, pp. 527~28. (프랑스어 번역은 저자에 의해 수정됨).
- 헤라클레스는 첫 번째 과업으로 네메아의 사자를 죽인다. 이 사자는 칼이 들어가지 않을 만큼 가죽이 견고했기 때문에 헤라클레스는 목을 졸라 죽였다. 그는 이 사자의 가죽을 벗겨 두르고 두기골로는 투구를 만들어서 썼다고 전해진다. 여기에서 헤라클레스에 대한 상징적인 이미지, 즉 사자의 가죽을 두르고 몽둥이를 들고 있는 헤라클레스의 모습이 형성되었다. 이 모습은 다양한 예술작품에 등장하게 된다.
2 이에 대해서는 Francis Haskell et Nicholas Penny, *Pour l'amour de l'antique. La statuaire gréco-romaine et le goût européen: 1500~1900*, tr. fr. F. Lissarague, Paris, Hachette, 1988을 보라.
•• 아폴론의 신탁에 따라 헤라클레스는 이피토스(Iphitos)를 죽인 죄를 씻기 위해 리디아의 여왕 옴팔레의 노예로 1년간 살게 되었다. 옴팔레는 헤라클레스에게 여장(女裝)을 시키고 여성이 하는 일들을 시켰다고 한다. 남녀 성역할의 전도를 보여 준 이 신화는 이후 많은 문학과 예술작품에서 다루어지게 된다.

단지 회상과 즐거운 사색의 주제일 뿐이다. 그렇지만 회상하고 사색하기 위해서는 머리가 필요할 것이다. 그런데 이 헤라클레스는 그것 또한 잘려 있다. 그는 순수 사유일 뿐이다. 그의 정신 집중은 오직 그 사유의 무게를 짐작게 하는 등의 구부러짐과 모든 섭취 기능에 부적절한 것처럼 보이는 복부에 의해, 그리고 바다의 파도처럼 그 윤곽선들이 하나에서 다른 하나로 흘러들어가고 있는, 어떤 동작도 예비하고 있지 않은 근육들에 의해서 표현되고 있을 뿐이다.

따라서 빙켈만은 역설을 그 극한으로 밀고 간다. 그 조각상의 우연한 결함은 그것의 본질적 탁월성을 드러낸다. 예술의 정점, 그것은 그 누구보다도 활동적인 영웅을 순수 사유의 완전한 비활동성 속에서 역설적으로 재현하고 있는 절단된 조각상이다. 더욱이 이 순수 사유는 자신과 정확히 반대되는 것을 통해 묘사된다. 거의 부동성에 가까운 물질적 운동의 근본적 비인격성을 통해, 예를 들면 고요한 바다가 보여 주는 파도의 영원한 진동을 통해서 말이다.

그러나 이러한 근본적 변화의 의미가 무엇인지를 잘 이해할 필요가 있다. 왜냐하면 평온함에 대한 이 찬사를 이해하는 약간 과도하게 단순한 방식이 존재하기 때문이다.『고대 미술사』를 출간할 당시 빙켈만은 하나의 논쟁적 목표를 가지고 있었다. 그는 자신의 동시대인들에게 아름다움의 진정한 모델을 상기시키고, 그것을 근대 조각, 즉 자신의 시대인 바로크 조각이 갖는 과도함, 예를 들면 무절제하게 늘어뜨리거나 뒤틀어 놓은 신체나 극단적인 쾌락과 고통을 표현하고자 하는 의지에 의해 변형된 얼굴로부터 떼어놓고자 했다. 그에게는 한 조각가가 예술의 이러한 퇴화를 구현하고 있는데, 오늘날 우리가 반대로 바로크적인 천재성의 구현으로서 찬양하고 있는 베르니니가 바로 그였다.* 그렇다고 빙켈만에

---

* 잔 로렌초 베르니니(Gian Lorenzo Bernini, 1598~1680)는 바로크를 대표한 이탈리아의 조각가이자 화가, 건축가였다. 바로크 양식의 조각을 창안해 냈고, 조각 분야에서

게 어떤 역할, 즉 선의 간결함과 비례의 조화 속에 존재하는 신적 평정과 아름다움의 고전적 이상을 지키는 복고주의적 수호자의 역할을 부여해서는 안 된다. 그렇게 될 경우 그는 나폴레옹 시대에 꽃을 피웠고, 카노바(Canova)의 차가운 대리석 조각들이 구현했던 신고전주의 조각의 선구자가 될 것이다. 무엇보다도 그는, 자신의 고유한 토양으로부터 떨어져 나와 로마의 박물관과 독일의 철학적 정신세계 속에서 차갑게 굳어져 있는, '평온한 장엄함'과 '고결한 단순성'으로 표상되는 성찰적 그리스의 선구자가 될 것이다. 바로 그리스에 대한 이러한 표상에 반대하여 아비 바르부르크*와 같은 니체의 계승자들은, 잘 다듬어진 보석과도 같은 모든 아폴론주의에 대항하여, 예술을 문명의 의식(儀式)과 기념물을 떠받치고 있지만 동시에 그것들을 뒤흔들고 있는 어두운 에너지의 표현으로 만듦으로써 야생적이고 비극적인 헬라스를 부활시키게 될 것이다.

그러나 아폴론적인 평온에 디오니소스적인 에너지를 대립시키기 위해서는, 평정 상태가 보여 주는 완전성에 대한 단순한 경외와는 거리가 먼, 그리스에 대한 특정한 형상화가 이미 구성되어야 한다. 그런데 벨베데레의 아폴론 상이 보여 주고 있는 완벽한 형식과 비율보다 결코 그 전체의 모습을 추정할 수 없는 한 신체의 조각일 뿐인 이 토르소를 더 높이 평가함으로써 독특한 그리스의 모습을 구성했던 것은 바로 빙켈만이었다. 절단된 그 조각상은 단지 부분들이 결여된 조각상이 아니다. 그것은 재현의 질서에서 통용되고 있는 중요한 두 가지 기준에 의해서는 더 이

문학 분야의 셰익스피어에 상응하는 중요성을 가진 인물로 평가받는다.
* 아비 바르부르크(Aby Warburg, 1866~1929)는 독일의 미술사가이자 문화이론가였다. 니체와 야코프 부르크하르트(Jacob Burkhardt)에게 영향을 받았다. 르네상스 시대에 대한 연구를 통해 고대 예술에 관심을 갖게 된 바르부르크는 니체가 『비극의 탄생』에서 제시하고 있는 고대 그리스 문화에 대한 분석을 받아들이게 된다. 그가 자신의 이름을 따서 창립한 '바르부르크 연구소'(Institut Warburg)는 고대 예술이 서양 문명에 끼친 영향을 주로 연구하고 있다.

상 높게 평가할 수 없는 신체의 재현이다. 그 두 가지 기준 가운데 첫 번째 것은 비율의 조화, 즉 부분과 전체 사이의 합치이고, 두 번째 것은 표현성, 즉 가시적 형식과 이 가시적 형식이 다의적이지 않은 특징을 통해 인지할 수 있게 해주는 성격 — 정체성, 감정, 생각 — 사이의 관계다. 벨베데레의 헤라클레스가 가진 팔과 다리가 그 영웅의 토르소와 물리적 조화를 이루고 있는지를 판단하는 것은 영원히 불가능하며, 신화가 그를 우리에게 재현해 줄 때 제시하고 있는 특징들이 그의 얼굴 및 사지와 정신적 조화를 이루고 있는지를 아는 것도 영원히 불가능할 것이다. 더 근본적으로는, 그를 인지하게 해주는 모든 속성이 결여된 이 조각상이 보여 주고 있는 것이 바로 헤라클레스인지를 확인하는 것도 불가능할 것이다. 그런데 그럼에도 불구하고 빙켈만은, 여기에서 재현되고 있는 것이 열두 노역의 영웅이 맞고, 그 영웅은 여기에서 그리스 예술의 가장 높은 수준을 표현하고 있는 최고의 형식 속에서 재현되고 있다는 의견을 확고히 한다. 그러나 후속 세대는 끊임없이 빙켈만을 공격하게 된다. 그의 후계자들은 이 이상적인 그리스 조각상을 로마 후기의 한 복제품으로 간주했으며, 심지어 그들 가운데 한 명은 신들 가운데 앉아 있는 빙켈만의 헤라클레스를 고통받고 있는 필록테테스*로 둔갑시키게 된다. 그러나 인물의 정체성과 관련하여 오류가 있다고 가정해도 그 오류는 어리석음이 아니라 어떤 뜻밖의 사건에서 기인하는 것이다. 절단된 이 신체에 부여된 예외적인 운명은 완전성이라는 해묵은 이상에의 순진한 집착을 보여 주지 않는다. 오히려 그것은, 아름다움이라는 가상을 균형 및 표현에 대한 앎의 실현과 연결했던 원리의 폐지를 의미한다. 여기에서는 전체도 부재하고 표현도 부재한다. 그런데 이 우연적 상실은 예술적 완전성의 한 패러다임에 대한 구조적 단절에 상응한다. 바로크적인 과잉을

---

* 필록테테스(Philoctetes)는 그리스 신화에 나오는 인물로 헤라클레스의 충실한 동반자였다.

공격하는 것은 고전적인 재현의 이상을 옹호하는 것을 의미하지 않는다. 반대로 그것은 그 고전적인 재현의 이상이 조응시키려고 했던 **최고의 두 원리**, 형식의 조화라는 원리와 이 형식의 표현이라는 원리 사이의 간격을 드러냄으로써 그것의 정합성을 파괴하는 것이다.

물론 이 간격의 선언은 온전히 새로운 것은 아니다. 그것은 오랜 역사의 산물이기도 하다. 이미 거의 1세기 이전부터 예술가와 비평가, 그리고 아카데미 회원들은 다음과 같은 문제에 직면했다. 17세기에 벨로리°와 펠리비앵°°과 같은 이론가들이 정식화한 바 있는 형식의 고귀한 조화라는 이상과, 같은 17세기 말에 특히 르 브룅°°°의 인물 모델들에서 예시되고 있는 정념들의 표현이라는 이상을 어떻게 조화시킬 것인가? 무엇보다도 이것은 학생들에게는 기술적인 문제였다. 아틀리에 모델들의 형상과, 자신들이 그 특징들을 그려내고 있지만 정작 자신들은 어떤 느낌도 가질 수 없는 인물들이 겪는 정념들을 어떻게 동시에 모방할 수 있을까? 아틀리에를 벗어난 다른 곳에서 어떻게 정념들이 신체에 새겨지는지를 연구할 필요가 있었다. 이 다른 곳이 어떤 사람들에게는 정념 표현의 특권적 무대인 극장이었다. 그러나 다른 사람들은 이들의 의견에 동의하지 않았다. 그들에 따르면, 화가들이 훌륭한 배우들의 연기에서 기

° 조반니 피에트로 벨로리(Giovanni Pietro Bellori, 1613~96)는 이탈리아의 화가이지만, 17세기 화가들의 전기 작가로 더 잘 알려져 있다. 그의 책 『근대 화가들, 조각가들 및 건축가들의 삶』(Vite de pittori, scultori e architetti moderni, 1672)은 예술에서의 고전적 이상주의를 확립하는 데 크게 기여했다.

°° 앙드레 펠리비앵(André Félibien, 1619~95)은 프랑스의 미술사가였으며, 루이 14세 때 공식 궁정 사관을 지냈다.

°°° 샤를 르 브룅(Charles Le Brun, 1619~90)은 프랑스의 화가이자 미술이론가였다. 주로 루이 14세를 위해 종교적 장면이나 전쟁 장면과 같은 역사화를 그렸지만, 다른 한편으로 뛰어난 초상화가이기도 했다. 루이 14세는 그를 전 시대를 거쳐 가장 뛰어난 프랑스 화가라고 말한 바 있다. 그의 화풍은 균형과 명료함을 추구하되, 동시에 그 속에서 극적인 효과를 목표한다는 점에서 전형적인 궁정식이라고 할 수 있다.

껏해야 발견할 수 있는 것은 "강요된 자세나 일그러진 얼굴, 능숙하게 조작된 표현 방식일 뿐이며 거기에서 예술적 감정은 어디에서도 드러나지 않는다"³는 것이다. 반대로 그 다른 곳은, 세상의 관습에 따라 획일적으로 표현되지 않았던 서민들을 관찰할 수 있는 거리나 작업장일 수 있었다. 그러나 어떻게 표현력 넘치는(expressifs) 이 신체들로부터 아름다움에 걸맞은 형식의 고귀함을 기대하겠는가? 1759년 케일뤼스 백작(comte de Caylus)에 의해 창설된 '얼굴 표현 대회'(prix d'expression des têtes)*의 집행을 맡았던 아카데미 회원들은 서민들에게서 그 모델을 찾을 수는 없다는 점을 명확히 했다. "외관적 습성과 얼굴 특징에서 나타나는 천박함 때문에 그들은 아름다운 형식에 대한 탐구와 양립 불가능하기 때문이다. 그런데 이 대회에서는 아름다운 형식이야말로 표현과 분리될 수 없는 것이다."⁴ 학생들에게 예술 전문학교를 벗어나 노동하고 있는 신체의 실제적 움직임을 관찰할 것을 주문하고, 그뢰즈**의 가정극 작품들

---

3   Pierre-Jean Mariette, *Abecedario*, cité par Thomas Kirchner, *L'Expression des passions: Ausdruck als Darstellungsproblem in der französischen Kunst und Kunsttheorie des 17. und 18. Jahrhunderts,* Mayence, P. von Zabern, 1991, p. 137. 마리에트가 공격하고 있는 예술가는 쿠아펠이다. 마찬가지로 빙켈만은 연극의 인물들이 뒷줄에 앉아 있는 관객들이 읽을 수 있도록 만들어진 고대 연극의 가면들과 같은 과장된 표현들을 보여 주고 있다고 비난하고 있다(*Histoire de l'art dans l'Antiquité, op. cit.,* p. 278).
•   케일뤼스 백작의 주도로 창설된 이 대회는 감정 표현의 향상을 목표로 삼았다. 이 대회는 감정을 표현하는 얼굴을 그리거나 조각하도록 젊은 예술가들에게 요구했는데, 이는 표현을 오직 몸을 통해서만 하고자 했던 그리스 조각의 한계를 벗어나기 위한 것이었다.
4   대회 규칙 조항. Th. Kirchner, *L'Expression des passions* ……, *op. cit.*, p. 199에서 재인용.
•• 「자신의 아들 카라칼라를 질책하는 황제 셉티미우스 세베루스」는 초상화, 장르화, 역사화를 그린 프랑스의 화가 장-바티스트 그뢰즈(Jean-Baptiste Greuze, 1725~1805)가 왕립 회화조각 아카데미(Académie royale de peinture et de sculpture)에 자신이 장르화가가 아니라 역사화가로서 받아들여지기를 바라는 마음으로 그린 것이다. 장르 사이의 위계가 정해진 당시 아카데미에서 역사화는 최고의 장르로 인정받고 있었기 때문이다. 실제로 이 그림은 자신을 암살하려 했던 아들 카라칼라에 분노하는 로마 황제 세베루스의 모습을 묘사하고 있다. 그러나 장면 연출과 인물들의 자세를 통해

(tragédies domestiques)에서 나타나는 표현력 넘치는 자세들을 찬양했던 바로 그 디드로조차도 자신의 「1765년 살롱」에서 바로 그 그뢰즈가 셉티미우스 세베루스와 그의 아들 카라칼라를 표현했던 '비천한' 얼굴 모습을 비난한 바 있다. 위대한 회화는 음험한 왕자와 분노하는 황제에 대한 살아 있는 표현을 받아들일 수 없었던 것이다. 일부 사람들은 이미 이 딜레마에 대한 해결책을 제시했다. 연극 기법이나 서민들의 '자연스러운 모습'이 줄 수 없었던 이 인식을 고대인들에게 구할 필요가 있었다. 고대인들은 라오콘의 조각가가 보여 준 것처럼, 고정하기에는 언제나 손이 느릴 수밖에 없는 여기치 못한 우연을 통해서가 아니라면 결코 현실에서는 나타나지 않는 이 모순적 표현을 하나의 동일한 얼굴에 새겨 놓을 줄 알았기 때문이다. 빙켈만은 고대적 모델이 '자연적' 모델에 대해서 갖는 이 우월성을 확인한다. 그러나 그가 이 우월성을 발견하고 있는 곳은 하나의 동일한 얼굴에 최대한의 다양한 감정을 새겨 놓을 수 있는 능력에서가 아니다. 라오콘의 아름다움은 거기에서 표현되고 있는 정념들의 다양성에서 오지 않는다. 반대로 그것은 오직 상반된 두 운동, 즉 고통을 받아들이는 운동과 그것을 거부하는 운동 사이의 긴장 상태 속에서 나타나는 정념들의 중화에서 오는 것이다. 라오콘은 한 양식의 복잡한 형식을 제공하고 있는데, 이 양식의 가장 단순한 형식은 바로 헤라클레스 토르소가 갖는 근본적 불충분성에서 나타난다. 여기에서 아름다움의 고유성은 표현성의 부재, 미결정성이다.

이러한 해답은 우리가 좀 더 자세히 성찰할 만한 가치가 있다. 왜냐하면 그것은 연극과 무용의 혁신자들이 동일한 시기에 개진했던 슬로건에 역행하는 것처럼 보이기 때문이다. 이 혁신자들은 사유와 정념의 진실

연극적 장면과 같은 인상을 불러일으켜 이 그림은 그의 바람과는 반대로 혹독한 평가를 받았으며, 아카데미는 그를 오직 장르화가로서만 인정하면서 회원으로 받아들였다. 그 후 이 작품은 많은 비평가들과 관객들 사이에서 논쟁의 대상이 되었다.

된 표현을 조화와 비례의 형식적 원리들보다 중시하고자 했다. 〔빙켈만의 책이 출간되기〕 4년 전에 독일의 또 다른 중심지였던 슈투트가르트에서 장-조르주 노베르의 『무용과 발레에 관한 편지들』이 출간되었다.* 이 책이 비판의 대상으로 삼고 있는 것은 노베르가 보기에 귀족적 우아함과 예술가의 기술적 재능을 증명하는 데 관심을 쏟고 있는 궁중 발레의 전통이었다. 노베르는 이야기를 전달하고 감정을 표현하는 것을 그 고유성으로 삼고 있는 표정과 몸짓의 예술을 이 스텝과 앙트르샤(entrechats)의 예술에 대립시킨다. 당시에 전자의 예술에 모델을 제공했던 것은 고대 무언극(pantomime)이었는데, 또 다른 무용 이론가인 카위삭은 바로 그즈음에 모든 비극적 및 희극적 상황을 표현할 수 있는 몸짓의 언어를 고대 무언극에서 높이 평가한 바 있었다.⁵ 2년 전에는 디드로의 『사생아에 관한 대담』(*Entretiens sur le Fils naturel*)이 무언극의 부활을 주창했고 살아 있는 그림(tableau vivant)이 갖는 정서적 역량을 극적 행위의 인위성에 대립

---

* 근대 발레의 창시자로 간주되는 장-조르주 노베르(Jean-Georges Noverre, 1727~1810)는 자신의 책 『무용과 발레에 관한 편지들』에서 인위적인 의복과 무대 연출에 집중하던 당시의 발레를 비판하면서 발레는 극적인 동작을 그려내야 하며 이 동작은 다양한 사람의 정념과 습성을 표현해야 한다고 주장했다. 그는 이 새로운 발레를 '발레 닥시옹'(ballet d'action) 혹은 '무언극 발레'라고 불렀다. 그리고 그는 자연적이고 활기 넘치는 이 발레 닥시옹만이 관객을 감동시킬 수 있다고 믿었다. 그의 이러한 믿음은 예술은 살아 있는 자연의 모방이어야 한다는 생각에 연원한다. "선생님, 시, 회화, 무용은 아름다운 자연에 대한 충실한 복사일 뿐이고 또한 그래야만 합니다. 라신과 라파엘로의 작품들이 후세에 전해진 것은 바로 이 모방의 진실성 때문이었습니다"(J.-G. Noverre, *Letttres sur la danse et sur les ballets*, Stuttgart/Lyon, Aimé Delaroche, 1760, p. 1).

5 Louis de Cahusac, *La Danse ancienne et moderne ou Traité historique de la danse*, La Haye, 1754, rééd. Paris, Desjonquères, 2004. 본질적으로 고대 무용이 갖는 무언극적 특징은 『시와 회화에 대한 비판적 성찰들』(*Réflexions critiques sur la poésie et la peinture*)에서 이미 뒤보스 신부(l'abbé Dubos, 1670~1742)에 의해 긍정된 바 있다. 그러나 여기에서 뒤보스 신부에게 중요했던 것은 이 초보적인 예술에 근대무용의 완전성을 대립시키는 것이었다. 카위삭과 그의 계승자들은 궁중 예술의 형식적 기법들에 몸짓 언어의 표현적 완전성을 대립시킴으로써 뒤보스의 관점을 전복하게 된다. 이것은 예술적 모더니즘에 관한 담론이 지속적으로 준거하고 있는 전복 가운데 첫 번째 것이다.

시켰다. 노베르와 디드로가 제안하고 드라마투르그(dramaturges)*와 음악가들, 그리고 칼차비지와 글루크에서 탈마에 이르는 18세기 말의 개혁가들이 다시 내세우는 것은 그 내적 모순에 기대어 이루고자 했던 재현 논리에 대한 혁신이다. 이 혁신은 행위의 유기적 모델로서의 신체에, 균형이라는 이상에, 그리고 주제를 장르 및 표현 방식에 연결하는 합치의 체계 전체에 감정 및 사유의 직접적 표현으로서의 미메시스라는 가식없는 원리를 대립시킨다. 그것은 연극 기법이나 발레의 우아함에, 신체의 모든 몸짓과 모든 신체적 연합이 이야기를 전달하고 생각을 표현하도록 구성되는 예술의 콘셉을 대립시킨다. 배우가 된 노베르의 무용수와 무언극의 모방자가 된 디드로의 배우는 무대 위에서 철저하게 이유에 근거해 있는(motivé) 기호와 몸짓의 언어가 드러냈던 것을 총체적 표현의 예술로 펼쳐야 한다. "감정에 의해 이끌리는 무용수가 정념의 다양한 모습과 더불어 수천의 상이한 형식을 통해 변모할 때 혹은 그가 프로테우스(Protée)**가 될 때, 그리고 그의 용모와 시선이 그의 영혼의 모든 운동을 그려내게 될 때…… 이때부터 이야기들은 쓸모가 없어진다. 모든 것이 말을 하게 될 것이고, 각각의 운동은 하나의 문구를 발설하게 된다. 각각의 자세는 상황을 그리게 될 것이고, 각각의 몸짓은 생각을 드러낼 것이며, 각각의 시선은 새로운 감정을 알리게 될 것이다. 모든 것이 진실이 될 것이고 모방은 자연 속에서 이루어질 것이기 때문에 모든 것이 매혹적이게 될 것이다."[6]

- 일반적으로 드라마투르그는 극장에 고용되어 작품에 대한 연구와 해석을 통해 연출을 돕는 사람을 가리킨다. 1767년에 함부르크 국립극장에 고용되었던 레싱이 최초의 드라마투르그로 알려져 있다. 랑시에르는 이 책의 제7장 '부동극'에서 독립된 예술 장르로서의 '연출'의 수립을 다루면서 드라마투르그의 새로운 역할을 논의한다. 여기에서 연출은 "전통적인 서사 논리의 파괴"로서 제시된다.
- 프로테우스(Proteus)는 그리스 신화에서 초기 바다의 신이었다. 변화무쌍한 바다의 본성을 상징적으로 대표하는 프로테우스는 모습을 자유자재로 바꿀 수 있는 신으로 묘사되고 있다.

헤라클레스 토르소에 대한 분석은 포괄적 표현이라는 혁명에 중지된 표현이라는 혁명을 대립시킴으로써 이 흐름에 역행하는 것처럼 보인다. 그러나 이 두 상반된 혁명은 공통의 원리를 가지고 있다. 재현 논리의 핵심을 구성하는 것의 파괴, 즉 균형과 대칭을 가진 전체라는 유기적 모델의 파괴가 그것이다. 카위삭과 노베르, 그리고 디드로가 마침내 살아 있는 무대 연기의 모델로 간주한 예술이 회화였다는 사실은 이미 의미하는 바가 있다. 카위삭은 "진정으로 연극적인 모든 상황은 살아 있는 그림에 다름 아니"[7]●라고 말한다. 디드로에서 이러한 연극적 회화의 구성은 극적인 전환과 대립된다. 노베르에 따르면, 발레의 대가들은 바로 화가들에게서 한쪽에 여섯 목신을, 그리고 다른 쪽에는 여섯 요정을 배치하는 관례적 대칭을 깨뜨리고 각각의 인물에 그것에 고유한 표현을 부여하는 법을 배워야 한다.●● 표현력 넘치는 인물들로 이렇게 개별화하는

---

6 Jean-Georges Noverre, *Letttres sur la danse et sur les ballets*, Stuttgart/Lyon, Aimé Delaroche, 1760, pp. 122~23.
7 L. de Cahusac, *La Danse ancienne et moderne* ……, op. cit., p. 234.
● 카위삭을 따라 노베르 또한 동일한 관점을 가지고 있었다. 그에 따르면, "발레는 그림이다. 무대는 캔버스이고, 등장인물들의 역학적 동작들은 색채이며, 이렇게 말할 수 있다면, 그들의 얼굴 표정은 붓이다. 그리고 장면들 전체와 그 생동성, 음악의 선택, 무대 장식, 복장은 그것의 배색을 만든다. 결국 안무가는 화가인 것이다"(J.-G. Noverre, op. cit., p. 2).
●● 노베르는 여기에서 1757년 리옹 극장에 올려진 자신의 발레「비너스의 화장, 혹은 사랑의 책략」(La toilette de Vénus, ou Les ruses de l'amour)에 나오는 한 장면에 대해 이야기하고 있다. 그는 자신이 '활력 넘치는 장면'(Scène d'action)이라고 부르고 있는 것에서는 대칭은 자연에 자리를 내줘야 한다고 주장하면서 목신들의 갑작스런 출현에 놀라 달아나는 요정들과 이들을 쫓는 목신들의 장면을 예로 들어 설명한다. 달아나고 쫓는 자들 각각이 갖는 복합적인 감정을 열정과 에너지를 가지고 표현하는 '활력 넘치는 장면'은 아름다운 무질서(beau désordre)를 제시하면서 자연의 진실성을 드러낼 것이라고 노베르는 확신한다. 그러나 이해력도 없고 미적 감각도 없는 전통적인 발레의 대가들은 춤을 기계적으로 구성할 것이다. 즉 평행한 선 위에 동일한 숫자로 여섯씩 요정들과 목신들을 세우고 이들 각각에 동일한 동작을 요구할 것이다. 그러나 이 대칭적이고 부자연스러운 연출은, 노베르에 따르면, 진실을 왜곡하는 것으로

것, 그리고 상황의 요구에 따라 신체를 배치하는 이러한 자연스러움이 신체의 실제적인 운동성보다 더 중요한 **생동성**(vivacité)의 모델을 제공한다. 발레의 대가들이 주장하는 몸짓과 얼굴 표정에서 나타나는 사건들의 다수성은 일련의 행위들 전체와 사유들의 세계 전체를 자신 안에 집중시키고 있다고 할 수 있는 헤라클레스 토르소의 근본적 무표현성 (inexpressivité)과 적어도 하나의 공통점을 가지고 있다. 전자와 후자의 모델은 형식적 아름다움과 살아 있는 표현 사이에 설정된 결합을 해체한다. 둘은 모두 담론과 작품에 대한 사유에서 지배적이었던 낡은 유기적 패러다임과 단절하면서 신체 위에 쓰인 삶의 기록이라는 형식을 제안하고 있다.

사실 플라톤은, 담론은 유기체를 구성하는 모든 요소, 좀 더 정확하게는 오직 이 요소들만으로 이루어진 생명체의 모습을 본받아야 한다고 말한 바 있다. 또한 비트루비우스*는 아름다운 건축은 인간 신체의 비율에 의해 규범화되어야 한다고 가르쳤다. 뒤러의 글과 데생은 이상적 신체의 수학적 비율이라는 이 원리를 현실화했다. 그런데 이 수학적 아름다움은 이 당시에 강한 저항에 부딪혔다. 호가스와 같은 예술가들, 에드먼드 버크 같은 철학자들은 그것의 경직성에 영국식 정원의 새로운 디자인이 상징적으로 보여 주었던 곡선과 굽이치는 선의 매력을 대립시켰다.** 빙켈만은 이들의 논쟁을 잘 알지 못했지만, 그 또한 연속적인 곡선

귀결될 것이다(J.-G. Noverre, *op. cit.*, pp. 8~11 참조).
* 마르쿠스 비트루비우스 폴리오(Marcus Vitruvius Pollio)는 기원전 1세기경의 로마 건축가였다. 저서로『건축론』(*De architectura*)을 남겼다. 현재까지 전해져 내려오는 고대 건축 기술에 대한 인식의 대부분은 이 저서에서 기원한다.
** 랑시에르가 여기에서 언급하고 있는 선들에 관한 윌리엄 호가스(William Hogarth, 1697~1764)의 논의는 이후 낭만주의 문학에 영향을 끼친 그의 책『미의 분석』(*The Analysis of Beauty*, 1772)에 등장한다. "수학자들이, 그리고 마찬가지로 화가들이 종이 위에 사물들을 그리면서 늘 보여 주는 선들의 사용은 그것들에 대한 특정 이해를 정립했다. 그 선들이 실제 형태들 자체에 기초해 있다는 생각이 그것이다. 우리도 유사

을 각진 선들의 뻣뻣함에 대립시켰다. 그가 헤라클레스 토르소의 완전성을 특징지을 때 의지했던 이미지, 즉 바다의 파도처럼 근육이 서로 융해되어 뒤섞이고 있다는 묘사는 우연한 것이 아니다. 그것은 최상의 아름다움을 보여 주는 이미지로서, 절단된 토르소는 바로 이 이미지에 부응하고 있다. 머리와 모든 사지를 가지고 있는 아폴론 상이 그랬고, 또한 "신체와 그 형태의 어떤 특징도 변형시키지 않는 초연함(indifférence)에 비견될 만한 감수성과 성찰의 이 중지 상태"[8] 속에서 재현되고 있는, 돌로 변해 버린 무언의 니오베 조각상˚이 그랬던 것처럼 말이다. 아름다운 조각상은, 그 근육들이 어떤 동작에 의해서 팽팽하게 당겨져 있는 것이 아니라 거울의 미끈하고 고요한 표면을 떠올리게 하는 영속적인 운동의 파도와 같이 서로 융해되어 뒤섞여 있는 조각상이다. 반세기 이후에 유럽이 파르테논 신전의 부조들을 발견하게 되었을 때, 비평가들은 그것의 생동하는 운동을 빙켈만이 찬양한 조각상의 정적인 자세에 대립시키게 된다. 그런데 그렇게 할 때 그들이 준거하게 되는 것은 바로 빙켈만 자신이 규정한 완전성의 기준, 즉 "······ 대리석을 파도처럼 흐르게 만드는 융해와 운동의 원리"[9]다. 그것은 단순히 군주들이나 예술가들의 두뇌에 의

하게 이처럼 생각하면서 일반적으로 다음과 같이 말하면서 시작하고자 한다 — 직선과 원은 상이한 조합과 변이를 통해 모든 가시적 대상들의 경계를 그리고 그것들을 한정한다. 이렇게 하면서 그것들은 무한히 많은 다양한 형태를 만들면서 우리가 그 형태들을 일반적 부류들로 나누고 구별하도록 만든다. 따라서 중간적 형태의 혼합적 외양들은 독자 자신의 더 섬세한 관찰에 맡겨진다"(*The Analysis of Beauty*, reprint. in The Silver Lotus Shop, 1909, p. 71). 이어지는 논의에서 호가스는 길이에서의 변화만을 가지고 있는 직선과 다르게 길이뿐만 아니라 곡률에서도 차이를 가지는 곡선, 더 나아가 굽이치는 선(waving line)과 꾸불꾸불한 선(serpentine line)이 사물들을 보다 잘 소묘할 수 있다고 주장한다.

8 J. J. Winckelmann, *Histoire de l'art dans l'Antiquité*, op. cit., p. 276.
• 신화 속의 인물 니오베(Niobe)는 테베의 여왕이었다. 겸손함을 모르고 자신의 자식들을 뽐냈던 그녀는 여신 레토(Leto)의 노여움을 사서 자식들이 모두 죽임을 당하는 참사를 겪었고, 그 후 한곳에서 계속 울다가 돌로 변해 버렸다고 한다.
9 William Hazlitt, *Flaxman's Lectures on Sculpture* (*Collected Works*, vol. 16, p. 353). Alex

해 부과된 직각에 대립하는 자연의 굽이치는 선들이 아니다. 그것은 하나의 자연을 대체하는 또 다른 자연이다. 이 점에 관한 한 부동의 헤라클레스 조각상의 찬미자는 그뢰즈 식의 감상적 장면들의 애호가였던 철학자 디드로와 의견을 같이한다. 아름다움의 보증자인 자연은 이제 더 이상 부분들 사이의 균형이나 어떤 인물에 대한 표현의 통일성이 아니라 구성 요소들을 영속적으로 정지 상태에 놓아두면서 끊임없이 그것들을 뒤섞는 전체의 초연한 역량이다. 40년 뒤에 클라이스트는 헤라클레스 토르소에 대한 이 찬양을 통해 개시되었던 단절로부터 근본적인 귀결을 이끌어낸다. 그는 마리오네트 — 이것의 '영혼'은 그것의 무게중심과 일치한다 — 가 보여 주는 동작의 완전성을 이 동일한 중심에 이르기 위해 무용수의 표현력 넘치는 신체를 강제하는 베르니니 식의 뒤틀기에 대립시킨다.* 한 세기 후에 무용은 이야기를 묘사하고 인물을 그려내거나 음악을 이미지화해야 한다는 의무에서 벗어난 신체가 보여 줄 수 있는 모

Potts, "The Impossible Ideal: Romantic Concepts of the Parthenon Sculptures in early nineteenth century Britain and Germany", dans A. Hemingway et W. Vaughan (éds), *Art in Bourgeois Society 1790~1850*, Cambridge University Press, 1998, p. 113에서 재인용. (저자의 프랑스어 번역).

* 독일의 시인이자 극작가인 하인리히 폰 클라이스트(Heinrich von Kleist, 1777~1811)는 자신의 에세이 「인형극에 대하여」에서 인형의 다양한 동작은 그것의 중심 — 이것은 그에 의해 인형의 내면, 즉 영혼과 동일시된다 — 을 움직이는 것만으로 가능하다고 말한다. 이러한 관점에서 그는 실제 무용수에 비해 인형이 갖는 장점을 이렇게 설명한다. "말하자면 이 인형은 전혀 꾸밈이 없습니다. 왜냐하면 꾸밈은 당신도 알고 있듯이 영혼(생동력)이 동작의 중심이 아닌 다른 어떤 곳에 있게 될 때 나타납니다. 그런데 인형을 움직이는 사람은 철사나 실을 가지고는 이 중심이 아닌 다른 어떤 것도 통제할 수 없기 때문에 그 밖의 사지는, 당연히 그래야 하듯이, 생기 없는 진자로서 오직 중력의 법칙만을 따릅니다. 이것은 탁월한 특성으로서 우리 시대의 가장 훌륭한 무용가들에서도 발견하기 어렵습니다"("Über Marionettentheater", *Berliner Abendblätter* 12~15. Dezember 1810, p. 252). 클라이스트는 이 인형춤에 대립되는 예로, 바로크 시대의 조각가 베르니니의 조각상 「아폴론과 다프네」가 그리고 있는 다프네의 쓰러질 듯한 동작을 제시한다.

제1장 아름다움의 분리 33

든 가능성을 탐험하면서 자율적 예술로 정립된다. 물론 이러한 예술적 미래가 헤라클레스 토르소가 보여 주었던 근육들의 물결치는 표면에 미리 기록되어 있던 것은 아니다. 그러나 영웅의 기능적 신체에 의해 실행된 노역에 대한 기억과 일어섰다가는 다시 가라앉는 파도의 초연함 사이에서 긴장을 유지하고 있는 이 표면은 이미 한 신체의 다른 신체로의 변환이 일어나는 표면이었다. 하나의 표면에 나타나는 여러 표면 사이의 이러한 긴장, 그리고 동일한 신체에 나타나는 여러 신체적 본성 사이의 이 긴장, 이제 이것이 아름다움을 규정하게 된다. 절단된 토르소에 대한 찬양이 알리고 있는 예술은 클라이스트가 꿈꾸었던 예술, 즉 효과의 최대화를 위해 고안된 자동장치의 예술이 아니다. 그것은 형식, 기능 그리고 표현 사이의 분리를 통해 자유로워진 동작 구성의 다양성에 의해 규정되는 예술이다. 이렇게 빙켈만은, 예술가들이 무표현성, 초연함, 또는 부동성 속에 숨어 있는 감성적 역량을 분출하고, 이야기를 소묘하면서 그것을 멈추게 하고 의미를 전달하면서 그것을 중지시키며 자신이 지시하고 있는 형상을 은닉하는, 춤추는 신체뿐만 아니라 문장, 단면[*], 다채로운 터치가 보여 주는 상반된 운동들을 구성하는 데 몰두하게 될 시대를 열어젖힌다. 이 혁명은 디드로와 노베르의 선언에 의해 예고되었던 혁명보다 더 심원한 것이었다고 말할 수 있다. 물론 루돌프 라반[**]은 노베르와 그의 '발레 닥시옹'을 현대무용의 선구로 찬양하게 될 것이다.

- 원어 'plan'은 맥락에 따라 다양하게 번역될 수 있는데, 여기에서는 이 책의 제9장에서 다루어지는 로댕의 조각 예술과 관련된 것으로 보이기 때문에 '단면'으로 번역했다. 로댕은 조각을 "단면의 예술"(art des plans)로 규정하고 있는데, 이때 단면은 랑시에르가 릴케를 따라 로댕 해석에서 주제화하고 있는 '표면'(suface)과 동일한 의미를 지닌다. 이에 관한 자세한 논의는 제9장 참조.
- 루돌프 라반(Rudolf Laban, 1879~1958)은 슬로바키아 태생의 독일 무용 예술가이자 이론가였다. '키네토그라피 라반'(Kinetographie Laban) 혹은 '라반노테이션'(Labanotation)으로 불리는 신체 동작 분석을 창안함으로써 현대무용을 정립하는 데 크게 기여했다.

그러나 그는 이사도라 덩컨의 무용에 의해 촉발된 혁명을 더욱 찬양하게 되는데, 그의 무용은 "의지의 힘에 의해 성취된 결과"[10]의 우월성을 의문에 부치게 하는 운동과 정지의 동일성을 드러내는 데 열중하고 있기 때문이다. 그런데 덩컨의 무용이 자신의 표현 수단을 찾았던 곳은 바로 고대 그리스의 항아리나 프리즈의 정지해 있는 인물 형상들이다. 자유로운 운동, 즉 정지와 동등한 운동은 신체의 자세가 특정한 감정들을 의미하도록 강제하는 구속 관계들이 해체되는 한에서만 자신의 표현적 역량을 해방한다. 20세기에 찬양되었던 '표현 무용'(danse d'expression)은 절단된 토르소에 대한 분석을 통해 이루어진 기호와 운동 사이의 분리를 제안한다. 그것은 의지적 행위의 모델과 여전히 '발레 닥시옹'을 이끌고 있는 읽기 쉬운 교사의 모델과의 단절을 제안하고 있다.

빙켈만은 아름다움과 표현을 분리함으로써 예술 또한 둘로 분리한다. 그는 형식의 아름다움을 그것에 대한 앎과 분리한다. 표현의 규약에서 해방된 이 아름다움을 평가하기 위해서는, 그 예술가[*]의 해부학적 지식과 이것을 형식의 창조를 통해 옮길 수 있는 그의 능력을 알아보게 해주는 근육에 대한 정확하고 기능적인 소묘를 그 아름다움에서 찾는 일을 멈춰야 한다. 파도와 같은 근육만을 묘사하고 있는 헤라클레스 토르소가 신적인 위엄이 얼굴에 드러나야만 하는 아폴론 상보다 예술의 위대한 시대에 더 가까이에 가 있다. 반면 팽팽한 근육과 얼굴 표정에 대한 정확한 소묘를 보여 주고 있는 라오콘이 생기 없고 쿠표현적인 아폴론 상보다 지식에 있어서는 우위에 있지만, 서로 융해되어 뒤섞여 있는 윤곽선을 가지고 있는 아폴론 상이 상처의 고통과 이 고통에 저항하는 영혼의

---

10 Rudolf Laban, *La Danse moderne éducative*, tr. fr. J. Challet-Hass et J. Challet, Bruxelles, Complexe, 2003, p. 22.
* 헤라클레스 토르소의 작가로 추정되는 아폴로니오스(Apollonios)를 지시한다. 조각상 앞면 하단부에는 '네스토르의 아들이자 아테네인인 아폴로니오스'라는 글자가 새겨져 있다.

위대함을 동시에 보여 주어야만 했던 라오콘보다 아름다움에 있어서는 우위에 있다. 아름다운 형식과 학문적 작업 사이의 분리는 35년 뒤에 칸트에 의해 오늘날 학생들이 너무나도 잘 알고 있는 논제로 — 그러나 그들은 이 논제가 재현 규범에 대해서 가했던 엄청난 폭력은 잊은 지 오래다 —, 즉 아름다움은 개념 없이 즐거움을 주는 것이라는 논제로 요약된다. 이 단절의 핵심이 어디에 있는지를 정확히 측정하는 것이 필요하다. 확실히 재현의 논리는 예술 규칙의 매우 능숙한 적용에 추가되어야만 하는 '나는 모르지만'*과 천재적 필치를 모르지 않았다. 고대의 지지자들은 근대인들의 비판을 물리치기 위해 그것을 자신들의 무기로 삼기조차 했다. 부알로**가 롱기누스의 것으로 추정되는 『숭고에 대하여』라는 논고를 망각 속에서 끄집어냈던 것도 이러한 이유에서였다. 오늘날 일부 사람들은 숭고한 불균형 속에서 재현 모델의 파괴와 모더니티의 핵심어를 발견하고자 했다. 그러나 여기에는 적어도 어떤 오해가 놓여 있다. 왜냐하면 숭고는 모더니티의 개척자들이 발견한 것이 아니기 때문이다. 숭고를 옛 대가들이 가졌던 우월성의 비밀이자 재현 체계의 핵심으로 만들었던 것은 '고대'의 옹호자들이다. 숭고의 능력인 천재성은 예술 규칙과 전문지식을 그것들의 살아 있는 원천에 관련시키고, 그렇게 함으로써 그것들이 감성 존재 일반이 겪는 정서와 일치하는지를 확인해 주는

---

* 랑시에르는 『판단력 비판』에서 칸트가 천재의 세 번째 특징으로 언급한 것을 상기시키고 있다(§ 46 참조). 칸트에 따르면, 자신이 생산한 것을 설명하지 못하는 무지는 천재 예술가의 고유한 특징 가운데 하나다. 앎과 동일화되는 이 무지, 혹은 앎과 무지의 이 동일성은 미학체제를 특징짓는 '상반된 것들의 근본적 동일성'의 한 형태를 구성한다(PS, pp. 31~33 참조). 여기에서 랑시에르는 미학체제에 고유한 천재 개념과 구별되는 재현체제의 천재 개념에 대해서 설명하고 있다.
** 니콜라 부알로(Nicolas Boileau, 1636~1711)는 프랑스의 시인이자 비평가였다. 고전 미학의 대표적인 이론가였던 그는 '파르나스의 입법자'(législateur du Parnasse)라는 별명을 가지고 있었다. 17세기 말 프랑스 아카데미를 달구었던 신구논쟁에서 고대의 옹호자들 가운데 수장 역할을 맡았다.

자연의 보충(supplément)이었다. 이 숭고한 보충은 재현 논리의 최고 원리인 조화, 즉 예술 생산물 속에 실현된 능력과 그것이 목적으로서 겨냥하고 있는 사람들의 감정 사이에 존재하는, 동일한 본성 안에서 성립하는 조화를 긍정했다. 미메시스가 전개될 수 있는 공간을 주었던 것은 바로 포이에시스와 아이스테시스 사이에 설정된 이 조화였다.* 그리고 거꾸로 미메시스의 작업은 이 조화를 확인했다. 개념 없는 아름다움에 대한 칸트의 이론화는 보충에 대한 이러한 관념과의 단절을 의미했는데, 그 이유는 그것이 무엇보다도 이 일치의 관념과 단절하고 있기 때문이다. 그러나 빙켈만이 찬양했던 절단된 토르소, 돌로 변한 니오베의 조각상, 그리고 한가로운 아폴론 상과 더불어 이제 중요해진 것은 더 이상 더하기가 아니라 빼기(soustraction)가 된다. 중요한 것은 예술 규칙들에 표현의 불꽃을 첨가하는 것이 아니다. 능숙하게 재현된 표현이 적을수록 더 많은 아름다움이 존재하게 된다. 그리고 중요한 것은 완성하는 것이 아니라 분리하는 것이다. 아름다움의 평가를 떠맡는 감관(sensorium)은 그것을 예술 제작의 감관과 일치시키는 규칙에 의해 더 이상 규제되지 않는다. 칸트는 후에 둘 사이의 단절을 뛰어넘기 위해서는 천재의 능력과 심미적 이념들이 필요하다고 말한다.** 그러나 여기서 말하는 천재성은 예술 규칙들과 감성 존재의 정서들 사이의 일치를 확인하는 보충

- 사회적 활동 혹은 직업의 분할, 예를 들면 수공업 장인과 귀족의 분할과, 보이거나/보이지 않고 혹은 들리거나/들리지 않는 '감각적 지각과 존재 방식' 사이의 연속성과 통일성을 가능케 하는 것은 재현 방식으로서의 미메시스다. poiesis, mimesis, aisthesis 세 개념 사이의 관계를 통해 규정되고 있는 재현체제에 대해서는 『미학 안의 불편함』(*Malaise dans l'esthétique*, p. 16; 주형일 옮김, 32~33쪽) 참조.
- 칸트에 따르면 '심미적 이념'(idée esthétique)은 천재의 능력인 상상력의 표상으로서, 특정한 어떤 개념으로 규정할 수 없는 수많은 것을 사유하도록 해주어 인식 능력들에 생기를 불어넣어 준다. 천재성은 이 이념에 적합한 표현을 찾아내고, 여기에서 생겨난 주관적인 마음의 정조를 다른 사람들에게 전달하는 것에서 성립한다(『판단력 비판』, §49 참조).

제1장 아름다움의 분리 37

이 더 이상 아니다. 이제 그것은 두 이질적 논리, 즉 예술이 작품 속에 실현하고 있는 개념들의 논리와 개념 없는 아름다움의 논리 사이에 놓인 우연의 다리이다. 예술가 그 자신은 명료하게 알 수 없는 능력인 이 천재성은, 그가 한 것과는 다른 것을 하고 그가 생산하려고 했던 것과는 다른 것을 생산할 수 있는 능력이며, 그렇게 함으로써 독자, 관객, 청중에게 단 하나의 표면 위에서 여러 표면을, 하나의 동일한 문구에서 여러 언어를, 그리고 단 하나의 동작에서 여러 신체를 알아볼 수 있고 또 그것들을 상이하게 결합할 수 있는 가능성을 제공하는 능력이다.

그러나 역설의 폭력은 여기에서 멈추지 않는다. 예술을 예술로서, 즉 더 이상 화가와 조각가, 건축가 혹은 시인의 능력으로서가 아니라 하나의 고유한 세계로서 존재하게끔 하는 것은 예술의 근거와 아름다움의 근거 사이의 이러한 분리 자체라는 점을 덧붙일 필요가 있기 때문이다. 헤라클레스 토르소에 대한 분석이 갖는 독특성은 빙켈만의 책이 표방하고 있는 유형의 독특성, 즉 그의 책이 고대의 조각, 기념물, 그리고 회화의 역사가 아니라 『고대 미술사』라는 사실과 분리될 수 없다. '미술사'(histoire de l'art)는 예술*이 단수로, 그리고 명사 보어 없이 존재한다는 점을 가정하고 있다. 이것은 오늘날의 우리에게는 분명하다. 그러나 빙켈만은 최초는 아니라고 해도 우리가 오늘날 이해하고 있는 예술이라는 관념, 즉 더 이상 회화와 조각 그리고 시의 작가들이 가진 능력으로서가 아니라 그들의 작품이 보여 주는 공존의 감각적 환경(milieu sensible de coexistence)으로서의 예술이라는 관념을 창안해 낸 최초의 사람들 가운데 하나다. 빙켈만 이전에 『고대 미술사』의 가능성은 가로막혀 있었는데, 그 이유는 그 구성 요소들이 예술가들의 역사와 고대 문물의 역사

● 관례에 따라 빙켈만의 책 제목의 일부인 'histoire de l'art'를 '미술사'로 번역했지만, 여기에서 사용된 'art'를 랑시에르가 논의할 때 그것은 '예술'이라는 보다 포괄적인 의미로 쓰이기 때문에 '예술'로 번역한다.

라는 두 개의 분리된 역사에 속해 있었기 때문이다. 한편으로 예술가들의 삶이 있었는데, 이 예술가들의 삶이라는 장르는 플루타르코스의 『영웅전』에서 제시된 모델에 기초해 바사리에 의해 창안된 것이었다.* 『영웅전』은 엘리트에 의해 실천되고 향유되던 '교양과목'과 대중에 의해 실천되었던 유용한 목적을 위한 수공예 기술로 기예―제작술―가 분할되었던 세상에서는 의미가 있었다. 이러한 맥락에서 『영웅전』은 화가들과 조각가들이 교양과목의 세계에 진입하는 것을 정당화하는 역할을 하기 때문이다. 또한 여기에서 일화성의 이야기들이나 도덕적 교훈은 작품 분석만큼 중요한 위치를 차지했다. 예술가들의 삶이라는 장르는 이 시기 이후에, 특히 1672년에 벨로리가 출간한 『근대 화가들, 조각가들 및 건축가들의 삶』에 의해 부활되었다. 이 책은 회화 기법의 원리들에 대한 논쟁이 한창 진행되는 와중에 등장했다. 벨로리는 라파엘로에서 그 완전성에 도달했으나 이후에 미켈란젤로의 마니에리스모(manièristes) 후계자들에 이르러 타락하게 된 이 원리들이 어떻게 17세기에 카라치와 볼로냐 화파**를 통해 복원되었고, 로마 화파와 푸생***을 통해 계승되었는

- 조르조 바사리(Giorgio Vasari, 1511~74)의 책 『가장 뛰어난 화가들, 조각가들, 건축가들의 삶』(Le vite de piu eccellenti pittori, scultori e architettori, 1550)은 르네상스 시대의 예술가 200여 명과 그들의 작품을 기술하고 있다. 고대의 부활이라는 의미로 '르네상스'(rinascimento)라는 말이 처음 사용되었던 것도 바로 이 책에서였다. 이 책은 미술사의 시초로 간주되고 있다.
- 카라치(Carracci, 프랑스어로는 'Carrache')는 세 명의 이탈리아 화가를 지칭한다. 이 가운데 안니발레(Annibale, 1560~1609)와 아고스티노(Agostino, 1557~1602)는 형제였고, 루도비코(Ludovico, 1555~1619)는 사촌이었다. 이들은 모두 당시에 그 한계를 드러내고 있던 마니에리스모를 거부하고 새로운 화법을 모색했다. 이들은 1590년에 초보자들을 위한 아카데미아(Academia degl' Incamminati)를 설립하고 학생들에게 회화 기법의 원리를 체계적으로 가르치면서 이른바 '볼로냐 화파'라고 불리는 커다란 흐름을 만들어냈다. 이 아카데미아에서 가르쳤던 회화 기법의 원리는 자연에 대한 탐구와 과거의 거장에 대한 연구, 그리고 고대 미술에 대한 연구로 요약할 수 있다. 이상적 아름다움을 찾기 위한 이러한 탐구는 17세기 고전주의와 바로크 미술을 탄생시킨 중요한 계기가 되었다.

지를 보여 주고자 했다. 이 논증 과정에서 예술가들의 삶이라는 장르는 작품들에 대한 분석으로 이동할 수밖에 없었다. 그러나 벨로리와 그의 프랑스인 모방자들은 예술가들의 삶을 일반적 개념으로서의 역사에 병합하지 않았고, 마찬가지로 이러저러한 화가나 조각가의 예술(art)을 고유한 경험 영역으로서의 예술(Art)에 병합하지도 않았다. 그러한 생각은 사람들이 당시에 '골동품상'(antiquaires)이라고 불렀던 사람들의 작업에서도 마찬가지로 낯선 것이었다. 이 골동품상들은 이탈리아로부터 고대의 유물 일부를 들여왔고, 메달과 카메오, 흉상 그리고 이런 식으로 모은 다른 조각 석상들에 대한 상세한 모음집을 출간했다. 이 물건들은 그들에게 '기념물', 즉 고대의 삶을 기술하는 문서들의 증언을 보충하는 증언이었다. 베네딕투스파 수도사였던 베르나르 드 몽포콩은 그 원리를 다음과 같이 제시한 바 있다. 예술의 기념물은 "마치 그림으로 보여 주듯이" 과거 민족들의 관습과 의식들에 대해 고대 작가들이 서술하고 가르쳤던 것의 대부분을, 즉 "[오늘날의] 작가들이 배우지 못하는 무수히 많은 것들"[11]을 재현했다. 물론 이러한 종류의 역사는 예술 수집가들의 열정에 의해 문서에 대한 보충이라는 단순한 기능으로부터 그 물건들 자체, 그 재료들, 그리고 그 제작 방식에 대한 고찰로 이동했다. 케일뤼스 백작*에 의해 1752년에 파리에서 출간된 『이집트, 에트루리아, 그리스,

---

••• 니콜라 푸생(Nicolas Poussin, 1594~1665)은 17세기 고전주의 회화를 대표하는 프랑스 화가로, 프랑스인임에도 불구하고 주로 로마에서 활동했으며, 로마 화파의 중요한 일원이었다. 로마 화파는 당시에 가장 중요한 데생 예술 화파로서 주로 고대 미술에 대한 연구를 통해 데생의 원리와 표현 기술을 터득했다.

11 Bernard de Montfaucon, *L'Antiquité expliquée et représentée en figures*, Paris, Firmin Delaulne, 1719, p. III.

• 프랑스의 고고학자이자 골동품 수집가였던 안 클로드 드 케일뤼스(Anne Claude de Caylus/Le comte de Caylus, 1692~1765)는 회화와 조각 같은 예술과 고대 유물에 대한 책을 출판했는데, 그 가운데 대표적인 것이 『이집트, 에트루리아, 그리스, 로마의 고대 유물 모음집』(*Recueils d'antiquités égyptiennes, étrusques, grecques et romaines*, 7 vols., 1752~67)이다. 이 책은 고고학에서 비교 연구 방법의 초석을 놓은 작업으로

로마의 고대 유물 모음집』은 오늘날 자신과 같은 부류에 속하는 '골동품 상들'이 보기에 고고학 역사가들이 존경을 표할 만큼 재료와 기술의 세부 사항에 대한 관심을 보여 주고 있다.[12] 그런데 케일뤼스의 유물 목록은 '미술사'를 향한 어떤 의지와도 정면으로 배치된다. 고대에 대한 자신의 열정 속에서 케일뤼스는 무엇보다도 유물들이 갖는 증거로서의 가치에 관심을 갖는데, 이러한 가치는 아폴론이나 비너스와 같은 생기 없는 조각상보다는 실용 물건과 같은 '하찮은 것들'에서 더 크게 나타난다.[13] 케일뤼스 백작은 자신이 수집한 유물들을 독립적인 전체로 구성하기를 거부하고 그것들 하나하나를 기술하고 있다. 이렇게 함으로써 그는, 일부 유물들로는 "자신들이 속해 있던 전체를 드러낼 수 없기"[14] 때문에 그것들에 기초해 이루어지는 모든 일반화를 피하고 있는 셈이다.

따라서 『고대 미술사』를 제시하기 위해서는 이상적 아름다움을 탐구하는 이론가들과 고대 유물 수집가들 사이의 상충하는 관심을 통합하는 것만 필요했던 것은 아니다. 무엇보다도 이러저러한 예술가의 예술 ― 즉 그가 가지고 있던 생각과 전문지식 ― 을 연구하는 사람들과 **기예들**(arts), 즉 물건들을 만들고 문명의 모습을 그려내는 지식과 기술을 연구하는 사람들이 가지고 있던 이중의 한계로부터 예술 개념을 빼낼 필요가 있었다. 교양 과목과 수공예 기술 사이의 사회적 분리를 폐지함으로써 '예술가의 삶'이 가지는 독특성과 기예의 발전이라는 익명성 사이에 존재하는 분리를 혁파하는 것이 필요했다. 하나의 개념이 이 작업을 수행했는데, 그것이 바로 역사(Histoire)라는 개념이다. 역사는 예술이라는

평가받고 있다.
12 이 점에 대해서는 Alain Schnapp, *La Conquête du passé: aux origines de l'archéologie*, Paris, Carré, 1993 참조.
13 Charles Nisard (éd.), *Correspondance inédite du comte de Caylus avec le Père Paciaudi, théatin (1757~1765)*, Paris, Firmin-Didot, 1877, p. 9.
14 Comte de Caylus, *Recueil d'antiquités égyptiennes, étrusques, grecques et romaines*, Paris, Desaint et Saillant, 1752, p. 3.

구성된 실재를 자신의 대상으로 삼지 않는다. 역사는 이 실재 자체를 구성한다. 미술사가 있기 위해서는 예술가의 삶 및 유물의 역사와 구별되고, 수공예 기술과 교양 과목 사이의 낡은 분할로부터 벗어난 독립적 실재로서의 예술이 있어야 한다. 그러나 역으로 예술이 작품들의 감각적 환경으로서 존재하기 위해서는 역사가 집단적 삶에 대한 이해 형식으로서 존재해야 한다. 이 역사는 모범적 삶이라는 낡은 모델을 모방하고 있는 개별 삶들의 이야기로부터 벗어나야 한다. 따라서 그것은 작품들에 대한 서술을 진보, 완성, 퇴보의 과정 속에 기입하는 시간적이고 인과적인 도식을 포함하고 있어야 한다. 그러나 이 도식 자체는 몽테스키외가 정치체제들을 설명하기 위해 구상해 낸 모델에서처럼* 미술사가 집단적 삶의 형식에 대한 서술이 되고, 동질적인 삶의 환경과 이 환경에서 발생한 상이한 형식들에 대한 서술이 된다는 점을 함축한다. 따라서 역사는 특정한 장소에 함께 거주하는 사람들, 거기에서 공통의 건축물들을 기획하는 사람들, 거기에서 의례들을 집전하고 참가하는 사람들 사이에 존재하는 일종의 공존 형식을 의미한다. 예술(Art)은 역사를 환경, 집단적 삶의 형식, 그리고 개별적 창조의 가능성 사이에 존재하는 관계로 이해하는 이러한 생각과 더불어 자율적 실재가 된다.

역사주의적 관심은 당연히 재현 질서의 규범과 단절하고자 하는 모든 사람에게 공통적으로 나타난다. 발레와 연극적 재현은 각각 노베르와 탈마에 따르면, 일부 개인들의 눈부신 행적들 이상으로 역사를 만들어가는 민중의 삶과 풍습을 가르쳐야 한다. 그러나 빙켈만이 실현하고 있는 미술사에는 더 근본적인 무엇이 있다. 이 미술사에서 문제가 되는 것은 단순히 과거 한 민족의 삶의 방식과 자기표현 방식을 정확하게 재현하는

• 몽테스키외(Montesquieu, 1689~1755)는 『로마인들의 위대함과 그들의 쇠퇴의 원인에 대한 고찰』(*Considérations sur les causes de la grandeur des Romains et de leur décadence*, 1734)에서 역사의 개별 사건들을 지배하는 일반적 원인이 있음을 주장한 바 있다.

것이 아니다. 그것은 한 예술가의 예술과, 그가 속한 민족과 시대의 삶을 지배하는 원리들 사이의 공속(coappartenance)을 사유하는 것이다. 그에게 나타나는 한 개념이 이 매듭을 요약하고 있는데, 그것이 바로 '양식'(style) 개념이다. 한 조각가의 작업 속에서 드러나는 양식은 어떤 한 민족, 이 민족의 삶의 어떤 시기, 집단적 자유가 갖는 역량의 발휘에 속한다. 예술(Art)은 우리가 그것에 한 민족과 한 사회, 그리고 그 민족의 집단적 삶의 전개 과정에서 특정 시기에 해당하는 어떤 시대를 주제로서 제공할 수 있을 때 존재한다. 재현 질서를 지배했던 포이에시스와 아이스테시스 사이의 '자연적' 조화에 대립해서 개별성과 집단성 사이에, 혹은 예술가의 개성(personnalité)과 그 개성을 만들어 내고 그 개성이 표현하고 있는 공유된 세계 사이에 새로운 관계가 성립한다. 원시 조각에서 고전적 절정기에 이르는 진보 그리고 그것의 퇴보는 이렇게 그리스적 자유의 진보와 상실을 따르고 있다. 귀족들과 성직자들의 권력에 거의 전적으로 종속해 있던 집단공동체의 초기 시대에는 유치한 기예의 서투름과 규범화된 모델을 따라야 하는 의무에서 동시에 연원하는 형식들의 경직성이 상응한다. 그리스적 자유의 황금시대에는 '유려한 윤곽들'을 가진 위대하고 고귀한 예술이 상응한다. 이 자유의 퇴보는 우아함(grâce)의 예술로의 이행으로 나타나는데, 여기에서는 양식이 기교(manière)에, 즉 한정된 호사가 집단의 특수한 취향을 위해 작업하는 예술가의 특별한 재주에 자리를 물려주게 된다. 집단적 통합과 개인주의적 해체라는 두 극단 사이의 여행으로서의 이 미술사는 아주 긴 미래를 갖게 될 것이다. 혁명의 시기에 그것은 집단적 자유의 표현이라는 고대의 모델에서 다시 힘을 얻은 예술의 재생이라는 꿈을 성장시키게 될 것이다. 그러나 이 미술사는 또한 보다 은밀하고 지속적인 방식으로 오늘날에도 미술관들이 예술작품들을 전시할 때 근거하고 있는 역사적 배열을 만들게 될 것이다. 그것은 또한 낭만주의 시대에는 예술에 대한 모든 사유를 지배하게 될 것이고, 헤겔을 통해 자신의 체계화를 상징 예술에서 고전 예술로, 그리고 고전적 형식에서 그것에 대한 낭만주의적 해체로의 이행 속에서 발견하게 될 것이다. 많은 우리의 동시대인들은 여기에서 예술의 역사주의적 이탈을 본다. 그러나 고유한 세계로서의 예술(Art)이라는 개념이 밝혀지게 된 것은 다름 아닌 바로 이 '이탈'의 길을 통해서였다. 역사(Histoire)가 집단적 삶의 개념으로 존재하기 시작하면서 예술(Art)은 생산과 경험의 자율적 영역으로 존재하게 된다. 그리고 이 결합을 정식으로 표현한 사람은 예술의 숭고함을 그 생산의 산문적 조건으로 천박하게 환원하고자 하는 사회학자가 아니었다. 그것은 고대의 대리석에 정신을 빼앗겨 그것에 대한 숭배에 가장 적합한 성소를 그것에 제공하려 했던 애호가였다.

사실, 이 사랑 자체는 의심에 부쳐질 수 있고 논변도 쉽게 뒤집힌다. 우리가 신고전주의적 냉정함을 규범화했다고 빙켈만을 옹호하고자 한다면, 그것은 거꾸로 독일 낭만주의와 관념론의 광적인 열정을 초래했다고 그를 비난하기 위한 것이다. 이 경우에 그의 『고대 미술사』가 창출해 낸 것은 독일적 그리스가 될 것이다. 이 이상적인 땅 그리스에서는 예술이 자신의 토양에서 발현했고 민중의 삶을 표현했기 때문이다. 그리고 프랑스혁명가들이 꿈꾸었던 로마의 자매 격인 이 독일적 그리스는 예술의 운명에 대한 유토피아를 배양하게 될 것이다. 이 운명에 따르면 예술은 스스로를 폐기하고 자신의 본래적 정체성, 즉 한 민족이 갖는 감성적 삶의 형식들의 짜임새가 될 것이다. 이렇게 그것은 자신의 통일성을 찬양하는 민족의 삶과 예술의 삶 사이의 동일화라는 '전체주의적' 망상을 배양하게 될 것이다.

그러나 이 그리스의 최고의 구현을 머리와 사지가 절단된 조각상에 놓고 있는 역설을 어떻게 잊을 수 있다는 말인가? 또한 그 조각상이 불러일으킨 찬양의 양상을 어떻게 잊겠는가? 헤겔의 가르침에 따르면, 과거에는 예술이 한 민족의 삶의 표현이었을 것이다. 그러나 빙켈만은, "눈물 어린 눈으로 다시 볼 수 있다는 희망도 없이 해안에 멈춰 서서 바다로 떠나는 자신의 연인을 쫓으면서 이미 멀어져 간 돛에서 그의 이미지를 보고 있다고 믿는 여인처럼"[15] 그리스 예술의 운명을 쫓았다고 이미 말한 바 있다. 신체를 표현하는 토르소, 모든 행위를 표현하는 한결같은 파동의 운동, 배가 데리고 간 연인을 표현하는 돛. 이렇게 빙켈만을 통해 후세에 전해진 그리스적 신체는 자기 자신과 분리되고 모든 재활성화로부터 차단된 신체, 결정적으로 파편화된 신체다. 따라서 그것은 루소가 같은 시기에 『달랑베르에게 보내는 연극에 관한 편지』에서 언급하고 있는 전사들, 노인들, 청년들의 스파르타 합창단이라는 신체와는 아주 다른 신체다. 실제로 루소가 [달랑베르에 대해] 제기한 논쟁은 재현 논리의 정합성을 다른 방식으로 공격하고 있다. 빙켈만은 표현 능력과 형식적 완전성 사이의 조화라는 전제를 파괴한다. 반면에 루소는 그 말의 본래적 의미로서의 윤리적(éthique) 지반에 대해 질문을 제기한다. 에토스(ethos)는 '존재 방식'을 의미하며, 루소의 논점은 다음과 같이 요약할 수 있다. 연극의 존재 방식, 즉 무대 위의 동작과 허구를 통해 체험하게 되는 감정들의 존재 방식은 사람들의 존재 방식을 적극적으로 교육하겠다는 연극의 주장과 모순된다. 왜냐하면 연극은 군중을 모아놓고는 공동체를 형성하는 미덕을 그들로부터 빼앗아 버릴 뿐이기 때문이다. 연극의 고유한 형식은 "한심하게 소수의 사람들을 어두컴컴한 소굴에 가두어놓고 침묵과 무위(inaction) 속에서 두려워 꼼짝 못하도록 그들을 붙들어 두는 배타적 구경거리"[16]의 형식이다. 분리와 수동성, 이것이 재현적 무대의 고유한 특징인 반사회적 특징이다. 루소는 이것에 모두가 참여하고 모두가 배우가 되며, 무대에서는 흉내로 변질되었던 감정을 서로 나누게 되는 축제를 대립시킨다.* 그에 따르면 스파르타의 연일 지속되는 축제가 바

---

15 J. J. Winckelmann, *Histoire de l'art dans l'Antiquité, op. cit.*, p. 611.
16 Jean-Jacques Rousseau, *Lettre à d'Alembert*, dans *Œuvres complètes*, t. V, *Écriture sur la musique, la langue et le théâtre*, Paris, Gallimard, col. "Bibliothèque de la Pléiade", 1995, p. 114.

로 그것이었다. 이 축제는 근대 국가의 시민 축제가 될 수 있을 것인데, 제네바 시민들이 농촌과 수상에서 즐기는 오락은 그것의 씨앗을 보여 준다고 할 수 있을 것이다. 이후에 이 축제는 집단적 행위로 전화된 공연이라는 위대한 꿈으로 변모하며, 이 꿈은 프랑스혁명이라는 축제에 영감을 주게 될 것이고, 20세기 초에 다시 꽃피우게 될 것이다. 1913년에 헬러라우(Hellerau)에서 아돌프 아피아의 무대장치**와 자크-달크로즈의 리듬체조***를 통해 훈련받은 합창단과 함께 무대에 올려진 「오르페우스와 에우리디케」(Orphée et Eurydice)의 공연은 그 한 예가 될 것인데, 이 공연에는 유럽의 예술 엘리트 계층의 아이들과 박애주의자이고 근대주의자인 한 기업인에 의해 창립된 '산업 예술을 위한 독일 아틀리에'*

- "그렇다면 이 공연의 목적은 무엇이 될 것인가? 무엇을 보여 주게 될 것인가? 사실 아무것도 보여 주지 않는다. 군중이 흘러넘치는 모든 곳에서는, 자유와 함께 행복이 마찬가지로 흘러넘친다. 광장 한가운데에 꽃으로 장식한 말뚝을 세우고 사람들을 모이게 하라. 그러면 축제가 열릴 것이다. 더 나아갈 수 있다. 관객들을 무대에 오르게 하여 그들을 배우로 만들어라. 그러면 각자는 다른 사람들 속에서 자신을 보게 되고 자신을 사랑하게 될 것이며, 마침내 그것을 통해 모두는 보다 끈끈하게 결합될 것이다"(J.-J. Rousseau, *op. cit.*, p. 115). 여기에서 랑시에르는 연극적 재현을 비판하면서 그것에 집단 무용을 대립시키는 플라톤을 재발견한다. 이에 대해서는 『해방된 관객』(*Le spectateur émancipé*, pp. 61~62, 양창렬 옮김, 79~80쪽)과 『감각계의 분할』(*Le partage du sensible*, pp. 14~16) 참조.
- ** 스위스의 건축가이자 무대장치가이고 이론가였던 아돌프 아피아(Adolphe Appia, 1862~1928)는 회화적인 평면적 무대장치를 거부하고 역동적이고 살아 있는 입체적 무대장치를 옹호했다. 이러한 관점에서 그는 빛뿐만 아니라 그림자의 중요성을 강조했다. 아피아는 빛, 공간, 인간 신체를 통일적 연출을 창출하기 위해 사용될 수 있는 가공 가능한 원재료로 간주함으로써 무대 디자인과 무대 조명에 대한 새로운 관점을 제시했다. 랑시에르는 아피아의 책 『바그너 드라마의 연출』을 연출이라는 새로운 예술에 대한 최초의 선언으로 간주한다. 아피아의 연출론에 대해서는 이 책의 제7장과 제10장 참조.
- *** 스위스의 작곡가이자 음악 교육가인 에밀 자크-달크로즈(Émile Jacques-Dalcroze, 1865~1950)는 '달크로즈 방법'이라고 불리기도 하는 '달크로즈 유리드믹스'(Dalcroze Eurythmics)라는 음악교육 방법을 창안했다. 이 방법의 핵심은 학생들이 몸동작을 통해 음악을 신체적으로 인지하고 체험할 수 있도록 가르치는 데에 있다.

에서 일하는 노동자들의 아이들이 서로 뒤섞여 있었다. 또 다른 예는 극장을 집단적 행위로 탈바꿈시킬 시민 축제로 연극이 끝날 수 있도록 구상된 로맹 롤랑의 『7월 14일』(Quatorze Juillet)이다.** 그리고 공연되던 연극의 급반전의 순간에 내전의 전선으로부터 날아온 새로운 전보와 소비에트 전투의 구호를 섞어 놓았던 프세볼로드 메이예르홀트***의 공연 등도 마찬가지다. 물론 예술과 혁명의 이름으로 이루어지는 이 집단적 동원의 형식들은 루소가 찬양한 바 있는 '순진무구한' 오락과는 거리가 멀다. 마르크스, 바그너, 니체는 그것을 경유했다. 그러나 그들이 재현 논리

- 공식 명칭은 '수공예를 위한 아틀리에 연합'(Vereinigte Werkstätten für Kunst im Handwerk)으로 1898년에 창립되어 1991년까지 존속했다. 처음에는 '수공예를 위한 드레스덴 아틀리에'(Dresdner Werkstätten für Handwerkskunst)로 불렸고 그 후에는 '수공예를 위한 독일 아틀리에'로, 마지막에는 '독일 아틀리에 헬러라우' (Deutsche Werkstätten Hellerau)로 불렸다. 1907년에 창립된 '독일공작연맹' (Deutscher Werkbund), 그리고 1919년 독일의 건축가 발터 그로피우스(Walter Gropius)가 창립한 '바우하우스'(Bauhaus)와 함께 19세기 말에서 20세기 초에 독일에서 부흥한 미술공예운동을 이끌었다.
- ** 평생 예술에 대한 열정 속에서 살았던 로맹 롤랑(Romain Rolland, 1866~1944)은 예술을 통해 사람들 사이의 화합을 이룰 수 있는 방법을 모색했다. 희곡 『7월 14일』 (7월 14일은 프랑스혁명의 시작을 알리는 상징적 사건이었던 파리 민중의 바스티유 감옥 습격이 일어난 날이다)은 롤랑이 쓴 여덟 편의 혁명극 가운데 하나다. 이 혁명극들 모두를 이끌고 있는 저자의 핵심적 의도는 예전에 서로 적대시했던 사람들에게서 동일한 도덕적 고결함을 발견하고 그들을 그 위대함 속에서 화해시키는 것이었다. 『7월 14일』은 1936년 파리의 알람브라(Alhambra) 극장에서 상연되어 커다란 성공을 거두었다. 이 연극에 대한 감상평에서 롤랑은 특히 음악을 칭찬하면서 다음과 같이 말한 바 있다. "축제의 노래와 춤은 민중적이어야 한다. 그런데 사람들의 말에 따르면 이미 그러하다. 레퓌블릭 광장에서 바스티유 광장에 이르는 모든 구역에서 사람들은 그 노래를 콧노래로 부르고 휘파람으로 부르고 있으니 말이다"(R. Rolland, "Le 14 juillet à l'Alhambra", dans Chantal Meyer-Plantureux, Théâtre populaire, enjeux politiques: De Jaurès à Malraux, Editions Complexe, 2005, p. 199).
- *** 프세볼로드 메이예르홀트(Vsevolod Meyerhold, 1874~1940)는 러시아의 연극 연출가이자 배우였다. 1917년 러시아 혁명 이후 볼셰비키당에 입당하고 소비에트 연극의 열렬한 활동가가 되었다. 그러나 스탈린 치하에서 간첩죄로 체포되어 모진 고문 끝에 죽임을 당했다.

제1장 아름다움의 분리 47

에 대립시키고 있는 것은 존재 방식의 전화라는 동일한 논리다. 요컨대 그들에 따르면, 공연을 관람하는 사람들의 수동성, 즉 재현에 의해 자신들의 개인적이고 집단적인 역량에서 분리된 사람들의 수동성을 파괴해야 한다. 그들을 이 역량의 직접적인 배우들로, 함께 행위하고 동일한 정서적 능력을 공유하는 배우들로 전화해야 한다. 나는 재현된 형식을 한 집단의 존재 방식으로 전화할 것을 제안하는, 재현 논리에 대한 이 대안을 '윤리적'이라고 부른다.

그런데 빙켈만이 자신의 미술사를 통해 겨냥하고 있는 것은 이와 같은 집단적 축제의 부활이 아니다. 그는 재현적 매개에 윤리적 공동체가 아니라 미학적 거리(distance esthétique)를 대립시킨다. 『달랑베르에게 보내는 편지』에서 비난받은 바 있는 두 악덕인 분리와 무위는 그에게는 반대로 절단된 조각상이 가진 역설적 덕목들이다. 그것은 빙켈만이 루소보다 고대적 자유를 덜 숭배했기 때문이 아니다. 빙켈만에게 그리스 조각을 완전함으로 이끌었고 그 후에는 그 완전함으로부터 멀어지게 했던 것은 이 자유의 진보 및 퇴보와 정확히 동시적이다. 그러나 그가 이 자유의 구현을 보는 방식은 엄격히 정반대다. 즉 그에게서 중요한 것은 재현의 수동성을 폐지함으로써 관객을 능동적으로 만드는 것이 아니다. 반대로 그것은 신이나 초인적인 영웅의 형상 자체에서 능동과 수동의 대립을 부정하는 것이다. 바로 이 폐지 속에서 민주주의적 그리스는 자신을 고지한다. 물론 이것은 사후에 이루어진다. 아무것도 하지 않고 명령하지 않는 신이나 영웅에 의해 상징되었던 이 자유는 사실 근대 공화주의자들이 스토아 학파에 대한 독해에 기초해 만들어낸 것이다.* 그리고 이렇게

---

* 여기에서 랑시에르가 말하는 '근대 공화주의자들'은 17세기의 영국 시인들인 존 밀턴(John Milton), 앤드루 마블(Andrew Marvell), 캐서린 필립스(Katherine Philipps) 등을 가리키는 것으로 보인다. 쉬플렛이 밝히고 있듯이 이들은 스토아주의적 덕목인 한결같음(constancy), 초연함(indifference), 물러남(retirement)이 격렬함, 분노, 능동적 행위와 대립하기보다는 그것들을 함축한다는 것을 보임으로써 일종의 스토아주의적

복원된 그리스는 그것의 부재라는 형식 아래에서만 존재하게 된다. 이 그리스를 공화국 민중의 새로운 의례로 구현하도록 이끈 운동에 사랑하는 여인의 눈에서 사라져가는 돛에 대한 환유가 정확히 대립된다. 이 돛은 사랑받는 대상과 그를 데리고 떠난 배를 동시에 대신한다. 그것은 고대의 대리석을 그 말의 이중적 의미에서 형상(figure)으로 만든다. 즉 그것은 자신을 주조했던 역량이 구현되어 있는 감각적 현존이지만, 또한 이 현존의 지연(différement)이다. 전체의 역량은 더 이상 기능적이고 표현력 넘치는 신체의 집합 속에 있지 않다. 그것은 서로 뒤섞이는 윤곽선들 속에 있다. 그 전체의 역량은 자신이 드러내는 것을 감추는 표면의 모든 곳에 나타나고, 또한 그 어느 곳에서도 나타나지 않는다. 형상은 현존이자 현존의 지연이며 잃어버린 현존을 대신한다 빙켈만이 기술하고 있는 조각상의 완전성은 더 이상 존재하지 않는 공동체의 완전성이며, 더 이상 현실화될 수 없는 신체의 완전성이다. 석상의 신이 보여 주고 있는 고귀한 비활동성은 한 민족의 자유로운 능동성의 생산물이었다. 이제 오직 이 조각상의 초연함만이 이 자유로운 능동성에 형상을 부여하게 된다.

 초연함, 이것은 두 가지를 의미한다. 첫째로 감각적 형식과 특정한 의미의 표현 사이에 설정된 모든 규정된 관계와의 단절이다. 그러나 그것은 또한 감각적 현존 그것의 관객인 대중, 그것을 성장시킨 감각적 환경 혹은 그것의 본래적 수신자 사이의 모든 규정된 연관과의 단절이다. 루소는 상연되는 공연이 만들어내는 거리(distance) 속에서 소외되었건, 행위하고 느끼고 소통하는 자신의 감성적 역량을 민중이 다시 자신의 것으로 만들기를 원했다. 그러나 빙켈만의 그리스적 자유는 돌덩이 속에

역설을 확립한다. 그리고 이를 통해 그들은 스토아주의를 기존의 질서를 수동적으로 받아들이는 체제 순응주의가 아니라 그 질서에 저항하는 공화주의적 정치 원리로 전화시킨다. 이에 대해서는 Andrew Shifflett, *Stoicism, Politics, and Literature in the Age of Milton: War and Peace Reconciled*, Cambridge University Press, 1998 참조.

완전히 갇혀 있다. 이 돌덩이가 우리에게 그리스적 자유를 재현하고 있다면 그것은 자신을 성장시킨 환경과 거리를 취하고 있는 한에서이고, 어떤 특정한 관객의 그 어떤 특별한 기대에 대해서도 초연한 한에서이다. 30년 뒤에 실러가 찬양하게 될 「주노 루도비시」의 두상, 몸 전체로부터 분리되어 있고 또한 일반적으로 두상이 표현한다고 말하는 모든 것, 즉 목적을 추구하고 행위를 이끄는 의지, 그리고 표정의 순수함을 변색시키는 근심으로부터 분리된 이 두상은 그 예가 될 것이다.* 빙켈만에게 무표현적인 이 두상은 어떤 인지적 전유나 감각적 욕구로부터 분리되어 있는, 순수한 미적 유희의 향유를 드러내는 자유로운 가상을 구현하고 있다. 그러나 이 두상은 그 자유로운 가상을 과거의 것으로서, 이제는 더 이상 복원될 수 없는 한 전형적 예술의 산물로 구현하게 된다. 더욱이 이 예술은 그가 '소박한'(naïve) 포에지**라고 규정하고 있는 예술이다. 실제로 그것은 시가 되기를 추구하지 않지만 집단적인 체험 세계와 독특한 창작 형식들 사이의 직접적 일치를 표현하는 시이고, 예술에 속하지도 않고 예외적 세계도 아니지만 집단적 삶을 표현하는 예술이다. 절단된 토르소, 초연한 니오베 조각상, 그리고 어떤 의지도 가지고 있지 않은 「주노 루도비시」의 두상은 바로 이것을 증언하고 있다. 그런데 이것들이 이러한 증언을 하게 되는 것은, 그것들이 정확히 정반대의 감각적 구성체를 만들어내는 한에서, 즉 미술관이라는 분리된 세계에 갇힌 채 '무관심한'(désintéressé) 시선 앞에 제시되는 예술작품이 되는 한에서이다. 단

---

* 「주노 루도비시」에 대한 실러의 논의에 대해서는 『인간의 미적 교육에 관한 편지』, 열다섯 번째 편지(윤선구 외 옮김, 『프리드리히 실러의 미적 교육론』, 대화문화아카데미, 2015, 138~41쪽) 참조.
** 실러는 『소박문학과 감상문학』(*Über naive und sentimentalische Dichtung*)에서 "시인은 자연**이거나** 아니면 자연을 **추구하는데**, 전자의 경우에 그는 소박한 시인이 되고 후자의 경우에는 감상적 시인이 된다"라고 말한다. 호메로스, 셰익스피어, 그리고 괴테가 소박한 포에지를 대표한다면, 자신을 비롯한 근대의 작가들은 감상적 포에지를 대표한다. 실러의 이 구분은 제4장 '새로운 세계의 시인'에서 재논의된다.

수로서의 예술(Art)과 단수로서의 역사(Histoire)는 동일한 운동을 통해 예술들(arts)의 분할과 역사들(histoires)의 경험적 분산을 거부함으로써 함께 탄생한다. 그러나 그것들은 다음과 같은 모순적 관계의 형식 아래 함께 탄생한다. 즉 역사(Histoire)는 예술(Art)을 독특한 실재로서 존재케 한다. 그러나 역사는 시간의 괴리(disjonction) 속에서 예술을 존재케 한다. 미술관의 작품들이 예술에 속하고, 그것들이 예술(Art)이라고 불리는 전대미문의 이 실재를 담지하는 것은 작품들이 그것들을 생산한 사람들에게는 그와 같은 것이 아니기 때문이다. 역으로 그 작품들은 우리에게 집단적 삶의 생산물로 전해져 온 것이지만, 그것은 우리가 그 집단적 삶으로부터 분리되어 있다는 조건 아래에서이다. 헤겔이 제시하고 있는 예술 형식들의 역사는 이 구성적 괴리에 대한 기나긴 증명이 될 것이다. 예술은, 작품들을 생산했던 사람들에게 공통적 삶의 형식이었던 것과 오늘날의 우리에게 자유로운 관조와 자유로운 감상의 대상이 되는 것 사이의 차이 자체 속에 존재한다. 우리에게 예술은, 예술의 능력과 아름다움의 능력 사이, 그 생산의 규칙들과 그것에 대한 감각적 평가 방식들 사이, 예술을 규범화하는 형상들과 예술이 생산할 수 있는 형상들 사이의 괴리 속에 존재한다.

역사(Histoire)는 고전적 조화와의 단절에 대한 대가로 예술이 마주해야만 하는 가공할 총체성이 아니다. 그것은 그 자체로 두 가지 얼굴을 가지고 있는 역량이다. 왜냐하면 그것은 결합할 뿐만 아니라 분리하기도 하기 때문이다. 역사는 조각가의 행위를 장인들의 실천, 가문들의 삶, 보병들의 전쟁 복무, 도시국가의 신들과 통합하는 공동체의 역량이다. 그러나 그것은 또한 이 공동체의 역량을 동시에 보존하고 상실하고 있는 돌덩이를 관조하는 것 이상을 할 수 없는 사람들에게 고대 예술의 향유 — 그리고 예술 일반의 향유 — 를 제공하는 분리의 역량이기도 하다. 역사 자체가 분할되어 있기 때문에, 즉 결집하는 동시에 떼어놓기 때문에 역사는 예술(Art)의 장소, 즉 예술가들의 개념과 아름다움의 무개념 사이의 괴리에 형상을 부여하는 생산의 장소가 되기에 적합하다. 무위의 영웅을 재현하고 있는, 절단되어 있지만 완전한 조각상은 이렇게 두 형상의 상보성을 산출한다. 의지도 근심도 없는 「주노 루도비시」 두상은 특유한 경험 방식과 고유한 감각적 환경인 예술, 단수로서의 예술의 존재를 상징적으로 대표한다. 헤라클레스 토르소의 무표현적인 등은 내일의 예술에 신체의 새로운 역량을 보여 주고 있다. 표현의 규범과 표현하고자 하는 의지가 철회될 때, 그리고 능동적 신체와 수동적 신체, 표현력 넘치는 신체와 자동기계 같은 신체의 대립이 거부될 때 해방되는 역량을 말이다. 이 토르소의 미래는 예술을 예술로서 존재케 하는 미술관 내부에 있는데, 이는 미술관의 비방자들까지 포함해, 아니 무엇보다도 그들에게 그러하다. 그러나 그 미래는 또한, 신체들의 내적 차이 자체를 탐험함으로써 그리고 무표현성, 초연함, 그리고 부동성 속에 숨어 있는 감성적 역량을 일깨움으로써 더 이상 복원할 수 없는 것에 상응하는 무엇을 하는 데 전념을 기울이는 예술가들의 창작물 속에 있다. 총체적인 예술작품, 모든 의미를 갖는 언어, 집단 동원이 되어버린 연극, 새로운 삶의 형식과 동일한 예술 형식이라는 망상들, 재현적 거리의 뒤를 잇고 있는 이 모든 윤리적 융합의 망상들은 더 은밀한 이 분리의 토대 위에서만 가능하다. 미학적 예술체제의 역사는 절단되어 있지만 완전한, 정확히 말하면 절단되어 있기 때문에 완전한 조각상, 머리와 사지가 없기 때문에 전대미문의 다수의 신체들로 증식될 수밖에 없는 이 조각상의 변신의 역사로 사유될 수 있을 것이다.

제2장 거리의 어린 신들

1828년 뮌헨-베를린

　　같은 의미에서 (뮌헨 중앙 미술관에 소장되어 있는) 무리요의 어린 거지들 역시 주목할 만하다. 겉으로 볼 때 여기에서 그려지고 있는 대상은 여전히 통속적 본성을 지니고 있다. 엄마는 어린 남자아이의 머리에서 이를 잡고 있고 그 와중에 아이는 평온하게 빵을 먹고 있다. 유사한 또 다른 그림에서는 누더기를 걸치고 있는 가난한 두 아이가 멜론과 포도를 먹고 있다. 그러나 이 가난과 이 헐벗음 사이로 우리는 그 안과 밖에서, 금욕적인 이슬람 수도승도 뛰어넘을 수 없을 정도의 완전한 무념무상(insouciance), 완전한 단념과 같은 무엇이 건강함에 대한 충만한 느낌과 삶의 기쁨 속에서 빛나고 있는 것을 목격하게 된다. 외부에 대한 이 무념무상, 외부 속에서의 이 내적 자유, 이것이 이상(idéal)의 개념이 요구하고 있는 것이다. 파리에는 라파엘로가 그린 젊은 소년의 초상이 있다. 소년은 머리를 한가로이 팔에 괸 채 상념 없는 기쁨의 행복 속에서 멀리 자유로운 공간을 쳐다보고 있고, 그래서 우리는 유쾌한 정신적 건강을 보여 주는 이 모습을 바라보는 데 싫증을 느낄 수 없다. 바로 이 만족을 무리요의 어린아이들은 우리에게 준다. 그들은 원대한 이해나 목적을 가지고 있지 않으며, 그들이 땅에 편하게 웅크리고 앉아 있는 것은 몽롱해진 정신상태 때문이 아니라 올림포스의 신들이 누렸던 것과 거의 비슷한 만족과 행복을 향유하고 있기 때문이라는 것을 우리는 알게 된다. 아무것도 행하지 않고 어떤 말도 하지 않지만 그들은 어떤 내적 대립이나 불일치도 없는 한 몸의 인간들이다. 모든 능력을 품고 있는 이 토양을 보고 있으면 이 아이들에게서 모든 것을 기대할 수 있다는 생각을 갖게 된다.

이 글은 헤겔 사후에 그의 제자들의 노트를 토대로 출간된 『미학 강의』 제1권에 나온다.[1] 우리는 기꺼이 이것을 적절한 즉흥적 설명으로, 즉 감각적 실현을 통해 예술적 아름다움으로 구성되어야 하는 '이상'이 무엇인지를 설명하기 위해 교수가 때맞춰 선택한 예시로 읽는다. 왜냐하면 예술적 생산과 미학적 성찰의 대상인 아름다움의 개념을 구상하는 데 할애하고 있는 이 부분에서 교수 헤겔은 일반적으로 당시의 상황에서 가져온 예들로 자신의 논변을 설명하고 있기 때문이다. 이를테면 새로운 화파가 이상적 아름다움을 과장된 형상으로 표현했던 최근의 회화전, 그리고 한 식자가 감각적 질료와 기술에 대한 엄격한 요구사항을 이론과 대립시켰던 한 논쟁적 저작이 그 예들이다. 여기에서는 뮌헨 미술관의 두 그림과 루브르 미술관의 그림이 헤겔의 논변을 예증하고 있다. 무리요의 작품 두 점, 그리고 라파엘로의 작품 한 점, 혹은 적어도 라파엘로가 그린 것으로 추정되는 작품이 그것이다. 헤겔이 이 작품을 보았던 시기에 벨벳 베레모를 쓴 젊은 몽상가의 초상은, 후에는 차례로 파르미자니노와 코레조의 작품으로 추정되지만, 여전히 라파엘로가 그린 것으로 간주되었다. 여기에서 추정의 정확성은 별로 중요하지 않다. 관심을 가

---

1 Georg Wilhelm Friedrich Hegel, *Cours d'esthétique*, t. 1, tr. fr. J.-P. Lefebvre et V. von Schenck, Paris, Aubier, 1995, pp. 228~29. (프랑스어 번역은 저자에 의해 수정됨).

질 필요가 있는 것은 라파엘로와 무리요라는 두 이름의 결합이다. 이들이 연결되기 위해서는, 즉 하나가 다른 한 명을 떠올리게 하기 위해서는 화가들의 위계에 존재하는 차이가 극복되어야 한다. 라파엘로는 벨로리와 펠리비앵이 혁신했던 바사리의 전통에서 대표적인 대가였으며, 로마에서 고대 미술의 유물들을 보면서 성장했고 그것들의 고귀한 단순성을 회화적 평면 위에 옮길 줄 알았던 대가였다. 1708년에 로제 드 필이 작성한 화가 순위표에서 라파엘로는 데생과 표현 영역에서 명실상부한 대가였고, 구성의 경우에는 오직 게르치노와 루벤스만이 그와 어깨를 나란히 했다. 티치아노와 베네치아 화파가 대가로서 인정되었던 분야인 색채는 그의 약점이었다. 그러나 이 약점은 여전히 데생을 회화 예술의 지도 원리로 삼고 색채를 그것의 단순한 보조 수단으로 간주했던 모든 사람에게 자신의 우월성을 입증하는 데 도움이 되었다.

무리요는 이러한 명예와는 아주 거리가 멀었다. 물론 「포도와 멜론을 먹는 어린 거지들」은 17세기 말부터 바이에른 선제후의 컬렉션에 들어 있었고, 영국의 일부 여행가들은 18세기에 세비야 출신 대가의 몇몇 작품을 자국으로 가지고 들어갔다. 그러나 18세기 유럽 학계가 위대한 화가와 위대한 화파들에 대해서 쓴 비평문들에서 그의 흔적과 그와 동일한 국가 출신 사람들의 흔적을 찾는 것은 헛수고가 될 것이다.[2] 물론 여기에는 무엇보다도 경험적인 이유가 있다. 에스파냐 수도원을 위해 구상한 종교적 작품들과 왕족의 가족 초상화들은 에스파냐를 떠난 적이 없었기 때문이다. 그리고 정작 에스파냐에서도 방문자들은 그 작품들을 보게 해주는 배려가 거의 없는 것에 불평했다. 세비야에 있는 자선병원에 소장되어 있던 무리요의 작품을 보고 싶었던 한 영국인 여행자는 1년에

---

2 18세기에 통용되었던 일부 회화 사전들은 세 명의 에스파냐 화가들, 즉 벨라스케스, 무리요, 리베라를 언급하고 있지만, 그 가운데 어떤 사전도 에스파냐 화파를 알고 있지는 못했다. 상세한 내용을 위해서는 Ilse Hempel Lipschutz, *Spanish Painting and the French Romantics*, Cambridge, Harvard University Press, 1972 참조.

제2장 거리의 어린 신들 55

며칠을 제외하고는 그림들이 검은 천으로 덮여 있는 예배당에 들어가기 위해, 게으른 수도사의 무성의함을 물리치기 위해 그가 했던 절망적인 노력에 대해 이야기한 바 있다.[3] 나폴레옹 군대는 자신들 나름의 방식으로 이러한 애호가들의 호기심을 만족시키는 데 전력을 다했다. 술트 장군이 탈취한 그림들 가운데는 자선병원에 소장되어 있던 여덟 점의 그림이 포함되어 있었다.• 술트의 이 약탈을 통해 에스파냐 회화는 강제로 보편적 회화의 유산에 편입되었다. 그러나 당시에 유지되고 있었던 화가들과 화파들의 '균형 상태'는 그러한 보편적 회화의 유산이라는 관념을 배제했다. 화파들의 분류는 탁월성의 기준에 따른 분류였다. 피렌체 화파의 데생과 베네치아 화파의 색채, 이탈리아 양식의 모사와 플랑드르 양식의 명암이 그 예가 될 것이다. 새로운 민족 화파는 특별한 탁월성을 구현하는 것처럼 보이는 한에서만 성립할 수 있었다. 그리고 일반적으로 인정되고 있듯이, 에스파냐 화파에서 유일하게 찬양할 만한 것인 색채는 플랑드르 화파로부터 그들에게 전해진 것이었고, 플랑드르 화파는 그것을 베네치아 화파에서 물려받았다. 새로운 '민족적' 회화가 가시화되기 위해서는 예술을 유산으로 보는 견해가 인정될 필요가 있었다. 즉 예술은 한 민족의 특성 혹은 그 민족의 삶의 형식으로서, 그러나 또한 이제 예술(Art)이라고 불리는 공통의 장소, 그리고 미술관에서 실현되고 있는

---

3 Maria de los Santos Garcia Felguera, *La Fortuna de Murillo: 1682~1900*, Séville, Diputación provincial de Sevilla, 1989, p. 48.
• 18세기에 프랑스에는 스페인 회화가 없었다고 해도 과언이 아니었다. 스페인 회화가 프랑스에 유입된 최초의 계기는 나폴레옹의 스페인 침공과 점령(1807~14)이었다. 나폴레옹에 의해 스페인 왕으로 임명된 조제프 보나파르트(Joseph Bonaparte, 재위 1808~14)는 칙령을 통해 수도원 등에 숨겨져 있어 에스파냐 사람들에게조차 잘 알려져 있지 않았던 무리요와 수르바란 같은 화가들의 그림들을 공개하도록 했다. 나폴레옹의 장군들은 사적으로 이 예술작품들을 탈취했는데, 그 가운데 가장 탐욕스러웠던 사람이 술트(Jean-de-Dieu Soult) 장군이었다. 세비야에 약 3년 동안 머물면서 그는 200점에 가까운 그림을 탈취해 자신의 개인 컬렉션에 포함시켰다.

이 공통의 장소에 속하는 작품들이 갖는 공통의 특성으로서 간주될 필요가 있었다.

확실히 점령한 영토에서 프랑스 군대의 탈취가 구성해 낸 것은 아주 특별한 형태의 '공동 유산'이다. 자신의 개인 컬렉션을 위해 빼돌린 '선물들'을 군대의 힘으로 자신에 귀속시켰던 술트의 파렴치함은 그 극단적인 예를 보여 주고 있다. 그러나 세비야 수도원들에 대한 약탈 그 자체는 작품들의 내용에 부여될 새로운 보상을 함축하고 있었다. 다른 한편으로 플랑드르 걸작들의 수송대가 파리에 도착한다는 것을 알리고 있는 이 프랑스 관리의 순진함과 오만함은 웃음을 짓게 한다. "루벤스와 반 다이크, 그리고 플랑드르 화파의 다른 시조들의 화필이 우리에게 남긴 불후의 작품들은 더 이상 이국땅에 있지 않다. 민중의 대표자들이 내린 명령에 따라 정성들여 수집한 이 작품들은 오늘 자유와 존엄한 평등의 나라인 프랑스 공화국에 안치되었다."[4] 그러나 에스파냐, 네덜란드, 이탈리아, 그리고 독일에서 행해진 도둑질에 대해 분개했던 동일 국적의 사람들 가운데 강탈자들이 주장했던 공로를 인정한 예술가는 단지 한 명만이 아니었다. 그 공로란 "그림들을 덮고 있었던 매연, 때, 오래된 기름 때문에 볼 수 있는 상태가 전혀 아니었던"[5] 그림들을 모든 예술 애호가들이 볼 수 있도록 만들었다는 것에 있다. 어쨌든 한 가지는 확실하다. 혁명적 사건과 고대적 자유에 대한 새로운 선언, 그리고 '자유의 군대'가 전쟁에서 얻은 포획물의 집결은 18세기 중반부터 왕족의 컬렉션이 점진적으로 대중에게 개방된 것과 더불어 화가들과 화파들의 작품들이 예술(Art)이라 불리는 '자유'와 '평등'의 이 새로운 환경 속에 등장

---

4 *Le Moniteur universel*, 3 vendémiaire an III, réimp. de 1842, vol. XXII, pp. 26~27.
5 *Notice des principaux tableaux recueillis dans la Lombardie par les commissaires du gouvernement français dont l'Exposition provisoire aura lieu dans le grand salon du Muséum les Octidis, Nonidis et Décadis, à compter du 18 pluviôse jusqu'au 30 prairial an VI*, Paris, Imprimerie des Sciences et des Arts, 1798, p. II.

하도록 만들었던 운동을 엄청나게 가속화했다. 이와 관련해 작품들이 1815년에 자신들의 조국에 귀환했을 때, 그것이 불러일으켰던 논평들은 의미심장하다. 베를린의 한 기자가 당시에는 반 에이크의 작품으로 간주되었던 한스 멤링의 「부활」을 대신해 말하고 있는 다음과 같은 이야기는 그 예가 될 것이다. "전쟁의 불운으로 인해 많은 사람들이 파리에 넘쳐흐르게 된 이후에서야 나는 진정으로 유명해졌다. …… 이것은 마치 부활과도 같았으며, 이제 나는 여기 내 조국에서 모두의 눈앞에 놓이게 되었다. 사람들이 내게 보내고 있는 시선이 얼마나 변했는지를 나는 놀랍게 바라보고 있다."[6] 이 새로운 예술의 장소를 구성케 했던 역설은 그 진행의 갑작스러움 때문에 더 두드러지게 나타난다. 한편으로 작품들이 이 새로운 장소에 진입할 때, 그것은 그 자신들이 인류의 천재적 재능이 남긴 유산에 속함과 동시에 자신들 민족의 삶의 표현이 되는 한에서다. 이러한 이유로 새로운 '화파들'이 그곳에서 출현할 수 있는 것이다. 화파의 분류는 더 이상 틀에 박힌 탁월성의 기준에 따른 분류에 의해 규범화되는 것이 아니라 작품들 속에서 한 민족의 자유가 구현되는 바에 따라 이루어진다. 반대로 작품들을 개별화하고 그것들을 분류에서 빼내 '로마'의 중요한 화파를 탁월하게 대표하고 있는 사람의 작업을 세비야의 어린 거지들을 재현하고 있는 장르화와 근접시키는 것이 가능해진 것은 바로 작품들이 이제 집단적 소속을 표현하고 있기 때문이다.

헤겔이 여기에서 그 파괴를 확인하고 있는 것, 그것은 화파들의 위계뿐만 아니라 장르들의 위계이기 때문이다. 헤겔은 무리요의 성모 마리아상을 그가 드레스덴에서 본 적이 있는 라파엘로의 「시스티나 성모」(La Madone Sixtine)에 비유하지 않는다. 뮌헨 미술관은 둘 가운데 어느 것도

---

6 *Berlinische Nachrichten*, 26 octobre 1815, cité par Bénédicte Savoy, "Conquêtes et consécrations", dans Roberta Panzanelli et Monica Preti-Hamard (dir.), *La Circulation des œuvres d'art, 1789~1848*, Presses universitaires de Rennes, 2007, p. 85.

소장하고 있지 않다. 그는 네덜란드 상인이라는 아주 특별한 경로를 통해 뮌헨에 들어오게 된 아이들을 주제로 한 다섯 점의 그림 가운데 두 점을 베레모를 쓴 젊은이에 비유한다. 실제로 이렇게 무리요의 보데곤(*bodegones*)* 다섯 점은 직간접적으로 왕족의 컬렉션에 유입되었다. 어떤 의미에서 세비야의 어린 거지들이 뮌헨 미술관에서 헤겔의 시선 앞에 놓이게 된 것은 플랑드르의 장르화의 자격으로서이다. 왜냐하면 이 미술관은 테니르스나 아드리안 브라우어처럼 가정 생활 장면들과 선술집에서의 다툼, 혹은 마을 축제를 그리는 데 몰두했던 네덜란드와 플랑드르의 '중요하지 않은'(petits) 화가들에 대한 대규모의 컬렉션을 소유하고 있었기 때문이다. 이 그림들의 예가 그의 머리에 떠오른 것은 네덜란드 장르화에 할애된 부연 설명의 과정 중에서다. 실제로 예술적 이상의 위상은 이러한 장르화에 대한 평가, 즉 회화 장르들의 위계에 대한 재검토와 연결되어 있다. 물론 오래전부터 귀족 수집가들은 이 서민적인 장면들에 심취했었고, 판매 시장에서 테니르스의 대매가는 상당한 수치에 도달해 있었다. 그럼에도 불구하고 장르화는 18세기 동안 내내 낮은 등급으로 분류되어 있었다. 위대한 그림은 위대한 주제를 요구했다. 가정과 마을, 선술집의 장면에서 물론 사람들은 화가의 재능을 찬양하고(로제 드 필의 쿤류에 따르면 테니르스는 구성에서 레오나르도와 같은 점수를 얻고 있다) 그림자와 빛의 기예에 매혹당할 수 있었다. 그러나 이러한 장점들은 천박함의 증표이기도 했다. "낮은 수준의 재능과 비상한 기술적 능력은 확실히 그들을 구별해 주는 특징이다."[7] 이것이 이 화가들과 그들이 구현했던 장르에 대해 1770년대에 조슈아 레이놀즈가 내린 판결이었다.

---

* 에스파냐어 'bodegon'은 본래 선술집을 의미하지만 18세기 이후에는 특별히 에스파냐 정물화를 지칭하는 말이 되었다. 17세기에 보데곤은 특별히 음식이나 음료가 함께 등장하는 인물을 재현하는 작품을 지칭했다. 대표적인 작가는 벨라스케스였다.

7 Joshua Reynolds, *Discourses on Art*, Yale University Press, 1988, p. 130 (저자의 프랑스어 번역).

평범한 장면들과 사람들의 재현에는 예술가의 능력이 아니라 오직 장인의 능숙함만이 상응할 수 있었다.

예술적 유산을 미술관이라는 장소에 혁명적인 방식으로 조성하는 것은 확실히 위계를 무너뜨릴 수밖에 없었다. 이제 그림들의 가치를 규정하게 되는 것은 재현된 인물들의 고귀함이 아니라 — 천재나 민중의 — 자유를 옮길 수 있는 능력이었다. 그러나 이 전복이 문제없이 이루어진 것은 아니었다. 물론 개혁적인 루브르 미술관의 전시 기획자들은 "자연은 그 누구에게도, 마을 사람들의 춤이 농촌의 훌륭함을 찬양하고 그것의 평온함을 선호해야 할 의무를 자신의 것으로 삼았던 민족의 미술관에는 걸맞지 않다고 말하지 않았고, 또한 자연은 그 누구에게도 자신은 알렉산드로스의 천막 아래에서만 살아 숨 쉬고 있으며 황홀한 장소의 구석진 곳에서는 더 이상 편치 않다고 말하지 않았기 때문에, …… **이야기**와 **장르**, **풍경**과 **역사**의 우스꽝스러운 구별"[8]에 대한 종말을 단호하게 선언하게 된다. 그러나 어떻게 자유의 역량이 그림 안에서 식별되는지, 그리고 유산으로 남겨진 작품들이 제공하는 볼거리가 어떻게 한 자유로운 민족의 덕목을 불러일으킬 수 있는지는 여전히 이해해야 할 숙제로 남아 있다. [루브르 미술관의] 개혁적 보고 책임자는 이렇게 강조했다. 자연이 장르들을 알고 있지 않다고 하더라도, 그 자신의 생산물을 구별할 필요는 있었다. 바로 여기에서 낡은 위계의 분열이 다음과 같은 딜레마의 형식으로 다시 출현했다. 장르화가 애착을 가졌던 선술집의 장면들에서 공화주의적 민중에 대한 어떤 교육을 기대하겠는가? 일부 교

---

8 *Rapport du Conservatoire du Muséum national des arts, fait par Varon, un de ses membres, au Comité d'Instruction publique, le 26 mai 1794*, cité dans Yveline Cantarel-Besson (éd.), *La Naissance du musée du Louvre: la politique muséologique sous la Révolution d'après les archives des musées nationaux [procès-verbaux des séances du Conservatoire du Muséum national des arts]*, t. II, Paris, RMN, 1981, p. 228. 알렉산드로스의 텐트에 대한 준거는 오랫동안 역사화의 걸작으로 간주되었던 르 브룅의 작품(「알렉산드로스의 발밑에 꿇은 페르시아의 여왕들, 혹은 다리우스의 천막」)이다.

훈적인 그림들의 경우에 대해서만 북방의 화가들은 먼저 인정되었다. 이러한 맥락에서 『철학 순간지』(*Décade philosophique*)의 한 편집자는 루벤스나 르 브룅이 영원성을 부여하고 있는 '역사적 아첨들'과 '거짓말들'에 테니르스의 「돌아온 탕아」(Retour de l'enfant prodigue)나 헤릿 도우의 「수종에 걸린 여인」(La Femme hydropique)이 상징화하고 있는 '연민의 작품들'을 대립시킨다.[9] 나머지 작품들에 대해 말하자면, 네덜란드나 플랑드르의 서민적 장면들은 공화주의적 민중이 이해할 수 있는 어떤 교훈도 제시하지 않았다. 따라서 이러한 교육을 제공하는 일은 고귀한 회화와 고귀한 주제들을 다루는 회화에게 돌아갔다. 그렇다면 이 고귀한 주제들은 어떤 것이었는가? 성서의 일화들과 신화의 장면들, 왕족과 그들이 총애했던 사람들의 초상이 아니면 고귀한 대가들의 작품이 무엇을 재현했겠는가? 요컨대 그들의 주제는 미신이나 억압의 증거만을 드러냈을 뿐이다. 동일한 보고서는 이렇게 강조했다. "수세기 동안의 노예 상태와 치욕"으로 인해 예술은 "자신의 천상의 기원"으로부터 벗어나 있었다. 그 모든 생산물에는 "미신과 아첨, 자유분방함이 각인되어" 있어 사람들은 "망상과 거짓으로 물들어 있는 그 모든 쓰레기를 파괴하고 싶어 했다."[10] 빙켈만은 비탄에 빠진 연인처럼 세상에서 물러나 고대의 석상 속에 보존되어 있는 자유 앞에서 탄식했다. 공화주의를 표방하는 미술관의 관리자들 자신은 돌연 다음과 같은 역설에 마주해야 했다. 자유의 유산이 공화주의를 표방하는 세계의 수도 한가운데에 자신들의 수중에 있는데, 그 유산을 구성하는 작품들은 예속의 생산물이자 그것의 숭배였다. 이 모든 '쓰레기'를 제거하고 고대 역사의 중요한 장면이나 혁명군의 영웅성

---

9 Pierre Chaussard, dans *La Décade philosophique*, an VIII, premier trimestre, p. 212, cité par H. Van der Tuin, *Les Vieux Peintres des Pays-Bas et la critique artistique en France de la première moitié du XIXe siècle*, Paris, Vrin, 1948, p. 53.

10 Rapport de Varon, cité dans Y. Cantarel-Besson (éd.), *La Naissance du musée du Louvre* ......, *op. cit.*, p. 228.

을 찬양하는 그림들만을 루브르의 벽에 걸었어야 했는가? 그러나 행위의 주체가 논란이 되지 않는 경우에도 회화에 부여될 수 있는 교훈적 가치는 더 심원한 어떤 분열에 의해 변모되었다. 사람들은 이제 다음과 같은 사실을 깨닫게 되었다고 믿었다. 회화는 행위를 재현하는 데서 자신의 완전성을 발견할 수 없다. 회화의 진정한 탁월성은 오직 동작의 중지를 재현하는 것에 있었다. 이러한 이유로 메시지를 담고 있는 역사화는 자신의 완전성을 다비드의 「사비니 여인들의 중재」(L'Intervention des Sabines)에서, 즉 전쟁 행위를 중지하는 행위를 묘사하고 있는 그림에서 발견할 것이다. 평화라는 적극적 메시지는 선들의 평온함에서 확인할 수 있지만, 거기에는 한 비평가가 요약하고 있는 낯선 감정이 동반되어 있다. 즉 그에게 이 그림에서 가장 아름다운 형상은 한 시종의 형상인데, "젊고 사랑스러운 그의 형상은 이상을 온전히 나타내고 있다."[11] 그런데 이 이상적 인물은 행위에 초연한 것처럼 보인다. 그 시종은 전사들과 그 전사들을 떼어놓고 있는 여인들 모두에게 등을 돌리고 있다.

따라서 자유에 대한 교육을 그림의 주제에 근거해서 정립하는 것은 불가능하다. 자신들의 보관창고에서 "수세기 동안의 노예 상태와 치욕"에 대한 증거를 끄집어냈던 사람들에게는 오직 하나의 해결책이 주어졌는데, 그것은 그것들을 예술의 고유한 장소에 전시함으로써 그림들의 내용을 삭제하는 것이었다. 그것은 그림들을 벽에 배치하는 것, 전체에 대한 "고귀함과 간결함의 인상", "시선을 끌" 수밖에 없는 작품들에 대한 "엄정한 선별"이었다.[12] 예술의 장소를 구성하는 방식과 예술가들의 특별한 역량은 재현된 주제들에서 기대할 수 없었던 자유로운 민중에 대한 교

---

11 P. Chaussard, *Sur le tableau des Sabines par David*, Paris, C. Pougens, 1800, p. 17.
12 Rapport de Varon, cité dans Y. Cantarel-Besson (éd.), *La Naissance du musée du Louvre* ······, t. II, *op. cit.*, p. 228.

육을 제공해야만 했다. 따라서 교육적 회화를 공화주의적인 방식으로 추구하는 전시작업은 작품들의 의미에 초연한 시선을 형성하게 되는 놀라운 귀결, 그러나 논리적이기도 한 귀결을 갖게 되었다. '폭군' 앙리 4세의 교활한 미망인 마리 드 메디치의 영예를 위해 루벤스가 그린 생애 연작을 공화주의적 민중에게 어떻게 전시할 것인가? 선택된 해결책은 그 가운데 직접적 해석 가능성이 가장 적고 가장 비유적인 것 두 점을 뽑아내는 것이었다. 그 두 그림은 여왕인 어머니가 자신의 아들인 젊은 루이 13세와 화해한 것을 다루고 있는 작품이었다. 여기에서 이 그림들은 일반적인 화합에 대한 순수한 재현이 되었다. 그림 배경에 옆모습으로 있는 여왕은 메르쿠리우스와 평화를 상징하는 두 인물에 의해 일부 가려져 있고, 이것들을 뒤로하고 앞면에는 울퉁불퉁한 근육을 가진 반쯤 알몸인 수수께끼 같은 인물이 나타나 있다.• 이렇게 맥락에서 벗어나게 된 단편들은 역사적 장면들로서는 이해할 수 없는 것이 되었고, 인물들이 표현하는 회화적 이상성을 '무관심한' 시선으로 바라보도록 강제했다. "장면들을 묘사하고 있는 응축된 알레고리로 인해 그것들은 상징적인 그림이거나 루벤스의 화법의 예들로서가 아니라면 해석 불가능한 것이 되었다. 그리고 전면에 보이는 알몸의 형상들은 이상성의 기표로서 보다 큰 중요성을 가지게 되었다."[13]

- 랑시에르가 여기에서 묘사하고 있는 그림은 마리 드 메디치의 생애 연작 가운데 「1620년 8월 10일 앙제 평화협정」(Conclusion de la paix à Angers, le 10 août 1620)이다. 그러나 여왕과 아들 루이 13세의 화해와 화합을 명시적으로 주제로 삼고 있는 그림들은 「여왕과 그 아들 사이의 완벽한 화해」(La Parfaite Réconciliation de la reine et de son fils)와 연작의 마지막 작품인 「진실의 승리」(Le Triomphe de la Vérité)이다. 「앙제 평화협정」은 여왕과 아들 사이의 화해는 아니지만 평화협정을 주제로 삼고 있다는 점에서, 랑시에르가 언급하고 있듯이 일반적인 화합을 재현하고 있는 그림에 속한다고 할 수 있다.
13 Andrew McClellan, *Inventing the Louvre: Art, Politics, and Origins of the Modern Museum in Eighteenth Century Paris*, Cambridge University Press, 1994, pp. 110~11. (저자의 프랑스어 번역).

따라서 위계질서의 전복을 확고히 하는 데에는 주제들의 평등에 대한 혁명적 선언과 미술관의 설립만으로는 충분할 수가 없었다. 보완적이지만 또한 모순적이기도 한 하나의 요소가 거기에 덧붙여질 필요가 있었다. 혁명의 쇠퇴에 따른 시장의 활성화가 '판매의 불멸성'을 '전기(biographies)의 불멸성'에 대립시키면서 보잘것없는 플랑드르와 네덜란드 그림들에 커다란 의미를 부여했기 때문이다.[14] 1800년대의 판매시장에서 포테르의「버드나무 숲」(Les Saules), 테니르스의「마을 축제」와「햄을 먹는 사람」(Mangeur de jambon)에 대해 제시된 가격은 이러한 전개를 보여 주고 있다. 뒤이어 빙켈만의 논리를 네덜란드 화가들의 작품에 옮기게 될 것은 낭만적 여행가들이었다. 빙켈만은 가장 비천한 서민들에게 고귀함의 인상을 주었던 그리스적 혹은 이탈리아적 기후의 완벽함을 찬양한 바 있다. 태양도 없고 경쾌한 바람이나 투명하게 파란 하늘도 없기 때문에, 이 여행가들은 거리 구석구석에서 그림들을 재발견하게 될 것이고 헨트(Gand)에서의 테오필 토레처럼 열광하게 될 것이다. "여기 헨트에서 민중의 자녀들은 마치 공주처럼 걷고", 또한 여기에서 "루벤스는 자신의 성스러운 여인들과 마리 드 메디치의 품위 있는 시녀들을 위한 표본을 발견했다."[15] 1824년에『글로브』(Globe) 지의 편집자는 라파엘로와 브라우어가 동일한 예술에 속한다는 사실에 큰 의미를 부여하며 다음과 같이 말한다. "우주를 구성하는 모든 것, 즉 가장 고귀한 물건에서부터 가장 하찮은 물건에 이르기까지, 천상의 시스티나 성모에서부터 플랑드르의 술주정뱅이에 이르기까지 모든 것은 그의 작품에 모습을

---

14 Charles Lenormant, *Les Arstistes contemporains. Salon de 1833*, t. II, Paris, Mesnier, 1833, pp. 116~17. 드캉의 한 회화 작품에 대한 주석에 덧붙여 르노르망은 가브리엘 메취와 미리스풍의 장르화 작품이 미술시장에서 불러일으킨 '열렬한 관심'과 한때는 불멸성을 약속받았던 역사화들이 촉발한 냉담한 태도를 대립시킨다.

15 Théophile Thoré, "Rubens en Flandre", *L'Artiste*, 4ᵉ série; 1845~1846; t. V, p. 218 *sq.*, cité dans H. Van der Tuin, *Les Vieux Peintres des Pays-Bas, op. cit.*, p. 34.

드러낼 만한 자격을 갖추고 있다."¹⁶ 회화 표면에 훑기를 불어넣는 삶과 모든 주제의 평등 사이의 결합을 표현하고 있는 예술의 이 사회학적 공화주의는 자신의 구현을 한 인간에게서 발견하게 되는데, 그가 바로 에티엔 조제프 테오필 토레이다. 제2공화국의 혁명적 국회의원이었던 그는 빌헬름 뷔르거(Wilhelm Bürger)라는 필명으로 헤겔의 시대에는 잘 알려지지 않았던 두 화가인 프란츠 할스와 요하네스 얀 페르메이르가 명예를 얻는 데 기여한다. 선배 대가들이었던 반 에이크와 멤링, 그리고 로히어르 판 데르 베이던이 "풍경과 그 수많은 우발적 현상들, 풀잎과 장미나뭇가지, 혹은 떡갈나무의 잔가지들, 새와 사자, 초가집과 아주 공들여 만든 건축물에" 주었던 동등한 관심 속에서 이미 토레는 "이와 같은 종류의 범신론과 자연주의, 이를테면 사실주의"를 인지하게 되는데, 그에게 이것은 플랑드르 화파와 네덜란드 화파의 영속적 특징이 된다. "거기에서 민중의 모든 계층, 가정생활의 모든 특성, 자연의 모든 현현은 승인되고 예찬될 것이다."¹⁷ 『예술가』(L'Artiste)의 프랑스 편집자들은 자신들의 시대의 예술을 위해 예술의 자유와 주제들의 평등 사이의 연합을 발전시키는데, 바로 이 연합을 통해 장르화는 진정한 역사화가 되었다. 실제로 이 역사화는 유색 표면의 활력 속에서 더 폭넓고 더 심오한 풍습의 역사, 과거의 내용 없는 위대함을 뒤잇고 있는 평범한 사람들과 일상적 삶의 이야기를 표현했다. 그러나 1848년 제2공화국의 예술이 되는 것은 이 예술이 아니라 팡테옹을 장식하기 위해 조제프 슈나바르에게 주문한 대규모의 인도주의 벽화였다. 반동 세력이 재빨리 권좌에 다시 복귀하면서 벽화의 실현은 방해를 받게 되지만, 슈나바르의 밑그림들은 적어도 프랑스 문학 교과서에서 여전히 '예술을 위한 예술'의 창시자로 알려져 있는 고티에가 주저 의식이 명확한 인도주의 예술의 가장 설득력 있는

---

16 *Le Globe*, 17 septembre 1824, cité dans *ibid.*, p. 61.
17 Théophile Thoré, *Musée d'Anvers*, Bruxelles, C. Muquardt, 1862, pp. 34~35.

옹호자로서 등장할 수 있는 기회를 제공했다.[18]

헤겔 자신은 예술을 위한 예술과 한 사회의 표현으로서의 예술 사이에 존재하는 공통적인 것을 정확하게 사유하는 데 전념했다. 그래서 그는 개혁적인 미술관 전시기획자들이 문제를 남긴 그곳에서 그 문제를 다시 꺼내든다. 회화의 탁월성이 학문적 탁월성의 기준들, 사회적 권위 혹은 도덕적 예시의 가치와 분리되고 난 후에 회화의 탁월성을 규정하는 '이상'을 어떻게 사유할 것인가? 새로운 루브르의 미술관 전시기획자들은 그림들이 자유의 유산에 속한다는 사실을 드러내기 위해 관심을 전시 장소를 구성하는 방식에 돌릴 수밖에 없었다. 헤겔은 그러한 사실이 캔버스 표면 위에, 특히 위대한 예술의 요구라는 이름으로 멸시당했던 장르화가들의 산문적 작품들에 나타나도록 하는 데 관심을 기울였다. 정확히 이 작품들에서, 이제 아름다움을 만드는 이상의 본질이 어디에 있는지가 가장 잘 나타날 수 있다. 그리고 바로 거기에서 아름다움의 이상에 생명력을 불어넣는 본질적 긴장이 드러날 수 있다. 이 긴장은 간단하게 다음과 같이 요약될 수 있다. 한편으로 작품의 자유는 그 재현되는 내용에 대한 초연함을 의미한다. 따라서 이 자유는 순전히 부정적인 것처럼 보일 수 있다. 즉 자유는 작품들이 그 최초의 목적지로부터 분리되는 이 미술관에서 그것들이 갖는 위상과 관련이 있다. 종교적 장면들이나 왕족의 초상, 신화적 작품들이나 가정의 장면들, 즉 이전에는 신앙의 진실성을 예시하고 군주의 위대함을 형상화하거나 귀족적 삶에 멋을 제공하는 기능을 해왔던 그림들이 익명의 방문객들의 시선에 동일한 방식으로 제시되며, 그림들의 의미나 목적지에 대해서는 점점 덜 관심을

---

18 『라 프레스』(*La Presse*)에 1848년 9월 5일부터 11일까지 고티에가 슈나바르의 기획에 대해 쓴 일곱 편의 글은 모음집 『현대예술』(*L'Art moderne*, Paris, M. Lévy Frères, 1856, pp. 1~94)에 재수록되었다.

보이게 된다. 이러한 초연함은 회화가 이제 단순히 형식과 빛, 선과 색채의 문제가 되었다는 것을 의미할 수 있을 것이다. 언뜻 보기에도 무리요의 어린 거지들이나 네덜란드와 플랑드르의 장르화들에 대한 찬사는 이러한 생각을 예증해 주고 있는 것처럼 보인다. 실제로 어린 거지들의 재현이 보여 주는 '사실주의'에 대해서 오해를 해서는 안 된다. 이 사실주의는 그 자체가 추상 과정의 결과이다. 이를 잡도록 내맡기고 있는 아이는 세비야의 일상적 삶에 대한 단순한 재현이 아니다. 무엇보다도 그 아이는, 그림의 형상이 자비의 행적들을 예시하는 등의 규정된 기능을 가지고 있는 다른 유형의 그림으로부터 분리된 형상이다. 이 동일한 무리요는 자선병원의 벽에 걸려 있는 캔버스 위에 아주 유사한 아이를 재현했다. 그러나 피부병에 걸려 있는 그 아이의 머리를 닦아주는 데 열중하고 있는 것은 헝가리의 성 엘리자베스이다.* 반면에 주의 깊은 어머니를 닮아 있는 노파는 병원의 또 다른 환자를 형상화하고 있다. 회화의 자율성, 그것은 무엇보다도 그 형상들의 자율성, 즉 그것들에 자리와 기능을 부여하는 이야기들과 비유들에 대해서 갖는 자율성이다. 아무것도 아닌 사람들, 그 자체로는 어떤 중요성도 갖지 않는 사람들의 재현을 통해 주제들에 대한 소묘가 나타남(l'apparaître)의 순수 역량으로 전환된다. 화랑 벽에 걸려 있을 때, 회화 작품의 빛은 자신이 밝히고 있는 것의 자질에 초연하다. "마구간의 소년들, 노파들, 자신의 낡은 담뱃대로 정신없이 연기를 내뿜고 있는 농부들, 투명한 잔에서 일렁이고 있는 포도주, 지저분한 옷을 입고 낡은 카드로 놀이를 하는 건장한 장년들."[19] 그림값을 만들어내는 것은 이러한 일상적 대상의 재현이 아니다. 오히려 그것은 그 표면에 활력을 불어넣는 조명과 반사광이고, "대상에 대한 어떤 관심으로

---

* 랑시에르가 여기에서 묘사하고 있는 그림은 무리요의 「머리 피부병에 걸린 사람들을 돌보는 헝가리의 성 엘리자베스」(Sainte Elisabeth de Hongrie soignant les teigneux)이다.

19 G. W. F. Hegel, *Cours d'esthétique*, t. I, *op. cit.*, p. 218.

부터도 자유로운 나타남"[20]이다.

물론 이러한 관심의 부재가 우연히 언급되고 있는 것은 아니다. 그것은 칸트의 심미적 판단 이론에서 핵심어였다. 헤겔의 의도는 이 무관심성(désintéressement)이 단지 심미적 판단의 주관적 특성인 것만이 아니라 그림의 내용 자체, 회화 일반의 고유성이라는 점을 보여 주는 것이었다. 실제로 회화는 시인들처럼 사물들을 기술하는 데 만족하지 않고 그것들을 보게 만드는 예술이다. 그러나 그것은 또한 조각처럼 자신이 형상화하는 물체들과 닮도록 공간을 입체감으로 채우는 데 더 이상 관심을 갖지 않는 예술이다. 반대로 회화는 자신의 표면을 그 물체들을 부정하는 수단으로 만든다. 즉 회화는 자신의 인위적 수단을 통해 그것들의 가상(apparence)을 만들어냄으로써 그 견고한 고체성을 조롱하고, 또한 그것들이 가지고 있는 것 가운데 가장 희미한 것, 그리고 일시적 순간에 우연한 빛에 의해 그것들의 표면에 나타나는 일렁임과 반영에 가장 깊이 연관되어 있는 것을 빛나게 한다. 또한 회화는 어떤 숭배에 봉사하거나 어떤 자존적 고귀함을 찬양하는 것이 더 이상 중요한 일이 되지 않았을 때 온전히 스스로를 입증하게 된 예술이다. 그렇기 때문에 마을의 모습을 그린 그림에서 어떤 사회적 권력자도 자신의 이미지를 찾으려고 하지 않을 것이다. 오히려 사람들은 가상의 놀이를 즐기는 '무관심한' 순수한 즐거움으로 그것을 바라보게 될 것이다. 그리고 이 가상의 놀이는 정신적 자유의 실현 그 자체다.

그러나 회화의 자유가 오직 이 놀이에만 있다면 그 자유는 단순히 세속적 현실을 완전히 변모시킬 수 있는 예술가의 재능과 동일화될 것이

---

20 *Id., Cours d'esthétique*, t. II, tr. fr. J.-P. Lefebvre et V. von Scheneck, Paris, Aubier, 1996, p. 214.

다. 그리고 그렇게 된다면 네덜란드의 장르화가 특권화되는 이유도, 주제가 무엇이든 간에 상관없이 가상을 만드는 자의 뛰어난 기예가 그 회화의 유일한 내용이라는 점을 그 주제의 초라함 자체가 입증해 주기 때문일 것이다. 그러나 예술의 자유와 주제의 무차별성(indifférence) 사이의 관계는, 세속적 삶과 예술적 독특성 사이의 관계와 마찬가지로 그렇게 쉽게 해결되지 않는다. 재현된 인물들의 **무념무상** 속에서 표현되고 있는 자유는 단순한 무차별적 자유가 아니다. 새로운 예술 개념은 칸딘스키의 유명한 저작이 다음 세기에 상기시키고 있듯이, 예술은 어떤 내용의 실현, 즉 필연적인 내적 자유의 실현일 것을 요구한다.* 헤겔은 이미 이 점을 강조하고 있다. 캔버스에서 보이는 것, 그것은 황금시대에 볼 수 있는 농촌에서의 삶도 아니고, 테니르스와 스테인 혹은 가브리엘 메취의 솜씨도 아니다. 가상의 놀이, 빛의 창작물들, 그림의 명랑함은 주제에 독립적으로 그림에 오는 것이어서는 안 된다. 그것들은 진정한 주제를 드러내야 한다. 캔버스에 구체화되는 자유는 예술가의 자유가 아니라 적대적 본성을 길들이고 외세의 지배를 종식시키면서 자신의 종교적 자유를 획득할 줄 알았던 한 민족의 자유다. 그리스적 자유는 석상의 신

---

* 여기에서 언급하고 있는 칸딘스키의 저작은 1911년에 출간된 『예술에서의 정신적인 것에 대하여』(*Über das Geistige in der Kunst*)이다. 이 저작에서 칸딘스키는 진정한 예술가는 '내적 필연성(innere Notwendigkeit)'으로부터 예술을 창조해야 한다고 주장한다. 예술작품은 예술가로부터 그 존재와 의미를 부여받는데, 이 창작을 가능케 하는 것은 자연의 외적 형식이 갖는 강제성도 아니고 반대로 예술가의 무차별적 자유, 즉 자의성도 아니며, 단순한 우연이나 신비는 더욱 아니다. 칸딘스키가 예술가의 창작에서 긍정하고 있는 절대적 자유는 내적 필연성에 기초한 자유이며("이 자유는 속물들에 대항하는 인간의 무기다. 그것은 내적 필연성에 기초해 있다"), 그러한 의미에서 '정신적 자유'와 동일화된다. 따라서 새로운 예술의 조화는 그 외적 형식에서가 아니라 자의적이고 무질서해 보이는 형식의 배후에 놓여 있는 내적 조화, 즉 그것의 정신적 환경 속에서 찾아야 한다. V. Kandinsky, *Über das Geistige in der Kunst*, R. Piper & Co. Verlag, 1912, pp. 114~16(*Concerning the Spiritual in Art*, trans. by M. T. H. Sadler, The Floating Press, 2003, pp. 109~10) 참조.

이 보여 주는 초연함과 무표현성 속에서 표시되었다. 네덜란드적 자유로 말하자면 그것은 주제들의 통속성과 관련해 그 가상들을 다루는 무관심성 속에서 표시된다. 그러나 이 '무관심적' 취급은 주제들의 비통속적 내용, 정신적 내용을 보게 만든다. 스스로에게 자신의 삶의 환경과 번영을 선사했고, 그래서 많은 노고의 대가로 스스로 창조해 낸 이 장식을 '상념 없이' 향유할 수 있고, 수면 위에 솜씨 좋게 던진 돌이 만들어내는 물수제비를 즐기는 아이처럼 기교를 통해 만들어낸 이 세계의 이미지를 무관심하게 즐길 수 있는 한 민족의 자유를 말이다. 자연 풍경을 자기 자신의 자유의 가상으로 전화하기 위해 조약돌을 던지는 아이, 그것은 실제로 헤겔에게는 예술적 행위의 원초적 형상이고, 빙켈만이 파도의 초연한 운동 속에서 표현되고 있다고 보았던 자유를 계승한 형상이다. 그런데 조약돌을 던진 아이의 자유는 또한 그 아이를 키워낸 자유이며, 바다를 길들이고 침략자를 물리치면서 자신의 세계를 스스로에게 선사했던 자유다. 고전 예술 속의 그리스적 자유가 자신의 신들의 평정을 만들어냈듯이, 네덜란드적 자유는 민중의 노동과 오락을 빛과 물의 반사광으로 그려내는 근대 회화예술 속에서 표현되고 있다.

자유로운 네덜란드의 그림들을 특징짓고 있는 즐거운 무념무상과 에스파냐의 지배에 항상 속박되어 있었던 플랑드르인들의 장르화에서 펼쳐지고 있는 무념무상을 구별하는 것은 여전히 쉽지 않다. 그런데 어떻게 영웅적이고 근면한 네덜란드인들의 자유가 세비야의 어린 거지들에게, 이 예속의 아이들에게, 네덜란드를 자신의 지배하에 둔 바 있는 폭정과 미신의 나라인 에스파냐의 자식들에게 부여될 수 있는지를 이해하는 것은 더욱 쉽지 않다. 그것들은 자신들의 본보기를 얻기 위해 어떤 의미에서 네덜란드적 자유와 에스파냐적 예속이 만나는 지점이었던 안트베르펜의 시장에서 자유로운 민족의 예술로 통합될 필요가 있었다. 그러나 보다 근본적으로는 네덜란드적 자유, 자기 나라의 화가들이 재현하는 집기들의 윤이 나는 표면 위에 반영되어 나타나고 있는 능동적 민족의 자유는 그것의 정확한 부정처럼 보이는 또 다른 자유와 동일시될 필요가 있다. 이 또 다른 자유란 올림포스 신들의 자유, 실러가 자신의 『인간의 미적 교육에 관한 편지』에서 찬양하고 있는 여신의 자유다. 「주노 루도비시」처럼 어린 거지들은 상념도 의지도 없는 사람들, 무엇을 말하거나 하고자 하는 욕망도 없이 휴식을 취하고 있는 사람들의 행복을 향유한다. 시인 실러에 따르면, 그리스 민족은 모든 상념의 이 부재를 자신의 신들에게 귀속시켰는데, 그 이유는 그 부재가 **자기 민족의** 자유의 본질 자체이기 때문이다. 물론 이 시인은, 아테네인들의 전투적 영웅주의는 그 원천을 상념 없는 자신들의 삶에서 갖고 있다고 주장하고 있는, 투키디데스가 페리클레스의 것으로 추정하고 있는 유명한 연설을 염두에 두고 있다.* 그러나 빙켈만이 의지를 드러내는 데 필요한 머리 전체와 행위를 위한 사지 전체가 잘려져 있는, 휴식을 취하고 있는 헤라클레스 조각상에서 그리스적 자유의 최고의 구현을 발견했을 때, 그는 이미 고된 노동과 영웅적 행위를 모든 상념의 부재와 동일시하는 관점을 긍정했다. 세비야의 어린 거지들이 멜론을 먹고 주사위 놀이를 하며 빵을 먹으면서 이를 잡도록 자신을 내맡길 때 보여 주고 있는 무념무상이 예술적 이상을 표현할 수 있다면, 그것은 의지의 힘으로 하나의 세계를 자신에게 선사했던 근대 민중의 자유와 어느 것도 원하지 않고 어떤 것도 하지 않는 고대적 신의 자유가 그 무념무상 속에서 결합되고 있기 때문이다. 구두 수선공 빙켈만의 아들이 확립한 바 있는 이 생각, 즉 그리스적 자유를 최고의 활동성과 완전한 한가로움의 결합으로 이해했던 이 관점이, 프랑

---

* 투키디데스의 『펠로폰네소스 전쟁사』에 수록되어 있는 페리클레스의 '추도 연설'(Funeral Oration)을 말한다. 펠레폰네소스 전쟁에서 사망한 전몰 병사들을 추도하는 이 연설에서 페리클레스는 아테네의 위대함은 아테네가 실현하고 있는 가치로서의 자유와 평등에 있음을 역설했다. Thucydides. *The Peloponnesian War*, a new translation by M. Hammond, Oxford University Press, 2009, pp. 89~96 참조.

스인들이 집단 의지와 거대한 공동체적 축제를 긍정하던 시기에 국가라는 차가운 기계장치를 철폐하고 시학과 신화학이 된 철학을 민중의 감성적 삶과 통합하는 진정한 혁명이라는 이념을 어떻게 헤겔, 셸링, 횔덜린이라는 이름을 가진 젊은이들 사이에서 배양했는지 우리는 잘 알고 있다.•

프랑스혁명가들이 시도했던 고대적 재구성과 이제는 분별력을 되찾은 독일의 이 젊은 철학자들과 시인들에게서 그 혁명이 배양한 꿈이 동시에 누그러졌을 때, 『미학 강의』의 저자는 커다란 혁명의 소용돌이 저편에 서 있었다. 그리고 몇 해 전에는 동일한 대학에서 교수 헤겔은 법철학에 대한 자신의 강의에서 교육적 작업과 훈육을 찬양했는데, 이러한 찬양은 어린 거지들이 보여 주고 있는 신적인 무념무상에 대해 어떤 몽상의 여지도 남겨두지 않는다. 그러나 여러 가지 지혜가 있다. 헤겔의 지혜는 고전적 가치와 전통으로의 회귀를 찬양한 것이 아니다. 그것은 공화국 군대의 대포와 새로운 그리스를 향한 꿈이 한때 담지하고 있었던 자유와 평등이 재정립된 질서의 형식들과 제도들 속에서 실제적인 세계가 되는 것을 보여 주는 것이다. 예술(Art)과 미학은 정확히 저 형식

• 여기에서 랑시에르는 「독일 관념론의 가장 오래된 체계 구상」(Das älteste Systemprogramm des deutschen Idealismus)을 암시하고 있다. 이 팸플릿은 1917년 프란츠 로젠바이크(Franz Rosenweig)가 처음 발견해 그 자신이 제목을 붙여 출간했는데, 1796년경에 작성된 것으로 보이는 이 소책자의 저자가 누구인지는 정확히 밝혀지지 않았다. 횔덜린의 영향아래 셸링이 작성한 것을 헤겔이 필사해 가지고 있었다는 추론이 가장 그럴듯한 가설로 받아들여지고 있다. 랑시에르가 여기에서 세 명의 이름을 모두 언급하고 있는 이유다. 이 「체계 구상」은, 심미적 이념은 모든 이념을 통합하는 이념이며, 예술가는 바로 이 심미적 이념을 감성적 차원에서 구현함으로써 대중을 '감성 종교'로 통합하여 감성적 공동체를 형성한다는 낭만주의 기획을 제시하고 있다. 랑시에르에 따르면, 이 낭만주의 기획은 예술을 삶의 형식과 동일화하는 '메타정치'(métapolitique)를 보여 준다. 이에 대한 랑시에르의 보다 자세한 논의는 『미학 안의 불편함』(Malaise dans l'esthétique, pp. 54~57; 주형일 옮김, 71~75쪽) 참조.

들에 속하는 두 형식이다. 즉 그것들은 석상과 채색된 캔버스 위에 새겨져 있는 자유, 특별히 주제들의 무념무상 속에서 근대에 고유한 자유 — 고대로부터 영감을 받은 혁명가들의 자유보다는 네덜란드의 저항적이고 근면한 프로테스탄트 부르주아의 자유 — 를 구현하고 있는 그림들에 새겨져 있는 자유를 받아들이고 그것을 가시화하며 이해 가능한 것으로 만드는 장소·제도·지식의 총체다. 캔버스에 나타났다가 그 일화 속에서 잊혀진 이 정치적 자유는 이가 들끓는 세비야의 아이들과 '라파엘로'의 꿈꾸는 젊은이에서 동일하게 나타나고 있는 회화의 자유를 보게 해주는 틀을 제공한다. 라파엘로의 그림에 등장하는 이 젊은이의 사회적 정체는 규정하기 어렵다. 그 베레모와 부드러운 검은 옷, 그 결의 없는 듯한 태도, 그리고 인물을 사회적 존엄성 속에서 재현하고자 하는 어떤 의지도 없다는 것을 보여 주고 있는, 삐딱한 시선을 한 채 비스듬한 자세를 취하고 있는 모습이 어떤 신분을 지시할 수 있겠는가? 후세의 미술사가들은 오늘날여 는 코레조로 알려진 그 예술가가 고객이 아니라 재미 삼아 자신의 동료 가운데 한 명 — 이는 파르미자니노일 가능성이 있다 — 을 재현하고 있다고 추론하고 있다. 오늘날 미술관이라는 물리적이고 개념적인 공간에 모아져 있는 초상화들, 예를 들면 자유로운 시민의 초상화와 예속족 민족의 어린 거지의 초상화, 그리고 정체를 알 수 없는 젊은이의 초상화는 결국에는 오직 이 하나, 즉 예술가가 그린 예술가의 초상, 회화 자신에 의해 그려진 회화의 초상으로 귀결된다.

헤겔에 따르면, 다만 이 자신 안의 존재는 또한 자신을 벗어나는 존재이기도 하다. 자유로운 민족의 구성과 항아리나 접시를 비추는 화사한 빛 사이에는 유사성이 없다. 회화의 자유는 이 간격 속에, 즉 자신이 원하는 것을 하고자 하는 욕망을 예술가로부터 박탈하고, 예술가가 보여 주고 싶어 하는 재능을 쓸데없는 기술로 만들어버리는, 예술가에게 강요되는 이 '주제' 속에 온전히 현실화되었다. 북부 유럽의 회화는 화가들이 전문가가 되면서, 예를 들면 누구는 직물의 화려함을 재현하는 전문가가 되고, 또 다른 누구는 금속에 나타나는 반사물을 그려내는 전문가가 되면서 쇠퇴에 접어들었다. 이와 함께 회화 일반이 오늘날 우리에게 미술관 속의 회화가 의미하는 것, 즉 과거의 예술이 되었다. 그리스적 자유가 표현되었던 신화의 시대처럼 네덜란드적 자유가 표현되었던 영웅적 시대는 지나갔다. 회화는 더 이상 적절한 주제를 갖지 않으며, 따라서 부적절한 주제도 갖지 않는다. 회화는 자신을 자신으로부터 벗어나게 해주는 주제, 그리고 거리의 아이들의 머리와 시선에서 신적인 자유가 빛나도록 만드는 주제를 더 이상 갖지 않는다. 이제 화가들은 회화를 모방한다. 일부는 네덜란드와 플랑드르의 장르화에 고유한 장면을 모방한다. 그러나 선술집 장면이 모방된다고 자유가 모방되는 것은 아니다. 독일 예술가들이 1828년 살롱에 전시한 장르화들은 성마르고 악독한 향취가 나는 프티-부르주아들을 재현하고 있을 뿐이다. 다른 사람들은 위대한 전통, 즉 라파엘로의 로마 프레스코화가 구현하고 있는 이상의 전통을 되찾으려고 했다. 그러나 살롱의 벽이나 그들이 장식했던 교회에 재현된 그들의 '이상'은 결국 살(chair)의 부재, 라파엘로에 대한 단순한 원용일 뿐이었다. 장르화의 진정한 계승자들은 더 이상 화가들이 아니었다. 헤겔에 따르면, 그것은 낭만주의 작가들이었다. 그들은 끝도 시작도 없는 이야기들의 무대인 산문적인 장소와 에피소드에 자신들의 '자유로운 상상'으로 활력을 불어넣는 일에 온 힘을 기울였다. 거리의 아이들에서 빛을 발했던 자유는 그들의 산문에서 순수한 시적 장식, 즉 예술가의 공허한 자유가 보잘것없는 현실에 덧붙이는 '임의의 것'(n'importe quoi)이 되었다.

따라서 예술은 과거의 것이다. 다시 말해 그것은 거래와 행정, 합리적 지식의 세계 속에 실현된 성숙하고 현명해진 자유를 장식하는 데 기능하는 고유한 장소들에서 자신의 자리를 발견하는 자유의 유산이다. 그러나 교수 헤겔의 꿈은 이 잘 정돈된 과거 속에 미래에 대한 어떤 독특한 호소를 도입한다. 몇 해 전에 법철학 교수로서 나태함을 비난하고 자연이 준 재능에 만족해하는 건강한 야만성이라는 이상을 비웃었던 바로 그 강단에서 미학 교수로서 헤겔은 어린 거지들의 무념무상을 찬양하는 데 만족하지 않았다. 즐거워하는 무리요의 어린 거지와 '라파엘로'의 수수께끼 같은 청년의 뒤섞인 특징들로 구성해 낸 저 올림포스의 소년에게 그는 규정되지 않고 또한 어떤 제한도 없는 미래를 예언한다. 이 소년에게 우리는 모든 것을 기대할 수 있고, 이 소년에게는 모든 것이 일어날 수 있다. 우리는 이 미래를 상상하는 여러 가지 방식을 가지고 있다. 우리는 이 미래의 소년에게, 1830년 7월의 파리 혁명 후에 들라크루아의 그림에서처럼 손에 총을 쥔 채 '민중을 이끄는 자유의 여신'을 따르고 있는 어린 소년의 모습을 부여할 수 있다. 그 미래는 빅토르 위고가 공화주의 투사들의 바리케이드에서 죽게 만들었던 소년 가브로슈(Gavroche),• 즉 포도와 멜론을 먹는 아이들이나 루브르 미술관의 그 꿈꾸는 청년만큼이나 자신의 주위에 총알이 빗발치는 가운데에서도 상념이 없었던 이 부랑아의 모습에서 보다 확실하게 나타나게 될 것이다. 그런데 헤겔이 찬양한 바 있는 세비야의 아이를 이렇게 정치화하는 것은 헤겔 자신의 성찰을 확장하는 것이다. 프랑스혁명에 열광했던 철학자 헤겔의 시선에서 볼 때, 뮌헨 미술관의 벽에 걸려 있는 그 어린 거지들은 네덜란드적 자유

• 가브로슈는 위고의 1862년 소설 『레 미제라블』에 나오는 등장인물로, 파리 거리에서 살았던 부랑아였다. 그는 1832년의 학생 봉기 때 바리케이드를 치고 저항했던 투사들과 함께했다. 총탄이 떨어져 간다는 사실을 알고 바리케이드를 넘어가서 죽은 국민방위대 병사들의 총탄을 주워오다가 총에 맞아 바리케이드 위에서 죽는다. 위고의 '가브로슈'는 들라크루아의 「민중을 이끄는 자유의 여신」에 등장하는 소년을 그 도트프로 삼고 있다고 알려져 있다. 실제로 들라크루아의 그림에서 소년은 어깨에 탄약통을 메고 '민중을 이끄는 자유의 여신'을 뒤따르고 있다. 『레 미제라블』에서 가브로슈는 자신의 가난과 불행에도 불구하고 재치 있고 명랑하며 또한 용기 있는 아이로 그려지고 있다. 바로 이 점에서 랑시에르는 가브로슈를 무리요의 아이들과 동일화하고 있다.

를 계승했다. 추방당한 반체제 인사였던 위고의 산문에서 무념무상의 아이는 문학의 이름으로 그 '자유'를 되살리고 있는데, 여기에서 투사들의 영웅성과 거리의 어린 신들이 보여 주고 있는 초연함은 동일화된다. 한 세기 후에는 결코 혁명적이라고 볼 수 없는 영화인이었던 로베르 브레송이 자신의 어린 여주인공 무셰트(Mouchette)˙를, 다비드의 화필이 불멸성을 부여한 바 있는 프랑스 자유 군대의 어린 순교자 바라˙˙의 계승자로 만들게 된다.

이렇게 무념무상의 어린 부랑아의 미래는 철학자 헤겔이 종결된 것으로 선언한 것을 다시 열고 있다. 올림포스의 신, 플랑드르의 술꾼, 세비야의 거지, 그리고 이탈리아의 젊은 몽상가가 보여 주고 있는 동일한 무념무상은 단지 과거에 속하는 예술의 유산 속에 보존되고 있는 것이 아니다. 예술은 예술을 하겠다는 의지, 상상의 놀이, 그리고 재능의 증명 속에서 소진될 운명을 갖고 있지 않다. 사회극의 작가들, 그리고 새로운 도시 오락과 휴일의 외출을 그리는 화가들은 예술의 아름다움에 필수적인 예술과 아름다움의 분리를 모든 곳에서 발견할 줄 알게 될 것이며, 그렇게 예술과 비예술의 통합을 실현하는 데 전대미문의 어떤 무기의 도움을 얻게 될 새로운 예술가들에게 길을 열어주게 될 것이다. 예술이나

 ˙ 1967년 브레송의 영화 「무셰트」에 나오는 어린 여주인공 무셰트는 알코올중독자인 아버지와 병든 어머니 밑에서 힘겨운 삶을 살아간다. 일련의 사건들(어머니의 죽음과 강간)을 겪으면서 가족과 동네 사람들로부터 버림받은 무셰트는 결국 자살을 선택한다.
 ˙˙ 조제프 바라(Joseph Bara, 1779~93)는 프랑스혁명 당시 하나의 전설이 된 소년이었다. 그는 말들을 운동시키러 나갔다가 말들을 훔치려던 브르타뉴 왕당파에게 공격당해 죽는다. 그러나 이 사건은 정치적 선전을 위해 각색되어, 바라는 '국왕 만세'를 외칠 것을 강요하는 왕당파에 맞서 '공화국 만세'를 외치면서 죽어간 어린 투사로 탈바꿈하게 된다. 자크-루이 다비드(Jacques-Louis David)는 바라의 영웅적 죽음을 형상화한 그림인 「어린 바라의 죽음」(La mort du jeune Bara)을 미완성으로 남겼다.

아름다운 것을 만든다는 것이 무엇인지를 알지 못하는 기계적 눈이 바로 그 무기다. 일부 경솔한 사람들은 예술적 작업을 하게 될 이 사진기를 비난하게 된다 반대로 다른 사람들은 예술을 유사성의 임무로부터 해방해 준다고 찬양하게 된다. 전자나 후자의 입장은 문제의 미학적 본질을 놓치고 있는지도 모른다. 확실히 사진기가 예술에 주려고 하는 것이 무엇인지를 이해하기 위해서는 세비야의 어린아이에 대해 주었던 철학자 헤겔의 시선이 필요했다. 그것은 바로 예술이 존속하기 위해서 이제 필수 불가결한 것이 된 비예술의 사용 가능성이다. 세비야의 어린아이와 베레모를 쓴 젊은 몽상가를 계승하고 있는 것에 대한 가장 정확한 정식화를 발견하고 있는 것은 데이비드 옥타비우스 힐이 찍은 뉴 헤이븐의 어부 아낙네들의 사진에 대해 말하고 있는 발터 벤야민이다. 그에 따르면, 이 사진들에서는 그 현실성이 [사진의] 이미지적 성격을 불태워 버렸으며, 비예술은 이제 예술로 느껴질 수 있게 될 것의 한가운데에 자신을 자리 잡게 해주는 구멍을 냈다.•

• "무심하지만 매혹적인 부끄러움의 자태로 눈을 아래로 향하고 있는 뉴헤이븐의 어촌 아낙네에는 사진가 힐의 예술을 단순히 증언해 주는 것을 넘어서는 어떤 것, 침묵시킬 수 없는 어떤 것, 말하자면 그 당시에 살았지만 지금도 여전히 현실적이어서 '예술' 속으로 완전히 편입되려고 하지 않는 그 아낙네의 이름을 어쩔 수 없이 묻게 만드는 어떤 것이 남아 있다. …… 그러한 사진에 충분히 오래 몰두하기 되면 사람들은 어떻게 상반된 것들이 합치하는지를, 요컨대 가장 정확한 기술이 자신의 산물에 손으로 그린 그림이 결코 우리에게 줄 수 없는 신비한 가치를 줄 수 있다는 것을 알게 될 것이다. 사진가가 아무리 기술이 뛰어나도 그리고 아무리 계획적으로 자신의 모델을 세워놓아도 관객은 그 사진에서 아주 작은 우연의 불꽃, 즉 지금과 여기의 불꽃을 찾고자 하는 저항할 수 없는 충동을 느낀다. 바로 이 불꽃으로 사진의 현실성은 이미지적 성격을 말하자면 불태워 버린다"(Walter Benjamin, *Kleine Geschichte der Photographie*, in *Gesammelte Schriften*, Bd. II-1, Hrsg. von R. Tiedemann und H. Schweppenhäuser, Suhrkamp, 1977, pp. 370~71).

제3장 평민의 하늘

1830년 파리

  그날 푸케와 마킬드는 그들이 보기에는 확실히 희망을 줄 수 있을 것 같은 떠도는 소문을 그에게 알려 주려고 했으나 줄리앵은 그들이 말을 꺼내자마자 그들을 막아섰다.
  — 내가 나의 이상적인 삶을 살 수 있도록 내버려두었으면 좋겠어. 내가 보기에는 이래저래 마음의 상처들을 주는, 현실의 삶에서 너희가 갖게 되는 작은 근심들 혹은 자질구레한 일들은 나를 하늘에서 끌어내리게 될 거야. 사람은 자신이 선택할 수 있는 방식으로 죽는 거야. 나로 말하자면, 나는 오직 나의 방식으로 죽음을 생각하고 싶어. 다른 사람들이 나에게 얼마나 중요할까? 나와 다른 사람들과의 관계는 순식간에 끊어지게 될 거야. 그러니 제발 그 사람들에 대해서는 나에게 말하지 않았으면 좋겠어. 판사와 변호사를 보는 것도 이제 지겨워.
  그는 혼잣말을 했다. 사실, 나의 운명은 꿈꾸면서 죽는 것 같다. 고백하건대, 태어난 지 15일이 되기도 전에 잊혀질 운명을 지녔던 나와 같은 비천한 존재는 희극을 연기하는 바보와 같아…….
  그런데 삶의 마지막이 이렇게 내 가까이에 와 있는 것을 본 이후에서야 삶을 즐길 수 있는 기술을 알게 되었다는 것은 신기한 일이야.

그는, 마틸드가 전령을 보내 네덜란드에서 찾아 가져온 품질 좋은 시가를 피우며 소탑 꼭대기의 좁은 테라스를 거닐면서 요즘 며칠을 보냈다. 그는 마을의 모든 망원경이 매일 자신의 출현을 기다리고 있다는 사실을 짐작도 하지 못했다. 그의 생각은 베르지로 향해 있었다. 그는 푸케에게 드 레날 부인에 대해서는 한마디도 말하지 않았다. 단지 두세 번 정도 그의 친구인 푸케는 그에게 그녀가 빠르게 회복했음을 전했다. 그리고 이 말은 그의 가슴속에서 반향을 일으켰다.[1]

1830년 『적과 흑』이 출간되었을 당시 비평가들은 소설의 인물과 상황이 갖는 비현실성을 비난한 바 있다. 겨우 초보적인 교육을 받았을 뿐인 시골뜨기가 어떻게 그렇게 빠르게 상류사회 연애사의 전문가로 탈바꿈할 수 있는가? 어떻게 그 아이는 그 정도의 성숙함을 보여 줄 수 있었고, 어떻게 그 타산적인 사람은 자신을 가장 열정적인 연인으로 보이게 만들 수 있었는가?[2] 그렇지만 어떤 비평가도 이러한 비일관성 중에서도 가장 이상한 것에 주목하지 않았다. 자신의 처지에서 벗어나 사회에서 신분 상승을 이루기 위해 했던 오랜 노력 끝에 줄리앙 소렐은 모든 것을 잃었다. 그는 자신을 고발한 여자에게 총을 쏨으로써 심판을 받고 사형선고를 받게 될 상황에 놓여 있다. 그런데 바로 이 순간에, 감옥의 벽 사이

---

1 Stendhal, *Le Rouge et le Noir*, dans *Œuvres romanesques complètes*, t. I, Paris, Gallimard, coll. "Bibliothèque de la Pléiade", 2005, p. 775.
2 "확고한 행동 계획을 가지고 자신이 잘 알지 못하는 사회에서 교사로서 자리 잡게 되지만, 자신의 영예를 위해 그 사회로 간 것이기에 여성을 유혹하는 것을 먼저 하게 되고, 거기에서 자기애에 대한 충족감이 주는 행복 이외에 다른 행복을 찾지 못했던 이 18세의 철학자는, 감성적으로 변할 것이고 미친 듯이 사랑하게 될 것이며 모든 사람을 향한 열정으로 살아 움직이게 될 것이다. 이렇게 또 다른 책, 또 다른 문체가 시작된다." *Gazette littéraire*, 2 décembre 1830, dans V. del Litto (éd.), *Stendhal sous l'œil de la presse contemporaine, 1817~1843*, Paris, Honoré Champion, 2001, p. 583 참조.

에서 그는 마침내 삶을 즐기기 시작한다. 이 사건에서 그를 구해 내기 위해 일을 꾸미고 있는 사람들에게 그는 현실의 삶에 존재하는 자질구레한 일로 자신을 성가시게 하지 말 것을 요청한다. 그에 대한 선고가 내려진 후 얼마 지나서 그는 드 레날 부인에게, 감옥에서 그녀 곁에서 지낸 그 몇 일 동안보다 행복했던 적이 없었다고 말한다.

자신이 갇혀 있는 감옥에서 이 보잘것없는 평민이 갖게 된 역설적 향유는 소설의 구조와 구조에 대립되는 것처럼 보이는 결론을 스탕달의 소설에 부여한다. 실제로 이 책은 감상적 몽상가들과 이상적 하늘의 찬미자들이 들려주는 이야기에 대한 경멸을 적극적으로 표명한 한 인간의 작품이다. 스탕달은 그런 이야기보다는 예전 이탈리아 연대기 작가들의 서사나 『톰 존스』* 류의 악당 이야기를 선호했다. 그는 필요한 경우에 이 소설의 상황이나 인물을 흉내 냈는데, 예를 들면 대담하게 창문에 오르기 위해 설치한 사다리, 옷장에 숨기, 서두른 출발, 예쁜 하녀들과의 조우, 우둔한 젊은 귀족들, 전문적인 음모가들, 꿈을 좇는 젊은 여성들, 건장한 젊은이들의 매력에 민감하게 반응하는 신앙심 깊은 여성들 등이 그것들이다. 이렇게 그는 구태의연한 소설적 허구의 범례를 따르고 있다. 자신의 정상적인 처지를 벗어나게 하는 예기치 않은 사건이 생기고 그로 인해 왕궁에서 항구의 허름한 집에까지, 시골의 농장이나 교구에서 귀족이나 부르주아들의 살롱에 이르기까지 상이한 사회 영역을 두루 경험하게 되는 한 인물의 이야기가 그것이다. 서출이었던 톰 존스 또는 마리보의 '벼락부자가 된 농부'**가 상징적으로 보여 주고 있는 이 계

---

* 1749년 런던에서 첫 출간된 헨리 필딩(Henry Fielding)의 소설 『업둥이 톰 존스 이야기』(*The History of Tom Jones, a Founding*)는 성장소설이자 악당소설로 알려져 있다.
** 『벼락부자가 된 농부』(*Le Paysan parvenu*)는 프랑스 극작가로 유명한 피에르 드 마리보(Pierre de Marivaux, 1688~1763)의 소설이다. 이 소설은 자콥이라는 시골 출신의 한 소년이 파리로 진출해 사랑을 통해 사회적 신분 상승을 이루는 이야기를 담고 있다.

층적 무질서는 프랑스혁명 이후에는 새로운 의미를 갖게 되었다. 새로운 기반을 아직 발견하지 못한 사회에서, 그리고 귀족들의 향수와 성직자들의 은밀한 욕망이 부르주아의 이해와 뒤섞여 있던 사회에서 이제 그 무질서는 평민의 모험 넘치는 신분 상승과 동일시되었다. 스탕달은 어렸을 때는 프랑스혁명의 열기를, 청년기에는 제국의 전쟁들을, 그리고 그 후에는 왕정복고의 기도들을 경험했다. 야망에 찬 평민 출신 젊은이에 대한 이야기는 이렇게 얻은 경험을 활용할 수 있는 기회를 그에게 제공했다. 상류사회에 대한 자신의 지식을 보여 주고 혁명의 시대와 제국의 시대를 뒤이었던 음모 사회를 기술하기 위해 그는 자신의 주인공 주위에 여러 전문가를 배치했다. 정치 외교와 사랑의 전략을 가르치는 역할을 하는 러시아 귀족들, 예수회의 모든 음모에 대해 잘 알고 있는 얀센파 성직자들, 국가 기밀에 정통한 이탈리아 공모자들, 귀족 가문의 비밀을 알고 있는 파리의 아카데미 회원들이 그 예다. 주교직이나 징수관의 직위를 얻기 위한 책략들, 옛 질서를 복원하기 위한 과격 왕당파의 공모들, 그리고 아주 절개가 굳은 여성들을 무너뜨리기 위해 순서대로 보내야 하는 50통의 편지에 대해서 그는 상세한 기술을 아끼지 않았다. 후에 『뤼시앵 뢰방』에서 스탕달은 사람들이 어떻게 선거를 '치르고' 어떻게 내각을 전복하는지를 자세하게 보여 주게 될 것이다. 유명한 주석가인 에리히 아우어바흐가 사실주의 소설의 역사에서 결정적인 순간을 『적과 흑』에서 발견한 것을 우리는 이해하게 된다. "근대의 엄숙한 사실주의가 인간을 지속적인 진화 과정 중에 있는 정치적·경제적·사회적인 총체적 현실에 참여하고 있는 모습으로밖에 재현할 수 없는 한에서, ─ 이것은 오늘날 어떤 소설이나 영화에서도 마찬가지다 ─ 스탕달은 그것의 정초자다."[3] 이 소설의 배경을 형성하는 상황은 아우어바흐의 분석에 신빙성

---

3 Erich Auerbach, *Mimesis. La représentation de la réalité dans la littérature occidentale*, tr. fr. C. Heym, Paris, Gallimard, 1968, p. 459.

을 부여한다. 이 소설이 출간된 1830년은 파리의 민중이 불과 3일 만에 부르봉 왕가의 마지막 왕을 쫓아낸 해였다. 2년 후에 발자크는 『나귀 가죽』을 통해 작가로서 인정을 받게 되는데, 이 작품에서는 은행가 타유페르가 기자들을 위해 대문 연회를 통해 『적과 흑』이 기술하고 있는 귀족과 성직자들의 음모에 정확히 대응하는 것처럼 보이는 여론에 대한 부르주아의 지배력이 묘사되고 있다. 따라서 신적 권리를 지닌 마지막 군주의 몰락과, 혁명 이후의 사회가 갖는 충동들을 그려내면서 전통적인 시학의 장르들이 점유하고 있던 자리를 새로운 문학 속에서 차지하게 된 소설이라는 위대한 장르의 급성장 사이에 존재하는 일치를 어떻게 간과할 수 있겠는가? 그리고 이 급성장이 상류사회를 정복하기 위해 떠났던 평민 출신의 한 젊은이의 이야기와 함께 시작되고 있다는 사실을 어떻게 중요하지 않게 볼 수 있겠는가?

그런데 한 장르의 급성장과 한 계급의 지위 상승 사이에 예견되었던 이 일치는 곧 불투명해진다. 1830년 7월혁명으로 인해 귀족들의 향수와 예수회 성직자들의 은밀한 욕망이 존속하던 사회를 직면해야 했던 야심에 찬 한 평민의 서사는 불확실한 것이 된다. 책이 출간되었을 때 여러 비평가들은 이 점을 강조한 바 있다. 즉 이들에 따르면, 이 수완 좋은 작가가 가지고 있던 사교계에 대한 지식은 이미 무너진 세계에 대한 지식이다.[4] 그러나 이 소설을 추동했던 사회와 이 소설이 출간되었던 사회 사이에 7월의 나날들이 만들어낸 단절은 본질적인 것이 아니다. 픽션의 구조와 인물의 논리, 그리고 사회적 기계의 동력들에 대한 이야기 사이에

---

4 "인도 지역의 선인장처럼 새로운 문명은 밤 사이에 만개했다. 이제 당신의 예술가적 상상력이 귀족적 오만, 금전적 요구, 상처 입은 자기애가 혼합된 사회에서 표출될 때, 그것이 예수회 도덕의 발 아래에서 이루어지든 아니면 그 도회 관료주의의 신경질적인 손아귀 사이에서 이루어지든, 당신의 모델들을 더 이상 알지 못하는 시대, 포석으로 당신이 그린 그림을 찢어 버리고 당신이 칠한 석채를 7월의 진흙으로 더럽힌 시대로부터 당신은 어떤 공감을 기대할 수 있겠는가?"(*Le Figaro*, 2D décembre 1830, V. del Litto (éd.), *Stendhal sous l'œil de presse contemporaine*, 1817~1843, *op. cit.*, p. 585)

존재할 것으로 기대했던 일치가 어긋나는 것은 이야기의 절정 부분에서다. 소설이 진행되는 내내 우리는 주인공이 매순간 자신의 자세, 말, 태도를 계산에 넣는 것을 보게 된다. 우리는 다양한 사회 영역을 대표하는 사람들—돈 몇 푼 더 얻기를 바라는 문맹의 목수, 주교직을 얻으려고 하는 주교총대리, 이득과 영예를 추구하는 지방의 부르주아, 소설 같은 연애를 꿈꾸는 젊은 귀족 처녀—이 그의 주위에서 목적과 수단에 입각해 계산을 되풀이하는 것을 보게 된다. 마지막으로 우리는 소설가가 자신의 생각을 인물의 생각과 계속해서 뒤섞고, 운 좋게 그들에게 접근이 허용되었던 세계에서 성공할 수 있는 수단들을 알고 있다는 구실로 그들에게 훈계를 하는 것을 보게 된다. 그러나 발포의 순간에 모든 계산과 생각이 정지된다. 알려지지 않은 지방의 한 예수회 성직자에 의해 작성된 고발 서한은 쥘리앵, 마틸드, 그리고 라 몰 후작의 꿈을 모두 한꺼번에 파괴했다. 그리하여 예고된 바도 없고 동기도 없는 일련의 행위들이 나오는데, 이 행위들은 두 연인 가운데 한 명이 다른 한 명을 위해 보여줄 수 있는 그 어떤 반응에 필요한 시간보다 더 짧은 시간 안에 전개된다. 쥘리앵은 마틸드를 떠나 베리에르로 떠난다. 총을 한 자루 구입한 후 드 레날 부인을 향해 쏜다. 그리고 그는 한 발자국도 움직이지 않은 채로 있다가 어떤 반응도 하지 않고 감옥으로 이송된다. 그리고 마침내 여기에서 그는 그녀와 함께 완벽한 행복을 향유한다. 그러나 그는 어떤 순간에도 자신의 행위에 대해 최소한의 설명도 하지 않는다. 물론 독자가 보기에 총을 쏜 행위에는 명백한 원인이 있다. 드 레날 부인이 서명한 고발 편지가 그것이다. 그러나 이 원인은 어떤 순간에도 쥘리앵의 생각과 감정에 들어오지 않는다. 그 원인이 실제로 그의 생각과 감정에 들어오지 않았다면, 그것은 아주 단순히 그럴 수 있기 때문이다. 실제로, 소설가가 그때까지 스스로 생각해도 만족스럽게 해왔던 그 계산을 조금이라도 했다면, 그것만으로도 주인공은 자신의 상황에 대한 응답으로서 할 수 있는 가장 불합리한 행위를 피할 수 있었을 것이다.

이렇게 줄거리 전체의 구성이 도달하고 있는 행위는 목적과 수단의 전략 전체, 원인과 결과에 따라 구성되는 픽션의 논리 전체를 파괴하면서 그 전체 구성을 파기한다. 이 행위는 야심에 찬 그 평민을 그가 획득하려고 목적했던 것들이 기입되어 있었던 인과적 합리성과 시간성으로부터 결정적으로 분리했다. 이제 스탕달은 우리에게 능동적 행위, "현실적인 것들"은 "귀족적 심성을 가진 사람들", 낡은 세계의 대표자들에게 속하는 일이라고 말한다. 유일하게 그것을 떠맡은 것은 동맹 시대*의 저항적 귀족들에 열광했던 젊은 귀족 처녀 마틸드였는데, 능동적 행위를 향한 그녀의 열정은 저속한 장례식을 꾸미는 것으로 귀결될 뿐이었다(그러나 새로운 사회를 대표하는 능동적 행위의 인간들도 더 낫지 않았다. 예를 들면 발자크에서, 페라귀스의 딸에 대한 성대한 장례는 『13인당 이야기』에서 가장 큰 호평을 얻은 부분이다) 오직 이상적인 삶만이, 요란한 범죄가 일어났을 때 두 주 동안 잠깐 사람들에게 기억될 뿐인 어둠의 존재들에게 완벽한 행복을 줄 수 있다. 자신이 영원할 것이라고 믿었던 혁명 이전의 사회는 때때로 생기 있는 안색과 거친 품행을 가진 벼락출세한 촌뜨기들과 더불어 ─ 에로틱하거나 서사적인 ─ 좋은 시절을 기꺼이 향유했다. 물론 이들은 언제고 유용성이 다하면 논밭으로 되돌려 보내질 수 있었지만 말이다. 그러나 새로운 사회는 성직자들의 가르침으로 라틴 문헌학자가 되었던 여성처럼 가녀린 이 노동자의 자식들과 나폴레옹에 견줄 만한 야망가들의 성공담과는 더 이상 이 순진한 놀이에 빠져들 수 없었다. 그 사회가 자신의 야망가들에게 제공한 가장 큰 자리는 가십거리 자리였다. 실제로 『적과 흑』의 주제는, 발간된 지 얼마 되지 않은 『법정소식지』 ─

---

* '가톨릭 동맹'(Ligue catholique)과 '신성 동맹'(Sainte Ligue) 등은 신교에 대항해 가톨릭교를 보호하고자 한 당파에 붙여진 이름이었다. 이 동맹의 활동은 16세기 후반부에 걸쳐 전개되었으며, 앙리 4세가 신교를 버리고 가톨릭교로 되돌아가면서 실질적으로 마감된다.

이것은 민중의 자식들이 가졌던 위험한 지능과 에너지를 보여 주는 범죄적 행위들의 비망록이었다 — 에서 뽑아낸 독특한 두 범죄, 즉 두 가십거리에서 영감을 얻은 것이었다. 두 주 동안의 이 영예는 야심에 찬 평민에게 약속된 진정한 종말이었다. 그런데 줄리앵은 이 영예보다는 자신을 시대로부터 벗어나게 해주는 몽상의 순수한 향유를 선호하게 된다. 그리고 전형적인 이 운명에 대해 이야기를 들려주었던 그 책은 줄리앵의 경우처럼 15일 동안 사람들을 몰두케 한 가십거리와 이 향유의 순수 현재성을 분리함으로써만 끝을 맺을 수가 있었다.

그러나 이 종말은 출발점으로 되돌아온다. 사실 줄리앵의 마음이 분열되었던 것은 처음에서부터이며 그와 함께 소설도 분열되었던 것이다. 청년 줄리앵이 『세인트-헬레나의 기록』을 읽으면서 키운 커다란 계획이 있었고, 드 레날 씨 집에서의 삶을 특징지었던 '작은 사건들'이 있었다. 그런데 이 '작은 사건들' 자체에도 두 종류가 있다. 이 가운데 어떤 것들은 커다란 결과를 만들어내는 작은 원인이라는 고전적 논리에 속한다. 드 레날 부인을 그녀의 의지와 상관없이 줄리앵의 공모자로 만든 매트리스의 속을 갈아 넣거나 한 짝의 가위를 떨어트린 일이 그러한 것들이다. 다른 것들은 원인과 결과, 목적과 수단의 어떤 연쇄에도 속해 있지 않다. 반대로 그것들은 그러한 연쇄를 중지시킴으로써 느끼고 있음이 주는 단 하나의 행복, 즉 존재한다는 단 하나의 느낌을 만들어낸다. 시골 야유회, 나비 잡기, 가벼운 바람 소리가 들리는 피나무 그늘 아래에서의 여름 저녁이 주는 평온의 즐거움이 그것들이다. 이 작은 사건들이 혼합되고 엮이면서 커다란 계획은 두 논리로 나뉜다. 먼저 줄리앵의 **의무**가 있다. 이 의무는 자기 주인의 여자의 주인이 됨으로써 자신을 굴종케 하

• 『세인트-헬레나의 기록』은 에마뉘엘 드 라스 카즈(Emmanuel de Las Cases)가 나폴레옹이 세인트-헬레나로 유배 갔을 때 그와 나누었던 이야기를 기록한 책이다. 『적과 흑』의 주인공 줄리앵이 가장 아끼던 책이기도 했다.

는 사람들에게 복수를 하라고 그에게 명령한다. 그리고 함께 나누는 감각적 순간의 순수한 행복, 커다란 보리수나무 아래에서의 저녁 한때가 주는 평온의 즐거움 속에서 한 손이 또 다른 손에 자신을 내맡길 때 찾아오는 행복이 존재한다.* 줄리앵과 드 레날 부인 사이에 존재하는 관계의 역사는 이 **의무**와 이 즐거움 사이의 긴장으로 만들어진다. 그러나 소설 속의 이 긴장은 단순히 개인 감정의 문제가 아니다. 사실 그것은 평민이 예속으로부터 벗어나는 두 가지 방식, 지위의 전복을 통한 방식과 이 지위의 게임 자체를 중지하는 방식을 대립시키고 있다. 줄리앵이 승리하는 순간은 그가 싸우기를 중지하는 순간, 드 레날 부인의 무릎에 대고 울면서 단지 감정의 순수한 동등성을 함께 나누던 순간이었다. 이 행복은 사랑의 정복자 줄리앵이 모든 '술책'에서 벗어나 있음을, 그리고 그가 사랑했던 '대상'이 어떤 무엇을 위한 목적도 아니며, 모든 사회적 규정으로부터 벗어나 있고 모든 수단과 목적의 논리에서 빠져나와 있음을 전제한다. 줄리앵이 베르지의 시골 은신처에서 드 레날 부인과 누렸던 것은 바로 이 행복이다. 줄리앵은 파리와 자신의 멋진 장래를 향한 길을 선택하면서 그 행복을 도기한다. 그러나 그는 죽음 외에는 어떤 것도 기대할 수 없는 감옥에서 그 행복을 다시 찾는다. 이 행복은 다음과 같은 간단한 정식으로 요약된다. 계산하고 바라고 기대하기를 그칠 때, 아무것도 하지 않겠다고 결심할 때 우리가 비로소 도달하게 되는 이 감각적 경험의 특성을 향유하는 것.

줄리앵이 자신의 감방이나 감옥의 테라스에서 향유했던 이 평민의 하

---

* 스탕달은 이 즐거움의 순간을 이렇게 묘사하고 있다. "난생처음으로 그는 사랑의 힘에 이끌렸다. 자신의 기질과는 아주 낯설게도 몽롱하고 부드러운 몽상에 빠진 채, 그에게는 너무나도 아름다워 보이는 그녀의 손을 부드럽게 어루만지면서 그는 가벼운 밤바람에 흔들리는 보리수 나뭇잎의 살랑거리는 소리와, 멀리 두(Doux)강의 물방앗간의 개들이 짖는 소리를 듣고 있었다"(이동렬 옮김, 『적과 흑』(제1권), 민음사, 111~12쪽. 번역은 수정됨).

늘이 어디에서 기원하는지를 아는 것은 어렵지 않다. 그 하늘은 70년 전에 쥐라주(州)의 반대쪽에서 마찬가지로 기술자의 자식이었던 루소가 오후 내내 비엔호의 배 위에 누워서 향유했던 하늘과 같은 것이었다. 바로 거기에서 사회에서 밀려난 평민 루소는 호의적인 감옥에 있는 것처럼 은둔해 있었다. "왠지 나는 불안한 예감 속에서, 사람들이 이 은신처를 나의 영원한 감옥으로 만들어 내 생애 내내 나를 거기에 감금해 주기를, 그리고 그곳을 벗어날 수 있는 모든 힘과 희망을 빼앗아서 내가 육지와 어떤 종류의 소통도 하지 못하도록 만들기를, 그렇게 하여 내가 세상에서 일어나는 일을 전혀 알지 못해서 내가 그 세상의 존재마저도 잊기를, 또한 세상도 나의 존재를 잊기를 나는 간절히 원했다."5 소설의 살인자가 갇혀 있는 '진짜' 감옥은 자신과 같은 인간들에게 유죄선고를 받았다고 믿고 있는 사람이 자신의 생애를 마감하고 싶어 했던 은유적 감옥과 완전히 닮아 있다. 또한 바로 이 감옥에서 파브리스 델 동고―『파르마의 수도원』의 독자는 파브리스가 프랑스혁명기에 장군이 되었던 서민계급 출신 가운데 한 명이 간통으로 낳은 자식이라고 추측하고 있을 것이다―는 클렐리아의 창을 보면서 세속적 연애, 전도사로서의 성공 혹은 여성과의 육체적 관계가 결코 따라올 수 없는 행복을 맛보았다. 목수의 아들 줄리앵은 테라스 위에서 시가를 피우고, 후작 부인의 아들 파브리스는 자신에게 한 조각의 하늘을 허락해 주고 창을 통해 새장 쪽을 볼 수 있게 해줄 목공일에 몰두한다.• 이러한 역할 교환은 동일한 (비)활동으로 귀결된다. 즉 오직 현재의 순간만을 생각하는 것, 실존의 순수 느낌만을, 그리고 궁극적으로는 **마찬가지로** 감성적인 한 영혼과 함께 나

---

5 Jean-Jacques Rousseau, *Rêveries du promeneur solitaire, Cinquième promenade*, dans *Œuvres complètes*, t. I, Paris: Gallimard, coll. "Bibliothèque de la Pléiade", 1959, p. 1041.
• 『파르마의 수도원』의 주인공 파브리스는 사랑하는 여인 클렐리아가 새장에서 새들을 돌보는 모습을 그녀에게 들키지 않고 보기 위해 자신이 있는 감방의 창에 덧쳐 있는 나무 차양에 구멍을 내는 작업에 15시간 동안이나 몰두하게 된다.

눌 즐거움만을 향유하는 것으로 말이다. 제네바의 시계공 아들 루소는 이 향유의 내용을 다음과 같이 아주 정확하게 지적한 바 있다. "이 소중한 **무위**(far niente)는 내가 그 모든 평온함 속에서 음미하고자 했던 모든 향유 가운데 가장 중요한 첫 번째 것이다. 그리고 내가 나의 체류 동안에 했던 모든 것은 실제로는 한가로움에 빠져들었던 한 인간의 달콤하고 필요한 활동뿐이었다."[6]

이 순수한 **무위**의 전복적 역량을 잘 파악할 필요가 있다. **무위**는 게으름이 아니다. 그것은 **한가로움**(otium)의 향유다. 한가로움은 정확히 말해 우리가 아무것도 기대하고 있지 않은 시간이다. 이 시간은 평민에게는 허락되지 않는 시간이다. 왜냐하면 자신의 신분으로부터 탈출하기 위한 근심 때문에 그들은 항상 우연이나 술책의 결과를 기대할 수밖에 없기 때문이다. 한가로움은 비활동(inoccupation)이 아니라 활동들(occupations)의 위계를 폐지하는 것이다. 실제로 고대의 귀족과 평민의 대립은 무엇보다 상이한 활동의 문제였다. 활동은 신체와 정신의 존재 방식을 규정하는 삶의 시간을 채우는 방식이다. 귀족의 활동은 **능동적으로 행위하는**(agir) 것, 거대한 공동체의 운명과 동일시되는 위대한 계획을 추구하는 것이다. 평민의 활동은 **제작하는**(faire) 것, 유용한 물건들을 만들고 자신들의 개별적 생존에 필요한 것을 충족하기 위해 물리적인 봉사를 제공하는 것이다. 줄리앵 소렐과 파브리스 델 동고를 성장시켰던 시대는 이러한 고대적 위계의 전복을 경험했다. 사람들은 일반적으로 그 가운데 가장 눈에 띄는 것만을, 즉 혁명적 공포가 세를 떨치게 만드는 대가를 치르더라도 **능동적으로 행위하고** 공동체의 중대한 일들에 발을 들여놓기를 원했던 민중의 자식들만을 기억한다. 사람들은 주저하지 않고 『사회계약론』의 저자에게 이 공포의 책임을 떠넘겼다. 그러나 그들은 평등주의 혁명의 또 다른 측면은 제대로 평가하지 못하고 있다. 우리

---

6 *Ibid.*, p. 102.

가 **아무 일도 하지 않을** 때 갖는 감각적 경험에 대한 위상 격상이 그것이다. 이제 이 감각적 경험은, 고대의 질서에서는 향유의 인간과 노동의 인간으로 분리된 바 있고 새로운 질서에서는 다시 능동적 시민과 수동적 시민으로 분할되는 사람들에게 평등하게 부여된다. 이 중지 상태, 이해관계에서 벗어나 있는, 그리고 인식과 향유의 위계로부터도 벗어나 있는 이 감각적 상태를 칸트는 심미적 판단의 주관적 보편성의 대상으로 특징지은 바 있다. 그리고 실러는 그것을 형식과 질료의 낡은 대립을 뒤흔들 유희 충동의 대상으로 삼았다. 칸트는 개념 없는 이 보편성 속에서 여전히 소원한 계급을 통합할 수 있는 새로운 유형의 공통감의 원리를 보았다. 실러는 이 감성적 평등에서 새로운 자유의 원리를 이끌어낼 수 있는 인류에 대한 미적 교육을 정치제도에 대한 폭력적인 혁명에 대립시켰다. 그러나 둘 가운데 그 누구도 자신이 무관심적인 이 감각적 상태에 대한 최초의 이론가에 무엇을 빚지고 있는지를 모르지 않았다. 그들 이전에 '몽상'의 이름으로 그것을 이론화했던 것은 바로 루소였다.

스탕달은 칸트와 실러의 애독자는 아니었다. 반면에 그는 『신 엘로이즈』의 저자에게는 청춘기의 열정을 바쳤다. 그러나 그는 이후에는 따지기 좋아하는 루소의 연인들과 전원생활의 단순함에 대한 그의 열광에 대해서 원숙한 사람이 가질 법한 반감을 가졌다. 그리고 그는 『사회계약론』의 저자 안에서는 급진 공화파에 영감을 주었다고 간주되는 사람이 아니라 스탕달 자신이 생각하기에는 맨해튼의 소상인들과 수공업자들의 권력과 동일화될 수 있는 민주주의의 선구자로서의 모습을 혐오했다. 스탕달은 이 소상인들과 수공업자들을 단 한 명도 만나볼 기회가 없었기 때문에 그만큼 더 그들은 그의 머리에서 떠나지 않았을 것이다. 그러나 『사회계약론』의 저자를 부정하면서도 사람들은 아직 『고백록』과 『고독한 산책자의 몽상』의 저자에서 벗어나지 않았다. 스탕달은 시민들의 평등은 배격하고 있지만 그것은 단지 또 다른 동등성, 계급 차이와 더불어 상류사회의 모든 음모를 조롱거리로 만들어버리는 함께 나누는 감각적 순간과 실존의 순수한 향유의 동등성을 최고선과 동일시하기 위해서다. 줄리앵과 파브리스는 동등하게 자신들의 감옥에서 평민의 최고 행복을 향유한다. 작은 배에 누워 있던 루소가 가졌던 이 행복은 미래에 대해 아무것도 기대하지 않는 행복이며, 후회스럽거나 한탄스러운 과거에 대한 상처도 없이, 그리고 두렵거나 희망에 찬 미래에 대한 걱정도 없이 지속적으로 현재를 향유하는 행복이다. 그리고 드 레날 부인에 대한 '정복'의 매 단계에서 우리는 어렵지 않게 『고백록』의 저자가 언급한 특별했던 감각적 순간들에 대한 추억을 떠올리게 된다. 예를 들면, 드 바랑 부인처럼 자신의 집 문 앞에서 기계공과 고인이 된 한 여성 사이에서 태어난 아들을 받아들인 어머니와 같은 여자,• 딸기 따기 일을 떠올리게 하는 나비 잡기 놀이, 시골 야유회 저녁에 갈레 양의 손처럼 붙잡혀서 입맞춤을 당한 손,•• 토리노에 있을 때 바질 부인의 두릎에 기대어 보냈던 조용한 행복의 순간을 떠올리게 하는, 눈물 흘리며 감싸안은 무릎 등과 같은 것이 그러한 것들이다.••• 마찬가지로 우리는 파브리스가 좋아했던

- 드 바랑 부인(Madame de Warens, 1699~1762)은 루소의 연인이자 젊은 시절 그를 돌봐주고 교육한 어머니와 같은 존재였다. 루소는 그녀를 '엄마'(maman)라고 불렀다. 퐁베르(Fontverre) 신부의 소개 편지를 들고 안시(Annecy)에 있는 그녀의 집에 갔을 때, 루소가 그녀를 처음 만난 곳이 그녀의 집 앞이었다. 당시에 그녀의 나이는 스물여덟 살이었고 루소는 열여섯 살이었다. 드 바랑 부인에 대한 기억은 『고백록』과 『고독한 산책자의 몽상』에서 서술되고 있다.
- • 갈레 양(Mademoiselle Galley)은 루소가 드 바랑 부인 집에 살고 있을 때, 우연히 만나 도움을 준 두 여성 가운데 한 명이다. 집에 초대를 받아 저녁을 먹은 후 그들은 후식을 위해 야외로 나가는데, 거기에서 루소는 그녀의 손에 입맞춤을 한다. 『고백록』에서 루소는 이 순간을 다음과 같이 기술하고 있다. "우리 둘만 있었다. 나는 어색해서 숨을 내쉬었고, 그녀는 눈을 감고 있었다. 나의 입술은 할 말은 찾지 못했지만 그녀의 손에 입을 가져다 댈 줄은 알았다. 입맞춤 후에 그녀는 어떤 동요의 빛도 보이지 않은 채 나를 바라보면서 천천히 자신의 손을 뺐다"(J.-J. Rousseau, *Les Confessions*, nouvelle édition, Librairie E. Gennequin fils, 1869, p. 82).
- ••• 토리노에 있을 때 루소는 돈을 벌기 위해 바질 부인(Madame Basile)의 견습생으로 일한 바 있다. 바질 부인의 매력에 이끌려 그녀의 방에 찾아들어 갔던 루소는 어떤 갈도

제3장 평민의 하늘 91

마로니에에서* 청년 장-자크가 아꼈던 호두나무를 어렵지 않게 발견하게 되며, 모래사장 위로 스러져가는 잔물결만이 완전한 침묵을 일정한 간격으로 깨트리는 코모 호숫가에서의 저녁 한때에서** 비엔호 연안에서 보냈던 저녁 시간을 떠올리게 된다.

물론 여기에서 중요한 것은 자신의 청년 시절을 열광케 했던 작가에 대해 소설가 스탕달이 가졌던 양면적 태도가 아니다. 중요한 것은 나폴레옹의 숭배자와 나폴레옹의 수하 장군 가운데 한 명의 아들***이 우리에게 들려주는 활극 소설의 중심에 철학자의 유년 시절의 기억과 몽상을 그가 이렇게 그대로 옮겨놓고 있다는 점이다. 새로운 사회에서 소설 형식의 발전과 평민들의 지위 상승 사이에 존재하는 뒤틀린 관계가 중요한데, 소설 속 이야기들은 이 관계를 잘 보여 주고 있다. 실제로 전자와 후자는 이득과 손실의 독특한 게임을 통해서만 일치한다. 상류사회에 뛰어든 감성적인 평민은 자신을 만족시킬 수 있는 유일한 행복, 즉 느낌 혹은 정서의 순수한 공유 속에서 발견되는 평등에 의해 가능해지는 활동 사이의 위계의 폐지를 희생하는 대가를 치르면서 그 사회에 뛰어든

없이 잠시 동안 오직 시선과 제스처의 교환 속에서 짧지만 강렬했던 정서적 순간을 경험한다. 『고백록』에서 루소는 이 장면을 다음과 같이 회상한다. "나는 그녀 곁에서 형언할 수 없는 부드러움을 맛보았다. 많은 여성들과의 육체적 관계가 나에게 주었던 그 어느 것도 그녀의 드레스 자락을 만질 엄두도 못낸 채 그녀의 발밑에서 보냈던 2분보다 낫지 않았다"(*Ibid.*, p. 44).

* 파브리스의 엄마가 파브리스가 태어난 해 겨울에 심었던 이 마로니에 나무에 대해 파브리스는 '나의 마로니에'라고 부르며 특별한 애정을 보였다.
** 의붓형에게 고발당해 경찰에 쫓기던 파브리스는 "숭고한 아름다움"에 이끌려 잠시 가던 길을 멈추고 코모 호숫가의 고요함에 빠져들게 된다. "호수와 하늘은 깊은 고요함 속에 있었다. 파브리스의 영혼은 이 숭고한 아름다움에 저항할 수 없었다. 그는 가던 길을 멈춰 호수로 향해 있는 바위에 앉았다. …… 모래사장 위로 스러져간 잔물결만이 완전한 침묵을 일정한 간격으로 깨트렸다"(Stendhal, *La Chartreuse de Parme*, suivie d'une étude sur Stendhal par Balzac, J. Hetzel, 1846, p. 192).
*** 『파르마의 수도원』에서 주인공 파브리스의 친부는 나폴레옹의 장군 로베르(Robert)로 추정된다.

다. 그는 또 다른 평등이 주는 쓴맛과 기만에 빠져들거나 스스로 그것에 헌신하게 된다. 이 평등은 사회에서 특정한 지위를 차지하고 있거나 차지하려고 하는 사람들, 그리고 특정한 영향력을 가지고 있거나 가지려고 하는 모든 사람의 얽히고설킨 일련의 음모 속에서 추구되는, 굴욕에 대한 복수로서의 평등이다. 가장 경솔한 젊은 귀족 신사는 재능이 아주 뛰어난 평민을 그의 보잘것없는 신분 속으로 다시 몰아넣을 수단을 항상 그 음모 속에서 갖게 될 것이고, 소도시의 가장 보잘것없는 예수회 수도사는 항상 그의 무모한 기도를 망치게 될 무기를 갖게 될 것이다. 왜냐하면 그들은 사회적 성공을 위해 감각적 행복을 희생했기 때문이다. 무의미한 성공에 으뜸가는 선수들인 거만한 러시아 귀족들은 이 모든 것을 다음과 같은 찬사와 격률로 요약한다. "현재의 느낌으로부터 천리만큼 떨어져 있는" 냉정한 얼굴을 천성적으로 가지고 있다고 줄리앵을 칭찬하면서 그들은 그에게 '항상 사람들이 당신에게 기대하고 있는 것과는 정반대의 것을 하라"고 충고한다.[7] 성공을 위한 확실한 처방으로 결코 행복을 갖지 않는 방법만큼 더 나은 것을 찾을 수는 없을 것이다. 왜냐하면 행복은 기대하는 어떤 것도 없고 가장할 어떤 이유도 없는 상태인 현재의 느낌 속에서만 존재하기 때문이다.

사실 인물들의 불행은 일반적으로 책의 행운을 만들어낸다. 아리스토텔레스에게 비극의 주지였던 위대한 인물들의 불운이 그러한 경우였다. 다른 시절에서나 가능할 위업을 추구했던 돈키호테와 같은 사람들, 그리고 신분과 감정의 근대적 혼란을 이용했던 톰 존스와 자콥과 같은 사람들의 여정을 수놓았던 돌발적인 사건들의 경우도 그랬고, 트리스트럼 샌디°의 모험적이지 않은 사건들의 경우도 마찬가지였다. 소설가는 시

---

7 Stendhal, *Le Rouge et le Noir*, dans *Œuvres romanesques complètes*, t. I, *op. cit.*, p. 599.
● 로렌스 스턴(Laurence Sterne)의 대표 소설인 『트리스트럼 샌디』(*The Life and Opinions of Tristram Shandy, Gentleman*, 1759~57)의 주인공이다.

련의 끝에 작중 인물들에게 행운을 줄 수도 있고 그렇지 않을 수도 있다. 중요한 것은 그 시련과 소설의 굽이치는 흐름 사이의 일치였다. 발자크는 『나귀 가죽』에서 시골 출신들의 모험을 고대 귀족들의 모험과 연속선상에 놓는 변덕스러운 흐름을 여전히 원용하고 있다. 그러나 그것은 몇 쪽 뒤에 가서, 어떤 소설도 다음과 같은 가십거리 기사에서 나타나는 간결함이 보여 주는 천재성과 겨루기 어렵다는 회의를 드러내기 위한 것이다. "어제 네 시에 한 젊은 여성이 퐁데자르 다리 위에서 센강으로 투신했다."[8] 그러나 이제 소설에 도전하는 것은 단지 불운의 논리만이 아니다. 행운의 논리도 마찬가지다. 파브리스가 바라볼 권리조차도 가지고 있지 않은 여인과의 내밀한 관계 속에서 어떤 근심도 없이 맛보았던 3년간의 행복에 대해 작가는 독자들에게 "그것에 대해 한마디도 하지 않고 지나갈 수 있는 승인"[9]을 요구한다. 주인공을 행복하게 만들었던 것에 대해 아무 말도 하지 않는 것, 반대로 이것은 그의 성공과 실패를 결정하는 세상의 음모들에 관한 이야기와 더불어 소설의 소재를 구성한다. 클렐리아와 함께 보낸 밤들에 대한 침묵은 그녀의 아버지인 '자유주의자' 콘티의 계략, 모스카의 간계, 라뉘스-에르네스트의 협박, 검사 라시의 음모에 대해 많은 이야기를 하도록 만들었다. 그러나 이러한 시간의 분할은 사회에 대한 작가의 지식을 구성하는 음모와 반(反)음모의 난장판을 이미 무용한 것으로 만든다. 평민의 새로운 행복, 아무것도 하지 않는 행복은 소설을 둘로 분할한다. 여기에서 루카치처럼 잃어버린 총체성을 애도하는 영혼을 들먹일 필요는 없다. 잃어버린 것은 낡은 분할, 두 서술논리, 즉 비극시의 논리였던 능동적 행위의 연쇄로 구성되는 고귀한 논리와 신분들의 뒤섞임과 소설의 흥미를 만들어내는 일련의 사건들로 구

---

8 Honoré de Balzac, *Le Peau de chagrin*, dans *La Comédie humaine*, t. X, Paris, Gallimard, coll. "Bibliothèque de la Pléiade", 1979, p. 65.

9 Stendhal, *La Chartreuse de Parme*, dans *Œuvres romanesques complètes*, t. II, Paris, Gallimard, coll. "Bibliothèque de la Pléiade", 1948, p. 488.

성되는 통속적 논리 사이의 낡은 위계다. 혁명적 전복과 황제의 영웅적 무훈 이후에 등장한 '물질적 이해'의 사회에서 인과 논리들의 구별은 더 이상 유지될 수 없었다. 이러한 이유로 빅토르 위고 같은 이 시대의 작가들은 귀족적 명예와 그림자 뒤에 숨어 있는 사람들의 책략, 집시의 흥겨움, 새로운 하늘을 향한 평민들의 약동을 동일한 장면에 넣음으로써 시간적 연쇄를 공간적 동시성으로 대체하는 위대한 새로운 장르를 꿈꾸었다. 그들에게 드라마는 이러한 새로운 장르를 의미했다. 뒤섞인 장르들로 구성되는 이 드라마는 극적인 행위와 내밀한 감정의 뒤섞임, 요컨대 "삶에서 뒤섞여 있는 것, …… 한 장면에 폭동과 사랑의 대화가 뒤섞여 있는 것"[10]처럼 뒤섞인 상황을 재현한다.

그런데 모든 것을 포함해야 하고 모여 있는 다양한 집단에게 교훈을 주어야만 했던 이 미래의 장르는 자신의 선언에 머물러 있게 된다. 새로운 사회에 적합한 장르는 공적인 연극 무대에서는 일어나지 않는다. 그 장르는 소설이라는 유형의 글쓰기에 동일화되는데, 개인들은 이것을 혼자 읽게 되며 따라서 사람들은 그들이 그로부터 어떤 가르침을 이끌어내는지 알지 못하게 된다. 사람들은 이 소설이 모든 것을 말하고 모든 것을 재현하기를 바란다. 사회 계층들, 그것들이 만들어내는 인물들, 그것들을 반영하는 주거 환경들, 거기에서 소통되는 감정들, 그것들을 관통하고 있는 음모들 등. 그러나 이러한 지배 의지는 순간 어떤 낯선 무능력에 의해 엄습당하고 있는 것처럼 보인다. 우리가 근대 대도시의 모든 권역을 돌아볼 수 있도록 하기 위해 발자크는 범죄소설로부터 "모든 살롱에 발을 들여놓고, 모든 금고에 손을 대며, 거리를 활보하고 아무 데서나 드러눕는"[11] 음모가들의 조직을 들여온다. 그러나 불패의 조직인 13인

---

10 Victor Hugo, préface de *Marie Tudor*, dans *Théâtre complet*, t. II, Paris, Gallimard, coll. "Bibliothèque de la Pléiade", 1964, p. 414.
11 H. de Balzac, préface de *Ferragus, chef des Dévorants*, dans *La Comédie humaine*, t. V, Paris, Gallimard, coll. "Bibliothèque de la Pléiade", 1977, p. 792.

당 이야기를 구성하는 세 가지 에피소드는 세 가지 실패다. 그 각각의 서사는 다음과 같은 경구로 끝난다. 황금 눈의 여인은 "가슴 때문에 죽었다." 한 여성이었던 랑제 공작부인은 물에 던져버려도 좋을 시체 혹은 이미 읽은 책에 불과한 것이 된다. 그리고 데보랑 비밀조직의 수장인 페라귀스는 완전한 성공을 위해 마지막에는 마치 석상처럼 공놀이의 진행을 지켜보게 된다.* 소설가는 전능한 음모가들의 조직이 보여 주고 있는 이 반복된 실패들의 이면에 나타나고 있는 더 근본적인 비활동성의 논리를 우리가 엿볼 수 있도록 해준다. "위에서 아래까지 사회 전체를 돌아볼 수 있는 날개를 마련해 가지고 있는" 이 알려지지 않은 왕들은 "자신들이 그 사회에서 무엇이나 할 수 있기 때문에 그 사회에서 특정한 무엇이 되고자 하지 않는다."[12]

  모든 것을 할 수 있음, 따라서 아무것도 하지 않음, 혹은 아무것도 아닌 것을 향해 감. 이것이, 이제 모든 것에 관심을 갖게 되고, 왕의 딸과 농부의 딸, 권력가들의 거대한 계획과 작은 지방 도시의 가정집 안에서의 느릿한 삶을 수놓는 소소한 사건들을 동등하게 다룰 수 있게 된 이 문학이 적나라하게 드러낸 당혹스러운 논리다. 철학자들과 비평가들은 이러한 회피의 전형적인 형태, 필경사 바틀비의 '하지 않는 것을 선호함' (préférer ne pas)에 특별한 관심을 보여 왔다. 그러나 필경사 바틀비의 '하

---

* 발자크의 『13인당 이야기』는 3부작이다. 제1권은 『페라귀스』(*Ferragus*), 제2권은 『랑제 공작부인』(*La duchesse de Langeais*), 제3권은 『황금 눈의 여인』(*La fille aux yeux d'or*)이다. 제1권인 『페라귀스』의 원제는 『페라귀스, 데보랑 비밀조직의 수장』 (*Ferragus, le chef des Déborants*)이다. 페라귀스는 13인 비밀결사의 수장이었고 동시에 '데보랑'이라고 하는 비밀조직의 수장이기도 했다. '데보랑'은 중세에 기원하는 건축기술자들과 석공들의 조합이었던 '드부아르'(Devoir)의 조합원을 지시하는 말인 '드부아랑'(Devoirants)에서 유래한다. 이후 '드보랑'(Devorants)으로 바뀐 이 단어에 발자크는 악센트를 붙여 '데보랑'을 만들었다. 데보랑은 사전적 의미로는 '먹어치우는 자들'이라는 뜻이다.

12 *Ibid., loc. cit.*

지 않음의 선택'은 라 콜 후작의 비서였던 또 다른 펜과 필사의 인간이 보여 주었던 비합리적 행위의 이면에 불과하다. 결정적인 순간에 줄리앵은 선택 없이 행동한다. 그는, 항상 선택해야 하고 항상 자신의 선택의 결과를 따져보아야 하는 세상, 정치, 군사, 사랑의 일에 대한 전략에서 항상 훌륭한 모델을 모방해야 하는 세상에서 빠져나온다. 계산하지 않은 이 유일한 행위의 대가로 그는 다른 세상으로, '아무것도 하지 않아도' 되는 '이상적인 삶'의 세상으로 건너온다. 들뢰즈가 하고 있는 것처럼 바틀비를 새로운 그리스도로 만들면서까지 바틀비라는 인물을 유독 특별한 것으로 만들 필요는 없다.* '하지 않는 것을 선호함'은 인간 조건에 대한 보편적 가르침을 담지하고 있는 별난 행동의 독특성이 아니다. 그것은 고전문학(belles-lettres)이 선호했던 것들과 그 고전문학이 의존하고 있었던 위계들을 전복한 근대문학(littérature)의 법칙이다. 어떤 상황, 어떤 주제도 '선호할 만하지' 않다. 어떤 것이나 흥미로울 수 있고, 어떤 일이든 그 누구에게도 일어날 수 있으며, 어느 것이나 작가에 의해 모사될 수 있다. 물론 이 새로운 문학의 법칙은 다른 새로움에 의존해 있다. 누구나 펜을 잡을 수 있고 모든 종류의 즐거움을 맛볼 수 있으며, 모든 종류의 열망을 키워나갈 수 있다는 것이 그 새로움이다. 문학의 전능함, 온갖 음모들을 무용한 것으로 만드는 대가를 치르면서 문학이 자신이 상상해 낸 성공한 수완꾼들의 사회에 부여하고 있는 전능함은, 사회질서 안에서 아무것도 아닌 평민계급이 결국 그 사회 안에서 어떤 무엇이 되어야만 한다고 말했던 과거의 선언들과, 그리고 프롤레타리아들의 합창과 함께 "우리는 아무것도 아니다. 전체가 되자"라고 말하게 될 미

---

* 허먼 멜빌(Herman Melville)의 단편소설 「필경사 바틀비」(Bartelby, The Scrivener: A Story of Wall-Street)에 대한 들뢰즈의 논의에 대해서는 G. Deleuze, "Bartelby, ou la formule", dans *Critique et clinique*, Les éditions de Minuit, 1993, pp. 89~114 참조. 들뢰즈의 해석에 대한 랑시에르의 분석은 J. Rancière, "Deleuze, Bartelby et la formule littéraire", dans *La chair des mots*, Galilée, 1998, pp. 179~203에서 찾아볼 수 있다.

래의 선언이 보여 주는 또 다른 얼굴이다.

모든 것을 향한 이 열망이 거대 서사의 시대를 특징짓는다고 사람들은 쉽게 말한다. 확실히 그 시대는 사회질서 — 혹은 무질서 — 에 대한 거대한 설명들, 역사의 목적론과 진화론에 기초한 세계 변화의 전략이 발언되던 시대였다. 또한 그 시대는 사회를 전체적으로 파악하고 사회의 모든 계층을 가로지르면서 전형적인 한 가정 혹은 일군의 개인들을 통해 사회의 변화 법칙들을 드러내고자 하는 위대한 소설 연작들이 출현한 시대이기도 하다. 그런데 사회주의 정치의 서사와 '사실주의' 문학의 서사 사이의 이러한 연대는 곧바로 해체되는 것처럼 보인다. 모든 것을 가능케 하는 이 글쓰기에 의지해 모든 것이 가능한 새로운 사회 세계를 탐색하는 문학은 완전히 통제 가능한 사회에 대한 거대 서사를 자기 소멸로 이끌고 가는 것처럼 보인다. 줄리앵 소렐이 자신의 행복을 찾게 되는 것은 오직 죽음을 기다리고 있는 감옥 안에서 사회적 신분 상승을 위한 모든 전략의 궁극적인 붕괴 속에서일 뿐이다. 거꾸로 말하면 그의 운명은 소설가가 기꺼이 묘사하기를 즐겼던 음모들, 한 사회가 자신의 모든 에너지를 쏟아붓고 있는 그 모든 음모를 갑자기 무용한 것으로 만들어버린다. 에너지의 이러한 쓸데없는 낭비는 발자크의 『인간 희극』과 졸라의 '제2제정기의 한 가족의 자연사'*에 공통적인 도덕이 될 것이다. 적어도 졸라는 이 무용함에 터무니없이 긍정적인 가치를 부여하게 된다. 파스칼 박사의 허름한 진료실에서, 근친상간으로 태어난 그의 아들의 배내옷은 가족의 진화와 그 모든 구성원의 운명을 과학적으로 설명해 주었던 기록들을 대신하게 될 것이다. 그 기록들은 연기로 사라졌다. 그리

---

* 에밀 졸라는 발자크의 『인간 희극』에 영감을 받아 한 시대를 한 가족의 역사를 통해 묘사하고자 하는 기획을 구상하는데, 그것이 바로 총 20권으로 구성된 '루공-마카르 총서'다. 이 총서의 부제는 정확히 '제2제정기의 한 가족의 자연사와 사회사'(Histoire naturelle et sociale d'une famille sous le Second Empire)다.

고 바틀비/들뢰즈의 메시아와는 다른 종류의 메시아인 어린 젖먹이 아이의 치켜든 주먹은 모든 과학을 향해 자신의 무-의미를 줄기차게 추구하는 삶에 대한 찬가를 노래한다.* 문학적 허구는 혁명적 과학이 기술하는 역사의 운동과 결합했다. 예를 들면 소유권의 거대한 격변, 금융 거물들, 소상인들, 벼락부자가 된 시골 출신들의 급속한 성장, 상업과 쾌락의 도시가 보여 주는 인공 낙원, 지옥과 같은 산업 지역들에서 발호하는 빈곤과 폭동 등과 같은 것들 말이다. 그런데 그것은 사회과학과 집단적 행위가 약속하는 미래를 삶의 순수한 무-의미, 아무것도 원하지 않는 온고한 의지가 보여 주는 무-의미로 대체하기 위해서다. 그것은 문학적 허구가 사회주의 과학에 기꺼이 반대하고자 하기 때문이 아니다. 오히려 그것은 아마도 문학이 사회주의 과학의 이면을 드러내기 때문이다. 자신의 태내에 미래의 자유를 담지하고 있는 사회과학은 아무것도 원하지 않는 삶의 의지의 철학과 등일한 토양에서, 낡은 사회질서의 위계와 낡은 서사 질서의 위계가 해체된 토양에서 생겨났다.

파리의 민중이 신권에 의해 수립된 마지막 왕을 쫓아냈던 해에 줄리앵 소렐의 모험은 다음과 같은 당혹스런 폭로를 알리고 있다. 평민의 행복은 사회를 정복하는 것이 아니다. 그것은 아무것도 하지 않는 것이고, 순

---

* '루공-마카르 총서'의 마지막 제20권이 『파스칼 박사』다. 유전학을 연구하는 파스칼 박사는 샘플로 자신의 가족사에 대한 정보를 모아 기록했는데, 가족의 치부가 드러나는 것을 두려워 한 그의 어머니는 그 기록물을 없애려고 한다. 그의 어머니는 이 일에 파스칼 박사가 어렸을 때부터 데려다 키운 조카 클로틸드를 동조하게 하지만, 클로틸드는 파스칼 박사와 사랑에 빠지고 그의 아이를 갖게 된다. 파스칼 박사는 자신의 아이가 태어나는 것을 보지 못하고 죽게 되고, 그가 그토록 지키려고 했던 과학적 기록도 어머니에 의해 불타 사라진다. 소설은 클로틸드가 파스칼 박사의 아이를 낳는 장면으로 끝난다. 랑시에르는 여기에서 이 마지막 장면을 암시하고 있다. "그리고, 포근한 침묵과 작업실의 고독한 평화 속에서, 클로틸드는 삶을 향한 충동을 알리는 깃발처럼 허공을 향해 작은 팔을 곧게 뻗은 채 계속해서 젖을 빨고 있는 아이에게 미소 지었다." 랑시에르가 말하고 있듯이 여기에서 아이의 몸짓은 삶(생명)의 몸짓이며, 이것은 연기로 사라진 '과학적' 기록과 대조를 이룬다.

수 감각의 평등 속에서, 아무런 계산 없는 감각적 순간의 공유 속에서 지체없이 그 자리에서 사회적 위계의 장벽과 그 장벽을 직면해야 하는 고통을 파기하는 것이다. 이것은 바스티유 감옥의 탈취가 있기 12년 전에 이미 『고독한 산책자의 몽상』의 저자가 준 가르침이었다. 두 평등의 갈등, 혁명적 이상과 평민의 몽상 사이의 갈등은 또 다른 연구에 속하는 것이다. 여기에서 우리의 관심을 끄는 것은 소설이라는 이 위대한 장르가 등장하는 방식이다. 그것은 자신과 반대되는 것에, 즉 아무것도 하지 않는 행복, 즉 과거의 시련에 대한 고통스러운 기억도 없고 미래에 대한 타산적 염려도 없이 '중단 없이' 오직 존재함의 감정만을 느끼는 정지된 순간에 홀림으로써 출현한다. 줄리앵에게 이 순간은 자신의 마지막이 가까이 다가왔을 때다. 그런데 새로운 소설은 바로 줄리앵이 그의 죽음에 가까이 왔을 때, 여러 미시적 사건에 관심을 갖게 되면서 출현한다. 이 사건들은 가장 평범한 삶의 한가운데에서 인식 가능한 인과관계의 모든 연쇄와 개인 및 사회의 진화에 대한 질서정연한 모든 설명이 궁극적으로 사라지게 되는 심연을 만들어낼 수 있다. 그 소설은 결국 자신의 에너지를 소진하게 될 두 몽상적 장르를 통해 이중화되면서 등장한다. 그것은 먼저 중지된 감각을 연장하기 위해 능동적 행위를 멈추는 산문시, 하나의 세계를 요약하기에 충분한 평범한 장면이다. 예를 들면 보들레르에서 등장하는 공원의 키 작은 노파* 혹은 카페 테라스의 불빛을 바라보는 가난한 아이들의 시선**이 그렇다. 또 다른 두 번째 장르는 능동적 행위

- 보들레르의 시집 『악의 꽃』에 수록된 「키 작은 노파들」(Les petites vieilles)을 암시한다.
•• 보들레르의 산문시집 『파리의 우울』(Le spleen de Paris)에 수록된 「가난한 사람들의 시선」(Les yeux des pauvres)을 암시하고 있다. 모두 누더기 옷을 걸친 채 새로 생긴 카페 앞을 지나던 아버지와 두 아이는 카페를 밝히고 있는 환한 불빛에 경탄한다. "아버지의 눈은 이렇게 말했다. '아름답군, 아름다워! 가난한 세계의 온갖 금을 여기로 가져와 벽에 칠해 놓은 것 같군.' 반면 아이의 눈은 이렇게 말했다. '아름답구나, 아름다워! 그런데 여기는 우리와는 다른 사람들만이 들어갈 수 있는 집이겠지.' 가장 어린 아이로 말하자면, 그의 눈은 그것에 너무 매혹되어 그 놀랍고 강렬한 아름다움 외에

를 불변적인 일상적 삶이 나사 구멍을 내는 작용으로, 등장인물을 집어삼켜 버리거나 아니면 오직 반복하기 위해서만 치유될 뿐인 결핍으로 환원하는 단편소설이다. 예를 들면 모파상에게서 봄의 산책이 그러한데, 이 산책의 끝에 결국 틀에 박힌 행동에서 한 번 벗어난 한 평범한 사원은 자살을 하게 된다.[13]* 또는 자신도 받을 자격이 있는 사랑을 가지고 있지 못한 한 생명의 고통도 그러한 예인데, 이 고통은 한순간에 구멍을 내지만 다시 봉합된다.[14]** 치호프에게는 사랑과 행복이 손에 쥘 듯 가까이에 있었던 어느 여름 저녁을 회상하며 흘리는 눈물, 혹은 어린 하녀인 노예 아이가 자신을 잠 못들게 하는 아이를 질식시키는 반란의 순간이 또한 그러한 장면들이다.[15]*** 근대 소설의 시대는 둘로 나뉜다. 그 시대는 모

다른 것을 표현할 수가 없었다."
13 Guy de Maupassant, *Promenade*, dans *Contes et nouvelles*, t. II, Paris, Gallimard, coll. "Bibliothèque de la Pléiade", 1979, pp. 127~32 참조.
* 모파상의 단편소설 「산책」(Promenade, 1884)의 등장인물 르라는 40년 동안 서점에서 일한 평범한 사원이다. 그는 자신이 바라던 대로 다른 사람들과는 다른 삶, 어떤 것도 원하지 않는 삶, 한마디로 아무것도 없는 삶을 살아왔다. 그러던 어느 날 퇴근길에 석양에 황홀해진 그는 일상을 깨고 집에 들어가는 대신 거리를 거닐고 식당에서 식사를 하고 불로뉴 숲길에서 산책을 하게 된다. 그리고 그 숲에서 죽은 채로 발견된다. 사인은 자살로 추정되었다.
14 Guy de Maupassant, *Mademoiselle Perle*, dans *ibid*., pp. 669~84 참조.
** 샹탈 씨의 가족에는 존재감이 거의 없는 나이 마흔의 페를 양이 있다. 그녀는 오래전 샹탈의 아버지 집에 버려진 생후 6주가량의 아기였다. 함께 놓아둔 거금으로 보아 어느 정도는 고귀한 태생일 것이라는 추측이 가능했다. 샹탈은 페를 양을 사랑했지만 일찍이 약혼한 사촌과 결혼할 수밖에 없었다. 40여 년이 지난 후 그녀는 샹탈이 자신을 사랑했다는 것을 알게 되고 쓰러진다. 그러나 소설은 곧바로 아마도 내년 봄이 되면 그들 모두는 서로 포옹하고 악수할 것이며, 오늘 있었던 짧은 고통은 추억이 될 것이고 삶의 활력을 불어넣는 기폭제가 될 것이라고 예견하면서 끝이 난다.
15 Anton Pavlovitch Tchekhov, *Récit de Madame X et Dormir*, dans Gérard Conio (éd.), *Le Violon de Rothschild et autres nouvelles*, tr. fr. A. Markowitcz, Aix-en-Provence, Alinéa, 1986, pp. 145~51, 49~56.
*** 단편 「수면욕」은 매우 극적인 이야기를 담고 있다. 열세 살의 바르카는 한 상인의 집에서 하녀로 일하는 아이다. 낮에는 일을 하고 밤에는 주인집 아이를 돌보아야 했던

든 사회운동을 사유를 통해 읽고 통제할 수 있도록 만드는 혁명적 전복의 시대다. 또한 그 시대는 이 운동을 어떤 순간과 공간—여기에서는 모든 것이 할당된 몫들의 평등 또는 불평등에 달려 있다—으로 이끌고 가는 중지의 시대다. 새로운 소설은 이 둘 사이의 간극 속에서 태어났다. 그것은, 사회적 조건의 거대한 변혁과 평민적 몽상의 아주 작은 무질서가 능동적 행위의 논리의 심장부에 만들어낸 균열의 역사로서 태어난 것이다.

　소녀는 잠을 잘 시간이 없었다. 자신의 행복이 밤새 울어서 자신을 잠 못들게 하는 아이의 죽음에 있다고 생각한 소녀는 아이를 질식시켜 죽인다.

제4장 새로운 세계의 시인

1841년 보스턴 – 1855년 뉴욕

　　시간과 자연은 우리에게 많은 선물을 주었지만 만물이 기다리고 있는 이 시대의 인간, 새로운 종교, 조정자는 아직 주지 않았다. 단테의 공적은 자신의 자서전을 놀라운 암호로 썼다는 것, 즉 그것을 보편적인 것으로 만들었다는 데 있다.* 미국에는 우리가 가지고 있는 비할 데 없이 훌륭한 재료들의 가치를 알아보고, 이 시대의 야만과 물질주의 속에서 신들의 또 다른 축제를 감지할 수 있는 압도하는 눈을 가진 천재가 아직 존재하지 않는다. 그 동일한 신들의 모습을 호메로스에서, 그다음에는 중세 시대에, 또 그다음에는 칼뱅주의에서 확인하면서 높이 찬양하는 그

---

* 유배를 떠나기 전 단테가 1294년에 출간한 자서전적 성격의 글 『새로운 삶』(*La Vita Nuova*)은 운문과 산문으로 구성되어 있다. 이 '소책자'(l.bello)는 나중에 『신곡』에서 구원의 상징으로 등장하게 될 베아트리체에 대한 사랑의 경험을 서술하고 있다. 어떻게 시인의 언어가 시대의 한계를 벗어나서 전달될 수 있는가라는 어려운 문제에 직면에 있던 에머슨에게 단테의 이 책은 하나의 답변을 주었는데, 그 이유는 어떤 직접적이고 구체적인 상호관계도 배제한 채 베아트리체에 대한 사랑을 기술함으로써 단테는 그 사랑을 특정 인물에 대한 사랑이 아니라 사랑에 대한 보편적 재현으로 만들고 있기 때문이다. 에머슨은 이 『새로운 삶』을 자신이 직접 영어로 번역하기도 했다.

러한 시인 말이다. 은행과 세율, 신문과 당원 집회, 감리교파와 유니테리언파는 따분한 사람들에게는 밋밋하고 따분한 것들이지만, 그것들은 트로이의 시가지와 델포이의 신전과 마찬가지로 경이로운 토대에 기초하고 있으며, 또한 빠르게 지나가는 것들이다. 우리의 통나무 굴리기(log-rolling),[1] 우리의 선거유세, 그들의 정치토론, 우리의 낚시, 우리의 흑인과 인디언, 우리의 허풍과 우리의 포기, 불량배의 분노, 정직한 사람들의 소심함, 북부의 상업, 남부의 대농장, 서부의 개간사업, 오리건과 텍사스는 아직 어떤 찬사의 노래도 받지 못했다. 그러나 우리의 눈에 미국은 하나의 시다. 그 넓은 지형은 상상력을 일깨우고 있으며 머지않아 자신을 노래하는 운율을 가지게 될 것이다.

이 글은, '시대'(L'Époque)라는 포괄적 제목 아래 1841년 12월과 1842년 1월에 랠프 왈도 에머슨이 행한 강연 가운데 하나에서 그 기원을 갖는, 「시인」이라는 단순한 제목을 달고 있는 텍스트에서 인용한 것이다.[2] 1844년 자신의 『시론』의 두 번째 시리즈에 이 텍스트를 포함시켜 출간하기 위해 에머슨이 아주 많은 수정을 가했기 때문에, 보스턴의 프리메이슨 사원의 지붕 아래에 운집해 있던 청중이 이 신앙고백을 들었을 것 같지는 않다. 영국인들의 백과사전과 고대 그리스와 로마의 추억

---

1 어원에 따르면, 통나무 굴리기는 나무 통나무를 강가까지 굴리는 것을 의미한다. 그다음에 그것은 선수들이 통나무 위에 올라앉아 상대방을 물에 떨어뜨리는 스포츠가 되었다. 그것은 또한 정치인들 사이의 상호 봉사를 지시하는 메타포가 되었다. 여기 맥락에서는 후자의 의미가 적절해 보이는데, 프랑스어의 '상호 부조'(renvoi d'ascenseur)는 영어가 가지고 있는 시적 색채를 전혀 가지고 있지 않기 때문에, 여기에서는 영어를 그대로 사용했다.

2 Ralph Waldo Emerson, "The Poet", dans Joseph Slater, Alfred R. Ferguson et Jean Ferguson Carr (éds.), *The Collected Works of Ralph Waldo Emerson*, vol. 3, *Essays, Second Series*, Harvard University Press, 1983, pp. 21~22. (다른 언급이 없다면 이 장에 제시된 번역은 저자가 한 것이다.)

을 제쳐두고, 이제 동부 해안의 낚시 또는 서부의 개간사업, 일간지의 산문, 선거에서의 논쟁, 은행 업무 등에서 새로운 종교와 시를 발견해야 한다는 이 요청을 그 청중이 어떻게 받아들였을지 우리로서는 알 수 없다. 사실 과거에 유니테리언파의 목사였던 에머슨은 도발의 기술에서는 신참내기가 아니었다. 그는 이미 여러 차례 자신의 청중에게 지나간 시대와의 결탁을 거부할 것을, 그리고 유럽의 개화된 박물관들, 도리아식 기둥들, 고딕 양식의 문양들에 안녕을 고하고 현재를 온전하게 품을 것을 촉구한 바 있다. 그는 놀란 하버드의 동료 학자들에게 강한 어조로 이렇게 말했다. "나는 위대한 것, 멀리 있는 것, 낭만적인 것에 관심이 없습니다. 아라비아 반도나 이탈리아에서 일어나는 일, 혹은 그리스 예술이나 프로방스의 음유시인들에 대해서도 마찬가지입니다. 나는 평범한 것에 눈을 맞추고, 익숙한 것과 저속한 것을 탐색하며, 그것들 앞에서 몸을 숙입니다. 나에게 현재를 여는 열쇠를 주십시오. 그러면 당신은 아마도 고대 세계와 미래 세계를 갖게 될 것입니다."³● 따라서 우리는 다음과 같은 사실을 인정해야 할 것이다. 본래적 의미로서의 모더니즘적 이상, 새로운 인간의 새로운 포에지라는 이상이 아주 급진적인 형태로 먼저 정식화되었던 것은 유리와 철로 덮힌 수정궁(Crystal Palace) 지붕의 런던에서도 아니고 에펠탑이 들어섰던 세기말의 파리나 마천루의 뉴욕 혹은 혁명적인 미래파와 구축주의자들의 러시아에서도 아니다. 그것은 고전문헌학, 프랑스식 예의범절, 고대의 잔해와 르네상스의 걸작들을 간직하고 있는 이탈리아로의 여행에 심취해 있는 지식인과 탐미주의자들의 수도, 고상한 문화의 수도인 1841년의 보스턴이었다.

그런데 이 선언을 역설로 만드는 것이 무엇인지를 볼 필요가 있다. 그

---

3 Id., "The American Scholar", dans Alfred R. Ferguson (éd.), *The Collected Works of Ralph Waldo Emerson*, vol. 1, *Essays, First Series*, introduction et notes de Robert E. Spiller, Harvard University Press, 1971, p. 67.

● 「미국의 학자」는 에머슨이 1837년 8월 31일 하버드 대학에 초청되어 행한 연설이다.

것을 말하는 사람 자신은 은행 업무나 선거유세에 어떤 취미도 가지고 있지 않다. 이러한 것들로 말하자면 그것들은 유일하게 추구할 만한 가치가 있는 것, 즉 자기 고유의 본성을 실현하는 일로부터 사람들을 벗어나게 한다고 그는 생각한다. 그리고 그가 시골의 평온을 좋아한다고 하더라도 그 이유는 자신의 생각에 몰두하기 위해서이거나 자신과 유사한 영혼들과 함께 있기 위해서이지, 어부가 하는 일들이나 벌목꾼들의 오락에 끼어들기 위해서가 아니다. 그는 남부의 대농장을 보러 여행한 적도 없었다. 서부의 정복이나 그 당시에 있었던 텍사스와 오리건의 영토 병합을 그는 신문을 통해서만 알고 있을 뿐이었다. 이러한 것들에 대한 언급은 새로운 민족과 처녀지의 대모험을 향한 개인적 열정과는 아무런 관계가 없다. 무엇보다도 그것은 시학적 패러다임의 변화를 규정한다. 현시대의 포에지는 특정한 시간관념, 즉 거대 사건들과 과거로부터 지속되어 온 규칙적 변화들에 의해 규범화되었던 시간관념과 단절한다. 그것은 자신의 소재를 더 이상 역사적 연속에서가 아니라 지리적 동시성 속에서, 영토의 여러 장소로 분배되는 활동의 다양성 속에서 발견한다. 그것은 자신의 형식을 전통으로부터 물려받은 계량적 규칙성 속에서가 아니라 저 다양한 활동을 통합하는 공통의 파동 속에서 발견한다.

그러나 오해를 해서는 안 된다. 새로운 시인이 새로운 세계의 물질적 작용들 속에서 사람들이 감지하도록 만들어야 하는 공통의 파동은 그 자체가 전적으로 정신적인 것이다. 새로운 시인의 이상은 세련된 뮤즈들과 「미국의 학자」의 규범을 거부하고 "자신의 본능에 단단하게 뿌리박고 있는 꾸밈없는 인간"[4]에 호소하는 것일 수도 있다. 그러나 이 용감한 선언에는 새로운 대륙을 개척하는 민족의 순진한 물질주의적 도취에 해당되는 어떤 것도 없다. 완전히 정반대다. 새로운 시인이 모던한 미국의 물질적 특성들을 전유할 수 있고 또 그래야만 한다면, 그것은 진정한

---

4 *Ibid.*, p. 69.

유물론, 영국 경험론과 감각론 전통이 체화하고 있는 유물론을 고발하기 위해서다. 영국의 이 전통은 먼저 물질적 사물들을 그 유용성의 한계와 속성의 추상성 속에 가두어놓고, 그다음에는 이 속물적인 세계에 정신적 쾌락이 약속된 세계를 대립시킨다. 유물론은 개별 사물을 전체의 삶과 분리함으로써 물질과 정신을 분리하는 이원론이다. 미국 시인의 임무는 노동 세계와 일상적 삶이 보여 주는 범속한 물질적 특성들을 사유와 전체의 삶에 되돌려주는 것이다. 그것은 영국의 감각주의적 귀족주의에 프랑스혁명 시기에 독일 철학자들이 이룩했던 정신 혁명을 대립시키는 것이다. 이 독일 철학자들은 모든 감각적 실재에 봉인된 채 자신을 해방해 줄 사유를 기다리던 정신적 삶을 드러냈다. 따라서 미국적 삶의 산문성을 노래해야 한다는 호소는 똑같은 것을 말하고 있지만, 신비적인 것처럼 보이는 다음과 같은 말로 정확히 옮겨 적을 수 있다. "우리는 상징들이고 상징들 속에서 산다. 노동자들, 노동과 도구, 말과 사물, 탄생과 죽음, 이 모든 것은 상징들이다. 그런데 우리는 상징들에 열중하면서도 사물들의 경제적 쓰임새에 사로잡힌 나머지 그것들이 사유들이라는 것을 알지 못한다. 시인은 지적 직관을 통해 그것들로 되돌아가서 그것들의 낡은 쓰임새를 잊게 하는 힘을 그것들에 부여하고, 죽어 있는 듯한 모든 말없는 대상에 눈과 언어를 준다. 시인은, 상징에 대한 사유의 독립성과, 상징의 우연성과 일시성에 대비되는 사유의 영속성을 포착한다. 사람들이 이야기하기를 린케우스(Lyncée)*의 눈은 땅속을 꿰뚫어 보았다고 한다. 마찬가지로 시인은 세계를 투명한 유리로 만들어 우리에게 단물의 정확한 배열과 행렬을 드러내 보여 준다. 왜냐하면 시인은 그 우월한 지각을 통해 사물들에 한 발 더 다가가 그것들의 흐름과 변형을 보기 때문

• 그리스 신화의 인물로 벽이나 땅을 뚫고 볼 수 있는 놀라운 시력을 가지고 있다고 한다. 자신의 약혼녀를 납치해 간 사촌 카스트르(Castor)와 폴룩스(Pollux)와 불화가 있었고 그 와중에 카스토르를 죽인다. 이 일로 그 자신은 폴룩스에게 죽임을 당한다.

이다. 그는 사유가 다양한 형태를 가질 수 있다는 것, 그리고 모든 창조물의 형태는 자신을 보다 우월한 형태로 상승하게 할 힘을 자신 안에 가지고 있다는 것을 알고 있다 ……. 섹스, 음식, 임신, 탄생, 성장 등 동물계의 모든 사태는 세계가 인간의 영혼으로 전화되는 과정의 상징들인데, 그것들은 거기에서 변화를 겪으면서 새롭고 우월한 하나의 사태로 재출현하게 된다. 시인은 형상에 조응하는 형태들이 아니라 삶에 조응하는 형태들을 채용한다."[5]

에머슨은 우리에게 몇 줄로 독일 관념론 철학의 개요를 제시하고 있다. 미국식 소유권 정신, 즉 칼뱅주의적 엄격성과 로크의 경험주의 사이의 결합이 만들어낸 지적 보수성과 사회적 보수성의 순환과 단절하고, 삶이라는 새로운 종교를 정초하는 데 관심을 가졌던 '초월주의자들'은 콜리지와 칼라일이 영어권에 소개한 바 있는 이 관념론 철학을 자신들의 목적에 맞게 번안했다. 여기에서 이 건축물의 층위들은 쉽게 식별 가능하다. 먼저 칸트의 초월철학에 의해 이루어진 이중의 구별이 있다. 한편으로는 현상과 물자체의 분리가 있고, 다른 한편으로는 사물들을 인식 가능케 해주는 지성 법칙에 대한, 그리고 사물들을 전유하고자 하는 욕망의 특수성에 대한 이중의 저항 속에서 이루어지고 있는 심미적 판단에 대한 정의가 존재한다. 칸트는 이 두 구별을 분리하는 데 심혈을 기울였다. 반대로 그의 계승자들은 심미적 관조를 현상에 대한 유한한 지적 규정에서 절대적 인식으로 이끄는 도정으로 만들기 위해 그것들을 통합하고자 애썼다. 그런데 그들이 이 과제를 용이하게 수행하도록 해준 것은 다름 아닌 칸트 자신이었다. 실제로 『판단력 비판』의 한 구절은 암호화된 언어에 대해서 말하고 있는데, 자연은 바로 이 언어를 통해서 우리에게 아름다운 형태들을 상징적으로 말한다.[6] 이 암호화된 언어는, 모든

---

5 R. W. Emerson, "The Poet", dans *The Collected Works of Ralph Waldo Emerson*, vol. 3, *op. cit.*, pp. 12~13.

것을 암호화된 언어로 그리고 언어 자체를 광대한 시로 만들었던 노발리스의 성찰 속에서 자신의 직접적인 반향을 발견했다. 그것은 또한 젊은 셸링이 『초월관념론 체계』에서 비판적 관념론의 전통과 신플라톤주의 전통을 과감하게 결합하면서 예술적 인식에 전략적 지위를 부여하도록 하는 데 기여하기도 했다. "우리가 자연이라고 명명하는 것은 암호화된 경이로운 문자 속에 봉인된 시다. 그러나 이상하게 남용되고 있어 자신을 찾아나서지만 자신으로부터 달아나는 정신의 오디세이아를 우리가 알아볼 수 있다면, 그 수수께끼는 드러날 수 있을 것이다. 왜냐하면 우리의 욕망이 날개를 펴는 판타지의 나라가 투명하게 나타나는 것은 반투명의 안개를 통해서인 것처럼, 의미는 문자를 통해서 나타나듯 감각 세계를 통해서 드러나기 때문이다. 모든 아름다운 회화는 말하자면 현실 세계와 이상 세계를 분리하는 보이지 않는 장벽이 제거될 때 태어난다."[7]

두 세계를 분리하는 장벽을 제거하는 것, 이것은 칼라일이 주창한 '자연적 초자연주의' 원리였으며, 또한 에더슨이 새로운 시인에게 부여한 강령이기도 하다. 시는 창조된 만물의 이미지를 제시하기 위해 사물들에 가져다 댄 거울이다. 물론 "거리를 따라 이동하는"[8] 이 거울은 아주 다양한 사람들이 공유했던 은유다. 우리는 이 은유를 유사한 형태로 동시대의 작가들 가운데 가장 덜 신비로운 사람이었던 스탕달에서도 발견하는데, 그는 이 은유를 성-레알(Saint-Réal)에 귀속시키고 있다. 그런데 여기

---

6 Emmanuel Kant, *Critique de la faculté de juger*, tr. fr. A. Philonenko, Paris, Vrin, 1979, §42, p. 133.

7 Friedrich Wilhelm Joseph von Schelling, *Système de l'idéalisme transcendantal*, présenté et traduit par Christian Dubois, Paris, 1978, p. 259. (번역은 저자에 의해 약간 수정됨.) 우리는 이 텍스트가 독일 낭만주의자들에게 끼친 영향을 잘 알고 있다. 특히 그것은 아우구스트 빌헬름 폰 슐레겔의 『예술과 문학에 대한 강연』을 통해 잘 드러난다. 이 점과 관련해서는 Philippe Lacoue-Labarthe et Jean-Luc Nancy, *L'Absolue littéraire*, Paris, Le Seuil, 1978을 보라.

8 R. W. Emerson, "The Poet", dans *The Collected Works* ……, vol. 3, *op. cit.*, p. 23.

에서 그것의 기능을 잘 이해할 필요가 있다. 거울은 사물들의 외양을 되돌려 내보내는 반사 표면이 아니다. 그것은 모든 찌꺼기를 제거한 매끄러운 표면으로서, 거기에서 일상적 삶의 사물들은 자신들을 유용성이나 소유와 연결하는 모든 것으로부터 순화되어, 플로티노스에서 감각적 사물들의 초감각적 배열을 표현하는 '발현'의 신적인 질서에 따라 정돈된다.* 그러나 역도 참이다. 이상 세계는 저 너머에 있는 세계가 아니다. 그것은 우리가 살고 있는 세계와 같은 세계다. 그것은 우리가 이상주의자라고 일컫는 철학자들이 주는 다음과 같은 가르침이기도 하다. 포에지는 예외적 존재들이 느끼고, 특별한 형식들 속에서 표현되는 기이한 감정들의 세계가 아니다. 포에지는 어떤 삶의 형식의 개화이고, 한 민족과 그 개인들의 존재 방식에 내재하는 시적 특성의 표현이다. 포에지가 시들로 존재하는 것은 오직 그것이 삶의 형식들 속에 이미 잠재적으로 존재하는 한에서다. 포에지는 자연의 형식들이 제공하는 '선율들'(precantations) 속에 존재한다. 세련된 귀는 바다, 산마루, 나이아가라 폭포, 그리고 모든 꽃밭이 노래하는 시를 듣고 그것을 언어로 옮기려고 애쓴다.[9]** 또한 포에지는 바다 조개의 결절, 폭풍우의 거친 합창, 여름과 추

---

* 플로티노스는 일자로부터의 유출을 설명할 때 두 단계를 구별한다. 발현(*prohodros*, procession)과 회귀(*epistrophe*, reversion)가 그것이다. 발현은 일자로부터 유출되는 형태를 갖지 않는 삶(생명)의 무한한 흐름을 지시한다. 반면 회귀는 되돌아가 일자를 성찰하고 형태와 질서를 갖게 되는 단계를 지시한다. 랑시에르는 뒤에서 휘트먼의 시를 논할 때 다시 이 'procession'이라는 용어를 사용하는데, 이때는 휘트먼의 시에 특징적으로 나타나는 사물의 나열을 구체적으로 지시하기 때문에 거기에서는 '행렬'로 번역했다.

9 *Ibid.*, p. 15.

** 본문의 내용은 다음과 같다. "사물들이 선율로 변하는 것은 사물들이 더 고차원적인 유기적 형태로 변모하는 것과 같다. 모든 것은 그것의 신령 혹은 영혼의 가호 아래에 있다. 그래서 사물의 형태가 눈에 비추어지듯이 사물의 영혼은 선율에 투영된다. 바다, 산마루, 나이아가라 폭포, 그리고 모든 꽃밭은 대기 속에서 마치 향기처럼 떠다니는 선율들 속에 선재하거나 초재한다. 그리고 충분히 세련된 귀를 가지고 있는 사람이라면 누구라도 그곳을 지나갈 때 그 선율들을 듣게 될 것이고 그것들을 희석하거나

수 때의 서사적 노래가 들려주는 시구 속에, 또는 식물의 새순이나 '작은 대양'[10]인 물 한 방울, 불 위에 놓여 있는 고기, 끓고 있는 우유, 상점, 쟁기, 회계장부 속에 존재한다.[11] 그것은 "언어의 선택이 아니라 삶의 선택을 통해"[12]• 자연의 상징적 힘을 찬양하는 농민, 동굴사육자, 마부, 사냥꾼, 푸주한의 감각, 몸짓, 자세 속에 존재한다. 마지막으로 포에지는 각각이 하나의 말없는 시이기도 한 단어들 속에 존재한다. 왜냐하면 각 단어는, 또 다른 단어들인 과시적 사물들과의 어떤 원초적 관계를 번역하고 있기 때문이다.

이렇게 에머슨은 상징들의 창조자로서의 시인이라는 자신의 생각을 빚지고 있는 작가 칼라일의 사상을 뛰어넘는다. 칼라일에게는 자연 질서 속에 존재하는 정신세계의 상징들은 군기, 플래카드, 문장 속에, 그리고 예술작품, 영웅적 인물들의 전형 혹은 댄디들의 패션 행렬 속에서 찾아야만 하는 것이었다.[13] 그러나 에머슨에게 정신세계의 상징들은 도처에서 발견될 수 있다. 시인의 임무는 이 언어 능력, 즉 정신세계에 대해 어떤 공통적 경험을 할 수 있는 이 능력을 일깨우는 것이다. 이 능력은 단

타락시키지 않으면서 그 음표들을 기록하려고 애쓸 것이다."
10 Id., "The American Scholar", dans The Collected Works ……, vol. 1, op. cit., p. 68.
11 Ibid., p. 67.
12 Id., "The Poet", dans The Collected Works ……, vol. 3, op. cit., p. 10.
• 본문의 내용은 다음과 같다. "왜냐하면 모든 사람은 자연이 축복이라고 생각하기 때문이다. 내 생각에 (자연에 대한) 매혹은 상징 속에 있다. 그렇다면 누가 자연을 사랑하고 누가 자연을 사랑하지 않는가? 자연을 사랑하는 것은 자연과 더불어 살아가는 여가와 교양의 인간인 시인뿐인가? 그렇지 않다. 사냥꾼, 농부, 동물사육자, 푸주한도 자연을 사랑한다. 비록 그들은 언어의 선택이 아닌 삶의 선택 속에서 자신들의 정서를 표현하고 있지만 말이다."
13 Thomas Carlyle, Sartor Pesartus, tr. fr. M. Berrée, Paris, José Corti, 2008 참조. 상징에 관한 이론은 특히 제3권의 제3장(「상징」), 제7장(「유기 섬유」), 제10장(「댄디들」)에서 전개된다. 논문 형태로 영국에서 먼저 출간된 칼라일의 텍스트를 책의 형태로 출간한 첫 번째 판본을 편집하고 거기에 서문을 쓴 것이 바로 에머슨이었다는 점을 상기할 필요가 있다.

어들의 명부 모든 곳에 잠들어 있고, 마찬가지로 물건들의 진열과 산문적인 활동들의 전개 속에도 잠재되어 있다. 시인의 임무는 단어들과 사물들을 연결하는 것이며, 사물들에는 그것들의 언어 본성을 표현하는 이름들을 부여하고, 단어들에는 그것들을 삶의 운동과 연결하는 감성적 능력을 부여하는 것이다. 이 명명의 직무는 예술적 작업이 아니다. 그것은 탁월한 창작의 직무가 아니다. 그것은 삶의 작업이다. 시인은 사물들이 스스로를 명명하고 스스로를 상징화하는 방식으로 사물들을 명명한다. "이러한 표현 혹은 명명은 기예가 아니라 첫 번째 자연에서 자라난 두 번째 자연이다. 나무에서 자라난 잎처럼 말이다."[14]•

우리는 여기에서 어떤 역설을 볼 수 있을 것이다. 사상가 에머슨은 학문적 규준들, 호메로스와 고대의 폐허, 그리고 도리아식 기둥에 대한 숭배와 단절하고 잉태된 새로운 세계의 리듬과 결합하는 미국 포에지의 창출을 요청한다. 그런데 사실 이것은 고전적 고대의 폐허와 그 기억에 또 다른 고대와 또 다른 그리스를 대립시키기 위한 것이다. 이 또 다른 고대와 그리스는 독일 관념론과 낭만주의 철학자들과 시인들이 발명해 낸 것이었다. 그것은 실러가 말하고 있는 소박한 포에지의 그리스이고 '민중의 삶에 대한 책', 즉 그 자체가 시적인 어떤 세계의 표현인 헤겔적 서사시의 그리스다.•• 그 세계는 합창과 숭배, 종교와 사회적 삶, 공적인 세계와 사적인 세계, 그리고 언어의 작업과 팔의 작업이 분리되지 않는

---

14 R. W. Emerson, "The Poet", dans *The Collected Works* ……, vol. 3, *op. cit.*, p. 13.

• "그런데 시인은 사물을 보기 때문에, 혹은 그 누구보다 그것에 더 가까이 한 발자국 다가서기 때문에 그것에 이름을 붙인다. 이러한 표현 혹은 명명은 기예가 아니라 첫 번째 자연에서 성장한 두 번째 자연이다. 나무에서 자라난 잎처럼 말이다. 우리가 자연이라고 부르는 것은 어떤 자기조정운동 혹은 변화다. 자연은 모든 것을 자신의 손으로 직접 하며, 자신에 세례를 주는 일을 남에게 맡기지 않는다. 자연은 스스로에게 세례를 준다. 물론 이것은 변형을 통해서 이루어진다."

•• 헤겔은 자신의 『미학강의』에서 호메로스의 서사시를 근원적인 것으로 평가하는데, 그 이유는 그것이 자연의 신적인 통일성을 드러내고 있다고 생각하기 때문이다.

노동분업 이전의 살아 있는 세계다. 새로운 미국에 대한 시는 독일 사상가들과 시인들이 재창조한 이 그리스의 시와 동일한 것처럼 보인다. 그러나 여기에는 어떤 역설도 존재하지 않는다. 도래할 미국 시인은 고대 시의 독일적 재창조가 열어놓은 문제를 해결해야 하기 때문이다. 문화가 자연과 분리되지 않은 세계의 이 소박한 포에지에 실러는 감상적 포에지의 근대적 운명을 대립시켰다. 실러에서 감상적 포에지는 노동분업과 활동들의 위계적 질서를 그 특징으로 갖는 산문적 세계의 포에지였다. 이 세계에서 포에지는 마찬가지로 분리된 활동이 되었다. 요컨대 그것은 선택된 사건들, 사유들, 형식들, 리듬들의 세계이고, 또한 공통의 삶으로부터 고립되어 있음을 의식하고 있는 분열된 활동이었다. 실러는 이 분리된 운명에 도래할 포에지, 물질적 삶 속에서 상실한 통일성을 사유의 세계 한가운데에서 재구성하게 될 이상적인 포에지에 대한 약속을 대립시켰다. 그러나 헤겔은 이 약속에 대해 다음과 같은 판결을 내렸다. 이렇게 고안된 이상적 포에지는 용어 모순이다. 자기 자신에 통합되어 있는 사유의 세계는 포에지가 멈추는 곳에서 비로소 시작된다. 모든 예술처럼 포에지는, 공통의 삶이 갖는 숨결로 자신에 낯선 실재, 즉 건축가나 조각가의 석재, 화가의 유색물감, 시의 이미지 재료와 시대적 제한성과 같은 실재에 활기를 불어넣는 자기 자신에게는 여전히 불투명한 사유다. 포에지는 세계가 자신의 시적 성격을 아직 벗어버리지 않은 한에서, 사유가 자기 인식의 형태들과 이미지들의 세계를, 그리고 사물들에 대한 합리적 관리와 인간관계의 직접성을 아직 분리하지 않은 한에서 살아 숨 쉰다. 합리화된 세계의 산문에 마주하게 되면서 이상적 포에지는 모든 실체적 내용이 결핍된 의미들과 유희하면서 자기 자신의 생각을 흉내 낼 뿐인 운명에 처하게 된다.

   정치적이고 시학적인 측면에서 아마도 19세기는 시적 형식들의 장구한 역사와 근대의 혁명적 소요들의 짧은 역사 모두가 종결되었음을 선언했던 이 판결을 부정하기 위한 끝없는 노력으로 환원될 수 있을 것이다. 헤겔의 판결을 부정하는 것, 그것은 헤겔이 근대 세계에 대해 제안하고 있는 생각, 즉 근대는 사유가 마침내 자신의 세계에 대한 의식을 동시에 갖게 된 시대라는 생각을 거부하는 것이다. 우리의 세계는 그것에 대한 사유와 동시대적이지 않다. 이러한 생각은 결집한 대중과 고독한 시인에게 필연적 혁명의 과업을 부여하고자 하는 사람들이 내리는 대항-평결이다. 모더니티라는 단어에 어떤 의미를 부여하고자 하는 사람은 이것을 고려해야 한다. 요컨대, 예술적이고 정치적 차원에서 모더니즘은 노동, 전기시설, 도시환경, 속도의 위대함에 대한 행복한 긍정이 아니다. 무엇보다 그것은 모더니티에 대한 대항-긍정이다. 즉 그것은 동시대 세계는 자신의 사유를 가지고 있으며 동시대적 사유는 자신의 세계를 가지고 있다는 것을 부인한다. 이 대항-긍정은 사실 두 논제를 함축하고 있다. 그것은 먼저 분리의 논제, 동시대 세계는 폐지되어야 할 어떤 분리에 의해 구조화되어 있다는 논제다. 이 분리된 세계에서 결집한 인류가 갖는 주체적 풍부성은 계시 종교의 교리들이나 국가행정 장치 또는 자본에 의해 전유된 노동생산물 속에서 굳어져 있기 때문에 여전히 사람들에게 낯설게 나타난다. 또한 미래의 기호들은 과거 혁명의 화석 속에, 혹은 산업과 식민지라는 새로운 현상이 보여 주는 야만적 상형문자 속에 여전히 암호화되어 있다. 도래할 혁명은 객관적 세계 속에 고착되어 있는 이 주체적 풍부성을 의식 속에서 되찾는 것이고, 저 수수께끼 같은 기호들을 해독하는 것이다. 청년 마르크스는 『독불연보』의 강령과 함께 혁명적 모더니티의 강령을 규정하고 있는 1843년 9월에 루게에게 보낸 편지에서 "중요한 것은 고백이며, 그 이상의 어떤 것도 아니다"라고 말한 바 있다. 한 해 전에 대서양 건너편에서 포스트-칸트 관념론의 또 다른 제자가 동일한 언어로 새로운 시인의 임무를 규정한 바 있다는 것을 마르크스는 확실히 알지 못했다. 물론 이후로도 그는 그것을 여전히 모르게 될 것이다. "모든 사람은 진실에 의지하여 살아가며 그것을 표현할 필요가 있다. 사랑, 예술, 욕망, 노동, 놀이 속에서 우리는 우리의 고통스러운 비밀을 말하려고 애쓴다. 인간은 단지 그 자신의 절반일 뿐이다. 나머지 절반은 그의 표현이다. …… 새로운 시대에 대한 경험은 새로운 고백을 요청하며, 세계는 항상 자신의 시인을 기다리고 있는 것처럼 보인다."[15]

분리의 논제는 이렇게 비-동시대성의 논제, 즉 근대 세계는 시간성들 사이의 간격에 의해 특징지어진다는 논제를 동반한다. 1843년 독일에서 이 논제의 정치적 표현을 정식화한 것 역시 청년 마르크스였다. 도래할 혁명은 자신의 전조와 자신의 과제를 모두 함께 이중의 시차 속에서 발견한다. 독일 철학은 이제 프랑스의 정치혁명을 넘어서는 인간 해방. 그러나 틀에 박힌 헤겔주의자들이 그에 대해 뭐라고 말하든 당대 독일의 봉건적이고 관료적인 초라한 현실에서는 어떠한 상응물도 아직 갖지 못한 그 인간 해방에 대한 사유를 구상했다. 따라서 독일 혁명은 정치혁명이라는 프랑스적 단계를 건너뛰어 바로 인간혁명이 될 수도 있을 것이다. 그러나 그것은 오직 독일 혁명이 세계에 대한 능동적 변형의 에너지를 자신의 것으로 만들 때만 가능한 것이다. 프랑스의 혁명 투사들은 이 에너지를 발휘할 줄 알았고 또 여전히 알고 있지만, 그들은 시대에 걸맞고 자신들의 행동 수준에 걸맞은 이론적 표현을 그것에 주지 못했다.

에머슨의 혁명은 어떤 집단적 해방도 제안하지 않는다. 공동체에 그 고유한 정신적·감성적 풍요로움의 의미와 향유를 제공하는 과제를 그 혁명은 범례적 개인들에게 맡긴다. 시인은 "단편적인 인간들 가운데 존재하는 완전한 인간을 대표한다."[16] 사물들과 단어들을 연결하고 그렇게 자신의 동시대인들에게 풍요로운 공통성, 즉 물질세계로 외화되는 보편적 영혼의 풍요로움을 알려 주는 것이 바로 이 시인이다. 그런데 정확히 말해 시인이 그들에게 알리는 것은 자기 자신의 고유한 풍요로움도 아

---

15 R. W. Emerson, "The Poet", dans *The Collected Works* ……, vol. 3, *op. cit.*, pp. 4~7.
16 *Ibid.*, p. 4.

니고 자신의 개인적인 예술가적 재능도 아니다. 그것은 자신의 동시대인들이 갖는 공통의 풍요로움이다. 사물들을 명명할 수 있는 시인의 역량은 "형태들을 가로지르며 숨 쉬고 있는 신적인 아우라에 자신을 내던질 수 있고 그것을 동반할 수 있는"[17] 역량이다. 시인이 완전한 인간이 되는 것은 오직 각각의 개별적 감성 형식과 각 언어의 단어를 전체의 호흡과 연결하는 능력을 통해서다. 그리고 그가 이 역량을 얻게 되는 것은 오직 집단적 경험 속에 잠재하고 있는 역량으로 스스로 성장할 수 있는 재능에서, 그리고 새 대륙이 보여 주는 다양한 형태의 야생적인 자연 속에 새겨진 상형문자를 읽어내고, 또한 그 자연을 개발하고 개척하는 혼종의 다중이 보여 주는 모습들과 동작들을 읽어낼 수 있는 그 자신의 재능에서다. 유쾌한 나무꾼들과 처녀지를 정복하는 사나운 침입자들의 땅 미국, 그 창시자들이 교양 있는 소유자들에게만 맡기고자 했던 공무에 대한 논쟁에 얼마 전부터는 다양하게 구성된 군중이 기꺼이 참여할 수 있게 된 미국, 그리고 보스턴 상류층의 자유로운 사람들이 남부 농장에서 도망친 노예들과 마주치는 일이 일어나는 미국, 이 혼돈과 상반성의 땅은 베를린 철학이 규정한 바 있는 프로이센 정부의 모더니티에 완전히 대립되는 다채로운 색깔의 모더니티의 이미지를 제공한다. 다른 어느 곳에서보다 여기에서 동시대성은 이질적인 시간성들 사이의 충돌로, 그리고 물체를 찾는 정신과 사유를 추구하는 물질적 비등 사이의 근원적 간격으로 드러난다. 다른 어느 곳에서보다 여기에서 새로운 시인의 임무는 학문적 헬레니즘의 잿더미 위에서 호메로스 시문학의 구체적인 역량, 즉 전사 아킬레우스의 거친 분노와 그의 방패에 장식으로 재현된 다양한 활동을 동시에 표현할 수 있는 역량을 되찾을 수 있다. 마지막으로 다른 어느 곳에서보다 여기에서 시인의 임무는 그 자신의 고유한 의미를 소유하고 있는 공동체의 구성과 동일시될 수 있다.

---

17 *Ibid*., p. 15.

새로운 시인, 즉 현대적 시인은 미국이 잉태하고 있는, 야만성에 현존하는 정신적 본질을 표현할 수 있는 시인이다. 이 공통의 정신적 역량을 표현하는 것은 모든 물질적 현실과 모든 산문적 명칭이 갖는 상징적 본성을 드러내는 것이다. 상징은 추상적 사유의 비유적 표현이 아니다. 그것은 전체의 역량을 담지하고 있지만 전체로부터 떨어져 나온 단편이다. 그것이 전체의 역량을 담지하게 되는 것은 우리가 그것이 물질적 사물로서 갖는 고독성으로부터 그것을 구해 내 다른 단편들에 관련시키고 전체의 호흡이기도 한 대기(air)를 이 단편들 사이로 유통시키는 한에서다. 따라서 미래의 포에지는 겉으로 보기에는 모순되는 두 개념에 의해 특징지어질 수 있을 것이다. 우리는 미래의 포에지를 관념론적이라고 말할 수 있는데, 그것은 그 포에지가 사물들과 물질적 활동들의 다양성 속에 숨어 있는 정신적 역량을 규정하는 데 열중하기 때문이다. 우리는 그것을 또한 유물론적이라고 말할 수 있는데, 그것은 그 포에지가 정신성에 어떤 독자적 세계를 허용하지 않으며, 정신성을 단지 감각적 형태들과 활동들을 통합하는 유대관계로 만들기 때문이다. 마찬가지로 우리는 이 포에지에 겉보기에 대립되는 이름을 부여할 수도 있을 것이다. 우리는 그것을 상징주의적이라고 말할 수 있는데, 그것은 이 포에지가 감각적 사물들에 대한 묘사에서 보여 주는 것은 "천체의 알파벳"[18]으로 쓰여 있는 어떤 텍스트의 복사일 뿐이기 때문이다. 우리는 그것을 일체주의적(unanimiste)이라고 말할 수 있는데, 왜냐하면 한 사물은 자신이 표현하는 살아 있는 전체성에 연결되는 한에서만 시적이게 된다는 것을 이 포에지는 드러내기 때문이다. 물론 두 형용사는 서로 다른 시학을 표현한다. 상징주의 시학은 조합된 일련의 형태들에 자신의 역량을 부여하는 제3의 요소를 특화시킨다. 말라르메에게 그것은 "이미지들 사이의 정확

---

18 Stéphane Mallarmé, "L'action restreinte", *Divagations*, dans Bertrand Marchal (éd.), *Œuvres complètes*, t. II, Paris, Gallimard, coll. "Bibliothèque de la Pléiade", 2003, p. 215.

한 관계"가 제시하고 있는 "용해 능력을 가진 제3의 양상"[19]이었다. "한 망자의 방에서 비와 좋은 날씨에 대해서 말하는" 듯 보이는 입센의 등장인물들이 나누는 평범한 대화 속에 현존하고 있다고 마테를링크가 강조한 바 있는 영혼 세계를 표상하는 "제3의 인물"[20]도 마찬가지다. 반면 일체주의 시학은 오직 결집된 다수의 단어와 형태들에만 자신의 고유한 무한성을 재현할 수 있는 역량을 부여한다. 그러나 말라르메의 시대에서 베르토프의 시대에 이르는 사이에 전자와 후자는 두 가지 이유에서 자신들의 형식과 효과들을 종종 뒤섞게 된다. 무엇보다도 상징주의 시학은 평등주의 시학이다. 이 시학은 시학적 전통이 몇몇 특권적 관계에 제한했던 상징화 능력을 모든 사물과 모든 물질적 관계에 주고 있기 때문이다. 다음으로 전자와 후자는 시적 재능에 대한 동일한 관념에 의지하고 있다. 시적 재능은 "모든 감각적 사실이 갖는 이중적 의미, 아니 그게 아니라 4중적 의미, 백 가지 의미 혹은 그 이상을 탐험할 수 있는"[21] 능력, 그리고 모든 감각적 형태에서 그것이 자신 스스로를 초월하도록 이끄는 초감각적 역량, 무한화하는 역량을 발견할 수 있는 능력이다. 이 초월은 어떤 동일한 운동에 똑같이 휩쓸려가는 존재들의 끝없는 '행렬'일 수 있다. 또한 그것은 요소들의 관계로부터 떨어져 나온 "용해 능력을 가진 제3의 요소"일 수도 있다. 그러나 이 경우든 저 경우든 물질적 대상은 이 기주의적 사용의 한계에서 벗어나 어떤 공통 역량의 담지자가 되고 그것의 상징이 된다. 이 공동체의 상징은 그 물질적 삶의 정신을, 혹은 공동체가 갖는 관념의 감각적 물질성을 소유한다. 시는 모든 사물을 하나의 사물 이상의 것으로 만든다. 그러나 이것은 시 스스로가 기예 이상의 것이 되는 한에서, 시가 주체, 말, 사물 사이에 확립되는 또 다른 체제, 또

---

19 Id., "Crise de vers", *Divagations*, dans *ibid.*, p. 210.
20 Jules Huret, "Conversation avec M. Maurice Maeterlinck", *Le Figaro*, 17 mai 1893.
21 R. W. Emerson, "The Poet", dans *The Collected Works* ……, vol. 3, *op. cit.*, pp. 3~4.

다른 유통이 되는 한에서 그렇게 된다.

상징주의적 정신성과 일체주의 — 민주주의적이든 아니면 공산주의적이든 간에 — 사이의 이러한 공모관계의 전형적 양식을 발명한 것은 에머슨의 한 주의 깊은 독자였다. 월트 휘트먼이 바로 그인데, 그의 책 『풀잎』에 대해 에머슨은 1855년 한 편지에서 "미국이 지금까지 산출한 것 가운데 재치와 지혜가 넘치는 가장 놀라운 작품"[22]이라고 인정하면서 경의를 표한 바 있다. 에머슨 같은 고상한 정신의 소유자가 그 통속성과 "남성적 욕망을 드러내는 무분별함"을 통해 "인간들에게서 나타날 수 있는 가장 신성하고 품위 있는 것"[23]을 모욕한 이 책에 대해 보냈던 보증에 대해 에머슨의 친구들과 보스턴의 지식인들이 놀라움을 금치 못했다는 것은 잘 알려진 사실이다. 그리고 우리는 에머슨 자신도 휘트먼이 자신의 편지를 제2판의 광고를 위해 사용하는 것을 보면서 그의 책을 그렇게 높이 평가하지 않았다는 것을 알고 있다. 그러나 감사의 메시지가 이렇게 남용된 것은 보다 근본적인 어떤 작업의 부산물일 뿐이다. 그의 작품 자체는 당시까지 대수롭지 않은 뉴욕의 한갓 저널리스트였던 사람이 철학자 에머슨이 보낸 호소에 대한 응답으로서, 1841년의 보스턴 강연에서 제시된 것들이 그리고 있는 기획의 정확한 구현으로서 구상했던 것으로 보인다. 미국 국민과 영토의 거대함에 상응하는 새로운 시인의 기획은 그것들이 구성하는 살아 있는 시를 표현할 수 있어야 한다. 휘트먼은 그 "야성적 울부짖음을 세계의 지붕 너머로" 쏘아올릴 것을 선언한다. 그러나 이 야성적 선언 그 자체는 실러에서 시작해 셸링, 헤겔, 콜리지, 그리고 몇몇의 다른 인물을 거쳐 에머슨에 이르는 가장 훌륭한 철

---

22 R. W. Emerson, lettre à Walt Whitman du 21 juillet 1855, dans Joel Myerson (éd.), *The Selected Letters of Ralph Waldo Emerson*, Columbia University Press, 1997, p. 383.

23 1856년 6월 『그리스도교 조사관』(*Christian Examiner*)에 의해 이루어진 익명의 서평. Graham Clarke (éd.) *Walt Whitman, Critical Assessements*, vol. 2, Mountfield, Helm Information, 1995, p. 39에 수록.

학적 두뇌들과 가장 고결한 시적 영혼들이 만들어낸 포에지의 이념을 의도적으로 '야성화한' 형태, 즉 극단적 형태일 뿐이다. 물론, 아킬레우스의 방패에 대한 호메로스의 기술이 간접적인 모델이 되긴 했지만, 누구도 산문적인 활동과 물건들의 이 낯선 연속과, 보잘것없고 통속적이며 혐오스러운 장르화들의 이 진열을 시적 작품으로 제시하는 것을 본 적이 없었다. 이렇게 시들 가운데 첫 번째 시, 나중에「나 자신의 노래」가 될 시에는 자신의 귀리를 바라보는 농부, 정신병원으로 이송된 정신이상자, 자신의 입안에서 담배를 돌려 물고 있는 야윈 턱의 인쇄공, 해부학자의 테이블에 묶여 있는 시체의 흉한 사지들, 끔찍한 소리를 내며 통으로 떨어지는 절단된 부분들, 가판대에서 팔려나간 쿼드룬* 소녀, 술집 난로 옆에서 졸고 있는 주정뱅이, 자신의 소매를 걷어올리는 기계 수리공, 우편마차의 운전사, 사탕수수 밭에서 괭이질을 하는 양털머리들,** 콧소리를 내뿜는 단상 위의 개혁가, 자신의 달구에 기대어 있는 도로 포장 인부, 가축을 몰고 가는 사람, 자신의 짐 때문에 등이 굽은 행상,*** 아편쟁이, 상스러운 욕지거리를 내뱉는 창녀, 회반죽을 요구하는 벽돌공, 창꼬치 잡이들, 너구리 사냥꾼들, 그리고 여남은쯤의 다른 풍속의 초상이 있다. 이것들 사이로 시인은 의식적으로 교회의 알토 가수, 사제 서품을 기다리는 부사제들, 전시장을 거니는 미술 애호가, 그리고 장관들에 둘러싸여 있는 대통령을 분산시켜 놓았다.**** 그다음에 나오는, 이후에「직업을 위한 노래」라는 제목을 얻게 될 시가 제시하는 순수 나열에는 그 누구도 도달한 바 없다. 여기에는 노예의 족쇄와 대장장이의 금속

---

* 쿼드론(quadroon)은 흑인의 피가 4분의 1만큼 섞인 흑백 혼혈을 가리킨다.
** 양털머리(woollypate)는 흑인 노예를 의미한다.
*** 휘트먼의 시 원문은 "행상은 등에 짐을 지고 땀을 흘린다"인데, 본문의 프랑스어 번역에는 '땀을 흘리고 있는'이 '등이 굽은'(pliant)으로 되어 있다.
**** 여기에서 나열되고 있는 것들은 모두『풀잎』에 수록되어 있는「나 자신의 노래」, 15번째 편에서 그려지고 있다.『풀잎』, 열린책들, 2011, 64~70쪽 참조.

판들이, 곡식과 비료, 회토와 진흙, 곡식 저장고와 구유, 모루·집게·강치·이음쇠 또는 다듬질 대패가, 먹줄 추, 흙손 그리고 비계가, 선원의 컴퍼스와 버팀 막대가, 화약·총알, 그리고 탄약통이, 외과의와 안과의의 도구함이, 증기 톱, 목화 더미, 푸주한의 칼, 수동 인쇄기, 구타페르카 또는 종이 반죽으로 만든 물건들, 판자와 풀통, 송곳과 무릎 띠가, 당구 스틱과 여성용 장신구들, 증기 기계 지렛대들, 깎은 부스러기들 태우기, 모아 놓은 관들, 푸줏간 선반의 쇠고기, 여성 모자 가게의 리본들, 양장점의 옷본들, 1센트짜리 신문에 실린 구인 광고가 자신들의 상품 가치보다 동시에 더 크거나 작은 가치를 가지고 있는 그 밖에 백여 개가 넘는 항목과 더불어 뒤섞여 있다.• 시인의 영혼은 그것들의 상품 가치에 상관하지 않고 그것들의 가치를 자신 안에 받아들인다. 경멸하는 사람들은 경매인의 카탈로그와 같다고 말할 것이다. 그러나 이들의 빈정거림은 완전히 실패하고 만다. 시인 휘트먼은 자기 자신을 가장 싸구려이면서도 가장 고귀한 상품을 경매에 내놓은 사람으로 동일시하면서 그들의 판단을 예견했다. 어떤 입찰자도 그 흑인 노예, 그 "놀라운 피조물", 뼈와 근육으로 만들어진 그 경탄할 만한 골격, 삶으로 충만한 그 시선과 그 예기치 못한 생각들이 가지는 가치를 결코 지불할 수 없다. "왜냐하면 이 지구가 수십억 년을 어떤 동물이나 식물도 없이 있었던 것은 바로 그의 도래를 준비하기 위해서였기 때문이다."²⁴ 그리고 휘트먼은 자신의 개입 이유를 정확히 설명했다. 그는 자기 자신을 경매인의 조수로 간주했는데, 왜냐하면 경매인은 자신의 일의 반밖에 모르기 때문이다. 그는 자신이 전시한 것의 가치를 알지 못한다. 왜냐하면 바로 그의 직업 때문에 그는 각 존재

• 1881년 판본에서 비로소 「직업을 위한 노래」라는 제목을 갖게 된 이 시는 「나 자신의 노래」 바로 다음에 수록되어 있다. 랑시에르가 여기에서 열거하고 있는 것은 모두 이 시의 5번째 편에 나오는 내용의 일부다. 『풀잎』, 162~68쪽 참조.

24 Walt Whitman, *Feuilles d'herbe* (1855), édition bilingue tr. fr. É. Athenot, Paris, José Corti, 2008, pp. 189~91.

와 각 사물이 가지는, 그것들의 실제적 사용에 추가되지만 시장의 금전적 계산에서 벗어나는 그 추가적인 가치를 모를 수밖에 없기 때문이다. 이 추가적 가치는, 그것들이 존재들의 끝없는 연쇄와 고갈되지 않은 전체의 삶에 연결될 수 있는, 모두 전체를 구성하는 소우주들이라는 사실로부터 획득하는 평등의 가치다.

따라서 '경매인의 카탈로그'는, 각 사물을 그것의 장소에 되돌려 놓으면서 사용가치와 교환가치 사이의 차이를 삭제하는 대항-카탈로그다. 이 장소는 모든 사물과 모든 일을 물질적인 것과 정신적인 것이 분리될 수 없는 실재들의 거대한 '행렬' 속에서 파악함으로써, 각자가 오직 '자신에게 맡겨진 일'만을 해야 하는 낡은 지위들의 위계를 부정한다.• 통속적인 사물과 활동들의 끝없는 진열은 에머슨이 언급한 정신주의 원리, 즉 자연의 상징주의적 사용은 하층과 상층, 정직함과 비루함의 구별을 폐지한다는 원리의 엄격한 적용이다. "작거나 보잘것없는 것들도 장엄한 상징 못지않게 쓸모가 있다. 어떤 법칙을 표현하는 기호가 보잘것없을수록 그만큼 더 그 기호는 날카로우며, 그만큼 더 사람들의 기억 속에서 지속된다."[25] 일상적 사물들의 보통명사들이 주는 현기증 자체는 이름을 부여하는 사람으로서의 시인의 역할과 "상상력이 풍부하고 신바람이 난 정신"에게 사전에서 가져온 "단어들의 단순한 목록"이 가지는 암시적 가치, 그리고 "통속적이고 외설적인 것처럼 보이는 것도 우리가 그것을 새로운 사유들의 연쇄 속에서 언급하면 찬란하게 빛나게 된다는"[26]

- '생산자는 다른 일을 할 수 없다'는 이 생각은 랑시에르가 플라톤 철학의 바탕으로 간주하는 원리다. 그에 따르면 이 원리는 대중의 활동을 생산의 영역에 제한하고 그들에게서 다른 것을 할 수 있는 권리, 말하자면 사유하고 정치에 참여할 권리를 박탈하는 분할의 논리에 다름 아니다. 이에 대해서는 J. Rancière, *Le philosophe et ses pauvres*, Fayard, 1983, pp. 14~85 참조.
25 R. W. Emerson, "The Poet", dans *The Collected Works* ……, vol. 3, *op. cit.*, p. 11.
26 *Ibid., loc. cit.*. 『풀잎』이 출간된 이후에 쓴 한 텍스트(*An American Primer*, Horace Traubel (éd.), Duluth, Holy Cow! Press, 1987)에서 휘트먼 자신이 이름들의 증식에

사실에 대한 에머슨의 언급을 따르고 있다. 카탈로그는 연쇄이며, 모든 추함과 통속성을 씻어나는 것은 이 연쇄다. "사물들은 신의 삶으로부터 분리되고 동떨어짐으로써 추한 것이 되기 때문에, 사물들을 자연과 전체에 다시 결합하는 시인은 …… 가장 볼품없는 사실조차 자신의 마음에 들도록 만든다. 마을 공장과 철도를 보면서 시의 독자들은 그것들이 풍경시(poème du paysage)를 파괴한다고 생각한다. 왜냐하면 이 기술의 작품들은 그들의 독해에서 아직 인정되고 있지 않기 때문이다. 그러나 시인은 그것들이 벌집이나 기하학적 거미줄에 못지않게 위대한 질서의 법칙에 속하는 것으로 이해한다."[27] 따라서 활동들, 사물들, 이름들의 무한한 증식은 구원이라는 정신적 과제의 완수인 것이다.

따라서 끝없는 목록은 사실과 대상들의 직접성에 밀착해 있는 유물론자의 근시안적 사고와는 무관하다. 더욱이 자기 자신을 노래하는 사람의 의기양양한 긍정은 새로운 개인주의적 세계의 자랑스러운 거주자가 가질 법한 소박한 이기주의에도 해당되지 않는다. 그것은 독일 관념론이 선언한 경험적 세계에 대한 광범위한 구원에 속한다. 감각적 세계에서 정신은 이제 신적 사유의 외적 형식을 알아차리고 그것을 자기 자신의 사유로 인식하게 된다. 시집에 처음 등장하는 다음과 같은 선언이 표현하는 것은 교육을 잘못 받은 양키의 어리석은 거만이 아니라 다음과 같은 원초적인 전복이다. "나는 나 자신을 찬양한다./ 내가 나에 대해 말하는 모든 것을, 너 또한 너에 대해 말하게 될 터."[28] 이 표현은 "모든 사람은 나의 피를 가지고 있고, 나는 모두의 피를 가지고 있다"[29]라고 주장

대한 이론을 체계화한다.

27 R. W. Emerson, "The Poet", dans *The Collected Works* ……, vol. 3, *op. cit.*, p. 11.
28 W. Whitman, *Feuille d'herbe*, *op. cit.*, p. 51. (프랑스어 번역은 저자에 의해 수정됨.)
29 R. W. Emerson, "Self-reliance", dans Joseph Slater, Alfred R. Ferguson et Jean Ferguson Carr (éds.), *The Collected Works of Ralph Waldo Emerson*, vol. 2, *Essays, First series*, Harvard University Press, 1979, p. 41.

한 에머슨의 생각을 단순히 옮겨 적고 있는 것은 아니다. 그것은 에머슨이 주창한 '자기신뢰'(self-reliance)라는 미덕을 보다 심오하게 실행하고 있는 것이다. 자기신뢰는 결코 자기 자신에 대한 만족이 아니다. 그것은 "인간이 일을 하고 있는 곳에서는 어디에서나 일을 하는 책임감 강한 위대한 사상가와 행동가가 있다"[30]라는 앎이다. 또한 이 자기 긍정은 시인 자신의 이름의 소멸과 함께 이루어진다. 저자의 이름은 『풀잎』 표지에 나타나지 않는다. '월트 휘트먼'이라는 이름은 단 한번 본문에, 즉 그 한가운데에 그래서 그 더미 속에서 잘 눈에 띄지 않게 나타나고 있을 뿐이다. 그 이름은 "불량한 사람들 중의 하나"와 하나의 "우주", 즉 공동체의 한 소우주라는 수식어와 함께 나타나고 있다.• 만물의 한가운데에 자리 잡는 것, 바로 이 행위를 통해서 그것은 대부분의 사람들이 그 실행을 포기하고 있지만 모두가 가지고 있는 지적 능력을 긍정하는 것이다. 그것은 사물들을 실용적이고 계산적인 질서 속에 묶어두고, 개인들을 사회가 부여한 역할에 묶어두는 사슬들을 풀어헤치는 것이다. 이전의 판본에서는, 자신에 대한 자랑스러운 긍정은 해방의 선언 속에서 이루어지고 있다.

나는 너의 목소리다 — 너에게서 그것은 묶여 있었다 — 나에게서 그것은 말하기 시작한다.

살아 있는 모든 남자와 모든 여자를 찬양하기 위해 나는 나 자신을 찬양한다.

그들에게서 묶여 있었던 언어를 내가 풀어헤치자, 그 언어는 나의 입을 통해 말하기 시작한다.[31]

---

30 *Ibid.*, p. 35.

• 실제로 그의 이름은 총 52편으로 구성된 「나 자신의 노래」에서 24번째 편에서 등장한다. "월트 휘트먼, 미국인, 불량한 사람들 중의 하나, 하나의 우주."

31 시의 초안, Francis Matthiessen, *American Renaissance: Art and Expression in the Age of Emerson and Whitman*, Oxford University Press, 1968, p. 555에서 재인용.

모든 사물에의 **나**의 내재는, 사람들이 당시까지는 멀리 떨어져 있는 사물들에게만 부여했던 아름다움과 경이로운 특성을 아주 가까이에 있는 사물들에게 줄 수 있는 방법이기도 하다.[32] 그것은 가까운 것과 먼 것의 차이를 삭제할 수 있는 방법, 전자를 무한화하면서 후자에 근접해 갈 수 있는 방법이다. 이 접근은 숨결, 공통의 호흡의 문제다. 이 공동체를 시는, 만물의 향기를 시인의 호흡에 연결하고 시의 어휘들을 시인이 말하는 사물들의 호흡 자체에 연결함으로써, 단번에 확립한다.

> 나 자신의 숨결의 입김,
> 메아리, 잔물결, 웅성거리는 속삭임…… 미나리, 경주실, 갈라와 덩굴,
> 나의 날숨과 들숨…… 내 심장의 박동…… 피와 공기의 나 허파로의 통과,
> 초록 잎새들과 메마른 잎새들, 그리고 해안, 그리고 어두운 색의 바위, 그리고 헛간 건초의 냄새 맡기,
> 내 목소리로 내뿜은 어휘들의 소리…… 바람의 소용돌이들로 흩어지는 말들,
> 몇 번의 가벼운 입맞춤…… 몇 번의 포옹…… 감싸안은 팔들.[33]

휘트먼이 자신의 도래를 찬양하고 있는 한 익명의 글에서 "진정한 정신주의자"[34]라는 영예를 자신에게 부여했을 때 그는 틀리지 않았다. 진정한 정신주의자는 조신의 현시와, 만물을 자신의 순환 속에 포괄하는 물체들의 호흡을 동일시하고, 그럼으로써 기다리고 있던 진리 — 살과

---

32 R. W. Emerson, "The American Scholar", dans *The Collected Works* · …… , vol. 1, *op. cit.*, p. 68.

33 W. Whitman, *Feuilles d'herbe, op. cit.*, p. 51. (프랑스어 번역은 저자에 의해 약간 으간 수정됨.)

34 G. Clarke (éd.), *Walt Whitman, Critical Assessments*, vol. 2, *op. cit.*, p. 15.

정신이 되는 것—를 해방하는 사람이다. 그는 정신/호흡의 이 연속적인 숨결을 멈추게 할 수 있는 모든 것을 지우는 사람이다. 이러한 이유에서 그의 시집은 저자의 이름을 시의 호흡이 내뱉는 이름으로서만 지닌다. 보통 간지에 등장하는 이름이 전신의 초상화로 대체되는 것은 이 때문이다. 이 초상화의 몸은 단단하게 두 발로 선 채 "자신의 본능에 뿌리박고 있어" 자신의 건강을 일상적 사물들의 건강과 교환할 수 있는 그러한 몸이다. 초기 주석가 가운데 한 명은 이렇게 이름을 초상화로 대체한 것의 적절함을 초월적 원리로서 강조한다. "그것은 초월적 포에지를 담은 책에서는 매우 적절한 것으로 보이기 때문에, 저자는 표지에서 자신의 이름을 지우고 그 자리에 강판에 새긴 자신의 초상을 제시한다. 물론 이것은, 이름은 순전히 우연적인 것인 반면에 초상은 책에 담긴 그 모든 문장의 출처인 본질적 존재에 대한 관념을 제시한다는 원리에 따른 것이다."[35] 또한 이 시집을 '풀잎'이라고 명명한 것도 같은 논리에 의해서다. 이 제목은 그 시집을 지배하는 시학적 논제, 가장 미미한 것도 우주를 함축하고 있기 때문에 모든 사물은 평등하다는 논제를 명확히 드러낸다. "하나의 풀잎은 별들의 노고만큼 가치를 지닌다."[36] 그러나 또한 그 제목은 바로 그 책의 구성에 나타나는 평등주의적 행렬을 구현한다. 책의 장들은 어떤 임의의 나무에서 떨어져 나온 잎새들, 익명의 보편적 삶의 발현들로 간주되어야 한다. 휘트먼은 말라르메에 앞서 전형적인 '상징주의적' 문제를 제기한다. 책은 어떻게 자신의 관념의 감각적 현실일 수가 있는가? '순수' 시인이었던 말라르메는 종이 위의 행들의 배치를 통해 별이 빛나는 하늘을 모방하는 것 이상의 더 섬세한 방법을 찾지 못한다. 거친 롱아일랜드 태생의 휘트먼의 경우, 그는 더 나아가 사태를

---

35 Charles Eliot Norton, "Whitman's 'Leaves of Grass'", *Putnam's Monthly*, septembre 1855, dans *ibid.*, p. 6.
36 W. Whitman, *Feuilles d'herbe, op. cit.*, p. 109. (『풀잎』, 96쪽.)

그 뿌리에서 파악했다. 그는 인쇄된 종이에 시의 주제를 모방하는 것이 아니라 단지 그것이 표현하는 역량, 정신이 관통하고 있는 물질적 실재들의 끊임없는 행렬이 보여 주는 역량을 모방할 것을 요구했다. 바로 이러한 이유에서 시는 정확히 말해 시작도 끝도 가지지 않는다. 서문의 종이면들은 일간지의 모습을 모방하면서 콜론들로 구성되었다. 게다가 서문은 그에 걸맞은 모습으로 나타나지 않고 이미 시작된 어떤 이야기의 연속처럼 시작한다. 첫 번째 글자 미국(America)이 대문자인 것은 그것이 이 시가 표현하고 있고 이 시 속에서 표현되고 있는 고유명사의 글자이기 때문이다. 시집 자체는 어떤 분할도 포함하고 있지 않다. 어떤 제목도 달고 있지 않은 아주 상이한 길이의 열두 편의 시를 서로 분리하는 것은 좀 더 깊은 호흡의 시간 정도다. 첫 번째 시는 나중에「나 자신의 노래」라는 제목으로 52개의 번호로 배분될 것을 60쪽 분량의 단 하나의 연속적인 흐름으로 내보내고 있다. 그리고 무엇보다도 시인은 일상적 사물과 존재들의 거대한 행렬을 위해 유례없는 구어 형식을 창안했다. 사람들은 이후에 그것을 '산문시'라고 부르면서 이곳저곳에서 산문시의 전례들을 찾게 된다. 미국의 경우에는 마틴 파쿼 투퍼의 『속담 철학』이, 그리고 프랑스의 경우에는 보들레르의 선구자로 알려져 있는 알루아시위스 베르트랑의 회화적 언술들이 그 전례로 언급된 바 있다. 보들레르 이후어 그것은 대도시의 흐름과 우회를 그 굴곡들 속에서 표현하고 산문적인 세계 속에서 숨 쉬고 있는 포에지를 표현하는 시화된 산문이 된다. 그러나 미국을 위해 휘트먼이 창안한 것은 영국인들이 좋아하는 뱀과 같은 선의 유연성보다 더 급진적이다. 휘트먼이 펼치고 있는 '산문시'는 철학교사가 주르댕 씨에게 부과한 딜레마를 반박하는 일종의 글로 쓰인 구어다. 집요한 직물상이 그랬듯이, 서민적인 미국을 노래한 시인 휘트먼은 "산문도 운문도" 원하지 않는다.* 요컨대, 그는 사물들을 그 상업적 가치로 적어놓는 회계장부도 아니고 선택된 주제들과 리듬들을 일상의 직업들과 분리하는 시적 언어도 원하지 않았다. 모더니즘의 공리 — 동시에 그것은 여전히 '초월주의적'이라는 거추장스러운 수식어를 가지고 있었다 — 는 다음과 같이 요약된다. 사회경제적 질서의 속박과 시적 예외라는 작위성을 동시에 벗어나는, 일상적인 것들을 제시하는 어떤 방식이 있다. 그것을 물리적으로 현실화하기 위해 휘트먼은 관례적인 운문의 종결과 일상적 산문의 연속성('보편적 탐사보도')을 동시에 깨트린다. 그는 유례가 없는 구두점들을 창안해 낸다. '서문'의 첫 문단에서 극적으로 도입되고, 시들에서 다시 반복되는 생략부호들이 그것이다. 이 생략부호는 '……도 아니고 ……도 아닌'을 표현하는 실질적인 구두점이며, 사물들의 정신적 진리를 표현하고 자신의 연결 능력을 통해 현시되는 전체에 그 사물들이 귀속하고 있음을 표현하는 '운문도 아니고 산문도 아닌' 것이다. 전체에 의한 이 연결은 중지시키는 연결이다. 생략부호는 일상적 삶의 미시 사건들을 해방해서 살아 있는 시의 연속성 속에서 그것들을 다시 연결한다. 그것은 이념의 가시적 형태이자, 통속적인 모든 것을 풀어헤쳐서 자신 안에서 다시 연결하는 무한자의 형상이다.

생략부호들은 시들에 제목을 부여하고 여러 절로 나누어 질서를 부여하는 이후의 판본들에서부터는 사라지게 된다. 그러나 그것들은 여전히 '현대적 삶'의 시들을 쓰고 시각화하고 있는 최초의, 그리고 가장 의

- 주르댕 씨(Monsieur Jourdain)는 몰리에르가 대본을 쓴 코미디 발레극 『서민 귀족』(Le bourgeois gentilhomme)의 등장인물이다. 부를 축적한 부르주아인 그는 귀족으로의 신분상승을 꿈꾸면서 어느 날 철학교사를 불러 사랑의 마음을 전하는 '우아한'(galant) 방식을 배우고자 한다. 주르댕 씨가 원하는 방식은 운문도 아니고 산문도 아니지만, 철학교사는 그것은 둘 가운데 하나일 수밖에 없다고 주장한다.
"철학교사: 당연히 당신이 그녀에게 쓰고 싶은 것은 운문이겠죠?
주르댕 씨: 아니, 아닙니다. 결코 운문이 아닙니다.
철학교사: 그저 산문을 원하시는 건가요?
주르댕 씨: 아니요. 나는 산문도 운문도 원하지 않습니다(ni prose, ni vers).
철학교사: 그러나 그것은 산문 아니면 운문이어야 합니다"(『서민 귀족』, 제2막 제4장). 참고로 주르댕 씨의 아버지와 장인 모두가 직물상이었기 때문에, 극에서는 명확히 언급되어 있지는 않지만 그도 직물상이었을 것으로 추정된다.

미 있는 시도들 가운데 하나로 남아 있다. 왜냐하면 사실상 휘트먼의 새로움은 이중의 유산을 개시하고 있기 때문이다. 새로운 시는 두 가지 방식으로 삶에 다가간다. 한편으로 그것은 내면화된 시, 즉 갈의 운동 속에서 되풀이되는 세상의 광경들에 대한 묘사다. 이 말의 운동 속에서 문자는 자신의 살아 있는 정신으로, 자신의 출처인 숨결로 돌아간다. 그러나 다른 한편으로 정신은 잎새의 새로운 배열 속에 가시화되면서 자기 자신으로부터 빠져나온다. 한편으로 휘트먼의 '자유로운 운문'은 전통적 운문의 물리적 제한들로부터 벗어나 시적 정서의 이념성을 표현할 수 있는 운율에 대한 상징주의적 탐구에 모델이 될 수 있을 것이다. 프랑스의 비엘레-그리팽, 러시아의 드미트리비치 발몬트 같은 상징주의 시인들은 휘트먼의 소개자들에 속한다. 그러나 그 이후에 자연주의적 혹은 일체주의적 반응은 아주 창백한 상징주의적 이념성에 살과 대도시와 다원적 삶의 시인을 대립시킨다. 그 후에 신생 소비에트 러시아의 선전자들은 코르네이 추콥스키의 번역을 널리 확산시켜 심지어 그것을 붉은군대 군인들과 산업 부흥의 일꾼들의 도덕을 옹호하기 위한 전단으로 만들게 된다.[37] 그러나 이렇게 전사들을 위한 선전 전단으로 변모된 시들과는 별도로 1923년 페트로그라드에서 출간된 판본이 있는데, 그것의 미래주의적 표지에는 키릴문자로 휘트먼의 이름을 구성하고 있는 글자들이 마천루를 배경으로 미국 국기의 별들과 붉은 깃발의 구겨진 주름들 사이에서 춤을 추고 있다. 현대적 삶을 노래하는 정신적이고 물질주의적인 시는 또한 언어 기호들과 그래픽 이미지들 사이의 분리를 폐지하는 시다. 이러한 이유에서 휘트먼의 유산, 당연히 에머슨도 예견하지 못한 유산은 클로델 시대의 시인들이 채택한 시구들에 제한되지 않는다. 그것은 입체파와 미래파에서 보이는 것처럼 언어 기호들을 현대적 삶의

---

37 이 점에 대해서는 Stephen Stepanchev, "*Whitman in Russia*", dans A.len Gay Wilson (éd.), *Walt Whitman abroad*, Syracuse University Press, 1995, pp. 150, 152 참조.

회화와 동일시하거나 노동자 국가의 미래를 향한 약동과 동일시하기 위해 그 언어 기호들을 형태의 윤곽과 뒤섞는 회화들, 데생들 혹은 포스터들에서도 나타난다. 또한 바로 이러한 이유에서 휘트먼의 서정시는 자신의 강렬한 운율로 영화를 변증법의 언어로 만드는 데 열중하고 있었던 소비에트 아방가르드 영화인들의 엄격한 구성물들을 여러 번 오염시키게 된다. 베르토프는 몽타주를 영화-눈으로부터 떼어놓으면서 부르주아적인 서사적 영화를 복원하고 있다고 예이젠시테인을 비난할 수도 있다. 반대로 예이젠시테인은 베르토프 식의 몽타주가 갖는 병합적인, 즉 비-변증법적인 성격을 고발할 수도 있다. 그런데 한 가지는 확실하다. 매니큐어의 손질, 마술사의 마술, 단조로운 노동을 가속된 동일한 리듬 속에서 이끌고 가는 「카메라를 든 사나이」(L'Homme à la caméra)의 몽타주는˙『자본』보다는 「직업을 위한 노래」나 「도끼에 대한 노래」에 더 빚지고 있다는 점이다. 「총노선」의 변증법은 휘트먼적인 리듬이 이끌고 있는 우유의 격랑이나 풀 베는 사람들의 광기 속에서만 자신의 논증적 역량을 얻게 된다.˙˙ 생산의 혁명이 새로운 시의 형식들을 통해 운위될 수 있다면, 그것은『독불연보』의 혁명적 편집자와 보스턴의 초월주의 강연자를 분리하는 거리를 잠시나마 잊는 한에서만 가능하다.˙˙˙

- ˙   베르토프의 이 영화에 대한 랑시에르의 자세한 논의는 제13장 참조.
- ˙˙ 「총노선」은 예이젠시테인의 1929년 작품이다. 이 영화에는 랑시에르가 언급하고 있는 우유가 격렬하게 분출하는 장면과 사람들이 풀을 베는 장면이 동일한 리듬감 속에서 등장한다.
- ˙˙˙ 각각 마르크스와 에머슨을 지칭한다.

제5장 불가능에 도전하는 곡예사들

1879년 파리

친애하는 독자 여러분, 한 글자도 빠트리지 말고 여기 제시하는 이 책을 음미해 보기 바랍니다. 왜냐하면 이 책은 여러분에게 금세기가 산출한 가장 흥미로운 사람들에 대해 알려 줄 것이기 때문입니다. 이 경탄할 만한 무언극 배우들과 곡예사들인 핸론 리 극예단은 모두가 땅으로 허리를 굽힐 때 기어오르는 것이 좋다고 말하면서 단지 기어오르는 것에 만족하지 않고 창공을 향해, 무한을 향해, 별들을 향해 날아갑니다! 이렇게 그들은 우리를 위로하고 비루한 체념과 일상적인 단조로움으로부터 우리를 구해 줍니다. 그들은 말하지 않습니다. 그러나 그것은 결코 그들이 생각이 없기 때문이 아닙니다. 그들은 일상적인 생활에서가 아니라면 말은 오직 영웅적이고 신적인 것들을 표현하는 데에만 사용되어야 한다는 것을 알고 있습니다. 나는 경탄할 만한 무언극 배우들이라고 말했습니다. 네, 그렇습니다. 드뷔로 이후에 등장했어도, 그리고 드뷔로를 산출해 낸 나라에서조차도 그들은 경탄받을 만합니다. 왜냐하면 그들은 드뷔로처럼 변화무쌍한 얼굴, 그 얼굴에서 드러나는 민첩한 생각, 순식간에 스쳐가는 시선과 미소, 모든 것을 말할 수 있는 침묵의 소리를 가졌고, 드뷔로를 넘어서 단 하나의 움직임 속에 욕망과 행위를 일치시킬 수 있게 해주고 그들을 불쾌한 중압감으로부터 벗어나게 해주는 날렵함을 가지고 있기 때문입니다. 장-가스파르의 얼굴처럼 그들의 얼굴은 희극적이지만 그것이 꼭 필요한 것은 아닙니다. 드뷔로가 얼굴 표정으로 날렵함의 인상과 착각을 주는 것과 마찬가지로 그들은 자신들의 동작의 민첩성과 정확성을 통해 사유하고 있다는 환상을 줄 수 있기 때문입니다.

나는 아주 철저하게 편파적으로 그들을 좋아합니다. 왜냐하면 그들은 온전하게 시인의 동지들이자 공모자들이기 때문이고, 시인과 동일한 목표를 추구하기 때문입니다. 본래 인간 존재는 삼중의 존재입니다. 인간은 자신 안에 세 가지 존재, 즉 인간·짐승·신을 함유하고 있습니다. 인간을 만드는 사회성에 인간 존재는 본능, 빨리 달리기, 소박한 매력, 순수성, 예리하고 완벽한 감각들, 기쁨의 도약, 오차 없는 동물적인 동작들을, 그리고 신을 만드는 것, 즉 초자연적 진리에 대한 앎과 창공에 대한 향수를 더했습니다. 그러나 인간 존재는 오래가지 않아 자신 안에 있는 짐승과 신을 죽였습니다. 그리고 그는 우리가 알고 있는 사회적 인간으로 남아 있게 됩니다. …… 인간 존재 안에서 짐승과 신을 부활시키는 것, 이것이 시인이 추구하는 작업입니다. 그런데 시인은 진부한 생각으로 가득 찬 세계 속에서 아직 본능적 존재로 머물러 있고, 그의 사유는 우리가 몰두하는 어리석은 일들 너머에서 자유로이 날갯짓을 하며 날고 있습니다. 짐승과 신을 부활시키는 것은 무언극 배우와 곡예사가 추구하는 작업이기도 합니다. 그런데 시인이 날아다니고 뛰어오르는 운율들을 통해 단지 상징적으로만 하는 것을 무언극 배우는 문자 그대로 실제로 합니다. 사회적 인간이 고통스럽게 체득한 서투름과 무거움으로부터 그가 해방한 것은 그 자신의 육체입니다. 그는 어린 사슴의 놀란 뜀박질, 고양이의 우아한 도약, 원숭이의 놀라운 도약, 표범의 번개처럼 빠른 질주를 다시 발견했고, 그와 동시에 새를 만들고 신을 만드는 대기, 공간, 보이지 않는 물질과의 연대성을 다시 발견했습니다.

시인 테오도르 드 방빌은 리샤르 레클리드라는 문인이 편집해 출간한 『핸론 리 곡예단의 회고록과 팬터마임』을 이같이 시작하고 있다.[1] 당시 인기가 절정에 이르렀던 이 무언극 곡예사들에게 흥미를 보였던 것은 그가 유일한 작가는 아니었다. 에밀 졸라는 같은 해에 폴리-베르제르 극장에서 그들의 공연을 관람했고, 그다음 해에는 바리에테(Variétés) 극장에서 행해진 그들 공연에 대한 시평을 썼다. 그는 회전 곡예의 "완벽한 수행"과 "얼빠진 도덕을 앞에 두고 악덕과 죄악을 의기양양하게 찬양하듯 부러진 사지와 총 맞은 가슴들 한가운데서 뛰노는" 그들의 "놀라운" 유쾌함에 찬사를 보냈다.[2] 핸론 리 곡예단이 보여 준 공연의 자취는 위스망스의 『파리 스케치』에서, 그리고 에드몽 드 공쿠르와 장 리슈팽이 창작해 낸 곡예사와 무언극 배우라는 등장인물 속에서도 발견된다.[3] '자연주의' 소설가들이 팬터마임의 어둡고 병리적이며 허무주의적인 내용을 기꺼이 탐색하려 했다면, 『괴상한 시가들』의 시인[*]은 그들 공연의 형식과 거기에서 이끌어낼 수 있는 예술에 대한 관념에 집중한다. 핸론 리 곡예단의 공연은 '영국 팬터마임' 전통을 정점에 올려놓았다. 이 영국 전통은 팬터마임 장르의 다음과 같은 커다란 세 가지 특징을 극단적으로 강조한다. 어떤 동기도 가지고 있지 않은 상황의 비합리성, 가장 절대적인 부동성에서 몸짓의 격한 분출로의 순간적인 이행 — 이 몸짓은 사방으로 그 동작들을 다양화하고 공간을 가로지르며 몸이 날아가도록 해준

---

1 *Mémoires et pantomimes des frères Hanlon Lees*, préface de Théodore de Banville, Paris, 1879. 이 서문은 Th. de Banville, *Critique littéraire, artistique et musicale choisie*, t. II, choix de textes, introd. et notes par Peter J. Edwards et Peter S. Hambly, Paris, Honoré Champion, 2003, pp. 429~36에 재수록되었다.

2 Émile Zola, *Le Naturalisme au théâtre*, dans *Œuvres complètes*, t. X, Paris, Nouveau Monde, 2004, p. 568.

3 Edmond de Goncourt, *Les Frères Zemganno*, Paris, Charpentier, 1879, et Jean Richepin, *Braves gens*, Paris, M. Dreyfus, 1886.

* 테오도르 드 방빌을 지시한다.

다—, 그리고 마지막으로 몸이 매순간마다 나타나고 사라지게 해주고, 머리가 잘린 채 벽과 창문과 거울을 통과하면서 자신들의 머리를 찾으러 달려가게 하고, 전혀 예기치 못한 곳에서 잃어버린 머리가 튀어나오게 하는 요령들의 사용. 핸론 리 곡예단은 이러한 재능을 잘 짜인 이야기들의 질서와 사회적 가치들의 의미를 동시에 파괴하는 공연에 사용했다. 어떤 때에 그들은 영국의 소도시에 공포를 유포하고, 휠체어에서 노파를 쫓아낸 다음 그것을 돌리며, 빵집 화덕에 자신의 아들을 그다음에는 항의하는 행인을 집어넣고, 결국에는 마을에 불을 지르는 피에로가 된다. 또 어떤 때에는 사탄 자신이 그들을 지상에 보내어 생-클루의 시장에 공포를 퍼트리게 한다. 여기에서 얼이 빠진 한 부인은 그들을 피하기 위해 표적에 뛰어들어 엉덩이에 총알을 맞게 된다. 또 다른 경우에 그들은, 피아노에 쑤셔 박혔다가 빗자루질에 의해 소생된 화가, 초상화에서 사라져서 그 모델이 자신의 머리로 대신한 머리, 그리고 마지막으로 살롱을 강탈하는 초대 손님들을 통해 생-제르맹 지역의 저녁을 광란 속에 몰아넣는다. 또한 그들은 냉대를 받은 연인의 복수를 위해 이발사로 가장해 젊은 처녀의 가정집에 침입해 비눗물 통을 사람들의 머리에 퍼붓고 강제로 그들의 수염을 깎고 반항하는 사람들의 목을 자르기도 한다. 그리고 다른 경우에 그들은 자신들이 만든 관을 채우기 위해 암살자가 되기도 하고, 지휘자의 옷 뒷단을 떼어낸 다음 영감에 사로잡혀 있는 그 거장이 알아차리지 못하게 그것을 아주 큰 뱃줄에 연결하는 반항적인 음악가들이 되기도 한다.[4] 방빌은 이 개방적인 에너지에서 두 가지 본질적인

---

[4] 순서대로 『고기와 밀가루』(Viande et farine), 『악마의 재치』(Les Cascades du diable), 『검은 옷의 야회』(Une soirée en habit noir), 『마을 이발사』(Le Frater de village), 『소목장이 피에로』(Pierrot menuisier), 그리고 『도, 미, 솔, 도』(Do, mi, sol, do). 이 팬터마임들에 대해서는 『핸론 리 곡예단의 회고록과 팬터마임』 외에 특히 Ernest Coquelin, *La Vie humoristique*, Paris, P. Ollendorf, pp. 197~227과 John H. Towsen, *Clowns*, New York, E. P. Dutton, 1976을 참조할 수 있다.

특징에 주목한다. 첫 번째 특징은 그 말의 이중적 의미에서, 즉 물리적이고 사회적인 의미에서 중압감의 제거다. 핸론 리 곡예단은 무엇보다도 날아다니는 존재들, 하늘을 향해 도약하는 날렵한 동물들이다. 동물/사회적 인간/신의 3요소는 확실히 19세기 내내 회자되었던 인간을 삼위일체로 보는 정의들을 상기시킨다. 이 정의들은 인류 철학들(philosophies de l'humanité)과 이상적 공동체의 기획들*뿐만 아니라 신체의 기술들을 배태했는데, 생기·정신·영혼의 3요소에 토대하고 있는 프랑수아 델사르트의 배우 육성 방법이 그 예다.⁵ 그런데 인간에 대한 저 정의들은 모두 통합의 이상으로 향하고 있었다. 델사르트의 삼위일체에 대한 연구는 정확한 표현에 대한 학문을 정초했으며, 그다음 세기에 무용의 개혁가들은 델사르트를 혁신주의자들 가운데 하나로 간주하면서 신체의 능력과 중력에 대한 정확한 인식을 토슈즈와 튀튀를 입고 추는 피루엣에 대립시켰다. 그런데 방빌로 말하자면 그는 정반대 방향으로 움직인다. 그는 날렵한 동물과 신의 피조물이 동일하게 보여 주는 높은 하늘을 향한 도약을 사회적 중압감에 보다 잘 대립시키기 위해 삼위일체를 해체한다.

사실, 이상을 향해 도약하는 것은 시인들(poëtes) — 말라르메처럼 방빌은 이 단어에 여전히 트레마를 붙이고 있다 — 이 자부심을 가지고 말하곤 했던 것이다. 그러나 일반적으로 사람들은 창공을 향한 말들의 이 비상을 서커스의 저속한 광대짓에 대립시킨다. 그런데 방빌은 관점을 전도한다. 곡예를 부리는 광대는 시를 짓는 사람에게는 이상과 은유로 남

---

* 여기에서 랑시에르는 실증주의적 과학과 기술의 시대에 부합하는, 기존의 종교를 대체하는 새로운 종교로서 '인류교'(religion de l'Humanité)를 주창한 오귀스트 콩트를 암시하고 있다. 콩트에게 인류는 개별 인간들의 총합을 지시하지 않는다. 오히려 인간들 사이에 나타나는 모든 유대 형태들, 예를 들면 가족과 민족 등이 전제하고 있는 것이 인류다. 이러한 맥락에서 그는 인류를 모든 존재의 어머니로서의 '대존재'(Grand-Être)로 규정한다. 여기에서 인류는 물질적 본성과 신적 본성의 가장 고차원적인 형태의 통일로 나타난다.

5 Alain Portz (éd.), *François Delsarte: une anthologie*, Paris, IPMC, 1992.

아 있는 것을 문자 그대로, 그리고 실제로 실현한다. 지상의 중압감과 사회적 역할에 대항해 광대는 꿈꾸는 정신이 갖는 욕망 이상의 것, 즉 욕망을 행위로 전환하거나 보다 정확히 말하면 욕망과 행위를 동일한 것으로 만드는 동물의 본능적 에너지를 동원할 줄 안다. 잃어버린 고향을 찾고자 하는 시에 나타나는 감상적 거리는 곡예 무언극의 동작, 나타남과 사라짐의 순간성 속에서 제거된다. 이 순간성은 사유와 행위 사이의 거리와 더불어 가능과 불가능의 거리를 삭제한다는 점에서 정확히 꿈과 동일시될 수 있다. "형용사 **가능한**과 형용사 **불가능한** 사이에서 무언극 배우는 자신의 선택을 했다. 그는 형용사 **불가능한**을 선택했다. 그는 불가능한 것 안에 거주한다. 불가능한 것, 그것이 바로 그가 하는 것이다. 그는 우리가 숨을 수 없는 곳에서 숨고, 자신의 신체보다 더 좁은 통로를 통과하며, 자신의 무게를 지탱하기에도 너무나 약한 받침대 위에 선다. 그는 자신을 감시하는 시선 속에서도 완전히 비가시적인 동작을 실행하고, 우산 위에서 균형을 잡고 자세를 유지하며, 바이올린 박스 안에 편하게 몸을 웅크리고 앉는다……."[6]

불가능한 것의 실현이 기술적인 기교가 필요한 일이라는 사실은 팬터마임의 이념성을 반박하는 어떤 것도 입증하지 못한다. 시 자체는 중압감 속에서 이루어지는 사회교육을 부정하는 이념적 기교다. 그러나 핸론 리 곡예단은 단지 중압감에 저항하는 신체와 기술의 성공적인 투쟁에 열중하는 것이 아니다. 왜냐하면 "서로 충돌하거나 부딪히고, 서로 중단시키고, 서로 치고받고, 하나가 다른 하나 위에 떨어지기도 하고, 유리 위에 올라가고, 추락하면서 집 꼭대기에서 굴러떨어지고, 루이금화처럼 납작하게 엎드리고, 폭풍우 같은 타격 속에서도 다시 일어서는"[7] 신체들의 격렬한 조우는 공중에서 일어나는 우아함과 짝을 이루고 있기 때문

---

6 *Mémoires et pantomimes des frères Hanlon Lees, op. cit.*, p. 9.
7 *Ibid.*, p. 11.

이다. 당연히 고요한 우아함과 격렬한 움직임의 이중성은 이상과 경험적 삶 사이의 충돌의 표현으로 설명된다. 방빌이 우리에게 말하고 있는 바에 따르면, 결국 핸론 리 곡예단이 보여 주는 기상천외함은 진정한 현실주의, 즉 "어떤 지향도 갖지 않는 집어삼킬 듯 강렬한 힘 — 이것 없이는 삶은 삶의 모습을 갖지 못한다 — 을 지닌 삶"을 표현한다. 방빌은 곧바로 이것에 대해 다음과 같이 묘사한다. "…… 구르고, 추락하고, 숨고, 잠들고, 놀라서 깨고, 자동차에서 전복되고, 가방을 싸거나 풀고, 위험한 도약을 하다가 의자 위로 떨어지고, 결국은 그 의자에 앉을 겨를이 없고, 예기치 않은 상처를 입고, 설명할 수 없는 혹들을 달고 있고, 문 사이에 끼고, 밀어넣어지고, 짓밟히고, 약탈당하고, 두들겨 맞고, 껴안기고, 입맞춤을 당하고, 갈기갈기 찢기고, 꼭두각시처럼 아이러니하게도 자신의 한 손으로 보이지 않는 선들을 흔들어대기 때문에 자신도 이리저리 흔들리는 것, — 이러한 것들이 정확히 있는 그대로의 삶이다."[8] 그런데 왜 곡예광대를 통해 묘사되고 있는 이 "있는 그대로의 삶"이 일상적인 사회적 삶과 완전히 다르고, 반대로 이상을 향해 날아올랐던 피조물들이 꿈꾸었던 삶과 완전히 닮아 있는지를 이해하는 것은 어렵지 않다. 그 이유는 있는 그대로의 삶이 목적도 의미도 없기 때문이다. 핸론 리 곡예단이 중압감에 도전하든 아니면 서로들 위로 무너져 내리든 간에, 그들은 어떤 필요에 의해 강요되거나 어떤 목적에 이끌려 그 수단으로서 그것을 하지 않고 언제나 그것을 이유 없이 한다. 이것이 방빌에게는 그들의 공연을 규정짓는 두 번째 특징이다. 중압감에 대해 제기된 도전은 합의된 계획으로부터 행위를, 그리고 추구하는 목적으로부터 동원될 수단들을 연역하는 인과논리에도 제기된다. 이 도전은 단지 일상적인 삶만이 아니라 그 이상으로 연극의 통상적 실천에 대해서도 제기된다. 아주 단순한 원인으로부터 이끌어나는 잘 구성된 줄거리들, 행위로 이끄는 복잡한 동인

---

8 *Ibid.*, pp. 12~13.

들을 통해 잘 해석될 수 있는 등장인물들, 그리고 살롱과 거리를 메우는 사람들을 잘 모방하여 그려낸 인물들이 바로 통상적 연극의 구성요소들이다. 팬터마임은 대항-연극, 즉 비극의 전통성과 멜로드라마나 통속극이 갖는 부르주아적 조잡함에서 벗어나 자신의 이념적 본질로 되돌아간 연극이다. 이 본질 속에서는 공연의 정직한 물질성은 있는 그대로 받아들여지는 몽환극의 이념성과 구별되지 않는다.

이미 반세기 전에 몇몇 시인은 바로 이러한 연극의 지지자가 되었다. 그러나 그들은 그러한 연극을 명망 있는 문인이나 명망가들 일반이 자주 가지 않는 장소들에서 찾았다. 1830년 이후 드뷔로의 찬미자들이 모였던 퓌낭뷜 극장이 그러한 장소였다. 이 연극 애호가들은 연극의 민중적 성격을 이중적 특징을 통해 규정했다. 먼저 관객석과 무대의 근접성이다. 이 근접성 덕분에 "같은 종족이고 서민들이며 극장 밖에서는 직업을 가지고 있는 배우들과 관람객들은 서로를 바라보고, 가까이에서 서로 보며 마치 입 맞추듯 맞대고 서로 이야기를 할 수 있었다."[9] 다음으로는 무대 아래 세 층위의 기계장치를 통해 가능해진 많은 놀라운 연출과 시각적 변환이다. 대중과 배우, 평범함과 환상 사이의 이러한 이중적 근접성은 드뷔로의 피에로에서 구현되고 있다. 드뷔로를 찬미하는 문인들이 보았을 때 이 피에로는 민중을 구현하고 있다. 익명의 저자인 민중은 "위대한 시인이며 볼테르, 보마르셰나 바이런을 능가하는 재능을 가진 집단적 존재"[10]다. 민중은 또한 자신 안에 수많은 배우들, 수많은 얼굴들, 수많은 표정들과 자세들을 품고 있는 배우다.[11] 그러나 이들의 민중-드뷔로는 「천국의 아이들」에서 장-루이 바로가 연기한 희망 없는 사

9　Th. de Banville, *Mes souvenirs*, Paris, Charpentier, 1882, p. 216.

10　Théophile Gautier, "Shakespeare aux Funambules", *Revue de Paris*, septembre 1842, p. 61.

11　Jules Janin, *Deburau. Histoire du théâtre à quatre sous*, Paris, Cercle des Bibliophiles, 1881, p. 77.

랑을 노래하는 몽상가보다 더 현실적이고 냉소적이다.* 무감한 뮤즈를 향해 자신의 활을 높이 뻗는 대신에 민중-드뷔로는 자신이 실수로 발사한 총알을 자신의 스승인 카상드르의 몸에서 빼내는 데 보다 무심하게 (prosaïquement) 전념한다. 그리고 그는 송곳으로 그의 몸에 구멍을 뚫어 자신이 뽑아낸 빨간 탄알이 폭발하는 것을 바라본다. 그는 자신의 칼로 아를르캥의 머리를 자르거나 아를르캥이 숨어 있던 커피 제분소의 크랭크 핸들을 작동한다. 그렇게 하지 않으면 아를르캥으로부터 벗어나기 위해서는 온실로 추락해 유리 조각을 온통 뒤집어쓴 채 빠져나와야 하기 때문이다.² ** 요컨대, 민중-드뷔로는 더 폭력적이지만 동시에 이러한 폭력 행사를 유발하는 사건들에 대해서는 더 무관심하다. 방빌이 우리에게 말하고 있듯이 민중을 구현하는 것, 그것은 "희극적인 영웅 노릇을 하는 것을 거부하는 것"이다. 그래서 이 민중-피에로는 먹을 수는 있지만 어쨌든 자신을 위해 준비된 것이 아닌 진수성찬이 어떤 나무에서 나오는 것을 보면서 완전히 '인조적이고 장식적인' 기쁨을 갖는다. 그는 또한 그렇게 할 수밖에 없기 때문에, 그러나 또한 "다른 어떤 것만큼이나 할 만한 것이기에 그냥"¹³ 자신이 하고 있는 도망치는 연인들에 대한 추

---

* 「천국의 아이들」(Les Enfants du paradis)은 1945년 마르셀 카르네(Marcel Carné)가 만든 영화로, 드뷔로를 모델로 삼고 있다. 실제 이름(Jean-Gaspard)이 아니라 바티스트(Baptiste)라는 이름으로 등장하는 이 영화의 주인공 드뷔로의 역을 배우 장-루이 바로(Jean-Louis Barrault)가 맡아 연기했다. 따라서 랑시에르가 여기에서 말하고 있는 몽상가는 바로 영화 속의 드뷔로를 지시한다. 랑시에르는 실제 드뷔로가 연기하는 피에로를 이 영화 속 드뷔로와 비교한다.

12 "Ma Mère l'Oie ou Arlequin et l'œuf d'or", dans *ibid.*, pp 131~53.

** 피에로, 아를르캥, 카상드르, 콜롱빈 등은 16세기에 등장한 이탈리아 대중연극인 코메디아 델라르테(commedia dell'arte)에 나오는 인물들이다. 「엄마 거위 혹은 아를르캥, 그리고 황금알」은 1830년에 공연된 퓌낭뷸 극장의 대표적인 팬터마임이다. 몽환극의 형태를 띠었던 이 팬터마임은 이탈리아 전통 도식을 따르고 있다. 즉 피에로, 카상드르 등이 연인인 아를르캥과 콜롱빈의 결합을 막기 위해서 이 둘을 쫓는 내용이다. 몽환극이니 만큼 추격은 비현실적인 사건들로 점철된다.

13 Th. de Banville, *L'Âme de Paris*, Paris, Charpentier, 1890, p. 17.

제5장 불가능에 도전하는 곡예사들 139

격에서 극도의 무관심을 보여 준다. 행위와 모든 동기 사이의 이러한 분리, 상반된 태도의 이 동일성은 민중-인물과 이상적 예술 형식을 일치시키는 데 기여한다. 테오필 고티에에게 피에로의 자질은 바로 이 상반된 것들의 통합, 즉 "세련된 어리석음과 어리석은 세련됨, …… 허풍떠는 비겁함, 회의적 맹신, 건방진 비굴함, 열중하는 무념무상, 나태한 활동, 그리고 눈의 깜빡거림으로, 입의 씰룩거림으로, 눈살의 찌푸림으로, 순간적인 몸짓으로 표현해야 하는 이 모든 놀라운 대조들"[14]의 통합이다.

피에로의 몸짓 연기는 이렇게 팬터마임의 힘에 대해 이루어진 이미 백년이 된 논쟁에 완전히 새로운 답변을 제시한다. 1719년부터 뒤보스 신부는 로마 팬터마임의 부활을 옹호했다. 그에게 로마 팬터마임은 감정과 생각을 정확히 표현할 수 있는 진정한 예술이었다. 그를 뒤이어 카위삭이나 노베르 같은 무용의 개혁가들은 발레의 인위적인 세련미에 말없이 모든 상황, 생각, 정서를 표현할 수 있는 몸짓과 자세의 언어를 대립시켰다. 그러나 이 이상적인 언어는 그 실제적인 실현에서 자신의 한계들을 드러냈다. 요한 야코프 엥겔은 『호라스』에 나타나는 로마에 대한 카미유의 저주를 팬터마임의 언어로 번역해야 하는 번역가의 가련한 노력을 다음과 같이 냉정하게 기술한다. "그녀 스스로 자신의 성벽을 허물고/자신의 손으로 자신의 내장을 찢는다!"● "먼저 무희는 무대의 배경을 보여 주었다(아마도 로마 시가지로 추정되는 장소를 지시하기 위한 것 같다). 그

---

14 Th. Gautier, *Histoire de l'art dramatique en France depuis vingt-cinq ans*, t. IV, Paris, Hetzel, 1859, pp. 320~21.

● 피에르 코르네유(Pierre Corneille)의 희곡 『호라스』(*Horace*)는 로마의 호라스 가문과 알바의 큐리아스 가문 사이의 분쟁과 이를 계기로 촉발된 공동체 전체와 개인, 가족과 개인 사이의 비극적 분열을 그리고 있다. 평화롭던 두 가문의 관계는 두 도시 사이에 전쟁이 발발하면서 적대적 관계로 바뀌고, 이 과정에서 호라스는 결투에서 자신의 누이동생 카미유(Camille)의 연인인 알바의 큐리아스를 죽이게 된다. 카미유는 이에 분노해 오빠인 호라스를 비난했고, 호라스는 그런 여동생을 죽이지만 결국 무죄를 선고받는다.

다음 그녀는 땅바닥을 향해 힘차게 손을 휘둘렀다. 그런 뒤에 그녀는 갑자기 괴물의 아가리가 아니라 자신의 작은 입을 벌려 여러 번 자신의 주먹을 갖다 댔다. 아주 게걸스럽게 그 주먹을 삼켜버리려 하는 것처럼 말이다. 대부분의 관객들은 웃음을 터트렸지만, 다른 관객들은 이 예기치 못한 행위가 갖는 의미가 무엇인지를 추측하느라 당황해했다 ……."[15]

이렇듯 팬터마임의 언어는 중복이나 모호함의 운명을 지니고 있는 것처럼 보였다. 그런데 고티에는 문제의 상황을 전도한다. 팬터마임의 힘은 생각과 정서를 표현하기 위해 말을 대체하는 것에 있는 것이 아니다. 그것은 줄거리의 인과적 논리와 감정 표현의 기호학과 단절하는 것에 있다. 철저하게 기유에 근거해 있는 의미들의 언어라는 관념은 여전히 오래된 꿈이었다. 민중예술은 어떤 동기에 의해서도 해명되지 않는 환상적 퍼포먼스라는 정식으로 요약된다. 민중적인 인물의 특징은 자신이 관심을 두지 않는 어떤 일을 탁월하게 실행하는 자다. 퓌낭뷜 극장에서 상연된 어릿광대짓은 이야기의 기발함이나 인물극과 풍속극에서 벗어난 연극예술의 모델을 제시한다. 고티에는 상상으로 가득한 한 연극 비평에서 자신이 창안해 낸 팬터마임의 탁월한 도덕적 성격을 강조하는 데 시간을 할애한다. 이 팬터마임에서 피에로에 의해 죽임을 당한 의류 판매상의 머리는 뱅코의 유령 역할을 하게 되며, 결국 자신의 암살자를 두덤으로 데려간다.[16] 그러나 고티에가 퓌낭뷜 극장의 공연에서 이끌어내고

15　Johan Jacob Engel, *Idées sur le geste et l'action théâtrale*, Genève, Slatkine, 1979, pp. 41~42.
16　Th. Gautier, "Shakespeare aux Funambules", *Revue de Paris*, septembre 1842, pp. 60~69.
● 뱅코(Banquo)는 셰익스피어의 비극 『맥베스』에 나오는 등장인물로, 맥베스에 의해 죽임을 당한 후 유령으로 돌아와 그를 놀라게 하고 괴롭힌다. 셰익스피어에 대한 고티에의 이러한 준거는 사실 그의 비평과 문학작품에 광범위하게 나타난다. 가장 뚜렷한 예는 셰익스피어의 『좋을 대로 하시든지』(*As you like it*)를 연상시키는 그의 소설 『드 모팽 아가씨』다. 사실 고티에가 꿈꾸었던 것은 셰익스피어적인 상상력에 기초한 연극이었다.

있는 것은 확실히 정반대의 교훈, 즉 모든 도덕적 목적성에 대한 연극적 행위의 무관심성이라는 교훈이다.

또한 이러한 이유에서 이 동일한 고티에는 퓌낭뷸 극장 내 낡은 공연장의 희미한 등불 아래서 공연된 민중적 팬터마임을 기품이 느껴지는 대저택의 공원에서 상연될, 꿈에 그리던 시적인 몽환극으로 아무런 문제없이 옮겨놓을 수 있었다. 이렇게 달베르*는 『드 모팽 아가씨』에서 희극, 드라마, 비극이 동일하게 가지고 있던 지루함에 "환상적이고 기상천외하고 불가능한 연극"을 대립시킨다. 이러한 연극에는 이상하고 독특한 색을 가지고 있는 하늘, 숲, 둥근 지붕, 아케이드, 비탈길을 배경으로 꼬챙이 모자를 쓰고 환한 색의 줄무늬 망토를 걸친 사람들이, 직업을 가지고 있지 않아 어느 한곳에 머물지 않고 "왔다 갔다 한다. 그런데 우리는 그들이 왜 그러는지 그리고 어떻게 그러는지도 알지 못한다." 그들은 "굵은 다이아몬드와 비둘기 알로 가득한 작은 상자"를 팔로 들고 있다. 이 인물들은 자신들의 연애 관계에서 피에로가 콜롱빈 앞에서 보여준 동일한 무관심을 보인다. "그들은 자신들이 하는 일에 그다지 중요성을 부여하지 않는 훌륭한 동료들처럼 서두르거나 소리치지 않고 말한다. 사랑에 빠진 남성은 자신의 연인에게 아주 세상 무관심한 표정으로 사랑 고백을 한다. …… 그의 관심사는 자신의 입에서 진주 뭉치들과 장미 다발들을 떨어지게 해서 진정한 사치가로서 시적인 보석들을 흩뿌리는 것이다 ……. 모든 것이 경탄할 만한 무념무상 속에서 맺어지고 풀린다.

• 달베르(D'Albert)는 편지 형식으로 전개되는 고티에의 소설 『드 모팽 아가씨』에 등장하는 주인공이다. 유용성과 아름다움을 대립시키면서 아름다움의 이데아, 순수한 아름다움을 추구하던 그는 드 모팽의 실체를 알게 되면서 사랑에 빠진다. 반면 드 모팽은 자신에게 다가오는 남자들이 일종의 가면을 쓰고 있다고 생각하고, 남장을 해서 그들 세계에 들어가 그들의 참모습을 밝히려고 한다. 달베르와 드 모팽은 결국 연인이 되지만, 드 모팽은 편지를 남기고 그의 곁을 떠난다. 고티에는 이 소설에서, 자신이 덧붙인 서문에서 밝히고 있듯이, 달베르와 드 모팽(변장한 남자의 이름은 '테오도르'이다)이라는 인물들을 통해 예술을 위한 예술과 도덕에 대한 경멸을 주장한다.

결과는 결코 원인을 갖지 않으며, 원인은 결코 결과를 갖지 않는다 ……. 결국 겉으로 보이는 이 난잡함과 무질서는 이 환상적인 외양을 통해 아주 세심하게 구성된 풍속극보다 더 정확하게 실제적 삶을 드러낸다."[17]

시인들이 폴리-베르지르 극장에서 공연된 핸론 리 곡예단의 곡예를 보면서 발견한 것은 이미 고티에와 그의 친구들이 드뷔로의 팬터마임에서 발견한 것이었다. 원인과 결과의 연쇄를 통해 삶의 이유들을 모방한다고 주장하는 심리적이고 사회적인 이야기들을 대체하는 드라마 예술, 이유 부재의 작용 및 우회와 결합하는 정교한 퍼포먼스의 몽환극이 그것이다. 그러나 여기에서 중요한 것은 단순히 기괴한 것에 만족하는 것이 아니다. 그럴듯함(vraisemblance)의 논리에 고하는 작별은 공연의 퍼포먼스와 관객의 퍼포먼스 사이에 존재하는 새로운 균형을 의미한다. 팬터마임의 이야기 줄기의 붕괴는 탁월하게 짜여진 드라마 구성이 금지하는 것, 즉 관객이 드라마의 소재를 자기 자신의 시로 장식하는 것을 허용한다. 몸짓의 언어를 경멸하는 사람들은 사람들이 관객에게 자신이 본 것의 의미를 상상하는 수고를 떠넘긴다고 한탄했다. 그러나 팬터마임이 언어학적 모델에서 벗어난다면 그 결함은 탁월함이 된다. 고티에는 팬터마임은 "일반적 구상을 매개로 각자가 자신의 꿈을 추구하는 교향악과 같다"라고 말한다. 이후에 그는 말라르메가 다시 언급하게 될 다음과 같은 말로 그것을 보다 정확히 표현한다. "자리를 채우는 것은 관객이고 팬터마임을 만드는 것은 몽상가다."[18] 무언극은 이중의 형상을 띠고 있는 시인-관객에게 말을 거는 것이다. 있는 그대로의 픽션을 받아들이는 민중의 형상과 거기에서 자신의 꿈을 실행하는 예술가의 형상이 그것이다. 방빌에게 무언극은 부르주아적인 희극에 대항하고, 이 희극의 왕이자 프

---

17 Th. Gautier, *Mademoiselle de Maupin*, dans *Romans, contes et nouvelles*, t. I, Paris, Gallimard, coll. "Bibliothèque de la Pléiade", 2002, pp. 406~08.
18 *Id.*, *La Presse*, 26 juillet 1847, et *Moniteur Universel*, 2-3 novembre 1856.

랑스-연극과 오페라의 왕이 된 외젠 스크리브에 대항하는 시인들의 동맹자였다. 그러나 이 동맹은 깨지기 쉬운 것이었다. 왜냐하면 팬터마임에서 즐거움을 얻었던 사람들 중 일부는 그것의 힘을 잘못 이해했고, 그래서 의심스러운 과제를 그것에 부여했기 때문이다. 즉 그들은 팬터마임을 현대화함으로써, 말하자면 자신의 기법에서 벗어나게 해서 더 이상 관례적인 유형이 아니라 그 시대의 사회적 현실을 재현하도록 함으로써 팬터마임의 연극적 품위를 확립하고자 했다. 이것은 고티에, 네르발과 함께 퓌낭뷜 극장에 앉아 있었던 작가, 샹플뢰리의 기획이었다. 샹플뢰리는 고티에의 생각과 말이 잘 드러나는 팬터마임의 한 이해 방식을 비판한다. 일부 사람은 "관객이 피에로, 콜롱빈 양, 아를르캥, 폴리쉬넬, 레앙드르, 카상드르 사이의 단순한 소용돌이를 참관하도록 작품의 주제가 충분히 모호하기를" 원한다고 샹플뢰리는 우리에게 말한다. "이 혼란과 소용돌이에 대해서 관객은 자신이 원하는 대로 생각할 것이고 스스로 자신만의 작품을 구축할 것이다. 이렇게 열 명의 관객은 같은 작품을 관람했는 데도 불구하고 열 개의 다른 작품을 보게 될 것이다. 이러한 생각에 따르면 팬터마임은 일종의 음악과 교향악에 지나지 않는다. 사람에 따라 거기에서 석양을 보기도 하고 빨간 꼬리의 새들을 보기도 한다."[19] 관점의 변화, 출입문, 다양한 효과 덕분에 "카상드르, 콜롱빈, 아를르캥, 폴리쉬넬 등 일군의 인물들이 들어가고 나오고 창문으로 뛰어내리고 조각들로 잘리고 그리고 다시 살아나는" 이 익살스러운 몽환극에서 "이 모든 사실의 나열을 주재할 수 있는 **이념**"[20]을 알아차리기란 불가능하다. 고티에가 격찬한 시작도 끝도 없는 몽환극의 '현실주의'에 샹플뢰리는 사회적 현실로의 침입을 대립시키고 있는데, 그가 보기에 이것은 드뷔로가 피에로의 무대의상을 버리고 군인, 장의사, 장인의 복장을 택함으

---

19 Champfleury, *Souvenirs des Funambules*, Paris, Michel Lévy, 1859, p. 84.
20 *Ibid.*, p. 86.

로써 "민중적인 장면들"을 재현했을 때 개시된 것이었다. 샹플뢰리는 관례적인 유형으로부터 사회적 성격 규정으로의 이러한 이행을 정착시켜 "사람들이 당시까지 이루어내지 못했던 엄숙극의 효과들"[21]을 생산하는 데 적합하도록 팬터마임을 만들기를 원했다. 이렇게 그는 드뷔로의 계승자 폴 르그랑을 위해 『피에로 후작』이라는 현실주의 팬터마임을 창안하게 된다. 여기에서 피에로의 백색은 피에로가 방앗간 일꾼이라는 사실에 의해 정당화된다. 폴리쉬넬의 혹들도 마찬가지다. 왜냐하면 무엇을 숨길 수 있도록 안이 비어 있어서 나중에 피에로가 자르게 되면 안에서 호인의 금화를 발견할 수 있기 때문이다. 피에로는 폴리쉬넬을 죽인 후에 그 망자를 대신해 전적으로 자신에게 유리하게 유언장을 낭독하고, 『서민귀족』의 방식으로 퐁사르의 비극작품을 좋아하는 한 수사학 교수를 끌어들여 학식 있는 후작 행세를 하며, 그 후에는 이번에는 폴리쉬넬의 아들에게 사취를 당한 뒤 결국에는 요정에 의해 방앗간 소년으로 다시 변신하게 된다.

고티에는 이 현대화된 팬터마임의 의미에 대해 잘못 생각하지 않았다. 표면적으로는 관례적인 찬사를 보내고 있지만, 그의 평론은 팬터마임의 정신 자체에 '대항하는' 원죄가 무엇인지를 강조하고 있다.

> 낡은 믿음이 사라지자 샹플뢰리 씨는 자신을 팬터마임의 루터로 자처한다 ……. 일반적인 팬터마임에서 피에로는 단지 하얗기 때문에 하얗다. 따라서 이 창백함은 선험적으로 용인된다. 시인은 이 인물 유형을 있는 그대로 전통에서 받아들이며, 그에게 그의 존재 이유를 묻지 않는다. …… 그러나 박식을 뽐내는 샹플뢰리 씨는 피에로의 더 비유적인 백색에 완전히 물리적인 동기를 부여한다. 방앗간의 밀가루가 이 창백하고 우울해 보이는 인물의 얼굴과 옷을 뒤덮었다고 말이다. 우리는 이 백색 유령을 현실

---

21 *Ibid., loc. cit.*

에 있음직한 존재로 만드는 더 그럴듯한 방법을 찾지 못할 것이다. 그러나 우리는 이렇게 설명된 창백함보다는 신비에 싸인 저 이유 없는 백색을 선호한다. 더 나아가 저자는 폴리쉬넬의 혹을 아주 창의적으로 다음과 같이 설명한다. 그에 따르면, 우리는, 팬터마임의 경우 가톨릭 예술의 시대가 종결되고 프로테스탄트 예술의 시대가 시작되고 있는 것을 목도하고 있다. 따라서 권위와 전통은 더 이상 존재하지 않으며 자유로운 검토의 원리는 순박한 양식들, 비잔티움풍의 기괴함들, 불가능한 색조들에 대한 이별 선언이라는 열매를 가져왔다. 이러한 분석은 자신의 칼을 꺼내 들어 자신만의 해부를 시작한다.[22]

따라서 이와 같이 이해된 팬터마임의 '현대화'는 이 장르의 쇠퇴로 기록되며, 고티에와 그의 추종자들은 무언극 배우인 폴 르그랑이 자신이 가지고 있는 사회적 관찰과 극적 표현의 재능으로 만들어낸 기교 넘치는 작품 속에서 이 쇠퇴의 현현을 우울하게 지켜보았다. 예를 들면 민중적인 하얀 옷을 버리고 사무실 직원이 입는 몸에 꼭 끼고 오그라든 검은 옷을 입고 있으며, 업무 시간에 얽매여 있고, 자신의 상사에게 공손하며 진급을 걱정하는 피에로, 라탱 지구 보헤미안의 유쾌한 삶과 돈 걱정이 무엇인지를 알고 있는 의대생 피에로, 자신의 스승인 카상드르에게 그저 마지못해 발길질을 가하고 단지 조금만 그것도 아주 정직하게 도둑질을 하는, 요컨대 비현실적인 인물을 관객을 감동시킬 수 있는 인간적인 인물로 변모시키는 친절한 피에로가 그것이다.[23] 팬터마임에 대한 바로 이 수상쩍은 인간주의화는 하얀색 얼굴 위에, 평론에 따르자면 다채

---

22 Th. Gautier, *Histoire de l'art dramatique en France depuis vingt-cinq ans*, t. V, Paris, Hetzel, 1859, p. 150.

23 *Id.*, "Revue Dramatique", *Moniteur Universel*, 28 juillet 1856, 2-3 novembre 1856, et 30 août 1858. 고티에는 여기에서 각각 『직원 피에로』(*Pierrot employé*), 『의대생들』(*Les Carabins*), 『피에로의 결투』(*Le Duel de Pierrot*)에 대한 평론을 썼다.

로운 판타지, 알코올중독자의 흥분 또는 잔인한 사나움의 상징인 빨간 두 반점을 그려넣었던 저 영국 무언극이 보여 주는, 도를 벗어난 잔혹성에 대항-모델로서의 가치를 부여한다. 고티에는 이 장르의 대가인 톰 매슈스와 그의 영국 동료들이 1842년에 바리에테 극장의 부르주아적 두대 위로 판을 뒤흔들며 난입했을 때 그들에게 박수를 보냈다. 몇 해 후에 보들레르는 드뷔로의 음울한 인물과는 완전히 상반된 이 피에로의 등장을 기억하게 될 것이다. 그는 마치 폭풍처럼 나타나는가 하면 바보처럼 넘어지고 천둥 같은 웃음소리로 극장을 뒤흔든다. 그리고 요정이 막대기로 칠 때마다 "절대적 희극성"의 황홀이 모두를 사로잡는다. 왜냐하면 이 절대적 희극성은 저 행위를 "대포와 같은 큰 소리를 만들어내는 얼을 빼놓는 동시다발적인 발길질과 주먹질, 그리고 따귀들로 변모시키기 때문이다."²⁴ 풍속극의 "의미 있는 희극성"에 대립하는 과장된 이 절대적 희극성은 보들레르에게는, 우리가 기억하고 있듯이, 웃음이 갖는 "악마적" 본질의 표식이다.

『르 포르트푀유』(*Le Portefeuille*)라는 이름의 단명한 잡지에서 얼마나 많은 보들레르의 동시대인들이 영국 광대들이 구현한 희극적 악마주의에 대한 이 해석을 읽었는지 우리는 알지 못한다. 그러나 희극적 악마주의는 '절대적 희극성'의 깃털 같은 가벼움과, 자연주의적이고 상징주의적인 시대에 핸론 리 곡예단의 성공과 팬터마임에 대한 문인들의 열광에 깊은 영향을 준 우울한 피에로의 불안극 사이에 존재하는 연결점을 드러낸다. 과리가 『시골 수도사』에서 그 곡예단의 우울한 유머를 발견하게 된 것은 보들레르가 죽은 해인 1867년이다. '세련된 희극성'이라는 프랑스 전통을 지지하는 사람들은 거기에서 공연 기획자들 사이의 경쟁 이상의 것, 즉 어떤 지적인 징후를 보았다. 영국 광대의 난폭함과 더

---

24 Charles Baudelaire, "De l'essence du rire", dans *Œuvres complètes*, t. II, Paris, Gallimard, coll. "Bibliothèque de la Pléiade", 1941, p. 180.

불어 파리 오락 세계의 무대에 정착한 것은 과잉 쾌락, 신경성 질병, 인류의 진화에 대한 염세주의적 관점으로 특징지어지는 새로운 문명이었다. "불길한 기운의 이 광대는 다윈의 책과 쇼펜하우어주의자들의 논평을 가득 실은 여객선을 타고 우리나라에 들어왔다. 우리는 한때 우리 이웃의 슬픔에 공감했다. 그래서 그 우울한 곡예사는 환대를 받았다 ……. 이 이국적인 예술은 논리에 대한 우리의 모든 관념을 전복했다. 그것은 명료함, 뉘앙스에 대한 우리의 타고난 심미안과는 정확히 반대되는 것이었다. 그러나 그것은 우리를 즐겁게 했다. 왜냐하면 그것이 아마도 우리가 그 순간에 가질 수 있었던 유일한 웃음, 발작적이며 공포로 가득 찬 기쁨 없는 웃음을 촉발했기 때문이다."[25] 20년 뒤에 쓰인 이 논평은 단지 회고적으로 보일 수 있다. 그러나 그것은 동시대의 예술가들, 비평가들, 사회와 영혼의 분석가들의 정신 속에서 '영국 광대'라는 인물이 지나왔던 길을 잘 보여 준다. 그 불길한 기운의 광대는 샤르코의 히스테리 환자들, 졸라의 '미치광이들' ─ 술주정뱅이들 또는 사제들 ─, 그리고 롬브로소의 타락자들(죄인들 또는 천재들)의 동시대인이었다. 장 리슈팽이 『선량한 사람들』에서 통브르라는 인물을 만들었을 때, 그는 졸라의 알코올중독자들(쿠포와 막카르)이 갖는 특징과 모든 것을 절대적 작품의 추구에 바치는 졸라의 화가(클로드 랑티에)가 갖는 특징을 혼합함으로써 그것을 구성했다. 팬터마임의 열렬한 혁신가인 통브르는 "감미롭고 이상적이며 춤을 추는 듯 경쾌한"[26] 죽음의 인격화로서 콜롱빈을 상상하는데,*

---

25 Hugues Le Roux, *Les Jeux du cirque et de la vie foraine*, Paris, Plon, 1889, p. 215.
26 J. Richepin, *Braves gens, op. cit.*, p. 178.
* 영혼이 없어 삶의 모든 기쁨을 상실한 피에로는 죽기를 갈망하나 영혼이 없어서 그것도 불가능하다. 그래서 그는 죽기 위해 자신의 영혼을 되찾으려고 노력한다. 이를 위해 그는 속죄를 하고 그에 따라 영혼을 되찾을 자격을 갖게 되는데, 여기에서 콜롱빈은 피에로가 열망하던 죽음의 상징이 된다. "콜롱빈은 결국 죽음 자체, 피에로가 그토록 열망했던 것이자 그의 사랑의 궁극적 대상이었던 죽음에 대한 일종의 인격화가 되었다. 흉측한 죽음이 아니라 정반대로 감미롭고 이상적이며 춤을 추는 듯 경쾌한 어

그녀는 "풀어헤친 하얀 머리를 하고, 두려움, 사랑 그리고 황홀감에 얼이 나간 눈을 하고 있으며, 삶에 대한 권태, 죽음에 대한 갈망, 그리고 절정의 상태에 대한 긍지를 동시에 표현하는 몸짓을 하고 있는 리어왕 피에로"[27]의 주위를 맴돈다. 자신의 시도가 실패로 돌아간 후에 통브르는 핸론 리 곡예단처럼 미국으로 건너가 거기에서 팬터마임 『행복한 지그재그』를 가지고 돌아온다. 병원이나 감옥을 연상시키는 폐쇄된 마당과 같은 무대에는 두 지신(地神)이 있는데, 그 가운데 하나는 지네처럼 보이고 다른 하나는 "천장에서 떨어진 거대한 빈대"처럼 보인다. 이 무대에 통브르는 단추로 단단히 여민 검은 의복을 입은 채 결정으로 빛나는 눈을 하고 광인과 같은 억지웃음을 지으며 입을 실룩거리면서 나타난다. 그가 하는 행위란 '우리는 행복한 지그재그들이다'(we are the happy zigzags)를 반복하는 강박적 리듬에 맞춰 다른 사람들과 함께 노래를 부르고, 환영과 같은 이미지 앞에서 느끼는 공포 때문에 돌처럼 굳어진 것처럼 고통스러운 모순 속에서 옴짝달싹 못하는 것이다. 느린 멜로디가 악마적인 것이 되어가고, 찌푸린 인상은 격해지고, 과도한 몸동작은 간질이라고 생각될 정도로 과장되어 감에 따라 긴 공포의 전율이 군중을 휩쓸고 지나가고, 대중은 이 동요와 더불어 동요하고, 여성들은 거친 큰 비명을 내뱉으며 오열하면서 손으로 얼굴을 가리거나 병적인 웃음을 짓는다.[28] 어떤 의미에서 이 공연은 새로운 예술적 이상의 실현이다. 여기에서 팬터마임은 그래픽으로 귀결되는 순수한 섬광이 된다. "이 종합, 갑자기 정지한 몸짓에 의해 만들어지는 이 활동적 형상화, 팬터마임에 대한 이 응축적 표현, 이것이 바로 절대적 예술, 즉 나의 이론의 궁극적 귀결이었다. 지그, 재그, 털썩! 고속열차처럼 지나가고 섬광의 희미한 빛에 비

떤 환영."(*Ibid.*)
27 *Ibid.*, pp. 180~81.
28 *Ibid.*, pp. 459~63.

추어진 풍경처럼 출현하는 강렬한 드라마."²⁹ 그런데 통브르가 이 절대적 예술에 대한 관념을 생각해 낸 것은 카바레 관객들을 위해 섬망병환자(delirium tremens) 흉내를 내면서였다. 이와 동시에 그는 절대적 예술의 관념은 영혼과 문명이 겪고 있는 근대적 질병을 단순히 드러내고 있을 뿐이라는 점도 발견했다. "오직 나의 육체, 나의 입, 나의 몸짓만이 존재한다. 그리고 그 안에 모든 알코올이 스며들어 있다! 현대 인류 전체는 자신의 신인 이 알코올에 의해 노이로제에 걸리고, 박해를 받고, 악마가 되고, 천국으로 인도된다."³⁰

사실 광포한 팬터마임을 향한 이러한 관점에 대립하는 것은 팬터마임을 부활시켜 그것을 소규모의 서민 극장에서 고상한 살롱의 무대로 옮기고 싶어 했던 '퓌낭뷸 서클'의 문인들이 가지고 있었던 취향이다. 이러한 틀에서 볼 때, 샹플뢰리의 이 제자들은 팬터마임을 풍속극과 "오늘날의 젊은 문인들을 매혹하는 종합예술의 본능"을 충족하는 "신비한 팬터마임" 사이에서 동요케 만들었다.³¹ 어떤 때에 시인 피에로는 카상드르가 자신에게 콜롱빈의 문학교육을 맡겼지만 그녀를 타락시키는 데 열중한다. 또한 어떤 때에는 그는, 자신이 쉴리 프뤼돔의 「깨진 꽃병」의 시구를 뮤즈에게 낭독하는 사이에 어떤 아름다운 군인을 꿈속에 그리는 그 콜롱빈에게 속임을 당하기도 한다. 또한 어떤 때에는 스핑크스에 감춰진 보물을 찾으러 떠난 그는 자신의 꿈에서 헤르몬티스(Hermonthis)라는 이름을 가진 이집트의 브륀힐데(Brunehilde)를 이끌어낸다. 그녀에게서 무한한 기쁨의 상징인 신성한 연꽃을 얻기 위해서는 그는 삶을 포기하고 그녀의 발밑으로 다가가 "엄숙한 자세로 엎드려 자신의 죽어가는 입술로 그 얻어낸 연꽃에 입맞추어야"³² 한다. 마찬가지로 어떤 문인

---

29 *Ibid.*, p. 477.
30 *Ibid.*, p. 478.
31 Félix Larcher et Paul Hugounet, *Les Soirées funambulesques. Notes et documents inédits pour servir à l'histoire de la pantomime*, Paris, Ernest Kolb, 1891, p. 58.

은 즐겁게 "단정한 장식으로 꾸며진 무대 위로 펼쳐지는 일련의 고결하고 조용한 몸짓들, 무대의상의 잘 주름 잡힌 모양새를 상상"함과 동시에, 또한 "영국인들의 정신 나간 재담과 조용한 소리로 졸졸대는 분수를 가진 정원을 배경으로 하고 있는, 슈만의 음악이 그리고 있는 듯한 고통스럽고 부드러운 몽상을"[33] 찬양한다.

팬터마임의 살롱 소품으로의 전화에 직면해, 그리고 광포한 피에로의 자연주의적 버전과 분수대 저 밑에서 솟아오르는 듯한 고상한 자세가 보여 주는 상징주의적 몽상 사이에서 방빌의 텍스트는 시적 몽상과 곡예 행위의 본질적 연결고리를 유지하고 있다. 시인, 광대, 곡예사 사이에 이루어진 이러한 동맹의 미래를 보장하게 되는 것은 시구를 짓는 사람들과 연극의 창작들이 아니라 두 가지의 새로운 예술이다. 그 가운데 하나는 연극 무대에서, 다른 하나는 대중적인 오락 장소들에서 생겨났다. 첫 번째 것은 '연출'(mise en scène)이라고 불린다. 이것은 어떤 전도에서 생겨난 예술이다. 즉 드라마를 그림과 동작으로 연출하는 역할을 맡았던 보조적 요소가 드라마를 혁신하는 수단으로, 즉 언어로 고정된 사유에 그것에 적합한 공간적 형태들을 부여하는 수단으로서 긍정된다. 아를르캥과 콜롱빈이 결정적인 변신을 겪게 되는 것은 특히 러시아에서, 무엇보다도 메이예르홀트의 연극 무대 위에서였다. 즉 그들은 재현 인물이라는 위상에서 재발견된 연극성의 — 이론적이고 실천적인 — 실행자라는 위상으로 이행하게 된다. 이 연극성은 자연주의적 상연에 승인된 협약을, 등장인물을 해석하는 배우의 퍼포먼스로서의 연기에 무언극의 곡예로서의 연기를 대립시킨다. 따라서 팬터마임은 공연의 한 종류가 아니다. 그것은 더 이상 해학이나 곡예로 이루어지는 민중예술이 아니다. 사

---

32 F. Larcher et P. Hugounet, *Les Soirées funambulesques, op. cit.*, p. 62. 여기에서 요약한 『피에로의 종말』(*La Fin de Pierrot*)은 폴 위구네 자신의 작품이다.

33 Léo Rouanet, cité dans P. Hugounet, *Mimes et pierrots. Notes et documents inédits pour servir à l'histoire de la pantomime*, Paris, Fischbacher, 1889, p. 234.

실 탐미주의자들은 부르주아 연극의 비상식성을 멀리하면서 자신들만의 몽상을 저 민중예술로 치장했던 것이다. 오히려 팬터마임은 재발견된 연극의 기관(organon)이고, "신체에 대한 축적된 기술적 지식을 자유롭게 추구하는 기예"[34]인 연기에 대한 배움이다. 기술적 지식, 그것은 무대 행위(걷기, 달리기, 오르기, 내려오기, 미끄러지기, 재주넘기와 탭댄스 추기, 따귀 때리기, 기구 다루기, 포환을 잡아 던지기, 활쏘기, 주먹으로 때리기 ……)를 규정하는 모든 몸짓 도식의 습득을 의미한다. 기술적 지식을 자유롭게 추구하는 기예, 그것은 기대를 좌절시키고 양립 불가능한 것들을 통합하는 팬터마임의 시나리오를 구성하기 위해 저 도식들을 조합하거나 해체하는 기예다. 따라서 팬터마임은 사유를 조형적 행위의 형태로 공간 속에 시각화하는 작업이다. 아를르캥, 피에로, 콜롱빈은 하얀 의상과 알록달록한 의상을 버리고 기계공의 푸른 작업복을 입을 수도 있다. 그렇게 되면 그들은 정확하고 초연한 듯 보이는 자신들의 동작을 강자들의 계략에 항상 대립시키는 민중이 아니다. 그들은 건설 중에 있는 신세계의 운동 및 형태들과 결합하는 일꾼들/곡예사들이 된다. 이렇게 될 경우에 핸론 리 곡예단 같은 방식의 기이한 행위들은 생체 역학의 규범화된 운동이 되어 통제되는(taylorisée) 연극적 행위라는 꿈으로 용해될 수 있다. 고티에와 방빌은 잘 짜여진 사랑과 야망의 줄거리에 영국 광대들의 즉흥적 데탕트와 비약의 곡예를 대립시켰다. 초기 소비에트 러시아에서 크롬랭크의 『오쟁이 진 멋진 사내』를 무대에 올리면서 메이예르홀트는 질투와 간음의 줄거리를 집단적인 운동 퍼포먼스로 전환했고, 류보프 포포바는 방앗간 '무대 배경'을 미끄럼대가 있는 체조 시설로, 배우들의 재능을 돕고 동시에 인간이 공간의 주인이 되는 새로운 사회의 비상을 상징화할 수 있는 계단과 체조 기구로 바꾸었다.

테일러와 콜롱빈 사이의 이러한 마르크스주의적 결혼이 가능했던 것

---

34 Béatrice Picon-Vallin, *Meyerhold*, Paris, CNRS éditions, 1990, p. 58.

은, 혁명적 연출가들이 도입하고자 한 민중예술이 다른 곳에서 자신의 길을 추구했고 새로운 표현 형식을 발견했기 때문이다. 새로운 예술이었던 영화는 팬터마임의 퍼포먼스에 새로운 가시성의 공간을 제공했다. 스크린에 영사된 이미지는 하얀 얼굴의 눈썹에 나타나는 표현을 따라갈 수 있게 해주는 근접성과 기계장치에 의해 끊임없이 생산되는 무대의 변신을 동시에 즐길 수 있었던 퓌낭뷸 극장 관객의 특권을 광범위한 대중에게 이전해 줄 수 있었다. 그리고 단편적 동작들, 돌발적 정지, 운동의 반복과 엄청난 가속화는 영화적 재료의 편집과 몽타주 속에서 적합한 기술적 도구를 발견했다. 1922년에 코진체프, 트라우베르크, 유트케비치, 그리고 크리지츠스키가 서명한 『익센트리시즘 선언』은 신경 충격을 산출하고 조절하는 것에 기초해 이루어지는 신세계 예술과 영국 광대 전통 사이의 결합을 공식화했다. 조형적이고 연극적이며 영화적인 몽타주라는 새로운 예술은 같은 시기에 '개그'(gag)라는 이름으로 정착된 이 불가능의 퍼포먼스의 보편화된 형식이었다. 그러나 이 '익센트리시즘' 전통이 소비에트의 기계적 신세계 속으로 도입될 수 있었던 것은 저 영국 광대 전통이 미국적 신세계에서 서커스와 뮤직홀의 무대로부터 영화 스크린으로 옮아가면서 이미 또 다른 전환을 겪었기 때문이었다. 거짓으로 초연한 척하는 피에로의 몸짓, 아를르캥의 난폭한 발작, 핸론 리 곡예단의 미친 듯한 곡예는 찰리 채플린의 경쾌하고 엉큼한 공격, 버스터 키튼의 무표정한 얼굴과 예측할 수 없는 개그, 혹은 해럴드 로이드의 아주 놀라운 기계적인 곡예가 되었고, 그 이후에는 자신들의 먹잇감 주위로 난폭하게 몰아치는 마르크스 형제들(Marx Brothers)의 소용돌이가 된다. 소비에트의 예술가들은 신인류를 생산하는 위대한 무대 위로 지난 세기의 섬세한 시인들을 꿈꾸게 한 퓌낭뷸 극장과 폴리-베르제르 극장의 곡예를 옮겨다 놓기를 원했다. 뮤직홀에서 영화관으로 옮아간 후예들은 신인류에게 더 명확하게 규정되고 더 지속적인 것이 될 후속 전통을 약속했다.

제6장 빛의 춤

1893년 파리, 폴리-베르제르 극장

　　대향연장이든 아니면 다른 어디에서든 간에 커튼이 올라가면 어디서 날아온 것인지 모르는 경이로운 털송이처럼 무용수가 나타난다. 이때 도약으로 멀어지기도 하고 토(pointes)에 의해 찍히기도 하는 바닥은 곧바로 완전한 피안의 세계에 있는, 꿈에서도 보지 못한 낯선 자리(site)의 처녀성을 얻게 된다. 그리고 그것은 어떤 것보다 고립적인 저 형상(Figure)을 드러내고 구축하고 꽃피울 것이다. 정식은 상상의 잠재적 보고인 관현악단 속에 자리하고 있다가, 여기저기에서 각광(脚光)으로 관념을 표현하는 저 동연자가 발산하는 모습에 따라 섬광처럼 밖으로 드러난다. 그 이상은 없다. 소리에서 직물로의 이 전기(음악만큼 너울에 더 어울리는 것이 있겠는가!)는 확실히 로이 풀러가 본능적으로 수행하고 있는 것이다. 자신의 크레셴도를 펼치면서, 그리고 스커트 혹은 그녀 자신을 잡아당기면서 그녀는 거주지를 세운다. 그 마법사는 기운을 창조하고, 이렇게 그것을 자신에게서 꺼내어 다시 자신 안에 넣는다. 그것도 간단하게. 그녀는 중국산 크레이프의 조용한 펄럭임을 통해 그 기운을 표현한다.

이 경우에서처럼 이 마법에 따라 그리고 곧바로, 무용의 명백한 운동성에 상반되는 안정적이고 어두운 무대 장식의 전통적인 설치와 같은 어리석은 짓이 사라지게 된다. 색칠한 유리문이나 판지 같은 난잡한 것은 이제 모두 버려진다. 이렇게 진정한 대기(atmosphère) 혹은 무(rien)가 인지되자마자 흩어지는 감정 표현이, 장소를 환기시키는 시간이 발레에 되돌려진다. 픽션에 따라 자태 및 몸짓과 더불어 너울의 분출에 의해 나타나는 자유로운 무대는 아주 순수한 결과물이 된다.

본래, 혹은 이러한 용도를 벗어나 창작으로서 연구된 이러한 동작은 여성적 도취와 그와 동시에 산업적이라고 말할 수 있는 성취를 함축한다. 확실히 이 발레 무용수는 황홀경에 빠져 직물에 완전히 휘감겨 유연하고 빛나며 차가운 모습으로 나타난다. 이렇게 그녀는 소용돌이 테마를 그려내는데, 길게 펼쳐진 씨실의 곡예, 비행, 커다란 꽃잎과 나비, 소라고둥 혹은 부서짐과 같은 아주 단순하고 기초적인 것들이 이 소용돌이에서 분출된다. 예술은 우연히, 그러나 주권자로서 출현한다. 경쾌한 리듬의 비인칭적 표면에 전달된 삶으로부터, 또한 그 연기자(la figurante)의 관점에서 말한다면 그 표면들의 과도함에 대한 감지로부터, 그리고 조화로운 열광으로부터.

이 천재가 미국에서 태어났다는 것은 결코 놀랍지 않다. 그녀가 고대 그리스인이라고 해도 마찬가지다. 완전히 현대적이고 동시에 고전적이기 때문이다.

이렇게 말라르메는 1893년 5월 13일에 『내셔널 옵저버』(*National Observer*) 독자들에게 로이 풀러의 공연을 찬양했다.[1] 그러나 그가 그렇

---

1 S. Mallarmé, "Considérations sur l'art du ballet et la Loïe Fuller", *National Observer*, 13 mai 1893, dans *Œuvres complètes*, t. II, *op. cit.*, pp. 313~14. (texte repris, avec de nombreuses modifications, dans "Autre étude de danse. Les fonds dans le ballet"), *Divagations*, dans *ibid.*, pp. 174~76).

게 한 첫 번째 사람은 아니었다. 이미 4개월 전부터 파리의 모든 탐미주의자들은 폴리-베르제르 극장으로 달려가기 시작했다. 이곳은 당시까지만 해도 그들이 '교양 없는' 대중, 즉 선정적 포즈와 가벼운 세미누드를 애호한다고 간주되는 대중에게 경멸적 시선을 토내면서 입장을 허용한 장소였다. 바로 그러한 이유에서 그곳은 이 대중이 미학적 쇄신의 예증을 목도하게 되는 장소였다. 이 시대가 존경한 권위자였던 폴 아당은 『정치문학 대담』(Entretiens politiques et littéraires)에서 그 점을 다음과 같이 명확히 했다. "의심의 여지없이 곧 새로운 예술이 탄생할 것이다."[2] 이 새로운 예술은 새로운 신체의 예술, 공간에서 소용돌이치면서 그 육체의 무게감에서 벗어나 선과 정조들의 놀이로 귀착되는 신체의 예술이다. 이미 말라르메에 앞서 탁월한 예술비평가였던 로제-막스는 현대적인 나라 미국에서 왔지만 가장 고귀한 그리스 조각의 형태와 닮아 있는 공연에 경의를 표한 바 있었다.

말라르메는 이 새로운 미학을 자기 나름대로 세 관념을 중심으로 정식화하고자 했다. 형상, 장소, 그리고 픽션. 형상은 어떤 자리를 고립시키고 그 자리를 출현, 변모, 소멸을 담지할 수 있는 장소로 구성하는 역량이다. 픽션은 출현하는 것들의 규칙적 전개다.

이것이, 로이 풀러에 의해 명확한 모습을 갖추게 되었고 '뱀춤'(danse serpentine)이라는 이름으로 인기를 얻게 된 공연에서 말라르메가 이끌어낸 미학적 원리다. 여기에서 형용사의 의미에 대해 오해해서는 안 된다. 뱀춤은 뱀이 추는 춤이 아니다. 무용수 로이 풀러가 '보여 주는' '선회의 테마들'은 우리가 기꺼이 '동양의' 춤과 동일시하는 상반신 또는 배의 저 구불거림과는 아무런 연관이 없다. 닥스는 이 점을 강조했다. "더 이상의 뒤틀기도 없고, 더 이상의 엉덩이 흔들기도 없으며, 더 이상의 골반

---

[2] Paul Adam, "Critique des mœurs", Les Entretiens politiques et littéraires, 10 février 1893, p. 135.

원운동도 없다. 상반신은 뻣뻣하게 그대로 있다."³ 그리고 중요한 것은 어떤 파충류를 모방하는 것이 아니다. 물론 로이 풀러는 뱀과 나비 또는 꽃 등을 모방한 어떤 형태의 데생이 자신의 드레스에 구성할 수 있을 부가적인 요소를 소홀히 생각하는 것은 아니다. 그러나 로제-막스가 우리에게 말하듯이, "디테일은 부차적인 것이다."⁴ 부차적이지 않은 것, 그것은 무용수 로이 풀러가 자신의 주위로 내뻗는 긴 드레스로 자신이 하고 있는 것이다. 그녀는 자신의 드레스에 나비, 백합, 꽃바구니, 넘실거림에 의해 일어난 파도, 떨어지는 장미의 형태를 그려넣을 수 있다. 그러나 그 모든 데생들은 무엇보다도 순수한 회전들이다. 그녀의 몸은 이 나선 또는 소용돌이의 중심이자 안내자다.

무엇보다도 뱀춤은 신체와 그 신체를 미학적 역량으로 만드는 것, 즉 곡선에 대한 특정한 관념을 보여 준다. '뱀과 같은 선'이라는 용어 자체는 오랜 역사를 지니고 있다. 그것은 호가스에 의해 18세기 영국에서 확립되었다. 그 용어는 큰 건물의 건축에서부터 정원의 건축에 이르기까지 새로운 영국식 취향, 즉 프랑스식의 궁정 정원의 직선적 조망에 대립하는 자연과 예술의 새로운 동맹을 상징하는 모든 것을 응축하고 있었다. 그러나 직각의 뻣뻣함에 대립하는 곡선의 부드러움이라는 관점은 이 개념이 가지고 있는 의미를 온전히 드러내지 못한다. 버크가 보여 주었듯이, 뱀이 갖는 이 특권은 보다 근원적인 어떤 것, 균형 잡힌 신체의 모델과 동일시되는 미의 고전적 모델에 대한 거부를 의미한다. 인간 형상, 특히 뻗은 사지가 원의 완벽한 형상 안에 내접해 있는 레오나르도 다 빈치의 이상적 인간의 형상에서 따온 설계에 따라 건축된 비트루비우스적 가옥이 그 예다. 뱀은 아름다움의 자연적 모델로서 간주된 유기체의 파괴다. 기하학적 균형의 질서에 대립하는 것은 지속적인 변이 속에 있는

---

3 Roger Marx, "Chorégraphie. Loïe Fuller", *La Revue encyclopédique*, 10 février 1893, p. 107.
4 *Ibid., loc. cit.*

선이다. 그런데 이 선의 우연적 변화들은 하나가 다른 하나로 용해되며 지속된다. 그러나 보다 근본적으로는, 균형을 비웃는 것은 자연이 보여주는 창의성이다. 이것은 자연이 우리에게 제시하는 아름다움들이 증명하고 있는 것이다. 장미의 부푼 머리 부분은 가냘픈 줄기와 균형이 맞지 않고, 아주 작은 꽃들이 사과나무의 굵은 가지를 수놓고 있고, 공작의 꼬리는 자신이 연장하고 있는 몸체보다 더 길다.[5]

어떤 의미에서 뱀춤은 이 자연적 아름다움을 선택된 형상으로 옮겨놓는 춤이다. 뱀춤이 떠올리게 하는 꽃받침, 나비의 비상, 혹은 물결은 그 자연적 아름다움의 현시다. 중요한 것은 꽃, 물결, 혹은 곤충을 모방하는 것이 아니다. 장미의 곡선이나 공작새 꼬리의 나선을 모델로 삼는 이 동일한 미학은 그것들의 닮은꼴을 생산함으로써 아름다움을 산출한다는 생각을 반박한다. 말라르메는 말한다. "자연은 발생한다. 그리고 우리는 그것에 첨가하지 않을 것이다." 이 문구의 의미에 대해 오해해서는 안 된다. 이 문구는 자연적 형상들을 낮게 평가하지 않는다. 반대로 그것은 그 형상들로부터 형식의 언어를 구성하는 요소들을 추출해 내 새로운 기교의 역량을 창출하도록 권고한다. 말라르메의 가르침을 가장 엄밀하게 따른 제자였던 카미유 므클레르는 시인 말라르메의 가상적 분신인 아르멜(Armel)의 사유를 다음과 같이 요약한다. "무지자들이 그의 예술에서 기교라고 불렀던 것, 그것은 자연적 형상들에 대한 보다 날카로운 통찰, 모든 물질적 사물과 모든 정신적 사물 사이에 존재하는 유비들에 대한 직관이었다. 이전의 문학에서 형식들을 차용하는 대신에 아르멜은 그것들을 삶의 무한한 목록에서 선택했다 ……."[6] 로이 풀러는 이 '요소적'(élémental) 언어의 예로서, 말라르메가 분명 어떤 이유를 가지고 너울이

---

[5] Edmund Burke, *Recherche philosophique sur l'origine de nos idées du sublime et du beau*, tr. fr. B. Saint Girons, Paris, Vrin, 1990, pp. 136~37.

[6] Camille Mauclair, *Le Soleil des morts*, Genève, Slatkine, 1979, p. 80.

라고 부르기로 한 저 드레스의 크레이프를 제시한다. 너울은 단지 모든 종류의 형상을 모방하게 해주는 기교일 뿐인 것이 아니다. 그것은 신체의 역량 자체를 숨기면서 그 역량을 전개하는 어떤 것이기도 하다. 그것은 신체가 자신의 형태와 기능을 변화시키기 위해 자신에게 제공한 보충물이다. 로이 풀러 예술의 새로움은 굽이치는 선이 주는 단순한 매력이 아니다. 그것은 새로운 신체의 창출이다. 이 신체는 소용돌이 한가운데에 있는 '부동의 중심'(point mort)이며, 자기 자신의 바깥으로 나아감으로써 형태들을 발생시킨다. 예술은 다양한 종류의 신체 형태들을 알고 있었다. 예술가들이 모방한 모델로서의 신체 형태들, 또는 무대 위로 희곡 텍스트나 발레의 줄거리를 구현한 신체 형태들 말이다. 이제 다른 것이 중요해진다. 이 다른 것에 대해 말라르메가 발견한 가장 훌륭한 유비는 음악이다. 신체는 자신과 전혀 닮지 않은 어떤 감각적인 정서적 환경을 생산하기 위해 물질적 도구를 사용하기 때문이다.

"소리에서 직물로의 전이." 너울을 펼치는 로이 풀러의 행위는 이러저러한 음악을 옮기고 있다는 것, 이것이 말라르메의 이 문구가 말하고자 하는 바는 아니다. 뱀춤의 비평가들은 음악에 주목하지 않는 것처럼 보인다. 그들이 『파르지팔』의 꽃 파는 소녀들이나 브륀힐데를 휘감는 불길을 언급하는 경우는 있지만, 바그너에 대한 이 참조들은 미학적 관념이지 음악적 테마가 아니다. 너울의 운동은 이러저러한 음악적 모티프가 아니라 음악이라는 관념 자체를 옮기고 있다. 이 관념은 비물질적인 감각적 환경을 생산하기 위해 물질적 도구를 이용하는 예술이라는 관념이다. 물론 말라르메는 아르투어 쇼펜하우어를 읽은 적이 없다. 그러나 쇼펜하우어는 그 시대의 미학에 자신의 정조를 부여했고, 말라르메가 로이 풀러가 산출해 내는 "정념들, 말하자면 즐거움, 애도, 분노의 신속한 변이들"에 대해 말할 때, 우리는 베토벤 교향곡에 대해 논평하는 철학자 쇼펜하우어의 목소리를 듣게 된다. 베토벤의 교향곡에서는 "모든 정념, 즉 기쁨과 슬픔, 애정과 미움, 공포와 희망 …… 등의 모든 인간적 감정의 목소리가 무한히 섬세한 차이 속에서, 그러나 항상 어떤 의미에서는 추상적으로 어떤 구별 없이, 언어도 이미지도 없이 말한다."[7] 너울이 음악인 이유는 그것이 신체를 사라지게 하는 형상들을 산출하기 위해 신체 자체를 연장하는 기법이기 때문이다. 말라르메의 동료 시인인 조르주 로덴바흐는 그것을 나중에 이렇게 요약한다. "신체는 발견할 수 없을 때 매력적이다."[8] 그는 이 발견할 수 없는 신체를 팔기에르가 살롱에 출품한 너울도 신비도 없는 신체 무용수의 조각상과 대립시킨다.• '순결'은 종종 로이 풀러의 춤에 부여되곤 하는 특징이다. 그리고 아당이 예술 섹션이 아니라 '풍속 비평' 섹션에서 이 춤을 논평하면서 이미 노래했던 것이 신체의 중성화에 대한 찬가다. 그러나 풍속의 순수성은 문제의 핵심이 아니다. 발견할 수 없는 신체, 그것은 오직 변신 작용의 조직자로서만 존재하는 신체다. 그것은 너울을 작동시키면서 자신의 출현을 지속적인 변신으로 산출하는 신체, 즉 "모든 것이 그것에 의존해 있으나 숨겨져 있는 리듬"[9]이다. 그 신체는 겁에 질려 물러나 있는 역량이 아니라 포가 말하는 은폐되어 있는 시의 구조로서, 혹은 자신의 창조물 속에 있는 비가시적인 플로베르의 신처럼 숨어 있다.••

---

7   Arthur Schopenhauer, *Le Monde comme volonté et comme représentation*, tr. fr. A. Burdeau, revue et corrigée par R. Roos, Paris, PUF, 1966, p. 1191.
8   Georges Rodenbach, "Danseuses", *Le Figaro*, 5 mai 1896.
•   여기에서 언급되고 있는 팔기에르의 작품은 무용수 클레오 드 메로드(Cléo de Mérode)를 재현하고 있는 「무용수」(La Danseuse)라는 제목의 조각상이다. 로덴바흐는 팔기에르가 무용수의 신체를 단순히 에로틱한 신체로 타락시키고 있다고 비난한다.
9   G. Rodenbach, "Danseuses", art. cit.
•• 플로베르는 예술적 창작과 신의 창조 사이의 유사성을 언급하면서 특별히 저자의 비인격성(impersonnalité)을 강조한다. "자신의 작품 속에서 저자는 이 우주 안의 모든 곳에 현존하지만 그 어디에서도 비가시적인 신처럼 존재해야 합니다. 예술은 제2의 자연인 바, 이 자연의 창조자는 유사한 절차에 따라 행위해야 합니다. 모든 원자(atomes)에서, 말하자면 모든 양상에서 우리는 숨어 있는 무한한 평정(impassibilité)을 느낍니다"("Lettre à Louise Colet du 9 décembre 1852", dans G. Flaubert, *Correspondance*, vol. 3. Louis Conard, 1927, p. 62). 이와 유사한 언급은 또 다른 편지

제6장 빛의 춤   161

이것이 바로 "예술적 도취"를 만드는 것이다. 말라르메는 자신의 글을 다시 쓰면서 로제-막스가 언급한 바 있는 격정에 사로잡힌 무녀와 『내셔널 옵저버』의 기고글에서 자신이 언급한 바 있는 단순한 "여성적 도취"를 저 추상적 문구로 대체한다.[10] 무용수의 '격정'은 어떤 디오니소스적 의례도 의미하지 않는다. 예술적 도취는 단순히 신체가 스스로 자신의 출현 공간을 산출한다는 데에 있다. 말라르메가 이 신체의 행위가 자신의 동작들을 통해 무로부터 이끌어낸 공간을 설립한다는 사실을 강조할 때, 반대로 로덴바흐는 무용수의 신체는 시적 동작과 시가 써지는 표면, 즉 '백지'를 동시에 구성한다고 말한다. 이것 또한 폴리-베르제르 극장의 무용수 로이 풀러가 이룩한 대혁신이다. 그녀는 자기충족적인 등장인물(apparition)이다. 그녀는 자신의 동작을 전개함으로써 그 전개의 무대를 산출한다. "자리의 처녀성", 그것은 무엇보다도 무용수의 일련의 동작에 배경으로 기능하는 모든 장식의 폐기다. 연극의 무대 장식가들이 열심히 연기를 위한 무대를 꾸밀 때 사용하는 재생지를 쓰레기통에 버리는 것은 이 시대 예술 연극의 탐미주의자들이 가졌던 꿈이었다. 그것은 또한 바그너의 뮤지컬 드라마의 연출을 위해 추상적 공간을 상상했던 젊은 아피아의 꿈이기도 했다. 이 꿈의 실현에 있어 뮤직홀의 예술가였던 로이 풀러는 이들보다 앞섰다. 그녀가 출현한 무대는 완전히 검게 설치되어 있어 그녀는 어두움 속에서 무대로 들어온다. 바로 이 최초의 밤에서 "등장인물은 빠져나오게 되고" "전기빛의 은총을 받으며"[11] 형태와 생기를 얻게 된다. 이렇게 그녀의 등장은 빛의 출현 자체와 결합

에서도 나타난다. "Lettre à Mademoiselle Leroyer de Chantepie du 18 mars 1857", dans *Correspondance*, vol. 4, p. 164 참조.

10 "용도 없는 창작으로서 이 동작은 예술적 도취와 동시에 산업적 성취를 함축한다." S. Mallarmé, "Autre étude de danse: Les fonds dans le ballet", *Divagations*, dans *Œuvres complètes*, t. II, *op. cit.*, p. 174.

11 R. Marx, "Chorégraphie. Loïe Fuller", art. cit., p. 107.

한다. 그리고 그녀의 공연은 꽃, 새 혹은 곤충보다는 빛이 출현시키는 것의 일반적 형태를 묘사한다. 말라르메는 그것을 일반적으로 '양상들'(aspects)이라고 불렀는데, 양상은 저 형태들과 그가 일반적으로 부채의 접힘과 펼침, 머리의 휘날림, 또는 물결을 휘감는 거품 등을 통해 은유적으로 표현한 요소 형태들 사이의 관계들을 지시한다. 이 모든 양상은 그에게는 나타남과 사라짐의 순수 동작을 상징한다.* 이 동작의 모델은 일상적인 일출과 일몰에 의해 주어진다. 광선에 의해 그 펼침이 연장되는 로이 풀러의 너울은 형태이자 동시에 배경이다. 그 너울은 자기 자신의 출현의 표면으로서 "자기 자신과 동일한 공간"의 영원한 단조로움을 부정하고, 그렇게 창출된 "대기"의 "무"(rien)를 통해 그 단조로움을 공허(néant) 속에 내던진다. 이렇게 어두운 바닥 위의 빛나는 너울은 말라르메가 별도로 각각 찬양했던 세 가지 형상을 모아놓는다. 까치발 시렁 이것의 금색은 사라진 태양을 대신한다. 항아리, 이것의 기세는 현실의 모든 장미를 대체한다. 들쳐진 레이스, 이것의 틈은 고든 결혼 첫날밤을 대신한다.[12]** 아당은 우주 창조에 비유되는 다소 과한 어법으로 이러한 세

---

* 시인 말라르메에게는 고방해야 할 모델이 없다. 따라서 그는 사건들, 즉 스냅사진처럼 포착될 수 있는 세상의 사건들로부터 출발한다. 이 사건들이 바로 양상들이다. 랑시에르가 밝히고 있듯이, 이 양상들은 출현과 사라짐, 현존과 부재, 접힘과 펼쳐짐이라는 단순화된 도식들로 환원될 수 있다. 말라르메는 이 도식들을 '유형들'(types)이라고 부른다. 시인은 바로 이 유형들에서 새로운 감각 세계를 창출하는 기교의 역량을 발견한다(말라르메의 '양상'과 '유형' 개념에 관한 랑시에르의 논의는 *Mallarmé. La politique de la sirène*, Hachette, 1995, pp. 28~34 참조). 다른 한편, 랑시에르는 이 유형 개념에서 말라르메와 디자인 예술가였던 페터 베렌스의 공통성을 발견한다(이에 대해서는 *Le destin des images*, La Fabrique, 2003, pp. 105~22; 김상운 옮김, 『이미지의 운명』, 현실문화, 2014, 169~94쪽 참조). 이렇게 랑시에르는 유형 개념을 매개로 로이 풀러-말라르메-베렌스 사이의 동일성을 확립한다.

12 S. Mallarmé, "Tout Orgueil fume-t-il du soir", "Surgi de la croupe et du bond", et "Une dentelle s'abolit", dans B. Marchal (éd.), *Œuvres complètes*, t. I, Paris, Gallimard, coll. "Bibliothèque de la Pléiade", 1998, pp. 41~43.

** "…… 외롭게 떠받들린 무거운 대리석 아래에는/ 번쩍거리는 그 까치발 시렁밖에/다

계 재창조를 표현한다. "그녀는 수천 관객의 눈에 지구의 본래적 형태를 제시했다. 무엇보다도 불타고 다시 차가워지고 비, 바다, 땅, 식물들, 동물들, 인간들로 뒤덮이기 전의 지구 말이다. 가장 멍청한 사교계 인사라도 이 세계 창조의 출현 앞에서는 다소간 전율을 느끼게 된다."[13]

어떤 일을 겪거나 어떤 감정을 경험하는 인물들의 겉모습을 모방하는 대신에 출현 자체를 모방하는 것, 이것이 바로 예술적 도취다. 도취는 의지와 그 실현, 예술가와 작품, 작품과 그것이 생산되는 공간 사이의 거리를 삭제하는 것이다. 너울에 둘러싸인 무용수는 동시에 글을 쓰는 붓이자 솟아올랐다가 다시 떨어지는 분수이며, "하늘, 바다, 황혼, 향기, 바다 거품의 모습으로 뒤늦게 나타나는 박동들"[14]을 자신의 밖으로 응축해서 표현하는 작은 조각상이고, 이러한 응축적 표현에 의해 창출된 순수한 우주 공간이다. 바로 이것이 형상이라는 단어가 요약하고 있는 것이다. 즉 형상은 하나 속에 응축된 두 가지 것이다. 그것은 한 신체의 문자 그대로의 현전, 즉 물질적 현전이자 은유적 응축과 환유적 전위의 시학적 작용이다. 요컨대 그것은 자신 밖으로 늦은 황혼을 응축해 표현하는 신체이고, "필기도구 없이" 몽상가의 잠재적 시를 쓰는 움직이는 신체다. 말라르메가 "연기자"(figurante)의 동작으로 지시하고 있는 것은 바로 이러한 참여적 작용이다. 연기자라는 용어는 통상 형상화(figuration)하는 일만을 담당하는 보조적 인물을 지시한다. 그러나 여기에서는 정반대로

른 어느 불도 타오르지 않는다"(「모든 긍지가 저녁 연기를 피운다」); "…… 무진장한 공방(空房) 밖에/ 어떤 음료도 없이 순결한 항아리는/ 죽어가나 동의하지 않는다"(「둔부와 도약에서 솟아올라」); "레이스가 한 겹 사라진다/ 드높은 **유희**의 의혹 속에서/ 침대의 영원한 부재만을/ 신성모독이나 저지르듯 설핏 열어 보이고 ……"(「레이스가 한 겹 사라진다」). 말라르메, 『시집』, 황현산 옮김, 문학과지성사, 2005, 118~20쪽 참조.

13 Paul Adam, "Critique des mœurs", art. cit., p. 136.
14 S. Mallarmé, "Autre étude de danse. Les fonds dans le ballet", *Divagations*, dans *Œuvres complètes*, t. II, *op. cit.*, p. 176.

자율적 창조의 작용을 표시한다. 다만 이 자율성은 예술가의 개성을 삭제함으로써만 존재한다. 자신의 너울에 의해 만들어진 소용돌이의 한가운데에 위치한 '부동의' 로이는 말라르메가 7년 전에 표현한 바 있는 춤의 관념을 정확히 표현하고 있다. 단지 중앙의 별 주위로 "별 무리들의 이상적 춤"[15]을 형상화하는 코르 드 발레(corps de ballet)가 그것이다. 따라서 '형상'의 두 가지 형태, 문자 그대로의 형태와 은유적 형태 사이의 능동적인 결합은 새로운 관념을 산출한다. 형상은 장소, 즉 작용들의 독특한 무대를 설립하는 행위다. 이 무대에서 산출되는 것을 '픽션'이라고 부른다.

이 단어에도 새로운 의미를 부여해야 한다. 왜냐하면 픽션은 전통적으로 두 가지를 지시하기 때문이다. 무엇보다도 픽션은 현실성이 결여된 상상이다. 그리고 그것은 이 비-현실성에 정합성을 부여하는 어떤 것이다. 아리스토텔레스 이후 시인들의 창조물에 그것 고유의 이해 가능성을 부여하는 이야기나 논리가 그것이다. 『시학』에 따르면, 시를 만드는 것은 운율이 아니라 이야기의 창안이다. 바로 이 이야기 때문에 픽션은 환영과는 다른 것이다. 또한 바로 이 이야기 때문에 장인이나 곡예사의 재주는 예술로서 간주될 가능성을 갖는다. 고전 시대는 이것을 다음과 같은 규칙으로 성문화했다. 신체의 어떤 퍼포먼스가 예술이라는 이름을 받을 만한지 알기 위해서는 그것이 어떤 이야기를 말하고 있는지를 알아야 한다. 그런데 이 논리에서 이야기는 단순한 사건의 연쇄가 아니다. 그것은 시작과 중간, 그리고 끝이 있는 분절된 조직체(corps)다. 요컨대, 유기적 신체의 모델은 조형적 이상뿐만 아니라 픽션의 패러다임 또한 규정했다. 트리스트럼 섄디의 생전과 생후의 모험에 상징으로 사용된 뱀과 같은 선과 이 소설의 작가인 스턴이 있었음에도 불구하고,• 호가스와

---

15 Id., "Ballets", Divagations, dans Œuvres complètes, t. II, op. cit., p. 170.
• 로렌스 스턴의 소설 『신사 트리스트럼 섄디의 인생과 생각 이야기』(1759~67)는 그

버크의 시대는 이 유기체성을 건드리지 못했다. 이 뱀과 같은 선은 환상의 선으로서, 이것의 매력은 자신이 거리를 두고 있는 직선과의 관계 속에서만 발휘된다. 루트비히 티크나 장 파울의 파편적 이야기들로부터 『나귀 가죽』의 발자크에 이르기까지 낭만주의 시대는 계속해서 이 거리(écart)에 의지했다. 그러나 말라르메가 보기에 뱀춤의 예술이 보여 주고 있는 것은 더 이상 픽션의 규범으로부터의 이탈이 아니었다. 그것은 픽션에 대한 새로운 관념이었다. 그것은 세상의 유희를 비유적으로 표현하는 양상들의 유희, 즉 요소 형태들의 유희를 구축하는 것으로 이야기를 대체한다. 사실 백합이든 나비든 별로 중요하지 않다. 백합은 어떤 꽃도 재현하지 않는다. 오히려 그것은 꽃받침의 요소 형태를 제시한다. 모든 사물은 바로 이 꽃받침을 통해 빛이라는 유일한 신성을 향한 고양이기도 한 어떤 출현 속에서 제시된다. 그리고 나비는 펄럭임과 무지갯빛 사이의 관계에 상응한다. 새로운 픽션은 형태들의 유희의 순수한 전개다. 이 형태들은 어떤 이야기도 말하지 않기 때문에 추상적이라고 말할 수 있다. 그러나 그것들이 이야기를 삭제한다면, 그것은 고차원적인 미메시스에 봉사하기 위한 것이다. 그것들은 기법을 통해 형태들 자체를 재창조하는데, 감각적 사건들이 우리에게 주어지고 서로 조합되어 세계를 구성하게 되는 것은 바로 이 형태들 속에서다. 음악에서 직물로의 '전이'는 모방하는 몸짓 자체를 통해 추상의 힘, 음악의 침묵이 갖는 힘을 재전유하는 것이다. 신체는 자기 자신으로부터 자신을 추상한다. 그것은 새보다는 비상을, 파도보다는 소용돌이 운동을, 꽃보다는 개화를 그려내는 너울의 전개 속에서 자기 고유의 형태를 감춘다. 각각의 사물에서 모방되는 것, 그것은 그 출현의 사건이다.

자유로운 서술 방식으로 인해 종종 현대문학의 선구로 간주되곤 한다. 이 작품은 쇼펜하우어와 니체 같은 철학자들뿐만 아니라 제임스 조이스와 버지니아 울프 같은 작가들에게도 많은 영향을 끼쳤다.

이것이 바로 새로운 픽션이다. 즉 형태들의 글쓰기로서의 가상들의 전개. 이것이 '상징주의'라는 단어의 의미다. 상징주의는 상징의 사용이 아니다. 그것은 상징적 표현과 직접적 표현 사이에 존재하는 차이의 삭제다. 고전적 상징은 이미지를 통한 재현을 지적 관념과 결합한다. 그렇게 사자는 용기에, 개는 충실성에, 독수리는 위엄에 결합된다. 그러나 로이에 의해 소묘된 백합은 순수성을 상징하지 않으며, 마찬가지로 그녀가 표현하는 나비나 불꽃은 각각 가벼움과 열정을 형상화하지 않는다. 그것들이 상징하는 것은 그것들의 펼쳐짐과 비상의 역량이다. 따라서 상징화된 역량은 실행된 역량과 다르지 않다. 운동은 그 자체로 모든 운동에 현전한다. 본래 상징은 전체에서 떨어져나온 부분이지만 전체를 재현한다. 그러나 너울의 운동은 운동의 한 부분이 아니다. 그것은 실행되고 있는 운동의 역량이다. 말라르메가 시의 글쓰기 안으로 '다시 불러들이고자' 했던 것이 바로 '요소적' 형태들의 언어와 사물들의 출현의 전개 사이의 이 동등성이었다.

로이 풀러로 말하자면, 그녀는 이것을 아주 다른 종류의 문서로 공식화했다. 모방자들로부터 자신을 지키기 위해 그녀가 한 해 전에 워싱턴의 저작권 회사에 제출한 특허증이 그것이다.[16] 그녀는 거기에서 세 개의 그림으로 작품 구성을 묘사하고 있다. 그녀는 도입부의 암흑에서 마지막의 어둠 사이에 전개되는 드레스의 모든 운동, 빛의 모든 변이를 정확히 적어놓았는데, 바로 이 운동과 변이를 통해 그녀는 꽃의 개화, 파도의 너울거림, 혹은 자신의 거미줄 한가운데에 있는 거미를 모방한다.[17]

---

16 조반니 리스타는 이 문서를 자신의 책 『로이 풀러. 벨 에포크의 무용수』(*Loie Fuller, Danseuse de la Belle Époque*, Paris, Stock, 1994, pp. 94~97)에 재수록했다. 오늘날 로이 풀러의 예술에 대한 모든 연구는 이 대작에 빚지고 있다.

17 첫 번째 그림에서 도출해 낼 수 있는 동작의 예는 다음과 같다. "무용수는 무대 중앙에 서서 자신의 스커트의 양쪽 아래를 잡고 올린다. 그리고 손을 오른쪽에서 왼쪽으로 움직이면서 무용수는 나선 형태를 모방하면서 조명등 불빛을 향하며 춤을 춘다. 조명등에 이를 즈음에 그녀는 즉각 손동작을 바꾸고 동일한 보폭을 유지하면서 드레

이 서술과 요구의 논점은 하찮은 것이 아니다. 실제로 여기에서 문제가 되는 것은, 한 치의 오차도 없는 몸짓들과 형태들의 연쇄가 한 예술가 소유권자에게 귀속될 수 있고, 어떤 위조도 허용되지 않는 작품을 구성할 수 있다는 사실을 인정하게끔 하는 것이기 때문이다. 로이의 예술을 위 대한 예술의 반열에 올리고 있는 로제-막스의 글이 『백과사전 평론』에 예술적 소유재산으로서의 뱀춤의 법적 권리를 검토하는 글과 함께 실렸다는 것은 의미심장하다. 무용수 로이 풀러의 주장은 미국 법정의 호의를 얻지 못했다는 점을 말해 둘 필요가 있다. 뉴욕 법원은 한 모방자에게 제기된 재판에서 18세기 '시학'(Arts poétiques)의 논리에 정확히 부합하는 논변으로 로이 풀러의 주장을 기각했다. "저작권에 기재된 원고의 춤에 대한 기술을 검토해 보면, 그 춤이 추구하고 실현하고 있는 목적은 휘장, 빛, 그림자의 매혹적인 배열과 우아한 일련의 연결 동작을 창안하는 것일 뿐이며, 이 동작들은 어떤 이야기도 말하지 않고 어떤 인물도 연기하지 않으며 어떤 감정도 그려내지 않는다는 것이 드러난다. 무대 위에서 어떤 효과들을 산출해 내는 단순한 기계적 동작은 저작권에 속하지 않는다. 왜냐하면 그것들은 극적 구성을 창안해 내는 관념들을 표현하고 있지 않기 때문이다. 의심의 여지없이 여기에서 기술되고 실천되고 있는 것들은 관객에게 유별나게 우아한 방식으로 동작의 시적 정취를 표현하고 있는 상냥한 한 여성이라는 관념 외에 다른 어떤 관념도 전달하고 있지 않다. 사실 이것이 그 동작들이 목표하고 있는 바다. 그러한 관념은 매력적일 수 있다. 그러나 그것을 극적이라고 규정하기는 어렵다."[18]

스의 운동을 만들어내는 둥글고 커다란 몸짓을 한다. 그다음 뒤쪽으로 빠르게 돌면서 (스커트 양쪽이 모두 들춰진다) 그녀는 빠르게 중앙으로 되돌아오며 회전운동으로 이어간다. 마지막으로는, 드레스를 자신의 팔 위로 감아올리며 그녀는 자신의 한쪽 무릎을 꿇는다. 그때 그녀는 어떤 배경을 창조하기 위해 드레스를 자신의 머리 뒤로 높이 쳐들어 잡고 있는다." *Ibid.*, p. 95에서 인용.

18 *Ibid.*, p. 105에서 인용.

모든 것이 여기에서 말해지고 있다. 일깨워진 감각의 쾌락을 실현된 관념의 일관성에 대립시키는 쾌감과 아름다움의 논리, 예술이라는 관념을 이야기의 전개, 인물들의 묘사, 감정의 표현과 동일시하는 것. 이 법률적 논변은 한 시학적 규범, 즉 재현적 예술체제의 규범과 정확히 합치한다. 그리고 바로 이것에 비추어봄으로써 우리는 무용수를 "각광으로 관념을 표현하는 재현자", 따라서 관념에 대한 새로운 관념의 재현자로 간주하는 말라르메의 문구를 이해할 수 있다. 또한 이것에 비추어볼 때 비로소 말라르메가 7년 전에 요정 비비안(fée Viviane)의 이야기*나 『두 마리 비둘기』의 우화를 전하는 안무에,** 특히 그 이야기나 우화를 확인해 줄 퍼포먼스를 보여 줄 것 같은 안무에 대립시켰던 '공리'가 그 온전한 의미를 갖게 된다. "말하자면 그 무용수는 **춤을 추는 여자가 아니다**. 그것은 다음과 같은 병치된 이유들 때문이다. **그녀는 여자가 아니라** 우리 형상의 요소적 양상 가운데 하나인, 예를 들면 검, 잔, 꽃 등을 요약해 보여 주는 메타포다. 그리고 **그녀는 춤을 추는 것이 아니라** 많은 대화 형식의 산문들과 묘사들을 통해 표현할 필요가 있는 것을 응축된 표현들이나 비약들의 비범함을 가지고 신체적 글쓰기의 형태로 제안하는 것이다 ······."[19]

이 모든 것은 마치 말라르메가 미국 법정의 미학적 논변에 미리 답변하는 것처럼 보인다. 미국 법정은 한 상냥한 여성의 우아한 몸짓을 보고 거기에는 "극적 구성"이 없다고 결론짓는다. 말라르메는 중요한 것은 몸짓을 하는 여성이 아니라 형상이라고 반박한다. 즉 중요한 것은 자신이 은유로 나타나는 장소, 변형태들의 유희로 자신이 파편화되는 장소를 설

---

* 아서의 전설에 등장하는 요정으로, 아서에게 엑스칼리버를 주는 등 중요한 역할을 담당한다. '호수의 여인'이라는 별칭을 가지고 있다.
** 장 드 라퐁텐(Jean de La Fontaine)의 동명 우화를 무용가이자 안무가였던 루이 메랑트(Louis Mérante)가 발레로 창작했다.
19 S. Mallarmé, "Ballets", *Divagations*, dans *Œuvres complètes*, t. II, *op. cit.*, p. 171.

립하는 신체다. 바로 이러한 이유에서 로이 풀러의 춤은 예술일 뿐만 아니라 새로운 예술 패러다임의 예증이다. 그것은 더 이상 춤이 아니라 존재한 적이 없던 예술의 실행, 좀 더 정확하게 말하자면 예술에 대한 새로운 관념의 실행이다. 이 새로운 관념에 따르면, 예술은 자신의 현시 공간 자체를 결정하는 형태들을 쓰는 것이다. 말라르메가 '신사 숙녀들'의 감정을 표현하는 대신에 글 쓰는 종이 위에 정착시키려 했던 것이 바로 이 예술이다. 텍스트 표면 위로의 이 '송환'을 기다리면서 로이 풀러가 그것의 역량을 상징적으로 표현했던 곳은 무대였다. 모클레르가 몇 년 후에 1900년 만국박람회를 맞이해 로이 풀러가 자신을 위해 만들어진 극장에서 보여 준 공연에 대해 언급하면서 요약하고 있는 것도 같은 종류의 견해다. "그렇다. 여기에서 진정으로 확인되고 있는 것은 알려진 미적 형식들 전체를 통합하고 파괴하면서, 그리고 모든 자격 규정에 도전하면서 그것들로부터 벗어나고 있는 공연이다. 거기에는 작품도, 노래도, 춤도 없다. 예술(Art)이 있을 뿐이다. 이름이 없는 이 예술은 동질적이고 완벽한 한 장소에서 생겨나는 향유를 영혼, 지능, 감각에 제공한다. 그 장소에서는 진실과 꿈, 어둠과 빛이 서로 통합되어 논리적이고 자연적인 경이로운 혼합물로 요동친다."[20]

  모클레르의 글은 그의 과장된 언어가 추측케 하는 것 이상의 정확성을 가지고 있다. 사실, 로이 풀러라는 사건은 특정 예술로서의 춤이 아니라 일반적 예술체제로서의 예술에 관련된다. 우리는 빛의 춤의 창시자가 현대무용의 계보에서 차지하고 있는 모호한 위치를 알고 있다. 우리는 그녀가 그녀의 개혁자들에게 길을 열어놓았다고 확실히 말할 수 있다. 그녀는 이사도라 덩컨에게 그녀가 이룬 초창기 성공의 기회만을 준 것은 아니었다. 더 근본적으로 로이 풀러는 이야기와 장식을 배제함으로

---

20 C. Mauclair, "Un exemple de fusion des arts. Sadda Yacco et Loïe Fuller", dans *Idées vivantes*, Paris, Librairie de l'art ancien et moderne, 1904, pp. 106~07.

써, 춤추는 신체를 파편화함으로써, 신체의 역량을 재분배함으로써, 그리고 신체가 자신의 밖으로 형태들을 산출하도록 만듦으로써 어떤 간절을 이루어냈다. 이렇게 그녀는 새로운 무용 예술이 신체의 역량을 이야기의 소묘어 국한하는 발레의 재현 예술을 구축(驅逐)할 때 보여 주었던 단절에 참여한다. 그녀는 위대한 시도의 개척자였는데, '현대무용'은 이 시도로부터 독립적으로 출현했다. 그 위대한 시도란 바로 예술을 ─신체의 이미지들을 산출할 수밖에 없는─조형예술과 신체를 해석해야 할 텍스트에 봉사하도록 만드는 극예술로 나누는 고전적 패러다임을 뛰어넘어 행위하는 신체의 예술을 추구하는 것이었다. 바로 이러한 지형 속에서 상상을 통해 고대 항아리와 조각상의 형상들로부터 찾아낸 그리스 무용의 진정성을 재창조하는 데 전념했던 덩컨의 예술, 그리고 태양에 대한 찬가와 마녀 혹은 죽음의 춤 사이에서 생각지도 못했던 신체의 무의식적 역량을 해방하려고 한 마리 비그만의 예술이 나타나게 된 것이다. 그러나 덩컨이 르이 풀러에 대한 부채를 완전히 부정하게 되는 것은 단순히 배은망덕 때문이 아니다. 어떤 의미에서 로이 풀러의 예술은 '현대무용'을 탄생시키게 될, 신체의 모든 부분의 표현적 가능성에 대한 위대한 탐험에 대립하지는 않는다고 하더라도 그것과 거리를 띠고 있었다. 덩컨이 우선적으로 그리스의 형상들과 휘트먼의 영감에 준거하고 있다고 하더라도, 그녀의 춤은 델사르트의 제자들이 미국에서 일으킨 표현 체계의 거대한 혁명에 속한다. 델사르트 이후 덩컨은 영혼·정기·생명의 위대한 삼위일체 속에서 신체에 의해 수행되는 '작은 동작 하나 하나'가 갖는 독특한 역할을 긍정했다. 저 삼위일체는 가슴·머리·사지 사이에 존재하는 연대와 독립의 관계 속에서 구체화되기 때문이다.[21] 비

---

21 『작은 동작 하나 하나』(*Chaque petit mouvement*)는 델사르트의 미국 제자들 가운데 한 명이자 미국 신무용의 위대한 개척자들 가운데 한 명이었던 테드 숀의 저작의 제목이다(Bruxelles, Complexe/Paris, CND, 2005). 델사르트의 가르침은 1902년 출간된 『델사르트 표현 체계』(*Delsarte System of Expression*)라는 저작에서 제너비브 스테

그만의 예술에 대해 말하자면, 그것이 발전하는 데 환경을 제공한 중요한 드라마투르기(dramaturgies)와 신화론이 어떤 것이었든지 간에 그것은 무엇보다도 헬러라우에서, 즉 에밀 자크-달크로즈가 신체 자체의 생동적 리듬을 음악가들이 창조한 리듬에 합치시킬 수 있는 신체를 형성하기 위해 가르쳤던 '유리드믹스'의 학교에서 형성되었다. 총체적 표현 또는 원초적 리듬의 출현과 연결되어 있는 이 이중의 계보 속에서 현대무용 예술은 자신의 자율성을 명확히 드러낸다. 비록 이 예술이 신체의 부분과 그 개별 동작의 자율화와 움직이는 신체의 전체 에너지의 전체주의적 긍정 — 이것은 결국 소비에트 혁명(덩컨)이나 쇄신된 독일 민중에 대한 긍정(비그만)과 동일시될 수 있다 — 을 동시에 의미하는 자율성의 긴장 속에 자리하고 있기는 하지만 말이다. 로이 풀러로 말하자면, 그녀는 이러한 긴장으로부터 거리를 취하고 있다. 그녀는 신체 동작의 문법도, 신체의 원초적 리듬에 대한 표현도 제안하지 않는다. 반대로 그녀의 너울은 덩컨의 그것과는 정반대의 기능을 갖는다. 그것은 신체를 드러내는 것이 아니라 그것을 '찾을 수 없는'[22] 것으로 만든다. 그것은 내적 에너지를 표현하지 않는다. 그것은 그 에너지를, 화가의 붓이 2차원의 캔버스 위에 남긴 형태들을, 그리고 조각가의 칼이 부동의 입체로 고정한 형태들을 공간 속에서 동작으로 그려낼 수 있는 도구로 만든다.

그러나 또한 로이 풀러는 새로운 몸짓을 제안하는 것에 만족하지 않는다. 그녀가 전념을 다해 개조하고자 했던 것은 공연을 구성하는 요소들 전체, 즉 무대장치, 빛의 역할들, 장소의 구축 자체다. 따라서 그녀가 제안하는 것은 라반이 찬양했던 "종종 인간의 의지보다 훨씬 더 강한 정신 상태들을 창출하는 독립적 힘"[23]으로서 이 동작 예술이 보여 주는 어

빈스에 의해 체계화되었다. 또한 미국에서의 델사르트주의의 발전에 대해서는 다음 책을 참조할 수 있다. Nancy Lee Chalfa Ruyter, *The Cultivation of Body and Mind in Nineteenth Century American Delsartism*, Westport, Greenwood Press, 1999.

22 G. Rodenbach, "Danseuses", art. cit.

떤 형태가 아니다. 오히려 그것은 아르누보(Art nouveau) 그 자체의 정식화된 표현이다 아무런 이유 없이 모클레르가 논평했던 공연이 산업예술 만국박람회라는 틀 안에서, 특별히 그녀의 공연을 위해 건축된 극장에서 이루어진 것이 아니다.* 이 극장의 구조는 로이 풀러의 너울이 비상하는 모습을 상기시키기조차 한다. 또한 이 동일한 비상의 모습이 파리의 쥘 셰레와 툴루즈-로트레크 그리고 빈의 콜로만 모저의 포스터나 데생에서뿐만 아니라 다양한 작은 조각상, 램프, 도기의 아르누보에서도 무한히 재생산된 것 역시 우연이 아니었다. 그 후에 영화라는 젊은 예술이 아벨 강스와 더불어 아이리스 스카프를 상징으로 갖게 된 것도 마찬가지다. 이것들은 단순히 곡선과 꽃에 대한 세기말의 열광이 아니다―이 열광은 때로는 해롭기도 했다. '뱀춤'은 벨 에포크(Belle Époque)의 표현 방식에 갇혀 있지 않다. 그것은 1941년 지노 세베리니의 미래주의적인 '비주얼 포엠'(poème visual)에서도 나타나고 있다.** 여기에서 단어들과 뒤섞여 있는 곡선들은 더 이상 꽃받침이 아니라 기계의 원형 판이나 나선을 떠올리게 한다. 뱀춤이 상징으로서 보여 주고 있는 새로운 예술은 일시적인 장식 양식 이상의 것이다. 보다 정확히 말하면, 이 일시적인 장식 양식은 그 자체가 새로운 예술에 대한 보다 포괄적인 어떤 이해를 토여 주는 특정한 형식이다

이와 관련해 모클레르는 본질적인 점을 언급한 바 있다. 새로운 예술은 무엇보다도 예술들을 구별하지 않는 예술, 말하자면 그것들의 혼합 예술이다. 그러나 이 예술은 단순히 시, 교향곡, 조형예술, 무용이 갖는

---

23 Rudolf Laban, *La Danse moderne éducative*, *op. cit.*, p. 22.
* 아르누보가 국제적 관심을 얻게 된 것은 바로 1900년 파리 만국박람회에서였다.
** 이탈리아 미래파 화가들은 미술과 문학을 융합해 아주 새로운 형태의 비주얼 포엠을 창조해 냈다. 이탈리아 미래파의 비주얼 포엠들은 2006~07년에 로스 앤젤레스에서 진행된 전시인 'A Tumultuous Assembly: Visual Poems of the Italian Futurists에서 조명된 바 있다.

자원들의 조합이 아니다. 그 예술이 "동질적이고 완벽한 장소"를 제시할 수 있다면, 그것은 반대로 그 예술이 소재와 기법의 특수성으로 간주되는 것을 부정하고 스스로를 이러한 특수성에 선행하는 역량과 형태의 전개로 제시되기 때문이다. 춤 이전에 동작이, 회화 이전에 손짓과 빛이, 시 이전에 기호들과 형태들의 도면이 있다. 즉 세계의 몸짓들과 세계의 도식들이 있다. 로이 풀러의 춤이 상징으로서 보여 주고 있는 새로운 예술은 자신의 기교를 통해서 이러한 도식들에 공통적인 역량을 탈취하는 예술이다.

 이것은 낭만주의가 전수해 준 꿈으로서 말라르메의 동시대 학자들 — 알베르 모켈, 비제바, 그리고 몇몇 다른 학자들 — 은 이것을 셸링, 콜리지, 또는 에머슨을 따라 체계화하고자 했다. 예술은 물리적 자연의 대상들이나 인간 본성의 정념들을 모방하는 대신에 그것들 고유의 역량, 고대 그리스의 자연(phusis) 개념이 요약하고 있는 역량, 즉 생산할 수 있고, 그 생산 속에서 사라질 수 있는 순수 역량과 결합하는 데 전념한다. 새로운 예술이 자신의 단순화된 형식들, 예를 들면 어떤 시의 그래픽 도면, 어떤 대화의 침묵, 어떤 표면의 파열, 작은 조각상이 보여 주는 동작, 또는 가구의 꽃 장식 속에서 구체화하고자 했던 것은 바로 저 자연의 이념성이다. 로이의 춤은 그것의 범례적 표현을 제시한다. 왜냐하면 거기에서 동작의 이념성은 시의 언어들이 운반하는 틀에 박힌 의미에 의해서도, 나무나 청동의 저항적 물질성에 의해서도 속박되지 않기 때문이다. 그녀의 춤은 순수 기교, 자연과 기술의 순수한 조우다. 이때 자연은 이 단어가 운반하는 모든 지상의 무게나 심리적 무게에서 가벼워진 자연이며, 기술은 이 개념이 상기시킬 수 있는 용광로나 집어삼킬 듯한 기계에 대해 상기시킬 수 있는 모든 것에서 자유로워진 기술이다. 이 시대에 자연과 기술의 수렴 지점은 동작과 빛의 만남이었다. 로이 풀러의 예술은 신체의 선형적 동작이 유사 형태들의 펼침을 전기 빛을 가로채는 표면의 빛 발산과 결합하는 지점에서 성립된다. 그러나 그녀는 이 결합을 동작으로 압축적으로 보여 주는 데 만족하지 않는다. 그녀는 동시에 이 동작이 펼쳐지는 전체 공간을 구축한다.

예술적 도취와 산업적 성취. 전자는 후자 없이 이루어지지 않는다. 로이 풀러는 자기 자신의 예술가, 자신의 신체를 형태들을 창출하는 수단으로 만드는 예술가다. 그러나 그녀는 또한 자신의 공연 밖에서는 형태들의 이러한 창출을 연장하고 확대하고 다양화하는 발명품들, 예를 들면 드레스의 골조, 무대 하부 조명, 거울 장치에 대한 특허를 신청한 의심의 여지없는 발명가이기도 하다. 예술적 도취, 이것은 순수 기교에 의해 재창조된 자연이다 ─ 밤으로부터 형태들로의 이행과 형태들로부터 밤으로의 귀환. 기교의 수단은 전기 빛이다. 보다 정확히 말하면 그것은 능동적 조명, 자신 외부에 존재하는 예술적 퍼포먼스를 가시적이게 만드는 데 만족하는 전통적 조명에 대립하는 색조 조경등의 창조적 미광이다. 말라르메로 말하자면, 그는 이 모든 의미를 지각하고 있었던 것 같지는 않다. 그러나 그의 친구인 빌리예 드 릴-아당은 에디슨을 새로운 이념성의 형식을 발명한 사람으로 간주했다. 로이 풀러의 또 다른 찬미자였던 장 로랭은 그녀의 예술에서 환상과 전기의 단남을 찬양했다. "움직이는 이 폼페이 벽화, 고대의 부조에서 이미 본 바 있는, 그러나 한 예술적 의지에 의해 수세기의 심연에서 갑작스럽게 다시 솟아오른 꽃-여성과 나방-여성의 이 자태들, 이것을 우리에게 보낸 것은 미국이었다. 전화, 기계장치, 축음기의 세계인 이 '신세계'는 오래전의 것이자 이 세상 너머에 있는 것에 대한 이 몽환적 비전을, 어떤 어드거 포인지는 모르겠지만 에드거 앨런 포와 에디슨의 교배가 망각의 잿더미에서 건져낸 이 유령과도 같은 빛나는 플루트 연주자를 고대 세계에 파견했다."[24] 반면 말라르메는 전기의 이념성에 큰 관심을 두지 않았다. 그에게 너울은 그

---

24 Jean Lorrain, "Loïe Fuller", dans *Femmes de 1900*, Paris, éditions de Madeleine, 1932, pp. 60~61.

제6장 빛의 춤 175

것을 조명으로 장식하는 빛보다 더 중요했다. 레이스 한 겹의 비상, 머리칼의 '발가벗음',* 루비의 '불꽃',** 까치발 시렁의 '번쩍거림',*** 극장 샹들리에의 모습들, 그리고 거울의 프레임을 수놓은 금박은 이미 감춰진 태양의 빛을 대체하는 기교들이다. 이 기교들의 탁월성은 자신들의 유비적 기능에 만족하고 있다는 점이다. 그러나 전기와 더불어 유비는 직접적 융합이 된다. 그런데 말라르메는 둘의 역량, 즉 제작된 물건들이 자연적 형태들의 놀이에 제공하는 시적 역량을 흡수하는 모든 것 앞에서 저항한다. 그런데 바로 전기는 자연적 에너지와 기교의 완전한 동일성으로 제시된다. 빌리예가 새로운 아름다움의 모델을 만드는 시인 에디슨을 상상했다면, 로이 풀러로 말하자면 그녀는 그 발명가 에디슨을 참조하러 갔고 무대 위에서 전기 아크(arc électrique)의 미학적 잠재성을 펼치는 데 열중했다. 전기는 새로운 '예술적 도취'를 실현하는 데 기여한다. 왜냐하면 그것은 자연의 인위적 역량이면서 기교의 자연적 역량이기 때문이다. 무대 위에서 광선은 펼쳐진 너울을 연장해서 별로 만들고, 그것을 무지개 색으로 빛나게 하거나 그것을 조명으로 장식하면서 형태들의 소용돌이 속으로 몸이 완전히 사라지도록 한다. 이러한 의미에서 광선은 그녀의 퍼포먼스의 부속물이다. 그러나 그것은 밤으로부터 형태들을 이끌어내고, 그러고는 그다음에 그것들을 다시 밤 속으로 삼키고 사라지는 역량이기도 하다. 전기는 모든 것을 드러나게 하는 빛의 기술적 유비다. 그러나 그것은 또한 모든 것을 빛으로 만들어지는 형태들의 순수한 비물질적 놀이 속으로 사라지게 만드는 역량이기도 하다. 그것은 물질의 정

---

* "…… 내게는 이 두 눈을 감출/ 그대의 발가벗은 머리칼이 있지"(「시간의 향유에 절여든 어느 비단이 ……」, 말라르메, 『시집』, 121쪽).
** "머리칼 극(極)에 이른 한 불꽃의 비상/ …… / 루비의 의혹을 채집하여 뿌리는 그녀를/ 다정한 한 주인공의 나신(裸身)은 더럽히네"(「머리칼 극에 이른 한 불꽃의 비상 ……」, 『시집』, 90쪽).
*** "…… 번쩍거리는 그 까치발 시렁밖에/ 다른 어느 불도 타오르지 않는다"(「모든 긍지가 저녁 연기를 피운다 ……」, 『시집』, 118쪽).

신적 형식, 혹은 정신성의 물질적 형식이다.

바로 이 등가성이 새로운 꿈의 핵심에 놓여 있다. 글쓰기를 위한 종이, 교향악 악보, 그림자 연극, 팬터마임이나 빛의 춤을 통해, 또한 광학적 색조합, 터치의 떨림, 회화의 닫힌 공간을 통해 당시 사람들이 꿈꾸고 있던 자율적 예술, 그리고 바로 뒤이어 연출, 사진 혹은 영화를 통해 사람들이 꿈꾸게 될 자율적 예술은, 이후 세대 사람들이 그 원리를 규정하게 될 것, 즉 그 물질성의 현시 속에 자리하고 있는 저항적 작업이 아니다.* 그것은 완전히 다른 것이다. 그것은 물질의 모든 특수성을 부정하는 순수 행위의 펼침과 동일시되는 예술이다. 그런데 이 순수 행위는 어떤 의미에서는 완전히 물질적인 것이다. 왜냐하면 그것은 기술이 발명할 수 있는 모든 것에 의해 가능해진 물체적 형태들의 조합에서 성립하기 때문이다. 또한 그것은 완전히 정신적인데, 왜냐하면 그 예술은 신체에서는 오직 어떤 감각적 환경을 창조할 수 있는 역량만을 간직하길 원하기 때문이고, 자신의 운명이 자기 자신의 소멸인 현시의 순간에만 존재하기 때문이다. 이 새로운 예술은 또한 예술적 도추와 산업적 성취가 결합할 수 있는 시대의 예술이기도 하다. 왜냐하면 예술은 세계-사건들의 순수 생산으로 자신을 명확히 드러내는 반면, 산업적 혁신성은 전류의 비물질성에, 신체를 엑스선으로 촬영하는 기계에, 혹은 그림자를 고정하고 교향악을 왁스의 개인 홈에 가두고 비현실적인 자동기계를 발명하는 기계에 동일화되기 때문이다. 아르누보는 정신이 전적으로 물질이 되는 반면에 물질은 온전히 정신으로 변환되는 사회를 예고하려는 예술이다. "픽션에 따라, 자태 및 몸짓과 더불어 너울의 놀이로부터 나타나는[25] **

---

* 랑시에르는 『미학 안의 불편함』에 수록된 「정치로서의 미학」에서 이것을 '저항 형식의 정치'(politique de la forme résistante)로 규정하면서 논의하고 있는데, 그가 예로 들고 있는 대표적인 이론가는 아도르노와 리오타르다.

25 S. Mallarmé, "Autre étude de danse. Les fonds dans le ballet", *Divagations*, dans *Œuvres complètes*, t. II, *op. cit.*, pp. 174~76.

자유로운 무대", 이 "아주 순수한 결과"는 단순한 탐미주의자들의 회합 장소 그 이상의 것이다. 그것은 예술과 과학이 다시 합류하고, 실존적 삶의 감각적 환경과 공동체 형식이 동일한 하나의 원리를 따르게 될 새로운 세계의 무대다.

●● 말라르메는 자신의 텍스트를 수정하면서 명사 'jet'를 마지막 자음만 바꾸어 'jeu'로 대체했다. 이에 따라 랑시에르가 이 글을 시작하면서 인용한 텍스트에 나타났던 "너울의 분출에 의해 나타나는"(exhalée du jet d'un voile)은 여기에서는 "너울의 놀이에 의해 나타나는"이 되었다. 이러한 언어 유희는 이것이 유일하지 않다. 예를 들면, 마찬가지로 앞선 인용글에서 "스커트 혹은 그녀 자신을 잡아당기면서"(ses retraits de jupe ou d'elle)는 'elle'이 동일하게 발음되는 'aile'로 바뀌면서 "스커트 혹은 날개를 잡아당기면서"가 된다.

제7장 부동극

1894~95년 파리

「대건축가 솔니스」는 행위가 거의 없는 드라마다. 심리적 행위마저도 부재하거나 거의 없다고 말할 수 있다. 이것이 내가 이 드라마를 놀랍다고 생각하는 이유 가운데 하나다.

「대건축가 솔니스」는 고요한(immobile) 일상적 삶의 무거움과 은밀한 비극성을 우리에게 보여 주는 현대 드라마의 초기작 가운데 하나다. 우리 시대의 거의 모든 비극 작가들은 이전 시대의 삶만을 본다 ……. 극장에 가게 되면 나는 삶에 대해 단순하고 메마르며 거친 이해를 가지고 있던 내 조상들과 섞여 몇 시간 동안 함께 있는 것 같은 느낌을 받는다. 물론 나는 그러한 삶을 더 이상 기억하지 못하며, 또한 거기에 더 이상 참여할 수도 없다. 그 삶은 자신의 아내를 죽인 오쟁이 진 남편, 자신의 연인을 독살하는 여자, 자신의 아버지에게 복수하는 아들, 자신의 아이들을 제물로 바치는 아버지, 자신의 아버지를 죽게 만드는 아이들, 살해당한 왕, 강간당한 처녀, 감옥에 갇힌 부르주아가 등장하는 삶이다 …….

나는 매일 볼 기회나 여력이 없었던 연관들을 통해 자신의 원천과 신비에 연결된 삶의 어떤 것을 보길 희망하면서 왔다. 나는 한순간이나

마 나의 초라한 일상적인 실존적 삶이 갖는 아름다움, 위대함, 무거움을 살짝이라도 볼 수 있기를 기대하면서 왔다. 나는 나도 모르겠지만 어떤 현존, 어떤 역량, 어떤 신이 나의 방에서 나와 함께 살고 있음을 누군가가 나에게 보여 주기를 바랐다. 나는 나의 보잘것없는 삶의 시간들 속에서도 그것들을 부지불식간에 체험할 수 있는 몇 분을 기대했다. 그런데 대부분의 경우 나는 자신이 왜 질투를 느꼈는지, 왜 독살을 하고 왜 죽였는지에 대해 장황하게 설명하는 어떤 사람만을 발견했을 뿐이다.

나는 오셀로의 찬미자이지만, 내가 보기에 그는 햄릿 같은 사람이 행위하지 않기 때문에 살아갈 수 있는 삶, 즉 존엄한 일상적 삶을 살지 못한다. 오셀로는 놀라우리만큼 질투심이 많다. 그러나 우리가 진정으로 살고 있을 때는 바로 그러한 정념과 그와 같은 격렬함을 가진 다른 정념들이 우리를 사로잡을 때라고 생각하는 것은 아마도 오래된 착오가 아닐까? 램프 아래에서 아무것도 하지 않고 기다리면서, 인식을 통해서는 아니지만 자신의 집 주위를 지배하는 모든 영원한 법칙을 들으면서, 이해를 통해서는 아니지만 문과 창문의 침묵 속에 그리고 빛의 작은 목소리 속에 존재하는 것을 해석하면서, 자신의 영혼과 자신의 운명의 현전을 감내하면서, 이 세계의 온갖 역량이 마치 주의 깊은 하녀들처럼 방에 개입하고 감시한다는 것을 짐작도 못하지만 머리를 약간 갸웃하면서, 바로 태양이 자신이 괴고 앉아 있는 작은 테이블을 심연 위로 떠받치고 있다는 것, 다시 감기는 눈꺼풀의 운동이나 상승하는 사유의 운동과 무관한 하늘의 별이나 영혼의 힘은 없다는 것을 모른 채, 자신의 안락의자에 앉아 있는 노파, 아무것도 하지 않는 이 노파가 실제로는 자신의 정부를 목 졸라 죽인 연인, 승리를 쟁취한 대장, 혹은 자신의 명예를 회복한 남편보다 더 심오하고 더 인간적인 삶을 산 것이라고 나는 생각한 적이 있었다 …….

내가 생각하기에 힐다와 솔네스는 영혼의 대기 속에서 잠시나마 살고 있다고 느낀 최초의 주연들이다. 그리고 그들이 일상적인 삶을 벗어나 자신들 안에서 발견했던 이 본질적인 삶은 그들을 아연케 한다. 힐다와 솔네스는 진정한 삶 속에서 자신들의 처지를 간파한 두 영혼이다.

이것은 1894년 4월 2일자 『르 피가로』에 모리스 마테를링크라는 저자의 이름으로 실린 기사의 발췌글이다.[1] 이것은 뤼네-포라는 이름의 젊은 배우가 이끄는 뢰브르 극장(Théâtre de l'Œuvre)이 그다음 날 저녁에 에두아르 뷔야르라는 이름의 젊은 화가가 작업한 무대 장식으로 공연하기로 한 입센의 「대건축가 솔네스」의 초연에 맞춰 실린 글이다. 같은 해 입센의 두 작품을 상연했던 뤼네-포는 그 전해에는 프랑스에서 처음으로 「펠레아스와 멜리장드」를 무대에 올린 바 있었다. 그러나 마테를링크의 기사는 자신의 연출가에 대한 부채를 갚는 일 이상의 것이었다. 그것은 새로운 연극의 선언, 드라마 문학의 새로운 학파가 아니라 연극에 대한 새로운 관념의 선언이었다.

앞의 텍스트는 이 새로운 관념을 세 단어로 요약하고 있다. 행위 없는 연극(théâtre sans action). 이것을 정확히 어떻게 이해해야 하는가? 우선 행위라는 단어는 무대 위의 소란한 움직임, 예를 들면 극적인 전개, 배우들의 격렬한 몸짓, 감정의 과도한 표현을 상기시킨다. 그것은 또한 전쟁의 폭력, 가정사의 비극, 감정의 분출, 분주한 삶의 소란을 무대 위에 옮기려는 과도한 줄거리를 떠올리게 한다. 연극평론가 마테를링크가 바로 이것에 대립시키고 있는 것이 부동극(drame immobile), 즉 무대 위의 소란한 움직임도 없고 파란들로 엮어지는 줄거리도 없는 연극이다. 비평

---

1 Maurice Maeterlinck, "À propos de *Solness le constructeur*", *Le Figaro*, 2 avril 1894. 이 기사는 모음집인 『꿈의 심리학 입문』(*Introduction à la psychologie des songes et autres écrits*, 1885~1996, Bruxelles, Labor, 1985, pp. 96~102)에 수록되었다. 마테를링크 본인은 이것을 약간 수정해 「일상적 비극성」(Le tragique quotidien)이라는 제목으로 1896년에 출간된 자신의 글 모음집인 『초라한 것들의 보고』(*Le Trésor des Humbles*, Bruxelles, Labor, 1986, pp. 101~10)에 재수록했다.

이 겨냥하는 것과 주장의 의미는 무엇보다도 명백해 보인다. 마테를링크가 요청하고 뤼녜-포가 따르려고 한 영혼극(théâtre de l'âme)은 몇 해 전부터 문학과 예술의 무대를 장악하고 있던 반자연주의적인 대반항에 속한다. 뢰브르 극장은 앙투안 자유극장(Théâtre libre d'Antoine)에 대응하기 위해 세워졌다. 후자는 당대 사회를 모티프로 삼는 드라마, 일상적 삶의 대화나 몸짓을 모방하는 연기, 그리고 그 배경의 충실한 재구성을 추구했다. 앙투안 자유극장은 졸라의 조언에 따라 '루공-마카르 총서'의 기획과 공명하는 혈육관계에 관한 드라마「유령들」을, 그리고 그 후에는「들오리」를 상연하면서 입센을 프랑스 무대에 소개한 최초의 극장이었다. 단일 시즌에「로스메르 저택」,「민중의 적」,「대건축가 솔네스」를 무대에 올리면서 뤼녜-포는 자신과 대립했던 저 자연주의적 경쟁자로부터 입센을 빼내어 상징주의 연극의 투사로 만들려고 했다.

그러나 이 작업은 하나의 문제를 제기했다. 파산, 땅투기, 위서, 수질오염, 주택 건설, 요양원 경영이라는 어두운 지역 사건들이 중첩되어 있는 가족극을 쓴 저자를 어떻게 반사실주의의 깃발 아래로 끌어들일 것인가? 더군다나 이 작가는 난로 장식, 넥타이 색, 원탁 위에 놓인 설탕물 잔까지 포함해 연기의 무대 배경과 등장인물의 의복을 세밀하게 기술한 연출 지침을 자신의 드라마에 병기해 놓았는데, 그것을 어떻게 할 수 있을까? 그것은 노르웨이어와 입센 드라마의 문화적 맥락을 모르는 예술가들이 저지른 오해가 아닌가? 아니면 저자의 의도에 대해 저지른 계산된 폭력은 아닌가? 자신이 상연한 입센의 다른 작품들과 마찬가지로「대건축가 솔네스」의 경우에도 뤼녜-포는 배우들이 무대 전면으로 나올 수밖에 없게 하는 약간의 깊이를 가진 무대 배경, 희미한 빛, 엄숙한 몸짓, 노래를 부르는 듯한 화법을 강제했다. 조롱을 일삼는 비평가들이 '보티첼리 식으로' 머리를 한 젊은 탐미주의자들이라고 기술한 파리의 입센주의자들은 자신들에게 피오르와 요정의 나라를 아주 자연스럽게 연상시키는 신비한 분위기를 거기에서 맛보았다. 반면 전통의 옹호자들은 화법의 격식, 무대의 어드움, 공연을 보기 전에 이미 설득당한 관객의 호감에 의해 종교 미사로 탈바꿈되고 있는 그 공연들을 공개적으로 조롱했다. 그들은 곧바로 정통 입센주의자들의 간접적 지지를 받게 된다. 이들은, 이 작품들에는 어떤 신비도 없으며, 뤼녜-포가 강제한 단조로운 선율, 그리고 상상 속의 고딕식 첨두아치를 묘사하기 위해 하늘로 높이 향하고 있는 몸짓을 포기하고 그 작품들을 정상적인 대화 말투로 연기해야 한다고 주장했기 때문이다.

그러나 뤼녜-포와 마테를링크의 선택은 풋내기의 순진함이나 도를 넘는 전투적 탈취 그 이상을 의미했다. 램프 아래에서의 영혼의 음악, 문과 창문의 비극은 입센의 정확한 대사와 세밀한 연출 지침과는 거리가 먼 것처럼 보일 수 있다. 그러나 이 조용한 음악, 이 최소한의 무대 배경과 이 "작은 빛의 목소리"는 극시(poème dramatique)와 연극 공연 체제에서의 변화를 명확히 보여 준다. 그리고 이러한 이유에서 입센을 치켜세우는 것은 자의적인 것이 아니다. 입센은 상징주의적 해석에 자신의 실질적인 의도를 대립시켰다. 그러나 의도로부터 행위를 이끌어내는 낡은 인과논리의 한계를 자신의 등장인물과 줄거리를 통해 드러낸 작가가 선언한 의도가 무슨 가치를 갖겠는가? 알려지지 않는 음악을 입센의 대사에서 찾고 무대를 이 음악의 공간으로 생각하는 것이 가능할 수 있었던 것은, 텍스트에 상응하는 음악을 찾는 이러한 탐구와 그리고 그 음악에 적절한 실제 무대를 제공하는 것이 연극적 행위에 대한 전통적 모델과의 단절을 표현하기 때문이다. 입센의 작품들은 그 주제가 비록 '사실주의적'이라고 할지라도 이 단절을 전형적으로 보여 준다.

이를 이해하기 위해서는 행위 혹은 행위의 부재가 무엇을 의미할 수 있는지에 대해 좀 더 고려할 필요가 있다. 우리가 일반적으로 사실주의적인 외적 행위에 대립시키는 것은 내면적 행위, 즉 감정들의 뉘앙스와 복잡함, 그리고 그 감정들 사이의 상호작용에 대한 분석이다. 당시의 한 단어가 이 내면적 행위를 지시하기 위해 부여되는데, 그것이 바로 '심리학'이다. 그런데 '행위 없는' 드라마가 의미하는 것은 이것이 아니다. 마테를링크는 곧바로 이것을 다음과 같이 강조한다. 중요한 것은 행위를 내면적 성찰과 감정에 대한 세밀한 분석의 영역으로 옮기는 것이 아니다. 「대건축가 솔네스」가 찬양받을 만하다면, 그것은 심리적 행위의 부재 때문이다. 내면극은 고통받는 의식과 불확실한 감정을 다듬어진 대사로 표현하는 드라마가 아니다. 그것은 임의의 한 개인이 세상의 고요한 작용을 겪으면서 갖는 무언의 감각들에 관한 드라마다. 다른 한편으로 사실주의적 통속성에 대한 거부는 일반적으로 희귀한 식물들, 정제된 향수, 퇴폐적인 라틴계 문학의 세계와 같은 예외적 세계의 선택을 의미하는데, 이 세계는 위스망스의 『거꾸로』에서 주인공이 체험한 세계였다. 마테를링크는 이러한 동일시에 대해서도 반대한다. 부동극은 일상적 삶에 관한 드라마다. 그것이 불러일으키고자 하는 영혼의 목소리는 숭고한 주제들로 표현되지 않는다. 입센의 작품들의 대사에 특징적으로 나타나는 반복에서 시적 기교를 보는 사람들에게 마테를링크는 그것은 단지 플랑드르 농민들이 말하는 방식에서 영감을 얻은 것일 뿐이라고 답한다. 영혼의 목소리는 탐미주의자들의 저택을 무대 배경으로 삼지 않는다. 그 목소리는 문과 창문의 침묵 속에서, 그리고 특별할 것 없는 어떤 방에서 흘러나오는 작은 빛의 소리에서 들린다. 그에게 새로운 연극이란 역사화(歷史畵)의 과시를 버리고 "시골 외딴 곳의 집, 복도 끝의 열려 있는 문, 쉬고 있는 얼굴이나 손"[2]을 재현하는 새로운 회화를 닮아야 한다.

여기에서 회화에의 준거는 본질적이다. 고요한 비극은 내면화된 비극이다. 그러나 이 내면성은 안락의자, 램프, 문, 창문 같은 비인간적인 감각 요소를 통해서만 드러난다. 단순한 집기 이상으로서 이 물건들은 침묵과 소음, 운동과 부동성, 빛과 그림자, 내부와 외부의 관계를 규정한다. 연극이 더 내면적이 될수록 그만큼 더 어조, 자세, 시간 구분, 그리고 그

---

[2] M. Maeterlinck, "À propos de *Solness le constructeur*", art. cit.

것에 고유한 공간 구성에서 그에 상응하는 것을 찾을 필요가 있다. 고전적 극시는 극장의 **무대 위에서** 진행된다. 새로운 드라마는 점점 더 자신의 감각적 현실과 무대의 물질적 현실을 구별하지 않고, 빛이 밝혔던 드라마의 역량을 빛 자체에 부여하며, 이전에는 밖으로부터 전언을 가져오기 위해 문과 창문을 지났던 인물들에게 부여된 극적 강렬함을 문과 창문의 배치에 부여한다. 마테를링크의 작품들은 이것들을 증언하고 있다. 「내부」의 주인공은 창문이다. 이 창문을 통해 두 관찰자는 자신들은 이미 알고 있는 소식, 즉 그 집의 딸 가운데 한 명의 자살을 아직도 모르고 있는 한 가족이 램프 아래서 보여 주는 동작을 지켜본다. 「탱타질의 죽음」의 주인공은 문이다. 아이를 기다리는 망자가 이 문 뒤에 숨어 있었다.[*]

 새로운 연극은 이렇게 상반된 두 가지 방식으로 아리스토텔레스가 정식화한 바 있는 연극적 행위에 대한 고대의 논리를 문제 삼는다. 아리스토텔레스에 따르면, 극시의 본질은 줄거리다. 즉 기대를 만들고 그 기대에 반하는 결과를 산출하는 상호 결정되는 행위들을 적합하게 연결하는 것이다. 고귀한 태생 때문에 관심을 끌게 된 사람들을 무지에서 앎으로, 행복에서 불행으로, 우애에서 반감으로 이행케 하는 것이 바로 이 전도의 작용이다. 그리고 등장인물의 성격에 대한 소묘와 그들의 생각에 대한 표현은 바로 이 행위들의 체계, 이 인과적 기계장치에 종속된다. 바로 이 체계가 비극시의 이해 가능성을 규정하고 그것의 감각적 효과를 만들어낸다. 이와 같은 행위의 우위^{**}는 비극의 사유 내용과 그것을 표현하는 감각적 짜임새를 동시에 규정한다. 아리스토텔레스는 관객을 전율케 하는 것은 줄거리의 인과적 기계장치이어야 한다고 말한다. 그런데

- 「내부」와 「탱타질의 죽음」은 「알라딘과 팔로미드」(Alladine et Palomides)와 더불어 마테를링크가 인형극을 위해 쓴 희곡으로 그의 상징주의를 대표하는 드라마다.
-   "(비극에서) 가장 중요한 요소는 줄거리의 구성이다. 비극은 인물이 아니라 행위와 삶에 대한 재현이다. 그리고 행복과 불행은 이 행위에서 성립한다. 중요한 것은 행위이지 등장인물이 아니다"(아리스토텔레스, 『시학』, 1450a15-20).

제7장 부동극

그것은 독자를 전율케 하는 기계장치와 다르지 않다. 아리스토텔레스는 공연, 즉 'opsis'는 비극에서 가장 덜 중요하고 예술에 가장 낯선 요소라고 결론짓는다. 그것은 시인이 아니라 소품 담당자의 일이다.*

마테를링크가 거부한 **행위**는 정확히 사유와 그것의 감각적 표현 양식 사이의 관계다. 아리스토텔레스에게서 사유는 원인들의 일련의 연쇄에 의해 산출되는 감정을 통해 감각 가능한 것이 된다. 사유는 기대, 놀라움, 두려움을 통해서 감각 가능한 것이 된다. 루이 14세 시대의 연극은 행위의 이러한 인과적 연결구조에다 또 다른 인과적 연결구조, 즉 성격과 표현 사이의 인과성을 덧붙였다. 그것은 드라마 줄거리의 전개에 대한 호기심을 불러일으키는 성격들, 열망들, 감정들 사이의 갈등을 표준화했다. 또한 그것은 기호, 어조, 동작, 자세가 성격, 사유, 감정을 표현하는 방식을 고정했다. 행위의 연극은 내면을 바깥으로 표현하고, 가시적인 공연을 사유 고유의 가시성에 예속시키는 특정한 방식이다. 감정과 상황의 논리는 말로 옮겨지는데, 억양·용모·자세의 체계를 통해 이 말의 의미는 명확해지며 그 효과는 증대된다. 디드로의 시대는 이 고전적 협약에 반기를 들었지만 모든 동작과 모든 자세에 대해 독해 가능한 사유 또는 감정의 기호들이 될 것을 요구함으로써 결국에는 그 논리를 강화하고 말았다. 마테를링크가 주창한 '부동'극은 반대로 상응 체계에 기초해 있는 이 사유의 감각적 현시 체제를 무력화시키고자 했다. 그가 줄거리의 기계적 구성을 거부했을 때, 그것은 감정의 내면성을 표현하는 데에 가치를 부여하기 위해서가 아니다. 왜냐하면 이 내면성은 여전히 동일한 체제에 속해 있기 때문이다. 사유의 운동과 감정의 뉘앙스를 감

---

* 아리스토텔레스에 따르면, 비극에는 여섯 가지 요소가 필요하다. 줄거리(muthos), 등장인물의 성격(ethos), 문체(lexis), 생각(idea), 공연(opsis), 음악(mousik)이 그것이다. 이 가운데 "공연은 감정의 차원에서 매력적이지만 예술의 일에 속하지 않으며, 따라서 서사시에 포함되지 않는다. 비극의 힘은 배우나 퍼포먼스 없이 실행될 수 있다. 공연은 시인이 아니라 연출가의 기예에 속한다"(『시학』, 1450b15-20).

각적으로 번역하는 표현들은 영혼의 역량들과 여러 물질적 요소 사이의 직접적 관계로 대체되어야 한다. 펼쳐지는 개별적 삶들 사이에 놓여 있는 칸막이들, 그 삶들을 밝혀주는 빛, 한 개체가 세상의 진동들이 자신에게 다가오는 것을 느낄 때 그 통로 역할을 하는 문과 창문과 같은 물질적 요소들 말이다. 따라서 사유는 더 이상 주체의 내면이 아니다. 그것은 문을 두드리면서, 그리고 창문으로 바라보면서 이 보잘것없는 삶을 에워싸고 있는 외부의 법칙이다. 이 사유에 적합한 언어는 그 충격을 기록하는 언어, 비인격적 세계영혼이 개별 삶 속에서 울려 퍼지도록 만드는 감각의 언어이다.

「대건축가 솔네스」가 예시하고 있는 것이 바로 이 새로운 비극이다. 물론 여기에서 줄거리는 감정적 갈등과 직업상의 경쟁이 교차하는 시민극*의 온갖 외양을 지니고 있다. 노쇠해 가는 건축가는 자신의 두 아이를 죽인 화재 때문에 알게 모르게 틈이 벌어진 가정의 고통과 자신과 경쟁할 태세를 갖춘 한 젊은이와의 경쟁관계를 동시에 겪고 있다. 그러나 그를 파괴하게 될 젊음은 다른 형태로 등장한다. 그 인물은 바로 힐다라고 하는 젊은 여성이다. 힐다는 부부의 안식처를 뒤엎는 것으로도 만족하지 않고, 자신이 어렸을 때 자신의 눈앞에서 한 바 있던 묘기를 솔네스가 다시 하기를 강요함으로써, 그가 자신이 최근에 지은 건축물의 탑에 화관을 걸어놓기 위해 현기증을 무릅쓰고 다시 올라가게 했다. 확실히 입센은 작은 시골 마을의 건축가와 그의 가정, 그리고 그의 고용인들을 재현하는 데 적합하도록 미리 무대 배경과 인물들을 시각화했다. 따라서 거

• 시민극(drame bourgeois)은 18세기에 프랑스에서 유행했던 연극 유형이다. 17세기의 고전적 비극에 대항하여 주로 신흥 부르주아 중간 계급의 사회적 문제들과 그들의 정서를 사실적으로 다루고자 했다. 이 연극의 이론적 토대를 제공한 것은 디드로였다. 실제로 그의 「사생아」와 「가장」(Le Père de famille)은 시민극에 속하는 대표적인 작품이다. 일반적으로 건조하면서도 감상적인 경향을 띠기 때문에, 시민극은 비극과 희극 그 어디에도 속하지 않는 연극 유형으로 평가되기도 한다.

기에서 행위 없는 드라마의 모델을 찾기 위해서는 줄거리와 그것의 공간화가 갖는 외형상의 사실주의에 반대되는 것을 텍스트에서 찾을 필요가 있다. 또한 이러한 연장선상에서 입센의 프랑스 번역자가 따랐던 잘못된 길을 피할 필요가 있다. 드라마의 사건들을 그만큼의 상징들로 변환하는 것이 그것이다. 여기에서는, 자신의 아이들과 함께 불탔던 집에 대한 기억에 사로잡혀 있는 노쇠한 건축가는 낡은 민족 전통을 무너뜨렸던 시인 입센이 될 것이고, 솔네스가 젊은 시절에 세웠던 교회는 새로운 인간 통치의 도래를 알리는 철학적 드라마가 될 것이다. 그리고 나중에 솔네스가 몰두한 주택들은 입센의 인도주의적 드라마가 될 것이며, 어린 소녀를 열광케 했던 묘기를 생명을 무릅쓰고 다시 하도록 부추긴 젊은 힐다는 흥미롭지만 위험한 상상력을 지시할 것이다.[3] 마테를링크는, 중요한 것은 거기에 있지 않다는 것을 우리에게 이해시킨다. 상징주의는 상징의 사용이 아니다. 이러한 사용은 시만큼이나 오래되었다. 그리고 그것은 고유한 의미와 비유적 의미, 의미와 그 감각적 표현 사이의 관계들을 규정하는 구체제에 전적으로 속한다. 반대로 상징주의는 이 관계들에 대한 전복을 의미한다. 「대건축가 솔네스」를 새로운 연구의 범례로 선정하는 것을 정당화하는 것은 새로운 삶을 주겠다는 과거의 약속에 대해 책임을 질 것을 젊은이에 의해 요구받는 시인의 '우의적 자서전'이 아니다. 그것은 행위 연쇄의 인과적 체계와의 단절이고 연극 전통에 고유한 성격 묘사의 논리와의 단절이다. 이것이 「대건축가 솔네스」라는 드라마의 핵심이다. 지방의 한 기업가가 짊어진 평범한 걱정들, 예를 들면 그를 둘러싸고 있는 경쟁관계와 알게 모르게 해체되고 있는 우울한 가정사의 한가운데로 솔네스와 어린 힐다의 만남은 근본적인 일탈의 인과성을 도입한다. 타인의 재능을 아무렇지도 않게 착취했던 사람이 단

---

3 「대건축가 솔네스」(Paris, A. Savine, 1983)의 번역에 붙인 모리스 프로조르의 서문을 보라.

한 가지 이유로 죽음을 두려워하지 않고 떠난다. 열광적인 한 작은 소녀의 재등장이 그 이유다. 예전에 그는 짧은 순간에 그녀의 눈에서 고귀함을 감지했었다. 이제 그녀는 자신에게 왕국을 주겠노라고 했던 그의 약속을 그에게 상기시킨다. 「대건축가 솔네스」는 '바깥의 역량'(puissances du dehors), 주인공이 말하고 있듯이 우리가 원하든 그렇지 않든 복종해야만 하는 역량을 연출하는 '몽유병적 드라마'다.

인과성의 체계와 가시성의 체제 사이의 본질적 관계는 이렇게 해체된다. 이 드라마는 행위의 연쇄와 무지에서 앎으로의 이행이라는 아리스토텔레스적 논리에 미지의 것과의 만남이 만들어내는 순수 효과를 대립시킨다. 그러나 이 만남은 형이상학적 계시와는 관련이 없다. 그것은 오직 두 시선의 관계 속에 집약되어 있다. 공연에 대한 아리스토텔레스적인 가치절하와 넥타이와 플병의 사실주의적 과부하에 아이의 시선과 어른의 시선 사이의 교환이 대립한다. 솔네스를 추락이 예상되는 탑 꼭대기로 이끌었던 것은 바로 이 시선 교환이었다. 바로 이 점에서 입센의 시민극은 "행위하지 않기 때문에 살아갈 시간을 가진" 햄릿이 고유하게 누렸던 "존엄한 일상적 삶"을 마찬가지로 체험한다. 한 소녀의 시선에 의해 죽음으로 이끌리는 사람의 이야기는 말라르메가 몇 해 전에 "삶의 초기에 사라져버린 우리 자신의 청춘"[4]이라고 불렀던 사람의 비극에 가깝다.

그러나 원인과 결과, 그리고 내부와 외부의 관계를 전복하는 이 시선 교환은 사실 힐다의 말 속에서만 존재한다. 아직 텍스트에서만 존재하는 이 시선의 감각적 공간을 구축할 필요가 있다. 물론 중요한 것은 몸짓 표현이 아니다. 새로운 드라마, 그것은 무엇보다도 언어의 다른 사용이다. 언어는 더 이상 행위를 해설해서는 안 된다. 그것은 또한 질투의 이유나 복수의 결심이 아니라 추구하는 목적과 등원된 수단의 모든 합리성 바

---

4 S. Mallarmé, "Hamlet", *Divagations*, dans *Œuvres complètes*, t. II, *op. cit.*, p. 166. 말라르메의 텍스트는 1886년 『독립지』(*Revue indépendante*)에 실렸다.

끝에서 개인을 행위케 하는 바깥의 힘들이 갖는 무게를 표현해야 한다. 이 새로운 언어 체제에 고유한 가시성을 부여하고 사유의 감각적 현존에 형태를 부여해야 한다. 무대는, 과거의 방식으로 거실과 등장인물의 의복을 상상했던 입센의 머릿속에 존재하는 잠재적 가시성이 아니라 주고받는 말의 음악 속에 존재하는 잠재적 가시성을 드러내야 한다.

뤼네-포는, 모리스 드니처럼 회화는 무엇보다도 2차원 표면 위의 색채의 조화라고 선언하거나* 에두아르 뷔야르처럼 등장인물들의 입체감을 벽의 벽지로 흡수하는 데 열중했던 화가들의 도움을 받아 그것을 하려고 노력했다.** 뤼네-포는 솔네스의 추락을 바라보던 배우들을 기울어진 도약대의 옹색한 공간으로 밀어넣었는데, 이 일이 일어난 것은 뷔야르가 생각해 낸 장식 나뭇잎들 아래에서였다. 공간의 압축, 선율의 형식을 띤 암송, 혹은 엄숙한 몸짓은 비평가들에게는 '상징주의'를 격상하려는 목적을 위해 사실주의적 드라마를 전용하는 데 적합한 단순한 인위적 기교들로 보였다. 그러나 한 공간에서 다른 공간으로의 이러한 전환은 상황에서 연유하는 단순한 작업이 아니었다. 빙켈만이 고대 그리스를 재창조하고, 헤겔이 부엌 도구들과 선술집 풍경의 상스러움 속에서

---

* 모리스 드니(Maurice Denis, 1870~1943)는 19세기 말 프랑스 상징주의 회화의 대표적 예술가이자 이론가다. 폴 세뤼지에(Paul Sérusier), 에두아르 뷔야르(Édouar Vuillard, 1868~1940), 피에르 보나르(Pierre Bonnard), 케르-자비에 루셀(Ker-Xavier Roussel)과 함께 상징주의 그룹 '나비파'(Les Nabis, 나비는 히브리어로 '선지자'를 뜻한다)를 결성했다. 이들은 폴 고갱에게 깊은 영향을 받았으며 인상주의의 자연주의적 경향에 대해 비판적 입장을 취했다. 드니는 『예술과 비평』에 실린 글에서 다음과 같이 언급한 바 있는데, 현대 회화의 원리를 표현한 것으로 자주 인용되고 있다. "회화는 군마나 누드, 혹은 어떤 종류의 일화이기 이전에 본질적으로 어떤 질서로 조합된 색채들의 평면이라는 점을 상기할 필요가 있다"("Définition du neo-traditionnisme", *Art et critique*, 1890, reproduit dans *Théorie*, L. Rouart et J. Watelin Éditeurs, 1920, p. 1).
** 드니와 더불어 나비파 일원이었던 에두아르 뷔야르는 1890년대 초 뢰브르 극장에서 무대 디자인 등의 일을 하면서 뤼네-포와 협력했다.

네덜란드인의 자유 — 근대적 자유 — 를 보게 한 이후, 그것은 미학적 새로움의 고유성 자체가 되었다. 미학의 시대는 아이스테시스가 자신의 단순성을 상실한 시대, 말의 소리와 가시적인 것의 표출이 더 이상 신분의 위엄, 사유의 숙고, 또는 모호하지 않은 감각 기호로 표현된 감정의 뉘앙스를 옮기는 표현 규범에 의해 지배되지 않는 시대다. 헤겔이 가르쳤듯이, 네덜란드의 장르화에는 두 개의 감각적 공간이 존재한다. 생활양식을 알려 주는 가구와 물건의 재현이 있고, 이 '생활양식'에 구현된 심오한 삶을 표현하는 빛의 놀이가 있다. 회화적 표면의 이 이중화가 이제 연극 무대에 이르게 된 것이다. 노르웨이의 한 작은 마을의 한 명사에게 어울리는 내면의 재현이 있고, 이 명사를 그의 직업 경력의 목표 지점으로 이끌어갈 길로부터 벗어나게 할 영혼의 어두운 힘을 드러내는 무대가 있다. 그러나 이 이중화는 두 가지 방식으로 이해될 수 있으며, 이 두 가지 방식은 드라마의 미래에 대한 상반된 두 관념을 개입시킨다. 우리는 드라마를 뛰어넘는 어떤 역량을 연극 무대로 요청하는 것을 볼 수 있다. 이것은 가장 예리한 입센의 독자인 안드레이 비엘리가 이끌어내게 될 결론이다. 그는 입센의 연극은 상징주의적이라고 말한다. 왜냐하면 입센은 이미지의 전개 논리 배후에 그것을 뛰어넘는 경험의 표출 논리를 드러내고 있기 때문이다. 건축가 솔네스를 탑의 꼭대기로 이끌었던 운동, 혹은 조각가 루베크를 빙하와 눈사태 속으로 이끌고 갔던 운동●은 우리를 연극에서 빠져나오게 하여, 예술적 창조로부터 실제적 삶 속에서의 인간의 자기 창조로 이행케 하는 운동을 알리고 있다.⁵ 그러나 우리는

● 입센의 마지막 희곡 『우리 죽은 자들이 깨어날 때』의 주인공인 조각가 루베크는 이전에 자신의 모델이었던 이레나를 우연히 다시 만난 후에, 그녀가 자신의 막혀 있던 예술적 영감을 열어줄 것이라고 믿으며, 그녀와 함께 있기를 원한다. 그런데 이 욕망은 그를 빙하로 뒤덮힌 산으로 이끌게 되고 그 와중에 두 사람은 눈사태 속에 파묻혀 죽게 된다.

5 Andreï Bielyï, "Théâtre et drame moderne", dans Claudine Amiard-Chevrel, *Les Symbolistes russes et le théâtre*, Lausanne, L'Âge d'homme, 1994, pp. 138~57.

또한 이 이중성 속에서 어떤 부조화를 볼 수 있다. 그 부조화는 드라마의 잠재된 음악에 그에 적합한 감각적 현실을 부여할 수 있는 새로운 창조를 요청한다. 그리고 그것은 '연출'이라 불리는 예술의 원리가 될 것이다. 이 원리란 어두운 힘들의 음악에 감각적 현시의 무대를 제공하고, 말의 변조와 중지 속에서 겉으로 드러난 대화에 거주하는 침묵의 대화를 듣게 하며, 미지의 것과의 만남의 장면에 그에 적합한 가시적 형태, 공간, 빛, 자세와 그 전위를 제공하는 것이다.

드라마의 음악에 그에 고유한 공간을 줄 필요성, 이것이 바로 「대건축가 솔네스」의 공연이 있고 9개월이 지났을 때 파리에서 크게 주목받지 못한 채 출간된 한 소책자가 이론화했던 것이다. 그 저자는 아돌프 아피아였고, 제목은 『바그너 드라마의 연출』이었다. 이 짧은 텍스트는 아마도 '연출'이라 불리는 새로운 예술에 대한 최초의 선언일 것이다. 이 새로움의 의미를 정확히 하는 것이 필요할 것 같다. 물론, 무대를 장식하는 작업과 기계의 사용은 연극 자체만큼이나 오래되었다. 그리고 연출이라는 용어는 19세기에 이미 통용되고 있었다. 그런데 이 용어는 명백히 보조적 기술을 지시했다. 1885년에 『연극사 그림 사전』의 저자는 연출을 다음과 같이 정의했다. "연출은 무대 연기를 모든 면모와 모든 양상하에서 고려하면서 결정하는 예술이다. 그것은 공연작품의 상연에 협력하는 모든 인물 각각이 행하는 독립적인 동작이나 결합된 동작에 관한 것일 뿐만 아니라, 그리고 회합, 행진, 행렬, 전투 등과 같은 대중의 연속적 형태에 관한 것일 뿐만 아니라, 그 동작과 형태를 장식, 가구, 의복, 소품으로 구성되는 전체 및 그 디테일과 조화시키는 일에 관한 것이기도 하다."[6]• 이렇게 정의된 연출은 실행의 기술이다. 즉 그것은 아리스토텔레

---

6 Arthur Pougin, *Dictionnaire historique et pittoresque du théâtre*, Paris, Firmin-Didot, 1885, p. 522.

• 이 사전의 '연출' 항목은 다음과 같이 시작한다. "이것은 무대 연기와 연극 공연의 가장 흥미롭고, 가장 신기하고, 가장 복잡한 측면 가운데 하나를 구성한다. 말하자면 연

스가 고유한 의미의 =예술 외부로 내쫓았던 '부가적인' 기예의 연장이다. 낭만주의 시대에 극예술의 순수성을 옹호한 사람들은 이러한 침범에 앞장서 반대했다. 예를 들건, 레옹 알레비는 테일러 남작의 요구에 따라 코메디-프랑세즈(Comédie-Française)를 위해 안토니오 시세리가 실현한 화려한 장식을 비난했다.

"멜포메네를 장식의 뮤즈로 변장시킨,
너에게 비극은 연출이구나…….
테아트르-프랑세(Théâtre-Français)를 더 이상 구경거리로 만들지 마라
극장은 신전이지 가게가 아니다."[7]

'가게'를 특징짓는 것은 필요 이상의 것의 수집이다. 알레비의 논쟁적 비판은 당시에 연출의 옹호자들과 비판자들이 공유하던 견해를 강조하고 있다. 즉 연출은 기술적 부가, 즉 드라마의 표현 체계에 연극예술가들이 부과한 가시성의 보충이라는 견해가 그것이다. 그런데 이 논리는 연출이 예술이 되면서 전복된다. 아르누보의 작업은 무엇보다도 빼기(soustraction)의 작업이다. 그런데 중요한 것은 두대의 기술적 수단을 텍스트의 표현에만 국한하는 것이 아니다. 그것은 이 표현성의 한가운데에 분할을 가져오는 것이고, 저자 자신이 드라마의 재현을 상상했을 때 가졌던 가시성의 양식을 저쳐두고 텍스트 속에서 다른 인과성의 체제, 말이 가질 수 있는 다른 효율성의 형식, 제도화된 표현 규범을 깨트리는 표

출은 순수한 낭송, 즉 낭독법에 속하지 않은 모든 것을 포괄한다고 할 수 있다. 즉 그것은 인물의 측면이나 물질적 측면에서 모든 것을 포함한다. 이 둘은 연출에서 종종 혼합되어 있으며, 따라서 우리는 그것들을 분리해 드러내거나 다룰 수 없다"(Ibid., p. 522).
7 Léon Halévy, Le Théâtre-Français, épître-satire à M. le baron Taylor, Paris, 1828, p. 18; Marie-Antoinette Allevy, La Mise en scène en France dans le première moitié du XIXe siècle, Genève, Slakine Reprints, 1976, p. 87에서 재인용.

현 양식의 원리를 발견하는 것이다. 바로 이 특유의 인과성 체제에 적합한 시간과 공간을 구성할 필요가 있다. 뤼녜-포는 입센의 연기 지침을 멀리하고 힐다와 솔네스를 장악하고 있는 바깥의 힘들의 음악에 그에 상응하는 무대를 제공함으로써 그 과제를 수행한다. 아피아로 말하자면, 그는 바그너의 뮤지컬 드라마와 관련해 그것을 일관성 있게 수행하고자 한다. 그는 미메의 대장간, 훈딩의 집, 지크프리트의 숲 또는 군터의 궁전을 보게 해준다고 여겨지는 채색 장식을 바그너의 무대에서 지워버리려고 했다. 그는 연인인 지그문트와 지클린데의 열광, 기만을 당한 남편 훈딩의 분노, 자신의 딸인 브륀힐데를 꾸짖는 보탄의 내적 고통을 우리가 느낄 수 있도록 해줄 표현적 몸짓을 제거하고자 했는데, 이는 드라마의 영혼, 즉 음악 자체가 제안하는 공간과 무대 이동을 구축하기 위한 것이다.*

사실 이것이 아피아의 논변의 핵심이다. 아피아의 논변은 바그너의 드라마 이론에 근거하고 있다. 그러나 그것은 또한 무대 연출을 위해 그 이론으로부터 귀결을 이끌어낼 수 없었던 바그너의 무능력에 근거하고 있기도 하다. 1851년 『오페라와 드라마』에서 개진된 바그너의 생각은 그 원리에 있어서는 단순하다. 그것은 상상의 언어에서 감각적 현실의 언어로 이행하는 것이다. 이전의 드라마는 그 사유의 실현을 일상 언어의 힘, 즉 소통하고 기술하고 비교하고 설명하는 데 사용되는 언어의 힘에 위임했다. 그것은 시인의 의도를 행위들을 해설하고 감정들을 알려 주는 대화로 번역했다. 새로운 드라마로 말하자면, 그것은 어떤 현실을 지시하고 행위를 기술하는 것에 더 이상 만족하지 않는다. 그것은 감각의 언어로 그 현실을 직접적으로 감각에 제시하는 행위다. 시인의 의도는 지

---

* 미메(Mime), 훈딩(Hunding), 지크프리트(Siegfried), 군터(Gunther), 지그문트(Siegmund), 지클린데(Sieglinde), 브륀힐데(Brünhilde), 보탄(Wotan)은 모두 바그너의 뮤지컬 드라마 『니벨룽의 반지』(*Der Ring des Nibelungen*)에 나오는 등장인물들이다.

성이 자신의 대상을 구별하고 의지가 자신의 목적을 표현하는 데 쓰이는 말의 언어를 통해서만 표현될 수 없다. 시인의 사유와 말의 언어가 실제적인 감각적 현실이 되기 위해서는 분리된, 말하자면 '이기주의적인' 자신들의 조건으로부터 벗어나야 한다. 이것은 "내면적 인간의 가장 원초적인 표현 기관"[8]이면서 무의식적 사유의 표현인 소리 언어와의 만남을 통해서 가능해진다. 이것은 소리 언어 자체가 고독에서 나온다는 점을 가정한다. 왜냐하면 이 언어는 자신의 진보에 의해 스스로 갇히게 될 위험이 있기 때문이다. 하이든, 모차르트, 베토벤의 시대에 기악은 말 언어의 보조적 기능으로부터, 말이 기술하는 감정을 표현하는 보충적 기능으로부터 해방되었다. 기악은 자기 고유의 조화로운 언어가 갖는 모든 풍부함을 탐험했다. 그러나 이러한 자율성은 말로 표현된 사유의 역량과 조화로운 '대양'(océan)이 그 사유에 제안하는 감각적 실현 역량 사이의 만남을 가능케 하는 한에서만 의미가 있다. 새로운 시는 자신의 사유를 감각적 현실로 만들기 위해 **시인의 의도**를 번역하는 발화된 말의 언어와 **시 자체의 생명**을 번역하는 음악적 소리 언어 ― 이 언어는 무의식적 생명 속에 뿌리박혀 있는데, 오직 이것만이 의식적 의도의 기원이 되며 또한 그것을 실현한다 ― 사이의 통합을 실현해야 한다. 음악은 말이 가시화하고자 하지만 할 수 없는 것을, 표현 불가능한 감각을, 무의식적 생명의 역량을 감각 가능한 것으로 만든다. 따라서 그것은 조형적 형태 속에서 실현될 소명, 자신에게 고유한 가시성을 정초할 소명을 가지고 있다. 눈에 전달되지 않는 한 뮤지컬 드라마는 불구의 예술, 의지(vouloir)만을 가지고 있는 '노예적' 예술로 남게 된다.[9] 예술의 목적은 의지가 능력(pouvoir)이 될 때에만, 그리고 의지의 포기가 나타나는 감각적 형태

---

8 Richard Wagner, *Opéra et Drame*, dans *Œuvres en prose*, t. V, tr. fr. J.-G. Prod'homme, Plan-de-la-Tour, éditions d'Aujourd'hui, 1982, p. 60.
9 R. Wagner, *L'Œuvre d'art de l'avenir*, tr. fr. J.-G. Prod'homme et F. Holl, Plan-ce-la-Tour, éditions d'Aujourd'hui, 1982, p. 105.

속에서 그 의지가 완전히 실현될 때에만 완수된다.

아피아가 볼 때 예술에 대한 이러한 시각은 필연적으로 뮤지컬 드라마에 대한 특별한 공간화를 정초한다. 재현을 규범화하는 생명은 전적으로 악보에 들어 있다. 따라서 그것을 무대 위에 공간적으로 현시함으로써 그것에 알맞은 재현 형식을 제시해야 할 필요가 있다. 바로 여기에서 문제가 시작된다. 이 형식은 외적인 첨가일 수 없다. 그것은 뮤지컬 드라마의 내용에 의해, 다시 말해 음악 형식과 시적 내용의 통일을 통해 엄격히 규정되어야 한다. 뮤지컬 드라마의 고유성은 연기를 모방의 관점에서가 아니라 규제된 지속의 관점에서 규정하는 것에 있다. 해석자들에게 지속의 모델을 제안하는 것은 더 이상 모방해야 할 생명이 아니다. 그 지속의 모델을 부여하는 음악이다. 그런데 일상적 삶에 대립하는 이 기교는 바그너 이후에는 더 이상 발성과 다 카포(da capo)의 기교가 아니다. 그것은 또 다른 삶, 의미 표현의 규약 이전의 삶의 표현이다. 음악의 '임의적' 지속은 드라마의 표현적 내용 자체와 동일화된다. 드라마의 표현성과 동일시되는 음악적 비례(proportion)에, 무대 공간의 가시적 분할 속에서 표현되는 그것의 아날로곤(analogon)*을 제공할 필요가 있다. 이 비례의 구축은 결코 기술적 영역에 속하지 않는다. 그것은 작품으로부터, 오직 그것으로부터만 나온다. 따라서 그것은 원칙상 드라마투르그의 일에 속한다. 드라마의 심장을 구성하는 고유한 지속을 공간 속에 투사하는 것은 그에게 주어진 일이다. 불행히도 새로운 드라마투르그인 리하르트 바그너 자신은 음악적 비례에 상응하는 공간적 유비를 규정할 수 없었다. 그는 뮤지컬 드라마의 새로운 표현성을 고전적인 대사 드라마의 공간에 옮겨놓았다. 그는 전통적인 표현 수단과 색채 장식에 머물러 있었

---

* '아날로곤'은 장-폴 사르트르가 『상상계』(*L'imaginaire*)에서 사용한 개념으로, 이미지 의식(conscience imageante)이 지금 여기에 부재하는 것으로서, 그러나 다른 곳에 현전하는 것으로 정립하는 어떤 것이다.

는데, 이것들을 통해 재현된 현실은 말과 소리의 통합이 구현된 살아 있는 신체의 현실과 어긋난다. 아피아가 보기에 그 이유는 회화에 대한 바그너의 생각이 지닌 순진함이다. 바그너는 현대적인 풍경화에서 회화 예술의 전개가 향하고 있는 종착점을 보았다. 회화는 모든 예술을 살아 있는 자연과의 화해로 이끌고 있는 운동에 참여했다. 이 운동은 회화에게 이젤 회화의 '이기주의'를 버리고 연극이라는 총체적 예술 속에서 자신의 고유한 역할을 수행할 것을 요구했다. 그것은 "**더 이상 위조된 인간이 아니라 살아- 있는 인간을 위한 자연의 배경**"[10]을 무대에서 표현하는 것이었다. 아피아에 따르면, 이것으로 인해 뮤지컬 드라마에 그에 고유한 공간을 제시해야 하는 과제는 회피되었다. 그러나 문제의 핵심은 거기에 있는 것이 아닐지도 모른다. 문제는 감각계에 대한 관념이 바그너에서는 가시거와 공간이 대한 관념을 삼켜버리고 있다는 데 있다. 남성적인 말의 지성과 소리 언어에 고유한 여성적 감정의 통합만을 통해서도 드라마의 감각적 현실은 충분히 규정될 수 있다. 이때 무대의 구축은 전통적인 보조 기능으로 전락한다. 그리고 이 통합 그 자체는 전적으로 표현적 언어의 문제설정 속에서 이해된다. 바그너는 소리 언어를 말 언어와 몸짓 언어 사이의 매개자로 삼았다. 그에게 무대 공간은 말해진 사유와 말해지지 않은 사유의 통합을 감각 가능한 것으로 만드는 팬터마임의 언어였다. 그러나 사유의 '몸짓들'이 갖는 이 힘은 이미 말 언어와 소리 언어 사이의 통합 속에 함유되어 있다. '몸짓의 언어'가 갖는 표현적 힘은 무엇보다도 '오케스트라에 의해 제어된 파도'에 의해 실현되는데, 운문의 배는 이 파도를 타고 항해를 떠난다.[11] * 소리 언어는 시적 사유의

---

10 *Ibid.*, p. 213. 아피아는 『음악과 연출』(*Musique et mise en scène*, dans *Œuvres complètes*, t. II, Lausanne, L'Âge d'homme, 1986, p. 118)에서 이 문구를 설명한다.

11 R. Wagner, *Opéra et Drame, op. cit.*, p. 192.

* 오케스트라를 대양을 가로지르며 거친 파도를 정복하는 선박에, 그리고 그렇게 '제어된 조화'에 비유했던 바그너는 이제 그것을 "깊지만 햇빛이 그 심연까지 밝게 비추

실질적 공간성을 이미 제공한다. 그리고 바그너의 첫 스승인 포이어바흐에게 귀중한 '살과 피'의 존재가 쇼펜하우어의 심연에 자리를 내어줄 때, 이러한 시의 공간성은 바이로이트의 오케스트라 속에 파묻히면서 비가시적인 것이 되고,* 가시적 무대를 장식적 재현과 감정 표현이라는 전통적 형식에 내맡긴다. 1876년에 코지마에게는 바그너 드라마의 연출에 있어 불가침의 바이블이 된 『니벨룽의 반지』의 상연을 자신 스스로가 관장할 때, 대가 바그너는 재현적 장식과 몸짓 표현의 낡은 논리에 굴복했다. 드라마에 그것에 필요한 재현적 형식을 제안할 수 있는 미래의 드라마투르그를 아직 기다려야만 했다. 그 형식은 드라마에 적합한 무대, 그 드라마와 마찬가지로 "미지의 것과 무한정한 것을 향한 **열림**"[12]이 될 무대 위에 자신의 유기적 필연성을 가시화하게 될 것이다.

따라서 연출가의 과제는 이 간극을 메우는 것이다. 우리는 이로부터, 연출은 새로운 드라마투르그의 도래에 선행하는 부재 기간 동안에만 독립적 예술로 존재한다는 결론을 이끌어낼 수도 있을 것이다. 그러나 문제는 더 근원적이다. 자신의 음악에 고유한 공간을 창안해 낼 수 없었던 바그너의 무능력은 상황에서 오는 한계가 아닐 수도 있다. 그것은 새로운 예술작품에 대한 정의 자체에 연원한다. 왜냐하면 유일하게 연출의 원리를 제시하는 유기적 필연성을 규정하기 위해서는 연출을 드라마의

는 호수, 그리고 주위를 어디에서나 볼 수 있는 산정의 맑은 호수"에 비유한다. 이 호수에 띄워져 물을 가르며 나아가게 될 배가 거친 토양에서 자란 나무로 만들어지는데, 이 배에 대해 바그너는 이렇게 쓰고 있다. "호수의 등에 띄워져 키가 이끄는 대로 노를 추진력 삼아 움직이게 될 이 배는 오케스트라의 소리 파도가 담지하고 있는, 드라마 가수가 부르는 **운문의 멜로디**다"(*Ibid.*).

* 바이로이트 축제는 바그너가 그의 둘째 부인인 코지마와 함께 자신의 작품을 선보일 목적으로 구상했다. 이를 위해 특별히 건축한 것이 바이로이트 축제극장(Bayreuth Festspielhaus)이다. 바그너는 직접 이 극장의 디자인과 건축을 감독했다. 이 극장은 많은 건축적 혁신을 보여 주고 있는데, 이는 모두 아주 큰 오케스트라에 공간을 제공하기 위함이었다.

12 A. Appia, *Musique et mise en scène*, dans *Œuvres complètes*, t. II, *op. cit.*, p. 82.

기원인 의도와 구별할 수 있어야 하기 때문이다. 작가는 작품에 대한 자신의 생각, 즉 음악적 수단의 선택을 이끌었던 생각을 망각하고 자신의 관점을 작품의 관점과 동일시할 수 있어야만 한다. 작품의 관점은 모든 작품의 원죄를, 즉 작품에 권능을 부여하게 되는 바로 그 **의도**, 그 **의지**를 '청산해야' 한다. 연출은 곧바로 역설적인 예술이 된다. 이 예술은 모든 외적 부가물을 배제하는 작품에 대한 '이해(conception)의 통일성'이라는 관념에 의존해 있다. 그런데 상연 작품을 문제없이 규범화했던 이 이해의 통일성은 미학 논리 안에서는 모순적인 관념이 된다. 미학 논리에서 **이해**는 정확히 통일성이 존재하기 위해서는 사라져야만 하는 것이기 때문이다. 드라마투르그는, 저 통일성이 부여될 수 있도록, 다른 드라마투르그가 작품의 음악적 통일성에서 나오는 공간적 통일성을 그 작품에 줄 수 있도록, 몸짓이나 낡은 무대 장식을 이끄는 '상상의 눈'으로 자신의 작품을 '보는' 것을 멈춰야 한다.

따라서 작품의 통일성은 완성을 위해서는 이중화되어야 하며, 다른 예술가가 작품으로부터 "첫 번째 이해에서 유래하지만, 드라마투르그의 의지를 재확인하는 일 없이 단호하게 연출의 조건을 규정하는 규제 원리"[13]를 이끌어낼 필요가 있다. 따라서 연출가는 더 이상 부재 기간의 섭정이 아니다. 그는 가시화됨으로써 드러나는 충만한 진리를 작품에 부여하는 제2의 창조자다. 연출가는 재현의 요소들을 완전히 장악함으로써 그렇게 된다. 이 가시적 현시의 첫 번째 요소는 노래하는 신체다. 이 신체는 역할을 연기하는 배우의 헛된 권위로부터 벗어나 음악의 재현 공간을 조직하는 자가 되어야 한다. 그는 더 이상 자신의 몸짓을 자신이 맡은 인물의 성격에 맞추어서는 안 되고, 관객이 그의 상황이나 감정을 상상할 수 있도록 해주는 기호들을 펼쳐 보여서도 안 된다. 그는 자신의 신체를 유연하게 해야 하며, 생기 있는 어떤 장면을 모방하는 것이 아니라

---

13 *Ibid.*, p. 53.

오케스트라 교향악의 리듬에 따라 진동하면서 음악에 함축되어 있는 삶을 직접적으로 번역하는 춤추는 신체로 자신의 신체를 만들어야 한다. 신체가 전개되는 무대인 '생기 없는 회화'를 새로운 삶을 살아가는 바로 이 신체에 맞춰야 한다. 이 회화는 세 가지 요소, 즉 채색된 장식, 설치, 빛으로 구성된다. 전통적인 무대는 첫 번째 요소를 특권화했다. 왜냐하면 회화는 거기에서 장소·상황·조건을 지시하는 수단으로 기능했기 때문이다. 그런데 이제 중요한 것은 더 이상 삶에 대해 알려 주는 것이 아니라 드라마에 잠재하는 삶의 역량을 실현하는 것이다. 채색된 기호들의 표면은 드라마의 내밀한 운동을 펼치는 데 적합한 요소들을 위해 자신이 누리던 특권을 내려놓아야만 한다. 이 요소들은 무엇보다도 가수들의 연기가 전개되면서 그 필요에 따라 무대를 구성하는 장치들이다. 이러한 의미에서 발퀴레*의 바위는 더 이상 그 가수들에게 허용된 공간을 제한하는 장식이 아니다. 그것은, 발퀴레 무리가 거주하는 곳이자 보탄이 도달하게 될 하늘에서 가까운 정상에서부터 시작해, 보탄과 그의 딸 사이의 대립이 집중적으로 나타나게 될 중간 플랫폼을 경유해서, 브륀힐데가 지클린데를 도주시키는 첫 번째 지층에 이르는 다층위의 플랫폼이다. 이와 같이 드라마의 역량과 노래의 역량이 전개될 수 있을 것이다.

그다음으로는 빛이다. 물론 그것은 각광과 촛대의 구식 조명이 아니다. 이러한 조명은 관객들이 장식과 동작을 '잘 볼' 수 있도록 해준다는 점에서 재현 소재들에 여전히 종속되어 있다. 드라마에 그 가시성을 제시하기 위해서는 빛이 밝히는 대상에 대한 빛의 우위를 빛에게 돌려주어야 한다. 다시 말하면 빛에 극적인 역할을, 말이 말하지 않는 것, 그리고 소리가 자신의 고유한 언어 속에 간직하고 있는 것, 즉 드라마의 빛과 어둠을 직접적으로 번역하는 역할을 주어야 한다. 이렇게 개입하는

• 발퀴레(Walküre)는 북유럽 신화에서 주신인 오딘을 섬기는 반신녀를 지칭하는데, 바그너의 『니벨룽의 반지』의 제2부인 「발퀴레」는 이 발퀴레를 소재로 삼고 있다.

빛은 능동적 조명이다. 말하자면 노래하는 신체를 조각하고, 드라마가 말하지 않는 것이지만 그 드라마를 구조화하는 어떤 것을 가시화하는 동적인 조명기구들의 조명이다. 인간의 행위를 지도하길 거부하는 인간의 신 보탄을 고립시키는 빛과 그림자의 놀이가 그 예가 될 것이다. 이렇게 무대는 이야기의 재현 소재들을 더 이상 재생하지 않는다. 무대는 조명기구나 장치들이 음악을 담지하고 있는 신체들의 퍼포먼스에 알맞도록 구성하는 인위적 공간이다.

하나의 감각체를 다른 감각체로 대체하는 것, 감정과 행위의 재현(mimesis)을 공간 속에 설치하기보다는 거기에다 드라마의 내밀한 음악을 투영하는 것, 이것이 연출이라는 새로운 예술의 원리다. 아피아의 조명기구와 무대장치는 "빛의 작은 목소리"와 마테를링크가 언급하는 문과 창의 신티에 대한 기술적 번역이다. 사람들은 이러한 번역은 자명하지 않다고 말할 것이다. 왜냐하면 힐다와 솔네스의 관계를 표현하는 말 없는 음악, 혹은 마테를링크의 인물들 사이에 존재하는 관계들을 표현하는 음악은 단지 은유의 음악일 뿐이기 때문이다. 그 음악은 텍스트의 침묵으로만 만들어지며, 말라르메의 표현에 따르자면 그것은 "언설에서 말해지지 않는 어떤 것"*이다. 말해지지 않은 것의 이 말 없는 음악에는 정확히, 아피아가 볼 때 바그너 드라마의 공간 연출을 가능케 하는 것, 말하자면 소리의 표현을 강제하는 엄격히 규제된 지속이 결여되어 있다. 우리는 소리의 음악적 배치를 공간화할 수 있다. 그런데 어떻게 입센 희곡의 문장들을 분리하고 있는 침묵을 공간화할 것인가? 아피아 그 자신은 다음과 같이 강조한다. 연출이 드라마와 동질성을 갖는 표현수단이 되는 것은 오직 음악적 시인의 작품에서다. 그러나 우리는 이 표면적 아

---

* "〔정신은〕 단어들의 유동성 혹은 원리가 지속하는 한에서, 그 단어들을 일상적 계열에 독립적인 것으로, 동굴 암벽에 투영된 것으로 지각한다. 그런데 이 유동성 혹은 원리는 언설에서 말해지지 않은 어떤 것이다"(S. Mallarmé, "Le mystère dans les lettres", dans *Divagations*, Bibliothèque Charpentier, 1897, p. 290).

포리아에 다음과 같은 단순한 대답을 줄 수 있다. 입센 혹은 마테를링크의 침묵이 표현하고 있는 것, 그것은 정확히 음악적 강도(intensité)의 본질 자체, 다시 말해 비인격적 생명의 역량이다. 대사 드라마의 침묵은 아마도 자신만의 시간적 운율을 가질 수 없을 것이다. 그러나 그 침묵은 뮤지컬 드라마의 규제된 지속에 상응하는 것이다. 왜냐하면 이 지속 또한 정확히 "언설에서 말해지지 않은 것", 행위를 해설하고 감정을 지시하는 언설의 의미 구성 작업을 파괴하는 것으로 규정되고 있기 때문이다. 음악은 무엇보다도 인과관계와 표현 형식에 의해 이루어지는 이 의미 구성 작업이 가두어놓았던 '삶'의 폐기(révocation)다. 입센의 대사 드라마와 바그너의 뮤지컬 드라마는 유사한 방식으로 이 폐기를 실행한다. 힐다의 황홀한 시선 속에서 추락이 예상되는 탑 꼭대기에 오르는 솔네스는 신 보탄의 산문적 버전을 제공한다. 왜냐하면 보탄은 또 다른 청춘, 즉 지크프리트라는 청춘으로 하여금 발할라(Walhalla)의 붕괴를 초래하게 될 힘을 작동하도록 했기 때문이다. 이 둘은 모두 행위의 포기와 인격적 삶의 포기라는 음악의 본질을 실현한다.

이것이 바로 아피아 자신이 이론에서 이 이론의 예시로 넘어가면서 독자에게 『니벨룽의 반지』의 연출 원칙을 제시할 때 우리로 하여금 인식케 했던 것이다. 그는 자신의 노트에 이미 각 장면에 대해 뮤지컬 포엠(poème musical)의 변조들을 옮길 수 있는 동작과 빛을 규정했다. 그러나 음악의 이 공간화는 그의 팸플릿에서는 단 하나의 원리, 즉 행위의 비행위로의 전환으로 귀착된다. 연출에 그 통일성을 부여하는 것은 바그너 작곡의 특성들이 아니라 드라마의 주축이 되는 인물인 보탄의 운명이다. "드라마의 본질을 구성하는 것, 그것은 신에 의해 촉발된 사건들이 그의 활동의 내적인 동기와 모순에 처하게 된다는 점이다 ……."[14] 이 '모순'

---

14 A. Appia, *La Mise en scène du drame wagnérien*, dans *Œuvres complètes*, t. I, Lausanne, L'Âge d'homme, 1983, p. 272.

은 아리스토텔레스 비극론의 핵심을 이루는 역설적 인과성의 도식을 우리에게 상기시킬 수 있다. 그러나 이 유사성은 착각이다. 아리스토텔레스에서 의도에 상반된 결과의 반전은 신적 질서에 무지한 인간 피조물의 유한성을 나타냈다. 아피아의 분석이 제시하는 『니벨룽의 반지』의 드라마투르기에서 그것은 신적 의지 자체의 실행 형식이 된다. 또한 그 과정의 결과는 경솔한 자에 대한 처벌로 귀착될 수 없다. 그것은 단지 신의 수동화, 사건들의 단순 관람객으로의 신의 전화다. 신은 모순을 의식하게 되지만, "사건들을 멈추거나 그 흐름의 방향을 돌릴 수가 없는 그는 그것들의 통제를 포기하고 자신의 의지와는 다르게 스스로를 수동적 관객으로 정립하면서 자신의 파괴를 완성하게 될 종말을 기다린다."[15] 아피아에 따르면, 바로 이 과정이 『니벨룽의 반지』를 둘로 나눈다. 첫 이틀은 능동적 의지의 나날들인데, 이 의지의 실행은 브륀힐데의 입맞춤으로 완수된다. 마지막 이틀은 수동적 의지의 나날들, 즉 구경거리로 전환된 드라마의 나날들이다. 연출을 결정짓는 것은 바로 이 중간 휴지다.

이 드라마투르기는 아피아의 최초 기획과 어긋나는 것처럼 보인다. 그것은 음악의 시간적 구조가 아니라 드라마의 픽션 구조에 기초해 『니벨룽의 반지』의 연출을 정립하고 있기 때문이다. 그러나 이 픽션의 내용 자체가 이야기하고 있는 것은 다름 아닌 전통적인 서사 논리의 파괴라는 점에 주목할 필요가 있다. 음악은 보탄의 운명을 예시하기 위해 있는 것이 아니다. 오히려 음악의 고유한 작용을 표현하는 것이 이 인물의 이야기다. 음악에 대한 동일한 사유가 대사 드라마의 침묵과 뮤지컬 드라마의 내용에 부합한다는 것은 어림잡은 은유의 문제가 아니다. 이러한 개념적 전환은, 하나의 예술은 언제나 하나의 예술 이상의 것, 말·소리·색·입체·동작에 질서를 부여하는 특정 수단의 결합 이상이라는 점을 우리에게 상기시킨다. 그것은 예술이 무엇을 하는가에 대한 관념이다.

---

15 *Ibid., loc. cit.*

바그너의 혁명은 단순히 음악을 만드는 새로운 방식이 아니라 새로운 예술로서의 음악이라는 관념을 정초한다. 음악은 더 이상 단순히 조화로운 소리의 예술이 아니다. 그것은 재현 이전의 세계에 대한 표현이다.

그런데 사태를 복잡하게 해보자면, 이 재현 이전의 세계는 하나 안에 존재하는 둘이다. 그 세계는 포이어바흐의 독자였던 젊은 바그너에게는 본능적 역량의 세계, 민중의 집단적 삶의 세계다. 포이어바흐는 인간들이 스스로를 위해 언어의 추상성과 그리스도적 신의 이념성 속에 소외되어 나타나는 공통적 삶의 긍정 역량을 감각적 삶의 일상 속에서, 그리고 무엇보다도 남성과 여성의 관계 속에서 되찾을 것을 요구했다. 이에 영감을 받은 바그너는 시의 남성적 역량과 음악의 여성적 역량 사이의 결합을 기획했다. 바로 이러한 틀 속에서 바그너는 소리 언어와 집단적 신화 속에 함축되어 있는 자유로운 삶의 역량으로의 회귀를 구상하게 되었다. 그러나 쇼펜하우어가 포이어바흐를 사라지게 하자, 이 본능적 역량은 완전히 의미를 바꾸게 되었다. 그것은 재현이라는 신기루 아래 숨어 있던 사물의 본질인 의지, 자기 자신의 부정 외에는 아무것도 원하지 않는 의지의 형상을 취했다. 음악은 이제 더 이상 자신의 상징을 해방의 영웅이자 신화와 민중의 역량의 대리자인 지크프리트에서가 아니라 자신의 의지를 포기하고 자신의 세계가 몰락하는 것을 바라보는 신 보탄에게서 갖게 되었다.

따라서 연출이 드라마를 공연으로 전화한다고 말하는 것은 연출이 픽션을 실제로 보여 준다는 것을 의미하지 않는다. 오히려 연출은 음악에 대한 두 대립적 관념의 만남을 동일한 공간 속에 구체화하게 된다. 한편으로, 연출은 감각의 언어인 음악의 본질을 실행한다. 그것은 집단적 삶의 역량을 담지하고 있는 이 언어의 감각적 전시다. 그러나 다른 한편으로 연출은 어떤 목적으로 향하는 행위들과 그 목적을 해설하고 있는 의미로 구성되는 가상적 세계를 떠받치고 있는 무의미의 소리 없는 진리로서의 음악의 본질을 실행한다. 드라마를 공연으로 전화하는 것, 그것은 그것의 내밀한 삶을 '어떤 입에서 발설된 가장 아름다운 언설'[16]의 권능을 뛰어넘는 감각적 역량으로 옮기는 것이다. 그러나 그것은 또한 행위를 수동성으로 전화하고, 인물들로부터 그들이 가지고 있는 고유한 실존의 가상을 박탈하고 배우들로부터 '역할'을 구현하고 있다는 그들의 주장을 박탈하는 음악의 본질 자체를 실행하는 것이다. 음악의 본질은 인과적 연쇄, 성격의 심리학, 역할 해석과 감정의 몸짓 표현을 지배하는 논리의 파괴다. 드라마의 이러한 '내면화'는 새로운 가시적 형식을 요구한다. 그것은 연극적 행위로부터 드라마의 음악적 구조를, 다시 말해 공연으로의 전화 법칙을 추출해 내는 예술을 요구한다. 입센에게는 그 말의 '고유한' 의미에서 음악이 존재하지 않는다. 그것은 마테를링크에게도 존재하지 않는다. 그리고 우리는 그가 드뷔시의 악곡에 별로 만족해하지 않았다는 것을 알고 있다. 그러나 드라마의 공연으로의 전화는 그들의 드라마투르기의 핵심을 구성한다. 그리고 그것은 무대에 대한 그들의 시각에 영감을 주었다. 그것은 특히 아우구스트 스트린드베리의 '실내극'(drame de chambre)에서처럼 창문의 중요성에 의해 표현되는데, 인물들은 먼 광경으로 전환된 은밀한 비극의 사건이 멀리 건너편에서 일어나는 것을 바로 이 창문을 통해 바라보게 된다.

그러므로 연출은 서로 상반된 두 과정의 통일로서 태어났다. 한편으로 그것은 완전한 감각화(sensibilisation)의 원리에 응답한다. 즉 연극은 더 이상 행위를 서술해서는 안 되며 삶의 역량을 직접적으로 표현해야 한다. 그러나 이 삶은 정확히 의지, 감정, 행위, 목적의 낡은 논리를 포기하는 대가를 치러야만 그렇게 된다. 이 삶이 요구하는 완전한 감각화는 이유에 근거해 있는 언어, 그리고 의지와 감정을 나타내는 데 사용되는 표현 형식을 거부하는 한에서만 일어날 수 있다. 이 삶은 온전하게 표현되어야 한다. 그러나 이를 위해 삶은 재현 장식뿐만 아니라 전통적인 표현

---

16 S. Mallarmé, "Solennité", *Divagations*, dans *Œuvres complètes*, t. II, *op. cit.*, p. 200.

언어와 삶의 외양들의 체계 전체를 내던져야 한다. 어떻게 이 겉으로 드러나지 않은 삶을 감각 가능하게 할 것인가? 드라마는 그것을 말로 나타낼 수 있다. 그런데 이 말의 역량에 어떤 감각적 형식을 줄 것인가? 첫 번째 답변은, 그 형식의 재현을 살아 있는 신체에 맡기는 기획 자체는 모순적이라고 말하는 것에 있다. 새로운 드라마는 재현 가능하지 않다. 그것은 그 드라마가 물리적 재현의 조잡함의 상태에 빠지기에는 너무 이상적이기 때문이 아니다. 그것은 그 드라마의 감각적 짜임새가 무대에서 그것을 구현하게 될 신체의 현전과 양립 가능하지 않기 때문이다. 임의의 어떤 삶과 삶의 원천들 사이의 만남을 우리에게 이야기해 주는 시의 언어 속에 묶여 있는 말과 침묵의 힘이 존재한다. 그리고 동일한 역량에 마주하고 있는 인간 신체가 우리 눈앞에 현전하면서 실현하고 있는 시가 있다. 이 두 시는 양립 가능하지 않다. 두 번째 시는 항상 과도한 현전을 갖게 될 것이다. 따라서 독자에게 그 현전을 마음으로 그려내는 연극을 구성하도록 내맡기면서 저 과잉으로부터 시를 보호하려는 유혹이 존재한다. 마테를링크 이전에 말라르메가 그에 대한 이론을 만들었다. 그러나 이 둘은, 새로운 시의 순수성을 구해 내려는 이러한 방식은 그것을 여전히 상상이라는 낡은 권능에 내맡기는 것으로 귀착된다는 점을 알고 있었다. '행위 없는' 드라마, 즉 부동극은 자신에게 고유한 감각적 형식을 가져야만 한다. 그러나 이 감각적 형식은 상반된 두 힘의 산물로서 구축되어야 한다. 삶의 비인격적 역량이 현행하는 신체의 동력학 속에 구현되도록 강제하는 힘이 존재한다. 그리고 이 동력학을 탈인간화하는 힘이 존재한다. 이 후자의 힘은 한편으로는 그 동력학을 그것의 원천인 비유기적 물질의 비인간성 쪽으로 되돌리기도 하고, 다른 한편으로는 그것을 기술적 발명 쪽으로 밀고 가기도 하는데, 이는 이 동력학이 자기 자신을 넘어서서 자신의 역량을 긍정하게 되는 것이 바로 이 기술적 발명에 서이기 때문이다.

낡은 표현 체계의 파괴는 다음과 같은 두 노선에 따라 이루어진다. 모방의 의무에서 벗어난 삶이 직접적으로 자신의 역량을 신체의 에너지 속에서 긍정하는 연극, 그리고 반대로 자신의 예술적 역량이 신체와 얼굴 표정을 멀리하고 건축과 조각상, 선과 색, 빛과 동작의 생기 없는 역량을 선호하는 연극이 그것이다. 연극의 자율성을 긍정하기 위해 에드워드 고든 크레이그와 아끄아는 그것을 폐지하는데, 전자는 무대 플랫폼의 단순한 이동 속에서, 후자는 신체들의 집단 체조 속에서 하게 된다. 반면 다른 사람들은 이러한 갈림길에서 나타날 수밖에 없는 긴장, 교차, 비틀림을 탐험하게 될 것이다. 다른 누구보다도 메이예르홀트는 드라마를 회화로 부동화하려는 시도와 그것의 감각적 에너지를 증대하기 위한 노력 사이를 계속 여행하면서 연극예술에 대한 실험을 보여 주게 될 것이다. 그 이후에 연출 예술은 상반된 것들에 대한 이 탐험을 항상 쇄신된 형태의 화해 혹은 단절로 변환하게 된다. 그러나 이러한 성공들이 더 급진적인 개혁, "여전히 더 어려운 삶의 예술"[17]을 고심해야 했던 개혁을 대체하거나 그것에 애도를 보내는 일이 아니었던가 하는 의심을 이 연출 예술은 완전히 불식하지 못했다.

---

17 Friedrich von Schiller, *Lettres sur l'éducation esthétique de l'homme*, tr. fr. R. Leroux, Paris, Aubier, 1943, p. 205.

제8장 사회적 예술로서의 장식예술: 신전, 집, 공장

파리-런던-베를린

그의 작품은 그 누구도 경의와 동요 없이는 탐험하지 못할 심오한 비밀을 간직한 광대한 신전이다. 우아함과 아름다움은 단지 그것의 외부 장식일 뿐이다. 정신의 불꽃이 성소(聖所)의 심연에서 빛을 발하고 있다. 이 기념비의 의미를 꿰뚫어 보려는 의지를 가지고 그것을 그 전체 속에서 관찰해 보라. 그것은 창조와 진리에 대한 경의처럼 보인다. 살아가고 사랑하는 기쁨이 그것에 영감을 불어넣었다. 그것은 자연의 광경과 나날의 흐름을 향한 어떤 감성과 지능의 풍부한 표현이다. 예술가와 몽상가의 재능이 거기에서 부드럽게 표출된다면, 각자는 쇄신된 미학의 요소들과 한 철학 원리의 체계를 거기에서 발견할 수 있을 것이다. 기념은 한 시대의 시기와 한 나라의 흔적을 담지하고 있다. 그것은 현대의 근심과 호기심을 공유하고 있다.

1910년에 파리의 한 강연자는 한 예술가의 작품을 해설하면서 이와 같이 말하고 있다.[1] 이렇게 작품을 신전으로 찬양하는 것은 확실히 이 시대의 방식에 속한다. 1890년대에 말라르메는 '운문의 위기'(crise de vers)

를 '신전의 장막이 찢겨짐'으로 설명하면서 가톨릭교의 '옛 그늘'을 계승하게 될 인간 기교의 새로운 광채, 어떤 장엄함을 찬양하는 '예배'를 상상했다.* 10년 뒤에는 덩컨과 그녀의 가족이 아테네 맞은편의 코파모스(Kopamos) 언덕에 신전을 다시 세우려고 헛되이 시도한 바 있다.** 1910년대에는 아피아 같은 연극인들이 극장의 홀을 미래의 성당으로 변모시키려고 했다. 그 이후에 다른 예술가들은 루돌프 라반과 함께 몬테베리타(Monte Verità)에 오직 자연과 예술의 결합만을 위한 새로운 종류의 수도사 공동체를 설립한다.*** 다른 사람들은 루돌프 슈타이너의 '괴테아눔'(Goetheanum) 같은 인류의 새로운 종교로 승격된 영원한 신전을 구축하는 데 참여한다. 따라서 이 강연자의 아름다운 문장에서 신전이라는 은유가 다시 등장하는 것을 보는 것은 그리 놀랄 일은 아니다. 이 강연자는 〔위의 인용글에서〕 1889년 만국박람회라는 틀 안에서 20년 전에 행해진 강연의 핵심 논지를 되풀이하고 있다.

그러나 세 가지 요소가 이것이 갖는 진부함을 더 독특한 것으로 만들고 있다. 첫째, 위 텍스트에서 언급한 '기념비'는 건축가나 조각가의 작품이 아니며, 시인이나 소설가의 작품도 아니다. 위에서 그렇게 찬양을 받았던 신전의 건설자는 "흙, 유리, 나무의 장인"[2]이고, 이른바 '장식'예

---

1   R. Marx, *L'Art social*, Paris, E. Fasquelle, 1913, pp. 112~13.
*   S. Mallarmé, "Crise de vers", *Divagations*, Bibliothèque Charpentier, 1897, p. 236 참조. 말라르메에게 '운문의 위기'는 장막의 찢겨짐과 관련되어 있다. 장막은 영원을 탐구하는 특권적 장소이자 그늘(ombre)의 장소인 신전을 다른 것과 분리해 주는 것이기 때문이다. 따라서 운문의 위기에 대한 응답은 그늘의 창출이어야 한다. 그리고 이것은 단순히 과거 가톨릭교의 부활에 의해서가 아니라, 그늘에 파묻힌 시인을 통해, 그리고 '어두운/난해한'(obscur) 작품을 통해 이루어져야 한다. 이렇게 말라르메의 난해함은 그의 작품에서 그늘이 갖는 지배적 위상과 연관되어 있다.
** 덩컨과 그녀의 가족은 1904년에 그리스에서 머문다. 그녀에게 놀라운 미학적 경험을 주었던 이 체류를 그녀는 자서전 『나의 삶』(*My Life*, 1927)에서 회상하고 있다.
*** 카를 켈너(Carl Kellner)와 테오도르 로이스(Theodor Reuss)가 20세기 초에 세운 '동방신전협회'(Ordo Templi Orientis)를 말한다.

술의 대가인 에밀 갈레인데, 그의 작품들은 기본적으로 가구와 항아리다. 둘째, 위의 강연자가 한 예술가에 대한 찬사를 표현하고 있는 것은 바로 '동지들' 앞에서다. 그런데 그가 찬사를 보내는 예술가의 작품들을 우리는 보통 부유한 애호가들이 특권적으로 누리는 장식에 연결한다. 그 강연자인 로제-막스는 노동자 집단보다는 에드몽 드 공쿠르의 '다락방'(grenier)*에 더 친숙한 예술비평가다. 그러나 그는 여기에서 '예술과 과학'(Art et science)협회가 노동자들의 교육을 보완하기 위해 일요일에 소집한 노동자 대중에게 말을 하고 있는 것이다. 로렌 지역 산업을 찬양하는 그의 강연은 미술공예운동(mouvement Arts and Crafts)과 사회주의 미래의 사도들인 윌리엄 모리스와 월터 크레인에 할애된 두 강연에 이은 것이었다. 마지막으로 위 텍스트는 1913년 『사회적 예술』이라는 제목의 평론집에 수록되었다. 그런데 이 텍스트와 함께 실린 사회적 예술의 다른 모델은 뮤직홀의 화려함과 경박함을 연상시키는 랄리크의 보석, 무용가 로이 풀러와 포스터 디자이너 쥘 셰레의 예술, 그리고 끝으로 도귀스트 브라크몽과 알렉상드르 샤르팡티에가 만든 레만 호수 주변의 한 빌라의 화려한 장식이 대표적으로 보여 주고 있는 '메세나의 한 범례'다. 이 모든 것 가운데 어느 것도 신전의 관념에 대해, '쇄신된 미학'에 대한 긍정에 대해, 무엇보다도 '사회적' 예술에 대한 긍정에 대해 답하고 있는 것 같지 않다.

그러나 위 텍스트의 어떤 표현도 우연히 생긴 것이 아니다. 그 어느 것도 말라르메의 몽상과 공쿠르의 예술적 언어를 통해 성장한 한 식자의 과도한 수사로 치부될 수 없다. 로제-막스는 무엇보다도 미학적 쇄신의 투사였다. 그리고 갈레의 값비싼 유리제품과 도기를 장식하고 있고, 랄

---

2 R. Marx, *L'Art social*, op. cit., p. 112.
• 에드몽은 동생 쥘 드 공쿠르(Jules de Goncourt)와 함께 매주 일요일 문학 살롱을 열었는데, 이들은 이 살롱에 '다락방'이라는 이름을 붙였다.

리크의 장신구를 꾸미고 있으며, 사피니에르 당구장의 거울을 감싸고 있는 이상적인 풍경을 통해 로제-막스가 설명하고 있는 것은 바로 사회적 예술의 관념이다. 미학적 쇄신은 예술의 통일성의 복원, 미술관 관람객들의 관조만을 위한 것인 '예술'과, 실천적 목적에 봉사하고 건축물의 장식에 통합되어 있기 때문에 사회적이라고 일컬어지는 예술 사이의 분리 이후 잃어버린 통일성의 복원이다. 로제-막스는 한 관념을 옹호하는 투사인데, 장식이라고 폄하되고 있는 예술은 사실은 예술의 진정한 목적을 지시하며, 예술은 이 목적으로부터 자신의 원리와 평가 기준을 이끌어내야 한다는 생각이 그것이다. 예술은 주거 공간을 구축하고 설립하는 운명을 지니고 있다. 그것이 신성을 받아들이는 공간이든 단순 가사자들을 받아들이는 공간이든 상관없이 말이다. 모리스는 이것을 정확히 다음과 같이 요약했다. 예술에 고유한 통일성, 그것은 "일군의 사람들을 위한 거처, 그 거주자들의 삶의 유형을 표현하기 위한 잘 구축되고, 아름답고, 그 목적에 알맞으며, 장식되고 가구가 갖추어진 거처"[3]다. 따라서 '사회적' 예술이 부유한 애호가들을 위해 일하는 사치품 장인의 예술이라는 사실에 대해 빈정거릴 필요가 없다. 사회적 예술은 민중을 위한 예술이 아니다. 그것은 사회가 정한 목적에 봉사하는 예술이다. 그러나 이 규정은 거꾸로 읽힐 수 있다. 사회적 예술은 어떤 것이라도 상관없을 그러한 사회의 예술이 아니다. 그것은 "인간들이 인간으로 사는"[4] 사회, 계급 구별과 예술 구별 사이의 거울 관계를 설정하기 위해서가 아니라 삶을 보호하고 삶을 표현하기 위해 우리가 구축하는 사회의 예술이다. 사회적 예술의 '정치'는 여기에, 즉 예술에 고유한 어떤 구별에 대한 거부, 따라서 고귀한 예술과 고귀하지 않은 예술 사이의 구별에 대한 거부 속에 위

---

3 William Morris, "The Arts and Crafts of To-day", dans *The Collected Works*, t. XXII, New York, Russell and Russell, 1966, p. 360.

4 John Ruskin, *The Seven Lamps of Architecture*, New York, The Noonday Press, 1974, p. 170.

치해 있다. 랄리크의 보석은 사교계 여성들만이 착용할지도 모른다. 그러나 그의 보석은 장식에 평등의 기호를 기입한다. 한 장인은 예술과 응용예술 사이의 위계를 무시하면서 마치 회화적 구성처럼 그 보석을 만들었다. 이 회화적 구성은 이젤 회화처럼 고상한 여성들의 살롱을 장식하기 위한 것이 아니다. 그들의 삶에 통합되도록, 그 삶의 표현에 동반하도록 만들어진 것이다. 그것의 값을 구성하는 것은 장인이 거기에 투여한 그 자신의 삶, 자신의 사유의 몫이다. 그런데 이 삶 자체는 그의 보석의 도안 형태인 꽃, 곤충, 풍경이 보여 주는 비인격적 삶 앞에서 장인이 느꼈던 정서로 이루어진다. 따라서 사교계 여성의 가슴 위에서 빛을 발하고 있는 것은 이 비인격적이고 평등한 삶이지 그의 계급의 표식이 아니다. 그의 보석의 가치는 다이아몬드의 굵기나 그 주인에 의해서가 더 이상 아니라 장인의 사유와 손이 구성한 익명의 위대한 삶의 독특한 표현에 의해 주어진다. 또한 장인은 "산책길에 주워 모아 자기 정원의 자갈과 섞어 놓은 보잘것없는 조약들"[5]을 자신의 보석에 섞을 수도 있다. 고상한 여성은 자신의 장신구에 예술들 사이의 평등과 그 소재 사이의 평등을 지니고 있다. 그 장신구가 가지고 있는 유일한 기품은 그것을 구성한 예술적 천재의 기품이다. 그러나 랄리크나 갈레의 천재성 자체는 자연의 광경, 식물의 덧송이, 곤충의 형태, 혹은 계절과 시간에 따라 달라지는 풍경의 조화에 대한 극도의 감수성의 현현일 뿐이다. 그것은 비인격적 삶의 독특한 표현일 뿐이다. 예술가가 고상한 여성의 보석에서 빛나게 하고 있는 것, 토제-막스가 자신의 강연을 듣고 있던 노동자들에게 "가시적 세계의 존재를 목도하는"[6] 인간이 되고자 하는 욕망을 일깨우려는 목적으로 그들이 느꼈으면 하고 바랐던 것은 바로 이 전체의 삶, 이 모두의 삶이다.

---

5 R. Marx, *L'Art social*, *op. cit.*, p. 181.
6 *Ibid.*, p. 150.

삶, 사실상 이것이 버려진 신전에 새롭게 거주하게 되면서 예술의 쇄신을 불러일으키게 될 신이다. 이 '미학적' 쇄신은 벨베데레의 절단된 조각상 헤라클레스 또는 빌라 루도비시의 주노에 대한 사색으로부터 생겨난 예술의 사유를 역전하고 있는 것처럼 보인다. 머리도 사지도 없는 신체의 파동 속에서 또는 여신의 의욕 없는 시선 속에서 빙켈만과 실러는 자유로운 민중의 표현을 찬양한다. 그런데 이 표현은 완전히 돌 속으로 옮아갔다. 이 삶의 충만함은 삶의 중지, 파도의 초연한 운동, 자유로운 가상 앞에서의 자유로운 미적 유희가 보여 주는 끌림과 물러남의 지속적인 균형에 의해 표현되었다. 성급한 후세대들은 자유로운 가상에 대한 이 숭배자들을 새로운 그리스에 대한 운명적 숭배, 집단적 삶의 형식이 된 예술에 대한 전체주의적 열정을 창출했다고 비난했다. 그러나 사지가 없는 조각상은 또한 신전 없는 조각상, 회랑의 주름진 기둥만으로 구성된 신전이었던 미술관에 옮겨져 있는 조각상이었다. 돌에 대한 낭만적 열정의 실체는 그 돌에 대한 유기, 즉 초목에 버려지고 약탈자에게 버려진 신전, 미술관의 부품이 되어버린 조각상이었다. 이러한 유기에서 새로운 초연함의 미학을 보여 주는 형상들이 등장하게 되었다. 거리의 어린 신들에 대한 철학자 헤겔의 찬사가 표현한 이 미학은 회화의 주제나 그 전시의 장소에 초연한 회화의 탁월성을 증언하고 있고, 『마담 보바리』를 쓸 무렵 소설가 플로베르의 기획, 즉 주제가 없는 책, '아무것에 대해서도 이야기하지 않는 책'(livre sur rien)을 쓰겠다는 기획은* 한 민족

---

* 플로베르는 연인 루이즈 콜레에게 『마담 보바리』의 저술 계획을 알리며 다음과 같이 쓰고 있다. "내가 보기에 아름다운 것, 그래서 내가 하고 싶은 것은 아무것에 대해서도 이야기하지 않는 책, 외적인 것에 얽매이지 않고 자신의 문체가 갖는 내적 힘만으로 스스로 지탱하게 될 책을 쓰는 것입니다. 마치 지구가 아무 받침대도 없이 대기 속에서 지탱하고 있는 것처럼 말입니다. 이 책은 아마도 주제를 갖지 않게 될 것입니다. 아니면 적어도 이 책에서는 가능한 한에서는 주제가 거의 드러나지 않게 될 것입니다. 가장 아름다운 작품은 소재가 가장 적은 작품입니다. 말하자면, 표현이 사유에 근접해갈수록 언어는 그 위에 달라붙어 사라지며, 그만큼 더 아름다워집니다. 내 생각에

과 땅의 표현이었지만 지금은 불가능해진 저 그리스 예술의 전도된 등가물이 되었다. 랄리크가 고상한 여성의 가슴에 달아 놓았고 로제-막스가 '사회적 예술'이라는 관념 속에 포함시켰던 '보잘것없는 조약돌'은, 무상념의 어린 거지들의 누더기 옷과 포도, 그리그 엠마 보바리의 칙칙한 삶과 플로베르의 초연한 문장 속에 사건을 만들어내는 풀잎**과 먼지 소용돌이***와의 관계 속에서 의미를 갖는다. 그런데 이 관계를 이해하기 위해서는 1830년대 『미학 강의』의 출간과 1856년 『마담 보바리』의 출간 사이에 출판된 한 책이 가져온, 지금은 다소 잊힌 혁명을 상기할 필요가 있다. 이 혁명은 러스킨의 『베네치아의 돌』의 초판이 출간된 해인 1851년에서 시작된다. 제2권은 이 책의 사상을 '고딕의 본성'이라는 장에서 요약하고 있는데, 이 장은 장식예술에 대한 이해에서 준거가 되는 텍스트가 될 뿐만 아니라 예술에 대한 새로운 사유의 성서가 된다.

  예술(Art)의 미래는 이 길에 있습니다. …… 이런 이유로 아름다운 주제도 상스러운 주제도 없습니다. 또한 마찬가지 이유로 우리는 순수예술의 관점에 입각해, 온전히 혼자의 힘에 의해 문체는 사물들을 보는 절대적 방식이기 때문에, 어떤 주제도 없다는 것을 공리처럼 확립할 수도 있습니다"("Lettre à Louise Collet du 16 janvier 1852", dans G. Flaubert, Correspondance, vol. 2, Louis Conard, 1926, pp. 345~46). 이 텍스트에 대한 랑시에르의 논의는 "Le livre en style", dans La parole muette. Essai sur les contradictions de la littérature, Hachette. 1998, pp. 103~19 참조.

** 이 풀잎은 플로베르가 콜레에게 보낸 편지에 썼던 유명한 다음의 문장을 상기시킨다. "우리는 풀잎 하나의 역사에 크나큰 사랑을 투여할 수 있습니다"('Lettre à Louise Colet du 22 avril 1854", dans G. Flaubert, Correspondance, vol. 4, p. 62)

*** 여기에서 랑시에르는 플로베르가 『마담 보바리』에서 엠마와 샤를르가 처음으로 느꼈던 사랑의 감정을 나뒹구는 먼지라는 '미시적 사건'을 통해 묘사하고 있는 부분을 암시하고 있다. "엠마는 고개를 숙이고 일을 하고 있었다. 아무 말이 없었다. 샤를르도 말이 없었다. 바람(air)이 문 밑으로 새어들어와 타일 위의 먼지를 약간 밀쳐냈다. 그는 먼지가 나뒹구는 것을 바라보고 있었다. 그에게는 오직 머릿속에 고동치는 소리와 저만큼 마당에서 알을 낳는 암탉의 울음소리만이 들릴 뿐이었다 엠마는 가끔씩 두 손바닥을 뺨에 갖다 대며 열을 식혔고, 그리고 나서는 또 그 손바닥을 장작 받침대의 쇠손잡이에다가 식히곤 했다"(G. Flaubert, Madame Bovary, Louis Conard, 1910, p. 30; 김화영 옮김, 『마담 보바리』, 민음사, 2000, 39쪽. 번역은 일부 수정됨).

러스킨이 만들어낸 고딕이라는 개념의 논점을 다시 생각해 볼 필요가 있다. 사람들은 이 개념을 아주 단순히 신앙에서 영감을 얻고 길드로부터 보호를 받았던, 자신들의 일을 잘 알고 있던 사람들, 즉 예전의 장인들이 보여 주었던 작업에 대한 소박한 향수로 환원했다. 사람들은 그것을 기계들의 세상을 거부하고 꿈에 그리던 중세를 복원하고자 하는 절망적인 의지로 치부했다. 이와 동시에 사람들은 그것에서 영감을 얻었던 미술공예운동의 공헌을 상고(上古) 시대의 집기에 대한 모방들로 요약했는데, 예를 들면 기사들과 창백한 안색의 귀족 부인들 모습의 판화, 수많은 꽃 모양의 태피스트리에서 영감을 얻은 나뭇잎 도안의 벽지, 그리고 중세 수사본을 흉내 낸 서예 등이 그것이다. 이렇게 함으로써 사람들은 19세기에 사회주의 전사들에 대해, 그리고 20세기에 기능적 모더니티에 열광했던 건축가·장식가·디자이너에 대해 미술공예운동이 끼쳤던 영향을 이해할 수 없는 것으로 만들어버렸다. 사람들은 그 운동이 장식예술의 세계를 넘어 예술 및 예술과 사회의 관계에 대한 사유에 끼친 결과를 인식하지 못했다. 러스킨이 정식화한 고딕 개념은 잃어버린 신앙의 천국과 서민적 수공업에 대한 향수의 표현 그 이상의 것이었다. 그것은 그리스 조각상에 대한 사색에서 자양분을 얻었던 민중예술에 대한 꿈의 완수임과 동시에 전도를 지시한다. 이것을 이해하기 위해서는 헤겔의 논변을 떠올려야 한다. 헤겔이 보여 주었듯이 신전과 조각상은 그것들을 만든 사람들에게는 기예와는 다른 것, 즉 그리스 민중의 삶의 표현이었기 때문에 우리에게 예술이 된 것이다. 이 민중의 삶은 신전 기둥들의 기하학적 비례 속에서 그들의 신들이 보여 주는 한가로운 삶, 초연한 태도, 텅 빈 시선의 완전성 속에서 이상화된 바 있다. 헤겔은 한 민족의 자유, 공간의 기하학적 완전성, 형태들이 보여 주는 초연한 위엄 사이의 이 연관을 피라미드나 상형문자와 같은 상징적 예술이 보여 주는 공간들의 과도함과 형태들의 독해 불가능성에 대립시킨 바 있다. 또한 헤겔은 그것을 하늘을 향하는 건축물의 지향에, 그리고 종교적 내면이 돌의 물질성 속에서 자신의 온전한 표현을 발견할 수 없는 불가능성을 체험하게 되는 '낭만적 예술', 즉 중세적이고 그리스도교적인 예술에 고유한 형상의 다양성에 대립시켰다. 실러와 헤겔의 시대는 그리스적 완전성을 노동분업이 만들어내는 분리와 예속을 알지 못했던 민족의 자유와 동일시했다. 그것에 선행했던 상징적 예술은 노예적 민족의 예술이었다. 이 예술을 계승한 낭만적 예술은 예속과 협업적 분할의 세계 한가운데에서 영혼의 내면으로 물러난 자유의 시대에 상응한다.

러스킨은 갑작스럽게 등장해 이 도식을 전복한다. 그에게 그리스 신전이 보여 주고 있는 조선, 정확히 계산된 공간, 대칭적 비례의 형식적 완전성은 결코 한 민족의 자유의 표현이 아니다. 반대로 이것의 완벽한 실행은 건설자들의 손이 건축가의 생각에 복종하고 있다는 것을 보여 준다. 여기서 건축가의 계획은 충분히 정확하고 그 자신 안에서 충분히 완성되어 있기 때문에, 그것의 실현은 대가의 의도에 어떤 것도 첨가하지 않고 생략하지 않는 노예적 노동에 맡겨질 수 있다. 기하학적 완전성은 노동분업의 엄격성을 표현한다. 그것은 작품이 자신의 손의 활동을 통해서는 더 이상 표현할 어떤 것도 가지고 있지 않은 인간의 사유에서 나온 것이며, 자신의 생각이나 삶이 무엇이든 간에 그것을 자신의 노동에 집어넣을 권리를 가지고 있지 않은 인간, 지시를 실행에 옮기는 데 능숙한 손 외에 그 어떤 것도 가지고 있지 않은 인간에 의해 실행된다는 것을 알려 준다. 예술가의 작업과 장인의 작업 사이의 이 분리는 예술과 응용예술의 구별을 통해 풍속과 사람들의 정신 속에 제도화되었다. 이 분리는 순수예술에 대한 숭배로 표현되었는데, 이 예술의 우상은 '휴대용' 예술 작품, 즉 살롱이나 미술관에서의 향유를 목적으로 제작된 이젤 회화였다. 반대로 유일하게 진정한 예술은 부당하게 응용된 예술, 건축물들의 건축과 장식에 응용된 예술, 삶에 봉사하고 삶을 보호하고 **그리고** 표현하는 데에 봉사하는 예술이다.

보호하고 표현하는 것, 이 두 기능의 결합이 본질적인 것이다. 왜냐하면 그것은 유용한 대상과 무관심한 사색의 대상 사이의 너무나 단순한 대립을 폐기하도록 해주기 때문이다. 유용한 것과 아름다운 것 사이의 상투적인 대립은 예술의 통일성을 해체하고, 노동분업과 삶들 사이의 위계를 확고한 것으로 만든다. 러스킨에 따르면 근본적으로 오직 하나의 예술만이, 즉 인간들, 민족들, 신들을 위한 주거지를 구축하는 건축만이 존재한다. 그런데 건축은 단지 '기능적인' 기예가 아니며, 칸트가 '자유로운' 아름다움에 대립시켰던 '부수적인' 아름다움의 예술도 아니다.* 혹은 달리 말한다면, 자유로운 아름다움은 분리된 작품, 그 자체로서 지시되고 자신의 형식의 완전성에 의해서만 규정되는 작품의 아름다움이 아니다. 더욱이 칸트 자신도 자유로운 아름다움의 예로 벽에 걸려 있는 그림들이나 정원의 조각상들이 아니라 새와 나뭇잎의 자유로운 외양을 집 벽에 옮긴 덩굴무늬 장식을 들고 있다. 러스킨은 지체 없이 칸트를 해석하는 데 주저함이 없지만, 그는 예술의 정의에서 중심을 차지하고 있는 상이한 목적성들 사이의 관계를 전위하고자 한다. 이른바 자율성이라는 이름에 대한 종속을 의미하는 예술의 형식적 '완전성'에 러스킨은 이중의 법칙에 대한 예술의 복종을 대립시킨다. 기능적 목적과 상상의 자유로운 표현이라는 이중의 법칙. 이 두 법칙은 겉보기에만 대립적이다. 왜냐하면 삶은 욕구의 법칙을 따르면서 동시에 자유로운 표현의 법칙을, 즉 그것을 직접적 만족 너머로 이끌고 가는 자기 확장의 법칙을 따르기 때문이다. 인간은 노동에 할애된 시간 이후에 자신이 거주하는 거처가 자신에게 안식처뿐만 아니라 기쁨에 차 살고 있는 삶, 그 자체로 즐거운

• "두 종류의 아름다움이 있다. 자유로운 아름다움(pulchritudo vaga)과 단지 부수적인 아름다움(pulchritudo adhaerens)이 그것이다. 전자는 대상이 어떠해야 한다는 어떤 개념도 전제하지 않는다. 반면에 후자는 그러한 개념, 그리고 그것과 일치하는 대상의 완전성을 전제한다. 전자는 이러저러한 사물의 (자립적) 아름다움이라 불리고, 후자는 개념에 결부된 (조건 지어진) 아름다움으로서, 어떤 특정 목적의 개념 아래 놓여 있는 대상들에 속하는 것으로 간주된다"(이마누엘 칸트, 『판단력 비판』, §16).

삶에 대한 느낌도 제공하기를 바란다. 이러한 이유로 인간은 공동의 삶을 위한 방들이 문양으로 장식되기를 바란다. 반대로 인간은 자신이 상품을 구매하는 상점의 유리가 그리스 신전의 외양을 갖추거나 중세 서예로 장식되는 것을 바라지 않는다. 인간은 자신의 생계를 위해 일하는 작업장이 장식가의 정성으로 꾸며지기를 바라지 않는다. 그러나 인간은 자신이 행하는 노동이 그가 그 자신의 삶을 표현할 수 있도록 만들어주기를 바란다. 유용성의 강제들 한가운데에서도 그의 더불어 성장하고 이 성장의 열매를 거기에 더하면서 앞으로 나아가는 참된 삶이 있다. 필연성에의 자신의 종속을 숨기기 위해 예술의 겉모습을 이용하는 거짓 삶이 존재한다. 상업적 기만을 위한 미끼로 이용되는 코린트식 기둥들, 기계적 노동을 은폐하기 위해 덧붙인 가짜 대리석, 아무것도 지탱해 주지 않으면서 무게와 부피의 균형 자체를 꿰뚫어 보는 것을 방해하는 가짜 반아치형 걸림벽 등이 그것이다. 거짓 예술은 노동의 현실을 은폐하는 예술이다. 그리고 거짓 예술은 이 노동의 현실을 은폐할 수밖에 없는데, 왜냐하면 그 노동은 삶의 표현이 아니라 기계의 예속적 작업, 혹은 어떤 낯선 두뇌의 사유에 종속되어 있는 인간 손의 예속적 작업이기 때문이다.

따라서 참된 삶과 거짓된 삶의 혼동 자체가 우리가 미술관에서 찬사를 보내는 '순수'예술과 상점을 장식하는 '응용'예술을 생산한다. 이 혼동은 그리스 신전의 규칙적 형식에 대한 찬양에서, 그리고 무리요가 거리에서 데려온 어린 개구쟁이 아이들과 같은 장르화에 대한 미학 교수들의 애정 속에서 자신의 영예를 발견한다. 그런데 무리요는 이 아이들의 누더기 옷뿐만 아니라 멜론을 먹는 아이의 보기 흉한 표정과 전견에서 의도적으로 우리를 향해 있는 포도를 먹는 아이의 더러운 발바닥을 우리에게 보여 준다.[7] 무리요의 어린 거지들을 공격하면서 러스킨은 헤

---

7 J. Ruskin, *The Stones of Venice*, t. II, Londres, George Routledge and Sons, 1907, p. 212.

겔과 논쟁할 생각은 아마도 없었을 것이다. 그러나 그의 비판은 헤겔이 고대 대리석과 그리스적 자유의 탁월성을 장르화에 옮겨놓는 방식과의 거리를 분명히 드러내고 있다. 누더기를 걸친 어린 악동들의 '상스러움'에 관한 이 주목할 만한 대목이 고딕의 본성에 관한 장에 포함되어 있는 것은 여담에 대한 취미 때문이 아니다. 그 이야기가 수록되어 있는 회화 장르의 긴 분류 또한 여담이 아니다. 러스킨은 거기에서 세 부류의 예술가들을 구별한다. 데생에 대한 형식주의적 옹호자들, 사실들에 대한 '감각주의적' 애호가들, 그리고 이 둘을 화해시키는 '자연주의자들.' 따라서 한편에는 그리스 신전의 맹목적 규칙성에서 영감을 받은 생기 없는 완전성을 사랑하는 사람들이 있고, 다른 한편에는 조화가 없는 삶, 부르주아적 저택과 초라한 거리, 상점과 공장의 세계가 보여 주는 삶의 숭배자들이 있다. 어린 거지들의 '올림피아적' 평정심은 상점 진열장의 네오-그리스적 배열과 같은 성질의 것이다. 그리스적 완전성과 부르주아 세계의 찌꺼기에, 건축가에 순종하는 노예적 노동과 거리 하층민의 풍경에 대한 예술가의 시선에, 러스킨은 저 '자연주의', 고딕 예술이 모델로서 제시하고 있는 고양된 삶에 대한 표현을 예술과 동일시하는 관점을 대립시킨다.

   자연주의, 다시 말해 자연의 형태들—버크 이후로 모든 영국인은 이것들이 결코 직선적이지 않다는 것을 알고 있다—앞에서 느끼는 감정의 표현은 러스킨이 언급하고 있는 고딕 예술의 특징들에서 변화에 대한 사랑 다음으로 세 번째로 등장한다. 첫 번째 것이자 가장 중요한 것은 그것의 '야만성' 혹은 '조야함'이다. 이 용어는 아이러니하게도 반계몽주의 시대의 미개한 예술을 비판하는 고전적 견해에서 가져온 것이다. 그런데 이렇게 한 이유는 예술에 대한 이해와 문명과 야만의 대립을 전도하기 위한 것이었다. 물론 고딕 예술은 본질적으로 불완전한 예술이다. 예를 들면 건축물의 부분들은 거의 대칭적이지 않으며, 최초의 설계를 고려하지 않고 종종 건설 중에 추가되었고, 많은 소박한 작은 형상들로 장식되었으며, 포괄적인 재능을 가지고 있지만, 루앙 성당의 리브레르 대문(portail des Libraires)* 위의 틈 속에 숨어 있는 아주 작은 악동의 조각가처럼 도두 하나같이 자신들의 표식을 새기는 데 관심을 가졌던 장인들에 의해 실행되었다.8 이러한 불완전성은 능력들 사이의 불일치를 설명하는 고전적 용어들로 서술될 수 있다. 즉 손은 사유를 적합하게 실현하는 데 부족하고, 곧바로 실행되길 원하는 사유는 손의 작업을 재촉한다. 헤겔이 보기에 이러한 부적합성은 관념 자체를 명료하게 할 수 없기 때문에 관념의 형식을 물질에 부과할 수 없는 상징예술을 규정하는 특징이었다. 그러나 러스킨은 이 논변을 뒤집는다. 상징예술은 조형적인 인간적 예술, 자신의 실행 능력을 미리 알고 있지만 자신의 사유를 실현하는 데 불안해하고 조바심 내는 피조물의 예술이다. 이 예술은 불완전한 존재, 따라서 계속해서 진보하고 있고, 최초의 기획이 가진 난점에 더 잘 응답하고 건축물의 기능에 더 잘 부응하기 위해 언제든 그 최초의 계획을 포기할 수 있는 불완전한 존재의 예술이다. 그것은 무엇보다도 자신의 손으로 자신의 사유 노동을 실행에 옮기는 인간, 자신의 생각에 따라 다량의 형상 속에 숨어버릴 수밖에 없는 저 장식들을 만드는 데서 기쁨을 느낄 수 있는 자유로운 인간의 예술이다.

루앙 성당 대문의 작은 장난꾸러기 형상에 대한 찬사는 이미 100년이 된 사유 전통, 즉 예술의 역량을 집단적 삶의 익명적 표현과 동일시하는

---

* 이 문의 건축은 성당 북쪽 지역에 사는 성당 참사원들이 성당의 출입을 용이하도록 하기 위한 것이었다. 13세기 말에 시작된 공사는 거의 반세기에 걸쳐 지속되었다. '리브레르'(서적상)라는 이름이 붙은 이유는 이 대문 앞마당에 서적상들의 노점이 있었기 때문이다.

8 이 작은 악동에 대해서는 『건축의 일곱 등불』의 제5장 「생명의 등불」에 포함되어 있는 주해(Seven Lamps of Archictecture, "The Lamp of Life", *op. cit.*, p. 165)와 『생트 뵈브에 대한 반박』의 「학살당한 교회들을 추모하며」에 등장하는 프루스트의 주해(Contre Sainte-Beuve, "En mémoire des églises assassinées", Paris, Gallimard, coll. "Bibliothèque de la Pléiade", 1971, pp. 124~28)를 보라.

전통에 속한다. 바로 이러한 생각에 입각해 18세기는 『일리아스』와 『오디세이아』를 익명의 광대한 민중시로 전환하면서 호메로스에게서 그의 절대권을 강탈했다.* 이에 대해 헤겔은 민중시의 자격 자체는 그것이 자신만의 목소리, 독특한 주체의 목소리를 가질 것을 요구한다는 반론을 제기했다. 이러한 이유로 그는 그 시들을 호메로스에게 다시 돌려주었다. 러스킨으로 말하자면, 그는 이 딜레마를 거부한다. 민중시를 압축적으로 표현하는 것은 한 명의 예술가가 아니다. 민중시는 다수의 예술가들, 모두 독특한 다수의 예술가들의 작품이다. 돌로 쓰인 고딕 성당의 위대한 시를 장식하고 있는 신성하거나 통속적인 수많은 형상을 조각한 모든 사람의 이름을 우리가 아는 것이 중요한 것은 아니다. 중요한 것은 우리가 그 형상들을 예술가 장인들의 작품으로, 개별적으로 공통의 작품에 참여하면서 이 다양한 시에 자기 자신의 표식을 새겨넣는 장인들의 작품으로 지각하는 것이다. 이 작은 고딕 형상들의 조각가는 예술의 위상이 제기했던 문제에 새로운 해결책을 제시하고 있다. 사실 그 문제는 혁명과 미술관과 미학의 시대가 작품들을 사회 권력자들의 표현에 예속시키는 것으로부터 작품들을 해방하면서 고대 예술의 위대함을 한 민족의 예술적 표현의 특징과 동일화한 이후에 제기된 것이었다. 자신이 원하는 것을 자유롭게 할 수 있는 예술은 어떻게 한 공동체의 삶을 표현하는 예술이 가지는 구현 역량을 재발견할 수 있는가? 어떻게 과거의 비의도적 작품의 등가물을 의도적으로 만들 수 있는가? 헤겔과 플로베르의 문제에 '고딕' 예술가의 모델은 다음과 같이 답한다. 집단적 작업, 건축물의 기능, 그리고 물질적 구속에 복종하면서 예술가는 이러한 틀 안에서 자기 자신의 고유한 의지, 자신의 독특한 방식을 표현한다. 장식 작업

---

* 이것은 이탈리아 철학자 잠바티스타 비코(Giambattista Vico)가 『새로운 학문』(*La Scienza Nuova*, 1725)에서 '진정한 호메로스'의 발견이라는 기획을 통해 도달한 결론이다. 이에 대한 랑시에르의 논의는 『미학적 무의식』(*L'inconscient esthétique*, La Fabrique, 2001, pp. 25~32) 참조.

은 이러한 이중적 요구에 대한 모범적인 답변이다. 그리고 장식의 '자연주의'는 그것의 예시다. '다스리는' 인간(man as governing), 즉 자유롭게 형식들을 창조하는 인간은 수집하는 인간(man as gathering), 자연의 가상들이 그에게 불러일으킨 감정으로부터 저 형식들을 창조하는 인간과 동등하다는 것이 거기에서 드러난다.

따라서 러스킨의 고딕 개념은 중세 장인들의 신앙에 대한 낭만주의적 향수를 기리기 위한 기념비 이상의 것이다. 그것은 단순히 역사적으로 위치시킬 수 있는 한 예술 형식에 대한 개념이 아니다. 그것은 세속 국가의 예술 노동자들이나 현대적 삶의 합리적 기술자들에게도 영감을 줄 수 있는 예술에 대한 관념을 제안한다. 장식예술은 실용예술이 아니다. 후자의 경우 그 외적 목적성은 예술의 자율적 작업과 대립할 것이기 때문이다. 그것은 또한 유한계급의 소비에 종사하는 예술도 아니다. 그것은 삶이 가지는 이중의 기능, 즉 주거와 표현에 부응함으로써 자신의 개념을 따르는 예술이다. 그러므로 우리는 두 명제 사이의 엄격한 등가성을 확립할 수 있다. 모든 진정한 예술은 장식적이다. 왜냐하면 그러한 예술은 건축물에 통합되기 위해 만들어진 것이기 때문이다. 그러나 또한 모든 진정한 예술은 상징적이다. 왜냐하면 예술이 참여하는 건축물은 단지 개인의 안식처나 집단적 기능의 소재지를 제공하기 위한 목적으로 만들어진 것이 아니기 때문이다. 건축물은 개인들, 공동체들, 그리고 그들이 숭배하는 오래된 혹은 새로운 신들이 **거주하기** 위한 것이다. 이를 위해서는 사회적 실존양식, 개인들과 공동체들의 건강함이 거기에서 표현될 필요가 있다. 그런데 이 표현은 항상 기능 이상의 것으로 나타난다. 그것은 자신만의 형식과 완전성을 갖지 않는다.

장식예술의 현대적 운명은 이 표현적 보충의 문제를 중심으로 진행된다. 사람들은 보통 미술공예운동과 아르 데코(Art déco)에서 바우하우스 혹은 에스프리 누보(Esprit Nouveau)로 이어지는 운동을 장식적 곡선을 버리고 물건들의 기능과 주거양식의 합리성에 부응하는 순수한 선을 채택하는 과정으로 그린다. 그러나 이러한 대립은 너무 단순하다. 미래와 과거, 산업 기계와 수공업적 도구, 합리적 직선과 장식적 곡선 사이의 대결의 배후에는 기능과 표현 사이의 보다 복잡한 놀이가 존재한다. 러스킨의 고딕은 예술의 사회적 패러다임이지, 한 역사적 양식에 대한 향수가 아니다. 기계의 찬양자들은 수공업의 옹호자들과 함께 진정한 예술은 '응용' 또는 '장식'이라 불리는 예술, 즉 삶에 적응하고 삶을 표현하는 예술이라는 생각을 공유한다. 모든 문제는 예술이 어떤 삶에 적응하고 어떤 삶을 표현하는지를 아는 것이다. 장식예술 개념의 전화는 이 두 삶 사이에 존재하는 결합된 또는 분리된 관계를 해석하는 방식에 의존하고 있다. 장식예술의 과제들과 형식들을 정의하는 것, 그것은 예술에 자신의 원리를 제공하는 삶의 양식(style de la vie)을 정의하는 것이다. 모두 다음과 같이 말하는 데 동의할 것이다. 양식은 한 시대 한 민족의 삶의 표현이다. 모든 것은 이 이중의 관계의 뒤얽힘을 이해하는 방식을 중심으로 진행된다.

비등하는 식물 문양의 가구들을 기술하고 있는 로제-막스 문장의 풍부함이 의미를 갖는 것은 바로 이러한 관점에서다. 그런데 이 가구들에 장식과, 그것들이 가졌던 기능과 공통의 삶의 표현을 모두 드러내는 데 적합한 이름들을 부여한 것은 갈레였다. 예를 들면 한 식탁은 '식용 식물들'(Les Herbes potagères)이라고 명명되었고, "파르망티에 감자의 섬세한 꽃, 둥근 모양의 양파 꽃송이, 마늘의 맵시 있는 갓털, 드림 장식 모양의 케일, 미나리과 식물의 씨앗"[9]으로 장식되었다. '소품시'인 랄라크의 병, 당과 그릇, 손안경, 상자, 책 전등의 장식은 로제-막스 문장의 풍부함을 보여 주는 또 다른 예다. "…… 일렬로 늘어선 제비들은 돌풍에 의해 구부러진 관목 밑동에서 비상한다……. 백조들은 굳어진 에나멜의 파동을 조용히 헤쳐 나간다. 박쥐들은 다이아몬드 별들로 장식된 하늘을 누비고

---

9 R. Marx, *L'Art social, op. cit.*, p. 137.

다닌다. 유선형 소나무 울타리를 통해 보이는 연못 수면이 반짝거리고 번득인다. 벌떼가 집요하게 먹이를 쫓는다."[10] 물론, 이 가구, 궤짝, 병은 단지 사교계의 살롱과 규방을 장식할 뿐이며, 그것들을 서술하는 연사의 문체는 공쿠르의 '탐미주의적' 서술에서 가져온 것이다. 그러나 활짝 핀 채소들과 친숙한 새들을 연상시키는 식물학자와 풍경화가의 이 소품시들 자체는 다른 문학과 일치한다. 이 문학은 기호들에 대한 학습을 농촌 생활의 일상적 장식을 구성하는 동물과 식물들에 대한 연상과 밀접하게 연결하는 데 관심을 가졌던 공화주의 초등학교에서 이루어지는 책 읽기와 현장수업의 문학이다. 이 소품시들은 부유한 애호가들의 가구와 골동품을 교육적 공화국의 포괄적인 관점에 통합한다. 더욱이 이 교육적 공화국은 자신의 교육을 단지 전원생활의 이미지에서만 가져오지 않는다. 도시에서의 일상적 삶도 자신만의 다채로운 꽃을 피운다. 이러한 이유로 로제-막스는 파리 거리의 포스터 도안가였던 셰레를 사치품 장식가와 연결한다. 모두에게 제공되는 그의 "야외 미술관"은 갈레와 랄리크의 유리제품, 가구, 항아리, 보석의 전원 풍경과 조응한다. 갈레와 랄리크의 가구와 골동품에서 보이는 비등하는 식물 문양들, 혹은 로이 풀러의 춤에서 나타나는 천의 비상에서처럼 셰레의 빙글 도는 여성들의 데생에서 '뱀과 같은 선'은 영국에서 도입된 양식 그 이상의 것이 된다. 그것은 정신과 감각에 대한 새로운 교육을 정립해야 하는 '모두가 하나 되는' 삶의 표현이 된다. 예술가와 장인 사이에 인정된 평등, 이것은 자연의 형태들이 보여 주는 위대한 민주주의에서 프랑스 공화국 시민들을 교육하는 수단들을 빌려오고 있는 새로운 예술의 힘이다. 갈레 자신이 씨 뿌리는 여인이라는 상징적 인물 — 밀레, 라루스 사전 또는 프랑스 공화국의 화폐와 우표의 인물 — 에 반응을 보이는 것도 아무런 이유 없이 그러는 것이 아니다. 사실 그는 자신의 작업을 씨 뿌리는 사람의 작업으로 기술

---

10 *Ibid.*, p. 183.

한다. 그가 흩뿌린 낟알들은 "한 시대의 장식 양식"[11]을 구상하도록 해준다. 이 장식 양식은 공화국의 장식 양식이다. 이 공화국의 엘리트들은 '모두가 하나 되는 삶'을 세련되게 만드는 요소들을 성장시킨다. 그런데 모두가 하나 되는 이 삶은 현장수업과 선정된 텍스트에 대한 수업의 교육적 엄격함 속에서뿐만 아니라 거리의 다채로운 포스터들의 겉으로 보이는 경박함 속에서도 학습된다.

이 새로운 교육적 예술은 응용예술이긴 하지만 예술에 속함에도 불구하고 예술 전시에서가 아니라 세계산업박람회에서 자신의 특권적 장소를 갖는다. 기계문명에 대한 러스킨의 편견에 대항해 장식예술의 새로운 투사들은 예술과 산업을 화해시켜 그것들을 삶의 필요와 표현의 자유에 기여할 수 있는 동일한 하나의 에너지로 만들고자 한다. 따라서 로이 풀러를 위해 건설한 극장, 그 건축구조가 춤의 동작과 결합되고 있는 바로 그 극장이 1900년 만국박람회에서 기계의 진열실과 새로운 가구를 위한 전시실과 인접해 있었던 것은 아주 자연스러운 일이었다. 로이 풀러의 뱀춤은 너울의 운동이 그려내는 몽환적 꽃과 전기의 새로운 역량 사이의 일치를 상징적으로 드러낸다. 그것은 모두가 하나 되는 삶과 밀접하게 연관되어 있는 예술의 상징 자체다. 그런데 모두가 하나 되는 삶의 현현은 "동시에 미학, 사회학, 정치경제학과 관련을 맺고 있다."[12] 쇄신된 미학은 새로운 사회의 형성 역량으로 긍정된다. 여기에서 엘리트들에게 부과되는 교육적 소명은 자유로운 생산자들의 사회라는 노동자의 이상과 만난다. 이 이상적 사회에서 예술은 직접적으로 손과 정신의 공통 문화를 건설하는 일에 힘쓸 것이기 때문이다. 사실 로제-막스가 개념화하고 있는 '사회적' 예술은 본질적인 두 원천을 갖는다. 사회적 예술은 제2제국의 산업박람회의 최고 책임자였던 레옹 드 라보르드와 사

---

11 Émile Gallé, cité par R. Marx, *L'Art social, op. cit.*, p. 127.
12 *Ibid.*, p. 51.

회주의 이론가였던 드루동에 준거하고 있다. 드 라보르드는 실용 물품들 속에 위대한 예술의 원리들이 침투해 들어가게 함으로써 민중의 미감을 형성할 것을 국가에 요구했다. 그리고 프루동은 예술가들에게 건설되어야 할 3만 6,000채의 공동 가옥, 학교, 작업장, 공장, 건축물, 체육관과 4만 개의 도서관, 천문대, 미술관, 원형극장, 망루의 빛나는 미래에, 더 나아가 광대한 정원으로 전환되어야 할 프랑스에 관심을 돌릴 것을 촉구했다.[13]

따라서 유용성과 표현성의 통합이 요청한 예술을 러스킨이 개념화할 때 기계와 도구들이 도움을 주는 한에서, 장식예술의 이상은 기계 사용과 재료들의 차별에 대한 러스킨의 금지를 거부할 수 있다.* 로제-곡스는 장식예술가들의 창조적 성격을 강화함으로써 예술에 대한 러스킨의 저 개념화를 그 극단까지 밀고 간다. 장식예술가들은 전형적인 예술가들인데, 왜냐하면 그들은 자신들이 실천하고 있는 장르에 어떤 것도 빚지고 있지 않으며 모든 것을 자신들의 고유한 발명에 의지하고 있기 때문이다. 따라서 모든 가구나 살롱 장식품은 하나의 시가 되고, 모든 예술의 평등은 모든 실용 물품들의 표현적 과중으로 해석될 위험이 있다. 후세대들은 이 과중을 키치(kitsch)의 탓으로 돌리며 그것에 기능적 선들의 아름다움을 대립시킨다. 그러나 이미 1900년 박람회의 보고서 작성자는

---

13 Léon de Laborde, *Quelques idées sur la direction des arts et le maintien du goût public*, Paris, Imprimerie impériale, 1856, p. 26, et Pierre-Joseph Proudhon, *Du principe de l'art et de sa destination sociale*, Paris, Garnier Frères, 1865, p. 374.

• 러스킨은『건축의 일곱 등불』의 제2장「진실의 등불」에서 건축의 세 가지 기만에 대해 이야기한다. 구조나 지지대의 사용에서 나타나는 기만, 표면 페인팅에서의 기만, 그리고 기계와 주물의 사용이라는 기만이 그것이다. '재료들의 차별'은 첫 번째 기만에서 논의되는데, 전통적으로 사용되었던 흙·돌·나무 외에 철을 사용하는 것은 건축의 통상적 원칙으로부터의 이탈이기 때문에, 러스킨은 철이 미래에 어느 정도 사용되는 것은 피할 수 없겠지만 '진정한 건축'은 철을 허용하지 말아야 한다고 주장한다. 기계와 주물의 사용이 금지되어야 하는 이유에 대해서는 무엇보다도 그것이 정직하지 못하다(dishonest)는 점이 언급되고 있다.

장식예술에 기울어 있었음에도 불구하고, 예술과 유용성이라는 이중의 이름으로 산업에 침투했던 '병적인 열광'에 대항하고 있다. "모든 예술이 평등하다고 선언한 덕분에 기초 생존 필수품의 마련을 자신의 노동 목적으로 삼는, 자신을 신성한 예술가로 생각하지 않는 그러한 정직한 노동자는 더 이상 남아 있지 않은 것 같았다. 이제 더 이상 위대한 예술도 없었고 보잘것없는 예술도 없었다. 우리는 이것을 목도했다. 이 마지막 성채가 전복되었다." 이 보고자에 따르면, 이로부터 온갖 괴상한 것들이 출현했다. 예를 들면 거대하고 생기 넘치는 플로라(flore), "극도로 흥분한 조충과 요동치는 국수의 뒤얽힘, 뒤섞인 촉수들", 항아리와 단지의 주둥이나 손잡이 부분에 그려진 출렁이는 흐트러진 머리의 여인들 형상과 같은 것들 말이다. "결국 예술적 대상의 존엄을 획득하기 이전에는 아주 편리한 물건이었던 이 정직한 용기는 더 이상 물을 부을 수 없었고 손으로 잡을 수도 없었다. …… 누군가는 의자를 만들 생각을 했다. 그러나 그 볼꼴 사납고 거친 모습의 그 이상한 가구에 앉으려 했던 불쌍한 사람은 자신의 옷을 솟아 있는 뾰족한 곳에 걸어야 했고, 소용돌이 모양의 철조물처럼 뒤틀린 창살에 자신의 다리를 집어넣게 되었다. …… 이 모든 것은 유용성을 주장하고 있지만 그보다 더 불편한 것을 상상하기란 불가능하다 ……."[14] 이 보고자는 단지 이 '불편함'이 이면을 가지고 있다는 것을 잊고 있다. 이렇게 이 경박한 시들로 둘러싸여 있는 살롱이, 자연이 시골 주민들과 함께 나누는 하나 되는 삶을 드러내게 된다는 것을 말이다. 독창적 예술가는, 특히 그가 갈레처럼 기업의 수장일 경우에는 공동체의 교육자가 된다. 문양 장식의 표현성에 대한 강조는 현대적 기업, 기계, 도시의 세계 속으로, 그리고 고상한 살롱의 새로운 세계와 진열장과 포스터가 넘쳐나는 대중적인 거리의 새로운 세계 속으로 고딕의

---

14 *Exposition universelle internationale de 1900 à Paris. Rapports du jury international*, Introduction générale, t. I, "Rapport Beaux-arts" par Léonce Bénédite, pp. 818~20.

패러다임을 도입하는 한 방식이다.

겉으로 보기에 이 프로그램은 독일 '예술가 집단'의 주도자들이 자신들이 청년 시절에 가졌던 굽이치는 선과 유겐트슈틸(Jugendstil)의 장식적이고 상징적인 풍부성을 향한 열정을 버렸을 때 철회되었다. 그리고 그들의 지도자들 가운데 한 명이었던 페터 베렌스가 독일 전기회사 AEG의 '예술 고문'이 되면서 그 회사의 전등과 주전자, 회사의 마크와 카탈로그를 디자인하고, 그뿐만 아니라 터빈을 제작하는 철과 유리로 된 새로운 공장의 기념비적 구조물을 세우려고 했을 때, 러스킨과 모리스의 수공예적 이상 전체는 상징적으로 거부된 것처럼 보였다. 1909년 가을 베를린 투르비넨할러(Turbinenhalle)의 낙성식은 신그리스적인 또는 신고딕적인 이상의 기능적인 산업 건축으로의 전향을 표명하는 것처럼 보였다. 바로 이러한 이유에서 구축주의 시대는 그것을 현대 건축의 최초의 위대한 실현으로 높이 평가하게 된다. 그러나 동시대인들은 주저하지 않고 거기에서 "현실이 된 러스킨의 말"[15]을 발견했다. 줄지어 있는 작업대들이 "가로수들"[16]을 상기시키는 칸막이도 없고 외진 곳도 없는 이 거대한 홀에서 그들은 『베네치아의 돌』의 저자가 요구했던 '노동의 기쁨'의 모범적 실현을 보았다. 보다 근본적으로 베렌스가 생각한 공장 모델은 세 가지, 즉 사회, 노동 방식, 예술의 기능 사이의 본질적 연관에 대한 러스킨의 생각을 표현하고 있다. 로제-막스처럼 베렌스와 독일공작연맹의 동료들은 러스킨에 대항하기 위해 러스킨을 내세운다. 그러나 그들은 그것을 전도된 방식으로 한다. 로제-막스는 예술가-장인의 개별성을 강조하면서 예술과 산업을 통합했다. 그들이 로제-막스와 함께 예술

---

15 Adolf Vetter, "*Die stattsbürgerlich Bedeutung der Qualitätarbeit*", cité dans Frederic J. Schwartz, *The Werkbund. Design Theory and Mass Culture before the First World War*, Yale University Press, 1996, p. 58. (저자의 프랑스어 번역.)

16 Wolf Dohrn, "Das Vorbild der AEG", cité dans Alan Windsor, *Peter Behrens, architecte et designer*, tr. fr. B. Loyer, Bruxelles, Pierre Mardaga, 1935, p. 118.

은 한 민족의 삶을 표현하고 조직한다는 생각을 공유하고 있다면, 그것은 예술적 개별성의 특권을 인정하지 않기 위해서다. 그리고 그들이 러스킨의 '진정성' 원리를, 특별히 재료에의 충실성이라는 원리를 재평가하고 있다면 그것은 기능적 선의 아름다움과 기계의 정직성을 찬양하면서 유기적인 선의 일렁임과 소용돌이를 거부하기 위해서다. 사람들은 러스킨에 대한 준거가 그들에게는 단지 표현의 기능에로의 흡수를 은폐하는 데 이용되었을 뿐이라고 말한 바 있다. 그러나 그것은 그들에게 기능이 두 가지로 분할된다는 것을 보지 못하는 것이다. 예술가에 의한 공장의 건설은 예술과 삶의 통합 프로그램에 대한 긍정이기도 하기 때문이다. 그것을 가장 잘 보여 주는 징후는 모퉁이의 네 콘크리트 기둥과 관련해 베렌스와 그의 찬미자들이 보여 주는 불분명함(indécision)이다. 이 네 기둥의 수평적 블록은 투르비넨할레와 벌집 형태 안에 새긴 약호 AEG만으로 장식된 다각형 형태의 페디먼트가 보여 주는 수직적 구조와 충돌한다. 그들은 이 콘크리트 기둥들이 지지구조물이 아니라는 점을 분명히 하면서 그것들이 러스킨의 진정성 규칙을 따르고 있다고 소리 높여 주장한다.• 그러나 유용한 재료에 대한 '예술적' 취급과 그리스식 삼각형과 고딕식 아치의 절충처럼 보이는 페디먼트 형태는 유용성과 장식, 기능과 상징의 구별을 흐리게 한다. 이것은 기능주의의 새로운 추종자들에게 존재하는 유겐트슈틸이라는 이상의 흔적이 아니다. 기능적 건축은 단지 유용성의 목적을 따르는 건축인 것만은 아니다. 또한 그것은 유용성의 목적 자체가 사회적 조화의 이상에 종속되는 한에서 한 사회에 대한 예술적 긍정이기도 하다.

사실 독일공작연맹 예술가들과 바우하우스의 그 계승자들의 '기능주

• 러스킨은 흙·돌·나무 외의 재료의 사용을 금지하면서도 새로운 재료가 건축에 도입되는 것은 피할 수 없다는 점을 인정하면서 철 혹은 콘크리트 같은 것은 '지지대'(support)가 아니라 '접합제'(cement)로만 사용해야 한다는 새로운 규칙을 제안한다 (『건축의 일곱 등불』, 제2장 「진실의 등불」 참조).

의'는 예술가의 개인적 시선과 대립하는 합리적 기능인의 관점으로 환원되지 않는다. 그 기능주의는 무엇보다도 예술과 예술의 사회적 기능에 대한 관념이다. 겨냥된 목표는 건물들을 그 쓰임새에 맞추고 생산품들을 그 소비자들의 쓰임새에 맞추는 것이 아니다. 러스킨과 로저-막스에서처럼 그것은 생산 방식과 소비 방식을 이어주는 구조 자체의 개혁이다. 이 개혁은 예술에 속한다. 왜냐하면 예술은 단지 특정 기술에 의한 작품의 생산일 뿐인 것이 아니기 때문이다. 예술은 동일한 정신적 통일성 속에서 개인적 삶의 형식들과 공동체가 공동체로서 표현되는 형식들에 질서를 부여할 수 있는 역량이다. 아주 엄격한 의미에서 여기에서 긍정되고 있는 것은 예술의 윤리적 기능이다. 예술은 실천적 필요에 가장 적합한 대상들, 그러나 또한 하나의 세계에 거주하는 공통의 방식을 표현하는 상징을 각각의 개별 가옥 속에 설치하는 데 아주 적절한 대상들, 따라서 공통의 문화에 따라 개인들을 교육하는 데 아주 적절한 대상들을 생산하는 것을 자신의 과제로 삼는다. 이 공통의 문화는 양식(style)의 문화다. 양식은 예술 혹은 예술가를 알려 주는 방식이 아니다. 그것은 자신들의 독창성이나 자신들이 속한 계급의 독창성을 주장하고자 하는 사람들이 다양한 기호에 기초해서 긍정하는 개별화의 인위적 형식이 아니다. 베렌스는 이미 자신이 공장 건설이 아니라 한 민족과 한 시대의 문화를 상징하는 극장의 건립에 전념할 당시 이것을 힘주어 주장한 바 있다. "한 시대의 양식은 이러저러한 개별 예술의 개별적 형식을 의미하지 않는다. 각각의 형식은 내면적 삶의 수많은 상징 가운데 하나일 뿐이며, 각각의 예술은 단지 양식에 참여할 뿐이다. 그러나 양식은 함께 감각하는 것, 한 시대의 삶을 그 총체성 속에서 이해하는 것의 상징이다. 양식은 예술들이 형성하는 총체성 속에서만 드러난다."[17] 여기서도 예술가의 일은 건

---

17 Peter Behrens, *Feste des Lebens und der Kunst. Eine Betrachtung des Theaters als höchstens Kultursymbols*, Leibzig, E. Diederichs, 1900, p. 10. (저자의 프랑스어 번역.)

축가와 기능인의 일과 공통적이고, 또한 당대에 이해되던 사회학자의 일과도 공통적이다. 왜냐하면 이 시대에 사회학자는 새로운 경제적 구조에 의해 생산된 개별적 삶의 형식들과 개체성의 형식들을 공동체의 요구와 조화롭게 만들기 위해 촉진해야 할 집단적 삶의 형식들을 분석하는 참여적 관찰자였기 때문이다. 또한 예술가들, 사회학자들, 기업인들이 잡지 『장식예술』(*Dekorative Kunst*)에서 서로 소통했는데, 여기에서 가장 유명한 독일 사회학자였던 게오르크 짐멜은 장식 양식의 문제를 집단적 삶을 표현하는 양식의 문제로 격상했다. "우리가 단지 **하나의** 양식에만 관심을 가져도 각각의 개별적 표현은 그로부터 유기적으로 성장한다. 각 표현은 무엇보다도 자신의 뿌리를 찾을 필요가 없다. 보편적인 것과 특수한 것은 실현 속에서 갈등 없이 일치한다 ……. 요약하자면, 양식은 다음과 같은 삶의 커다란 문제에 대한 미학적 해결의 시도다. 어떻게 자기 자신 안에 갇혀 있는 전체인 하나의 개별 작품 혹은 개별 행동은 동시에 보다 고양된 전체에, 자신에게 부과되는 통합적 연관에 속할 수 있는가?"[18] 개별적 의지로부터의 이 해방은 작품들이나 장식예술에 의해 생산된 대상들에 새겨지고 그것을 통해 관객들이나 소비자들에게 전달된다. "양식은 순전히 개인적인 층위를 뛰어넘는 층위들에서, 폭넓고 보편적인 삶의 법칙에 종속되어 있는 감정의 범주들로 관객에게 말을 건다. 이로부터 확고한 양식을 가진 대상이 우리에게 가져다주는 마음의 진정, 안전과 평온의 감정이 생겨난다. 양식화된 형식에 마주하게 된 삶은 예술작품이 종종 주장하는 개성의 촉발 지점들로부터 보다 평화로운 지대로 고양된다. 이 지대에서 우리는 더 이상 고독하게 감각하지 않는다. 그리고 거기에서 — 이 무의식적 과정이 해석을 허락하는 한에서 —

---

18 Georg Simmel, "Das Problem des Stiles", dans *Aufsätze und Abhandlungen, 1901~1908*, vol. 2, Francfort-sur-le-Main, Suhrkamp, 1993, pp. 383~84. (저자의 프랑스어 번역.)

객관적 형식을 띠게 된 초-개인적 법칙성은 자신의 보증자를 저 감정 안에서 발견하는데, 이 감정은 우리 안에 있는 초-개인적이고 법칙의 일반성에 합치하는 어떤 것과 더불어 우리가 반응하도록 만들며, 우리 자신에 대해 갖는 우리의 절대적 책임성과 순수 개성의 편협함에 대한 의존으로부터 우리를 벗어나게 해준다."[19]

따라서 한 민족의 통일성을 표현하는 양식은 집단적 건축물에 자신들의 솜씨나 개인적인 생각을 덧붙이는 장인들의 '방식'과는 아주 거리가 멀다. 무엇보다도 그것은 개인적 의지의 포기를 함축한다. 그리고 양식화된 물품의 디자인이 일상적 삶의 습관을 통해 모두의 정신 속에 침투해 들어가도록 하는 것이 바로 이 탈개인화다. 따라서 양식화된 실용 물품이 갖는 고유한 형식은 러스킨에서처럼 자연의 유기적 형태들을 종합하는 어떤 형식이 아니다. 그것은 예술적 의지를 자연에 부과하는 '추상적' 선이고, 같은 시기에 미술사가 빌헬름 보링거가 이론화한 '고딕적' 선이다. 보링거는 그러한 선에서 삶의 불안에 대한 한 응답을 보게 된다. 베렌스가 독일전기회사를 위해 디자인한 전등추의 경우에는 오직 눈에 잘 띄지 않는 측면의 몰딩 부분과 아래쪽의 미세한 소용돌이꼴 장식만이 직선의 엄격함을 완화한다. 아주 많은 사람들의 삶을 이러한 순화된 선을 통해 양식화하는 것이 중요해지자, 이 미적 교육의 적합한 형식은 대중을 위한 제조품들의 대량생산이 된다. 이렇게 산업적 '기능성'은 순수한 선들의 예술이 보여 주는 미학적 원리와 실용품들의 대량생산이라는 경제적 원리를 연결한다. 그런데 이 연결은 예술의 윤리적 기능이라는 이름으로 이루어진다. 독일공작연맹에서 **유형들**(types)의 가장 적극적인 옹호자였던 헤르만 무테시우스는 규범화된 물품들의 대량생산이 갖는 재교육의 기능을 다음과 같이 분명히 밝힌다. "오늘날 응용예술은 교육이라는 어려운 과제에 직면하고 있다. 그것은 응용예술 이상의 것이

---

19 G. Simmel, "Das Problem des Stiles", art. cit., p. 380.

되어가고 있다. 그것은 문화교육의 수단이 되어가고 있다. 응용예술은 훌륭히 이루어진 노동, 진지함, 부르주아적 단순성이라는 덕목들을 통해 현대사회의 모든 계급을 재교육하는 것을 자신의 과제로 삼는다. 성공할 경우 그것은 우리 사회를 근본적으로 변모시킬 것이며, 그 결과는 커다란 중요성을 갖게 될 것이다. 응용예술은 단지 사람들이 사는 방이나 건물만을 변모시키지 않을 것이다. 그것은 한 세대의 특성에 장기적으로 영향을 주게 될 것이다."[20]

산업적 표준화의 덕목들을 통해 다시 한 번 긍정되고 있는 것은 기능과 표현 사이의 통일성이다. 그러나 사회학적 측면에서 해결된 문제는 예술가들의 측면에서는 긴장을 지속시켰다. 그리고 독일공작연맹은 헨리 반 데 벨데와 그의 동료들이 예술적 개성의 불가침적인 권리를 무테시우스가 권고한 바 있는 표준화된 유형들에 대립시켰을 때 마침내 파열을 겪게 된다. 그러나 예술의 절대적 우위에 대한 요구와 표준화된 유형들의 탁월성에 대한 긍정이 서로 대립할 때, 이 대립은 여전히 근본적인 하나의 동일한 관념에 토대하고 있다. 예술의 소명은 사회를 교육하는 형식들을 구상해야 한다는 생각이 그것이다. 집을 "거주를 위한 기계"로 규정했던 이론가인 르 코르뷔지에는 20년 전에 바이로이트를 탐방한 다른 사람들처럼 투르비넨할레를 탐방하는데,* 그는 1914년 전쟁이 발발한 직후에 잡지 『에스프리 누보』에 여러 번에 걸쳐 반복적으로 저 생각을 표명했다. 즉 건축(architecture)은 건설(construction) 이상의 것이다. 그것은 "빛 아래에서 조합되는 공간들의 지혜롭고, 정확하며, 훌륭한 놀이"[21]다. 여기에서 말하는 '이상'을 그저 말 그대로 이해해서는 안

---

20 Hermann Muthesius, "The Significance of Applied Art", dans Isabelle Frank (éd.), *The Theory of Decorative Art. An Anthology of European and American Writings, 1750~1940*, Yale University Press, 2000, p. 78. (저자의 프랑스어 번역.)

• Le Corbusier, *Vers une architecture*, Paris, Vincent, Fréal et Cie, 1958, p. 73. 르 코르뷔지에는 1910~11년 사이에 약 4개월 동안 페터 베렌스의 사무실에서 일한 적이 있다.

된다. 선들과 공간들에 대한 이 동일한 학문은 '필요-유형'(besoin-type)에 응답하며, '정서-유형'(émotion-type)을 촉발한다. 이 후자는 빛이 세세히 비춰주는 각기둥 속에 표현된 사유를 느끼는 행복한 시선이다.[22]• 현대적 삶의 필요에 대한 적절한 만족은 또한 형식들의 조화를 통한 눈의 교육이고 따라서 조화로운 사회를 위한 정신교육이다. 그런데 이 조화로운 사회는 개인주의로부터 '회복된' 사회, 개인주의가 건축물과 물품들의 표면에 새겨놓은 찌꺼기들, 이 병적인 표면들을 일상적 장식으로 체험하기 때문에 사람들이 그것들을 통해서 전염될 수밖에 없는 그 찌꺼기들로부터 정화된 사회가 될 것이다. 또한 기능적인 표현은 이중화된다. 한편으로 그것의 순수한 기능성은 이미 그 자체가 어떤 내적 필연성, 즉 정신성의 표현이다. 이 '내적 필연성' 혹은 '정신성'은 나중에 칸딘스키가 주창하게 될 것이고, 많은 주석가들이 순수하고 자율적인 예술의 특권을 발견하게 될 장소가 될 것이다. 그런데 이 내적 필연성 혹은 정신성의 개념을 실행했던 것은 누구보다도 응용예술가들, 건축물들과 실용물품들의 형식을 통해 사회를 교육하고자 했던 예술가들이었다.

따라서 한편으로 기능에의 단순한 순응은 그 안에 혁신된 삶에 대한 표현을 함축한다. 그러나 다른 한편으로 감성에 대한 이 혁신은 표지(標

---

21 Le Corbusier, *Vers une architecture*, p. 16 *et passim*.
22 *Ibid.*, p. 165.
• "그러나 벽들은 질서를 이루며 하늘로 세워져 있고, 나는 그것에 감동을 받는다. 나는 당신의 의도를 느낀다. 당신은 부드럽거나 노골적이며 또는 매력적이거나 품위가 있는 사람이다. 당신의 들들이 나에게 그것을 말해 준다. 당신은 나를 이곳에 붙들어 놓는다. 그리고 나의 눈은 바라본다. 나의 눈은 어떤 생각을 표명하고 있는 어떤 것을 바라본다. 사유는 말이나 소리도 없이, 단지 관계들을 형성하고 있는 그 기둥들을 통해서만 드러난다. 이 각기둥들은 빛이 세세하게 환히 비추는 대로 나타난다. 그 관계들은 실용적일 수밖에 없는 어떤 것이나 단지 기술될 수 있을 뿐인 어떤 것과는 전혀 관련이 없다. 그것들은 당신의 정신이 만들어낸 수학적 창조물이다. 그것들은 건축의 언어다. 성기 없는 자료들을 가지고 다소간 실용적인 계획에 기초해, 그러나 그 계획을 넘어서서 당신은 나를 감동시켰던 관계들을 설치했다. 이것이 건축이다"(*Ibid.*).

識)를 통해 드러나야 한다. 바로 이러한 이유에서 투르비넨할레의 합각머리에서 직선은 모서리에서 둥글게 되거나 그 수직성이 피렌체식 궁전의 정면을 모방한 수평적 줄무늬들과 상충된다. 또한 같은 이유에서 용마루 선은 직선과 곡선 사이에서 유희한다. 이 유희는 그리스식 신전과 고딕식 첨두아치 사이에서의 주저함이고, 또한 빙켈만이 말한 윤곽들의 융해다. 동일한 유희가 단순한 육각형 형태의 페디먼트에서도 반복되는데, 여기에서는 여섯 개의 칸 중앙에 베렌스가 디자인한 세 글자 'AEG'가 나뉘어 배치되어 있다. 그 아래에는 마찬가지로 베렌스가 디자인한 'TURBINEN FABRIK'이라는 글자가 나타나고 있다. 자신에게 부여된 기능을 수행하도록 잘 구성된 터빈 공장은 노동의 신전이기도 하다. 그것은 베렌스가 "삶과 예술의 축제"를 기념하기 위해 무대와 홀이 분리되지 않은 공간에서 소통했던 신전-극장에 요구한 바 있었던 종교적 기능을 자신의 방식대로 수행한다. 그 약호 자체는 베렌스가 조판상의 단순화를 추구하기는 했지만, 가독성이라는 단순한 목표에 응답하고 있는 것은 아니다. 여섯 개의 벌집 형상은 로고의 세 글자를 떼어놓는 기능만이 있는 것은 아니다. 그것들은 알로이스 리글이 『후기 로마시대의 공예』에서 연구한 바 있는 로마의 일부 보석들의 형태뿐만 아니라 다이아몬드의 결정면을 상기시킨다. 보다 정확히 말하자면, 그것들은 게오르크 푹스의 시 「기호」가 찬미했던 다이아몬드, 『파르치팔』의 성배의 경우처럼 1901년 베렌스가 관장한 다름슈타트 예술가협회의 출범식 때 정식으로 전시되었던 저 다이아몬드, 즉 새로운 영혼들이 보여 주는 새로운 삶의 상징을 떠올리게 한다. 교육적 예술의 신비한 다이아몬드와 노동자의 노동 사이의 관계, 우리는 이것이 한 뮤지컬 드라마에서 강렬하면서 응축적인 형태로 표현되고 있는 것을 발견하게 된다. 이 뮤지컬 드라마는 바로 아르놀트 쇤베르크의 『행복한 손』으로, 희곡은 1911년에 출간되었다. 제3막에서 인간 ─ 교육자 시인 ─ 은 미메의 대장간을 상기시키는 동굴에서 일에 매여 있는 노동자들에게 노동을 문화로 만들기 위해 필요한 실행 방식을 보여 준다. 그는 단 한번의 망치질로 금덩어리를 장신구로 변모시키면서 그들에게 이렇게 말한다. "우리는 이것을 더 간단하게 할 수 있다." 우리가 일반적으로 기계의 지배와 연결하는 형식들과 절차들의 간소화는 여기에서는 거꾸로 산업 노동과 공통의 삶을 정신화할 수 있는 유일한 것인 예술과 관계된다. 모더니즘 혁명의 전사로 간주되는 음악가의 작업은 우리가 그것을 '예술 축제들'에서 전형적인 공장들의 건설로 이어지는 전개에 근접시킬 경우에만 의미를 지닌다. 그것은, 예술의 자율성을 상징하는 데 쓰이게 될 관례적 표현들의 발생을 찾아야 할 곳은 '응용'예술의 이론화에서라는 점을 우리에게 상기시킨다.[23]

---

23 우리는 쇤베르크의 작업이 테오도르 아도르노의 관심을 끌었고, 그래서 그가 그의 작업에 대해 시사하는 바가 많은 긴 주석을 썼다는 것을 알고 있다. 그러나 이 영웅의 몸짓을 결국에는 "낡은 생산양식의 주술"(『신음악의 철학』(*Philosophie de la nouvelle musique*, tr. fr. H. Hildenbrand et A. Lindenberg, Paris, Gallimard, 1962, p. 57))에 대한 옹호로 돌리면서 아도르노는, 러스킨에서 독일공작연맹과 바우하우스로 이어지는 역설적인 계보를, 그리고 그와 동시에 예술적 모더니즘 범주들의 생산에서 응용예술에 관한 논쟁이 수행한 역할을 잘못 인식하는 경향을 보인다.

제9장 표면의 거장

1902년 파리

　무엇보다도 중요한 것은 인간의 몸에 대한 완벽한 인식을 갖는 것이라는 점을 로댕은 알고 있었다. 천천히 탐험하면서 그는 그것의 표면까지 다가갔고, 마침내 손은 밖으로부터 신체 쪽으로 향하며 신체의 한 표면을 다른 표면을 통해 정확히 규정하고 한정했다.* 마치 꼭 내부로부터 그렇게 된 것처럼 말이다. 그가 자신의 이 고독한 길을 따라 앞으로 나아갈수록 그만큼 더 그는 우연을 지배하게 되었고, 하나의 법칙이 또 다른 법칙을 그에게 열어 보여 주었다. 결국 그의 탐구가 열중했던 것은 이 표면이다. 표면은 빛과 사물의 무수한 만남들로 구성되었다. 그런데 이 만남들 하나하나가 달랐고 그 하나하나가 독특했다. 그것들은 여기에서는 서로를 맞이해 주는 것 같았고, 저기에서는 멈칫하며 서로 인사하는 것 같았다. 또한 저기에서 그것들은 마치 낯선 두 사람처럼 지나쳤다. 무한히 많은 장소들이 있었지만, 아무것도 일어나지 않는 장소는 없었다. 비어 있는 장소는 없었다 ······.

---

* 독일어 원문을 참조해 '다른 표면을 통해'를 덧붙였다.

이 순간부터 로댕에게 조형예술에 대한 모든 전통적인 이해들은 모든 가치를 상실했다. 포즈도, 군상도, 구성도 없었다. 셀 수 없이 많은 살아 있는 표면들, 삶, 그리고 이 삶을 향해 곧장 전진해 가는 표현 수단만이 있었다. 중요한 것은 이제 삶과 그것의 풍부함을 장악하는 것이었다. 로댕은 자신이 시선을 주었던 모든 곳에 존재했던 삶을 파악했다. 그는 아주 사소한 장소들에서 그 삶을 파악했고, 그것을 관찰하고 그것을 추적했다. 그는 그 삶이 주춤거렸던 길들에서 그것을 기다렸고, 그것이 질주했던 곳에서 그 삶에 다시 합류했으며, 동등하게 위대하고 동등하게 힘이 넘치고 동등하게 매혹적인 그것을 도처에서 발견했다. 신체의 어느 부분도 무의미하거나 하찮지 않았다. 모든 것이 살아 있었기 때문이다. 눈금판에 나타나는 것처럼 얼굴에 기록된 삶은 읽기가 쉽고 시간의 흔적들로 가득 차 있었다. 반면에 신체에서 삶은 보다 흩어져 있었고, 보다 위대하고 보다 신비로우며 보다 영원했다. 거기에서 삶은 자신을 위장하지 않았고, 거기에서 삶은 시대가 무심할 때면 무심하게, 의기양양한 사람들과 함께할 때면 의기양양하게 걸어갔다. 얼굴이라는 무대에서 물러나면서 삶은 가면을 벗어던지고 있는 모습 그대로 옷의 장막 뒤에 서 있었다. 자신이 성당들을 통해서 중세 시대의 세계를 인식했듯이, 로댕은 몸에서 자신의 시대의 세계를 발견했다. 그 세계는 신비한 어떤 어두움 주위로 결집되어 있고, 한 유기체에 의해 전체로서 유지되고 있으면서 이 유기체에 적응하고 종속하고 있는 세계였다.

이 글은 조각과 관련해 가장 확고하게 정립된 진리들을 정면으로 거스르는 하나의 담론 방식을 보여 준다. 조각을 3차원의 예술로 간주하는 주장에서부터 시작해 보자. '부피'라는 말은 앞의 인용글에서는 나타나지 않는다. 적어도 젊은 시인이었던 라이너 마리아 릴케가 로댕의 예술에 할애하고 있는 텍스트에서는 그러하다.[1] 반면에 '표면'(surface)이라는 말은 집요할 정도로 반복해서 등장하는데 일반적으로 그것은 회화에 관한 담론에, 특별히 인상주의 회화에 관련된 단어인 '빛'이라는 말과 짝을 이루어 나타난다.* 조형적 표면은 "빛과 사물의 무수한 만남들"로 정의되고 있다. 시인 릴케는 만남이라는 은유를 추상적 의미로 사용했을 수도 있다. 그러나 반대로 그는 빛과 사물을 멈칫하며 서로 인사하거나 이방인처럼 지나치는 사람들로 간주하면서 그것의 구체적인 특징을 추적해 갔다. 이때 조각가는 삶이 지나가는 곳에서 그것을 기다리는 추적자가 되고, 그것에 다시 결합하려고 달려가는 달리기 선수가 된다. 릴케는 전통적으로 조각된 신체 이미지와 결합되어 있는 조형적 형태를 완전히 없애버리는 것에 만족하지 않는다. 그는 또한 레싱 이후 조각이 결코 될 수 없을 것이라고 간주되었던 것, 즉 시간의 예술로 조각을 전화한다. 라오콘에 관한 논제를 완전히 전복하기 위해 그는 바로 이 시간-조각에서 자신의 글의 리듬과 운율을 빌려왔다고 주장한다.

사람들은 이 기술에서 방문객**이 가졌던 감정과 시인의 과장된 상상력에 의해 만들어진 서사적 과장을 볼 수도 있을 것이다. 그러나 열정적

---

1 Rainer Maria Rilke, *Auguste Rodin*, tr. fr. M. Betz, dans *Œuvres I, Prose*, édition établie et présentée par Paul de Man, Paris, Le Seuil, 1966, pp. 395~98. (프랑스어 번역은 저자에 의해 수정됨.)

* 로댕의 조각을 빛과 표면의 예술로 규정하면서 거기에서 인상주의에서 전형적으로 나타나는 이른바 '회화적 본질'을 찾아낸 것은 그린버그였다. "로댕은 베르니니 이후 처음으로, 자신의 미술에서 회화의 본질적인 성질들, 즉 단순히 삽화적인 성질들이라기보다 회화의 본질적인 성질들을 가로채보려고 시도한 조각가였다. 그는 인상주의와 겨루면서 빛에 의해 표면이 그리고 심지어는 형태까지도 녹아내리는 효과를 추구했다"(C. Greenberg, *Art and Culture: Critical Essays*, Beacon Press, 1961, p. 140; 조주연 옮김, 『예술과 문화』, 경성대학교출판부, 2004, 168쪽).

** 릴케는 로댕에 관한 미술비평의 글을 의뢰받아 단행본을 쓸 계획으로 1902년 가을 로댕을 방문했다. 1905년에는 로댕의 비서로 고용되어 상당히 오랫동안 그와 함께 지내기도 했다. 릴케는 가까이에서 그의 작업을 지켜보기도 하고 많은 대화를 나누면서 그에게 상당한 영감을 받았다. 이 둘의 관계에 대해서는 R. Corbett, *You Must Change Your Life: The Story of Rainer Maria Rilke and Auguste Rodin*, W. W. Norton and Company, 2016(김재성 옮김, 『너는 너의 삶을 바꿔야 한다』, 뮤진트리, 2017) 참조.

인 문구와 화려한 은유는 이 주제와 관련해 이미 확립된 비평 전통에 속하거나 고유하게 로댕의 사유에 속하는 생각만을 강조하고 있을 뿐이다. 표면에 대한 강조는, 물론 사실 그 의미를 바꾸고 있기는 하지만, 로댕이 조각을 단면들(plans)의 예술로 주장한 것에 상응한다. 조각가 로댕에게 단면은 "모든 방향에서 바라보고 정확하게 표현한 부피 — 높이, 폭, 깊이"[2]다. 이와 같이 표면은 내적 부피의 분출일 뿐이다. 반대로 시인 릴케는 외부로부터 표면을 한정하는 '손', 즉 삶을 강조한다. 여기에서 삶은 사물을 빛과 접촉한 표면으로 존재케 하는 만남들의 조직자다. 조각의 정지 상태와 이야기나 드라마의 시간성 사이에 받아들여졌던 대립을 거부한 것 또한 바로 로댕이었다.* 그러나 그가 그것을 설명하기 위해 제시한 예들은 여전히 행위를 신체에 새겨진 의지로 바라보는 고전적 이해에 속해 있다. 특히 그가 프랑수아 뤼드의 한 조각상에서 동일한 행위의 상이한 순간들에 상응하는 신체의 부분들을 보여 줄 때가 그러하다.**

---

2 Judith Clavel, *Auguste Rodin: l'œuvre et l'homme*, Bruxelles, G. van Oest, 1908, p. 56. 나는 릴케의 책을 번역한 모리스 베츠가 'Flache'와 'Oberflache'라는 단어를 번역하기 위해 선택한 '표면'이라는 말을 그대로 사용했다. 사실 이 번역은 릴케가 로댕의 '단면'에 첨가하고 있는 의미들을 고려하고 있다.

• 랑시에르가 여기에서 언급하고 있는 대립은 레싱이 『라오콘』에서 제시한 논제다. 레싱에 따르면, 재현의 대상은 공간 속에 나란히 공존하는 것들이거나 시간 속에서 연달아 존재하는 것들이다. 전자가 물(신)체들(Körper, bodies)이고 후자가 행위들(Handlungen, actions)이다. 물체들이 회화나 조각 같은 조형예술에 고유한 대상이라면, 행위들은 시문학의 대상이 된다. 앞에서 랑시에르가 언급했듯이, 로댕은 조각을 시간의 예술로 전화함으로써 이 대립을 파괴한다. Lessing, *Laokoon, oder über die Grenzen der Malerei und Poesie, Werke*, Band 6, 1970, pp. 101~02 참조.

•• "여기에 예술이 해석하는 몸짓의 모든 비밀이 있습니다. 말하자면 조각상은 관객이 한 인물을 통해 동작의 전개를 따라가도록 강제합니다. 우리가 선택한 예(뤼드의 조각상 「사령관 네」(Le maréchal Ney)]의 경우, 눈은 당연히 다리에서 치켜든 팔로 올라갑니다. 그리고 그러는 동안에 눈이 연속적 순간들에 따라 재현된 조각상의 상이한 부분들을 발견하게 됨에 따라 눈은 운동이 수행되고 있는 것을 보고 있다는 환영을 갖게 됩니다. (Auguste Rodin, *L'Art*, entretiens réunis par Paul Gsell, Grasset, 1911, pp. 78~79).

반대로 릴케가 찬양하고 있는 빛과 사물의 무수히 많은 만남들이 표현하고 있는 것은 바로 저 고전적인 이해와 그것이 구체화되어 나타나는 감각 세계에 대한 파괴다. 이제 행위하는 것은 신체들이 아니다. 오히려 신체를 구성하는 것이 행위들이다. 시인 릴케가 움직이고 있는 표면들 위에서 보고 있는 것은 이렇게 조각가 로댕의 논제를 뛰어넘는다. 그러나 이 과도함은 자의적인 것은 아니다. 릴케는 로댕의 작품세계가 보여주는 새로움을 사유하고자 했던 사람들의 노력을 체계화하고 있다. 그가 귀스타브 제프루아, 옥타브 미르보, 카미유 모클레르, 로제-막스, 귀스타브 칸, 그리고 몇몇 다른 사람이 조각가 로댕에 대해 쓴 가장 중요한 텍스트들을 2년 전에 모아 출간한 평론집 『오귀스트 로댕과 그의 작품세계』를 읽은 것은 분명해 보인다. 릴케의 글은 예술가 로댕을 기리기 위해 개최된 두 전시회에서 정립된 비평 전통에 영감을 받았다. 하나는 1889년의 모네-로댕 전시회였는데, 이것은 만국박람회와 공식적인 예술행사 외곽에서 새로운 예술에 대한 최초의 의미 있는 비평적 평가를 불러일으켰다. 다른 하나는 조각가 로댕에게 국제적 명성을 가져다주었던 1900년 만국박람회와 동시에 개최된 로댕 전시회였다. 그런데 이 두 전시회에서 정립된 비평 전통은 로댕의 사상을 작품에 대한 기술을 통해 설명하는 것에 만족하지 않았다. 그것은 로댕을 사유에 대한 새로운 이해를 표현하는 예술에 대한 새로운 패러다임의 상징으로 삼았다. 이 비평 전통은 로댕의 조각 작품에서 특정한 예술이 보여 줄 수 있는 고유의 탁월성을 보지 않았다. 그것이 거기에서 본 것은 바그너의 음악, 말라르메의 시, 로이 풀러의 춤, 모네의 '자연주의' 회화나 고갱의 '종합주의' 회화, 마테를링크의 '상징주의' 연극이나 입센의 '사실주의' 희곡에서 유통되던 예술과 사유에 대한 새로운 이해가 갖는 특징들을 드러낼 수 있는 사유의 구체화 양식이었다.

　로댕의 작품세계가 보여 주는 새로움은 어떤 본질적 전복, 단편과 미완성된 것에 전체의 가치를 부여하는 전복으로 요약할 수 있을 것이다.

이 전복은 제프루아가 1889년 전시회의 카탈로그를 위해 쓴 글에서 곧바로 드러나고 있다. 로댕의 작품들을 해설하기에 앞서 제프루아는 우리를 그 자신이 혼돈으로 묘사하고 있는 로댕의 작업실로 안내한다. 그런데 이 작업실에는 우리가 아직 어떻게 그렇게 되는지는 알 수 없지만 나중에 「지옥의 문」으로 집결하게 될 구성요소들이 흩어진 채 여기저기에 널려 있다. "넓은 방 여기저기에, 조각 받침대 위에, 선반에, 소파에, 의자에, 바닥에, 사방으로 작은 조각상들이 흩어져 있다. 고개를 들고 있는 얼굴들, 뒤틀린 팔들, 오므린 다리들이 난잡하게 우연히 서 있거나 누워 있다. 그것들은 마치 활기에 찬 묘지와 같은 인상을 준다. 6미터 높이의 문(Porte) 뒤에는 한 무리가, 소리 없이 웅변하고 있는 무리가 있다. 한 장 한 장, 한 문단 한 문단, 한 문구 한 문구, 한 줄 한 줄에 멈추면서 책을 살펴보거나 읽는 것처럼, 개체 하나 하나에 시선을 주어야 할 것 같은 무리가 있다."³ 이 전시회의 가장 큰 사건은 실제로는 로댕이 군상(群像)「칼레의 시민들」과 더불어 몇 해 전부터 작업해 온「지옥의 문」의 완성본을 소개하는 것이었다. 그런데 결과물로서 나타난 것은 단지 그것의 단편적 구성요소들뿐이었다. 그리고 사실 이 비평이 무엇보다도 우리의 시선을 고정한 것은 군상의 조합이 아니라 흩어져 있는 그대로의, 흩어져 있는 그 구성요소들이다. 조각가는 행위 중인 어떤 신체나 어떤 군상의 형상을 돌덩어리에 부여하는 사람이 아니다. 그는 민중, 즉 일군의 '개체들'을 다루는 사람이다. 여기에서 이 개체들은 자신들의 정당한 지위를 부여받을 필요가 있는 동작과 자세들을 지시한다. 같은 해에 한 미국인 방문객은 마치 "한 건축적 형태의 장중한 권위 아래 가두어 둘 수 없는 수많은 영혼들"⁴처럼 문틀에 쌓여 있는 한 덩어리의 무질서한 형상들에 주

---

3 Gustave Geffroy, catalogue de l'exposition "Claude Monet, A. Rodin", présentée à Paris, Galerie Georges Petit, 21 juin-août 1889, pp. 56~57; reproduit en fac-similé dans *Claude Monet-Auguste Rodin: centenaire de l'exposition de 1889*, Paris, musée Rodin, 1989.

목한 바 있다. 제프루아의 경우, 그는 전통주의자들이 새로운 예술가들에게 가하는 비판을 되돌려준다. 전통주의자들에 따르면, 새로운 예술가들은 완성된 작품이 아니라 단지 습작, 스케치, 거친 초안을 대중에게 제시할 뿐이다. 제프루아는 이 논변에 긍정적 가치를 부여한다. 실제로 조각가의 작업은 도래할 전체의 단편들을 파악하고 통합하는 것이다. 예를 들면 석고로 형상을 뜬 몸짓은 석고로 된 문이 결집될 것이며, 이 문은 대중에게 미래의 청동 이미지를 제시하게 될 것이다. 그러나 또한 조각가는 이 석고 단편들에 의미 있는 특징과 이름을 부여한다. 사실 그것들은 한 무리의 개체들(un peuple d'individus)이다. 이 무리는 고전적으로 부르주아들이 공포를 느끼면서 민중(peuple)에게 부여했던 위협과 혼동의 특징들, 예를 들면 치켜든 얼굴, 뒤틀린 팔, 오므린 다리, 난잡함 등을 보여 준다. 그러나 그것은 또한 우리가 책처럼 하나하나 살펴보는 망자들의 무리이기도 하다. 물론 전투적 작가였던 제프루아는 여기에서 이름 없는 지옥의 망령들이 공화국 프랑스의 역사가에게 했던 말을 떠올리고 있다. "우리는 네가 쓰게 될 한 줄 때문에 죽음을 받아들였다."[5] 살펴보아야 할 책이라는 은유가 겨냥하고 있는 것은 저주받은 연인들인 파올로와 프란체스카의 군상,* 그리고 자신의 아이들을 먹어치운 우골리노의 군상**을 「지옥의 문」에 제공한 단테보다는 저 공화주의적 민중

---

4 Truman Bartlett, dans *American Architect and Building News*, cité par Albert Edward Elsen, *The Gates of Hell*, Stanford University Press, 1985, p. 127.
5 Jules Michelet, préface de 1869 à *l'Histoire de France*, dans *Le Moyen Âge*, dans Paul Viallaneix (éd.), *Œuvres complètes*, t. V, Paris, Flammarion, 1974, p. 24.
* 나중에 「입맞춤」(Le Baiser)이라는 독립적 작품이 된다. 파올로와 프란체스카는 단테가 『신곡』에서 전하고 있는 금지된 사랑 이야기의 주인공들이다.
** 나중에 「우골리노와 자식들」(Ugolin et ses enfants)이라는 독립적 작품이 된다. 13세기 이탈리아 귀족이었던 우골리노는 자신의 아들들과 손자들과 함께 포로로 탑에 갇혀 있었는데, 배고픔을 이기지 못해 죽은 자신의 아이들을 먹었다고 한다. 단테는 이 이야기를 『신곡』에서 전하고 있다.

이다.* 그러나 그것은 은유 이상의 것이다. 조각가의 작업에 그 가시성을 부여하는 것, 그것은 잘 균형 잡힌 신체, 냉정한 선, 행위를 품고 있는 순간, 혹은 표현력 넘치는 얼굴 등을 규정하는 규범이 결코 아니다. 그것은 문학이 보여 주는 이름 없는 민중이다. 그런데 이 민중은, 소설가 발자크의 초상을 기대했던 문인들에게 커다란 실망을 안겨주면서까지 로댕이 한 신체의 동작 속에서 요약하고자 전념했던 발자크의 인간극이 아니라 오히려 플로베르의 민중, 새로운 종류의 민주주의적 민중이다. 이 민중은 통속적 유형들로 만들어지는 것이 아니라 무한자의 비인격적 숨결에 의해 똑같이(également) 흔들리는 나뭇잎들과 같이, 문구 하나하나를 읽어가면서 파악해야 하는 무의미한 몸짓들과 임의의 순간들의 혼합에 의해 구성된다. 플로베르는 완전히 다르지만 똑같이 '흔들리는'(tourmentées) 나뭇잎들의 이 미시적 평등을 민주주의의 대변자들의 평등에 대립시킨다.** 그러나 민주주의적 연설과 바람에 의한 나뭇잎들의 무심한 흔들림 사이에 정확히 몸짓들과 자세들의 무한한 무리(peuple)가 존재한다. 신체는 자신이 이 모든 동작을 매일 할 수 있다는 것을 보여

• 애초에 로댕은 「지옥의 문」을 통해 단테의 『신곡: 지옥편』을 형상화하려고 했다. 그러나 그는 그 서사와 그것이 함축하고 있는 도덕적 목적에 걸맞는 형상화는 '실재'와 거리가 멀 수밖에 없다는 것을 깨닫고 그 계획을 포기하게 된다. "나는 일 년 내내, 단테의 『신곡: 지옥편』의 여덟 세계를 그려보면서 그와 함께 살았다. 단테에 대한 나의 시각을 나는 그림들을 통해 묘사해 보았지만, 그것들이 실재(reality)와 충분히 근접해 있지 않다는 것을 나는 그 해가 끝날 무렵에 깨닫게 되었다. 그래서 나는 모든 것을 다시 시작했다. 나는 실재하는 사물들을 그리기 위해 나의 모델들을 가지고 작업했다. 나는 단테에 기초해 그렸던 그림들을 버렸다"(S. Basset, "La Porte de l'Enfer", *Le Matin*, 19 mars 1900(A. E. Elsen (ed.), *Rodin Rediscovered*, University of Washington Press, 1981, p. 61에서 재인용)).
•• 콜레에게 보낸 편지에서 플로베르는 이렇게 쓰고 있다. "거지 못지않게 그 거지를 물어뜯는 이(poux)를 동정하지 않는다면 나는 악마에게 잡혀갈 겁니다. 더욱이 확신컨대, 나뭇잎들이 같지 않듯이 사람들도 서로 형제가 아닙니다. 나뭇잎들은 다 같이 흔들립니다. 더 이상의 말은 필요 없습니다"("Lettre à Louise Colet du 26 mai 1853", dans G. Flaubert, *Correspondance*, vol. 3, p. 210).

주고 있으며, 로댕과 더불어 조형예술은 두 신체가 서로 접촉할 때 일어나는 이 모든 동작을 마침내 탐험하기 시작했다.

제프루아에 따르면, 이것이 로댕의 위대한 발견이다. "…… 새로운 자세들 …… 가능한 자세들의 무한성은 동작들의 해체와 재구성을 통해 발생되며, 몸이 움직일 때마다 순간의 모습들로 배가된다."[6] 고전적 조각상들은 신체의 역할을 특정 감정과 의미 있는 행위의 특정 순간을 표현하는 것에 제한하고자 했던 원리를 따르고 있었기 때문에 저 자세들을 간과할 수밖에 없었다. 그런데 그 원리는 예술에 모순적 규범을 부여했다. 이것이 레싱의 『라오콘』의 심오한 교훈이었다. 문제는 단순히 트로이 사제의 외침에 대한 재현이 조각상의 조화와 어긋난다는 점이 아니었다. 모순은 행위를 품고 있는 순간을 재현한다는 생각 자체 안에 있다. 주어진 어떤 감정이나 명확히 규정된 행위를 정확하게 표현하려고 함으로써 조형적 형상은 예술의 본질적 능력, 즉 관객의 상상력이 예술에 부여하는 능력으로부터 단절된다. 따라서 훌륭한 해결책은 행위로부터 그것의 규정성을, 그리고 신체로부터 그것의 표현 역량을 떼어놓는 것이었다. 바로 이러한 이유에서 조각가는 라오콘의 고통이 절정에 이르는 순간을 피했던 것이라고 레싱은 말한다. 또한 같은 이유에서 빙켈만은 사유가 바다의 파도처럼 출렁이는 근육의 주름을 통해서만 표현되고 있는 절단된 토르소에서 예술의 완전성을 발견했던 것이다. 조각의 완전성과 시각예술 일반의 완전성은 그 가능성의 제한을 요구했다. 그러나 이 제한 때문에 조각은 시와 그것을 재현하는 행위들—이것들은 자신들이 무엇을 닮았는지를 애써 보여 줄 필요가 없다—에 비해 열등한 지위에 머물러 있을 수밖에 없었다. 시와 동등해지기 위해 조형예술은 결정적인 전복을 수행하지 않으면 안 되었다. 즉 조형예술은 유기적 신체

---

6 G. Geffroy, catalogue de l'exposition "Claude Monet, A. Rodin", dans *Claude Monet-Auguste Rodin* ……, *op. cit.*, p. 60.

를 행위의 기관으로 만드는 것을 거부해야 하며, 정확히 말하면 그 신체를 해체해 다수의 몸짓들 및 장면들과 같은 다수의 단위들로 와해시켜야 한다.

이것이 바로 전체나 기념비적 집합체가 아니라 위계 없이 결집되어야 하는 개체들의 다수성으로부터 출발하고 있는 비평적 시선이 강조하고 있는 작업이다. 흩어져 있는 작은 조각상들은「지옥의 문」이 구성하게 될 전체의 부분들이 아니다. 로댕이 선호한 소설가였던 플로베르의 문장처럼 각 부분은 그 자체로 전체의 역량을 담지하고 있는 완성된 개체성이다. 그리고 이것은 기념비의 부분들과 마찬가지로 신체의 부분들에 대해서도 마찬가지다. 빙켈만이 서술하고 있는 토르소가 역사의 우연에 의해 절단되었다면, 로댕은 일부러 머리와 사지가 없는 신체를 창조한다. 머리가 없는「걷고 있는 남자」, 팔이 없는「내면의 소리」, 사지가 잠옷으로 가려져 있는「발자크」가 그러하다.「발자크」를 발주한 문인들의 예에서 볼 수 있듯이, 관객들은 이 미완성의 신체들에 놀라거나 분개했다. 그러나 릴케가 반박하고 있듯이, 그것은 작품의 통일성을 신체의 통일성과 일치시키는 오류에서 기인하는 반응이다. 팔이 없는 신체의 경우나 인상주의자들에서처럼 캔버스의 모서리에 의해 잘려진 나무들의 경우에도 사정은 마찬가지다. 그것들은 우리에게 통일성의 본성이 변했다는 것을 알려 준다.「내면의 소리」의 팔이 없는 신체는「빅토르 위고 기념비」에서 어느 것도 결여되어 있지 않은 총체성을 구성한다.* 이 총체성은, 몸을 기울인 채 가슴에 수직으로 머리를 내밀면서 목을 반대 방향으로 비틀고 있는 모습에 의해 충분히 개별화되고 있는 자세, 자신 안으로 집중하면서 동시에 멀리서 들리는 삶의 풍문을 듣고 있는 자세의 총체성이

---

* 이 조각상은 본래 아주 작은 형상으로「지옥의 문」에 들어가 있었다가 이후에「빅토르 위고 기념비」(Monument à Victor Hugo)의 일부로 포함되었다. 이후 로댕은 이것을 더 큰 형상의 형태로 독립시켜 발전시켰고, 그것에「내면의 소리」라는 제목을 붙였다.

다. 그리고 마찬가지로 로댕이 종종 즐겨 재현하거나 있는 그대로 전시하곤 했던 손들에도 결여된 것은 아무것도 없다. "예술가의 임무는 많은 사물들로 다른 하나의 사물을 만들고 한 사물의 아주 작은 부분으로 하나의 세계를 만드는 것이다. 로댕의 작품세계에는 손이, 어떤 신체에도 속하지 않는 살아 있는 독립적인 작은 손이 있다. 화가 나고 불쾌해서 봉기하고 있는 손, 지옥에 있는 개의 다섯 목처럼 곤두세운 다섯 손가락과 함께 울부짖고 있는 것처럼 보이는 손, 걷고 있는 손, 잠자고 있는 손, 깨어나는 손, 죄를 지은 손과 유전적 결함을 물려받은 손, 그리고 피곤해서 더 이상 아무것도 원하는 것이 없는, 누구도 자신을 도와줄 수 없다는 것을 알고 있는 병든 짐승처럼 어딘지 모를 모퉁이에서 잠들어 버린 손이 있다 ……. 손은 이야기를 가지고 있다. 자신만의 문화, 자신만의 특별한 아름다움을 실제로 가지고 있다. 우리는 손에게 자신만의 표현, 자신만의 욕망, 감정, 분위기, 관심을 가질 수 있는 권리를 인정한다."[7] 1900년의 로댕 평론집에서 귀스타브 칸이 같은 주제로 썼던 텍스트[8]를 능가하는 릴케의 이 글에 대해 사람들은 상당히 문학적이라고 말할 것이다. 그러나 정확히 이 '문학적' 과장은 신체의 부분들 사이의 일치, 그리스 신체적 행위오- 표현의 어법과 같은 신체에 대한 전통적인 재현들에 조각의 형태들을 묶어놓는 자명함을 해체하기 위해 필요했던 것이다. 이 자

---

[7] R. M. Rilke, *Auguste Rodin*, dans *Œuvres I, op. cit.*, p. 406.
[8] "로댕은 손, 즉 성난 손, 꽉 쥔 손, 반항적인 손, 고통스러운 손의 조각가다. 여기에는 허공을 움켜잡아 압축해 반죽을 만들어 그것으로 운 좋은 형인에게 던져줄 눈과 붉은 덩어리를 만들 것처럼 비틀어져 있는 손이 있다. 여기에는 측수와 같은 과장된 동작으로, 그리고 몸의 일부가 잘려 피를 흘리면서 보이지 않는 적을 향해 다리를 절며 억지로 걸어가는 짐승과 같은 동작으로, 난폭하게, 갈라진 주름의 흔적을 간직한 채 기어오르는 놀라운 손이 있다. 또 거기에는 매끄럽고 텅 빈 표면 위에 짓눌려 있는 손이 있다. 단단히 가늠했지만 헛되이 움켜쥐었던 이 손의 손가락들은 결백한 주장이 형리의 두뇌 속으로 미끄러지듯 그렇게 파도 속으로 미끄러진다." Gustave Kahn, "Les mains chez Rodin", dans *Auguste Rodin et son œuvre*, Paris, éditions de La Plume, 1900, pp. 28~29.

명함을 해체하는 것, 이것은 조형예술을 단지 형태, 선, 부피의 문제로 전화하는 것이 아니다. 이 형식적 기하학에서 재현 전통에 대립하는 현대적이고 자율적인 작품의 공식을 발견했다고 믿는 사람들은 그 기하학이 저 전통을 이끌었던 신체에 대한 표상과 조형적 완전성에 대한 관념에 전적으로 의존해 있다는 것을 망각하고 있다. 그것은 마치 문학 혁명을 야심에 찬 왕자와 질투심 많은 공주의 이야기 없이 미사여구의 자율적 사용을 통해 규정하는 것과 거의 같다. 로댕과 그의 비평가들과 마찬가지로 젊은 시인이었던 릴케는 미사여구의 규칙성과 공주의 질투는 함께 간다는 것을 알고 있었다. 그가 그들과 함께 로댕의 팔 없는 신체 혹은 신체 없는 손의 무리 속에서 보았던 것은 아주 다른 의미를 갖는 혁명이다. 거기에는 예술의 자율성, 즉 형식들이나 작품들의 자율성에 관한 질문은 존재하지 않는다. 거기에는 진리에 관한 질문, 즉 삶의 수천 가지 표현을 자율적인 것으로 파악하고 그것들을 신체들 속에 가시화하는 것에 관한 질문이 존재한다. 이 진리는 의례적인 표정들로 그것을 은폐하는 얼굴에서가 아니라 그 진리가 흩어져 있는 신체들에서 찾아야 한다. 그런데 그것을 발견하기 위해서는 신체의 부분들을 인정된 정체성과 기능으로부터 해방해야 한다. 릴케가 자고 있거나 깨어나는 손, 봉기하거나 걷거나 울부짖는 손에 대해 우리에게 기술할 때 그것은 그의 상상의 변덕에 따른 것이 아니다. 이 모든 행위는 손에게 부여되었던 고전적 기능, 예를 들면 그 소유자의 정체성과 의지를 수행하거나 상징하는, 지시하고 잡는 기능에 대립한다. 전체와 부분의 고전적 관계는 바로 이 전유의 관계, 속성(propriété)*에 대한 긍정이었다. 자고 깨어나고 울부짖는 손은 이것의 파괴를 의미한다. 행위는 그 자체로 하나의 개체이다. 만지거나 잡는 손은 모든 속성, 모든 인격성으로부터 분리된 손이다. 개체를 이

• 속성은 부분이 전체에 귀속함으로써 갖는 성질인 한에서 일종의 소유 관계 혹은 귀속 관계를 표현한다.

루는 것은 이제 행위이지 행위하는 주체가 아니다. 이러한 이유로 모든 부분은 어느 것도 결여되어 있지 않은 하나의 신체를 구성할 수 있다. 같은 이유에서 반대로 신체는 자기 자신의 부분으로, 혹은 정확히 말하면 자기 자신의 부분의 행위로, 혹은 어떤 임의의 사물의 행위로 전화될 수 있다. 「지옥의 문」에서 생각하는 사람의 신체는 그 전체가 두뇌가 되었고, 반면에 다른 신체들은 마치 사물처럼 심연의 나락으로 떨어지고 마치 얼굴처럼 무엇을 듣고 있으며, 또는 마치 손처럼 무엇을 던지기 위해 힘차게 뻗는다.[9] 릴케가 사용하고 있는 은유들은 이 위대한 환유, 모든 부분이 총체성이 되고 모든 총체성이 부분의 역할을 수행하게 되는 이 위대한 전위를 지시하기 위한 것이었다. 전체와 부분은 행위들, 즉 어느 경우라도 어떤 정체성으로 완결되지도 않고, 어느 경우라도 어떤 속성으로서 제한되지도 않는 총체성의 현현들이다. 신체와 사지들은 굼실거리는 거대한 표면 위로 나타나는 비인격적 삶의 개별화된 장면들일 뿐이다. "로댕에게 인간 신체는 (내적인 또는 외적인) 공통적 행위가 신체의 모든 사지와 힘들을 작동시키는 한에서만 전체가 된다. 마찬가지로 그에게 상이한 신체들의 부분들은 내적 필요에 의해 서로에 동조하는 한에서 자발적으로 유기체로 구성된다. 다른 신체의 엉덩이나 어깨 위에 놓인 손은 더 이상 완전히 그 손의 소유자에 귀속되지 않는다. 그 손과 그것이 만지거나 움켜쥐는 대상은 함께 새로운 사물, 이름도 없고 그 누구에게도 속하지 않은 사물을 부가적으로 형성한다."[10]

작품은 열린 전체의 역량, 즉 모든 유기체적 총체성을 뛰어넘는 전체의 역량이 거기서 표현되는 한에서 자족적인 개체로서 존재한다. 정확히 말해 형상들은 존재하지 않는다. 자세들만이, 즉 신체와 빛의 그리고 신체와 다른 신체들의 다양한 만남에 의해 형성되는 개체들만이 존재한다.

---

9 R. M. Rilke, *Auguste Rodin*, dans *Œuvres I, op. cit.*, p. 411.
10 R. M. Rilke, *Auguste Rodin*, dans *Œuvres I, op. cit.*, p. 407.

우리는 이 자세를 또한 표면이라고 부를 수 있다. 왜냐하면 표면은 선들의 조합과는 아주 다른 것이기 때문이다. 표면은 우리가 지각하는 모든 것, 그리고 우리가 표현하는 모든 것의 실재 자체다. "우리가 정신과 영혼과 사랑이라고 부르는 것은 가까이에서 본 얼굴의 작은 표면 위에 나타나는 사소한 변화일 뿐이지 않은가? …… 왜냐하면 가슴을 떨리게 했던 모든 행복, 생각만으로 우리를 허물 것 같은 모든 위대함, 들었다가 사라지는 이 원대한 사유들 각각은 한순간의 입술의 오므림, 눈썹의 찌푸림 또는 이마 위의 드리워진 그림자일 뿐이기 때문이다."[11]• 드라마 연기와 조형적 표면은 동일한 실재, 삶이라고 불리는 유일한 힘에 의해 추동되고 변형되는 이 굼실거리는 거대한 표면의 변양들이라는 실재로 환원될 수 있다.

'삶'이라는 단어가 갖는 외견상의 상투성에 대해 오해를 해서는 안 된다. 조형적 새로움에 대한 정의는 이 단어의 해석에 달려 있다. 릴케는 '신체', '삶', '행위'의 세 용어 사이에 존재하는 오래된 긴장이 로댕의 작품세계에서 해소되었다고 생각한다. 빙켈만과 실러는 부동의 헤라클레스 토르소와 어떤 의지도 없는 주노의 얼굴에서 자유로운 그리스 민족의 삶을 식별해 낸 바 있다. 빙켈만이 말한 바와 같이, 사랑하는 여인을 태우고 배가 해안에서 영원히 멀어지는 것을 바라보는 비탄에 빠진 연인처럼 단지 멀리서 바라볼 수 있을 뿐인 이 자유는 이제 사라졌다. 이 자유를 되살리고자 했던 혁명이 일어난 직후에 헤겔은 이 판결을 변경했다. 그에 따르면, 자유는 죽은 것이 아니라 다른 것이 되었다. 과학, 경제, 국가의 산문 속에서 현실화된 이 근대적 자유는 더 이상 조형적 신체의 완전성으로 형상화될 수 없었다. 헤겔의 세기는 이러한 판결을 다음과 같은 통속적 논제의 형태로 보편화했다. 부르주아적 삶을 표현하는

---

11 *Ibid.*, p. 435.
• 프랑스어 번역본에서 누락된 "사랑"을 독일어 원문을 따라 덧붙였다.

검은색 맞춤복은 신체의 조형적 아름다움과 양립 불가능하다고 말이다. 이 시대는 산문의 시대였다. 그러나 더욱더 당혹스러운 진실을 제시한 것은 정확히 산문 예술이었다. 고전문학(belles-lettres)과 순수미술(beaux-arts)의 위계질서에 자신의 법칙을 부여했던, 행위들을 구별하는 전통적 위계질서는 삶의 평등에 자리를 내주고 폐기되었다. 그런데 이 삶의 '평등'은 그 주체들이 실현하고자 하는 목적에 대한 삶의 초연함을 의미했다. 스탕달의 모험가들은 감옥의 벽에 갇혀서야 마침내 존재하고 있음이 주는 순수한 즐거움을 맛볼 수 있었다. 발자크의 음모가들은 사회적 기계의 모든 동력을 동원했지만 자신만의 목적을 세울 때마다 실패했다. 톨스토이의 장군들은 비탄의 외침이나 갑작스러운 기마행렬의 우연에 의해 뒤바뀌게 될 전투들을 지휘하는 것을 상상했지만 그것은 쓸데없는 짓이었다. 졸라의 과학적인 서사는 이유 없는 삶이 보여 주는 추구를 상징하는 갓난아이의 치켜든 주먹으로 끝나고 있을 뿐이다. 이것이 이 작가들이 쇼펜하우어로부터 얻은 교훈이었다. 그리고 이 교훈은 그들이 쇼펜하우어에서 자신들의 줄거리가 도달하고 있는 결론을 확인할수록 더 확실한 것이 되었다. 이 쇼펜하우어의 교훈에 따르면, 의지는 스스로는 자신의 목표라고 믿지만 실제로는 아무것도 원하지 않는 삶의 집요한 행보에 지나지 않는 어떤 것을 위해 고갈된다. 블랑키의 찬미자이자 공화주의자였던 제프루아가 「지옥의 문」에 새겨져 있다고 본 것도 바로 이 허무주의적 교훈이었다. "...... 고통을 겪으면서도 삶에 집요한 인간. 몸은 멍들고 상처받고 영혼은 슬픔에 빠진 인간, 그리고 자신의 고통에 울부짖고 눈물을 흘리면서도 냉소를 짓는 인간, 그리고 마음 졸이는 근심, 병적인 쾌락, 황홀한 고통을 노래하는 인간, 가련한 이 모든 인간은 현기증을 불러일으키는 소용돌이를 이루며, 공중으로 추락하고 땅 위로 기어간다. 카오스의 돌을 가로지르며, 불타는 듯한 배경 위로 몸들이 서로 얽혀 있고 서로 떠나고 다시 만난다. 손들은 찢으려는 듯 움켜잡고, 입들은 물기라도 하려는 듯 들이마시고, 여자들은 부푼 가슴과 안달하는 엉덩이를 하고 달리고 있고, 모호한 욕망들과 침통한 정념들은 보이지 않는 동물적 발정의 채찍질 아래 전율하거나 아니면 원했지만 찾을 수 없는 보다 큰 즐거움 앞에서의 무력감에 탄식하며 비탄에 빠져 가라앉는다."[12]

이러한 해설은 예술적 새로움에 대한 사유가 전개되는 역설적 사유의 맥락을 잘 드러내고 있다. 아카데미 전통에 대항해 가장 격렬하게 싸웠던 사람들은 예술적 새로움에 대한 '자연주의적' 이해라는 이름으로 그 전투를 수행했다. 인상주의 회화에 나타나는 빛의 떨림을 보며 그들은 틀에 박힌 상투적 표현들의 파괴를, 그리고 하루의 시간이 지나감에 따라 그리고 빛의 변이들에 따라 사물들이 보여 주는 모습들의 지속적인 변이의 현실을 마침내 정당하게 평가하는 '야외 학교'의 승리를 찬양했다. 비평가들 가운데 가장 거침없었던 옥타브 미르보가 1899년에 로댕에 관한 제프루아의 평론과 짝을 이루는 모네에 관한 평론에서 찬양했던 것은 바로 이 시간과 관련된 진리였다. 프랑스혁명 100주년이라는 상징적인 해에 회화 아카데미의 최근 수상자였던 알렉상드르 카바넬에 대해 독설에 가까운 장례식 연설을 한 것도 같은 인물인 미르보였다. "한마디로 그를 요약할 수 있습니다. 그는 자연을 두려워했습니다. 혹은 더 정확히 말하면 그는 자연을 알지 못했습니다."[13] 문제는 빛을 향한 회화의 찬가가 찬양하는 이 '자연'은 삶의 외적인 현현인데, 이 삶은 그 자체가 이유 없이 자신의 실존을 집요하게 추구하는 의지의 공허함에 다름 아니라는 점에 있다. 바로 이 이유 없는 삶에 대한 동의는 실존적 삶과 사회의 불결한 모습에 대한 졸라와 그의 제자들의 호의 못지않게 1880년대에 문학과 예술을 이념의 숭배에 바치려고 하는 젊은이들의 반발을 촉발했다. 이것의 가장 명백한 예는 의문의 여지없이 젊은 비평가 알베

---

12 G. Geffroy, catalogue de l'exposition "Claude Monet, A. Rodin", dans *Claude Monet - Auguste Rodin*, *op. cit.*, p. 59.

13 Octave Mirbeau, "Oraison funèbre", *L'Écho de Paris*, 8 février 1889, dans *Combats esthétiques*, t. I, Paris, Séguier, 1993, p. 353.

르 오리에가 1891년 고갱의 「설교 후의 환상」을 찬양하기 위해 쓴 글이다. 이 그림은 설교하고 있는 신부가 아니라 단지 그의 말이 설교를 듣는 여인들의 정신에 불러일으킨 환상만을 보여 준다. 천사와 싸우고 있는 야곱이 그것이다. 이 싸움 장면은 유색 평원에 자리하고 있고, 이 주위로는 모자를 쓴 브르타뉴 여인들이 원을 이루며 원근법 없이 병치되어 있다. 여기에는 어떤 사실주의도 없다. 무엇보다도 인상주의적 방식의 사실주의가 없다. 반대로 어떤 일화를 이야기하기 위해서가 아닌 관념을 표현하는 상징으로 제시되는 채색된 형태가 있을 뿐이고, 신체의 상태가 아니라 신체에 활력을 불어넣는 정신적 약동 혹은 신체가 추구하는 이상을 지시하기 위해 의도적으로 과장해서 표현한 자세들이 있을 뿐이다.[14] 고갱 대(對) 모네, 이념 대 삶, 상징을 표현하는 회화 대 빛의 떨림에 대한 사실주의적 열정. 바로 이 대립 속에서 예술적 새로움에 대한 성찰이 전개된다. 그런데 로댕의 작업은 이 대립을 해소할 수 있는 것처럼 보였다. 그가 주조한 '단편적 조각상들', 서로를 밀치는 동작으로 환원되는 저 신체들은 두 가지 방식으로 읽힐 수 있다. 삶의 교차 지점에서 삶을 파악하는 지칠 줄 모르는 관찰의 열매로서, 아니면 정신적 약동의 순수 상징들로서 말이다. 릴케의 텍스트가 찬양하고 있는 것은 바로 이 상반된 것들의 동일성이다. 몸과 수직을 이루는 긴 목을 하고 있는 「내면의 소리」는 어떤 의미에서는 불가능한 형상이다. 그러나 이 불가능한 형상은 '자연주의자들'이 비웃는 이상적 하늘을 향해 뻗어 있는 상징주의적 형상들과 같이 어떤 추상적 관념에 대한 자의적 재현이 아니다. 그것은 다수의 관찰된 동작들을 종합함으로써 획득한 동작의 재현이다. 릴케가 우리에게 말하고 있듯이, 로댕은 신체, 얼굴 혹은 손이 아니라 "코

---

14 Albert Aurier, "Le Symbolisme en peinture", *Le Mercure de France*, mars 1891, pp. 155~65. 나는 나의 책 『이미지의 운명』(*Le Destin des images*, Paris, La Fabrique, 2003, pp. 95~102)에서 이 텍스트를 설명한 바 있다.

든 얼굴, 모든 신체, 모든 손"[15]•을 알고자 한 사람이었다. 그러나 여기에서 문제가 되는 것은 경험적 다양성을 이념의 단일성에 대립시키는 것이 아니다. 그것은 낡은 이념성에 새로운 이념성을 대립시키는 것이다. 왜냐하면 '일반적 신체'(le corps)와 '일반적 얼굴'(le visage) 혹은 '일반적 손'(la main)은 존재하지 않기 때문이다. 이 용어들로 우리가 이해하는 것은 총체성의 관념에 상응하는 시각적 종합, 유기적 모델에 종속되어 있는 종합이다. "모든 신체, 모든 얼굴, 모든 손"은 불가능한 총체성이다. 그러나 이 불가능한 총체성은 다수의 동작에 대한 현행적 종합••을 통해 획득된 점근적(asymptotique) 통일체다. 그런데 여기에서 저 다수의 동작의 주체는 유한한 단일체인 신체가 아니라 무한한 다양체(multiplicité infinie)인 생명(Vie)이다. 따라서 생명은 제프루아가 「지옥의 문」 앞에서 환기시켰던 어둡고 고통에 찬 거대한 심해이거나 젊은 릴케에게는 연극무대 위의 재현된 존재들을 연결할 수 있는 유일한 것인 '배경'의 음악이 더 이상 아니다.[16] 그것은 신체의 동작과 만남에 전적으로 내재하는, 형식들을 창출할 수 있는 무한한 역량이다. 제프루아는 이미 로댕에게는 바다의 파도, 모래사장의 모래알 혹은 하늘의 별만큼이나 많은 새로운 자세들의 다수성을 강조하면서 허무주의적 관점을 수정했다. "삶은 관찰자 로댕 앞을 지나가면서 자신의 혼잡한 모습들로 그를 에워싼다. 그

---

15 R. M. Rilke, *Auguste Rodin*, dans *Œuvres I, op. cit.*, p. 437.
• 독일어 원문은 "모든 신체, 모든 얼굴, 모든 손"으로 되어 있다.
•• 일반적으로 'en acte'는 잠재성이나 가능성에 상반되는 현행성(actuality)을 지시한다. 따라서 여기에서 '현행적 종합'이란 현재에 실행된 종합을 의미한다. 그런데 이 현행성은 랑시에르가 뒤이어 쓰고 있듯이 총체성에 대한 특정 정도의 근접성만 표현하며, 따라서 또 다른 현행적 종합을 통한 총체성의 탐구를 열어놓는다. 이러한 관점에서 볼 때, 이 책의 영문 번역자가 선택한 번역어 'active'(능동적인)는 적절해 보이지 않는다. J. Rancière, *Aisthesis: Scenes of Aesthetic Regime of Art*, trans. by Z. Paul, Verso, 2013, p. 166 참조.
16 R. M. Rilke, *Notes sur la mélodie des choses*, tr. fr. B. Pautrat, Paris, Allia, 2008.

것의 아주 작은 떨림이라도 지각 가능한 것이 되면 최종적으로 완성된 어떤 조각상에 정착할 수 있다. 마치 갑작스럽게 생긴 어떤 내밀한 사유가 지속 가능한 문구로 꽃피면서 거기에다 인류의 어떤 상태를 영원히 새길 수 있는 것처럼 말이다."[17] 릴케는 이것의 조건을 명확히 한다. 지나는 길에 삶의 이 역량을 파악하고 그것에 형태를 부여하기 위해서는 유기체적 모델에 따라 구성되고 규정되는 개체성으로부터 출발하는 것을 그만두어야 한다. '본뜨기'라는 옛말에 새로운 의미를 부여해야 한다. 그것은 어떤 이름에 의해 이미 결정된 모든 것을 거부하면서 꿈실거리는 표면의 무한성에 몰두하는 작업, 생명 자체와 마찬가지로 "알지도 못하면서 곧 다가올 것"을 형성하는 데 열중하는 작업이다. "마치 암흑 속에서 한곳에서 다른 곳으로 자신의 길을 따라가는 벌레처럼 말이다. 왜냐하면 이름을 지니고 있는 형태에 대해 누가 선입견을 갖지 않을 수 있겠는가? 어떤 것을 얼굴이라고 부르는 순간 누가 이미 선택한 것이 아니겠는가? 그러나 작업하는 자에게는 선택의 권리가 없다. 그의 노고에는 어디에서나 한결같은 충실함이 스며들어 있어야 한다. 형태들이 그의 작품 안에서 순수하고 무구한 것이 되기 위해서는 위탁받은 물건처럼 개봉되지 않은 채로 그의 손을 거쳐야 한다."[18]

어떤 의지가 이끄는 것이 아닌 이 끝없는 생산에 가시적이고 지속적인 공간적 형태를 부여하는 이 작업에, 그 자신은 앞을 내다볼 수 없음에도 불구하고 이 작업에 참여할 수 있기 위해서는 지칠 줄 모르는 관찰자로서 행위자들도 눈치채지 못하는 수많은 동작, 여전히 간과되고 있는 많

---

17 G. Geffroy, catalogue de l'exposition, "Claude Monet, A. Rodin", dans *Claude Monet-Auguste Rodin* ……, *op. cit.*, p. 62.
18 R. M. Rilke, *Auguste Rodin*, dans *Œuvres I, op. cit.*, p. 438. 우리는 이러한 분석에서 1900년 평론집, 보다 특별하게는 비평가 이바노에 랑보송(Yvanohé Rambosson)의 텍스트인 「로댕의 작품들에서 본뜨기와 동작」("Le modelé et le mouvement dans les œuvres de Rodin", dans *Auguste Rodin et son œuvre, op. cit.*, pp. 70~73)에 대한 주의 깊은 독해의 영향을 감지하게 된다.

은 삶의 '옆모습'을 주목할 필요가 있었다. 이러한 조형 작업에 대한 관념은 시간의 예술과 공간의 예술 사이에 레싱이 설정한 대립을 폐지함으로써 19세기 말에 예술에 관한 성찰을 지배했던 쇼펜하우어의 음악적 패러다임에서 벗어났다. 침묵의 교향악만이 표현할 수 있는 원초적이고 무의식적인 의지의 커다란 중얼거림을 조형적 재현이 보여 주는 '아폴론적' 형식들의 아름다운 가상에 대립시킬 이유가 없다. 헤겔식으로 말하자면, '무의식적 삶'은 다시 한 번 자신만의 의미를 탐색하는 삶이 된다. 그러나 이 탐험은 더 이상 예술의 지나간 과거가 아니다. 그리고 자기 자신을 탐색하는 이 삶은 아름다운 형식들의 조형적 정확성과 자신의 질료를 찾는 이념의 숭고한 미결정성 사이에 헤겔이 정립한 대립 속에 더 이상 갇혀 있지 않다. 릴케는 새로운 조형예술이 고전적인 형식의 폐쇄성과 부재한 신을 향한 고딕적 약동을 계승하는 것을 목도했다. 이 새로운 조형예술은, 고전적 조각상의 나체가 정숙성에 의해 은폐되었던 동안에도 항상 삶이 창출할 수 있었던 모든 몸짓과 모든 '옆모습'의 발견과 연관되어 있었다. 이 새로운 조형예술이 증언하고 있는 무의식은 맹목적으로 의지할 수밖에 없는 인류의 원시적 충동이 아니다. 그것은 이후에 라반과 비그만의 무용이 표현하고자 했던 생기론적 대약동도 아니다. 그것은 아직 지각되지 않은 다수의 몸짓들, 출발점에서 도착점에 이르는 직선에 의해 규제되지 않기 때문에 자신들 고유의 의미를 찾아야만 하는 다수의 몸짓들이다. "단순한 이 두 순간(탄생과 죽음) 사이에는 수없이 많은 전이들이 삽입되어 있으며, 바로 이 중간 상태에서 오늘날 인간의 삶이, 즉 그의 행위와 그의 행위할 수 없는 무능력이 일어났음이 분명하다. 잡는 방식이 달라졌다. 손짓하고 놓아주고 쥐는 방식도 달라졌다. 모든 점에서 더 많은 경험이 있었고, 그와 동시에 또한 더 많은 무지가 있었다."[19]

---

19 R. M. Rilke, *Auguste Rodin*, dans *Œuvres I, op. cit.*, p. 411.

로댕의 '앞을 내다볼 수 없는' 작업은 실재의 열광자들과 이념의 옹호자들이 보여 주는 모순적 이상들을 화해시킬 수 있었다. 왜냐하면 르댕의 작업은 예술적 창조에 대한 사유 위로 드리워져 있던 '이유 없는 삶'이라는 거대한 어둠을 일소했기 때문이다. 삶은 이유 없는 것이 아니다. 그것은 자신의 표현 방식을 추구하는 사유들과 아직 개별화되지 않은 몸짓들의 끝없는 창조다. 조형적 작업은 이 몸짓들에 조형적 형상을 부여함으로써 저 사유들에 몸체를 부여한다. 문 위로 기어오르고 수그리고 서로 뒤엉키고 서로 분리되는 신체들의 시는 자신의 방식으로 쓰고 있는 '현대적 삶'에 관한 또 다른 시다. 앞에서 인용한 릴케의 글은 당연히 그 자신은 읽지 않았지만 조형예술에 대한 세기말의 모든 성찰에 침투해 있던 사유의 대표자였던 한 저자에 대한 응답처럼 보인다. 자신의 방식대로 헤겔을 해석하면서 이폴리트 텐은 낡은 조형적 이상으로부터 현대적 삶을 분리하는 것이 무엇인지를 요약하고자 했다. 그가 보기에 그것은 단순히 부르주아 시대가 올림피아의 아름다운 신체에 입혔던 검은 맞춤복이 아니었다. 그것은 현대적 인간에게 고유한 생리학적 특징인 '신경쇠약'(nervosisme)이었다. 이것은 원반던지기나 전투에 임하는 군대의 경우처럼 정해진 목표를 생각하면서 그 목적을 이루기 위한 정확한 몸짓들 ― 고전적 조각상들에 활력을 불어넣었던 것은 바로 이 몸짓들이었다 ― 을 준비하기에는 도시적 삶의 소란에 과도하게 주의를 기울이고 있고, 많은 생각들과 광경들에 과도하게 자극을 받으며, 수천 가지의 자질구레한 일들에 과도하게 정신을 빼앗기고 있는 개인들의 무절제한 동요에 다름 아니다. 쥐고, 놓아주고, 서로 손을 내밀고, 손짓하는 새로운 방식들을 옮겨 기록하면서, 즉 행위와 무위 사이의 무한히 많은 전이들을 탐험하면서 로댕의 실천은 현대적 신경쇠약에 관한 논의들과, 정지해 있는 아름다운 신체와 행위 에너지로 탄력을 얻게 된 신체에 대한 대칭적인 두 향수를 과거의 유물로 치부해 버린다. 조형예술은 형식들에 대한 어떤 이상을 고수하지 않는다. 우리가 그 이상을 아카데미의 거물들이 생각했던 의미로 이해하든, 아니면 그리스적 자유를 사랑했던 사람들이 생각했던 의미로 이해하든 상관없이 말이다. 이제 조형예술은 현대적 삶, 한 세기 만에 자신의 반정립을 만들어낸 바로 그 현대적 삶과 동일한 리듬으로 진행된다. 조형적 형식은 더 이상 시학적 서사에 종속되지 않는다. 그것은 무엇보다도 공간에 대한 자신의 제어를 시의 시간적 제어에 대립시키지 않는다. 드라마와 조형적 형식, 채색된 표면과 조각의 입체성은 서로에 대해 자율성을 갖기보다는 운동이라는 자신들의 공통 원리를 발견했다. 이 시기에 조형적 드라마의 형식을 갖는 새로운 예술, 즉 시네마에 자신의 이름을 부여했던 것도 바로 이 운동이었다. 물론 로댕의 운동론(cinématisme)이 기계적 복제의 예술들과 맺고 있는 관계는 모순적이다. 앞다리는 앞으로, 그리고 뒷다리는 뒤로 동시에 내뻗고 있는 제리코의 말들의 자세를 단죄하기 위해 사진에 근거하는 사람들에게 로댕은 예술의 진리를 대립시킨다. 그의 논변은 그 자체로 의미심장하다. 오직 화가만이 진리를 표현한다면, 그것은 그가 운동의 한 상태가 아니라 운동 그 자체를 그리고 있기 때문이다. 화가만이 현실에 충실하다. "왜냐하면 현실에서 시간은 멈추지 않기 때문이다."[20] 화가는 사진가보다 우월하다. 그런데 그가 운동을 기록하는 자(cinématographe)인 한에서만 그렇다. 조형예술이 사진보다 더 충실하게 따르는 이상은 이제 생성(devenir)의 이상이다. 생성은 정신의 약동과 물질의 변형 사이의 정확한 동일성인데, 이것은 운동과 빛의 만남 속에서 자신의 보다 정확한 구현을 발견한다. 프라하 출신의 젊은 시인 릴케가, 분리파의 한 예술가*가 자신의 고향에서 특별히 로댕 작품들의 전시를 목적으로 건물을 세운 해와 같은 해인 1902년에 저 동일성을 찬양한 것은 우연이 아니다.

---

20 Auguste Rodin, *L'Art: entretiens réunis par Paul Gsell*, Paris, Grasset, 1911, p. 63.

- 체코의 건축가인 얀 코테라(Jan Kotěra, 1871~1923)를 지시한다. 체코의 화가 요세프 마네스(Josef Mànes)의 이름을 따 1887년에 결성된 마네스 예술가협회의 일원이었던 코테라는 협회의 결정에 따라 로댕 전시를 위한 건물을 설계한다.

실제로 로댕은 그곳에서 열렬한 환영을 받았다. 사실 릴케의 텍스트는 '인상주의' 예술가들, '상징주의' 예술가들, '표현주의' 예술가들, 그리고 다른 어떤 이름으로 불리든 상관없이 정신적 삶의 숭고한 고귀함이나 무의식적 삶의 어두운 드라마를 그리는 사람들, 우아한 주거지의 추상적 장식을 소묘하거나 무정부주의적 신문들에서 사회적 투쟁을 찬미하는 사람들, 종종 서로 가깝기도 하고 때로는 동일하기도 한 이 모든 사람이 로댕의 작품세계에서 이 새로운 이상이 정확히 구현되고 있는 것을 함께 볼 수 있었던 시대를 규정하고 있다.

제10장 신전의 계단

1912년 모스크바 – 드레스덴

그 장면은 기원전 3세기 이집트에서 일어났는데, 그리스 역사가가 우리를 위해 그 이야기를 기록해 둔 것으로 보인다. 성소 중의 성소인 '환영의 집'(Maison des Visions)에 들어가게 된 그는 무덤을 닮은 왕좌에 앉아 있는 갈색 피부의 아름다운 여왕을 본 것으로 보인다. 그런데 이 여왕의 몸짓은 연극의 진정한 기원인 신성한 동작 예술, 즉 현대 '연극 작품'이 완전히 잊고 있고 변질시키고 있는 연극의 원리를 요약하고 있다.

> 그녀는 아주 우아하게 자신의 리듬에 변화를 주었고 그 변화된 리듬은 그녀의 동작에 따라 팔다리에서 팔다리로 옮아갔다. 그녀는 아주 조용히 우리에게 자신의 가슴으로부터 생각을 방출해 보여 주었다. 그녀는 자신의 고통을 표현하는 데 있어, 우리가 보기에 어떤 고통도 그녀에게 상처를 줄 수 없을 만큼 아주 정숙하고 아름다운 모습을 유지했다. 몸과 얼굴의 어떤 비틀림도 없었기에 우리는 그녀가 고통의 희생자임을 상상할 수조차 없었다. 열정과 고통, 그녀는 이것들을 끊임없이 자신의 손으로 쥐었고, 그것들을 섬세하게 잡고 조용히 바라보았다. 그녀의 팔과 손

은 때로는 솟았다가는 부서져 다시 떨어지는 가늘고 강렬한 분수처럼 보였다. 그리고 그녀의 부드럽고 창백한 손가락은 그녀의 무릎 위로 떨어지는 물보라와 같았다. 이집트인들이 보여 준 다른 예술 형식 속에 존재하는 동일한 정신을 내가 이미 보지 못했다면 우리는 이것을 예술적 계시로 생각했을 것이다. 이집트인들이 부르고 있듯이 이 '보여 주고 가리는 기술'은 그 나라에서는 커다란 정신적 힘이기 때문에, 그것은 그들의 종교에서 지배적인 역할을 수행한다. 우리는 그것으로부터 용기의 힘과 은총을 배울 수도 있을 것이다. 왜냐하면 육체적이고 정신적인 격려의 느낌을 경험하지 않으면서 이 퍼포먼스를 지켜보는 것은 불가능하기 때문이다.

출발점이 되는 이 만남에 대한 이야기를 헤로도토스에게서 찾는 것은 쓸데없는 일이다. 이 장면은 에드워드 고든 크레이그의 상상 속에만 존재했다.[1] 그는 자신이 1908년 런던에서 출간한 정기간행물 『가면』(*The Mask*) 제2호에 미래 연극의 원리를 제시하기 위해 고대 신화를 통한 이 우회를 포함했다. 아름다운 여왕은 하나의 신화, 연극의 진정한 기원에 관한 신화를 예시하고 있다. 이 신화는 우리에게 연극예술의 핵심이 배우들에 의해 재현되어야 하는 전형적인 이야기 상황에 등장인물을 배치하는 '희곡'을 쓰는 것에 있지 않다고 가르친다. 연극예술의 본질은 무엇보다도 동작들에, 공간 속에서의 형태들의 도안에 있다. 이 형태들이 도안하는 것, 그것은 식별된 감정들에 대한 인지 가능한 표현이 아니다. 그것은 비가시적인 것들의 역량이다. 이것들은 가려진 채로만 드러날 수 있다. 사람들이 계몽 시대에 생각했던 것처럼 성직자들이 신비의 장막으

---

[1] Edward Gordon Craig, "The Actor and the Über-marionette", *The Mask*, n° 2, Londres, avril 1908. 이 텍스트는 평론집 『연극예술에 대하여』(*De l'art du théâtre*, tr. fr. G. Séligman-Lui, Saulxures, Circé, 1999, pp. 98~99)에 재수록되었다. (프랑스어 번역은 저자에 의해 수정됨.)

로 진실을 대중에게 숨기려고 애쓰기 때문이 아니라 사람들이 쇼펜하우어와 니체의 시대에 발견했던 것처럼 실존적 삶 그 자체는 자신의 진리를 비개체적인 삶의 거대한 심해 위로 개별적 삶의 무대를 출현케 하는 '마야의 장막'*에서 갖기 때문이다. 테베의 '환영의 집'에서 여왕은 무덤이기도 한 왕좌 위에 앉아 있다. 그녀는 자신의 손에 자신의 고통, 즉 실존의 고통을 쥐고 있다. 마치 우리가 조용히 바라볼 수 있고 우아하게 함께 놀이할 수 있는 어떤 것인 양 말이다. 그녀의 몸짓은 명령을 실행하고 감정을 드러내는 신체의 몸짓이 아니다. 그것은 생명 없는, 의도도 없고 감정도 없는 동작, 솟았다가 부서져 다시 떨어지는 분수의 동작과 등등한 것이다. 그것은 삶에 대한 찬가다. 그러나 이 찬가는 죽음의 아름다움으로 치장함으로써 자신과 대립하는 것에서 자신의 장식을 가져오는 그러한 삶을 향한 것이다.

우리는 이 테베의 여신에게 곧바로 동시대적인 얼굴을 부여할 수 있다. 이 여신에 대한 언급은 한때 크레이그와 삶을 함께했던 덩컨의 예술에 대한 경의일 수 있다. 덩컨이 이유 없이 여신 이시스(Isis)의 이름을 자신의 이름 도라와 합친 것이 아니다. 그녀는 또한 그리스의 항아리에서 어떤 형태의 이야기 구성에서도 벗어난 춤을 재발견하는 데 전념했다. 그리고 이를 통해 그녀는 몸의 자유로운 펼침을 성스러운 의식의 완수와 동일시했다. 그러나 상반신의 동작들 속에서 자유롭게 드러나는 이 사유, 조용히 바라보게 되는 대상으로서의 이 고통, 한 팔다리에서 다른

---

* '마야의 장막'은 쇼펜하우어가 『의지와 표상으로서의 세계』에서 실재와 구별되는 현상을 지시하기 위해 사용했던 표현이다. '개체화의 원리'(principium individuationis)와 동일시되기도 하는 이 용어는 고대 인도인들의 지혜에서 그 기원을 갖는다. 쇼펜하우어는 이 지혜를 다음과 같이 기술한다. '그것(비실재)은 마야, 즉 사람들의 눈을 가리는 기만의 장막이다. 이 장막 때문에 사람들은 존재한다고도 존재하지 않는다고도 말할 수 없는 세계를 보게 된다. 왜냐하면 그것은 꿈과 같은 것이기 때문이다" (A. Schopenhauer, *Die Welt als Wille und Vorstellung I*, Hrsg. von Arthur Hübscher, Diogenes Verlag, 1977, p. 34).

팔다리로 혹은 한 근육에서 다른 근육으로의 이 연속적인 이행, 솟거나 다시 떨어지는 물의 규칙적인 운동과 동등한 이 인간의 몸짓들, 부동성과 같은 운동과 죽음의 아름다움으로 장식된 삶의 이 우아함, 이것들의 먼 기원을 발견하는 것은 어렵지 않다. 그것은 춤추는 이집트의 여왕이다. 이 여왕은 빙켈만이 본받으려고 했고 니체의 프리즘을 통해 재검토된 바 있었던 그리스 여신의 평온한 조각상이고, 공간 속에서 저 파도들과 저 분수들을 펼치고 있는 살아 있는 조각상이다. 저 파도들과 분수들 속에서 디오니소스적인 고통과 아폴론적 평온함은 동등한 것이 된다.

빙켈만의 아폴론적 그리스와 니체의 디오니소스적 그리스의 이 결합은 예술과 연극에 이 두 그리스의 시조 신화를 제공한다. 크레이그에게 예술은 비가시적인 것을 가린 채 보게 만드는 의식이다. 진정한 연극은 공간과 공간 속에서의 신체의 동작들을 조직하면서 예술에 대한 이러한 관념을 실현한다. 이를 위해서는 이러한 감각적 현시의 모든 수단이 하나의 동일한 생각을 정확히 따를 필요가 있다. 그런데 우리가 흔히 연극이라고 부르는 것은 이러한 요구를 충족하기가 매우 어렵다. 비가시적인 것의 가시적 표현은 다루기 어렵고 방해가 되기도 하는 중간 매개자인 배우의 신체에 종속되어 있다. 이 배우의 인격체 속에서, 살아 있는 신체는 시의 언어가 말하는 것을 보고 느끼게 만드는 수단으로 전화되었다. 이를 위해 이 시의 언어는 배우가 해석할 의무가 있는 등장인물의 내밀한 감정들의 표현으로 취급될 필요가 있었다. 그의 생각과 감정을 무대 위에서 확인하느라 바쁜 대중의 관점은 예술의 힘을 표현의 힘과 동일시하게 되었다. 그러나 그 반대가 옳은 것이다. 즉 신체의 몸짓 표현은 예술적 기교를 위한 것이 아니다. 예술은 예술가가 자신만의 사유를 표현하기 위해 확실성을 가지고 사용할 수 있는 재료를 요구한다. 배우는 타자의 사유를 표현하는 정확성을 가질 수가 없다. 사실, 전통은 이 결함을 덕목으로 만들었다. 사람들은 배우의 언제나 독특할 수밖에 없는 퍼포먼스, 자신이 연기하는 인물의 삶에 자신의 순간적인 감정과 기분을 불어넣을 줄 아는 배우의 능력을 찬양한다. 그러나 이것은 예술을 예술에 대립되는 것으로 전화하는 것이다. 즉 그것은 존재의 심층적 충돌을 은폐하는 이 우연의 '감정'을 장막 없이 현시하는 것이다. 몸짓 표현은 예술을 위해서가 아니라 고백을 위해 행해진다. "배우가 우리에게 현시하는 것은 예술작품이 아니라 일련의 우연한 고백들이다."[2] 연극의 종교적 본질을 되찾고자 한다면 저 연극은 소멸되어야 한다. 보여 주고 가리는 예술, 장막을 보여 주고 드러내는 자신만의 형식을 통해 진리를 드러내는 예술을 되찾으려면 말이다.

따라서 무대예술을 복원하기 위해서는 시예술과 인간 신체가 공유하고 있는 것, 즉 말의 사용을 중심으로 아주 자연스럽게 형성되었던 매듭을 풀어야 한다. 배우들의 퍼포먼스에 시의 역량의 표현을 위임하는 것, 사실 이것은 그 역량을 삭제하는 것이었다. 시는 자신에 고유한 재료에 자신만의 방식으로 장막을 펼친다. 이 재료는 말, 오직 말일 뿐이다. 말은 자신만의 감각적 공간 — 혹은 자신의 장막 — 을, 사람들이 '상상'이라고 명명한 공간을 규정한다. 시의 현실, 시가 보여 주는 동시에 가리는 현실, 그것은 어떤 특정한 인간적 형태도 갖지 않고 어떤 특정한 나이도 갖지 않는 정령들(esprits)이다.[3] 맥베스의 이야기는 한 인간을 점령해 그를 최면 상태에 빠지게 하는 정령들의 이야기다. 그는 마지막 장에 가서야 이 최면 상태에서 빠져나오게 되는데, 그는 자신의 눈앞에서 일어난 일들의 연속에서 아무것도 이해하지 못한 채 자신의 꿈의 의미를 찾으려고 한다. 시는 자신의 방식대로 두 감각 세계, 두 이질적인 논리 사이의 관계를 제시한다. 인물들 사이의 관계라는 현실, 즉 마야의 장막으로서의 현실의 논리, 그리고 어두운 힘들의 진리를 표현하는 꿈의 논리가

---

[2] E. G. Craig, "L'acteur et la surmarionnette", dans *De l'art du théâtre, op. cit.*, p. 82. (프랑스어 원역은 저자에 의해 수정됨.)

[3] *Id.*, "Les aspects dans les tragédies de Shakespeare", dans *ibid.*, pp. 202~13.

바로 그 두 논리다. 상상의 차원에서 이 관계는 인과적 연쇄들의 충돌로 표현된다. 야망과 살인의 이야기 배후에는 두 인간을 자신의 불꽃 속에서 태워버리는 어두운 역량의 활동이 존재한다.

연극에 그 자신의 역량을 되돌려주기 위해 시에서 보존할 필요가 있는 것이 바로 이 역량이다. 왜냐하면 연극으로 말하자면 그것은 상상의 예술이 아니기 때문이다. 그것은 가시적인 것의 예술, 이질적 현실들의 관계를 현시하기 위해 자신만의 수단을 사용해야 하는 감각적 현시의 예술이다. 따라서 시를 가시적 차원으로 옮기는 임무를 배우의 몸에 위임했던 오랜 오해를 종식시켜야 한다. 왜냐하면 이러한 시의 '구현'은 그 시의 영혼 자체이기도 한 두 감각 세계 사이의 긴장을 없애는 결과를 낳기 때문이다. 실제로 살아 있는 신체는 시의 영혼을 자신의 통일적 논리, 즉 영혼의 정념들을 신체의 흥분들*로 표현하는 논리로 환원한다. 이렇게 우리는 배우의 신체가 맥베스의 최면 상태를 무엇으로 만들고 있는지를 알게 된다. 배우의 신체는 그 최면 상태를, 자신의 아내의 야망 때문에 타락하게 된 후 회한과 환각으로 괴로워하는 한 용감한 전사의 이야기로 변모시킨다. 시예술과 연극예술을 통합하기를 원했지만 배우의 신체는 그 둘 모두를 소멸시킨다.

따라서 해석자-배우의 매개를 추방해야 한다. 시의 영혼이 되는 비가시적 힘들의 이 무게를 무대 위에 올리기 위해 연극은 비가시적인 것을 보여 주는 자신만의 수단, 테베 여신의 몸짓이 예시해 주었던 수단들을 사용해야 한다. 일반적으로 사람들은 이 수단들을 기술적 기교로, 즉 '위

---

* 여기에서 '영혼의 정념들'로 번역한 'passions de l'âme'은, 데카르트의 『정념론』(*Les Passions de l'âme*)의 제목에서도 볼 수 있듯이, 그 자체가 '정념들' 혹은 '감정들'을 의미한다. 이것은 감정을 지시하기 위해 passiones, affectus, commotiones 등에 animae나 animi('영혼의', '마음의')를 붙여 사용한 철학적 전통에 따른 것이다. 그러나 여기에서는 랑시에르가 의식적으로 강조하고 있는, 뒤이어 나오는 '신체의 흥분들'(émotions du corps)과의 대비를 분명하게 드러내기 위해 '영혼의 정념들'로 번역한다.

버마리오네트'(surmarionnette)라는 기교로 환원했다. 크레이그는 아마도 이 관념을 마테를링크에게서 얻었을 것이다. 마테를링크는 이미 새로운 극시를 전대미문의 해석자, 박물관의 밀랍 형상과 유사한 안드로이드에게 위임할 것을 권장한 바 있었다. 우리는 20세기 연출의 역사에서 이 관념이 가졌던 계보를 알고 있다. '위버마리오네트'는 예술가의 권력에 전적으로 종속되어 있으며, 살아 있는 신체의 중압감과 신체적 표현의 관례로부터 완전히 자유로워진 정교한 연극적 신체라고 할 수 있다. 그러나 위버마리오네트는 정확히 말해 기술적 발명품이 아니다. 그것은 배우를 대체하는 거대한 마리오네트가 아니다. 끈으로 이어진 꼭두각시가 동일한 모방 기능을 수행한다면 살아 있는 신체를 대체하는 것은 아무 쓸모없는 일이 된다. 상징주의적 탐미주의자들의 열광을 불러일으킨 대중 연극의 마리오네트는 '인물들'을 연기하는 배우들과 마찬가지로 연극예술의 쇠퇴를 보여 준다. 여기에서 중요한 것은 미메시스의 매혹을 되살리기 위해 새로운 보조장치를 발명하는 것이 아니다. 물론, 크레이그는 한때 1906년에 개최된 드레스덴 응용예술 전시를 위해 위버마리오네트 연극의 실질적인 창조를 고려한 적이 있다. 이 기획은 끝을 보지 못했다. 그러나 위버마리오네트는 무엇보다도 원칙적으로 나무와 금속으로 만든 인공장치가 아니다. 그것은 연극에 대한 한 관념이다. 그것은 기원의 신전-연극을 복원하는 것이다. 위버마리오네트는 테베 우상의 상속자다. 그것은 재발명된 고대문명에 속한다. 바로 여기에서 일부 사람들은 현세의 실존적 삶에 대한 새로운 신성화를 사유하는 데 적합한 특징을 찾고자 했다. 크레이그는 이 우상의 새로운 형상에 독일 이름인 위버마리오네트(Übermarionette)를 부여한 것은 단순한 우연이 아니라고 말한다. 위버마리오네트는, 니체의 위버멘쉬가 인간적인-너무나-인간적인 것을 넘어서는 어떤 것인 것처럼, 마리오네트를 넘어서는 어떤 것이다. 그것은 테베의 여신이 신화의 차원에서 예시하고 있는 것, 즉 '죽음의 아름다움'으로 장식한 삶, 자신의 손에 고통을 쥐고 있는 몸짓의 역량을 신체의 표현들로 모방하는 것이 아니라 그것을 연극적 관념으로 번역하는 것이다.

따라서 위버마리오네트는 보조장치라기보다는 관념이다. 관념은 표현력 넘치는 배우의 신체를 해체하는 것이다. 이 신체는 여러 존재자로 파편화되어야 한다. 이러한 분할을 실천하는 다양한 방식이 있다. 가장 간단한 방식은 연극적 행위를 가면을 쓴 무용수에게 위임하는 것이다. 이와 같은 방식으로 신체의 살아 있는 퍼포먼스는 가면이 재현하고 있는 정체성에서 분리된다. 동일한 연기자(performer)가 여러 개의 가면을 사용할수록 그것은 더욱더 그렇게 된다. 이 분리는 가면을 쓴 무용수의 퍼포먼스가 무대 뒤에 숨어 있는 배우와 가수의 말과 음악을 동반할 때 배가된다.[4] 이렇게 위버마리오네트는 디드로가 격찬했던 것보다 더 급진적인 소격(distanciation)을 명확히 드러낸다. 디드로에서 소격은 표현력을 극대화하기 위해 자신이 연기하는 인물을 통제해야 하는 계산적인 배우의 지능에 감정 표현을 종속시켰다. 크레이그에게서 이 통합적 기능은 오직 연출가의 일이다. 배우/무용수에게 자신만의 이미지를 만들어 그것을 연극 무대가 형성하는 건축구조 전체와 조화시키도록 요구하는 것은 바로 연출가다. 위버마리오네트는 조각품과 건축적 공간 — 이 조각품의 자리와 그것의 삶을 수용하고 있는 공간 — 에 유사한 연극적 신체다. 왜냐하면 연극예술은 무엇보다도 건축적이기 때문이다. 연극은 공간의 조직화인 한에서 하나의 의식(rituel)이다. 그것은 공간 속에서 선, 운동, 빛의 효과로 만들어진다. 말의 비인격적 역량의 등가물은 움직이는 선이다. 바로 이것이 연극예술에 그 원리를 부여한다. 이로부터 이 예술은 말도 신체도 사용하지 말아야 한다는 결론을 이끌어내지는 말아

---

4 크레이그가 고려한 다양한 해결책은 하나 리비(Hana Ribi, *Edward Gordon Craig - Figur und Abstraktion*, Bâle, Theaterkultur Verlag, 2000, p. 54)에 의해 분석되고 있다. 또한 Irene Eynat-Confino, *Beyond the Mask. Gordon Craig, Movement and the Actor*, Carbondale, Southern Illinois University Press, 1987을 보라.

야 할 것이다. 간단히 말하면, 여기에서 말과 신체는 다른 것들과 마찬가지로 움직이는 선의 시각적 조화에 종속되어 있는 재료들이다. 연극에는 '희곡'이 없다. 무대들의, 건축물들 사이의 조합이, 하나에서 다른 하나로 전화하고 중해되는 실루엣과 빛의 놀이가 있다.

발레리의 한 유명한 텍스트는 『주사위 던지기』의 시련을 자신의 손에 쥐고 있는 젊은 시인의 감정을 환기한다. 그는 우리에게 말한다. 처음으로 "펼쳐짐(étendue)*이 말을 하고 꿈을 꾸고 세상의 형태들을 산출했다."⁵ 그러나 이 펼쳐짐의 꿈은 말라르메의 시가 말했던 것을 시각화하는 것으로 제한된다. 글자들의 종이 위의 배치는 배의 형태나 큰곰자리 형태를 단순히 모방하지 않았다. 반면에 그것은 이탤릭체를 통해 의심의 그림자를 모방했다. 크레이그는 다른 것을 하려고 했다. 그는 시가 말하는 것을 선들을 통해 모방하는 것이 아니라 시의 언어 속에 표현된 말해지지 않은 역량을 펼쳐짐의 언어로 번역하는 형식들의 배치를 발명하고자 했다. 얼굴로 취급되어야 하는 것은 바로 무대 자체다. 이 얼굴은 자신을 포장하는 것 배후에 숨어 있는 어떤 감정도 표현하지 않는다. 그것은 연속해서 이어지는 장면들, 예를 들면 공간적 배치들, 빛의 상태들, 시간의 정지들을 현시한다. 이렇게 마테를링크로부터 사물들 자체가 드라마 배우들이 되는 연극에 대한 관념을 빌려오면서 크레이그는 자신이 「계단」이라는 제목을 붙인 네 개의 에피소드로 구성된 드라마를 가시적 형태로 구상했다.⁶ 실제로 드라마의 '등장인물'은 20세기 연출에서 널리 사용될 이 건축적 요소, 즉 계단의 층계들이다. 즉 살해와 정념으로

---

* 말라르메의 시집 『주사위 던지기』는 글자들을 지면 위에 펼쳐놓는 독특한 활자 배치법(typographie)을 보여 준다. 발레리가 여기에서 말하고 있는 '펼쳐짐'은 글자 자체가 공간 속에서 춤을 추듯 펼쳐지고 있는 이 독특한 방식을 지시하고 있다.

5 Paul Valéry, *Variété*, dans *Œuvres*, t. I, Paris, Gallimard, coll. "Bibliothèque de la Pléiade", 1957, p. 624.

6 E. G. Craig, *Towards a New Theatre. 40 Designs for Stage Scenes with Critical Notes by the Inventor*, Londres/Toronto, Dent and Sons, 1913, pp. 41~47.

점철되는 궁중 이야기의 장식으로 사용되는 화려한 계단들 가운데 하나가 아니라 서민 구역에서 두 층위를 분리하는 계단들처럼 두 벽 사이에 어렵사리 설치된 계단이다. 계단은 새로운 유형의 등장인물이다. 그것은 말을 하지 않지만 기분 혹은 분위기(moods)를 가지고 있다. 이것을 크레이그는 하루의 순간들과 삶의 연령대들을 상기시키는 네 개의 장면으로 표현한다. 공간을 채우면서 그것의 분위기를 구성하는 요소가 되고 있는 실루엣은 무엇보다도 계단 발치의 조명 속에서 놀이하고 있는 세 명의 아이들이다. 크레이그가 우리에게 전하는 말에 따르면, 이 아이들은 아프리카 강의 하마 등 위에 앉아 있는 새들을 닮았고, 토끼들이 내는 작은 소리를 상기시키는 말들을 내뱉는다. 그다음 장면에서는 계단이 조용해지면서 상단부에서 반딧불처럼 빙글빙글 돌며 파랑돌(farandole) 춤을 추는 젊은이들이 등장한다. 이것은 전면부로 내려오면 춤추는 지면의 일렁임으로 재현되는 운동이 된다. 세 번째 순간에 이르게 되면 분위기는 어두워진다. 여기에서는 노후함이 계단을 짓누르고 있는 듯 보인다. 춤추는 지면의 파동은 미로가 되었고, 여기에서 한 남자는 꼼짝도 못한 채 절망적으로 중앙에 다다르려고 하고 있다. 한 여자가 계단을 내려오지만 드라마투르그 크레이그는 그녀가 그 남자를 만나서 그에게 미로를 빠져나오게 해줄 끈을 주었는지에 대해 우리에게 어떤 말도 할 수 없다. 왜냐하면 그에게 흥미로운 것은 인간의 형상을 한 실루엣들의 운명이 아니라 마테를링크의 창이나 램프처럼 서로를 찾는 한 남자와 여자의 삶보다 더 폭넓고 더 고귀한 삶과 더불어 진동하는 계단의 운명이기 때문이다. 이것이 바로 밤 시간에 상응하는 마지막 에피소드가 우리에게 이해시키고 있는 바다. 마지막 에피소드는 세 개의 공간을 분리한다. 한 남자가 계단 중간에 고립돼 있다. 그는 반대 방향으로 '인생길'을 지나온 것에 지쳐 한 쌍의 그림자를 어렴풋하게 감싸고 있는 아래 플랫폼의 어둠과 테베 여신의 몸짓들처럼 두 빛의 분수가 연속해 솟아오르는 위쪽 테라스 사이에서 벽에 기댄 채 움직이지 않고 있다.

크레이그는 우리에게 「계단」이 대사 연극과 구별되는 침묵의 연극이라고 말한다. 이 연극은 도래할 연극이다. 드라마는 여전히 종이 위에, 즉 몇 쪽 분량으로 해설된 네 개의 데생에 함축되어 있다.• 이 동일한 모음집은 우리에게 각각의 개별 줄거리와는 무관한 몇 개의 장면을 제시하고 있다. 예를 들면 「도착」— 여기에서 누가 도착하는지는 중요하지 않다 —, 또는 「동작 연구」가 그것이다. 후자의 경우 우리는 한 남자가 눈보라와 싸우고 있는 것을 보고 있다. 그리고 무대설치가 크레이그는 단지 그 남자의 몸짓만을 남기고 눈보라를 삭제하는 것이 더 낫지 않을까 자문한다. 뒤이어 그는 그렇게 할 거면 그 남자 없이 동작만을 남기는 편이, 그리고 결국에는 아무것도 남기지 않는 편이 훨씬 더 낫지 않을까 생각한다. 그러나 줄거리에서 벗어난 도래할 연극의 장면들은 또한 현실에 존재하는 연극의 전환을 위한 모델, 상연해야 할 작품의 모델을 제시한다. 그래서 크레이그의 책은 이러한 장면들에 대한 데생을 레퍼토리 작품들에 대한 연출 제안 사항들과 함께 제시한다. 하마의 등 위에 앉아 있는 새-아이들을 우리는 「헨리 5세」••에 대해 제안한 무대설치에서 재발견하게 된다. 여기에서 무대설치가 크레이그는 텐트와 전장을 배경에 밀쳐 놓았고 비계(飛階)를 전면에 배치했다. 이 비계는 전선줄 위에 앉은 제비들처럼 배우들이 그 위에 자리하게 될 것이다. 「계단」에서 계단을 중심으로 한 도면들의 배분은 「율리우스 카이사르」의 무대설치에도 사용되었다. 여기에서는 마르쿠스 안토니우스만이 유일하게 계단을 차지하고 있고, 로마의 군중은 그의 뒤에서 상단부를 채우고 있다. 그리그 모의자들은 계단 아래에 모여 있다. 다른 스케치들에서는 미로 속에 있는 남자의 고독은 살인자 맥베스의 고독이 된다. 이 맥베스를 표현하는 아

- • 『새로운 연극을 향하여』에서 크레이그는 「계단」의 각 에피소드에 상응하는 네 개의 데생을 그려놓고 각각에 짧은 해설을 덧붙이고 있다.
- •• 원문은 「헨리 4세」이지만 크레이그의 텍스트를 참조해 「헨리 5세」로 정정한다.

주 작은 실루엣은 성의 높은 망루들에 의해 압도되어 보기에는 끝이 없는 복도의 미궁으로 사라진다. 언제나 데생들이 있다. 그것들은 미래 연극이 아니다. 그것들은 그의 생각을 연극 작품을 상연하는 일을 맡는 연출이라는 이 이행의 예술에 적용할 것을 제안하는 스케치들이다. 또한 그것들은 무대설치가 크레이그가 자신의 극장이 없기 때문에, 그리고 극장장들이 자신들의 극장을 그에게 허락하지 않았기 때문에 노트 안에 묻혀 있던 스케치들이다.

그러나 몇몇의 예외가 있다. 아무도 그에게 극장을 맡기지 않았지만 몇몇은 그에게 연극에 대한 그의 생각을 레퍼토리 작품들의 공연에 활용할 것을 제안했다. 피렌체에서 라 두제(la Duse)는 어렵지 않게 비가시성의 시로 간주될 수 있는 '사실주의' 작품들 가운데 하나인 입센의 「로스메르 저택」의 연출에 동의했다. 그리고 모스크바 예술극장으로 말하자면, 콘스탄틴 스타니슬랍스키는 크레이그에게 연극 작품의 전형인 「햄릿」, 즉 "행위하지 않기 때문에 살아갈 시간을 가졌던" 사람의 드라마를 무대에 올릴 것을 요청했다. 「햄릿」을 무대에 올리는 것, 이것은 무엇보다도 이 '무위'를 무대에 옮기는 일이다. 이로부터 연출가 크레이그가 확립한 첫 번째 원리가 나온다. 이 원리는, 자신들이 연기하는 등장인물을 장악하고 그 인물을 행위하도록 만든 이유들, 그 인물이 속한 시대, 그리고 그를 만들어냈던 환경을 깊이 새겨서 음정과 거동, 그리고 심지어 관객들이 진실을 감각적으로 인식할 수 있게 해주는 부차적인 요소들을 발견하도록 스타니슬랍스키가 교육한 배우들을 기절초풍시키기에 충분했다. 이 배우들에게 크레이그는 곧바로 공연의 어려움은 "해야만 하는 것에서가 아니라 하지 말아야 할 것에 있다"[7]라고 설명한다. 하

---

[7] 「햄릿」의 연출 준비에 관한 대담 속기록(BNF, Bibliothèque des Arts du spectacle, Ms B 25. 저자의 번역). 이 수고의 대부분은 로렌스 세넬릭의 저작에 편입되었다 (Laurence Senelick, *Gordon Craig's Moscow Hamlet. A Reconstruction*, Westport, Greenwood Press, 1982). 이에 대한 분석은 다음의 연구들에서도 찾아볼 수 있다.

지 말아야 할 것, 그것은 셰익스피어의 텍스트를 구현하는 것이다. 셰익스피어의 텍스트는 시처럼 자족적이며 어떤 상연도 필요로 하지 않는다. 반대로 무대에서 드라마의 대사는 단순히 연극예술가가 조형적 형태, 색, 동작, 리듬과 조합하면서 전유하는 재료일 뿐이다. 그런데 크레이그는 셰익스피어의 텍스트에 어떤 것도 덧붙이지 않고 어떤 것도 생략하지 않는다. 다만 그는 그 텍스트를 어조·색·동작을 부여해야 할 일련의 대사로 바꾼다. 이로부터 텍스트는 아무 상관이 없으며 단지 장식적 구실을 제공할 뿐이라는 결론을 이끌어내서는 안 된다. 무대에 제시해야 하는 것은 바로「햄릿」이기 때문이다. 그러나「햄릿」은 자신의 아버지를 위해 복수하고자 하는 한 왕자의 이야기가 아니다. 이 점에 대해 크레이그는 말라르메와 마테를링크에 동의한다. 「햄릿」은 시의 정신 자체, 시가 일상적 현실에 대립시키는 이념적 삶이다.「햄릿」을 무대에 올리는 것, 이것은 시의 현실을 연출하는 것이고 시가 다른 현실, 즉 타락한 연극에 자양분을 제공하는 권력과 술책, 죄악과 복수의 현실에 대해 겪는 갈등을 연출하는 것이다. "햄릿에서는 연극 안에 살아 숨 쉬는 모든 것이 연극을 부숴버리고자 하는 저 죽은 관습과 싸움을 벌인다."[8] 바로 이러한 이유에서 햄릿과 나머지 세상 사람들 사이에는 최소한의 일치와 화합 가능성도 존재해서는 안 된다. 따라서 크레이그의 연출은 상이한 차원의 현실들, 상이한 감각 세계들, 이 세계들 사이의 이행 혹은 장벽을 구축한다. 그의 연출은 다른 모든 인물의 척도가 될 한 인물을 고립시킨다. 이것은 피렌체에서 그가「로스메르 저택」을 연출했을 때 레베카

Arkady Ostrovsky, "Craig monte Hamlet à Moscou", dans Marie-Christine Autant-Mathieu (dir.), *Le Théâtre d'Art de Moscou. Ramifications, voyages*, Paris, CNRS, 2005, pp. 19~61 Ferruccio Marotti, *Amleto o dell'oxymoron, studi e note sull'estetica della scena moderna*, Rome, M. Bulzoni, 1966.

8 「햄릿」의 연출 준비에 관한 대담 속기록(BNF, Bibliothèque des Arts du spectacle, Ms B 25).

베스트라는 인물을 고립시키면서 이미 했던 것이다. 레베카는 야망 있는 여자도 과오의 무게에 짓눌려 있는 여자도 아니었다. 그녀는 로스메르의 '그림자들의 집'*— 여기에서는 모든 진정한 삶을 결여하고 있는 '살아 있는 존재들'이 불안을 겪고 있었다 — 에 나 있는 높은 창문으로 향하는 삶을 형상화하는 인물이었다. 그녀는 대사건을 알리는 델포이의 무녀였다.[9] 마찬가지로 햄릿은 우유부단한 사람이 아니다. 그는 시의 역량을 대표하는 사람이다. 그리고 행위는 연극의 줄거리가 재현하는 권력형 음모의 허망한 현실과 벌이는 그의 대결일 뿐이다.

햄릿에 상응하는 인물을 이 대결에 제공하기 위해 크레이그는 셰익스피어의 텍스트 밖에서 드라마 연극을 산출할 수 있는 햄릿의 '초상'을 찾아나선다. 그는 그 초상을 덴마크의 왕자가 아니라 솔로몬 왕을 재현하고 있는 제목 없는 16세기 판화에서 발견했다. 판화 중앙에는 두 스핑크스로 장식된 닫집 아래에서 머리에 왕관을 쓴 채 왕이 '우아하게' 자고 있다. 왼쪽에는 동일한 왕이 업무용 탁자에 앉아 있는 것이 보인다. 아래쪽으로는 연회실을 앞에 두고 한쪽에는 한 쌍이, 다른 쪽에는 세 명의 조신이 조용히 말하고 있다. 이렇게 이들은 다른 방에서 소란을 떠는 인물들의 무미건조하고 과도한 수다, 그들의 '무질서한 몸짓들', 그리고 그들의 '구식 문구들'도 깨트리지 못할 평화 속에 왕이 있도록 해준다. 크레이그는 우리에게 여기에서 햄릿의 영혼은 쉬고 있는 것이라고 말한다. 이 영혼은 햄릿의 **역할**을 '옆방'의 소란에 내맡길 수 있다.[10] 바로 이

---

* 로스메르와 레베카는 로스메르 아버지의 냉혹하고 고압적이었던 태도, 그의 아내 베아타의 자살, 그리고 로스메르 자신이 겪어야 했던 사회적 비난의 무거운 '그림자들' 속에서 살아야 했다. 이러한 의미에서 그의 집은 '그림자들의 집'이라고 할 수 있다.

9 Isadora Duncan, *Ma vie*, tr. fr. J. Allary, Paris, Gallimard, 1998, p. 254, et Laura Garetti, "*Rosmer' House of Shadows: Craig's Designs for Eleonora Duse*", dans Maria Deppermann et al. (éds), *Ibsen im europäischen Spannungsfeld zwischen Naturalismus und Symbolismus*, Kongressakten der 8. Internationalen Ibsen-Konferenz, Francfort-sur-le-Main, P. Lang, 1998, pp. 51~69 참조.

잠자고 있는 왕자의 초상이 드라마를 발생시켜야 한다. 크레이그가 구상한 대로 이 드라마는 때로는 자고, 때로는 연구하기 위해 책상에 앉아 있고, 때로는 몽상에 빠지는 한 인간의 모노드라마로 귀착될 수 있을 것이다. 이에 따라 감각적 짜임새의 지표로서, 그리고 각 등장인물과 장면의 현실적 양상을 보여 주는 지표로서 햄릿이 항상 무대에 현전하는 것이 본질적인 것이 될 것이다. 연극에서는 실제로 햄릿의 비극 그 자체는 세 가지 색조에 의해 지배되는 분위기의 유동적 몽타주다. 햄릿의 정서가 갖는 추상적 색조, 줄거리를 구성하는 사건들에 고유한 준-사실주의적 색조, 그 줄거리의 흐름을 합리화하는 데 열중하는 인물들 — 현자 폴로니우스, 따지기 좋아하는 장교들 또는 묘혈을 파헤치는 학자들 — 의 사실주의적 색조가 그것이다. 다른 '등장인물들'과의 관계에서 햄릿의 고립화를 더 강화하기 위해 크레이그는 멜랑콜리의 어조가 아니라 흥분의 어조로 말해져야 하는 유명한 독백을 하는 동안에 그의 어깨 위로 몸을 숙이고 있는, 테베 여신의 연극적 화신인 '즐거운 망자'의 조형적 형상이 햄릿에 동반하는 것을 구상했었다. 이 창의적인 생각들의 타당성에 대해 스타니슬랍스키를 설득하지 못했지만 적어도 크레이그는 두 세계 사이의 갈등을 가시화하는 구조를 강제할 수 있었다. 막을 여는 장면은 크레이그 무대장치의 중요한 발명인 칸막이(screens), 즉 높은 회색 방벽의 색깔과 잘 구별되지 않는 움직이는 유령을 따지기 좋아하는 장교에 대립시키면서 저 갈등 구조에 색조를 부여하고 있다. 이 칸막이와 더불어 장식은 기하학적 요소들의 배치가 된다. 그런데 이 요소들은 더 이상 횃대 위에 설치되지 않고 단지 땅 위에 위치하게 되며, 연극이 진행됨에 따라 변화하는 배치 속에서 조정된다.

이어지는 장면에서 햄릿은 판화의 솔로몬 왕의 자리에 위치한다. 전면

---

10 E. G. Craig, "Le vrai Hamlet", dans *Le Théâtre en marche*, tr. fr. M. Beerblock, Paris, Gallimard, 1964, pp. 143~44.

에서 그는 선잠이 든 채 긴 의자에 반은 앉고 반은 누운 자세로 있다. 그의 뒤에는 왕과 왕비가 왕좌에 앉아 있는데, 왕좌 뒤에는 금박종이로 덮은 반원 형태의 병풍이 놓여 있다. 그들의 어깨에서는 금으로 수를 놓은 넓은 망토가 드리워져 있다. 이 망토는 궁정 전체를 뒤덮을 정도였다. 이것이 아니라도 조신들의 금색 모자들은 그들을 미광으로 빛나는 미분화된 단 한 덩어리의 금으로 변모시켰다. 왕과 왕비의 말에서 의미 없는 음악 이상의 것을 들을 필요가 없기 때문에 쳐다보지도 않은 채 그들에게 답변하는 햄릿과 궁정 사이에는 거대한 정육면체로 구축한 장벽이 두 세계 혹은 두 '방'을 분리하고 있다. 우리는 금으로 휩싸인 그 덩어리 속에서 저 누워 있는 몽상가가 무시하고 있는 음모의 현실을 볼 수 있다. 그러나 우리는 거기에서 또한 그만큼 선잠이 든 왕자의 꿈—또는 악몽—을 볼 수 있다. 상상의 동물들로 가득 찬 꿈 말이다. 왜냐하면 크레이그는 햄릿의 주위에서 동물 우화에서나 나올 법한 형상들, 예를 들면 악어-왕, 두꺼비-폴로니우스, 카멜레온 혹은 뱀인 로젠크란츠와 길덴스턴 등이 야단법석 떠는 것을 보고 싶어 하기 때문이다. 또한 왕은 왕자의 악몽 속의 인물로서 말해야 한다. 반은 동물이고 반은 자동기계인 그 존재의 팔은 아주 큰 핀셋과 같고, 턱은 자신이 내뱉는 말을 쇳소리나 의미 없는 으르렁 소리처럼 뭉개버린다. 그런 다음 왕은 궁정 전체와 함께 어둠 속으로 사라진다. 이렇게 꿈이 사라지면 햄릿만이 홀로 깨어나 자신에게 독백을 건넨다.

왜냐하면 두 세계 사이의 긴장관계는 언어 사용 사이, 상황을 추론하는 데 사용되는 언어와 그것의 감각적 짜임새를 현시하고 여러 현실 사이의 간격을 이해하도록 해주는 언어 사이의 긴장관계이기도 하다. 이처럼 제4막에서 오필리아의 노래는 누구에게도 향하지 않는 일련의 의미 없는 말로 받아들여져야 한다. 그것은 궁녀들이 노래하는 달콤한 소리와 뒤섞이며 다소간의 불협화음을 만들어내는 음악과 같은 것이다. 반면에 왕과 레어티즈—등장인물을 연기하는 등장인물들—는 오필리아의 노래에서 암시를 파악하려고 실없이 정신을 쏟는다. 마찬가지로 공동묘지 장면에서 햄릿의 목소리는 지옥에서의 단테의 목소리처럼 묘혈을 파헤치는 두 사람의 궤변, 자신들이 모방하고 있는 학자들의 말 또는 논변과 충돌하고 있는 저 궤변의 한가운데에서 울려퍼져야 한다. 이러한 이유에서 이 무대는 분화구이어야 할 것이다. 햄릿은 영겁의 벌을 받은 사람들이 떨어진 나락의 가장자리에서 시인 단테가 했던 것처럼 그 분화구의 가장자리에서 몸을 숙인 채 보고 있을 것이다.

이렇게 시는 등장인물들이 구현한 텍스트로서가 아니라 분위기, 선, 색깔, 색조로 구축되는 유동적인 건축물로서 연출된다. 그러나 이 연출에 다른 연출, 즉 스타니슬랍스키 자신의 연출이 대립한다. 그는 크레이그에게 기꺼이 분위기 장식을 맡기고자 한다. 그러나 그는 레어티즈와 클로디어스처럼 말에서 감정의 표식을 읽으려고 한다. 그래서 그는 자신의 배우들에게 등장인물들을 구현할 것을 요구한다. 그는 또한 미분화된 덩어리에 대립하는 단 하나의 진정한 등장인물만을 남기기를 거부한다. 그는 기꺼이 크레이그의 동물우화에 걸맞게 갑각(甲殼)으로 폴로니우스를 입히고자 한다. 그러나 그는 그를 두꺼비로서가 아니라 신중한 정치인이자 훌륭한 가장으로 해석하고자 한다. 그리고 그에게 왕은 속임수에 능한 독재자이지 닭이 아니다. 그리고 오필리아는 사랑에 빠진 상류층의 처녀이지, 크레이그가 동일시하고자 했던 거리의 가수가 아니다. 크레이그가 드라마의 본질로 정립했던 조형적이고 음악적인 관점에 스타니슬랍스키의 연출 노트가 대립한다. 이 노트는 등장인물들에서 나오고 수용되는 그대로의 '감정의 비가시적인 발현'에 대한 지침을 알리는 화살표로 꽉 차 있었다. 따라서 모스크바 예술극장의 무대에는 분화구도 '즐거운 망자'도 존재하지 않았다. 단지 몇몇 장면만이 무대설치가 크레이그만의 표식을 간직하고 있을 뿐이다. 도입 장면의 높은 방벽, 궁정의 금빛 덩어리, 클로디어스를 함정에 빠트리게 할 공연을 햄릿이 연출하게 된 기원이 된 묘혈, 바람에 흔들리는 창(槍)들의 숲 앞에서 가브리엘 천사장으로 나타난 포틴브라스의 마지막 환영이 그 예들이다. 나머지 부분에 대해 말하자면, 자신들의 역할을 연기하는 배우들이 있다. 이들은 크레이그의 역할을 저 방벽의 사용으로 환원한다. 그나마도 이 방벽은 커튼이 오르기 한 시간 전에 붕괴되고 만다. 크레이그는 이로부터 '현대 연극'계 인물들 가운데 가장 재능 있고 가장 우호적인 사람도 도래할 연극에 한참 뒤처져 있다는 결론을 내린다. 모스크바의 「햄릿」 이후, 크레이그는 단 하나의 작품만을 그것도 14년 후에 연출하는데, 그것은 당시까지 새로운 연극의 상징과도 같았던 작품인 입센의 「왕위 주장자들」이었다. 왜냐하면 이 작품은 두 세계를 두 인간으로 대립시키고 있기 때문이다. 호콘은 의지와 자신의 계획을 믿을 만큼 '어리석기' 때문에 단지 왕이 되어 자신의 민족을 통합하려고 하는 왕위 주장자다. 그리고 스쿨레는 "정해진 목표는 인간에게는 별다른 의미가 없다는 것"을 예감하고 오히려 "삶을 전체로서 이해하고 즐기기를"[11] 바라기 때문에, 자신의 권리를 의심하고 햄릿과 발렌슈타인˚처럼 행동에 필요한 결정적 징조를 기다리는 왕위 주장자다. 덴마크 대중은, 훌륭한 의지에 대한 이 가치절하 외에도, 항구의 창고에 있는 상자들을 연상시키는 푸르스름한 정육면체 더미 한가운데에서 주교가 죽게 되는 것을 보게 되는 것, 그리고 중세 시대의 노르웨이가 프랑스식 벽지, 동양식 문과 일본식 전등을 통해 부각된 이탈리아식 캄포(campo) 분위기 속에 잠겨 있는 것을 보게 되는 것에 대해서도 달갑게 생각하지 않았다. 연출가 크레이그 자신으로 말하자면, 그는 피렌체 시절의 자신의 소형 연극으로, 그리고 "대지의 세 가지 비인

---

11 이 등장인물들에 대한 크레이그의 노트에 대해서는 Frederic J. Marker et Lise-Lone Marker, *Edward Gordon Craig and "The Pretenders", A Production Revisited*, Carbondale, Southern Illinois University Press, 1981, p. 52(저자의 프랑스어 번역) 참조.

• 실러의 3부작 역사극인 『발렌슈타인』의 등장인물이다. 실제 역사적 인물에서 모티프를 얻었지만, 실러는 발렌슈타인이라는 인물을 미학적으로 재구성했다. 실러는 이 작품을 구상할 때, 셰익스피어의 영향을 받았다. 실제로 이 작품에서 발렌슈타인은 햄릿처럼 우유부단한 인물로 그려진다.

격적 예술"[12]인 건축·음악·동작을 통합하는 예술에 대한 자신의 꿈으로 되돌아갔다. 그의 꿈은, 무대의 모든 지점으로 이동할 수 있는 칸딕이의 판자들에 활이 바이올린을 켜듯이 작용하는 조명기의 끊임없는 위치이동만으로 이루어질 수 있는 드라마다. 또한 정사각형으로 분할된 무대도 그의 구상 가운데 하나였는데, 그것들은 끊임없이 공간을 열고 닫기위해 그리고 필요에 따라 계단과 플랫폼 혹은 장벽이 나타나도록 하기위해 올라가고 내려오는 평행육면체의 윗면이 될 것이다.[13]

조정 가능하고, 조합 가능한 요소들의 위치이동과 빛의 놀이를 통해 무한히 전화 가능한 공간, 이것이 연극 개혁의 핵심이다. 바로 이러한 이유로 크레이그는 그가 모스크바에서 겨울을 보내는 동안 한 러시아 후원자가 그에게 데생 시리즈를, 즉 아피아의 '율동적인 공간들'을 보여주었을 때 놀라서 자빠지고 말았다. 사각형 블록으로 만든 높은 기둥들 — 이것들의 그림자는 넓은 계단과 플랫폼에 투영되고 있다 — 과 정지한 파도들처럼 직선 담장들의 층계로 이루어진 '언덕들의 유희', 크레타 섬 궁전의 테라스를 연상케 하는 계단, 검정색의 기하학적 윤곽선으로 그려진 편백나무 오솔길, 오르간의 파이프들을 닮은 폭포, 빛에 의해 숲속 빈터나 섬으로 전화되는 확 트인 공간, 지중해 햇빛 또는 달빛에 의해 비추어진 공간, 혹은 단지 편백나무의 그림자만이 차지하고 있는 공간. 첫 보기에 이 공간들은 크레이그의 공간에 가까워 보인다. 실제로 두 사람은 이 근본적으로 동일한 생각, 즉 연극은 무엇보다도 건축, 운동, 빛의 일이라는 생각을 공유하고 있다. 그러나 이 공통의 토대 위에서 동작에 대한 두 관념이 교차하며 상반된 방향으로 나아가게 된다. 크레이그에게 동작은 무대 자체의 운동이다. 무대는 여신의 신전이자 동시에

---

12 E. G. Craig, "*Motion. Being the Preface to the Portfolio of Etchings by Gordon Graig*", *The Mask*, I, n°. 10, décembre 1908, p. 186. (저자의 프랑스어 번역.)
13 이에 대해서는 특히 『무대』(*Scene*, Oxford University Press, 1923) 참조.

그의 몸짓들의 전개다. 크레이그는 덩컨의 춤에 영감을 주었던 이 그리스식 프리즈로부터 그것의 본래 자리였던 신전으로 다시 거슬러 올라가고자 한다. 연극적 관념은 공간의 구축으로 실현되는 관념이다. 그리고 관념을 실현하기 위해서가 아니라 나약함을 고백하기 위해 등장하는 표현력 넘치는 신체들은, 크레이그의 데생에 등장하는 엷은 실루엣들처럼 저 건축물 전체 속으로 용해되어야 한다. 아피아의 율동적인 공간으로 말하자면, 거기에는 어떤 실루엣도 등장하지 않는다. 그러나 그 공간의 황량한 고독은 살아 있는 신체의 움직이는 조각들이 전개되어야 하는 플랫폼이다. 따라서 아피아는 프리즈 조각과 춤추는 신체의 관계를 정확히 거꾸로 이해한다. 그에게 빛의 작업은 항상 신체를 조각하는 것이다. 그러나 정확히 말하자면 빛이 조각하는 것은 움직이는 신체다. 그리고 관념의 내면성에 그 구체적 형태를 부여해야 하는 것은 신체의 이 동작이다. 무대의 건축은 바로 이 조형적 형태의 받침대를 제공할 뿐이다.

왜냐하면 아피아는 항상 『바그너 드라마의 연출』에서 표현된 생각, '음악'에 가시적인 공간적 형태를 부여해야 한다는 생각에 충실하기 때문이다. 그러나 이 문제를 제기하는 방식은 1894년의 시론 이후에 변화했다. 실제로 아피아는 바그너 음악의 공간화에서 마주쳤던 딜레마로부터 빠져나오기를 원했다. 그는 그 원리를 단지 악보로부터 이끌어내려고 했다. 그러나 그가 실제로 그것을 발견한 것은 다른 곳에서, 즉 음악의 철학적 본질 속에서, 보탄의 점진적인 무관심이 상징하는 의지의 포기 속에서였다. 「햄릿」의 연출처럼 「니벨룽의 반지」의 연출은 그 핵심에서는 어떤 **비활동성**의 현시일 수밖에 없었다. 그리고 이것을 통해서 음악과 공간은 관념에서만 통합될 뿐 분리된 채 있었다. 내면성의 예술은 자신의 공간적 현전에 대한 통일적 표현을 제시할 수 없었다. 이것은 상황에서 기인하는 곤경이 아니었다. 그것은 더 일반적인 문제였는데, 헤겔은 이것을 다음과 같이 기술한 바 있다. 예술의 감각적 형식은 순수한 예술적 의지의 결과일 수 없다. 그것은 오직 예술이 아닌 것, 즉 교육 및 공동체적 삶의 형식과의 만남으로부터 발생할 수 있다. 아피아가 종종 인용하고 있는 헤겔의 독자였던 이폴리트 텐은 자신의 강의에서 그리스 예술의 공연 원리를 길게 설명하면서 저 주장의 귀결들을 이끌어낸다. 그는 그 공연 원리를 하나의 용어, 즉 **무도법**(orchestrique)*으로 요약했다. 이것은 좋은 집안 출신의 그리스 청년들을 위한 신체 교육으로서 그들을 모든 신체적 훈련을 통해, 즉 노래와 춤 훈련 그리고 전쟁 훈련을 통해 완성된 인간으로 만들었다. 그래서 그들은 자신들의 사사로운 향연이 끝날 무렵에는 "집에서의 작은 오페라"[14]를 제공할 수 있었다. 그러나 그들은 또한 도시공동체의 신을 기리는 합창, 춤, 행렬을 이끌고 플루트 소리를 들으며 전쟁을 향해 떠나는 기술에 능숙해 있었다. 신체를 사적인 삶이 갖는 호화로움과 공적이고 종교적이며 전쟁에 관련된 삶이 갖는 임무와 장중한 의식에 적응시킴으로써 신체를 예술에 적응시켰다고 할 수 있는 이 무도법, 이것이 바로 무용수들, 안무가들, 장식가들이 열정적으로 박물관의 그리스식 프리즈나 항아리에서 재발견하고자 했던 것이다. 그러나 아피아가 보기에 예술작품들에서 그것들을 가능케 했던 예술에 적합한 **신체의 소질**에 관한 비밀을 찾는 것은 헛된 일이었다. 사람들은 새로운 음악이 그것의 공간을 부여할 수 있는 수단을 그리스식 프리즈의 부동적 선에서 찾을 수 없었다. 그것을 예술의 바깥에서, 사람들이 신체에 새로운 건강과 균형을 부여하는 일에 몰두했던 곳에서 찾을 필요가 있었다. 새로운 무도법은 '리듬체조'라고 불렸다. 이것의 중심지는 제네바의 에밀 자크-달크로즈의 학교였다. 물론 자크-달크로즈는 음악가였다. 그러나 그는 예술작품을 창조하는 일이 아니라 단지 자신 안에 거주하고 있는 리듬을 느낄 수 있는 신체, 모든 근육의 제어를 통해

---

* 랑시에르7- 여기에서 'orchestrique' 혹은 'orchestique'으로 쓰고 있는 것은 프랑스어 'orchestre'(오케스트라)에서 파생한 단어다. 그런데 '오케스트라'는 '춤추다'를 뜻하는 고대 그리스어 'ὀρχέομαι'(orkheomai)에서 온 말이다

14 Hippolyte Taine, *Philosophie de l'art*, t. II, Paris, Hachette, 1918, p. 173.

그 리듬에 정확한 형태를 공간 속에 제시할 수 있는 신체를 창조하는 일에 몰두했다. 따라서 크레이그처럼 빛과 동작의 건축적 완전성과 신체의 무질서를 대립시킬 필요가 없었다. 반대로 바그너의 기획이기도 했던 분리된 역량의 재통합의 원리를 인간 신체 속에서 발견할 필요가 있었다. 시·음악·공간이 통합될 수 있는 유일한 장소는 살아 있는 신체였다. 오직 이 신체만이 낭송과 노래, 음악적 지속과 그것의 공간적 전개를 구체적으로 결합할 수 있었다. 이것은 단순히 음악에 적절한 수단으로 사용되는 신체를 제공하는 일이 아니었다. 이 수단적 관계 자체를 거부하고, 각각의 근육 수축이 갖는 의미를 공간과 시간 속에서 정신적으로 제어함으로써, 제어 자체가 소멸하고 사유가 자신의 실행 방식과 더 이상 분리되지 않는 지점까지 다다를 필요가 있었다. 신체가 자신만의 리듬을 완전히 소유하면서 목적과 수단 사이, 관념과 그 실행, 예술과 그 해석자들, 내면의 리듬과 그 공간적 번역 사이의 외재적 관계는 소멸했다.

　따라서 연출은 더 이상 말, 소리, 공간의 분리된 예술들 사이의 종합을 실행하는 새로운 예술에 대한 이름이 아니다. 오히려 그것은 예술의 역량들에 그것들의 통일성을 부여하는 유일한 안식처, 즉 살아 있는 신체로의 전환의 장소다. 조합 가능한 요소들로 이루어지는 플랫폼과 계단은 셰익스피어, 바그너, 입센에서 나타나는 드라마에 대한 관념을 상징적으로 표현하는 것이 아니라 재발견된 신체의 역량을 전개하기 위한 것이 될 것이다. 1912년에 헬러라우에서 상연된 글루크의 「오르페우스와 에우리디케」*의 적절한 음영과 격렬함은 이것을 증명하게 될 것이다. 자크-달크로즈가 정한 무대설치에서, 아피아의 계단에 부여된 역할은 오페라의 무대 재현의 문제를 해결하는 것이 아니라 새로운 예술의 역량,

---

● 이 책 제1장에서 랑시에르는 이 작품의 1913년 공연을 언급한 바 있다. 그런데 이 작품은 여기에서 언급하고 있듯이 1912년에도 상연되었다. 아피아는 1912년 공연에 실망한 나머지 헬러라우를 떠났으며, 1년 뒤의 두 번째 공연에도 오지 않았다.

다시 말해 예술과 삶의 새로운 통일이 함축하고 있는 역량을 증명하기 위해 오페라에서 이끌어낸 장면을 사용하는 것이다. 다시 말해 중요한 것은 극장에서 공연을, 미술관에서 작품을, 그리고 진열장에서 사치품을 바라보는 사람들의 수동적 태도를 버리고 신체가 할 수 있는 것이 무엇인지를 터득한 신체들의 집단적 역량을 상징하는 퍼포먼스다.

왜냐하면 줄지어 계단식 좌석에 앉아 있는 관객들이 오르페우스를 덮치고 있는 음영과 격렬함의 전개를 마주하고 있는 경우에도 그것들이 전개되는 장소는 극장이 아니기 때문이다. 그것은 자크-달크로즈가 자신의 지침을 실행에 옮기고 필요한 경우에 그 결과를 보여 주기 위해 특별히 건축한 시설이다. 그리고 이 시설이 드레스덴 교외에 설치된 것은 우연이 아니다. 헬레라우는 드레스덴 수공예 아틀리에(Dresdener Werkstätten für Handwerkskunst)의 소재지였다. 이곳은 다른 어느 공장과도 다른, 가구와 집기들을 생산하는 작업장이었다. 사실 창립자인 카를 슈미트는 독일공작연맹의 창립회원 가운데 한 명이었다. 건축가들과 디자이너들로 구성된 이 단체는 자신들의 예술에 사회적이면서 동시에 정신적인 목표를 부여했다. 즉 자신들의 부를 과시하고 자신들의 취미를 찬양하도록 만들고 싶은 고객들의 허영을 위해 작품을 생산하는 데 관심을 갖는 예술가들의 허영이 구상해 낸 양식의 무질서한 다양성에 대립하는 양식을 장식과 일상적 삶의 물품에 부여하는 것이 그것이다. 일상적 삶의 물품을 양식화하는 것, 그것은 예술적 기량이나 사회적 지위를 지시하기 위해 만들어진 장식들을 그 물품들에서 벗겨내는 것이다. 다시 말해 그것은 잘 이해된 그 물품들의 기능에 어울리는 순수 형식을 그것들에 부여하는 것이다. 이렇게 함으로써 그 실용품들을 새로운 문화를 형성하는 요소들로 만드는 것이다. 근대 산업이 수공업 전통과 결합하는 장소였던 이 아틀리에들은 단지 집기만을 만들지 않았다. 그들은 또한 새로운 삶의 형식들을 창조하고자 했다. 슈미트가 자신의 노동자들을 위해 독일의 첫 번째 정원도시를 짓도록 한 것은 바로 이러한 이유에서였다. 이 정원도시는 마찬가지로 독일공작연맹의 건축가였던 리하르트 리머슈미트에 의해서 실현되었다. 독일공작연맹의 또 다른 회원인 박애주의자 볼프 도른이 연맹의 또 다른 창립자인 테오도르 피셔가 이미 꿈꾸었던 장소를 본떠서 자크-달크로즈에게 장소를 제공한 것은 바로 이러한 맥락에서다. "혼자서 그리고 가족을 이루어 거주하기 위한 것이 아니라 **모두를 위한**, 배우고 총명해지기 위한 것이 아니라 **만족하기 위한**, 이러저러한 종교적 신념에 따라 기도하기 위한 것이 아니라 **성찰과 내면적 삶을 위한 집**. 따라서 학교도 아니고 미술관도 아닌 ……. 그렇지만 어느 정도는 그 모든 것이면서 **다른 어떤 것을 추가로 가지고 있는 집**."[15] 실행될 활동만을 고려해서 건물의 동선을 배치하는 독일공작연맹 이론가들의 건축적 이해는 자크-달크로즈와 아피아의 조형적 이해와 정확히 일치한다. 그런데 교육 시설은 공연 장소가 아니다. 그곳은 두 종류의 활동을 위한 장소이어야 한다. 먼저 일부는 수업료를 지불하는 애호가들, 일부는 무료로 입학 허가를 받은 노동자들의 자식들을 위한 교육훈련 활동, 그다음에는 이 교육 활동과 그것의 폭넓은 사회적 소명에 관심을 가진 사람들의 공동체를 결집하는 회합과 축제의 활동이 그것이다. 따라서 헬러라우의 그 시설에는 공연장이 없고 단지 모두를 위한 커다란 홀이 있다. 하나로 이어진 긴 사각형의 홀에서, 계단식 좌석 앞에 설치된 연극 무대는 무엇에 의해서도 한정되지 않는다. 유희의 공간(상연 공간)은 오직 직선적 구획들의 조합을 통해서 규정되는데, 이 구획들은 리듬에 맞춰 움직이는 사람들의 선형적 전개를 위해 사용된다. 리듬에 맞춰 움직이는 사람들은 맨발로 작업복을 입고, 혹은 눈에 보이는 피아노나 보이지 않도록 숨겨둔 오케스트라의 소리에 맞춰 춤출 때 거동

---

15 Wolf Dohrn, *Die Gartenstadt Hellerau*, Iéna, Diedericks, 1908, p. 27, cité par Marie-Laure Bablet-Hahn, dans sa présentation des *Œuvres complètes*, t. III, d'Adolphe Appia, *op. cit.*, p. 95.

하기 편안한 주름진 드레스를 입고 있다.

계단식 좌석에 앉아 있는 사람들로 말하자면, 그들은 공연을 참관하고 있는 관객들이 아니다——아니 관객들이어서는 안 될 것이다. 오히려 그들은 자신들 앞에서 실행되고 있는 퍼포먼스와 불가분적이며 함께 신체의 집단적 역량의 발현을 떠맡고 있는 사람들이다. 홀에서 펼쳐지는 살아 있는 예술은 구경거리로 주어지는 예술의 관념 자체와 이율배반적이다. 사유, 음악, 공간의 종합이 오직 리듬에 맞춰 움직이는 사람의 신체에 놓여 있다면, 새로운 예술은 이 종합 자체의 전기에서 성립한다. 이것이 아피아가 새로운 예술, 즉 '살아 있는' 미래의 예술을 선언하고 있는 한 텍스트에서 요약하고 있는 것이다. "우리의 신체는 드라마의 저자다. 드라마 예술작품은 자신의 저자와 구별되지 않는 유일한 예술작품이다. 그것은 **관객이 없더라도** 확실히 존재한다고 말할 수 있는 예술이다. 시는 읽혀야 하고, 회화와 조각은 시선을 받아야 하며, 건축은 둘러볼 누군가가 있어야 하고, 음악은 들어야 할 누군가가 있어야 한다. 드라마 작품은 체험된다. 그것을 체험하는 것은 드라마 작가다. 관객은 그것을 납득하기 위해 온다. 그의 역할은 그것에 제한된다. 작품은 혼자의 힘으로 관객 없이 살아간다."[16]

살아 있는 예술작품은 상연되지 않는다. 그것은 실행되고 공유된다. 따라서 1912년 6월 말과 7월 초에 헬러라우 주민들과 국제적인 탐미주의자들이 뒤섞인 대중이 초청을 받은 것은 연극 공연이 아니었다. 그것은 그 단체의 작업을 보여 주는 연말 축제였다. 이 대중은, 자신들이 갇혀 있던 자리를 떠난 남녀들, 말하자면 스스로 '**대중**을 정복하는 것'을 터득했던 남녀들이 펼쳐 보일 수 있는 예술적 역량을 '납득하도록' 초대받은 것이다.[17] 요컨대, 이 '대중'은 자신의 패배를 참관하기 위해 오는

---

16 A. Appia, *L'Œuvre d'art vivant*, dans *Œuvres complètes*, t. III, *op. cit.*, p. 387.
17 *Id.*, "Style et solidarité", dans *ibid.*, p. 72.

것이다. 대중은 공연을 참관하기 위해서가 아니라 관객의 입장에서 벗어나기 위해 오는 것이다—아니 그렇게 하기 위해 와야 할 것이다. 여기에서 "각자는, 사실상 자신은 자신 앞에서 살아 숨 쉬는 드라마를 참관할 권리가 없다는 것, 그리고 그것은 사람들이 자신에게 부여한 특혜라는 것, 그리고 그 특혜를 받아 마땅하도록 그 자신이 연기자들의 연기에, 눈물에, 노래에 참여해야만 한다는 것을 느낀다."[18] 대중은 자신의 양식을 획득한 이 삶의 표현과 연대하기 위해, 새로운 미학적 협정의 선언이기도 한 막 출현하고 있던 이 집단적 글쓰기에 연서하기 위해 오는 것이다. 헬러라우의 홀은 현대화된 극장이 아니다. 그것은 새로운 유대의 전조다. 사람들은 이 장소를 그저 단순히 홀(la Salle)이라고 부르게 될 것이다. 그곳은 "미래의 대성당으로서 자유롭고 변형 가능한 넓은 공간을 통해 사회적이고 예술적인 우리 삶의 아주 다양한 표현을 받아들이게 될 것이며, 드라마 예술이 꽃을 피우게 될 장소가 될 것이다. 관객과 함께 혹은 관객 없이."[19] '그저 단순한 홀', 이것은 무대와 홀, 예술가의 작품과 그것을 바라보는 사람들의 삶을 분리하는 공간의 폐지다. "미학적 전환"은 "스스로를 작업과 도구로 간주하는 것"에 있고, "그다음에는 그것에 대한 느낌과 이 느낌으로부터 나오는 확신을 자신의 형제들에게까지 전파하는 것"에 있다.[20] 바로 이 미학적 종교의 한가운데에서 저 신앙이 긍정된다. 이 신앙은 소비에트 혁명의 영웅적 시대에서 자신의 적용을 발견하게 될 것이다.

그러나 1912년과 1913년에 헬러라우 아틀리에의 홀을 채웠던 것은 아직 이 미래의 예술작품이 아니었다. 물론, 아피아 체계가 강하게 주장되기는 했지만 그 체계가 자신을 드러냈던 것은 무엇보다도 그의 계단

---

18 H. C. Bonifas, article de *La Semaine littéraire* du 26 juillet 1913, dans *ibid*., p. 220.

19 A. Appia, "L'avenir du drame et de la mise en scène", dans *Œuvres complètes*, t. III, *op. cit*., p. 337.

20 *Id*., *L'Œuvre d'art vivant*, dans *ibid*., p. 394.

에 의해서였다. 리듬에 맞춰 움직이는 사람들을 이끄는 일이기도 했던 배우들의 지도는 논리적으로는 자크-달크로즈의 몫이었다. 그러나 조명의 실질적 실현은 다른 사람에게 맡겨졌다. 이 사람은 신체와 생기 없는 공간 사이의 관계를 구축하기 위해 아피아에게는 본질적인 것이었던 조명기기의 능동적 빛을 포기했다. 그는 변화하는 색조를 띠는 경쾌한 분위기로 연기자들과 관객 모두를 감싸고, 라파엘 전파(préraphaélites) 회화에 나오는 형상으로 합창단을 변모시키는 분위기 조명을 특별히 강조했다. 그 이전 해 겨울의 모스크바에서처럼 새로운 연극에서 장인의 역할은 실물 장치들의 구상으로 축소되었다. 그러나 크레이그와는 다르게 아피아는 자신의 전체적 기획이 변질되는 것을 단순히 지켜보지 않았다. 장식가들이 한때 계획했던 알록달록한 의복에 대해 분노하면서 그는 말로만 자신의 구상을 실현한다고 했던 곳을 영원히 떠났다. 그리고 전쟁시기의 침묵의 시간을 가진 후에 1920년대에 그가 자신의 이력에서 정확하게 말해 유일한 '연출'을 하게 되는 것은 전통 오페라 무대에서였다. 비평가로부터 바그너 드라마의 '칼뱅화'(calvinisation)라고 규탄을 받았던 1923년 스칼라(Scala)에서의 「트리스탄과 이졸데」, 그리고 두 에피소드 끝에 음모에 의해 중단된 1925년 바젤에서의 「니벨룽의 반지」가 그것들이다.

어떤 의미에서는 불가능했던 타협이라고 할 수 있을 것이다. 좀 더 정확히 말하면, 새로운 구대의 창안자들에 의해서는 실현될 수 없었다고 할 수 있을 것이다. 왜냐하면 다른 사람들이 결국에는 아주 잘 할 수밖에 없는 일이기 때문이다. 크레이그와 아피아가 자신들의 데생과 마리오네트로 되돌아간 반면, 그들의 플랫폼과 계단은 새로운 무대의 양식화된 장식의 상징적 요소가 될 것이다. 이것들은 1950년대 초 바이로이트 극장이 재개관할 때 바그너 오페라의 탈나치화의 상징이 된다. 그러나 거기에서 계단은 자신이 속해 있던 신전을 가지고 있지 않게 될 것이다. 그것은 인간의 참여를 제거한 살아 있는 무대—크레이그는 피렌체의 소형 무대 앞에서 이것의 효율성을 모방한 바 있다―를 갖지 않게 될 것이다. 그것은, 브베(Vevey) 포도 재배자들의 축제와 겨울 궁전의 점령에 대한 소비에트적 재구성 사이의 중간 단계에 있다고 할 수 있는 아피아가 꿈꾸었던 집단적 삶의 거대한 신전도 갖지 않게 될 것이다. 그 이유는 부동극의 신전과 살아 있는 신체의 신전 둘 모두가 상반된 방향에서 연극 무대의 장치를 뛰어넘었기 때문이다. 그것들은 마침내 드러나고 재발견된 연극의 공간적 본질을 기계의 작용을 통해서이든 아니면 신체의 집단적 약동을 통해서이든 실현하기 위해 연극을 철폐할 것을 요구했다. 연극의 두 위대한 혁신자들은 혁신의 논리를 극단의 지점까지 끌고 갔다. 여기에서 혁신의 논리는 무대 위에서 배우들이 관객에게 제공하는 구경거리의 죽음을 의미했다. 이렇게 진정한 본질의 실현은 그것의 철폐로 귀결되었다. 그러나 현대의 연출 예술이 자신의 원리와 방법을 발견하게 되는 것은 이 불가능한 실현들의 교차점에서, 절대화된 무대 공간으로의 기생적 신체의 용해와 무대의 기교를 부정하는 신체의 과잉 현전이 만나는 지점에서다.

제11장 기계와 그 그림자

1916년 할리우드

영화배우 가운데 채플린은 의심의 여지없이 가장 영화적인 배우다. 채플린의 시나리오는 문자 텍스트가 아니다. 그것은 연기 중에 창조된다. 아마도 그는 날것 그대로의 재료로부터 시작하는 유일한 영화예술가일 것이다.

채플린의 동작과 그의 모든 영화작품은 말이나 데생으로가 아니라 흑-회색의 점멸로 구상되었다. 그는 연극과 완전히 그리고 결정적으로 단절했고, 이러한 이유로 그는 확실히 최초의 영화-배우라는 이름을 가질 만하다 ……. 채플린은 자신의 영화에서 말을 하지 않는다. 그는 침묵한다. 그는 자신을 연극적 언어에서 스크린의 언어로 번역하는 대신에 영화적 재료를 가지고 작업한다.

빅토르 슈클로프스키의 이러한 견해는 1920년대의 아방가르드 사상에서 채플린이 차지하는 특별한 위상을 충분히 잘 요약하고 있다.[1] 그러

---

[1] Viktor Chklovski, *Literatur i Kinematograf*, Berlin, Helikon, 1923, p. 53; tr. fr. A. Robel,

나 새로운 배우의 퍼포먼스와 움직이는 그림자들의 예술을 동일시하는 이러한 관점은 제7의 예술의 고유성을 이론화하는 데에 가장 열정적이었던 영화인들 가운데 한 명인 장 엡스텡의 견해와 대립한다. 물론 그는 샤를로*라는 창작자에 감탄한다. 실제로 채플린의 초상화는 그의 팸플릿인 『봉주르 시네마』를 장식하기도 했다. 그러나 그가 보기에 채플린은 "그 자신 외에는 영화에 어떤 것도 기여한 바가 없다." 따라서 그는 "완전히 영화 주변부에서 아주 제한적인 영역들에서 전개된 현상으로" 연구되어야 한다. "왜냐하면 그는 극도로 조심스럽게, 심지어는 경계심을 가지고 영국 뮤직홀에서 태어난 팬터마임을 녹화하기 위해 렌즈를 사용했을 뿐이기 때문이다. 팬터마임이 전방위의 스크린을 통해 확장되었을 뿐이다. 물론 세밀한 점에서 경탄할 만하기는 하지만 말이다."[2]

이 두 견해는 두 저자의 개별적 감상만을 표현하고 있지 않다. 두 견해는 채플린이라는 인물의 모호한 위상을 잘 반영하고 있다. 한편으로 채플린이라는 인물은 영화예술의 잠재성의 전개와 완전히 동일시된다. 다른 한편으로 그는 이 예술 주변부에 위치한다. 여기에서 그는 영화가 단지 녹화 수단으로 기능할 뿐인 퍼포먼스, 그리고 이 퍼포먼스의 상징으로 기능하는 신화와 동일화된다. 그러나 이 모순적인 두 논변은 동일한 원리에 기초해 있다. 즉 움직이는 시각 형태의 예술은 재현 예술, 즉 선재하는 소여에 대한 수동적 재생산에 기초하고 있는 예술에 대립한다는 원리가 그것이다. 이 새로운 예술은 매개 없는, 모사되는 모델도 없고 해석되는 텍스트도 없으며, 능동적 부분과 수동적 부분의 대립도 없는 퍼포먼스다. 슈클로프스키와 엡스텡은 이로부터 상반된 귀결을 이끌어내고 있을 뿐이다. 전자는 우리에게 채플린의 팬터마임은 연극의 본질 자

"Littérature et cinématographe", dans *Résurrection du mot*, Paris, Champ libre, 1985, p. 140. (프랑스어 번역은 저자에 의해 수정됨.)

• 'Charlot'(익살꾼)는 채플린의 별명이다.

2 Jean Epstein, *Écrits sur le cinéma*, Paris, Seghers, 1974, pp. 234, 239.

체, 즉 줄거리 해석에 배우의 퍼포먼스가 종속되는 것과 단절한다고 말한다. 채플린은 말에 상응하는 시각적 등가물을 창조하지 않는다. 그는 관념들에 무매개적인 조형적 형태를 부여한다. 엡스탱으로 말하자면 그는, 채플린의 예술이 이야기와 텍스트의 연극적 매개로부터 벗어나는 자율적 동작의 예술이라는 점에 동의한다. 그러나 이 자율적 동작은 영화의 동작이 아니다. 그것은 영상 기계의 고유한 능력을 통해 생산되지 않는다. 그것은 대사 없는 연극의 전통적이고 대중적인 장르에 속한다. 이 팬터마임에 대해 카메라는 단지 녹화 장치로 기능할 뿐이다. 따라서 이 카메라는 배우가 텍스트에 대해 그러한 것처럼 수동적이고 외부 소여에 종속적이다.

영화의 모더니티에 대한 하나의 동일한 생각이 이렇게 서로 다른 두 평가를 낳고 있다. 각각은 모더니티의 한 측면을 강조하고 있다. 슈클로프스키는 무매개적이고 조형적인 동작 퍼포먼스를 위해 줄거리를 거부하고 있는 측면을 특별히 강조한다. 그러나 텍스트와 해석자 사이의 전통적인 연극적 관계에 대한 거부는 영화의 새로움을 규정하기에는 충분하지 않다. 이것은 아피아, 크레이그, 메이예르홀트 이후 연극이 이미 이러한 단절을 보여 주기 시작했다는 점을 고려하면 더욱 그러하다. 게다가 슈클로프스키가 여기에서 채플린에 적용하고 있는 동작의 관념을 구상한 사람은 바로 메이예르홀트였다. 연속적인 이행이라는 원리가 그것인데, 여기에서 각각의 이행은 정지에 의해 표시된다. 따라서 엡스탱은 채플린의 작업이 순수하게 영화적이라는 것을 부인하면서 영화에 고유한 기구와 연관이 있는 영화의 특수성을 주장할 어느 정도의 이유를 가지고 있었다. 그러나 반대로 영화는 자율적인 방식으로 '렌즈를 사용한다'는 사실만으로는, 또는 그 렌즈를 예술적 의지의 유일한 실행자로 만든다는 사실만으로는 예술로서 규정될 수 없다. 영화는 카메라 기술이 아니다. 그것은 움직이는 형태들의 예술, 표면 위에 흑백의 형태들로 쓰인 동작 예술이다. 이렇게 되면 슈클로프스키의 논변은 힘을 다시 얻게 된다. 채플린의 퍼포먼스는 카메라 앞에서 이루어진다. 그러나 샤를로가 스크린 위에 그리고 있는 동작은 전대미문의 기록이라고 할 수 있다. 그것은 백색 표면 위에 기호들을 기록하는 방식으로, 더 이상 말을 옮겨적는 방식이 아니다. 그것은 더 이상 규명된 감정을 표현하지 않는 형태와 동작들로 공간을 채우는 방식이다. 이 이미지 운동의 예술은 카메라 운동의 기술로 환원되지 않는다. 그리고 영화예술의 '매체'(médium)는 운동을 포착하고 움직이는 이미지를 조합해 투사하도록 해주는 도구로 환원되지 않는다. 매체는 실현 매개체(support)도 아니고 도구도 아니며, 특수한 소재도 아니다. 그것은 운동들이 공존하는 감각적 환경이다.• 영화의 '운동들'은 지각의 간격과 양태, 전개 형태, 그리고 시간 지각 자체를 변형하는 한에서 예술을 규정한다. 이러한 지각의 격차들을 가능케 하는 것은 단지 카메라의 능력이나 몽타주의 기교가 아니다. 이 기교는 예술가의 기량을 기계의 능력에 부과하는 기술적 퍼포먼스일 뿐이다. 예술이 존재하기 위해서는 미학적 도식이 두 기량을 통합해야 한다. 다시 말해 이 두 기량의 실행 대상이 되는 재료와 그것들이 산출하는 재료를 통합하고 그것들을 협력시켜 새로운 감각적 짜임새를 산출해야 한다.

바로 이러한 점에서 예술의 '매체'는 항상 한 예술에 고유한 수단 그 이상의 것이다. 영화를 예술로 만들 수 있는 것은 단지 영화의 재료와 고유의 도구들이 아니다. 그것은 그 재료와 도구들을 새로운 감각계의 분할(partage du sensible)••에 종속시키는 방식에 있다. 당시의 새로운 예술

• 랑시에르는 특정한 목적이나 의지의 수단으로 이해되던 매체 개념과 단절하고 매체를 목적 자체로 규정한 그린버그를 독창적으로 재해석하면서 미학적 예술체제에 고유한 새로운 매체 개념을 제시한다. 그에게 매체는 선재하는 관념의 실현을 위한 수단은 아니지만 그렇다고 단순한 기술적 실험의 재료도 아닌, 자신과는 다른 어떤 것, 새롭고 이질적인 감각적 형식과 관념을 산출할 수 있는 '감각적 환경'(milieu sensible)으로 이해된다. 랑시에르의 매체 개념에 대해서는 J. Rancière, "What Medium Can Mean", *Parrhesia*, n. 11, 2011, pp. 35~36 참조.

은 이 새로운 분할 속에서 시인과 무용가들, 화가들이나 연극 연출가들을 통해 자신의 정의를 찾으려고 한 바 있다. 채플린은 영상 렌즈를 절제해 사용할 줄 안다. 그런데 엡스탱이 새로운 영화예술을 찬양하고 있는 팸플릿에서 채플린의 초상화가 장식으로 사용되고 있는 테는 그만한 이유가 있다. 엡스탱 본인이 그 이유를 우리에게 제시한다. "그는 영화보다 훨씬 더 생기 넘친다."[3] 엡스탱은 우리에게 채플린이 신데렐라와 장화 신은 고양이의 전설적인 비인칭적 삶을 산다고 말한다. 그런데 설명이 조금 짧다. 엡스탱은 자신의 시대의 예술가들이 동화와 우화의 인물들에 많은 관심을 가지고 있었다면, 그것은 그것들이 보여 주고 있는 상상력 때문만이 아니라는 것을 분명히 알고 있었을 것이다. 그것은 그 등장인물들과 이야기들의 단순성이 예술의 새로운 시도에 적합해 추상적 형태들로부터 살아 있는 인물들을 재구성하고 줄거리를 단순한 운동의 기계역학으로 대체할 수 있기 때문이다. 사실 뒤뚱거리며 걷는 이 작은 사람은 영화인 채플린에게 영감을 준 친구였던 시인 블레즈 상드라르의 산문에 활기를 주었던 바로 그 동일한 삶을 산다. 그런데 '심오한 오늘날'을 찬양하기 위해 쓴 상드라르의 문장은 신경발작처럼 강렬하게 표출되는 단 하나의 단어로 쉽게 환원된다. 아주 작은 모자에 너무 큰 구두를 신고, 꽉 끼는 작은 저고리와 너무 헐렁한 바지를 입은 채 탈구된 꼭두각시처럼 걷는 그의 걸음걸이는 그의 또 다른 친구인 화가 페르낭 레

•• 랑시에르의 정치철학과 미학을 관통하는 중추 개념 가운데 하나인 이 'partage du sensible'에 대해 그동안 '감성의 분할', '감각적인 것의 나눔' 등 상이한 번역어들이 제시되었다. 그러나 이것들은 우리말임에도 불구하고 독자들에게는 수수께끼와 같아 외국어와 크게 다를 바가 없었다. 그래서 이 용어는 문자 그대로의 의미에서는 번역되었지만 실제로는 번역되지 않은 것과 같았다. 따라서 이 개념의 내용을 충실히 반영하면서도 동시에 이해 가능한 우리말로 새롭게 번역될 필요가 있었다. 우리가 여기에서 새로운 번역어로 '감각계의 분할'을 제안하고 있는 이유다. 이에 관한 보다 자세한 논의는 '옮긴이 해제' 참조.

3 J. Epstein *Écrits sur le cinéma, op. cit.*, p. 240.

제의 사각형과 실린더로 만든 인물들과 똑같은 삶에 속한다. 레제는 영화 「입체파 샤를로」(Charlot cubiste)를 만들지는 않았다. 이 영화가 만들어졌다면 거기에서 샤를로는 그의 회화에 보이는 신체의 조각들을 잠에 깨어나서 주워 모았다가 저녁에는 제자리에 가져다 놓았을 것이다.* 대신에 그는 샤를로를 「기계적 발레」(Ballet mécanique)의 '소개자'로 만들게 된다. 이 영화의 마지막 에피소드에서 그 작은 사람은 독립적인 조각들로 분해되는데, 이것은 추상적 형태들, 관능적인 입술, 기계의 용수철, 공장 장비들이 뒤섞인 발레의 가상의 관중에게 더 잘 인사하기 위해서다.

따라서 샤를로의 '삶'은, 산문적 삶의 예술과 기계운동의 살아 있는 퍼포먼스를 분리하는 경계들을 가로지르고, 마찬가지로 상이한 예술들 사이를 분리하는 경계들을 가로지르는 이 새로운 예술의 삶 자체에 다름 아니다. '발레'라는 단어와 '기계적'이라는 형용사의 결합은 우리가 샤를로의 퍼포먼스와 영화의 예술-되기 사이의 연관을 이해하는 데 도움을 준다. 카메라의 기술이 예술로서 인정받기 위해서는 무엇보다도 예술성과 기계성 사이의 경계가 지워져야 했다. 왜냐하면 이 경계는 단순히 예술적 창작과 기계의 자동성만을 대립시키지 않았기 때문이다. 그것은 보다 근본적으로 두 유형의 신체, 신체를 사용하는 두 방식을 분리했다. 과거의 용례에서 '기계적인' 사람은 기계로 작업하는 사람이 아니었다. 그는 욕구와 봉사의 원환에 갇혀 있는 사람이었다. 또한 세속적 삶이 고귀한 삶과 다르듯이, '기계적' 몸짓은 능동적 인간의 몸짓과 달랐다. 영화인 샤를로가 예술이 되기 위해서는 두 몸짓 사이의 간격이 메워져야 했다. 채플린의 찬미자들이 그를 위해 많은 명망 있는 준거들, 이

---

* 샤를로를 통해 영화에 관심을 갖게 된 페르낭 레제는 그에게 영감을 받아 1920년에 애니메이션 영화를 위한 시나리오를 썼다. 그러나 영화는 만들어지지 않았다. 대신에 그는 1924년에 나뭇조각들로 샤를로의 모습을 형상화한 「입체파 샤를로」라는 제목의 작품을 제작했다. 이것은 14분짜리 실험영화 「기계적 발레」의 영화 소개 자막에 사용하기 위해서였다.

를테면 장-앙투안 바토의 피에로와 오브리 비어즐리의 아라베스크 양식을 경유해 셰익스피어의 희극에서 덩컨의 비상으로 이어지는 준거들을 동원하고 있는 것은 단순한 아첨이 아니다. 사실, 채플린의 예술가로서의 운명과 영화의 예술로서의 운명은 이 작은 인간의 몸짓과 카메라의 운동이 대중예술과 고급예술 사이의 연속성, 팬터마임과 그래픽 도면 사이의 연속성이기도 한 이 연속성 속에 함께 기입되는 것을 전제로 한다. 이미 1918년에 미국의 한 기자는 샤를로의 '상스러움'을 비난하는 사람들을 반박한 바 있다. 실제로 그는 샤를로가 쓰레기통에서 자신이 좋아하는 여인이 경멸하며 내던졌던 꽃다발을 줍는 「은행」(The Bank)의 마지막 에피소드에서 "진정으로 셰익스피어적인 …… 비극의 색조'[4]를 찾아낸다. 2년 뒤에 그의 동료 가운데 한 명은 샤를로에게서 "퍽(Puck)과 같은 인물, 햄릿과 같은 인물, 아리엘(Ariel)과 같은 인물"[5]을 발견한다. 엘리 포르는 이 셰익스피어의 인물들과 비유되고 있는 샤를로를 바토의 페트 갈랑트(fêtes galantes)와 코로의 풍경화에 연결하고 있고, 반면에 아라공은 저 부랑자(샤를로)를 피카소의 아를르캥에 연결한다. 콰트로첸토(Quattrocento)의 회화, 현대적 양식의 그래픽 아트, 네오-헬레니즘 무용이 루이 델뤽에 의해 소환되는데, 이것은 모두 영화 「서니사이드」(Sunnyside)의 전원(田園) 발레를 찬양하기 위한 것이다. 실제로 이 영화에 샤를로는 엉덩이에 선인장이 낸 상처로 인해 덩컨 스타일의 튜닉을 입은 네 요정들에 이끌려 춤을 추는 목신으로 전화한다. "리듬체조에 대해 말하자면, 여러분들은 달크로즈, 덩컨, 보티첼리, 비어즐리에게 고개를 숙일 것이다. 조형적 선의 리듬은 새로운 대가를 가지고 있다. ……

---

[4] Julian Johnson, *Photoplay*, n° 14, septembre 1918, cité dans Charles J. Maland, *Chaplin and American Culture, The Evolution of a Star Image*, Princeton University Press, 1989, p. 49. (저자의 프랑스어 번역.)

[5] Benjamin de Casseres, "The Hamlet-Like Nature of Charlie Chaplin", *New York Times*, 12 décembre 1920, cité dans *ibid.*, p. 63. (저자의 프랑스어 번역.)

찰리 채플린은 포킨, 니진스키, 마신, 그리고—여러분은 이해할 것이다—로이 풀러와 어깨를 나란히 하는 무용가다."⁶ 물론 로이 풀러와의 비유는 재창조된 고대 무용의 보조물인 너울과 전기조명 기술의 동맹으로서 '이해되어야' 한다. 잡지 『녹색 음반』(*Le Disque vert*)이 채플린에 할애했던 특집호의 별쇄본 텍스트는 새로운 예술이 그리스 항아리의 장식, 셰익스피어의 몽환극, 회화에서의 파편화, 새로운 안무법, 전기 빛 사이의 결합에서 기대할 수 있는 모든 것과 찰리라는 인물을 동일화하는 관점을 요약하고 있다. "찰리는 현대적인 예술 조류다. 그는 갑작스럽다. 에둘러 표현하는 법도 없고 도입부도 없다. 그는 무매개적이다."⁷

무매개성, 바로 이것이 투사된 움직이는 그림자들의 예술이 주장하는 것이다. 이 예술은 살아 있는 육체, 무대의 깊이, 연극의 대사를 가지고 있지 않기 때문에, 그것의 순간적인 퍼포먼스는 형태들이 기록되는 투사면과 동일화되어야 한다. 새로운 예술, 이것은 거리를 삭제하는 예술이다. 관념과 형식 또는 텍스트와 그 해석 사이의 거리, 살아 있는 퍼포먼스와 거기에서 확인될 필요가 있다고 말해지는 상황, 사유, 느낌과의 거리, 또는 투사된 그림자와 시작, 중간, 끝이 있는 이야기와의 거리가 그것이다. 말라르메는 결정적으로 이 새로운 예술의 핵심을 다음과 같이 요약한다. "현대인은 상상하는 것을 경멸한다. 그러나 기술을 사용하는 전문가로서 그는, 특별한 환영의 역량이 표출되고 뒤이어 승인되는 지점까지 각 기술이 자신을 이끌어가 주기를 기대한다."⁸

특별한 환영의 역량, 이것은 저자, 작품, 해석자의 분리를, 그리고 이

---

6 Louis Delluc, "Une idylle aux champs", *Paris-Midi*, 17 décembre 1919, et "Charlot brocanteur", *Paris-Midi*, 28 janvier 1920, dans *Écrits cinématographiques*, t. II, *Le Cinéma au quotidien*, Paris, La Cinémathèque française/éditions de l'Étoile/Cahiers du Cinéma, 1990, pp. 139, 151.

7 *Le Disque vert*, 2ᵉ année, 3ᵉ série, n° 4~5, Paris-Bruxelles, 1923, p. 73.

8 S. Mallarmé, "Richard Wagner. Rêverie d'un poète français", *Divagations*, dans *Œuvres complètes*, t. II, *op. cit.*, p. 154.

분리와 더불어 수단과 목적, 능동적인 관념과 수동적인 실행 사이의 위계를 부정하는 역량이다. 그러나 이 매개의 삭제는 상반되는 두 방식으로 이해될 수 있다. 한편으로 환영의 퍼포먼스는 관념의 구상자가 모든 세부 사항에서 그 감각적 실행을 통제하는 총체적 예술에 대한 바그너의 이상을 표현하는 것이다. 이러한 의미에서 채플린은 총체적 예술의 이상을 영화 고유의 방법으로 각색한다. 다시 말해 그는 조형적 실현과 정확히 동일한 연극적 퍼포먼스를 평평한 표면에 투사한다. "어떤 역할을 수행하는 것이 아니라" "전체로서의 세계를 구상하고 그것을 영화의 방법으로 번역하는" 영화-조형예술가 채플린은 엘리 포르에게는 "행위가 어떤 픽션 혹은 도덕적 의도를 묘사하는 것이 아니라 어떤 기념비적 전체를 구성하게 되는 영화적 조형예술(cinéplastique) 드라마"를 활성화할 수 있는 새로운 표현 도구다.[9] 그는 렌즈를 절제해서 사용한다. 그런데 이러한 절제 자체는 총체적 예술의 구상에 포함된다. 이 총체적 예술에서는 동일한 예술가가 어떤 감각적 인물에 대한 생각을 창안해 내고 그 생각을 실행에 옮기며 이 퍼포먼스를 촬영 수단을 통해 전달하게 된다. 이것이 델뤽이 자기 자신의 화가라는 이미지를 통해 요약하고 있는 것이다. "…… 그는 자기 자신의 화가다. 그는 작품이면서 동시에 조가다. 그는 영화에서만 가능한 이것, ─ 댄디즘이 나를 용서하기를! ─ 즉 자신의 육체와 자신의 얼굴을 그대로 그리고 본뜨고 조각하는 것, 말하자면 예술적 전환을 수행했다."[10]

그러나 자기 자신의 시인은 예술작품으로 전시되는 댄디가 아니다. 그는 자신의 창조 속으로, 다시 말하면 여기에서는 자기 자신의 신체 속으로 사라지는 예술가다. 여기에서 그는 자신의 신체가 갖는 표현적 가능

---

9   Élie Faure, "Charlot", dans *Œuvres complètes*, t. III, Paris, Jean-Jacques Pauvert, 1964, p. 309.
10 L. Delluc, "Charlot" (1921), dans *Écrits cinématographiques*, t. I, *Le Cinéma et les cinéastes*, Paris, La Cinémathèques française, 1985, p. 84.

성을 몇몇 단순화된 자세나 동작으로 환원한다. "특별한 환영의 역량"은 줄거리가 보여 주는 앎, 등장인물의 재현, 그리고 감정의 체현을 무언의 인물이 보여 주는 무매개성으로 대체한다. 이 무언의 인물은 윤곽의 소묘로 융해되거나 기초적인 몸짓이나 자세들을 통해 개별화됨으로써 효과를 만들어내는 인물이다. 샤를로의 팬터마임은 이미 20년 전부터 시인, 드라마투르그, 연출가들이 위대한 예술을 재생하기 위해 마당극(théâtre de foire)* 예술에서 빌려오고자 했던 두 가지의 중요한 단순화의 덕목을 종합하기에 적절한 때에 등장했다. 한편으로 팬터마임은 사유와 느낌을 구현하는 신체의 무거움으로부터 벗어난, 거리를 가지고 있는 연극이고, 말라르메가 찬양했던 '픽션의 순수 환경'이다. 이 환경에서 무언극 배우는 "거울을 깨트리지 않으면서, 영속적인 암시를 통해"[11] 행동한다. 이와 같이 팬터마임은 시가 순결한 표면 위로 아라베스크 양식의 춤을 펼치듯이 공간 속에서 형태를 그려내려고 하는 꿈에 응답한다. 다른 한편으로 팬터마임은 상투적인 대중적 인물들, 농담과 장난의 예술인데, 이것들은 마당극과 코메디아 델라르테의 유산이었으며 서커스와 뮤직홀의 새로운 형식을 통해 혁신되었다. 일부 사람들이 애정을 보였던 원색적인 아를르캥과 일부 다른 사람들이 상상했던 금색 배경으로 멀리 보이는 창백한 공주 사이에는 겉보기에는 상당한 거리가 있는 것처럼 보인다. 그러나 대중적인 아를르캥과 몽상적인 공주는 동일한 개념에 속

---

* 파리의 생-제르맹(Saint-Germain)과 생-로랑(Saint-Laurent) 등에서 해마다 열렸던 장(foire)은 그 기원이 12세기까지 거슬러 올라간다. 중단되었다가 재개되기를 반복했던 이 장에는 인형극, 춤, 연극 등 다양한 문화 공연이 동반되었다. 1697년 이탈리아 배우들이 추방되면서 '마당극' 배우들은 그들의 레퍼토리를 공연하기 시작했다. 이 마당극 작품들의 성공은 프랑스 국립극단(Comédie française)과 같은 제도 기관으로부터 다양한 견제와 제약 조치를 받게 되는 계기가 되었다. 무대에서 말을 주고받는 것이 금지되자, 저잣거리 배우들은 모놀로그 형식이나 벙어리, 무대 뒤의 상대자 혹은 동물에게 말하는 방식으로만 공연을 하게 되었다.

11 S. Mallarmé, "Mimique", *Divagations*, dans *Œuvres complètes*, t. II, *op. cit.*, p. 179.

한다. 둘 모두는 **유형들**, 인물들의 재현과 느낌의 구현을 배제하는 움직이는 인물들이다. 바로 이러한 이유로 1890년대 이후로 연극의 개혁가들은 연속적으로 두 측면에서 새로운 예술의 공식을 찾아나섰다. 이 이중적 운동을 개괄할 수 있었던 것은 연극 연출의 창조자 가운데 한 사람인 메이예르홀트였다. 한 근본적인 원리가 그의 탐구를 이끌었다. "연극에서 말은 동작의 초안에 대한 데생일 뿐이다."[12] 스타니슬랍스키의 심리학적 사실주의에 대항해 연극적 동작의 양식화를 주장하기 위해 그는 무엇보다도 무대의 깊이를 부정하고 르네상스 회화에서 영감을 얻는 집단적 프레스코화 속으로 인물들을 집결시키려고 했다. 이렇게 해서 그는 단 하나의 그림처럼 마테를링크의 드라마에 나오는 말을 거의 하지 않는 인물들을 융합했다. 그런데 이것은 그다음에는 상징주의 시인들과 『예술계』(*Monde de l'art*)의 탐미주의자들이 높이 평가했던 '신비'에 또 다른 형태의 반(反)심리학, 마리오네트의 뻣뻣함과 마당극의 조율된 몽둥이질에서 빌려온 동작의 양식화를 대립시키기 위한 것이었다. 마지막으로 그것은 '그로테스크한' 인물 속에서 "수사를 막아버리는" 팬터마임, 이질적 요소들의 조합을 통해 일상적인 것을 특별한 것으로 만드는 착상, 그리고 인물의 성격을 장식적 목적에 종속시키는 양식화의 통합을 발견하기 위한 것이었다. 샤를로가 맥 세넷을 위해 자신의 초기 해학적 영화를 만들었을 당시에, 여전히 메이예르홀트는 관례화된 이 민중극의 덕목을 그가 보기에 기계에 의존한 촬영 때문에 영화가 처할 수밖에 없는 운명인 사실주의적 평범함에 대립시켰다. 그러나 몇 초 사이에 눈물과 웃음을 일으킬 수 있는 어리석고 냉소적인 아를르캥을 통해 집약적으로 표현되고 있는 이 마당극을 찬양할 때, 그가 근거로 제시하는 특징

---

12 Vsevolod Emilievitch Meyerhold, "Le Théâtre de foire", dans *Écrits sur le théâtre*, t. I, traduction, préface et notes de Béatrice Picon-Vallin, Parks-Lausanne, La Cité-L'Âge d'homme, 1973, p. 185.

들은 정확히 샤를로를 영예롭게 만들 특징들이다.

보다 정확히 말하자면 그를 영예롭게 만들었던 것은 스크린의 평평한 표면 위로 두 형태의 **유형**을 결합한 것이다. 민중의 역할―어리석으면서 동시에 엉큼하게 이루어지는 이 역할에 대한 물리적 퍼포먼스는 기분의 구현을 배제한다―과 모든 신체적 중압감을 거부하는 순수한 그래픽 선(線)이 그것들이다. 무엇보다도 그에게서 매혹적인 것은 거짓으로 하는 서투른 몸짓이다. 머리는 나직이 어깨로 움츠리고, 다리 하나는 뒤에서 오는 첫 번째 사람에게 신속하게 발질을 할 수 있도록 항상 뒤쪽으로 뻗을 태세가 되어 있다. 이것은 굶주린 사람의 몸짓으로서, 얻어맞은 개와 같은 그의 시선은 순간적으로 정육점 진열대의 파테(pâtés)나 소시지를 가로채서 이웃의 고기와 함께 샌드위치를 만들거나 착각으로 참여하게 된 사교계 만찬에서 다른 사람들의 잔을 노골적으로 비우는 전문 약탈자의 곁눈질로 전화된다. 이 '상스러움'은 새로운 시대의 예술가들과 비평가들로부터 멸시를 받았던 '감상주의'(sentimentalisme)의 청산과 공명한다. 사실, 감상적인 사람들은 샤를로의 영화에서 우울한 노래를 들으면서 말 그대로 눈물바다를 흘리는 손님들에서부터―「어떤 개의 삶」(A Dog's Life)―최후의 수단으로 자신이 사랑했던 고인의 시계를 팔러 와서는 거스름돈으로 5달러를 세어주기 위해 큰 뭉치의 지폐를 꺼내는 거짓으로 슬퍼하는 홀아비에 이르기까지―「전당포」(Pawnshop)―대개 웃음거리가 된다. 그러나 감상주의에 대한 거부는 보다 폭넓게는 감정의 강렬함을 옮긴다고 주장하는 표현에 대한 거부다. 콧수염과 가짜로 덧붙인 두터운 눈썹의 검은색 삼각형은 무엇보다도 얼굴에 감정이 침투해 드러나는 것을 막기 위한 것이었다. 따라서 애정 장면을 표현하는 일은 어깨를 으쓱하는 것이 맡게 된다. 그러나 이러한 몸짓은 그 자체로는 여전히 모호할 수밖에 없다. 전통적인 표현 체계가 폐기되고 있는 것처럼 보이는 것은 「유한 계급」(The Idle Class)의 한 에피소드에서인데, 거기에서 자신의 부인에게 버림받은 알코올중독자 남편의 어깨는 전통적으로는 절망의 오열에 동반되지만 여기에서는 희읕의 칵테일을 준비하는 기능적 동작으로 판명된 진동에 의해 흔들린다. 「시티 라이트」(City Lights)에서 테너의 로맨스를 중단하는 부랑자의 딸꾹질은 보다 노골적으로 두 체계의 대립을 압축적으로 보여 준다.

일부 사람들은 이러한 상스러움에 문화적 고귀함의 증서를 부여하려고 했다. 일찍이 1916년에 잡지 『하퍼스 위클리』에서 연극 무대의 한 스타는 샤를로의 재주를 아리스토파네스와 플라우투스, 셰익스피어와 라블레의 연속성 속에 기입했다.[13] 다른 사람들은 반대로 샤를로의 도발을 위대한 문화의 격식에 대립시킨다. 엑센트리즘(excentrisme) 선언의 러시아 저자들은 그것을 노골적으로 다음과 같이 표현했다. "우리는 엘레오노라 두제의 손보다 샤를로의 뒷모습을 더 선호한다."[14] 그러나 이 작은 사람의 움직이는 뒤태는 그들이 생각하는 만큼 그렇게 여배우 두제의 쫙 편 손들이 제시하는 동작의 모델에서 멀지 않다. 실제로 도발적 선언에서는 쓸모 있었던 이 천박함과 고귀함의 역할이 본질적인 것, 즉 인물과 유형의 대립을 은폐해서는 안 될 것이다. 이것은 무엇보다도 몸짓과 말의 대립을 의미한다. 이 대립은 「순례자」(Pèlerin)의 사이비 성직자가 자신의 청중에게 하는 모든 설교에서 제안하는 다윗과 골리앗의 팬터마임이 상징하는 것이다. 그러나 몸짓 표현은 단지 교훈적인 장광설에 대립하기만 하는 것이 아니다. 그것의 순수한 기능은 목적을 추구하고 동기에 복종하는 행위라는 드라마의 모델을 파괴하는 것이기도 하다. 바로 이 점에서 샤를로의 상스러운 몸짓은 두제와 같은 고귀한 자세와 근

---

13 Minnie Maddern Fiske, "The Art of Charles Chaplin", *Harper's Weekly*, 6 mai 1916; Richard Schikel (éd.) *The Essential Chaplin. Perspectives on the Life and Art of the Great Comedian*, Chicago, Ivan R. Dee, 2006, p. 98.

14 Grigori Kozintsev, Leonid Trauberg, Sergueï Yutkevitch et Georgi Kryzhitsky, "Eccentrism", dans Richard Taylor et Ian Christie (éds.), *The Film Factory. Russian and Soviet Cinema in Documents: 1896~1939*, Londres, Routledge, 1988, p. 59. (저자의 프랑스어 번역.)

접해 있다. 크레이그가 연출한「로스메르의 저택」에서 두제의 풍부한 몸짓들은 그녀가 연기한 인물 레베카 베스트의 행위 및 태도에 대한 심리적 해석을 거부한다. 그녀의 몸짓은 그 젊은 책사를 고대의 무녀로 전화한다. 회개할 줄 모르는 간식과 칵테일의 약탈자가 보여 주는 '상스러움'은 빈곤이라는 사회적 주제가 만들어내는 감상적 효과들을 중화시킨다. 그 상스러움은 그 효과를 단순한 생존의 몸짓으로 환원한다. 굶주린 자의 굶주림으로 웃음을 만들어내는 것, 이것이 채플린이 항상 자랑스러워했던 것이다. 그러나 이 생존의 몸짓은 비참함을 묘사하는 사실주의(réalisme misérabiliste)를 거부하면서 억압받는 사람들을 위해 복수하는 이중적 작용에 만족하지 않는다. 그것은 또한 서사적 행위와 드라마 인물에 대한 근본적인 부정이기도 하다. 모든 자극에 반응하는 것, 그것은 회전문에 의해 계속해서 회전해야 하는 운동자의 상황에 놓이는 것이다(「치유」(Cure)). 채플린은 이 개그를 자신의 영화의 은유이기도 한「서커스」(Le Cirque)라는 영화의 전체 구조로 삼는다. 이 작은 사람의 묘기가 보여 주는 희극적 탁월성은 전적으로 비의지적인 성격에서 기원한다. 그가 급하게 서커스 무대로 올라가서, 묘기들이 보여 주는 진부한 기계역학을 광란으로 만들어버리는 회전운동에 들어가게 되는 것은 자신을 쫓고 있는 경찰관을 피하기 위해서였다. 반면에 웃기기를 요구받을 때 그는 민망해진다. 개그가 보여 주는 완벽한 기계역학은 그것을 외부 자극에 대한 단순한 반응으로 만드는 허구적 이야기 구조 속에서만 작동한다. 그러나 이 '단순한 반응'의 성공은 그 결과에 대한 완전한 비결정성에 기인한다. 채플린적인 희극의 동력은 단순히 살아 있는 유기체의 적절한 반응을 요구하는 상황과 기계적 반응의 중첩이라는 베르그송의 도식에서 찾아질 수 없다.「어깨총」(Shoulder's Arms)의 군인은 따뜻하게 하기 위해 자신처럼 물에 담겨 있는 담요를 자신에게로 끌어당김으로써 확실히 때에 맞지 않는 습관을 따른다. 반면에 그는 축음기 나팔을 호흡관으로 전화함으로써 상황에 맞는 반응을 창안해 낸다. 우리는 단지 축

304

음기 자체가 이곳에서 하는 것이 무엇인지 자문하게 된다. 「봉급날」(Pay Day)의 파티 참석자도 말하자면, 그는 버스에 들어가기 위해 승객들의 어깨 위로 기어올라감으로써 상황 적응의 완벽한 의미를 보여 준다. 그러나 그가 뒷문으로 들어가는 것을 가능하게 해주었던 인해의 물결이 만들어내는 동일한 압력 때문에 그는 가차 없이 앞문 쪽으로 밀려난다. 감옥을 들락날락하는 사람에게 탈주의 '기능적' 반응은 마찬가지로 이중의 결과로 나타난다. 샤를로는 그를 쫓는 경찰관에게서 재치 있게 벗어나지만 다음 모퉁이에서 반대 방향에서 달려오는 다른 두 경찰관을 만난다. 이 두 경찰관의 충돌을 틈타 그는 파이프 속에 숨을 수 있었지만, 결국에는 다른 쪽 끝에서 보초를 서던 네 번째 경찰관의 손에 떨어지게 된다(「모험가」(The Adventurer)).

민중 무언극의 세심한 몸짓들을 스크린 위로 펼쳐지는 순수 조형적 형태로 전화하는 것은 바로 기능적 반응과 예측 불가능한 귀결의 이 완전한 동등성이다. 그래프이 보여 줄 수 있는 어떤 이상보다도 채플린의 안무를 정초하는 것은 바로 이 동등성이다. 실제로 안무가 무엇을 의미하는지에 대해 이해해야 한다. 물론 델뤽이나 포르의 안무에 준거하고 있음을 시사하고 있는 것은 「서니사이드」의 농장 고용인이 덩컨의 그리스적 이상에서 튀쳐나온 듯한 꽃장식을 한 네 요정과 함께 춘 춤이다. 니진스키와의 만남이 영화인 채플린에게 영감을 주었다고들 한다. 그러나 「키드」(Kid)의 천사들의 춤 혹은 「황금광 시대」의 작은 빵들의 춤과 더불어 이 발레는 어떤 꿈의 재현이다. 「서니사이드」의 진정한 안무는 다른 곳에 있다. 우리는 그것을 영화의 시작을 알리는 동시적 행위와 엇갈린 행위의 놀이 속에서 발견하게 된다. 그 하인은 자기 대신에 안타깝게도 침대의 창살을 발로 찬 주인이 자신의 오류를 바로잡을 수 있도록 공손히 자신의 엉덩이를 내밀게 되고, 결국은 그렇게 난폭하게 밖으로 내동댕이쳐진다. 중단된 휴식을 다시 취하려고 창문을 통해 곧바로 돌아오기는 하지만 말이다. 요정들과 함께 하는 눈에 보이는 — 그리고 희화화하는—발레보다는 노예적 노동 혹은 일상적인 평범함의 요소들과 더불어 실행되고 있는 언급되지 않은 이러저러한 안무가 더 의미심장하다. 예를 들면 「무대 뒤에서」(Charlot machiniste)에서 샤를로의 어깨 위로 의자들을 쌓아올리는 놀라운 기술이 그러한데, 이것은 오스카 슐레머의 막대기 춤을 앞지르고 있는 것처럼 보인다. 「일」(Work)에서 사장, 장비, 사다리들을 실은 짐수레를 끌고 동일한 비탈길을 오르내리는 샤를로의 행위도 마찬가지다. 그는 이 잡동사니 짐에 평형을 맞추려고 절망적으로 노력하는데, 그는 대가로 그것을 기이한 양서류 동물로 전화하게 된다. 「봉급날」에서는 등 뒤로 손과 발로 잡아 솜씨 좋게 다섯 줄로 벽돌 더미를 쌓아올리는 뛰어난 회수의 기교가 등장한다. 휴식을 알리는 호각소리를 명령하듯이 불었던 작업반장의 머리 위로 규정대로 벽돌을 놓아 떨어뜨리기도 하지만 말이다.

통속적인 반응과 이상적인 안무의 정확한 결합에는 동작에 대한 기계적인 정확성이 존재한다. 샤를로의 전성기는 기계의 리듬에 맞춰 전진하는 신인류의 꿈이 승리를 구가하던 시기이기도 했다. 메이예르홀트는 순수한 시각적 형식과 괴상한 몸짓의 통합을 생체기계적 동작에서 발견했다. 그리고 우리는 배우의 기예에 대한 그의 언급을 어려움 없이 샤를로에게 적용할 수 있을 것이다. "조직자와 조직되는 것, 다른 말로 하면 예술가와 그의 재료의 통합이 그에게서 일어난다. 배우의 연기가 정해진 지침의 실행인 한에서, 가능한 한 빠르게 지침을 실행할 수 있도록 동작들의 정확성을 보증해 주는 표현 방식들의 체계를 우리는 배우에게 요구한다……. 공간 속에서 조형적 형식들을 창조하는 것으로 귀착되는 배우의 창의성, 이것은 그의 신체의 기계적 동작을 연구할 필요가 있음을 의미한다."[15] 이와 같이 배우는 그 자신의 기계적 동작의 기술자다.

---

15 V. E. Meyerhold, "L'acteur du futur et la biomécanique", dans *Écrits sur le théâtre*, t. II, *op. cit.*, p. 79.

또 다른 해석가인 프란츠 헬렌스는 이 추론을 더 밀고 나가면서 루샤를로시(Loucharlochi)라는 이름의 허구적 인물을 발명한다. 이 인물은 동작의 대가로 제시되는데, 이 동작의 학교에서 "각자는 부분으로 해체된 동작을 모방하는 훈련을 한다. 짜맞춘 조각으로 형성된 인간 신체는 각 부분이 각자의 역할을 하며, 다른 부분을 고려하지 않고 자신의 역할을 수행하는 전체 계획에 따라 움직인다……. 신체의 모든 행위를 위한 단 하나의 공식만이 존재한다. 욕망과 의지를 표현하기 위한 말은 발걸음 소리가 신체를 두드리면서 만들어내는 신체의 소리와 동일한 소리를 가지며, 몸짓과 동일한 리듬을 갖는다……. 더 이상의 장식, 외침, 부르짖음, 자세도 없다. 각각의 포즈, 각각의 관념에 대해 적합한 표현들이 동일하게 되풀이되기 때문에 단지 동작, 정지, 재개만이 있을 뿐이다. 인간들과 마찬가지로 모든 사물은 평등하다. 모든 사물은 오직 운동력에 의해서만 차이가 날 뿐이다."[16] 그러나 루샤를로시는 동작을 희극 배우의 퍼포먼스로 은폐함으로써만 동작에 대한 이 교훈을 제시할 수 있었다. "여러분들을 웃게 만드는, 에피타이저라 부를 수 있는 나의 옷과 일부 몸짓의 이유는 아주 간단하다. 나의 동시대인들을 가르치기 위해 나는 배우가 되었다. 우리 시대는 위업을 요구한다. 그런데 우리 시대는 명민함이 우스꽝스럽고 서투른 외양 속에 감춰지기를 바란다……. 사람들은 나를 어색하고 서투르다고 생각한다. 나는 물건들에 부딪히고 비틀거리고 다시 일어선다. 웃음 사이로 놀라움이 뚫고 나오기 시작한다. 사람들은 나를 따르고, 나는 나의 유연함을 펼쳐 보인다. 나타날 때마다 박수를 받는다. 나는 속도와 웃음을 동시에 만들어낸다."[17]

---

16 Franz Hellens, "L'École du mouvement", *Le Disque vert*, 2e année, 3e série, n° 4~5, Paris-Bruxelles, 1923, pp. 89~90. (이 텍스트는 1920년에 출간된 그의 소설 『멜뤼진』(*Mélusine*) 제14장에서 발췌한 것이다. 이것은 1952년 『멜뤼진, 혹은 사파이어 드레스』(*Mélusine, ou la robe de saphir*)라는 제목으로 출간된 소설의 결정판에는 없다.)

17 *Ibid.*, p. 88.

그러나 이 배우-구실 이론은 기계적 정확함과 극적인 감수성 사이의 아주 단순한 대립에 기대고 있다. 생체기계인 익살꾼이 떠돌아다니는 어느 개, 업둥이, 학대받는 시녀 혹은 눈먼 플로리스트에 대한 부적절한 연민에 의해 변질되는 것을 보게 될까 항상 불안해하는 샤를로의 아방가르드적 숭배자들의 머리를 떠나지 않은 것이 바로 이 대립이었다. 그들은 예술의 완전성과 순종적인 기계적 동작의 완전성을 동일화한다. 그러나 기계적 동작이 순종할 때는 정확히 예술은 존재하지 않는다. 기계적 동작이 작동하지 않고, 명령과 실행, 생명체와 기계, 능동과 수동의 관계가 틀어지는 곳에서 예술이 존재한다. 「전당포」에서 샤를로가 청진기로 자명종을 검진한 다음에, 캔따개로 열어 모든 태엽을 꺼낸 다음 다시 그곳에 집어넣는 그 유명한 개그가 핵심적으로 보여 주고 있는 것이 바로 확립된 대립의 이러한 틀어짐이다. 기술적 민첩성은 서투름의 외양 속에 숨을 필요가 없다. 기계는 자신의 성공과 그 사용자들의 성공이 실패이기도 할 때, 그것의 기능이 항상 자기 자신을 배반할 때, 그러한 한에서 예술적 효과를 만들어낸다. 바르바라 스테파노바가 잡지『키노-포트』의 특별호를 위해 만든 데생에서 벌렁 나자빠진 샤를로와 같은 서툰 사람은 결국은 비행기의 프로펠러로, 그다음에는 정비사로 변환된다. 데생 화가인 스테파노바의 남편 알렉산드르 로드첸코의 텍스트는 자동기계와 같은 몸짓을 보여 주고 있는 저 광대를 새로운 기계적 세계의 영웅들과 나란히, 즉 레닌과 에디슨 사이에 올려놓는다. 그러나 그 반대도 또한 참이다. 훌륭한 기계는 실패를 통해서만 작동한다. 지팡이를 들고 중산모자를 쓴 그 작은 사람은 자동기계의 외양 속에 숨은 감상주의자가 아니다. 마찬가지로 그는 희극적인 얼간이 겉모습 속에 숨은 생체기계가 아니다. 자신이 성공한 모든 것에서 실패하고 자신이 실패한 모든 것에서 성공하는 뛰어난 미숙함의 몸짓은 그를 새로운 감각적 세계의 모범적인 거주자, 의지와 자신의 목적을 수행하면서 동시에 부정하는 기계시대의 거주자로 만든다. 왜냐하면 기계들은 반대로 한 동작의 고집스러운

308

반복을 저 의지에 부과함으로써만 그 의지의 기획에 참여하기 때문이다. 따라서 이 동작의 고유한 완전성은 그것을 통해 어떤 것도 원하지 않는 것에 있다.

이것이 바로 저 연기하지 않는(anti-acteur) 배우가 고유한 방식으로 영화에 기여하고 있는 점이다. 그는 벨베데레의 토르소 앞에서 빙켈만이, 그리고 무리요의 어린 거지들 앞에서 헤겔이 이미 찬양한 바 있었던 이 역설적 탁월성, 즉 아무것도 하지 않는 탁월성을 기계 시대에 가져와 그것을 움직이는 이미지들의 스크린 위로 투사했다. 그는 관성을 하나의 영속적 운동으로 만드는데, 이 운동은 반응이 갖는 직접적 효력과 항상 자신의 본래 자리로 되돌아오는 기계적 동작의 공허함 속에 동시에 사로잡혀 있다. 그는 효력의 이 연속적 과잉과 결핍을 깊이가 없는 표면 위에 투사된 움직이는 그림자들의 예술이 갖는 고유성으로 만든다. 연기를 하지 않는 배우의 이 퍼포먼스는 무엇보다도 행위자 논리 자체의 타락이다. 발자크, 디킨스, 메리 셸리의 전기 작가르서 더 알려진 한 프랑스 비평가는 그의 지속적인 몸짓의 논리를 다음과 같이 요약한다. "나는 어떤 것의 원인이어서도 안 된다. 영화가 진행되면서 일어나는 사건들은 마치 일종의 눈사태처럼 나에게 닥쳐야 한다. 그러나 어떤 사건도 나로부터 나오는 어떤 의지적 행위를 출발점으로 가져서는 안 된다."[18] 그리고 또 다른 비평가는 형식의 관점에서 이 '무위'의 귀결을 보여 준다. "그는 환멸의 상태 속에서 초연하게 살고 있기 때문에 만약 영화가 진행되는 동안에 사건이 연속해 일어나지 않았다면, 그리고 아무것도 없었다면, **그는 아무것도 하지 않은 채 펼쳐진 필름을 한쪽 끝에서 다른 쪽 끝까지 주파했을 것이다** ⋯⋯. 다른 사람들은 모험, 태도, 사회적 지위, 거주지를 갖고 있다. 샤를로는 아무것도 가지고 있지 않다. 세계는 스크린

---

18 André Maurois, "La poésie du cinéma", *L'Art cinématographique*, n° 3, 1927, p. 14 (rééd. New York, Arno Press/ *The New York Times*, 1970).

위의 비례 관계들로 환원된다 ······."[19] "펼쳐진 필름을 한쪽 끝에서 다른 쪽 끝까지 주파하는" 인물에 대한 환유는 확실히 낯선 환유다. 그러나 이 환유는 '매체' 자체에 대한 환유다. 여기에서 매체는 결코 고유한 도구나 재료로 한정되지 않는다. 그것은 예측 불가능한 전위를 통해서만 존재하는 것으로, 그것은 외부에서 오는 형태와 움직이는 이미지를 통해 저 예측 불가능한 전위에 적응하게 된다. 유형이 된 인물, 이것은 부정된 '배우'이고 자신의 창조물과 분리 불가능하게 된 창조자다. 그러나 정반대로 총체적 예술작품의 이상을 환기하는 이러한 동일성이 취하게 되는 형식은 백색 표면 위의 운동하는 순수 형태, 어떤 것의 원인도 아닌 반(反)인물(antipersonnage)이다. 샤를로는 "필름을 주파하며" 엇갈리지만 쉼 없이 복구되는 관성의 운동으로 스크린을 점령한다. 저자의 의지와 배우의 매개가 소멸되어 나타나는 민중적 유형은 인물을 그래픽 유형으로, 백색 사각면에 아라베스크 장식을 그리는 형식으로 환원한다. 그러나 백색 사각면 위의 그림자들이 보여 주는 재치 있는 동작은 당시에 의지의 거대한 기획과 기계의 퍼포먼스로 구성된 신세계에 거주하는 독특한 방식을 은유적으로 보여 준다. 미래의 구축주의 예술가들은 이 작은 인간의 몸짓에서 기계, 테일러 방식의 노동, 정확한 몸짓의 인간들이 보여 주는 거대 서사와 동시성을 갖는 예술의 상징을 보고자 했지만 헛된 일이었다. 그들은 그가 아름다운 기계들의 세계로부터 달아나서 보따리를 들고 큰길을 떠나는 것을 보며 가슴 아파했지만, 이 또한 헛된 것이었다. 그의 몸짓이 실현하고 있는 것은 기계적 정확성과 물레방앗간에 대한 싸움 사이, 결코 오류를 범하지 않는 기지와 확실한 실패 사이, 완고한 고집과 우연에 의한 포기 사이의 이 정확한 동일성이다. 팬터마임의 광란과 카메라의 부동성은 벽돌을 쌓는 사람의 탁월한 기교와 자신의

---

19 André Beucler, "Le comique et l'humour", *L'Art cinématographique*, n° 1, 1926, pp. 51~52. (강조는 저자.)

짐수레 때문에 비탈길 아래쪽으로 떠밀리는 짐꾼의 무능력처럼 함께 간다. 물론 채플린 식의 안무에서 자기 자신에 대한 역세주의의 승리를, 이를테면 "절망의 정점에서 지혜에 도취되어 춤추는 인간"[20]을 찬양한 포르의 글에는 다소 넘치는 니체적 파토스가 존재한다. 예이젠시테인은 "채플린 스타일의 군화를 신고 추는 탭댄스에 너무 많은 형이상학을 도입하는 것"[21]에 대해 악의적으로 조롱하게 될 것이다. 그러나 이러한 형이상학적 과잉은 새로운 기계 언어에 대한 강한 믿음, 그리고 몽타주-왕(montage-roi)*의 작용과 기계적 신세계를 구상하려는 의지의 동일화를 공격하는 한 방식이기도 하다. 채플린 식의 팬터마임을 통해 영화는 자기 자신에 대한 완전히 다른 이미지를 되돌려 보낸다. 기계에 대한 강한 믿음을 배가하는 은밀한 허무주의를 표현할 수 있는 예술, 기계의 우주 창조적 역량을 동굴 벽에 투사된 그림자들의 유희에 준거할 수 있는 예술의 이미지가 그것이다. 그런데 영화의 이러한 이미지는 아마도 이 그림자들이 미래의 기술자들이 가지게 될 계획보다 더 정확하고 더 통찰력 있는 것으로 드러나는 한에서만 성립하게 될 것이다.

20　É. Faure, "Charlot", dans *Œuvres complètes*, t. III, *op. cit.*, p. 310.
21　S. Eisenstein, *Charlie Chaplin*, tr. fr. A. Cabaret. Saulxures, Circé, 1997, p. 59.
* '몽타주-왕'은 크리스티앙 메츠(Christian Metz)가 몽타주를 영화와 거의 동의어로 생각할 정도로 그것에 절대적 중요성을 부여한 푸도프킨, 쿨레쇼프, 예이젠시테인, 베르토프 등으로 대표되는 1920년대 영화 이론을 특징짓기 위해 사용한 용어다. 이 시대에 몽타주는 '전능한 조작'(manipulation toute-puissante)으로 이해되었고, 그런 한에서 그것은 왕에 비유될 만한 것이었다. C. Metz, *Essais sur la signification au ciémma*, Klincksieck, 1968, pp. 39~51 참조.

제12장 순간의 위대함

1921년 뉴욕

　　검은 상자와 화학 용해액으로 차분한 활기를 드러내는 이 멋진 사진들을 만들어낸 사람에게는 아주 큰 중요성을 갖지 않는 대상, 어떤 방식으로든 자신의 고유한 존재성과 연결되어 있지 않은 대상은 세상에는 거의 없어 보이는 것 같다. 가장 초라한 물건이라도 그에게는 신비한 생기를 지니고 있는 것처럼 보인다. 닦지 않은 창유리의 먼지, 벽돌담, 찢겨진 돗자리 한 조각, 이민자 여성들의 남루한 숄, 뉴욕 거리에서 진흙으로 더럽혀진 눈 속을 김을 내뿜으며 달리는 말, 불편한 최신 유행의 신발에 오래 갇혀 있어 멍들고 변형된 발 등은 그것들에 사진기를 아주 가까이에 갖다 대고 있는 이 사람에게는 영예로운 여성의 얼굴, 깊이를 알 수 없는 빛나는 눈으로부터 발산되는 말로 다할 수 없는 사랑의 시선, 또는 순수하고 열정적인 집중의 몸짓만큼이나 경이로우며, 그의 정신과 화합하고 있는 것처럼 보인다. 한 구석에 비너스 석고상을 두고 있는 빅토리아 시대풍의 형편없는 거실은 그의 눈에는 아주 따뜻한 아이보리 색의 두 손만큼이나 우주를 온전하게 담고 있다. 또한 빨랫줄이 걸려 있고 비상계단에 의해 나누어져 있는 뒤뜰도 여성의 가슴이나 상반신만큼이나 그러하다. …… 이렇게, 순식간에 스치듯 사라지는 미소를 머금고 시선은 고정한 채 끊임없이 손을 놀리면서 스티글리츠는 모든 시대에 걸쳐 드러나는 것, 말하자면 물음들, 멜랑콜리, 연민을 담고 있는 어떤 것을 만들어냈다. 권태와 호의의 시선과 부드러운 질책의 웃음으로 그는 남녀 관계의 역사에 일종의 에필로그를 제시했다. 스핑크스는 다시 세상으로 시선을 옮긴다. 그렇다. 이 정지된 동작들은 모든 남성에게 말하는 모든 여성에 다름 아닐지도 모른다.

사실 순간의 위대함에 대한 이와 같은 긍정은 결코 존재한 적이 없다. 물론, 여기 그리고 지금의 기적에 대한 이러한 증언은 인상주의 화가들이 보여 주려 했던 것이었다. 그러나 그들의 도구는 충분히 생기 있지 않았고 충분히 다루기 쉽지 않았다. 그들이 기록하고자 했던 빛의 순간적 효과는 그들이 그것의 연구에 몰두하는 사이에 그들에게서 벗어났다. 대개 그들의 '인상'은 겹쳐진 일련의 인상들이다. 즉각적인 응답을 위해서는 사진기와 같은 기계가 필요했다. 그러나 스티글리츠를 제외하고는 오직 사진가만이 할 수 있는 것을 하고, 시각적 순간을 고정하고 어떤 주어진 시간의 순간에 자신의 렌즈 앞에 있는 대상과 자신 사이에 놓여 있는 것을 기록하기 위해 사진기를 이용한 사람은 단 한 명도 없었다. 모두 대상이나 순간보다는 '예술 사진'을 만드는 것에 관심을 가졌고, 그래서 그들은 자신들의 도구를 적절하게 사용하는 데 실패했다.

이 글은 음악을 자신의 전문 분야로 삼고 있던 예술비평가 폴 로젠펠드가 앨프리드 스티글리츠의 사진 전시에 대해 1921년에 쓴 긴 논문에서 발췌한 것이다.[1] 이 글이 우리의 관심을 끌 만한 이유가 있다면, 그것

---

1 Paul Rosenfeld, "Stieglitz", *The Dial*, vol. 70, nº 4, avril 1921; Beaumont Newhall, *Photography. Essays and Images: Illustrated Readings in the History of Photography*, New York, Museum of Modern Art, 1980, pp. 209~18에 재수록. (다른 언급이 없는 경우 이 장의 영어 텍스트는 저자에 의해 프랑스어로 번역된 것이다.)

은 이 글이 어떤 커다란 간격을 드러내 보여 주고 있는 방식 때문인데, 바로 이 간격 속에서 사진은 예술로서의 자신의 위상을 획득했다. 스티글리츠가 최초의 사진가인 것은 그가 카메라가 고유하게 가지고 있는 수단들을 사용한 최초의 사람이기 때문이라고 비평가 로젠펠드는 우리에게 말하고 있다. 스티글리츠의 동료들은 화가들처럼 하는 것, 즉 드가, 휘슬러, 뵈클린 등의 작품과 유사한 '판화'를 생산하기 위해 피사체, 렌즈, 인화지와 인화기술을 선택하는 데에 필사적으로 몰두했다. 그러나 스티글리츠는, 사진가가 회화의 효과를 모방하기 위해 기계의 작업성과를 지울 필요가 없다는 것을 이해했다. 반대로 사진가는 기계만이 제공하는 것, 화가들은 가질 수 없는 꿈을 실현할 수 있는 가능성을 움켜쥐어야 한다. 예를 들면 빛의 순간적인 작용들과 이것들이 뒤떨, 더러워진 유리창, 구부러진 여성의 몸을 비추며 만들어내는 효과들, 그리고 알 수 없는 깊이를 가진 시선을 직접적으로 기록하는 것 등이 그것이다. 스티글리츠는 오직 사진가이기만을 원한 최초의 사람이기 때문에 최초의 사진가가 된 것이다.

중요한 것은 순위를 매기는 것이 아니라 그 순위를 정하는 기준을, 즉 '단지' 사진가일 뿐이라는 사실에 대해 비평가 로젠펠드가 부여한 특별한 중요성을 숙고하는 것이다. 실제로 그러한 판단은 말의 통상적 의미를 현저하게 변화시킨다. 왜냐하면 일반적인 용어법에서 단지 사진가일 뿐이라는 것은 사진을 직업으로서 수행하는 사람들의 숙명이기 때문이다. 그들은 스튜디오를 가지고 있고, 다소간의 '예술적' 바탕 위에서 이 세상의 크고 작은 것들의 초상을 만들어낸다. 그러나 그들의 초상은 아무리 정성을 들여 창작한다 하더라도 예술작품으로 간주되지 않는다. 반대로 예술작품으로 등장하는 것은 기관차, 마차, 연락선, 벽돌담, 멍든 발을 담고 있는 스티글리츠의 사진들이다. 따라서 단지 사진가일 뿐이라는 사실에는 다른 의미가 부여되어야 하며, 그로부터 나오는 사진들의 예술적 가치가 다르게 이해되어야 한다. 이 사진들은 서로 다른 논리에 속하는 두 가지 이유에서 예술에 속한다. 먼저 그것들은 낡은 재현의 논리에 의해 예술에 속한다. 작가가 사진 그 자체를 위해, 즉 생계를 위해서가 아니라 그것의 표현적 가능성을 좋아해 사진술을 실천하는 아마추어이기 때문에, 그러한 이유로 그는 그 방법에 있어서는 '기계적인' 이 기술을 목적에서 '자유로운' 기술로서 실천하기 때문에 그 사진들은 예술에 속한다. 그다음으로 그것들은 미학의 논리에 의해 예술에 속한다. 즉 그것들이 예술에 속하는 이유는, 사진의 예술성은 그 대상이 갖는 어떤 성질이나 그 사진의 시시함을 바로잡기 위해 부가되는 어떤 예술적 조작에 아무것도 빚지고 있지 않기 때문이다. 그 사진들은 그 자신이 되는 한에서 예술이 된다. 그것들은 눈앞에 있는 것을 포착하기 위해 적절한 때와 꼭 적절한 장소에 위치해 있던 어떤 시선의 증언이다. 눈앞에 있는 것, 즉 '삶'은 로젠펠드가 우리에게 말하고 있듯이, 사진가 스티글리츠 자신이 전시에 맞추어 행한 선언에서 언급한 것이었다. "이 전시는 전적으로 사진적인 특성을 갖는다. 나의 스승은 삶, 노동, 끊임없는 실험이었다."[2] 로젠펠드가 우리에게 기술하고 있듯이, 이 실험은 특별할 것 없는 삶을 포착하기 위해 수행된다. 피부의 모공들, 촉촉한 입술, 바느질을 하거나 사과 껍질을 깎는 손의 무의미한 동작들, 기쁨과 고통의 표현이 한순간 스쳐 지나가는 얼굴들이 보여 주는 삶 말이다. 그것은 특별하지 않은 어떤 임의의 삶이다. 로젠펠드가 논평하고 있듯이, 그 삶은 수수께끼이자 답을 알지 못하는 괴로움이며, 그 답을 알고 있다고 해도 거기에는 이유가 없다는 것이 자신의 숙명임을 알고 있는 괴로움이다. 로젠펠드의 텍스트는 이에 대해 길게 서술하고 있는데, 철학을 조금이라도 접한 독자라면 누구나 그의 분석을 떠받치고 있는 생각이 어디에서 연원하는지 알아차릴 것이다. 삶에 대한 이 '연민', 삶의 의미 없음에 대한 동의이기

---

2 Alfred Stieglitz, "A Statement", dans B. Newhall, *Photography. Essays and Images* ……, *op. cit.*, p. 217.

도 한 이 연민의 출처는 바로 쇼펜하우어다. 고통에 대한 위대하고 즐거운 긍정에 대한 언급은 니체에 준거하는데, 로젠필드는 저 긍정에서 사진가의 예술적 본질을 발견하고 있다. 물론, 이러한 철학적 기원을 알고 있는 독자는 그리스 비극에 대한 낭만주의적 해석에서 유래하는 이 전거들이 어떤 점에서 1921년에 사진 활동의 고유성을 규정하는 데 적합할 수 있는지 의문을 가질 수 있을 것이다.

그러나 여기에서 자신이 다루고 있는 주제를 유명한 일부 철학적 전거를 통해 돋보이게 하려는 단순한 비평적 장식이라고 비난하는 것은 성급한 짓이다. 사진 촬영 순간의 셔터 소리와 삶에 대한 영원한 긍정 사이의 이 비약은 역설적 사유의 공간으로서, 바로 이 커다란 간격 속에서 사진은 새로운 예술로 인정받았다. 한 예술적 실천의 고유성을 실천적이고 예술적인 고유성으로 규정하는 것이 문제가 될 때, 언제나 어떤 철학적 보충이 필요할 수 있을 것이다. 왜냐하면 우리가 **하나의** 예술이라고 부르는 것은 하나 안에 있는 둘이기 때문이다. 그것은 특정한 제작 방식, 다른 것들과의 차이 속에서 개별화되는 어떤 고유한 기술의 사용이다. 그것은 모든 기술의 본래적 성질을 구성하는 것, 즉 어떤 외적 목적을 위한 수단이 되는 것에 대한 부정이다. 그것은, 기술이 예술로 인정받은 예술들이 하는 것을 할 수 있다는 긍정이다. 다시 말해 그것은 예술들을 특별히 쓸모 있는 것으로 만드는 기술의 고유성을 부정한다.

확실히 기계적 복제에 기초해 있는 예술은 다른 어떤 예술보다 자신이 예술이라는 사실을 긍정하는 데 어려움을 겪는다. 그러나 이 예술은 문제를 일반화하고 자신을 배제하려고 하는 사람들에 맞서 논변을 되돌리는 데 가장 적절한 입장에 있기도 하다. 로젠필드의 논변은 음영을 고정하는 기적에 대해 탄복했던 시대, 그리고 속물을 불멸화하는 데 쓰일 뿐인 기술이라고 비난했던 시대가 지난 후에 사진가들이 예술적 존엄성에 대한 자신들의 요구를 정당화하려고 했을 때 그들 자신이 일찍이 개시했던 논쟁을 연장하고 있다. "어떤 사람은 결코 예술가는 아니지만 훌륭한 화가이거나 훌륭한 사진가일 수 있다. 그림을 그리는 어떤 사람은 그가 그림을 그리기 때문에 예술가인 것이 아니며, 마찬가지로 사진가는 그가 사진을 찍기 때문에 예술가인 것이 아니다. 둘은 모두 물감을 가지고 하던지 또는 화학물질을 가지고 하던지, 아니면 그 어떤 다른 재료를 가지고 하던지 간에 예술을 산출할 수 있기 때문에 예술가인 것이다."³ 1888년에 쓰인 이 글의 저자 헨리 피치 로빈슨은 사진을 예술로 만드는 방법을 발견했다는 이유로 후세에 알려진 사람이다. 그 방법이란 여러 개의 네거티브 이미지로 단 하나의 이미지를 구성할 수 있게 해주는 조합인화를 말한다.* 그런데 이 문제는 가장 완강한 그의 적대자였고 '사진 자연주의'의 옹호자였으며, 젊은 스티글리츠에게 그의 첫 번째 상을 주었던 심사위원회의 위원장이기도 했던 에머슨에 의해서도 동일하게 제기된 것이다. "시, 산문, 음악, 조각, 회화, 사진, 에칭, 판화, 연극은 모두 기예(arts)이며, 이 중 어느 것도 그 자체로 예술(fine art)이 아니다. 다만 그것들 각각, 혹은 모두는 예술이라는 존엄성의 자리에 오를 수 있다."⁴ 에머슨의 추종자들은 로빈슨의 키치 몽타주를 비웃었다. 그러나 그들은 '예술'이 무엇인지를 이해하는 데서는 로빈슨이 굳게 믿고 있었던 이 말에 동의할 수밖에 없었다. "예술은 먼저 정확한 통찰(vision)에서, 그리고 그다음에는 본 것에 대한 정확한 느낌에서 나온다."⁵ 조합된

---

3 Henry Peach Robinson, *Letters on Landscape Photography*, Londres, Piper & Carter, 1888, pp. 10~11.
* 헨리 피치 로빈슨(1830~1901)은 회화주의 사진가로 알려져 있다. 사진을 사실에 대한 기록이 아니라 예술로 만들려고 한 그는 회화에서 그 모델을 찾았다. 이를 위해 그는 이른바 '조합인화'(combination printing) 방법을 창안했다. 그의 작업 절차는 먼저 구상한 장면을 스케치하고, 그다음에는 그것에 맞춰 모델을 배치하고 여러 개의 컷을 촬영한 후에 조합하는 방식이다. 대표적인 작품으로 「사라짐」(1858)이 있다.
4 Peter Henry Emerson, *Naturalistic Photography for the Students of Art*, Londres, S. Low, Marston, Searle & Rivingston, 1889, p. 19.
5 H. P. Robinson, *Letters on Landscape Photography, op. cit.*, p. 11.

이미지로 만들어낸 생생한 그림의 인위적 구성이 저 '정확한 통찰'과는 거리가 멀다고 반박하는 사람도 저 방법을 통해 구성된 작품들 가운데 가장 유명한 작품인 「사라짐」이 당시에 사람들이 생각하고 있었던 '실존의 고통'을 담고 있는 그림이라고 감탄할 것이 틀림없다. 어두운 분위기의 휘장이 드리워져 있는 방에서 흰색 드레스를 입고 있는 폐결핵에 걸린 젊은 여성이 죽어 있고, 그 옆에는 체념한 두 여성이 그녀를 지켜보고 있다. 반면 등을 보이고 서 있는 한 남성은 넓은 창을 통해 일몰의 구름을 바라보고 있다. 사진이 예술이 되어가는 역사는, 회화처럼 표현된 빅토리아 시대풍의 이 고통이 자신에 대한 이러한 묘사를 접어두고 어떻게 여성의 피부 모공, 더 나아가 뉴욕의 기관차나 증기선의 칙칙한 연기에서 자신의 묘사를 찾게 되었는지를 보여 주는 역사다.

이 예술-되기의 조건과 관련해 적어도 두 가지 논점은 모두에게 기정사실인 것처럼 보인다. 첫 번째 논점은 문학과 회화에서는 이미 받아들여졌던 것으로, 예술의 존엄성은 그 주제의 존엄성에 의존하지 않는다는 점이다. 에머슨이 조롱하듯 말하는 것처럼 천장에 걸려 있는 예술과 땅바닥에 널려 있는 예술로 구별하지 않는 한,[6] 이제 고급예술과 저급예술은 존재하지 않는다. 또한 예술의 존엄성은 도구나 재료의 존엄성도 아니다. 사진가들은 예술작품과 그 제작도구 사이의 구별을 끊임없이 강조한다. "기록하는 주체가 도구, 말하자면 기계라는 사실이 기계적 특성을 야기하지 않는다. 이것은 피아노가 베토벤의 소나타를 기계적 소리로 만들지 않는 것과 마찬가지다. 왜냐하면 그 소나타를 들을 수 있게 하는 것은 오직 그것의 작동이기 때문이다. 사실, 중요한 것은 피아노나 카메라가 아니다. 그것으로 무엇을 하는가가 중요한 것이다."[7] 에머슨은 이미

---

6 P. H. Emerson, *Naturalistic Photography for the Students of Art, op. cit.*, p. 20.
7 Frederick H. Evans, "Personality in Photography-with a Word on Colour", *Camera Work*, n° 25, 1909, p. 37.

다음과 같은 논변을 전개한 바 있다. 시를 양피지 위에 쓰는 것이 아니라 기계로 친다고 해서 시가 달라지는 것은 아니다. 중요한 것은 시인이 무엇을 말하고자 하는가다. 그리고 이것은 사진, 회화, 판화의 경우에도 마찬가지다.[8]

물론 이 논변은 완전하지 못하다. 연주자의 피아노와 마찬가지로 양피지와 타자기는 독립적으로 존재하는 작품을 보이게 하거나 들리게 하는 매체 혹은 도구다. 그러나 사진 이미지는 악보와 같지 않다. 사진 이미지는 자신을 네거티브 필름에 고정한 도구와 분리할 수 없기 때문이다. 따라서 그것은 쓰여 있는 시 작품이나 피아노 연주가 아니라 화가의 손에 의해 형성된 이미지와 비교되어야 한다.

바로 여기에서 사진 이미지가 어떤 점에서 **회화처럼** 예술에 속하는지를 주장하기 위해 뒤틀린 변증법이 전개된다. '회화처럼', 이것은 먼저 회화만큼을 의미한다. 그런데 동등한 존엄성에 대한 이 증명은 곧바로 상이한 논변으로 분열된다. 말하자면 사진이 예술이라는 것을 증명하는 데에는 모순된다고 할 수는 없지만 서로 다른 세 가지 이유가 동원된다. 먼저 기계적 예술이라는 단점이 있지만, 사진은 새로운 회화가 실행하는 것과 동일한 원리를 실행하기 때문이다. 그다음에 기계의 도움 덕택에 사진은 회화의 이상을 회화 그 자신보다 더 잘 실현할 수 있기 때문이다. 마지막으로 사진은 화가의 기예를 모방하는 기예가 되는 것을 거부하기 때문이다. 사실, 이 모든 유사성과 차이의 논점은 공유되고 있는 다음과 같은 확실한 믿음에 의존하고 있다. 이제 예술의 힘은 그 대상의 특성이나 장인적 재능에서 오지 않는다. 예술가를 만드는 것은 통찰을 옮겨 적을 수 있는 능력이다. 유일하게 사진의 경우에, 이 논변은 이중의 날을 갖는다. 한편으로 그것은 '도구들'의 위계를 폐지한다. 화가의 손은 카메라와 마찬가지로 도구다. 이러한 의미에서 손은 본성상 카메라

---

8 P. H. Emerson, *Naturalistic Photography for the Students of Art, op. cit.*, p. 285.

보다 더 우월하지 않다. 사람들이 기계적인 기록의 어리석음에 대립시키곤 하는 능숙한 손은 그 진정한 구조가 알려져 있지 않은 지각에 상응하는 것을 제공할 수 있는 일부 "관행적인 부조리들"[9]의 사용 이상의 것이라고 할 수 있는가? 그러나 이 논변은 곧바로 뒤집힌다. 진정한 독창성이 통찰에 있는 것이라면, 즉 그 통찰을 옮겨 기록하는 도구에 있는 것이 아니라면, 해석의 독창성에는 어떤 자리도 남겨놓지 않은 채 자신 앞에 있는 것을 자동적으로 옮겨 기록하는 도구를 가지고 어떻게 예술을 만들 수 있는가? 더욱이 통찰은 모호한 말이다. 사람들은 이 말을 세상의 광경에 대한 파악으로 이해한다. 그리고 인상주의 화가들은 항상 다르게 나타나는 햇빛 속에서 사물과 존재들이 진동하는 유일한 순간을 포착하는 것이 예술이라는 생각을 널리 유포했다. 그런데 사람들은 또한 이 통찰이라는 말을 예술가가 자신의 생각에 따라 세상의 광경을 재구성하는 방식, 즉 예술가가 자신의 내적인 지각에 상응하는 조형적 형식을 구성하는 방식으로 이해하기도 한다. 물론 이 두 관점 사이의 간격은 당시의 또 다른 주제어였던 암시(suggestion)라는 말의 다의성 속에서 잊혀진다. 세상의 광경은 오직 암시의 형태로만 예술가를 건드리는데, 이 암시의 표현은 동시에 개인적인 통찰의 표출이기도 하다. 그러나 사진이 스스로를 예술로 생각하려 했던 시기는 이 두 '관점들'이 갈라서던 시기였다. 즉 에머슨에게 모델이 되었던 인상주의가 현실에 대한 순종이라고 비난받고 고갱과 에밀 베르나르의 그림들에서 순수 관념의 시각적 표현을 보았던 '종합주의(synthétisme)'*와 '상징주의'의 이름으로 비판을 받

---

9 H. P. Robinson, *Letters on Landscape Photography*, op. cit., p 14.
* 폴 고갱(Paul Gauguin, 1848~1903), 에밀 베르나르(Émile Bernard, 1868~1941), 루이 앙크탱(Louis Anquetin, 1861~1932)과 같은 후기 인상주의자들이 인상주의를 비판하면서 주창한 미술이론이자 기법으로, 이 용어는 1871년에 고갱에 의해 처음 사용되었다. 이들은 인상주의 색채분할기법이 사물을 온전히 드러내기보다는 해체할 뿐이라고 비판하면서 사물의 외곽선, 예술가의 느낌, 그리고 선, 색, 형태가 갖는 미학적 순수성을 '종합하고자' 했다.

았던 시기였다.[10] 물론 에머슨과 그의 동시대인들은 모네나 휘슬러보다는 바스티앵-르파주가 그 대표자였던 온건한 '인상주의'에 머물러 있었다. 그러나 스티글리츠가 15년 후에 『카메라 작업』(Camera Work)에 결집하게 될 예술가들과 비평가들은 회화적 모더니티를 표현하고 있는 이 두 전통을 직접적으로 마주하게 된다. 세계의 한순간에 대한 파악에 특별한 중요성을 부여하는 전통과 그것에 예술가의 내적 통찰을 표현하는 자유로운 선과 색의 구성을 대립시키는 전통 말이다.

따라서 중요한 것은 사진가는 보는 자이고 해석하는 자이기 때문에 예술가라는 점을 논증하는 것이다. 해석이라는 말은 이 시대의 문서 여기저기에 나타난다. 그것은 위대한 예술이라는 성채의 문을 여는 부적처럼 보인다. 모든 문제는 어떤 과정의 지점에서, 그리고 어떤 형식 아래에서 사람들이 이 해석을 사유하는지를 아는 것이다. 이 논점을 해결하는 것은 또한 카메라의 작업과 예술가의 작업 사이의 관계 문제를 해결하는 것이다. 첫 번째 답변은 일의 명백한 분할로 서술된다. 이 경우에 기계가 자신의 작업을 마치면 예술을 만드는 것은 예술가다. 예술가는 이 작업에서 기계적인, 따라서 비-예술적인 모든 것을 삭제함으로써 그렇게 한다. 이것은 프랑스 사진 회화주의의 옹호자였던 드마쉬와 푸이요가 다음과 같이 몇 줄로 요약하고 있는 입장이다. "네거티브 프린트는 기록의 관점에서는 정확한 것일 수 있다. 그러나 사진가가 집어넣지 못하는 한 거기에는 예술작품을 구성하는 성질이 결여되어 있다. 감히 확언컨대, 이는 다음을 의미한다. 사진이라는 기술을 통해 얻게 되는 최종적 이미지의 예술적 매력은 오직 작가가 그 이미지를 변형하는 방식에 의존해 있다. 렌즈를 선택하고 그것을 잘 다루어 우리가 얻을 수 있는 정확한 소묘를 우리는 기꺼이 받아들인다. 우리는 모든 노력을 다해 그 온전한 모습

---

10 이에 대해서는 Albert Aurier, *Le Symbolisme en peinture: Van Gogh, Gauguin et quelques autres*, Caen, L'Échoppe, 1991을 보라.

을 보존하려고 할 것이다. 그러나 이미 완벽한 이 도구가 우리에게 장황하게 제공하고 있는 무용한 세세한 정보들을 단순화할 수 있는 모든 수단 또한 우리에게 유용할 것이다. 따라서 우리는 쓸데없는 디테일의 삭제를 통해 종합을 보다 잘할 수 있게 해주는 인화 방법을 선호할 것이다. …… 사람들은 우리가 이렇게 함으로써 **사진의 특성**을 지워버린다고 비난할지도 모른다. 그런데 그것이 정확히 우리가 하려고 하는 바다. 왜냐하면 우리는 명성이 드높은 이 사진이라는 말이 예술가들의 정신에 확실히 일깨우고 있는 것이 무엇인지를 경험을 통해 알고 있기 때문이다."[11] 이 텍스트는 문제를 명료하게 제기하고 있다. 예술은 기술이 멈추는 곳에서 시작된다. 예술은 기술이 충분히 발전해 그것의 내적 한계가 분명하게 나타날 때 시작된다. 기술의 불충분함이 아니라 반대로 그것의 너무 큰 완전성, 즉 디테일의 세세함으로 인해 기술은 "과학자들에게는 다루기 쉽고 믿을 만한" 것이 되지만 "예술가들에게 그것은 까다롭고 믿을 만하지 못한" 것이 된다. 왜냐하면 그 세세함은 보고 해석하는 예술가들의 능력을 구속하기 때문이다.[12] 이것은 예술가의 해석이 어떤 방향에서 이루어져야 하는지를 알려 준다. 여러 개의 사진을 조합하거나 구아슈(gouache)로 프린트의 명도를 높임으로써 사진에 무엇을 덧붙이고자 했던 초기의 사진 예술가들과는 반대로, 예술가적인 해석은 예술가의 통찰을 두드러지게 하기 위해 카메라가 제공하는 '소묘'의 과도한 '세세함'을 생략하려고 한다. 이로부터 예술가적 통찰의 중심으로부터 주의를 벗어나게 하는 요소들을 없애거나 완화하기 위해 다양한 도구를 통해 이미지를 '돋보이게' 하려는 노력이 나오게 된다. 드마쉬와 푸이요는 아틀리에의 탁자에 앉아 있는 여인의 사진을 그 예로 들고 있다. 이

---

11 Robert Demachy et Constant Puyo, *Les Procédés d'art en photographie,* Paris, Photo-Club de Paris, 1906, pp. 1~2.
12 *Ibid.,* p. II.

사진에서 차 냅킨의 흰 색채와 의자의 검은 색채는 지워지고, 반면에 꽃병과 꽃다발은 머리를 돋보이게 하기 위해 회색으로 연하게 만들어놓았다. 이 예술가적 통찰을 사진가들이 아니라 예술 애호가들로 구성된 대중에게 전해야 하는데, 이것은 훌륭한 기법을 통해 이루어져야 한다. 물론 이 기법에는 풍부한 재료가 요구된다. 바로 여기에서 1890년대에서부터 1920년대까지 사진의 예술적 특성을 부각하는 데 광범위하게 사용될 방법적 수단들, 이를테면 중크롬산 고무 인화법이 등장한다. 생략 작업, 중크롬산 고무의 사용, 두터운 종이의 사용은 소재의 농도와 회색 배경 속으로의 형상의 합체를 예술가적 통찰에 제공하게 될 것이다. 부드러움(softness)은 바로 이러한 효과들의 결합에 의해 규정되는데, 이 부드러움은 각의 날카로움(sharpness)을 지움으로써 스트레이트 사진(straight photography)의 기계성을 바로잡고 자신의 생산물을 예술의 이상으로 변모시킨다. 프랭크 유진의 「니르바나」(Nirvana)는 이러한 예술 이해의 상징이다. 이 작품의 작가는 긁어 지우는 방법을 통해 예술가의 아틀리에의 소파에 누워 있는 여인을 태고의 바다 위에 떠 있는 오필리아로 변모시키는 데 성공했다.

사실 일부 사람들은 사진의 예술적 특성을 사진이 아닌 모든 것, 특히 인화지의 조작에 두고 있는 이 방법들을 거부했다. 예를 들면 에머슨은 "고무 칠장이들"을 조롱했다.[13] 그리고 잠깐 동안 열정을 보이기는 했지만 바로 얼마 가지 않아 스티글리츠는 프레더릭 에번스와 같은 다른 몇몇 예술 대가를 따라 중크롬산 고무 인화법에 대한 적대감을 표명했다. 재료를 다루는 손의 작업을 모방한다고 사진이 '회화적' 예술이 되지는 않는다. 반대로 실행하는 도구 — 손이든 카메라이든 — 에 대한 보는 눈의 특권을 긍정함으로써 사진은 그러한 예술이 될 수 있을 것이다. 그

---

13 P. H. Emerson, cité dans Helmut Gernsheim, *Creative Photography. Aesthetic Trends 1839~1860*, Londres, Faber and Faber, 1962, p. 126.

런데 이 특권은 회화에 대한 사진의 특권이기도 하다. 이것은 이 새로운 예술에 열광했던 작가 조지 버나드 쇼가 제시하고 있는 논증이다. 그에 따르면, 회화는 부당하게도 자신의 기술이 갖는 우월성을 자랑한다. 실제로 회화는 손에, "천상 기계적일" 수밖에 없는 손의 작업에 예술가의 통찰에 상응하는 것을 옮겨 적기를 요구한다. 그런데 카메라는 예술가에게 이 손의 작업을 면제해 준다. 이러한 이유로 사진은 화가의 소묘보다 "어려움을 덜 겪게 되며, 예술가가 느끼는 것에 보다 잘 맞출 수 있게 된다." 오직 사진만이 "손의 미숙한 지배에서 벗어나며, 우리가 예술가의 양식 혹은 기법이라고 부르는 저 신기한 기괴함의 요소를 제거한다."[14] 오히려 이른바 사진의 기계성은 손의 기계역학적 속박으로부터 통찰력을 해방한다. 그 기계성은 시선에 주어진 사물들이 암시하는 것과 예술가의 주관적인 내적 통찰이 직접적으로 일치하도록 해준다.

이 결합의 형태, 즉 카메라의 눈이 사진 예술가의 통찰을 번역하는 방식은 여전히 생각해 볼 문제다. 첫 번째 해결책은 카메라를 예술가의 통찰에 종속시키는 방책을 기술에 요구한다. 이 경우에는 바로 기술이 사진 이미지의 무미건조함과 그것의 단순 기록적 특성을 삭제하고, 두 개의 통찰을 통합하는 이미지 혹은 당시 사람들이 즐겨 말하던 대로 '해석적' 이미지들을 통합하는 이미지를 생산해야 한다. 이것은 두 가지 방식으로 이루어질 수 있다. 노출 시간을 늘이거나 윤곽을 부드럽게 하는 데 적합한 렌즈를 사용하는 것이다. '예술 사진'의 아이콘이 된 한 사진이 극단적으로 보여 주고 있는 것은 첫 번째 방법이다. 단순한 핀홀 카메라로 조지 데이비슨은 물질적 밀도와 완화된 선명성을 결합해 균질한 미적 운치를 만들어냄으로써 1890년에 「양파밭」(Onion Field)의 성공을 이

---

14 George Bernard Shaw, "The Unmechanicalness of Photography", *Camera Work*, n° 14, avril 1906, pp. 18~19. (이 텍스트는 본래 『아마추어 사진가』(*Amateur Photographer*) 1902년 10월호에 게재되었다.)

루어냈다. 그러나 그의 동료들은 저 구멍 난 튜브(핀홀 카메라)의 금욕주의에서 기계적 기록의 정직성을 지울 수 있는 수단을 찾지 않았다. 반대로 그들이 그 수단을 찾은 것은 윤곽을 삭제하고자 하는 예술가의 욕구를 만족시키는 렌즈를 발명할 수 있는 기술적 개선 쪽이었다. 사실, 연초점(soft focus) 렌즈의 구면수차(déformation sphérique)는 회화주의 사진의 토대가 된다. 그것은 흐릿하게 현상하는 효과들을 가능케 하는데, 이것을 통해 에드워드 스타이컨, 클래런스 화이트, 거트루드 케세비어, 앨빈 랭던 코번, 조지 실리는 도시 경관 전체를 몽상적 경치로 전환했으며, 시골 가정의 장면이나 아틀리에의 모델 사진을 태곳적에서 기원하는 신화적 상징들로 탈바꿈시켰다.* 이 이미지들은 『카메라 작업』의 지면을 점령하게 되는데, 이 잡지는 스티글리츠가 1903년에 창간한 것으로 이후 10년 동안 예술 안에 사진의 자리를 요구하는 모든 사람의 집결지가 된다. 그러나 초기부터 사진 전문가들보다는 일반 예술비평가들이 종종 저 사진 이미지들에 대한 비판적 담론을 제기했는데, 이 담론은 회화주의 사진과 거리를 취하고 있었고, 사진적 '해석'의 모델을 상징주의적 기법에 따라 윤곽을 흐릿하게 하는 것에서가 아니라 다른 데서 찾았다. 잡지 『카메라 작업』의 촉망받던 이론가 가운데 한 명이자 『순수예술로서의 사진』의 저자이기도 한 찰스 캐핀이 코번의 사진에 대해 1904년 4월호에 쓴 논평은 이미 그것을 보여 주고 있다. 캐핀에 따르면, 코번은 통일성의 효과를 얻기 위해 너무 많은 것을 희생했다. 균질성에 대한 이 추구는 사진의 가치를 만드는 예견치 못한 사건을 삭제하도록 만든다. "……자연의 섬세한 차이들은 견고하고 눈에 띄는 회화적 구성을 강제하기 위해 희생되었고", 그것에 의해 사진은 "생물이든 무생물이든 자연 속에

---

* 이들은 모두 1902년에 스티글리츠의 주도 아래 결성된 '사진분리파'(Photo Secession Group) 사진가들이다. 사진분리파는 사진을 예술로 정립하려는 운동을 대표하는 집단으로 특별히 회화주의 사진을 주창했다.

서 아름다움을 가득 담고 있는 미세하고 놀라운 효과들"¹⁵을 잃어버렸다. 그리고 미국 사진분리파의 청년 튀르크당*의 후견인이던 영국인 연장자 에번스는 그들이 런던 전시회에 보낸 일부 작품들을 비판하기를 서슴지 않았다. 그에 따르면 "형태도 구성도 없는" 그 회색조의 이미지들, 즉 흑백사진의 이 작업들은 빛의 미세한 차이들을 무시했고, 결국 그 피사체들은 완전히 수수께끼가 되고 말았다.¹⁶

따라서 문제는 현상 과정에서 회화적 터치 작업을 모방하거나 혹은 예술적 통찰을 표현하려는 관심을 렌즈의 굴절에 쏟는 것이 아니다. 예술적 통찰은 예술가의 통찰이어야 한다. 중요한 것은 이 통찰에서 예술 고유의 행위와 일치하는 것이 무엇인지를 규정하는 일이다. 사진가 고유의 개입은 카메라 뒤에, "카메라가 놓이기 전에 구상하고 명확하게 고안한"¹⁷ 생각 속에 위치한다. 그것은 카메라를 고정해 찍어야 하는 광경의 선택, 그리고 셔터를 눌러야 하는 순간의 선택에서 이루어진다. 그런데 장소와 순간 사이의 이 관계는 그 자체로 예술에 대한 두 관념 사이의 긴장이 드러나는 무대다. 예술가들과 비평가들은 이미지의 예술적 특성이 '구성'이어야 하며, 사진에 고유한 시선을 형성하기 위해서는 구성의 일반 법칙들을 이끌어내야 하는데, 이것들은 옛 대가들로부터 배워야 한다는 것에 동의했다. "구성의 단순성"에 대한 글을 쓸 것을 청탁받은 스티

---

15 Charles Caffin, "Some Prints by Alvin Langdon Coburn", *Camera Work*, n° 6, avril 1904, p. 19.

• 본래 '청년 튀르크당'(Jön Türkler)은 20세기 초 튀르키예에서 있었던 정치적 개혁운동을 지칭한다. 그런데 이후 이 말은 반역적이고 개혁적인 성격을 갖는 사람들과 단체를 지시하는 말로 사용되고 있다.

16 F. H. Evans, "The Photographic Salon, London 1904. As Seen Through English Eyes", *Camera Work*, n° 9, janvier 1905, p. 38.

17 Ch. Caffin *Photography as a Fine Art. The Achievements and Possibilities of Photographic Art in America*, New York, Doubleday, 1901, p. 45. (첫 번째 출간. "Phtography as a Fine Art, II. Alfred Stieglitz and His Work", *Everybody's Magazine*, n° 4, avril 1901, p. 371).

글리츠는 그것을 다양 속의 통일이라는 고전적 관점에서 기술한다. 그에 따르면, 그것은 관객에게 "사진의 중심적이고 지배적인 관념에 대한 아주 직접적이고 압도하는 인상"을 제공함으로써 "나머지 모두가 사진 공간의 대부분을 차지하고 있어도 그것이 별로 중요하지 않게 보일 만큼 그 중심 관념에 충분히 종속적인 것이 되는 것"에 있다.[18] 그는 이를 위해 상이한 매체에 의해 이루어진 가장 훌륭한 그림들을 연구하고 계속해서 분석할 것을 권유한다. 이렇게 할 때 그것들은 사진가의 존재 속에 잘 체화되어 결국 그의 '양식', 무엇보다도 그의 시선을 형성하기 때문이다. 이러한 견해는 충분히 공유되었다. 그래서 루이스 하인처럼 사회적 증언에 관심이 있던 사진가는 문화윤리학교(Ethical School of Culture)의 자신의 학생들을 메트로폴리탄미술관(Metropolitan Museum)으로 데려가서 라파엘로에게서 데생의 기예를 배우도록 했다. 그런데 구성이 정확히 무엇을 의미하는지에 대해서는 이해할 필요가 있는 것이 아직 남아 있다. 스티글리츠 자신과 그의 찬미자들이 범례로 선택한 스티글리츠의 작품 「카트웍 가십」(Gossip-Katwyk)은 중앙을 중심으로 한 장면의 구성에 의해서가 아니라 반대로 공백에 의해 주목받았다. 이 작품에서 그 공백은 사진의 왼쪽 끝 가장자리에 물러나 있는 배의 활대와 돛, 그리고 오른편에 얼굴 표정을 알아볼 수 없을 만큼 멀리서 찍힌, 파도를 마주한 채 떨어져 서 있는 두 여인 사이에 마련되어 있다. 사진이 회화로부터 교훈을 얻기를 바란 사람들은 또한 지금 회화에서 법칙이 되고 있는 것은 고대 그리스식의 선의 구조가 아니라 도식적 풍경 위에 몇몇 우연의 형상을 집어넣는 일본 판화가들의 활력 있는 소묘라는 점을 알고 있었다. 『카메라 작업』의 이론가 가운데 한 명은 이 변화를 이렇게 적고 있

---

18 A. Stieglitz, "Simplicity in Composition", dans *Stieglitz on Photography, His Selected Essays and Notes*, textes réunis et commentés par Richard Whelan, New York, Aperture, 2000, p. 183.

다. "현대예술은 고대 그리스식의 선이 보여 주는 고전적 순수성을 거부하고 그것을 예술가의 손과 함께 진동하는 일본인들의 변화무쌍하고 활력 있는 선으로 대체했다."[19]* 따라서 '구성'은 독특한 형상들을 취하게 된다. 스티글리츠는 형상들을 염두에 두지 말고 당신의 주제를 선택한 다음에 선과 조명을 세심하게 연구하라고 요구한다. 당신이 이것들에 대해 마음의 결정을 한 다음에는 지나가는 형상들을 관찰하고 모든 것이 균형 속에 있게 될 순간을 기다리라고 말한다.[20] 따라서 모든 것을 구성한 다음에 형상들이 스스로 자리를 잡게 되는 순간을 기다려야 한다. 사전적 탐구, 기다림, 인내는 사진가의 기본 덕목으로서 지속적으로 찬양되었다. 렌돌프 씨의 초상을 예고 없이 포착하기 위해 스티글리츠에게 2년간의 탐구가 필요했다는 사실을 캐핀은 우리에게 확인해 주고 있다.[21] 그리고 「5번가의 겨울」(Winter, Fifth Avenue)의 눈보라 속에서 분투하고 있는 마부를 포착하기 위해 추위 속에서 견뎌야 했던 여러 시간 동안의 기다림은 사진가 스티글리츠의 전설을 구성하는 데 한몫한다. 탐구와 기다림의 시간에 대한 이러한 강조는 사진에 고유한 작업이 셔터 위에 손을 가져다대는 것에 있다고 생각하는 사람들에 대한 단순한 감정적 반응으로 치부될 수 없다. 사진가가 판화가들의 '신경질적인' 제스처를 인위적으로 모방하기를 거부한다면, 그리고 사진가가 "이를테면 형상은 색배열의 고유성을 통해 만들어지는 것"[22]**이라고 생각한 현대화

---

19 Sidney Allan (Sadakichi Hartmann), "The Value of the Apparently Meaningless and Inaccurate", *Camera Work*, n° 3, juillet 1903, p. 18.
* 원문은 조금 다르다. "…… 예술가의 손의 활력 있는 터치와 함께 진동하는 일본인들의 변화무쌍하고 생기 있는 선으로 대체했다."
20 A. Stieglitz "The Hand Camera. Its Present Importance", dans *Stieglitz on Photography*, *op. cit.*, p. 68.
21 Ch. Caffin *Photography as a Fine Art, op. cit.*, p. 46.
22 S. Hartmann, "White Chrysanthemums", *Camera Work*, n° 5, janvier 1904, p. 20
** 하르트만에 따르면, 휘슬러는 모든 사물이 아름답지만 그 아름다움은 오직 특정한

가 휘슬러처럼 할 수 없다면, 그는 자신의 실천을 현대예술의 고유성을 구성하고 있는 독특한 출현들의 포착과 일치시킬 수 있는 수단을 발견해야 한다. 비록 이를 위해 한번 더 다른 것에서 그 모델을 발견해야 한다고 하더라도 말이다. 『카메라 작업』의 비평가들은 로댕을 내려다보고 있는 「생각하는 사람」의 검은색 몸체와 로댕이 작업하고 있던 위고 흉상의 흰색 몸체 사이에서 반쯤 가려져 있는 로댕을 찍은 스타이컨의 사진에 박수를 보냈다. 그러나 그들은 로댕의 초상화가 아니라 조각가 로댕 그 자신에게 사진 예술을 이끄는 데 필요한 원리들을 요구했다. 이러한 이유로 사진분리파의 갤러리들은 1908년 봄에 로댕의 스케치들을 전시했다. 이 "점토 작업을 위한 노트들"은 2분 만에, 즉 "아주 짧은 순간에 종이 위에서 손으로"[23] 완성되었는데, "삶에 대해 설득력 있게 말하고 있는" 그 서두른 듯한 선들은 "종이쪽지 위에 예술적 표현의 본질을 투사하고 있다."[24] 그러나 데생 화가의 제스처와 촬영을 위해 셔터를 누르는 제스처 사이의 유비는 두 과정 사이의 차이를 명확히 드러낸다. 조각가의 작업은 시선에 의한 포착, 그것을 신속하게 기록하는 손의 속도, 그리고 점토로 조형을 뜨는 손의 느린 작업으로 분해될 수 있다. 그러나 사진가에게는 손의 빠른 기록 작업에 뒤따르는 어떤 점토 작업도 없다. 시선이 홀로 모든 작용을 떠맡아야 하는데, 사진기가 통찰한 것을 빠르게 기록하기 전에 그 모든 것이 시선 속에서 이루어져야 한다. 사진은 고유한 의미의 예술, 그리고 더 나아가 고유하게 현대적인 예술이다. 왜냐하면 사진은 손보다는 시선의 특권적 지위를 긍정하기 때문이다. 사진은

순간에 독특한 방식으로 드러난다고 믿었다. 예술가는 그 순간을 포착해 전달한다. 그런데 그에게 이 아름다움은 색으로 나타난다. 그래서 그는 사물과 형태 없이 오직 "색의 음악"만으로 아름다움을 표현하고 전달할 수 있기를 희망했다.

23 Arthur Symons, "Studies in Seven Arts", cité dans "The Rodin Drawings at the Photo-Secession Galleries", *Camera Work*, n° 22, avril 1908, p. 35.

24 John Nilsen Laurvik, article du *Times*, cité dans *ibid*., p. 36.

윤곽을 흐릿하게 함으로써가 아니라 시간을 자신의 고유한 대상과 재료 (matière)로 삼기 때문에 자신의 비물질성(immatérialité)을 긍정할 수 있다. 사진 작업은 독특성이 출현할 수 있는 틀을 조성하는 작업인 시간 통제와 동일시된다. 사진의 구성은 시간의 구성이다. 사진 예술은 형상들을 공간 속에 배치하는 예술이라기보다는 시간-형식의 예술이다.

그러나 이 예술은 단지 적절한 순간을 기다리는 기예인 것만은 아니다. 사진에 고유한 행위는 세 가지 시간의 일치 속에서 규정된다. 어떤 무엇이 출현할 수 있는 틀을 조성하는 기다림의 시간과 이 출현이 빛 속에서 특정한 형상으로 표현되어 개별화되는 시간이 있다. 그런데 또한 이 형상이 결정체로서 보여 주고 있는 세계와 인간들의 시간도 존재한다. 스티글리츠가 선호하는 사진이 보여 주었던 것이 바로 이 시간, 그물을 손질하는 데 여념이 없는 네덜란드의 어촌 아낙네의 시간이다. 이번에는 오직 하나의 형상만이 모래언덕이라는 무대장치 속에 존재한다. 여기에서 옆모습을 하고 앉아 있는 여인의 윤곽선이 흐릿하지 나타나는 것은 하고 있는 일에 대한 집중과 거기에서 응축적으로 나타나는 삶과 사유의 세계 전체를 강조하기 위한 의도에 의해 정당화된다. "…… 어망 손질의 한 뜬 한 땀, 그녀의 실존적 상태를 구성하는 이 요소 자체는 그녀가 무한히 펼쳐 있는 것처럼 보이는 광활한 모래언덕에 앉아 있는 것을 보는 사람들에게 시적 사유의 격랑을 불러일으킨다 …… 그녀의 모든 바람은 이 열중하고 있는 모습에 집약되어 있다. 그것이 그녀의 삶인 것이다."[25] 따라서 기다림은, 인내하며 기다린 독특한 시점에서의 빛의 섬광을 세계 및 사회의 시간과 일치시키기 위한 조건인 것이다. 사진가 스티글리츠의 작업은 이렇게 나름의 방식으로 모든 기술적 완결성을 증오했듯이 마찬가지로 사진을 증오했던 동료 예술가 러스킨의 교훈을 되찾는다. 사진은 회화와는 달리 "스스로를 책망할" 수 없기 때문에 가치

---

25 A. Stieglitz, "My Favorite Picture", dans *Stieglitz on Photography, op. cit.*, p. 61.

가 없다고 말하며 러스킨은 이렇게 덧붙인다. "아름다운 것은 한 시간, 한 평생, 한 세기의 솜씨가 아니라 무수히 많은 영혼의 협력으로 이루어져야 한다."[26] 기계적 정확성을 '보완하는 일'은 기록되어 저장된 것들을 조작하거나 렌즈를 굴절시키는 것에 있지도 않고, 선들에 대한 학식에도 있지 않다. 그것은 자신에게 고유한 것, 즉 시간의 사용 속에서 "스스로를 책망할" 수 있는 사진의 능력 속에 놓여 있다. 그것은, 시선의 시간, 기계의 시간, 세계의 시간 사이의 일치를 놓칠 수 있는 ─ 따라서 또한 획득할 수 있는 ─ 사진의 능력 속에 있다.

이러한 이유에서 사진은 자신의 고유한 장소를 희미한 나체상, 미광 속에서 흔들리는 얼굴, 꿈의 정원, 팬플루트를 연주하는 알몸의 소년, 흰색 긴 드레스를 입은 처녀들 위로 투영된 불꽃, 『카메라 작업』을 장식한 오래된 수목들의 영혼을 표현한 알몸의 여인들에서가 아니라 대도시에서, 즉 도시의 항구, 역, 작업장, 노동자 그리고 행인에서 발견하게 된다. 사진은 전형적인 시선의 예술이다. 그런데 시선의 예술은 무엇보다도 선택의 예술이다. 그리고 그 예술은 '예술적' 장면이라는 제한된 레퍼토리 안에서 주제를 얻는 대신에, 너무나 많은 광경들, 별것 아니고 비-예술적인 것처럼 보이는 광경 속에서 우리의 시선이 길을 잃게 될 위험을 갖게 되는 그러한 곳에서 최적화된다. 이러한 의미에서 현대적인 시선의 예술은 현대적인 도시 광경과 연관을 갖는다. 그런데 현대적인 도시는 ─ 그것이 항구도시일 경우에는 특히 ─ 온갖 가속들이 나타나는 시간의 장소이기도 하다. 당연하게도 일찍이 스티글리츠가 사진을 찍은 바 있는 플랫아이언(Flatiron) 빌딩은 이러한 도시적 가속성의 상징이었다. 그러나 과거에는 새로웠던 것들을 진부하고 낡은 포장으로 덮어버리는

---

26 J. Ruskin, *The Laws of Fésole. A Familiar Treatise on the Elementary Principles and Practice of Drawings and Paintings, as Determined by the Tuscan Masters*, Orpington, George Allen, 1879, vol. 1, p. 4.

이 속도감을 보여 주고 있는 철길이나 증기선의 축축한 연기는 다른 방식으로 저 도시적 가속성을 표현한다. 현대적인 도시는 시대와 리듬이 뒤섞이는 장소이고, 속도와 기술의 팽창이 종종 차가운 밤이나 폭설이 만들어내는 초시간성으로 완전히 뒤덮이는 장소다. 또한 그곳은 신체들이 상이한 형태로 자신들을 출생시킨 대지의 보다 느린 리듬과 도시적 속도의 표식을 간직하고 있는 장소이기도 하다. 뮌헨에서 공부했고 구타흐(Gutach)의 독일 농부들의 노동과 카트윅의 네덜란드 농부들의 삶에 주목했던 독일계 사진가 스티글리츠가 1921년의 회고전 때 발표한 「선언」에서 자신이 뉴저지의 호보켄(Hoboken) — 월트 휘트먼이 태어난 곳인 롱아일랜드와 멀지 않은 곳이다 — 에서 태어난 미국인이라는 점을 상기시킨 데에는 그만한 이유가 있다.

사실 이러한 사진의 미래는 『카메라 작업』에 게재된 스티글리츠의 사진들에서는 아직 불분명했다. 거기에서 뉴욕의 군중은 뒤섞여서 연락선 위의 검은 덩어리로 표현되었고, 여성 이민자들의 숄이 그들의 역사보다 더 눈에 띄게 나타났으며, 소비에트 예술가들이 찬양하게 될 역동적인 톱니바퀴보다는 기관차의 연기가 전경에서 지배적인 것이 되었다. 더욱이 『카메라 작업』의 편집장이었던 스티글리츠는 스스로를 범례로 제시하거나 사진의 미래가 가야 할 길을 지시하기 위해 잡지의 지면들을 사용하는 것을 꺼려했다. 더 나아가 사진은 점점 더 자신의 자리를 데생, 회화, 조각의 복제 사진들에 넘겨주었다. 1911년 봄의 도판 지면은 그것을 상징적으로 보여 준다. 발자크의 동상을 검은 그림자의 사령관으로 변모시키고 있는 스타이컨의 어둡고 연극적인 사진들은 콜로타이프판의 로댕의 유색 데생에 자리를 물려준다. 그리고 이 봄호는 모든 사물을 "기적의 영속적인 출현"[27]으로 만드는 조각가 로댕의 이교도적이

---

27 B. de Casseres, "Rodin and the Eternality of Pagan Soul", *Camera Work*, n° 34~35, avril 1911, p 13.

고 디오니스스적인 예술에 대한 찬양으로 시작한다. 그다음 호에서는 피카소가 입체주의적 양식으로 그린 여성 알몸의 실루엣이 스티글리츠 특집호의 마지막을 장식하고 있는 「봄 소나기」(Spring Showers)의 가느다란 나무 실루엣에 이어 등장한다. 마치 피카소의 데생이 자신에게는 그래픽의 이상, 현대적인 도시와 삶의 리듬에 어울리는 추상적인 그래픽 아트의 이상이라는 점을 고백하고 있는 것처럼 말이다. 피카소 이후에는 마티스, 세잔, 브라크, 피카비아, 그리고 몇몇 다른 화가의 이미지와 비평 논문들이 잡지를 점령하게 된다. 물론, 그 이유는 경험과 연관되어 있다. 그들은 스티글리츠가 자신의 화랑에서 전시했던 예술가들이다. 그런데 그가 그들의 작품을 전시했을 때, 그것은 그들이 사진의 위상을 지정해줄 어떤 틀을 규정하는 예술적 모더니티의 대표자들로 간주되었기 때문이다. 반면에 이 모더니티를 구현할 수 있는 사진가는 없었다. 일부 이론가들은 이 불일치를 이론화하기를 서슴지 않았다. 잡지의 새로운 이론가 마리우스 드 자야스는 1913년 1월호에서 그것을 다음과 같이 거칠게 표현한다. "사진은 예술이 아니다. 심지어 기예도 아니다."[28] 물론 그는, 당시까지의 예술은 사유와 감정의 부정확성을 부정확한 형식으로 옮기기 때문에 형식의 현대적인, 즉 물질적인 실재성을 재현하는 일은 사진에 부여된다는 특별히 헤겔적인 변증법에 의거해 [예술로부터 사진의] 이 배제를 장점으로 전환하고 있기는 하다.•

스티글리츠가 1917년 6월 『카메라 작업』의 마지막 호에서 그가 생각

---

28 Marius de Zayas, "Photography", *Camera Work*, n° 41, janvier 1913, p. 17.
• 예술적 창조 능력으로서의 상상은 우리를 형상(Form)의 진실로부터 멀어지게 하는 반면에, 사진은 '완벽한 의식 상태'(state of perfect consciousness)와 같은 그 기계적 과정을 통해 형상의 실재성을 옮겨놓을 수 있다고 주장하면서 자야스는 예술과 사진의 차이를 이렇게 표현한다. "예술은 정서적이고 지적인 진실로 불릴 수 있는 것을 우리에게 제시한다. 반면에 사진은 물질적 진실을 제시한다. 예술은, 예술가가 경험한 감정을 표현하고 있는 작품 앞에서 감정을 느끼도록 우리를 가르쳐왔다. 사진은 우리 자신의 감정을 깨닫고 느끼도록 가르친다"(*Ibid.*, p. 20).

하기에 자신의 화랑에 유일하게 전시될 만한 자격을 지니고 있는 폴 스트랜드의 작업을 특집으로 다룰 때, 사진에 부여된 저 사명은 비로소 확립되고 있는 것처럼 보인다. 그는 명확하게 이 선택을 회화주의 사진에 대한 사망 증서로, 잡지의 그라비어 사진들을 덮었던—그래서 우상화 했던—박지의 제거가 구체적인 상징으로 보여 주고 있는 과거에 대한 작별로 제시한다. 스티글리츠에 따르면, 스트랜드의 작업은 "적나라하게 직접적이다. 그것은 어떤 속임수, 어떤 사기나 어떤 '—이즘'도 가지고 있지 않으며, 사진가 자신들은 물론이고 무지한 대중을 기만하려는 어떤 시도도 하지 않는다. 이 사진들은 오늘날의 직접적 표현이다."[29] 스티글리츠는, 선구자들에게 경의를 표하면서도 사진을 예술의 지위로 올려놓아야 하는 관점의 전복을 주장하는 일은 스트랜드에게 맡긴다.• 사진 예술은 자신과 다른 모든 예술을 구별해 주는 것, 즉 그 매체의 완전한 객관성에서 자신의 가능성을 얻는다. 사진 예술의 탁월성은 이 매체의 가장 순수한 사용, 자신 앞에 놓인 대상에 대한 존중, 그리고 자신의 한계에 대한 인식과 연관되어 있다. 그것은 결과를 통한 원인의 표현 또는 형상들의 추상성 앞에서 느끼는 순수한 감정이라는 두 상이한 논리, 그러나 다른 차원에서는 "삶이라는 공통의 목표"[30]를 향한 동일한 지향 속에서 통합될 수 있는 두 논리에 따라 저 객관성을 조직하는 일과 연관되어 있다. 게재된 사진들은, 거리의 걸인들이나 행인들을 숨은 측면 렌즈로 찍은 적나라한 클로즈업과 마찬가지로 클로즈업된 광선들, 담벼락 판자들, 사발들로 이루어진 추상적 도안들—나중에 스트랜드는 브

---

29 A. Stieglitz, "Our Illustrations", *Camera Work*, n° 49~50, juin 1917, p. 36.
• "10년 동안 스트랜드는 조용히 연구하고 지속적으로 실험해 왔으며, 최고의 풍부함을 가진 삶에 관련된 모든 것—이것은 화랑 '291'의 정신에 내밀하게 관련된 것이기도 하다—과 긴밀한 접촉을 유지해 왔다. 그의 작업은 가장 훌륭한 사진 전통에 뿌리를 두고 있다. 그의 비전은 잠재력을 가지고 있다. 그의 작업은 순수하고 직접적이다. 그것은 과정의 속임수에 의존하고 있지 않다"(*Camera Work*, n° 48, 1916, p. 11).
30 Paul Strand, "Photography", *Camera Work*, n° 49~50, juin 1917, p. 3.

라크와 피카소의 회화적 방법을 이해하기 위해 이것들을 찍었다고 말한다—로 갈라진 이중의 방향을 보여 주고 있다. 이는 매체의 순수성과 연관되어 있는 이 객관성이 젊은 스트랜드가 한때 몰두했던 회화주의적 예쁨을 제거하는 데 동등하게 기여할 수 있는 두 교훈 사이에 걸쳐 있다는 것을 의미한다. 하나는 스티글리츠의 화랑에서 터득한 형상들의 추상성이라는 입체주의적 교훈이고, 다른 하나는 문화윤리학교—여기에서 루이스 하인은 스트랜드를 자신의 학생들과 함께 데리고 나가 엘리스 섬(Ellis Island)에 도착하는 이민자들을 찍게 하면서 사진을 가르쳤다—에서 받은 자신의 교육으로부터 이끌어낸, 실용주의와 사회적 삶과의 연관이라는 교훈이다.

사진 예술의 전사에 등장했던 회화주의적 안개를 거부하는 객관성은 자신에게 고유한 모호성, 혹은 자신에게 고유한 조형성에 기초해 스스로를 구성한다. 이러한 이유로 스티글리츠가 1917년 스트랜드에게 그 공덕을 넘긴 바 있는 사망과 탄생의 증서가 1921년의 전시회 때 로젠펠드에 의해 다시 스티글리츠를 위해 발부된 것은 놀랄 만한 일이 아니다. 로젠펠드에 따르면, 스티글리츠는 진실하고 온전한 사진가였던 최초의 사람이기 때문에 진정으로 예술적인 최초의 사진가다. 그러나 이 사진적 진정성은 전시를 위해 수집된 작품들을 고려하면 상대적으로 여전히 불분명하다. 이 작품들은 세 범주로 나뉜다. 먼저 사진가 스티글리츠의 전설에 속하는 사진 컬렉션, 즉 1892년과 1911년 사이에 촬영한 네덜란드인의 삶의 현장들과 뉴욕의 도시 풍경들이 존재한다. 그리고 조지아 오키프의 얼굴, 가슴, 손, 발을 근접 촬영한 일련의 탐구들이 있다. 마지막으로 친구들, 예술가들, 비평가들을 찍은 오랫동안 지속된 일련의 사진이 있는데, 이것들은 폴 스트랜드의 익명의 초상화들이 보여 주는 새로움도 없고 루이스 하인이 찍은 아이들 사진이 보여 주는 기록적 가치도 없다. 이 잡다한 전체와 스트랜드의 보다 혁신적으로 보이는 사진들의 공통점은 물론 그 정직성(straightness)이다. 그런데 이 정직성은 단지 연초점과 중크롬산 고무 인화법의 인위성을 거부한 것에 의해서만 규정될 수 있을까? 카메라와 어떤 주어진 순간에 카메라 앞에 놓여 있는 것 사이의 순수 관계에 어떤 부가물도 덧붙이려 하지 않는 것은 이 관계 자체를 여전히 비결정성 속에 놓아두는 것이다. 창틀 위로 두 손을 조각하는 빛이나 의자 위의 두 발이 갖는 개체성을 존중하는 것은 그 피사체의 선택이라는 문제를 온전히 남겨놓는다. 정직성은 예술가[•]의 긴 손이나 변형된 발이 한 문명의 성취와 고통의 응축으로서 주어지는 한에서만 하나의 예술적 방식을 또렷히 표현한다. 도시에 마천루를 건립했고 기차와 증기선의 연기를 하늘의 구름떼와 뒤섞었던 것처럼 개인 구성원들을 자신의 주요 활동과 궤도와 리듬에 따라 형성했던 바로 그 문명 말이다. 따라서 스티글리츠가 주장한 아메리카주의와 그의 해석가가 언급했던 쇼펜하우어적인 연민은 빗나간 이야기가 아니다. 카메라의 객관성이 사진가가 카메라를 가져다대는 피사체의 임의성에 연관되어 있다면, 그것은 오직 이 피사체가 어떤 세계에 대한 환유로 간주되고, 그 세계의 빠름과 느림을 요약하고 있는 어떤 독특한 순간과 동일화되는 한에서다. 사진의 객관성은 순수 형상들에 대한 사랑을 거리의 모든 교차 지점, 피부의 모든 주름, 그리고 시간의 매순간에 함축되어 있는 무궁무진한 역사성에 대한 파악과 일치시키는 사유·지각·감각의 체제다.

• 미국 모더니즘의 어머니로 인정받고 있는 화가 조지아 오키프를 지시한다. 스티글리츠는 1918년에 그녀를 뉴욕으로 오게 해서 후견인 역할을 자처했고 1924년에 결혼까지 하게 된다. 그는 오키프를 모델로 350장이 넘는 초상화와 200장이 넘는 누드 사진을 찍었다.

제13장 사물들을 통해 사물들을 보기

1926년 모스크바

　이 영화가 귀중한 이유는 단지 그것의 형식적 성취 때문만도 아니고, 「세계의 6분의 1」(Un sixième du monde)이 영화의 새로운 공식, 즉 픽션에 대한 사실의 승리이기 때문만도 아니다.

　이 영화는 아마도 세계의 6분의 1을 통해 구성된 전체를 동시에 보여 주는 데 성공한 최초의 영화일 것이다. 이 영화는 자신의 모든 역량, 자신의 힘, 자신의 통일성을 느끼게 함으로써 우리를 놀라게 할 수밖에 없는 언어를 발견했다. 그것은 정서적으로 관객을 사로잡아 스크린 위로 투사하는 데 성공했다.

　먼지로 뒤덮인 초원에는 염소 떼들이 있다. 인간의 흔적이 없는 수십만 킬로미터의 눈 덮인 극지에서 지리안 사람들(Zyrianes)은 순록 떼들을 방목한다. 도시들에서는 수천 가지의 공작기계들의 소음이 울려퍼지고, 전기 광고판의 불빛이 불타오른다. …… 북쪽의 마토치킨 해협에서는 사모예드 사람들이 연안에 앉아 바다를 바라본다. 1년에 한 번, 국가통상조합의 증기선은 여기로 개들, 건설 재료들, 직물, 그리고 소비에트와 레닌의 소식들을 가지고 왔다가는 모피들을 가지고 다시 떠난다 ……

수천 킬로미터에 이르는 철로를 통해 기차들은 상품들을 수송한다. 쇄빙선들은 측면으로 발트해의 얼음을 부수며 나아간다.

이 모든 것은 환상적인 광경을 닮았다 — 하나의 사물이 다른 사물 속으로 용해된다. 당신은 사물들을 보고, 사물들을 통해 본다. 당신은 모래를 보고, 모래를 통해 본다. 당신은 극지에 사는 올빼미와 눈 속으로 떠나는 스키를 타는 고독한 사람을 본다. 당신은, 아직 끓고 있는 더운 피로 범벅이 된 사냥한 날고기를 먹는 북극 지역의 사람들을 보기 위해 영화관에 앉아 있는 당신을 본다.

기적이지 않은가? 당신은 매일 수염을 깎고, 극장에 가고, 버스로 이동한다 — 당신은 문화적 층위의 다른 극단을 마주하게 된다 — 그리고 「세계의 6분의 1」은 당신과 북극권에서 날고기를 먹는 저 사람들 사이에 분명하고 논의의 여지가 없는 유대를 창출하는 데 성공했다. 이것은 마치 마술환등(fantasmagorie)과 같다. 사물들을 통해 바라보는 것, 그리고 어떤 증명에 의해서도 그 공통성이 입증될 수 없는 사물들 사이의 연관을, 즉 견고한 논리를 보는 것 …….

영화에는 줄거리가 없다. 그러나 당신은 당신의 감정이 샘솟는 것을 느끼게 될 것이며, 「세계의 6분의 1」이 품고 있는 생각이 전개됨에 따라 점점 더 매혹되고, 스크린 위의 라플란드 사람들, 우즈베크 사람들, 그리고 공작기계들에 자신을 투사하고 있는 당신을 느끼게 될 것이다. 그리고 당신은 이 모든 것이 스크린에서 관객석과 도시로 내려와 당신에게 가까이 다가와 당신의 것이 되는 것을 느끼게 될 것이다.

이것이 바로 비평가 이스마일 우라조프가 베르토프 영화의 출시에 맞춰 발간된 브로슈어에서 그 영화의 성과로 돌리고 있는 기적이다.[1] 이 브

---

[1] Ismail Urazov, "Shestaia chast mira", 1926. (저자의 프랑스어 번역.) 이 텍스트는 영어로 번역되었다. Yuri Tsivian (éd.), *Lines of Resistance. Dziga Vertov and the Twenties*,

로슈어가 특별한 관심을 가질 만한 연구대상이라는 점은 분명하다. 이 브로슈어의 그래픽 디자인은 로드첸코에게 맡겨졌다. 로드첸코는 정확히 직선인 수평 혹은 수직의 경계선으로 텍스트에 테두리를 하거나 분할했다. 그와 동시에 그는 우리에게 시베리아에서의 야영, 몸을 잘 감싸고 있는 한 유목민, 좋은 옷을 입고 춤추는 한 무리의 사람들, 혹은 무심하게 일고 있는 연기를 보여 주는 사진들을 위한 공간을 마련해 놓았다. 지면을 기하학적으로 재단하는 경계선들의 구축주의적 정확함과 원시적 삶의 방식들이나 부르주아적 여가에 대한 재현 사이에는 어떤 관계가 있는가? 물론 이 레이아웃의 문제는 근본적인 문제와 연결되어 있다. 어떻게 눈 속의 스키 타는 사람들이나 순록들의 이미지, 바다를 바라보는 사모예드 사람들이나 숲에서 밀렵하는 사냥꾼들의 이미지 사이에서 전개되는 '마술환등'과 그것들 사이에서 긍정되고 있는 '견고한 논리'를 이해해야 하는가? 이 영화가 국가통상조합이 특정한 목적을 위해 지시한 것을 다루고 있다는 점을 알게 된다면 이 당혹감은 더 커질 것이다. 그 목적이란 외국에 ― 다시 말해 자본주의 국가들에 ― 소비에트 해외 통상조합을 알리는 것이었다. 이 조직의 임무와 그것에 협력하는 노동자들의 임무에 대한 어떤 이미지도 이 영화에는 나타나지 않는다. 그 조직의 기능에 대한 어떤 설명도 주어지지 않는다. 이 영화가 수출용 생산품들과 그것들의 수송 수단을 잘 보여 주고 있는 것은 사실이다. 그러나 크림반도의 과일, 아시아 초원의 양들에서 생산된 양모, 시베리아산 모피는 소비에트 생산품에 대한 결코 거창하다고 할 수 없는 이미지를 제시할 뿐이다. 운송 수단에 관해 말하자면, 썰매와 카라반은 기차와 화물선만큼의 자리를 차지한다.

그러나 영화인 베르토프는 그 자신이 예술적 의도를 위해 소비에트 정

Pordenone, Le Giornate del Cinema Muto, 2004, p. 185. 이 장(章)에서 사용된 대부분의 텍스트는 이 훌륭한 모음집에서 가져온 것이다.

부의 지침을 곡해하고 있다는 생각을 하지 않았다. 반대로 그는 국가 행정조직의 공무가 아니라 그 조직이 한 기관을 구성할 뿐인 살아 있는 전체를 보여 줌으로써 그 지침이 가질 수 있는 모든 중요성을 그것에 부여했다고 생각했다. 우라조프도 곧바로 이 점을 강조한다. 베르토프가 원했던 것은 "단지 정치적 통일체만이 아니라 전체로서의 국가, 세계의 6분의 1, 실질적인 생명체, 유일한 유기체"[2]를 보여 주는 것이었다. 그러나 그는 그것을 **영화의 언어로** 보여 주기를 원했다. 베르토프가 자신의 다음 영화에 대해 말하면서 정확히 표현한 것처럼 이 언어는 세 가지 특징을 갖는다. 영화의 언어는 시각적 지각과 사유를 위해 구상된 눈의 언어다. 그것은 다큐멘터리의 언어, 즉 영화필름에 기록된 사실들의 언어다. 그리고 그것은 사회주의적 언어, "가시적 세계에 대한 공산주의적 해독"[3]의 언어다. 여기에서 '언어'가 의미하는 것이 무엇인지를 잘 이해해야 한다. 영화적 언어는 어떤 생각을 이미지로 예시하거나 어떤 메시지를 감각적 형식으로 옮기는 데 사용되는 수단이 아니다. 베르토프는 특정 대중을 위해 소비에트 경제의 슬로건을 설명하려고 하지 않았다. 그는 세계의 6분의 1을 그 자체로 보여 주고 그것을 하나의 전체로 구성하고자 했다. 그런데 이것은 소련인들에게 소비에트적 삶의 이미지들을 보여 주는 것을 의미하지 않는다. 그것은 그들의 살아 있는 유대라는 사실을 그들의 모든 활동 사이로 펼치는 것이다. 영화는 소통하게 한다는 의미에서 언어다. 그러나 영화가 소통하게 하는 것, 그것은 사실들과 행위들이다. 그리고 영화가 이렇게 할 수 있는 것은, 그것이 그 자체로 자율적 실천인 한에서, 일상적 삶의 감각적 사실들을 가지고 작업하고, 이것들을 새로운 감각적 세계에 대한 지각 형식들을 구축하기 위해 조직되

---

2 *Ibid*.
3 "À propos du film *La Onzième Année*", dans Dziga Vertov, *Articles, journaux, projets*, traduction et notes par Sylviane Mossé et Andrée Robel, Paris, UGE, 1972, p. 113.

어야 하는 재료들로서 다루는 한에서다.

'사물들을 통해 사물들을 보기', 새로운 소통 형식에 대한 이 생각은 러시아혁명의 정치-예술적 아방가르드를 지배했던 신조와 연결되어 있다. 이야기들을 말하는 예술작품이나 드라마투르그의 시대, 공주의 불행이나 농부의 노동을 모두 아름다움의 구현으로 보았던 대중을 위해 인물이나 풍경을 재현했던 화가들의 시대는 지나갔다는 믿음이 그것이다. 이 예술세계와 단절하는 것, 이것은 소비에트 권력의 슬로건을 설명하고 어제의 감상적 영웅을 노동의 영웅으로 대체하면서 '새로운 삶'을 재현하는 것이 아니다. 그것은 재현을 중지하는 것이다. 그러나 이것은 추상화의 창조를 의미하지 않는다. 영웅적 노동자들의 초상화나 추상화는 여전히 회화다. 따라서 중요한 것은 그것들을 더 이상 만들지 않는 것이고, '예술'이라 불리는 특정한 생산과 소비 영역을 위한 대상을 더 이상 창조하지 않는 것이다. 혁명적 예술가는 혁명적 예술을 하지 않는다. 그들은 예술 자체를 하지 않는다. 이것은 그들이 하는 것에는 예술이 없다는 것을 의미하지 않는다. 그들은 자신들의 기예, 즉 삶의 새로운 목표에 대한 자신들의 의식과 자신들의 실천적인 제작 능력을 사용해 재료들을 가공하고 그것들로 사물들을, 즉 새로운 삶의 물질적 요소들을 만들어낸다. 이것이 바로 구축주의자라고 명명된 예술가들이 특별히 구상했던 신조다. 이 예술가들은 베르토프가 가졌던 일부 핵심적인 생각들을 그에게 제공했고, 한때는 그에게서 자신들의 깃발을 들 수 있는 영화인을 발견했다고 생각했다. 영화는 가슴을 감동시키고 예술적 감각을 만족시켜야 하는 어떤 이야기를 이미지화하는 것이 아니다. 그것은 무엇보다도 하나의 사물이다, 그 자체로 가치를 갖는 재료들을 가지고 만든 하나의 사물이다. 베르토프가 계승한 것은 바로 이 원리다. 이 원리는 연기하는 영화, 심지어는 낡은 부르주아적 감정들이 아니라 새로운 프롤레타리아적 에너지를 찬송하기 위해 배우들을 어제의 감상적 영웅들에서 혁명 투사들로 혹은 신세계의 건설자들로 대체하는 영화, 무엇보다도 그러한 영화이어서는 안 된다는 원리다. 오직 사실에 대한 영화이어야 한다. 그러나 이 영화는 현실을 재현하는 영화가 아니다. 구축주의자들이 이제 과거의 작품들과 이미지들을 대체해야 하는 **사물들**에 타틀린의 건축, 포포바와 스테파노바의 인쇄 직물, 마야콥스키와 로드첸코의 포스터와 더불어 베르토프의 일지-영화(Ciné-journal)를 포함시키고 있다면, 그것은 베르토프가 단순히 사실들을 촬영하려고 하지 않았기 때문이다. 그는 사실들을, 새로운 삶이라는 사실을 구축하는 데 기여하게 될 영화-사물로 조직하기를 원했다. 이를 위해 그는 뉴스영화(film d'actualités)를 있는 그대로의 현실에 대한 정보 제공 수단이나 외적인 목적을 위한 선전 수단으로 간주하면서 그것에 예술영화의 자율성과 창의적 역량을 대립시키는 통상적 견해를 전복한다. 예술적 구축의 절차들이 순수 수단이 되는 것은 자율적이라고 주장하는 예술에서다. 예술적인 영화, 즉 애호가들을 기쁘게 하거나 감성적 영혼들의 정서에 부합해야 하는 시나리오 영화는 카메라를 외적 목적을 위한 단순한 수단으로 만들어버린다. 실제로 그것은 장면들(plans)과 시퀀스들의 몽타주를 줄거리에 대한 설명적 필요에 종속시킨다. 반면에 "뉴스영화는 우리의 동시대적 삶이 보여 주는 다양한 측면 가운데 이러저러한 영역을 비추어 보여 주는 설명 수단이기를 그친다. 그것은 지역, 시기, 개별적 의미와 무관하게 전개되고 있는 그대로의 동시대적 삶이 된다."[4] 카메라는 사실들의 한가운데로 뛰어들어가 그것들로 자신의 사물을 만들고 그리고 이 사물을 사회구성체의 요소로 만들 때 자신의 자율성을 획득한다. 선택은 두 유형의 예술 사이에 있지 않다. 그것은 두 감각 세계 사이에 있다. 작가, 미술가, 조각가 혹은 영화인이 자신들의 실천을 특별한 소비에 봉사하는 것으로 만들면서 주창했

---

[4] Aleksei Gan, "The Tenth Kino-Pravda", *Kino-fot*, n° 4, 1922, dans Y. Tsivian (éd.), *Lines of Resistance, op. cit.*, p. 55. (별도의 언급이 없는 한 이 장에서의 프랑스어 번역은 저자에 의해 이루어졌다.)

던 이름이 예술이었던 구세계, 그리고 그들이 공통의 삶의 생산을 의미하는 공통의 생산 속에 직접 참여하는 사물들을 제작하는 신세계가 그것이다.

따라서 영화는 사실들을 조직한다. 그것은 자기 고유의 언어 형식으로, 사실들을 소통시키는 가시계의 언어라는 형식으로 그것들을 조직한다. 그러나 구축주의 원리를 영화에 적용하는 일은 곧 불확실한 것으로 드러난다. 사실 구축주의에서 모태가 되는 이미지는 여전히 원재료의 이미지로서, 이 원재료는 제작기법을 통해 오브제 ― 이 오브제가 추상적인 '카운터 릴리프'(contre-relief)이든 인쇄 직물이든 공공 기념비이든 아니면 노동자 클럽의 용품이든 관계없이 ― 로 전화된다. 생산적인 제작에 대한 이러한 격상은 가시적 형태의 생산만을 목적으로 하는 예술에 대한 가치절하를 함축한다. 그런데 영화는 이미지 외에 다른 원재료를 갖지 않는다. 「세계의 6분의 1」은 양모나 아마포로 작업하지 않는다. 오히려 이 영화는 사육자들이 강에서 목욕을 시키는 양떼들의 이미지들과 역사가 짧은 소비에트 연방공화국의 다양한 지역으로 파견된 카메라맨들에 의해 포착된 아마 방적 여공들이나 기계 터빈의 이미지들을 '조직한다.' 이 영화의 재료는 시각 이미지 형태로 기록된 사실들이다. 이 영화의 조직화 작업은 이질적인 물질적 활동들을 재현하는 이미지들 사이에 어떤 연관을 구축하는 것에 있다. 예를 들면, 딜 타작, 기계의 피스톤, 얼음을 깨치고 나가는 배, 눈 속에서 썰매를 끄는 순록들, 축음기 위에서 돌고 있는 디스크, 운행 중인 기차, 강에서 노 젓는 사람들, 영화관의 관객들과 그 밖의 수천 가지 활동의 이미지들 사이에서 말이다. 그러나 이 연관의 감각적 구축은 소비에트 통상조합을 이미지를 통해 설명하는 것일 수 없다. 그것은 모든 활동을 직접적으로 주어진 전체로 감각적으로 결합하는 것이어야 한다. 이러한 의미에서 이 영화에서는, 이 활동들이 가능한 한 서로 가장 멀리 떨어져 있는 것이 본질적 중요성을 갖는다. 여기에서 거리는 그것들이 물질성에서, 실행 장소에서, 시간성 자체에서

제13장 사물들을 통해 사물들을 보기 345

가지는 거리다. 날고기를 먹는 순록 사육자들, 1년에 한 번 피혁을 구하러 오는 배를 바라보는 사모예드 사람들, 혹은 중국 국경의 카라반들은 야금 공장의 일꾼들이나 넵스키 대로(Perspective Nevski)의 보행자들과 즉각적으로, 즉 가시적으로 결합되어야 한다.

공통성을 가시화하는 것, 이것은 두 중요한 특징을 명확하게 하는 것이다. 하나는 모든 활동이 다른 모든 활동과 맺는 관계다. 다른 하나는 이 활동들 사이의 유사성이다. 이 두 특징은 반드시 함께 가지 않는다. 경제는 이질적 활동들의 포괄적 통일성으로서 제시될 수 있다. 이것은 이 영화가 초원의 동물 사육자들이나 시베리아의 사냥꾼들에서 시작해 흑해나 북극해의 항구들과 배들의 길을 내는 쇄빙선을 경유해 라이프치히 시장에 이르는 여정을 따라갈 때 하고 있는 것이다. 그러나 활동들의 감각적 얽힘은 무엇보다도 그것들의 가시적 현시들의 얽힘이다. 학교 교과서의 낡은 교육은 파종이나 방목에서부터 식탁이나 의복에 이르는 밀과 양모의 여정을 따라갔다. 그런데 여기에서는, 한 생산물이 그 기원에서부터 그것의 최종 목적지까지 이르는 도정보다는 원인과 결과의 논리를 통해서는 결코 결합되지 않는 활동들의 몽타주를 통해 확립되는 연관이 더 중요해진다. 밀 부대를 선적할 것을 요구하는 증기선들의 사이렌, 마을 사람들의 춤을 청하는 주르나(zourna) 소리, 강을 횡단하는 양떼들, 그리고 저절로 상자에 담기는 레몬들 — 이 상자의 뚜껑이 마법처럼 닫히면 그 상자는 혼자서 더미로 올라간다 —, 이 활동들을 통합하는 것은 단편들이 되어 서로 얽힐 수 있게 된 공통의 역량이다. 이것은 슈텐베르크(Stenberg) 형제가 「카메라를 든 사나이」를 위해 제작한 포스터에서 한 무희가 상징하고 있는 것이다. 공간 속에서 투영될 때 이 무희가 보여주는 여유로움은 자신의 사지로부터의 분리 자체에서 기인한다. 몽타주의 파편화는 테일러 방식의 노동분업과 멀리 떨어져 있지만 닮아 있을 수 있다. 그러나 이것은 겉보기만의 유비일 뿐이다. 베르토프 몽타주의 원리는 어떤 일을 n개의 상보적 작용들로 분할하는 것이 아니다. 그것은 일반적으로는 양립 불가능한 활동들의 동시적 제시다. 이러한 의미에서 그것은 한 동일한 대상의 다양한 면모뿐만 아니라 모든 개별 활동을 관통하는 집단적 힘들의 동력을 제시하는 입체주의적이고 미래주의적인 표면의 파열을 충실히 따른다.

집단적 동력이 보여 주는 통일성은 동일한 스크린에 밭갈이, 파종 수확을 가져다놓거나 넵스키 대로의 황량한 차도에 레닌그라드의 항공 전경을 투영하는 오버랩을 통해 표현될 수 있다. 더 일반적으로는 그것은 주르나의 리듬에 맞추어 춤을 추는 발들과 밟으면서 세탁물을 빨고 있는 발들, 아마로 장화를 엮는 농촌 아낙네들의 손과 자신의 활을 당기는 사냥꾼의 손, 파도치는 바다에서 양들을 씻기는 사육자의 몸짓과 그 이미지에 박수갈채를 보내는 관객들의 몸짓을 공통의 리듬 속에 결집해서 이끌고 나가는 데 필요한 만큼의 단편들로 다큐멘터리의 재료를 분절하는 몽타주의 신속함에 의해 표현된다. 베르토프가 밀의 수확에서 그 곡물을 배에 선적하는 것에 이르는 순서를 따를 때, 상보적 활동들의 연쇄보다는 수확하는 기계와 갈퀴를 다루는 손의 리듬에, 곡물 부대가 경사로를 따라 내려가는 것과 짐꾼들이 그것들을 어깨에 메고 배로 올라가는 것에 부여하고 있는 동등성이 더 중요하다. 동일한 동력이 방적기계와 자신들의 어망을 잡아당기는 칼미키야 어부들의 노력, 초원이나 툰드라 지역으로 상품들, 낙타 혹은 순록 카라반을 실어나르는 기차의 바퀴들, 선창으로 쏟아지는 밀, 흑해 위를 나는 갈매기들의 비상, 바다 파도의 난류, 볼가(Volga) 전기발전소를 가동하는 폭포를 연동시킨다. 각 시퀀스가 제시하는 것은 운동하는 물체들이다. 몽타주의 원리는 등가의 운동들이 갖는 공통성을 확립하는 것이다. 베르토프의 기획 가운데에는 손에 관한 영화, 가장 가벼운 것들에서부터 의미를 가장 많이 담고 있는 것들까지 127가지의 가능한 손짓에 관한 영화가 있었다. 이 영화는 실현되지 않았다. 그러나 몽타주의 '언어'를 지배하는 것은 차이들에 대한 언어적 분절의 원리가 아니라 형태와 가시적 운동 사이의 등가성의 원리다.

문제는 서로 얽히면서 인간 사회 일반을 구성하는 모든 몸짓들은 이렇게 동등한 가치를 가질 수 있다는 점이다. 한 비평가는 이 점을 다음과 같이 강조한다. 이러한 방법에 의지한다면, 미국을 전진하는 공산주의의 땅으로 재현하는 것보다 더 쉬운 것은 없을 것이다. 몸짓들의 유사성은 어떤 차이에 대립하는 한에서만 공산주의적이다. 「세계의 6분의 1」의 첫 번째 부분은 쇠락하는 자본주의 세계를 보여 줌으로써 이 차이를 창출하는 데 전념한다. 그러나 크루프(Krupp) 공장의 활동을 통해 이 쇠락을 어떻게 보여 줄 것인가? 자막이 이 시도의 아포리아를 부지불식간에 확인하고 있다. "점점 더 많은 기계들." 자막은 우리에게 이렇게 말한다. 그리고 반대 의견을 덧붙인다. "그러나 노동자들에게는 항상 똑같다." 불행히도 이미지로는 어떤 것에 의해서도 자본주의 기계와 소련의 기계, 독일 야금공의 노동과 우크라이나 야금공의 노동이 구별되지 않는다. 두 체제의 차이를 드러내기 위해 낡은 세계가 자신의 어두운 이면과 맺고 있는 관계를 보여 줄 필요가 있다. 한편으로 응접실에서 담배를 피우고 차를 마시며, 목걸이를 만지작거리거나 축음기의 음악 소리에 맞춰 춤을 추는 일군의 한가로운 사람들이 촬영된다. 다른 한편으로 대농장에서 일하거나 식민지 군대에 편입되는 그들의 흑인 '노예들'이 있다. 이것은 안과 밖, 정장과 반쯤 벗은 몸, 한가로움과 강요된 노동 사이의 직접적이고 가시적인 대립이다. 그러나 이 대립은 한가로운 사람들이 가장 값비싼 모피를 입고 흑인 무용수들이 제공하는 공연을 보러 가면서 틀어진다. 트롬본 슬라이드에 대한 클로즈업은 일하지 않는 사람들의 몸짓을 정확한 동작들의 동등성으로 이끌어가는 오케스트라와 춤의 리듬 속으로 우리를 안내한다. 음악인들의 재능은 흑인 의상의 요란한 키치조차도 없앤다. 그리고 몽타주는 그것이 강조해야 하는 차이를 지운다. 따라서 자막의 단어들은 가시적인 단순 사실이나 조직된 사실의 리듬이 표현하지 않는 차이를 보여 주어야 한다. 스크린 전체를 차지하는 자막의 확대는 이렇게 일꾼들의 노동의 점증하는 고통을 확인해 준다. 그리고 **가장**

자리(bord)라는 단어를 강조하고 있는 선은 자본이 붕괴 지점에 가까이 와(au bord) 있다는 사실을 시각화한다. 이미지가 사물들의 재현이기를 그치고 그 사물들의 운동이 보여 주는 동력을 형상화하는 것처럼 단어들은 명명하고 기술하는 것을 그쳐야 한다. 그것들은 그 자체가 운동의 도체(導體)처럼 작용해야 한다.

가시적 요소로서 단어들을 사용하는 것은 베르토프의 과거 구축주의 동료들이 추종했던 '입체주의-미래주의적' 전통에 부합하는 것이다. 1922년 구축주의 이론가인 알렉세이 간은 그가 로드첸코에게 그 공을 돌렸던 혁신, 즉『키노 프라우다』제13호에 스크린 전체를 차지하는 'LÉNINE'과 같은 역등적인 표제를 도입한 점을 찬양한 바 있다. 그는 스크린-단어는 "하나의 전선, 하나의 도체"처럼 설치해 놓은 단어로서, "이 도체를 통해 스크린은 빛나는 현실에 몰두하게 된다"라고 말한다.[5] 「세계의 6분의 1」은 272개의 이런 유형의 끈을 가지고 있는데, 이것들은 다양한 공간적 배치, 그리고 간격 및 크기로 스크린에 펼쳐 있다. 처음부터 아주 큰 크기의 'VIJOU'("나는 본다")가 스크린을 차지하며 나타난다. 이것은 여러 민족 집단과 그들의 활동에 대한 열거와 함께 공공재산 전체(TOUT)의 소유자로서 집단적으로 인정되어야 하는 너(TU), 여러분(VOUS), 혹은 모두(TOUS)를 향한 끊임없는 호소를 불러일으킨다. 다음에는 저 이미지들 자체는 중단되고, 모두가 함께 소비에트 영토의 주인임을 주장하기 위해 각각 스크린 전체를 차지하는 글자들의 크레셴도에 자리를 물려주게 된다(BY/BCE/KHOZIAEVA/SOVIETSKOÏ/ZIEMLI). 결국에 이 선언은 열광하는 관중의 손에 의해 환영받는데, 이들은 곧 세계의 6분의 1이 모두의 손에 있다는 것을 네 개의 장면과 아주 큰 글자로 주장하는 새로운 시각적 크레셴도로 교대된다. 각자를 모두에

---

5 A. Gan, "The Thirteenth Experiment", *Kino-fot*, n° 5, 10 décembre 1922, dans Y. Tsivian (éd.), *Lines of Resistance, op. cit.*, p. 56.

연결하기 위해 손과 손을 연결하는 영화적 물질성의 '도선'(導線)은 이렇게 두 기능으로 분할되는 경향을 갖는다. 한편으로 그것은 글자의 그래픽 운동과 동일화된다. 글자들은 자신들의 운동을 파도나 기계 터빈, 배들과 군중의 운동과 융합하기 위한, 또한 그리고 무엇보다도 군중이 표현할 능력이 없는 차이를 부여하기 위한 가시적 형태로 기능한다. 예를 들면 결코 클로즈업은 행진하는 군중을 담아내지 못하지만, 클로즈업은 BCE('모두')라는 세 글자, 혹은 MIRA('세계')라는 네 글자를 그것들의 역량이 최고로 발현되는 방식으로 담아낼 수 있다. 그러나 이와 동시에 글자들의 시각적 동력은 목소리의 역할을 하기도 하는데, 이 목소리는 강박적으로 되풀이되는 이미지들에 동반하기도 하고, 말하는 것으로는 충분하지 않은 글자들이 보여 주는 어떤 것의 역량, 전체에 활력을 주는 정신적 역량을 네 번의 심벌즈 타격으로 긍정할 때 커지기도 한다.

이렇게 글자들은 단편들을 하나의 전체로 연결하는 몽타주로는 충분하게 보여 줄 수 없는 연대의 역량을 실행한다. 그것들은 물질적 형태들 — 카메라에 의해 수집된 모든 시각적 사실의 운동 속에서 포착된 시각적 사실들 — 이면서 동시에 이 시각적 사실들에 그 '조직화', 다시 말해 무엇보다도 그것들의 색조와 리듬을 부여하는 목소리가 된다는 조건 하에서 그 역량을 실행한다. 그러나 단어의 이러한 이중적 본성은 사실들과 운동들이 보여 주는 유사성 속에서 이질성을 창출하는데, 이것은 사실들의 언어라는 관념이 빌미를 제공하는 이중의 의혹만을 강화하게 된다. 분절된 의미 대신에 사실들의 통일적 음악과 결합하고자 하는 인상주의적 서정성이라는 의혹과, 물질적 현실을 상징적 언어로 전화하는 기교라는 의혹이 그것이다. 베르토프는 자신의 기획을 단순한 양자택일, 말하자면 예술적인 영화, 즉 옛날 연극을 모방하는 '연기하는 드라마'와 정보 가치를 갖는 사실의 조직화 사이의 양자택일에 기초해 구축했다. 비평가들은 곧바로 베르토프의 양자택일은 유지될 수 없으며, 두 양극 사이에서의 끝없는 망설임으로 귀결될 뿐이라고 그를 반박했다. 기예

없는, 말하자면 조직화 없는 사실들이라는 한 극단과 사실들에 강제적으로 부과되는 몽타주 기법, 즉 기교라는 의미에서의 예술이라는 다른 극단이 그것이다. 그들은 어렵지 않게 전자나 후자의 길, 즉 사실들에 대한 물신숭배와 몽타주에 대한 물신숭배는 새로운 문명에 대해 저지른 동일한 죄악이라고 볼 수 있는 탐미주의 혹은 예술을 위한 예술의 한 특수한 형식으로 귀결된다는 점을 입증했다.

첫 번째 측면에서의 비판의 목소리는 일찍이 영화에서 베르토프적인 기획의 안티테제를 대표했던 사람이자 이전에는 연극 연출가였지만 소비에트의 선전가가 된 세르게이 예이젠시테인에게서 나왔다. 그는 주저하지 않고 1905년의 파업 노동자들이나 혁명가들을 연기할 배우들을 기용했다. 비록 「파업」에서 제정러시아 경찰의 총탄 아래서 단역배우들이 진짜로 죽을 수 없기 때문에 이점을 보완하기 위해 송아지 도살 장면에 의지해야 했지만 말이다. 베르토프와 그의 지지자들은 「파업」과 「전함 포템킨」의 재치 있는 동타주에서 자신들로부터 차용된 방법과 자신들의 테제에 대한 확증을 발견한다. 연극 기법을 스크린에 옮겨놓는 대신에 소비에트 혁명의 문제들을 포착하고자 한다면, 예이젠시테인은 『키노 프라우다』에 의해 개진되었던 영화-사물의 형식들을 차용해야 한다. 독립적인 단편들의 몽타주를 통해 그 본질에서 시각적인 의미를 구성하는 것, 클로즈업의 사용, 자막을 활력 넘치는 시각 요소로서 사용하는 것과 같은 형식들이 그것들이다. 예이젠시테인의 대답은 단순하다. 그는 사실들을 시각적으로 조직하는 것에 전혀 관심이 없다. 그는 시각적 요소들의 조합이 관객에게서 산출해야 하는 감정들을 조작하기를 원한다. 카게라는 일체주의적 이상, 즉 "수백만의 눈이 화합된 광경"을 실현하는 수단이 아니다. 그것은 그가 지치지 않고 반복하는 표현에 따르자면, "계급적 관점에서 대중의 혼을 경작하는 트랙터"[6]다. 과거의 줄거리를 계승해

---

6 S. M. Eisenstein, "The Problem of the Materialist Approach to Form", dans *Selected*

야 하는 것은 사실들의 언어가 아니다. 그것은 유인 요소들의 몽타주, 즉 예전에는 허구적 인물들의 행위나 감정의 재현을 통해 생겨났던 효과들을 사람들의 정신에 직접적으로 산출하는 데 필요한 계산된 요소들의 몽타주다. 중요한 것은 예술에서 벗어나는 것이 아니라 산출해야 할 감정들에 대한 정확한 계산과 그것들을 산출할 수 있는 수단으로 그 예술을 합리화하는 것이다. 소비에트 영화는 영화-눈(ciné-œil)이 아니라 영화-주먹(ciné-poing)을 필요로 한다. '예술적 영화'를 거부함으로써 베르토프와 그의 '영화눈주의'(kinoculistes) 동료들은 목적에 대한 계산과 이 목적에 맞는 수단의 선택으로 간주되는 모든 예술의 토대를 거부했다. 이러한 관점에서 문제는 창작된 사실보다는 '실제 사실'을, 어제의 기교보다는 현재의 산업적 현실을 촬영하는 것이 아니다. "정서적 목적에 결정적인 의미를 가지게 될 것 ─ 미적인 것과는 무관한 기계들 ······ 혹은 우리 할머니들의 나이팅게일 ─ 이 무엇인지를 아는 것은 순전히 시간문제다. 오늘날 대중의 가장 강한 반응이 기계의 상징과 기계와의 비유에 의해 촉발된다면, 우리는 전함 기계실에서 '심장박동'을 촬영할 것이다. 그러나 그다음 날에 엊그제의 가짜 코와 붉은색이 다시 그것들을 대체한다면, 우리는 붉은색과 가짜 코로 넘어갈 것이다."[7]

이렇게 예이젠시테인은 양자택일의 논리를 전복한다. 산출되어야 할 인상을 위한 예술적 작업을 부르주아적 구태로 비난하는 것, 이것은 가장 부르주아적인 예술, 즉 자신들의 인상에 주목하고 자신들의 감정을 옮기는 예술가들의 예술을 산출할 수밖에 없게 만든다. 카메라를 들고 키르기스스탄의 양치기들 혹은 시베리아의 사냥꾼들을 따라다녔던 영

Works, vol. 1, Writings 1922~1934, édition et traduction de Richard Taylor, Indiana University Press, 1987, p. 62.

[7] Id., "Letter to the Editor of Film Technik", 26 février 1927, dans Y. Tsivian (éd.), Lines of Resistance, op. cit., p. 146.

화눈주의자들은 확실히 로버트 플래허티가 「북극의 나누크」(Nanook)의 에스키모나 「모아나」(Moana)의 폴리네시아인들에게 바쳤던 영화적 시들과 경쟁하고자 했다. 그런데 그들의 실천은 또한 본질상 러시아적인 전통, 전(前) 세기에 이젤과 스케치북을 들고 도중에 민중의 삶을 포착하기 위해 시골 지역을 두루 돌아다녔던 순회자들(Ambulants)이라고 불렸던 화가들의 전통을 상기시킨다. 사실들의 조직화 대신에 그들은 단지 사물들의 '우주적 압력' 앞에서 범신론적 굴복만을 제시했을 뿐이었다. 삶의 다양한 현현에 공통적으로 나타나는 동력을 표현하려는 의지는 순수하게 미적인 몽타주로 귀결되었다. 이 몽타주가 스크린 위로 모든 사물을 섞어놓았다면, 그것은 오직 현실적 삶 속에 있는 그대로의 상태에 그것들을 더 잘 두기 위해서다.

경제적이고 이데올르기적인 수지타산이 생산비에 반비례하는 영화에 대해 반대자들이 끈질기게 주장한 것이 바로 이 결론이다. 여기에서 사실에 대한 애착은 예술사진가의 순수 미학주의로 고발된다. "그는 사물들을, 동물이나 식물의 세계를, 즉 모든 것을 — 단지 포즈를 취하고 있는 모습으로, 보다 아름답고 보다 흥미로우며 보다 매력적으로 보이는 각도로 촬영한다. 이것은 현상에 대한 이유 없는 경외다. 이와 같이 그는 북극권에 사는 사람을 우리에게 보여 준다. 눈. 그리고 이 배경 위로 검은 실루엣이 끝이 없이 먼 서정적인 어떤 곳을 향해 떠난다. …… 눈 속의 한 인간과 그의 그림자. 이것은 훌륭한 픽션 영화의 한 장면이 아닌가?"[8] 현상에 대한 이 미적 추종주의는 휘트먼의 산문과 같은 시의 석조와 자연에 대한 '함순 식'(hamsunesque)* 찬양의 색조를 영화에 부여하는 커다란 자막으로 인해 더 심화되고 있다는 점은 명백하다. "바다, 초원,

---

8 P. Krasnov, *Uchitelskaia Gazeta*, 5 février 1927, dans *ibid.*, p. 208.

• 크누트 함순(Knut Hamsun, 1859~1952)은 1920년 노벨 문학상을 수상한 노르웨이 작가다. 그는 종종 자신의 소설에서 자연 세계에 대한 황홀감을 표현한다. 이러한 관점에서 그의 문학은 '범신론'과 연계되기도 한다. 대표작으로는 『땅의 혜택』(1917)이 있다.

야생 짐승들, 그리고 좋은 동료들에 대한 이 감탄은 이 영화를 구축했던 원리들과 어울리지 않는 '함순 식' 색조를 갖는다. …… 문제는 자연과 좋은 관계를 맺는 것이 아니라 그것을 이용하고 인간의 거대한 에너지를 통해 그것을 굴복시키는 것이다."⁹ 미학적 과오는 정치적 과오다. 소비에트 연방을 실제적인 생명체로 제시하고자 하는 의지는 노동력과 노동수단의 경제적 통일성보다는 여러 민족과 그들 삶의 양식의 지질학적 분산에 대한 주목을 요청했기 때문이다. 무엇보다도 그것은 광활하게 펼쳐진 눈 덮인 땅, 황량한 시베리아 해안가, 드넓은 초원 혹은 침엽수림 지역, 순록 떼와 물소 떼와 같은 태고의 자연에 대한 관심, 그리고 눈 속의 사냥꾼들, 유목 사육자들, 오두막집의 거주자들, 카라반의 통솔자들, 그리고 또한 날고기를 먹는 남자들, 베일을 쓴 여자들, 이슬람 사원에 엎드려 있는 사람들, 굿 춤에 몰입하고 있는 무당과 마법사 등과 같은 태고 시대에서 온 듯한 사람들에 대한 특별한 관심을 이끌었다. 염소 해골로 폴로 경기를 하고 신 앞에서 몸을 엎드리는 이 사람들에게 그들이 소비에트 영토의 소유자들이라고 말하는 과하게 큰 자막을 어떻게 받아들일 것인가? 국가 기업과 협동조합에서의 사회주의 교육을 통해 공산주의 경제 현실을 받아들이도록 하는 임무가 조직된 프롤레타리아와 프롤레타리아 당에 맡겨진 상황에서 어떻게 국토 여기저기에 흩어져서 이루어지고 있는 모든 활동을 동등한 것으로 취급할 것인가? 공산주의는 양들, 순록들, 돼지들의 일이 아니다. 그리고 그것은 낡은 종교적 우상을 섬기는 자들과 더불어 이루어지는 것이 아니다.

　베르토프의 생각으로는 자신의 다음 영화인 「11번째 해」(La Onzième Année)가 이중의 작업을 통해 이러한 비판에 응답하게 될 것이다. 그는 자막을 단순 정보를 제시하는 과하지 않고 일률적인 크기로 환원했다. 그리고 그는 함께 묶여 썰매를 끄는 북극권의 순록들이나 무한으로 일

9　Osip Beskin, "Shestaia chast mira", *Sovetskoe Kino*, n° 6~7, 1926, dans *ibid.*, p. 205.

링이는 파도에 비추는 놀라운 역광을 버리고 대신에 드네프르강의 댐을 위한 대규모 노동, 농촌의 전기 보급, 광산과 제철소, 발전소, 야금 공장이나 군함, 붉은 광장에 운집한 군중을 찬양했다. 그러나 그는 곧바로 자신에 대한 비판의 관점이 바뀌는 것을 보게 된다. 기계를 찬양하는 비주얼 포엠을 구성하는 것은 여전히 탐미주의자의 둔신숭배에 속한다는 비판이 그것이다. 기계는 찬양될 필요가 없고 단지 사용될 필요가 있을 뿐이라는 것이다. 그리고 이를 위해 필요한 첫 번째 것은 그 기계가 무엇에 소용되는지를 아는 것이다. 그런데 전체를 보여 주는 장면과 디테일을 보여 주는 장면을 번갈아 보여 주는 것, 노동자의 집중하는 얼굴에서 기계의 톱니바퀴가 나타나게 하는 오버랩—혹은 정반대의 오버랩—은 기계에서 어떤 것도 터득하지 못하고 있다. 이것은 발전소의 터빈과 제철소, 함께 묶여 썰매를 끄는 순록들이나 갈매기들의 비상에 대해서도 마찬가지다. 카메라가 그것들을 찬양하는 것은 여전히 사물들로서, 이유 없는 현상들로서다. 마찬가지로 카메라가 그것들을 통합하는 것은 등가의 추상적 운동들로서다. 보여 줄 필요가 있는 것은 기계의 톱니바퀴가 아니라 그 기계를 작동하는 사람들, "살아 있는 사람들, 새로운 삶의 진정한 건설자들"[10]이다. 공인된 학설은 머지않아 이 살과 피를 가진 구체적 인간들, 그리고 그들의 노력과 문제를 전면으로 내세우는 한편, 기계에 대한 추상적 숭배자들이자 소비에트 노동자들에게는 이해 불가능한 새로운 언어의 발명자들인 이 거추장스러운 아방가르드 예술가들을 침묵시켰다.

사실 이것은 앞선 비판의 이면이다. 북극권에서의 썰매 달리기와 전기발전소의 터빈을 범신론적 관점에서 동등하게 찬양하면서 기록하는 저 수동성은 자신의 뜻대로 그 이미지들을 분해해서 몸짓들과 기계들의

---

10 〔Anonyme〕, "*Odinnaatsatyi*", *Molot*, 26 juin 1928, dans Y. Tsivian (éd.), *Lines of Resistance*, *op. cit.*, p. 307.

기괴한 심포니를 구성하는 '형식주의적' 기교와 짝을 이루어 함께 간다. 기교는 이른바 영화-눈의 객관성을 통해 기록되는 저 사실들의 제시 속에 이미 현재한다. 실제로 비평가들이 말하고 있듯이, 자본주의 구세계를 예시하고 있는 폭스트롯(fox-trot)을 추는 부르주아들이 자신들의 아파트의 내밀한 공간에 들어온 카메라에 놀라지 않았다는 점은 분명하다. 그것은 영화-눈에 의해 기록된 사실들이 아니다. 그것은 시각적 논증의 필요 때문에 카메라 앞에서 특별히 연기된 픽션의 장면들이다. 그러나 작가가 키녹스에 의해 촬영된 사실 자료를 조합하는 것에 만족할 때조차도 그가 그것을 제시하는 방식은 그것의 사실성을 훼손한다. 한 농부의 아내가 우크라이나의 시골에서 한 전기기술자가 전선을 설치하는 것을 바라보면서 드러내고 있는 미소를 그녀가 공식연설을 카운터숏(contrechamps)으로 바라보면서 붉은 광장에서 동일하게 드러내고 있는 것을 우리가 보게 된다면, 이것을 어떻게 생각해야 하는가? 무희들의 다리와 기계의 레버와 뒤섞인 피아니스트의 손은 어떠한가? 어떻게 그렇게 되는지 알 겨를도 없이 항구의 크레인이나 순록 수송이 양모를 자르는 가위로 전화되고, 또 이것은 곧바로 과일 상자로 변하고서는 물결을 가르며 나가는 증기선에 자리를 내주고 사라질 때, 이것은 또 어떻게 생각해야 하는가? '조직된' 사실들, 그것은 의심스러운 것이 된 사실들이고, 편집자의 **트릭**에 의해 마술적 효과와 같은 것이 된 사실들이다. **이것이거나 …… 저것이거나**의 법칙은 레몬들이 스스로 상자에 들어가는 것을 보았던 관객에게 여지없이 적용된다. "관객은 우리나라에서는 과일들이 기적과 같이 손이나 기계의 개입 없이 스스로 포장된다고 진지하게 믿을 것이다. 아니면 그것이 트릭일 것이라고 생각하며 관객은 자문하게 될 것이다. 그런데 권양기로 배에 소를 선적하는 것은 트릭이 아닌가? 저 모든 에스키모인들, 다게스탄인들, 그리고 그 밖의 다른 사람들은 가장을 하고 분장을 한 배우들이 아닌가? 그것은 이것이거나 저것이다. 실제 삶 속에서 영화-눈에 의해 수행된 하나의 과정이거나 아니면 애니

메이션 영화와 같은 트릭이다."[11]

그러나 무방비 상태의 관객을 보호하기 위해 '픽션 아니면 사실'의 양자택일을 내세우는 것은 단지 대중적 상식의 신봉자들만이 아니다. 베르토프의 아방가르드 및 구축주의 동맹자들 또한 몽타주를 통한 사실들의 조직이라는 원리 자체를 의문에 부치면서 저 양자택일을 재정식화한다. 오시프 브리크는 이 반론을 엄밀한 형태로 제시한다. 기록된 사실은 오직 한번 주어진 시간과 장소에서 발생한 개별적 사실이다. 그것의 게시는 이해 가능하며 그 자체로 완결적이다. 순록의 무리를 따라갔던 촬영기사에 의해 촬영된 시퀀스가 그 예다. 그런데 소비에트 영토 구석구석에서 촬영된 자료들이 등장하는 몽타주 목록에서 순록의 시퀀스는 느리적 비교나 서정적 강렬함을 위해 단편들로 분할되어 다른 기록물 시퀀스들의 단편들과 조합된다. 순록의 이미지들은 더 이상 기록된 사실들의 재현이 아니다. 그러나 그것들은 한 언어체계의 추상적 기호들이 되지 않는다. 브리크는 이로부터 하나의 결론을 이끌어내는데, 그것은 헤겔이 상징주의 예술의 아포리아에 대해 쓴 글에서 직접적으로 연원하는 것처럼 보인다. "진짜 순록 대신에 우리는 모호한 규약적 의미를 가진 상징적 기호로서의 순록을 갖게 된다. 그런데 이 순록들은 규약적 기호로 사용될 수도 있을 것이라는 생각을 하지 않고 촬영한 것이기 때문에, 순록으로서의 실제적 본성은 그것들이 상징으로 전화되는 것에 저항한다. 그래서 결국 우리는 순록도 기호도 갖지 않는다. 대신에 우리는 빈 공간을 갖는다."[12] 오직 형식에 부합하게 시퀀스들을 한 영화 속에 조합하려고 함으로써 베르토프는 기록된 재료와 예술적 영호에 고유한 몽타주 기법 사이의 모순에 빠지게 된다. 사실들은 순수한 상징들이 되는데, 이 상

---

11 L. Sosnovsky, "Shestaia chast mira", *Rabochaia Gazeta*, 5 janvier 1927, dans Y. Tsivian (éd.), *Lines of Resistance*, op. cit., p. 222.

12 Osip Brik, "Against Genre Picture", *Kino*, 5 juillet 1927, dans *ibid.*, p. 277.

징들을 상징적으로 보여 주는 것은 확실히 얼어붙은 미지의 곳으로 길을 떠나는 스키 타는 사람이다. 이 사람은 '사실들의 언어'가 갖는 악무한 속에서 끝없는 탈주를 상징하는 조건 아래에서만 낡은 세계의 소멸을 의미하게 된다. 여기에서 사실들은 같은 본성 또는 상반된 본성의 다른 사실들과 끊임없이 연결되는 한에서만 무엇을 의미할 수 있게 된다.

베르토프의 '상징주의'에 대한 이러한 비판이 갖는 보편적 중요성을 볼 필요가 있다. 한 관념을 구현하는 이미지이기 이전에 '상징'은 절단된 고리의 단편, 자신의 보완물을 찾을 것을 요구하는 요소다. 따라서 베르토프에 대한 비판이 문제시하는 것은 몽타주가 갖는 의미, 즉 기록된 사실들을 파편화하고 구축된 전체로 조합하는 것이 갖는 의미다. 영화-형식이 기록 재료와 갖는 모순은 개혁가들이 그림 같은 이미지나 극적인 줄거리의 낡은 예술에 대립시켰던 저 '사실성'(factualité)의 한가운데에서 선언된 단절이다. 우리는 가공되지 않은 재료들을 가공하고 조합하거나 그 자체로는 무의미한 언어적 요소들을 연결할 수 있다. 우리는 픽션 속에서 어떤 의미를 갖도록 선택된 이미지들과 말들을 조합할 수 있다. 그러나 우리는 사실들을 편집할 수 없다. 사실들은 자신들을 개별화하는 의미를 지니는 한에서만 사실이 되고 '삶'의 미분화된 흐름에서 빠져나올 수 있다. 그리고 이 개별화는 우리가 그것을 한 언어체계의 요소들로 파편화하고자 할 때 상실된다. 재료들은 조합되고 언어체계의 요소들은 연결된다. 그러나 '사실들'은 담론 형태로 후험적으로 조합되거나 연결될 수 없다. 브리크와 슈클로프스키는 이로부터 단순하게 재료들의 촬영을 지배하는 구도의 필요성을 이끌어낸다. 그러나 이들의 비판이 갖는 귀결은 사실 그 이상이다. 그것은 삶이 된 예술의 범례적 형태로서의 영화 몽타주라는 관념 자체를 문제 삼는다. 그것은 다음과 같은 양자택일을 제기한다. 가공되지 않은 재료들의 조합이 있거나 픽션의 요소들의 몽타주가 있다. 영화 '언어'는 사실들에 대한 서술과 줄거리의 구성 사이에서 선택해야 한다. 개별적 삶들에 대한 서사와는 다른 줄거리, 줄거리를 구성하는 다른 방식 — 말과 이미지의 뒤얽힘 — 이 있다는 것을 발견한다고 해도 말이다.

물론 베르토프라는 이름과 하나가 될 영화 「카메라를 든 사나이」가 제시하는 답변의 급진성을 설명해 주는 것은 진단과 도전의 급진성이다. 영화-눈이 하나의 언어라는 것을 입증하기 위해 이 영화는 자막의 삭제라는 급진적 원리를 채택한다. 물론 이것은 루푸 픽과 프리드리히 무르나우의 시나리오 작가였던 카를 마이어에 의해 이미 실천되었던 것이다. 그러나 「최후의 인간」(Le Dernier des hommes)에서 단어의 부재는 마이어가 여러 장으로 분할한 사회적 타락의 역사가 가지고 있는 가독성을 통해 상쇄되었다. 베르토프로 말하자면 그는 「대도시의 심포니, 베를린」(Berlin, symphonie d'une grande ville)에서 발터 루트만이 그랬던 것처럼, 하루 동안의 한 도시의 서술이라는 최소한의 노선만을 채택한다. 그러나 루트만은 아침에 기차의 도착과 더불어 시작해 밤의 쾌락이 끝나면서 마침내 완결되는 연속적 흐름 속에서 오직 한 도시의 삶을 기술한다. 반면에 베르토프 영화 속의 도시는 콩타주를 교대하면서 우리로 하여금 볼쇼이 극장 주변에서 흑해 연안으로 이행하게끔 함으로써 사실과 상징 사이의 양자택일을 단번에 거부한다. 나중에 그것은 돈바스(Donbass) 광산의 갱도를 경유해 위치를 알 수 없는 한 이발소에서 모스크바의 트베르스카야 거리의 교통 상황으로 이동하게 된다. 「세계의 6분의 1」이 보여 준 통일성은 경제적이거나 사회적이지 않으며 단지 지질학적일 뿐이라고 비평가들은 부르짖었다. 「카메라를 든 사나이」의 시공간적 통일성은 어떤 지질학적 영토나 역사적 시퀀스에 의해서가 아니라 오직 영상 기계를 통해서 정의된다. 이 영화는 철두철미하게 하나의 경험으로서 나타난다. 무엇보다도 카메라는 영화의 소재로서 클로즈업으로 제시된다. 그다음에 그것은 카메라맨이 삼각대를 들고 첫 번째 카메라의 뒤로 올라가는 이어지는 장면에서 둘로 나뉘면서 스스로를 은유화한다. 이것은 「11번째 해」에서 한 거인 같은 노동자가 자신 발밑의 개미들이 되어버린 작업장 노동자들의 노동을 은유적으로 표현하기 위해 등장하는 것과 같다. 그다음에 그 카메라맨은 우리를 영화관 관람석으로 인도한다. 오케스트라를 통해 그 통일성이 은유적으로 표현되고 있는 이 영화를 보러 온 관객들이 도착하자, 의자들은 자동적으로 펴짐으로써 레몬 상자의 **트릭**(trick)을 되풀이한다. 그다음에 우리는 마침내 창문 쪽으로의 전면 이동촬영과 함께 '하루'의 시작으로 이행한다. 이 창문 뒤에는 베르토프의 아내이자 자신의 영화 편집자에 다름 아닌 한 여성이 아직 잠을 자고 있다. 이 여성이 깨어나 일어나서 세면대 — 이것은 도시를 청소하는 물펌프와 곧바로 나란히 제시된다 — 로 이동하는 사이에, 카메라는 클로즈업된 거대한 물병이 우뚝 서 있는 식당의 테이블, 배경으로 볼쇼이 극장의 네오-그리스식 주랑을 볼 수 있는 키오스크, 조산원 침대들과 운(韻)을 이루는 벤치들에 잠들어 있는 부랑자들을 중간에 삽입함으로써 누워 있는 그녀의 몸을 보여 주는 장면들을 분절할 수 있는 시간을 갖게 된다. 동일한 것이 뒤잇는 다음과 같은 장면들에서도 나타난다. 상점 진열장에 전시된 재봉기계를 사용하는 자동인형(automate)과 자전거를 타는 자동인형, 버스 차고와 사륜마차, 주판과 엘리베이터, 타자기 자판과 전화기, 공장 굴뚝과 자동차 라디에이터 그릴, 거리를 왕래하는 자동차들과 코니스 위에서 뛰노는 비둘기들, 기차의 움직임과 그것을 촬영하는 카메라맨의 크랭크 핸들, 그리고 그 밖의 다양한 활동이 그것이다. 이 가운데에는 짓궂게도 '예술영화' 「한 여성의 깨어남」(L'Éveil d'une femme)의 포스터가 등장하는데, 이 허구적 깨어남은 오직 자기 자신과만 운을 이룬다. 「세계의 6분의 1」의 한 비평가는 한 연설가가 연단에 나타났다가는 곧바로 정체를 확인할 수 없는 기계의 거대한 톱니바퀴에 의해 흔적도 없이 삼켜져버리는 것을 보면서 불평했다. 그런데 「카메라를 든 사나이」에서 우리가 보기에 일상적 삶의 모든 시퀀스를 계속해서 삼켜버리면서 점점 빠른 리듬으로 그 일상적 삶의 단편을 완전히 다른 활동의 단편과 결합하는 것은 카메라와 편집자의 가위다. 카메라가

이 완전히 다른 활동에 집중하는 것은 새로운 삶, 자신의 고유한 작품이기도 한 삶을 일상적 삶의 단편들에 부여하기 위해서다. 행위들 사이의 이 상보성은 그 어느 때보다도 그것들 사이의 유사성으로 환원된다. 낡은 것에 대한 새로운 것의 투쟁은 「세계의 6분의 1」의 폭스트롯의 시퀀스에서보다 훨씬 더 근본적으로 흔들린다. 물론 우리는 미장원에서 머리를 깎고 매니큐어를 하는 유쾌한 여성에게서 신경제 여성(nepwoman)˙을 확인하고, 그녀의 샴푸 거품을 여사원이 혼합하는 회반죽과 여지배인의 비누에 대립시킬 수 있다. 나무꾼 도끼의 날 갈기가 미장원 면도칼의 날 갈기에 대립하는 것처럼 말이다. 그러나 그녀의 미소는 담배 공장의 젊은 여성 노동자의 미소와 다르지 않다. 행위들의 상반성은 또한 그것들의 유사성이기도 하다. 무엇보다도 여사원과 여지배인의 능동적 손, 혹은 거리 구두닦이의 능동적 손과 연결되는 것은 미용사나 매니큐어 분장사의 능동적 손이다. 그다음에 이 손은 필름을 문지르는 편집자의 손과 운을 이룬다. 건조기가 카메라맨의 크랭크 핸들과 운을 이루는 것처럼 말이다. 이 합치는 운동 속에서, 즉 재봉기계와 바늘을 쥐고 있는 재단사의 손, 계산기, 상자의 크랭크 핸들, 인쇄 윤전기, 포장지 둘레를 접는 여사원의 손, 전화극, 포장 예정인 담배들, 전화기, 타자기 자판, 피아노 건반, 담배가 포장되는 공정, 광산의 광맥을 캐는 곡괭이, 갱도에서 수레를 끄는 말, 몽타주 목록, 제철소, 쇳물, 카메라, 댐의 폭포, 카메라를 그 폭포 위 공중으로 들어올리는 곤돌라, 오버랩으로 둘로 나누어진 거리에서 상반된 방향으로 달리는 버스들, 교통신호를 돌리는 경찰관의 몸짓, 신호기, 아무도 무엇을 만드는 데 사용되는지는 모르지만 카메라맨과 그의 삼각대를 자신의 운동에 끌어들이는 기계의 톱니바퀴들이 점점 빨라지는 몽타주 속에서 서로 맞물리게 되는 하나의 운동 속에서 이루

---

* '신경제 여성'은 '신경제 정책'(New Economic Policy)의 화신인 탐욕스럽고 부패한 개인 사업자와 상인을 의미하는 '신경제 남성'(nepman)의 상징적인 여성 동반자를 의미한다.

어진다.

따라서 고상한 신경제 여성과 노동하는 민중적 여성 사이의 대립은 시청에 결혼을 하러 가는 커플과 이혼을 하러 가는 커플의 대립과 닮아 있다. 이 대립은 모든 활동을 등가적인 것으로 만드는 보편적 춤 속에서 포착된다. 영화적 공산주의는 모든 운동의 일반화되고 가속화된 등가성이다. 이러한 이유 때문에 영화인 베르토프는 도발을 두려워하지 않는다. 마술사의 트릭에 만족해한다는 수없이 반복된 비난에 대한 답으로, 베르토프는 한 중국 마술사의 마술에 깜짝 놀란 아이들을 보여 주는 이전의 영화에서 가져온 한 시퀀스에서 명시적으로 자신의 작업에 우의적 의미를 부여했다. 마찬가지로 속임수를 보란 듯이 내보이면서 그는 우리에게 자신의 카메라맨이 한 건물 꼭대기에 앉아 있다가 맥주컵에서 출현하는 것을 보여 준다. 문제의 맥주는 정체가 의심스러운 신경제 남성들에 의해 소비된다. 그러나 뒤이어 카메라는 레닌 클럽으로 이동해 체스를 두는 사람들과 신문을 읽는 사람들의 정숙한 활동을 보여 주다가 갑자기 새로운 마법들에 몰두한다. 쇠숟가락으로 냄비뚜껑을 치며 음악을 연주하는 사람은 즐거워하는 관객들의 관심을 받으며 35개의 숏과 25초 동안의 카운터숏을 촉발한다. 그런 다음에는 숟가락 춤, 피아니스트의 손, 박자를 맞추는 발, 그리고 여성 관객의 환하게 빛나는 얼굴이 오버랩으로 반짝거리며 나타난다. 이렇게 관객들 — 영화를 보는 관객들과 영화가 우리에게 보여 주는 관객들 — 은 공연무대로 영화관을 갖게 될 새로운 마술적 묘기를 맞이할 준비를 하게 된다. 그곳으로 삼각대가 등장하고 절을 한다. 그다음에 카메라는 자신의 상자에서 스스로 빠져나와 나사로 조여진 다음 자신이 새로운 시각적 모험으로 인도하게 될 대중을 향해 격식을 차려 인사한다.

영화-눈과 이것이 포착한 이미지들을 조합하는 몽타주의 능력을 그 어느 때보다 강하게 선언하고 있는 이 도전적인 인사는 당연히 자신이 고별 의식(儀式)이기도 하다는 점을 모르고 있었다. 스스로를 시나리오도, 배우도, 자막도 없는 영화로 자랑스럽게 선언하면서 「카메라를 든 사나이」는 10년 작업의 절정, 새로운 세계의 감각적 짜임새를 구성하는 '이미지들의 보편적 언어'에 대한 경험이 도달한 정점임을 자처한다. 그러나 1929년에 모스크바에서 이 영화가 개봉되었을 때는 「재즈 가수」(Chanteur de jazz)의 목소리가 시각적 형태들의 보편적 언어라는 이상에 이미 종지부를 찍은 지 1년이 지난 후였다. 물론 베르토프는 유성영화의 새로움에 적응하면서 소리와 이미지의 결합된 언어는 새로운 언어의 추구에서 도달점이라고 선언하게 된다. 「열정」(Enthousiasme)은 5개년 계획의 구호와 엘리트 노동자들의 서약을 이미지들과 함께 울려퍼지도록 만들게 될 것이다. 무너진 종탑들의 소음과 성가를 덮어버리는 라디오 소리는 거기에서 명백하게 두 세계의 갈등을 확인하게 될 것이다. 그리고 이렇게 그것은 「세계의 6분의 1」에 가해진 비난이었던 모든 일체주의의 흔적을 지우게 될 것이다. 그러나 녹음된 소리 매체는 아주 자연스럽게, 시대에 뒤떨어진 구축주의자들과 초현실주의자들의 '형식주의적' 실천을 새로운 나라를 건설하는 현실적이고 살아 있는 사람들의 처지와 문제를 보여 줄 수 있고 그들을 그들의 노역에서 벗어나게 해줄 수 있는 영화로 대체할 것을 요구한 사람들에 의해 먼저 사용되었다. 「11번째 해」의 개봉과 「카메라를 든 사나이」의 개봉 사이에 소비에트 영화의 바벨에 질서를 회복해야 할 책무를 맡게 된 당협의회는 그 이후로 영화인들에게 그들의 임무를 부과하게 될 모토를 채택했다. "영화의 형식적·예술적 특성을 평가하게 될 가장 중요한 기준은 영화가 '수백만의 사람에게 이해 가능한 형식'을 제공해야 한다는 요구다."[13] 자신들이 너무나 종종 그 처지와 필요가 무엇인지 알지 못하는 대중에 다가가기 위해 영화인들은 예술적이고 이데올로기적인 일관성에 "내밀하고 심리적인 성

---

13 Résolution de la Conférence du Parti (15-21 mars 1928), dans R. Taylor et I. Christie, *The Film Factory* ……, *op. cit.*, p. 212.

격의 경험들"¹⁴을 결합하도록 애써야 한다. 유성영화와 더불어 과거의 '연기하는 드라마'는 단지 되돌아오기 위한 무기가 결코 아니라 사회주의 미래를 건설하는 사람들의 예술로서 확실히 인정받기 위한 무기를 갖추게 되었다.

---

14 Anatoli Lounatcharski, "Adress aux Travailleurs du Film", *Jizn Isskoutsva*, 24 janvier 1928, dans *ibid.*, p. 197.

제14장 존재하는 것의 잔혹한 광채

1933년 헤일 카운티 – 1941년 뉴욕

    그 책상은 한때는 전형적인 중산층의 가구였다. 그것은 아주 널찍하고 아주 무거우며, 결이 화려한 검붉은색 나무로 겉붙여져 있다. 그리고 세 개의 서랍 손잡이이 솜씨 좋게 새긴 금속 명판을 가지고 있다. 적어도 3피트 높이 정도 되는 거울은 기계로 깎은 나무 프레임에 끼워져 있다. 덧붙여진 베니어판은 지금은 벌어져 있고 여러 곳에서 연노랑색의 받침 나무에서 떨어져 있다. 세 개 서랍의 손잡이는 거의 모두 망가져 있고 둘은 사라지고 없다. 서랍을 여닫는 것 자체가 하나의 일이 된다. 거울은 낡아서 보기에 따라 색이 달라 보이는 회색빛을 띠고 있다. 사물들을 비출 때마다 아연으로 도금한 얇은 백금 표면은 깊은 슬픔의 색조로 자신의 프레임에 거의 계산할 수 없을 정도로 오래된 부드럽고 연약하며 애처로운 아름다움을 부여한다. 스튜디오 잡동사니 속에 파묻혀 있는 페로타이프 가족사진에서 보게 되거나 거의 맥없이 늘어지는 재즈 음반에서 듣게 되는 그러한 아름다움 말이다 ……. 이 책상 위에는, 이 집에서는 본래의 목적대로 사용되기에는 그 직물이 너무 좋은 것이었는지 거친 결의 낡은 얼굴 수건이 덮여 있다. 이 수건 위로는 이런 물건들이 놓여 있다. 곰팡이와 케케묵은 고무 냄새가 나는 거의 모든 이가 빠져 있는 오래 된 빗. 바닥에 검은 먼지가 쌓여 있는 하얀 조가비와 그 위에 놓여 있는 흰색의 작은 단추. 분홍색 인견으로 만들어진 작은 바늘꽂이 — 여기에 는 가슴에는 코르셋을 받쳐 입고 머리칼은 헤나로 염색한 도자기 인형이 솟아 있는데 그 얼굴과 손은 깨져 있다. 갈색으로 얼룩진 크림색의 3이 나 4인치 정도 크기의 토끼 도자기 — 이 도자기는 푸르스름한 빛을 띠 고 있고 귀 하나는 비스듬히 걸려 있으며, 등은 깨져 있고 조각들은 접착 제로 붙어 있지 않지만 미묘한 균형을 유지한 채 맞추어져 있다. 도자기 로 만들어진 작은 암컷 불독과 그리고 이 주위로 정삼각형을 이루며 앉 아 있는 세 마리의 새끼 도자기들 — 이들의 시선은 모두 어미로 향하고 있다. 이것들은 지난 크리스마스 선물로 루이즈가 받은 것이다. 하나의 예외를 제외하면 그녀가 가장 아끼는 소유품이다. 무겁고 눅눅한 갈색의 성서 — 이것의 책 종이는 눈처럼 힘이 없는데, 나는 이 집에서의 첫날밤 에 기분 나쁘고 설명하기 힘든 그 차가운 냄새를 마주한 적이 있었다.

물품목록 형식의 이 기술은 우리의 정신을 혼미하게 할 수 있다. 그러 나 제임스 에이지가 『이제 훌륭한 사람들을 찬양하자』에서 1936년 여름 내내 탐사 대상이었던 앨라배마의 세 가족의 나무 칸막이, 가구, 벽 장 식, 의복에 할애하고 있는 기술은 이게 다가 아니다.[1] 위 기술은 궤짝, 그 것의 변색된 못들, 녹으로 뒤덮인 손잡이들, 그 안쪽을 장식하고 있는 커 다란 데이지 꽃, 그리고 다음과 같은 아주 평범한(prosaïque) 그 궤짝의 내용물에 대한 세세한 기술에 뒤이어 나온다. 즉 얼룩진 팬츠, 배내옷, 어린 소년의 모자, 아기 신발, 값싼 양말 한 켤레, 레이스로 사용되는 녹

---

1 James Agee et Walker Evans, *Louons maintenant les grands hommes*, Paris, Pocket, 2003, pp. 168~69. (모든 출처 표기는 이 판본으로 제시할 것이다. 그러나 프랑스어 번역은 여러 곳에서 수정했다.)

색 천조각, 그리고 궤짝 바닥에 있는 작은 인형의 크게 뜬 눈. 정성스레 접은 포장지들로 가득 차 있는 서랍들에 대한 세부 묘사 다음에는 같은 방에 있는, 패턴 종이로 장식된 벽난로 선반의 물품목록이 뒤따른다. 가족사진들, 광고 달력들, 종교화들, 아이들 책에서 찢겨 떨어져 나온 종이들, 그리고 벽을 장식하고 있는 한 무더기의 고등어에서 떨어져 있는 커다란 흰색 물고기 데생, 그리고 마지막으로 다음과 같은 테이블 서랍의 내용물이 그것이다. 배내옷, 스코틀랜드 모직의 넓은 리본을 두르고 비단으로 안감을 댄 낡은 길짚모자, 피터스 로즈 박사의 탤컴파우더 한 상자, 구멍이 나 있는 버려진 아이 장갑, 조각난 단추의 두 쪽, 작은 검은색 갈고리, 가위로 자른 육각형 갱지, 그리고 서랍 바닥의 작은 틈새 안에 있는 북쪽을 향하고 있는 백조로 장식된 작은 바늘. 그다음에 리포터는 구석방, 부엌, 거져 씨 집 창고의 물품목록을 거쳐 그다음에는 우즈 씨 집의 우물 — 이 우물의 로프는 끝을 연결한 천조각들로 만들어졌다 — 또는 리케츠 씨 집의 벽을 장식하고 있는 달력 삽화들로 넘어간다.[2]

빈곤한 삶의 환경에 지방 부르주아 가정 내부에 대한 발자크적인 기술을 옮겨놓은 듯한 이 세세한 물품목록은 어떤 초현실적이고 비상식적인 것들, 예를 들면 깨진 단추, 절단된 인형, 짜깁기한 신문 쪼가리들 혹은 백조로 장식된 바늘 등에 항상 주목할 준비가 되어 있는 몽상가의 시선이 섞여 있는 것이 아니라면, 어떤 문학 장르에 속하는 것일까? 그런데 처음에 이 텍스트는 명확한 어떤 요청에 대한 응답이었다. 그것은 정립된 장르로 진입하고 있던 신문의 탐사보도였다. 젊은 에이지를 앨라배마의 소작인들에게 파견 보냈던 것은 사진 대탐사보도 전문 잡지 『포춘』(Fortune)이었다. 에이지는 이미 얼마 전부터 다양한 영역의 다큐멘터리 주제들에 대해 완전히 중립적인 기사들을 썼던 경력이 있었기 때문이다.

---

[2] 나는 여기에서 에이지가 실제 가족 이름인 버로스(Burroughs), 필즈(Fields), 텡글(Tengle) 대신에 사용한 가명을 그대로 유지할 것이다.

테네시강 유역 개발 공사의 대산업계획, 자동차 운전자들을 위한 여행 야영지, 새러토가의 경마 시즌, 닭싸움, 딸기 재배나 난초 재배 등이 그러한 주제들이었다. 그 잡지의 모든 편집자처럼 무명이었던 이 프리랜서에게 허용되었던 것은 기껏해야 가뭄에 대한 마거릿 버크-화이트의 사진을 논평하는 기사에서 가끔 성서에 나오는 어떤 구절 또는 「그리스 항아리에 부치는 노래」(Ode à l'Urne grecque)*의 두 행을 은밀히 집어넣는 정도의 일이었다. 『포춘』지는 미국 중부 지역의 대표적인 개인과 가족들이 어떻게 공황과 뉴딜의 시기를 살아가고 있는지를 보여 주기 위한 연속 보도 『……의 삶과 사정』(The Life and Circumstances ……)을 위해 에이지를 파견했다. 이렇게 해서 일리노이의 한 번성한 경작자와 가축 사육자, 일자리를 잃은 이후 4년 전부터 다양한 부조금과 비정기적 노동으로 살아가고 있는 한 건설 노동자, 그리고 뉴욕 전화회사의 한 사원이 차례로 소개되었다. 이제 에이지는 산업이 발달한 북부의 생활 방식과 뉴욕으로부터 너무 멀리 떨어져 있어 그 빈곤을 상상할 수는 없지만 유난히 가난하다는 정도는 알고 있는 한 사회계층, 즉 남부 목화밭에서 일하는 소작인들에게 공황이 어떤 결과를 끼쳤는지에 대해 관심을 가져야 했다. 에이지가 친구 워커 에번스의 도움을 받았던 것은 바로 이러한 목적을 위해서였다. 에번스는 『포춘』지와는 단 한번 함께 일한 적이 있는데, 이제부터는 공황과 가뭄으로 재해를 입은 농촌 주민들에 대한 농업안정국의 대탐사를 위해 일하게 될 것이다. 그런데 이 두 친구는 이 공동 작업에 독특한 형태를 부여하기로 일찌감치 결정했다. 각자 독자적으로 작업한다는 것이 그것이다. 텍스트와 사진은 독립적이게 될 것이다. 실제로 어떤 사진도 독자에게 책상의 균열이나 도자기로 만들어진 개 가족을 보여 주지 않게 될 것이다. 어떤 설명문도 사진에 동반되지 않을 것이다. 그리고 리포터의 어떤 텍스트도 사진가가 세 가족 가운데 한 가족

---

* 영국의 낭만주의 시인 존 키츠(John Keats, 1795~1821)의 시다.

의 이러저러한 구성원을 모이게 만든 상황이 어떠한 것인지를 우리에게 설명하지 않을 것이다.

사진과 — 여기에서는 논의되지 않을 것이다 — 텍스트가 독립적인 이유는 각자가 모든 것을 말해야 하는 사명이 있기 때문이다. 이해해야 할 것은 이 '모든 것'이다. 고전문학과 과거의 예술을 그리워하는 사람들이 주장했고 특정 모더니즘의 옹호자들이 되풀이하고 있는 나태한 견해는 예술적 요소에 대한 신중한 선택을 '보편적 탐사보도'의 세련미 없는 물품목록에 대립시킨다. 그런데 이 대립은 기만적이다. 왜냐하면 일반적인 탐사보도 예술은 모든 것을 말하는 것을 삼가기 때문이다. 이 보도의 '보편성'은 사유를 입증하는 사실들의 보편성이고 우리가 그 지시대상이 무엇인지를 알고 있는 이미지들의 보편성이다. 탐사보도는 원리상 선택적인 문학 장르다. 왜냐하면 그것은 엄격히 제한된 공간 속에서 이중의 논증을 수행하기 때문이다. 한편으로 그것은 리포터가 그곳에 있었다는 것을 증명해야 하는데, 이 증명을 탐사보도는 꾸며진 것이 아니라는 것을 자신의 무가치함을 통해서 보여 주는 자질구레한 것들(테이블 위에 굴러다니는 하찮은 물건 같은 것이 이러한 것이다)을 선택함으로써 하게 된다. 다른 한편으로 그것은 반대로 의미를 갖는 특성을 포착해야 한다. 탐사보도는 충분히 가난을 보여 줌으로써 그 가난을 직접 보지는 못하지만 그것을 인지하게 될 대중에게 감정을 전달할 수 있는 증표들을 선택해야 한다. 왜냐하면 탐사보도는 이 증표들이 어떤 불행의 증상들인지, 그리고 심지어 그것에 어떤 치료책이 적합한지를 — 종교적 신앙 또는 정부의 개혁정책 또는 프롤레타리아 혁명에 속하는 일이든 상관없이 — 알기 때문이다. 『프춘』 지에서 일반적으로 행해지던 탐사보도는 옛 방식의 예술이다. 한 세계가 답파되었다는 느낌, 그리고 그 세계는 상상하기 어려운 것이면서도 동시에 생각해 볼 수는 있을 것 같다는 느낌을 얼마 안 되는 증표로 제시해야 하기 때문이다. 그것은 문학이 마련해 놓은 이야기 및 기술의 형식과 시각예술을 조합해 사실들에 대한 제시와 해석의 중간 체제를 만든다. 이렇듯 한 전형적인 경우를 통해 한 사회 집단의 삶을 알리기 위해『포춘』지의 탐사는 사실주의 소설을 통해 익숙해진 방법을 가져온다. 예를 들면 실존적 상황의 성격을 느끼게 해주는 방법으로서 사태의 중심으로(in medias res) 바로 들어가거나, 그 환경이 거주자들의 삶을 축약해 보여 주고 있고 그들 관심사의 흔적을 간직하고 있는 장소에 천천히 접근하는 방법이 그것이다. 미국 중부를 대표하는 사람들의 "삶과 사정"에 대한 탐사는 바로 이와 같은 방식으로 사원인 윌리엄 찰스 게임스 주니어가 펜역(Penn Station) 방향으로 향하기 전에 담배에 불을 붙이며 사무실에서 나오는 순간 그의 모습을 포착한 바 있다. 탐사는 석공인 스티브 하탈라가 회사로부터 해고당한 비운의 날부터 시작하거나 아니면 중서부의 평야와 직선도로를 지나 조지 위스밀러의 농장에 이르는 도정을 우리에게 기술한다. 이런 다음 이야기는 일련의 장소들을 기술하는 데 한두 문단을 할애한 후에 부인과 아이들의 특징과 집주인의 인생철학을 상세히 기술한다. 일리노이 경작자의 부유한 가정의 경우에 그것은 천으로 덮여 있는 가구들, 피아노 위의 아이들 사진, 오래된 교과서들이 종교 서적들, 농업 관련 연감들,『데이비드 카퍼필드』,『애국자 보이스카우트』, 부지런한 가족이기 때문에 거의 들추어보지 않은 것 같은 그 밖의 책들과 함께 놓여 있는 유리 책장에 시선을 준다. 하탈라 가족의 집에서는 좋았던 시절과 모국 헝가리에서 길러진 음악적 소양을 동시에 보여 주는 파손된 세탁기와 더 이상 사용되지 않는 피아노, 결혼 사진, 종교화 달력, 집의 유일한 장식인 창가의 세 식물, 대중 잡지『콜리어스』(Collier's)와『회화 비평』(Pictorial Review) 그리고 에밀리 포스트의 소설 가까이에 놓여 있는 마자르어* 성서가 주목을 받는다. 몇몇 경우에 대한 이러한 상세한 기술만으로도 다른 많은 가족의 실존적 상태를 요약해 보여 주는 이들 몇몇 가족의 실존적 상태의 독특

---

* 마자르(Magyar)는 헝가리인들이 자신들에게 붙인 민족 명칭이다.

성이 충분히 밝혀진다. 이미지를 대신하는 몇 줄로 기술을 제한하는 동일한 절제의 원리에 따라 그 자체로 명시적인 클리셰는 사진에서 금지된다. 사진은 그 각각이 독특한 이 실존적 상태들이 어떤 공통의 운명을 반영하고 있으며, 이 운명에 합치하는 정착된 방식을 따르고 있다는 것을 확인해 주는 설명문을 필요로 한다. 한 면에 모아 놓아 능히 하탈라 가족의 불행을 몰아내고 있는 세 장의 사진의 경우가 그러하다. "스티브는 언제나 흰 셔츠 차림에 넥타이를 매고 미소를 띠고 있다", "마리 하탈라는 언제나 자신의 신을 모시고 있다", "그리고 일요일은 언제나 마자르 침례교회에서의 예배를 의미한다."[3] 방향을 잃게 만드는 이중의 과잉, 즉 글이나 이미지로는 더 이상 표현할 수 없을 만큼 놀라운 상황과 이것이 아니라 저것을 선택해야 할 이유가 없을 만큼 진부한 기호를 계속해서 자제하는 것은 탐사보도 예술의 본질에 손한다.

   그런데 소작인들의 책상, 벽난로 선반 또는 벽장에 대한 기술을 특징짓는 것은 바로 이 이중의 과잉이다. 모든 것을 말하겠다는 결정은 결코 저널리즘 논리의 완성이 아니다. 반대로 그것은 그 논리를, 그리고 그것과 더불어 특정한 예술 논리를 폭파하는 것이다. 물론 에이지는 그것을 정치적 급진주의의 이름으로 실행한다. 어떤 사정을 느끼게 해주는 기호를 선택하고 모으는 예술은 그에게는 혐오스러운 실천에 속한다. 이러한 실천 속에서 오직 이득의 유혹에 이끌려 모인 신문이라 불리는 인간 집단은 "무력한 일군의 인간들을 조사하러" 가서 "이들 삶의 저급하고 굴욕적이며 발가벗겨진 상태를 드러낼" 수 있는 권리를 스스로에게 부여한다. 이것은 재정적 수익과는 별도로 사회운동과 객관성이라는 평판을 얻기 위함인데, 이러한 평판은 그 자체로 은행권 화폐로 평가되며, 경우에 따라서는 "득표, 직위를 위한 뒷거래, 링컨 식 정치"를 위

---

3 *Fortune*, février 1936. (저자의 프랑스어 번역.) 1935년 8월호(「조지 위스밀러의 삶과 사정」의 경우)와 1936년 5월호(「윌리엄 찰스 주니어」의 경우)를 볼 것.

해 사용되기도 한다.⁴ 두 친구는 이러한 사명을 배반하기로 결심한 '스파이'였다. 그러나 우리는 이러한 급진성의 의미에 대해 오해하지 말아야 한다. 비록 『공산당 선언』의 마지막을 장식했던 표현이 책의 제사로 나타나고 있기는 하지만, 저널리즘 규범과의 단절은 또한 이른바 과학적·정치적·혁명적이라고 불리는 책에서 특징적으로 나타나는 대가 없는 위험성이라는 형태와도 거리를 두고 있다. 그것은 또한 예술이나 문학의 좀 더 진지한 위험성을 넘어서서, 문제의 상황에 대해 오랜 이후에 어떤 결과를 끼칠 수도 있는 예술 너머의 것을 향한다. 이러한 이유로 이 예술 너머의 것을 사람들은 성급하게 "하찮은"과 "비정상적인"⁵의 두 가지 꼬리표 가운데 하나에 포함시킨다. 거져 씨 집에 있던 언더셔츠, 핀, 녹슨 못, 에스파드리유의 끈 구멍, 조각난 단추와 신발 또는 외짝의 장갑을 '하찮은' 또는 '비정상적인'이라고 보는 것은 사회의 치료사들 — 전통적이든 개혁적이든 혁명적이든 — 에게 가난한 농민들의 사정을 알려 주는 데 저 물건들이 아무 소용없도록 만드는 방식이다. 에이지의 말에 따르면, 이러한 방식이 유일하게 **진지한** 태도, 어떤 권위에 기초해 있지도 않고 어떤 권위도 만들지 않는 시선과 말의 태도다. 이 온전한 의식 상태는 자신을 위한 어떤 전문화도 거부하고 그와 동시에 비참한 소작인들의 삶의 무대에서 자신의 관점에 합치하는 것을 선택할 수 있는 모든 권리를 거부하며, 사물들 하나하나가 완전히 현실적이고 불가피하며 반복될 수 없는 실존적 삶을 구성하고 있다는 본질적 사실에 집중한다. 서랍의 '하찮은' 물품목록은 인간 존재, 환경, 사건과 사물 사이에 존재하는 관계들의 무한하고 반복 불가능한 얽힘 속에서 조합되는 요소들 가운데 아주 작은 부분 — 이것이 결과적으로 몇몇 가족이 보여 주는 실존적 삶의 현실을 구성한다 — 만을 총체적으로 제시한다. 아무리 사소

---

4 J. Agee et W. Evans, *Louons maintenant les grands hommes, op. cit.*, p. 25.
5 *Ibid.*, p. 31.

할지라도 이 실존적 삶과 세상 속에 그것이 차지하고 있는 위치를 보고하는 일은 특수와 일반의 명확한 관계를 넘어서서 자신의 현실을 표현하고 있는 현시 불가능한(imprésentable) 전체와 그 요소와의 상징적 관계로 향하는 한에서만 가능하다.

그러나 학문과 예술 너머, 상상된 것과 수정 가능한 것 너머 "존재하는 것의 잔혹한 광채"를 지각하는 온전한 의식 상태는 여전히 글을 경유해야만 한다. 물론 사물들이 언어에 대한 자신들의 과잉을 스스로 말하는 몽상이 존재하기는 한다. "할 수 있었다면 나는 여기에서 어떤 글도 쓰지 않았을 것이다. 사진들이 있었을 것이고, 그 외에 천조각들, 약간의 목화, 흙덩이, 연설 기록들, 나무와 쇳조각들, 향수병, 음식 접시와 찌꺼기 접시들이 있었을 것이다." 그러나 이 가구에 관한 책은 진보적인 대중에게는 여전히 소비의 대상일 것이다. "서적상들은 그것을 완전히 새로운 것으로 생각할 것이다. 그리고 비평가들은 이렇게 스근댈 것이다. 좋아, 그런데 그것은 예술일까? 그리고 나는 당신들 대부분이 그것을 실내 게임처럼 사용하리라고 생각할 수도 있을 것이다."[6] 따라서 평균적인 저널리즘 예술을 초현실주의적인 보드게임으로 전화하지 않기 위해서는 책을 사물들의 콜라주로 만드는 것을 그만두어야 한다. 또한 당연히 저자가 입 밖으로 내지는 않았지만 사진이 글의 부족을 보충할 수 있다는 생각을 신중히 접어야 한다. 결국, 엿보는 자의 입장이 갖는 부적격성, 쪼개진 단추 혹은 기워진 옷에 덧대어진 것 하나하나에 스며들어 존재하는 실존적 충만을 펼쳐 보이면서 저 부적격성을 극복하고자 하는 노력, 그리고 결코 임무를 완수하지 못할 자신들의 무능력에 대한 증명을 동시에 말할 수 있는 가능성은 오직 작가의 언어가 담당해야 할 몫이다. 글은 기술의 타협을 넘어서야 하며, 불가능하다는 것을 알고 있지만 다음과 같은 구현(incarnation)을 따라야 한다. 즉 빈곤한 삶의 무의미한 디테

---

6 J. Agee et W. Evans, *Louons maintenant les grands hommes*, *op. cit.*, p. 30.

일 하나하나를 언제나 이미 알려진 그것의 맥락과 원인이 아니라 하나의 우주와 하나의 운명을 만드는 통제할 수 없는 사건들의 연쇄에 연결하는 운동과 결합하기 위해 문장을 한없이 늘려야 한다. 이렇게 제시된 사물들과 소모될 수 있는 그것들의 의미 사이의 규제된 일치 속에서 진실을 잃어버리지 않기 위해 받아들인 거짓인 예술 너머의 예술이 정의된다. "사실 학문과 다른 모든 형태의 인간 활동을 능가하는 예술의 우월함, 그리고 마찬가지로 그것들에 대한 예술의 열등함은 다음과 같은 동일한 하나의 사실에 놓여 있을 가능성이 높다. 예술은 값싼 것들 가운데서 가장 위험하고 가장 불가능한 것을 받아들여 그것으로부터 가장 훌륭한 것을 끌어내는데, 그럼으로써 그것은 학문과 과학적 기예처럼 단지 기술하는 데 만족하는 것들보다, 그리고 인간 존재, 이들의 창조물, 그리고 전체 자연 상태처럼 단지 진실인 것에 만족하는 것들보다 더 진실에 가깝고 동시에 더 그것에 떨어져 있다."[7]

 글의 운동은 감각적 상태 하나하나를 세계의 다른 상태들의 무한한 연쇄에 연결하면서 글의 언어로 말하지 않는 진실을 모방해야 한다. 사실 다큐멘터리가 갖는 모든 합리성을 뛰어넘는 이러한 글의 사용은 첫 보기에는 잘 알려진 한 시학에 응답하고 있는 것처럼 보인다. 기름 램프의 빛 또는 냄새, 송림의 열매와 향기, 다락의 암흑, 그리고 뒷방에서 "이 지구의 한 해 동안 멈춘 숨"[8]을 들이마시고 있는 신체들을 포착하려 애쓰는, '앞쪽 침실'에서 또는 처마 아래에서의 심야의 사색은 확실히 또 다른 심야의 몽상을 상기시킨다. 그것은 휘트먼이 상상 속에서 "잠자고 있는 사람들의 감은 눈을 뜬 눈으로 바라보며",[9] 구부리고 있는 한 신체가 보여 주는 침묵의 방황을 흉내 낼 때의 바로 그 몽상이다. 재현적 기술의

---

7 *Ibid.*, p. 237.

8 *Ibid.*, p. 67.

9 W. Whitman, *Feuilles d'herbe*, *op. cit.*, p. 207. 최종 판본에서 이 부분은 「잠자는 사람들」이라는 시가 되었다. (*Feuilles d'herbe*, tr. fr. J. Darras, Paris, Gallimard, 2002, p. 562.)

저널리즘적 관행을 뛰어넘으면서 거져 씨 집의 볼품없는 환경에 존엄성을 부여하기 위해서는 모든 활동과 모든 물건을 전체의 삶의 상징으로 만들었던『풀잎』저자의 일체주의적 시학을 모방할 필요가 있을지도 모른다. 에이지의 서정조인 물품목록에 대한 휘트던의 영향은 부정할 수 없으나 그것은 제한적이다. 왜냐하면 브루클린의 시인 휘트먼은 행을 이어가면서 담벼락에 기대어 있는 농부, 바다 위 포경선에서 작살을 들고 있는 사람, 맨해튼에 새로 도착한 이민자들, 철로 위에서 소매를 걷어 올리는 정비공, 강에 덫을 놓는 미시간의 사냥꾼, 가죽신을 팔고 있는 인디언 여성, 박자를 맞추는 오케스트라 지휘자, 또는 각료들에 둘러싸인 대통령을 자신의 행렬 속으로 끌고 들어가기 위해 1인칭, 운문 형식, 여행의 은유를 사용하면서 그 일을 약간 과하게 단순화했다.[10] 그는 단숨에 종잇장과 낙엽의 연관을 확실한 것으로 만들었다. 그 종잇장을 인쇄업자의 인쇄기와 모든 인간 활동의 도구들과 생산물들 즉 의사의 상자, 면화꾸러미, 부두 일꾼의 갈고리, 제재공의 톱, 푸주한의 칼, 유리장수의 도구 일체, 실린더 인쇄기, 증기기관의 레버와 연관시켰듯이 말이다.[11] 이 시학은 존재하는 것의 '잔혹한 광채'를 정당하게 평가할 시간을 찾기 위해 아주 다급히 새로운 탐색 대상을 포착하기 위해 더 멀리 나아간다. 거져 씨 집의 세련되지 못한 소나무 무늬, 매트리스의 벌레, 굽은 포크 또는 깨진 동물 도자기들 학교에서 웃음거리가 된 던 부대로 만든 리케츠 씨 집 아이들의 옷, 별이 빛나는 밤의 섬뜩한 침묵, 금속성 불빛, 소작 상황 때문에 예상보다 빨리 탕진된 빈약한 재원을 보충하기 위해 흑인 십장의 명령으로 일하러 10킬로미터를 가야 하는 여름 낮의 숨막히는 더위, 그리고 하나의 존엄한 실존적 삶으로 인정받는 삶의 수준에 맞게 살지 못하는 것을 끝장내지 못하고 있다는 수치심이 그 시학을 위해 제공

---

10 *Ibid.*, pp. 75~77.
11 *Ibid.*, pp. 187~89.

된다. 바로 이 현장에서, 이 불안정한 실존적 삶들을 속박하고 있는 부서지기 쉬운 나무집과 이것을 속박하고 있는 세상의 무게 사이의 관계, 불빛과 개발의 금속성 난폭함, 멀리서 반짝이는 별들과 다른 가능한 삶들의 광채, 이 얇은 방어벽을 향해 세상의 끝에서, 태곳적부터 미지의 심연으로부터 던져져 쏟아져 내리는 '창들'의 굉음과 천둥의 굉음을 감각할 수 있게 만들 필요가 있다. 바로 "시간, 공간, 의식의 모든 교차로에서", 감각적 사건 각각의 독특성 속에서 무한의 역량은 파악되어야 한다. 문제는 모든 것을 모든 것에 연관시키는 것이 아니라 디테일 하나하나에서 인간 존재들 위로 덮치는 필연의 엄청난 무게와 인간들이 이것에 응답하는 방식을 파악하는 것이다. 그것은 물품목록을 구성하는 요소 하나하나에 그것 자체의 존엄성을 되돌려주는 것이다. 즉 그것은 주어진 사정이 만들어내는 폭력에 대한 응답으로서 이중의 고통—겪고 있는 필연의 고통과 이에 대한 응답이 결코 그 폭력의 정도에는 이르지 못한다는 사실이 주는 고통—에서 오는 상처와 살아가고 행위하는 하나의 방식이 만들어낸 것을 동시에 보여 주는 것이다.

사물 하나하나에서 성스러운 오브제와 상처를 동시에 보는 것, 에이지에게서 이 강령은 가난의 한가운데에 현존하는 아름다움과 이 아름다움을 지각할 수 없는 가난을 동시에 감각 가능한 것으로 만드는 서술을 요구한다. 칸막이와 옷가지에 대한 서술은 첫 번째 측면을 돋보이게 한다. 그러나 주거에 관한 한 아름다움에 대한 일상적인 두 기준 가운데 어떤 것도 거져 씨 집에 적용되지 않는다. 어떤 장식도 그 집을 구성하고 있는 소나무 판자와 널빤지를 아름답게 만들지 못한다. 그런데 이러한 꾸밈없음은 그것에 모더니즘 건축가들이 찬양하는 '주거용 기계들'[•]의 기

[•] '주거용 기계'(machine à habiter)는 현대건축의 개척자 르 코르뷔지에가 자신의 책 『건축을 향하여』(*Vers une architecture*, 1923)에서 기능주의적 관점에서 집을 규정하면서 사용한 표현이다.

능적 아름다움을 부여하기에도 불충분하다. 나무 칸막이와 빗장의 아름다움은 다른 곳에서 온다. 그것은 주거에 대한 인간의 필요, 자연이 그것에 제공한 재료들, 그리고 이 재료들을 결합한 우연 사이에 존재하는 본질적으로 미적인 일치에서 온다. 판자 표면에는 아름다움의 세 가지 성질이 동시에 그리고 서로를 반영하면서 존재한다. "…… 그 하나는 죽어 있는 것이지만 반복될 없이 한 인치 한 인치 이어지는 탁월하고 무한한 결의 강렬한 힘, 즉 조류를 알지 못하는 자연의 현란한 천재성이고, 다른 하나는 원형 톱의 거친 호흡과 함께 물어뜯긴 흔적인 아랫부분에 밀집되어 있는 10여 개의 횡단 아치다(이 목재는 결코 평평하지 않았다). 또 다른 하나는 날씨가 그것에 부여한 색조와 특색인데, 이것들은 어떤 경우에는 뼈, 다른 경우에는 새틴, 또 다른 경우에는 윤을 내지는 않았지만 반들반들한 은을 닮아 있다."¹² 여기에서 모범적으로 완성된 **미적** 아름다움은 기능적 결함이라는 대가를 치르고 있기는 하지만 예측 불가능한 변신의 아름다움이고, 실존적 삶의 우연과 식물, 기후, 임시변통의 도구들의 우연이 결합되어 만들어진 것이다. 물론 이것은 "경제적이고 인간적인 측면에서 나타나는 어떤 혐오스러움"과 복잡하게 연결된 한 형태의 아름다움이다. 그러나 이 혐오스러움에 의해 강제된 아름다움은 그 혐오스러움 자체만큼 중요한 현실의 한 부분이기도 하다.¹³ 노동의 결합물이 세월과 사용, 즉 땀, 태양, 비누에 의해 "샤무아 가죽과 실크만이 떠올리게 할 수 있지만 그것들은 결코 도달하지 못할, 멋진 온화함, 경이로운 드레이핑, 그리고 벨벳에 드리운 반사광으로 이루어진 왕국"으로 변모하고, 오직 예외적인 일부 하늘과 세잔의 일부 푸른색만이 떠올리게 할 수 있는 푸른 색감으로 변모하고 있다고 기술될 때, 그것이 보여 주는 것은 가난을 우연과 기예의 결합 속에서 파악하는 이 동일한 방식이다.¹⁴

12　J. Agee et W. Evans, *Louons maintenant les grands hommes*, *op. cit.*, p. 154.
13　*Ibid.*, p. 204.

이 시간의 노동에 수선의 기예가 접목되는데, 이 기예는 『이제 훌륭한 사람들을 찬양하자』에서 가장 서정적인 부분 가운데 하나가 찬양하는 변신의 창조자다. "이 천은 눈처럼 부스러져 수선되고 기워진다. 그리고 또 부스러져 다시 수선되고 기워진다. 그리고 또 터진다. 수선과 깁기가 수선들과 깁기들에 덧붙여져 늘어나고, 또 그것들에 다른 것들이 덧붙여진다. 그래서 시간이 흐르면 옷의 어깨 부분에는 사실상 본래의 천이 더 이상 남아 있지 않게 된다. 그래서 한 남성과 ─ 내가 기억하기로는 조지 거져 씨인데 ─ 그와 같은 수백 명의 사람은 어깨로 힘쓰는 일을 할 때면 톨텍(toltèque) 왕자가 입은 털 망토만큼 복잡하고 허술하기도 하고, 또 그것처럼 태양왕을 마음속 깊이 찬양하기 위해 만들어진 것과 같은 천을 입고 있다."[15]

물건의 각 표면을 구성하는 부분 하나하나에, 감각적 사건 하나하나의 특성에 집중함으로써 우리는 빈민의 옷, 그 옷을 입고 있는 신체, 그 옷을 수선하는 손을 태양과 별들에 견줄 수 있을 정도로 승격시키는 기예와 우연의 이 결합을 파악할 수 있다. 문제는 빈민들의 작업 기법을 증언하고 있는 브리콜라주를 찬양하는 것이 아니다. 중요한 것은 우리가 너무나도 당연한 것으로 그들에게 인정하는 어떤 기예다. 그것은 그러한 브리콜라주에서 삶의 기예를, 즉 자신을 둘러싸고 있는 상황에 삶을 적응하는 것을 넘어서서 하나의 실존적 삶이 자신의 운명의 높이에 이르는 방식을 보게 만드는 것이다. 그러나 바로 여기에서 저 운명은 가장 비정한 것으로 드러난다. 이 아름다움을 느끼기 위해서는, 이미 기예와 우연의 동맹을 찬양했던 많은 공연과 글에 대한 기억을 자신의 머리와 눈에 담은 채 외부에서 온 관객으로 우연히 거기에 있어야 한다. 확실히 조각들을 서로 덧대어 기운 옷은 프루스트의 지면을 구성하고 있는 '페이

---

14 *Ibid.*, p. 264.
15 J. Agee et W. Evans, *Louons maintenant les grands hommes, op. cit.*, p. 265.

퍼롤'(paperolles)을 우리에게 상기시킨다. 그리고 에이지가 용구 하나 혹은 천 하나의 진부함 속에 갇혀 있는 세상의 한 시간이 갖는 진실을 펼쳐 보여 주는 데 열중하는 시학을 빌려오고 있는 것은 초현실주의라기보다는 프루스트에게서다. 콜텍 왕자의 의복은 여러 '페이퍼롤'로 구성된 프루스트 글의 지면과 이것이 우리에게 말하고 있는 수많은 조각으로 만들어진 젤리 둘 모두와 닮아 있다.* 앞쪽 침실 혹은 처마 아래에서의 밤은 결국 휘트먼의 상상의 야간 산책보다는 『잃어버린 시간을 찾아서』의 화자에서 나타나는 잠 굿드는 밤들과 더딘 기상에 더 빚지고 있다. '처마 아래에서의' 두 번째 사색은 이와 관련해 전형적인 예를 보여 주는데, 여기에서 규정되고 있는 것이 바로 상황에 부합하는 시학, 즉 진실을 그 몸체와 정신 속에서 파악함으로써 느끼는 기쁨, 임의의 우연한 사실이 가져다줄 수 있는 이 진실 혹은 적어도 이 충만함의 환상이다. "…… 외벽에 부서지는 햇살과 거리의 차량들, 굴뚝에서 빠져나오는 연기의 소용돌이, 강압적으로 높아지는 한밤의 기차 소리, …… 그을린 천의 냄새, 자동차 배기통 냄새와 어떤 소녀의 냄새 ……."[16] 소작인들의 침묵의 밤을 경험하면서 『스완네 집 쪽으로』의 초반에 등장하는 불면증에 시달리는 사람이 들었던 기차 소리와 알베르틴이 도망가면서 타고 있던 자동차의 냄새라는 것을 모른 채 화자가 누운 자세로 즐기던 휘발유 냄새를 떠올리지 않기란 어렵다. 이 책이 열망하는 '전체'는 모든 삶을 불안정하게

---

* 실제로 프루스트는 자신의 책과 쇠고기 스튜 젤리의 공통성에 대해 이야기한다. "하기야 많은 처녀, 많은 교회, 많은 소나타로부터 단 하나의 소나타, 단 하나의 교회, 단 하나의 처녀를 만드는 데 사용되는 수없이 많은 인상으로 만들어진 책 속에 (인간의 또는 그렇지 않은) 개별적 요소들이 들어 있다는 것을 생각해 보면, 많은 조각들을 선택하고 첨가해 내용물이 풍부한 젤리 형태로 만든, 드 느르푸아 씨가 높게 평가했던 쇠고기 스튜를 프랑수아즈가 만든 그러한 방식으로 나는 나의 책을 쓴 것은 아닐까?"(M. Proust, *A la recherche du temps perdu*, III, *Le Temps retrouvé*, Paris, Gallimard, 1954, pp. 1034~35).

16 J. Agee et W. Evans, *Louons maintenant les grands hommes*, op. cit., p. 227.

만드는 시공간 속에서의 이 모든 연관을 세계의 1분이 주는 충만함 속에 응축하는 것이다. 프루스트, 조이스 또는 버지니아 울프 시대의 문학이 탐사보도 예술을 구성하는 중요한 디테일의 선택에 대립시키고 있는 것은 바로 매순간의 이 무궁무진한 총체성이다.

그러나 이 시학들의 유사성은 그 자체로 몫의 비정한 분할을 드러낸다. 『잃어버린 시간을 찾아서』의 화자가 범한 오류는 결국에는 진실로 판명이 났다. 알베르틴이 사라지고 사랑에 대한 환상이 끝나고 나서야 화자는 마침내 휘발유 향기와 냅킨의 구겨짐 또는 포크의 부딪치는 소리를 통해 진정한 삶의 감각적 짜임새로서의 문학을 펼쳐 보일 수 있게 되었다. 이것은 문학이 희생된 삶들의 불의로부터 자라난다는 것을 고백하는 것이다. 그러나 이득과 손실을 상쇄하는 이러한 설명은, 그것이 5주 동안의 한 방문객을 널빤지 벽의 아름다움 그리고 거져 씨 가족, 우즈 씨 가족, 리케츠 씨 가족 작업복의 아름다움과 관계시킬 때 더욱 쓰라린 것이 된다. 왜냐하면 그들의 몸짓에 의해 만들어지고 그들의 삶의 무대에 새겨져 있는 그들 주변 곳곳에 현존하는 이 아름다움은 그 모습 그대로 오직 보기 위해 이곳에 온 사람에게만 속하는 것이기 때문이다. 우연에 대해 우연으로 응답하는 기예를 그들은 오직 필연에 대한 필연적인 응답으로서만 인식한다. 관습과 교육은 "무엇이든 간에 필요와 쓸모 이외의 다른 관점에서 고려할"[17] 이유를 그들에게서 없애 버렸다. 그것들은 심미적 능력과 인간 존엄성의 공통적 핵심을 이루는 것, 즉 "모두의 의식을 매순간 사로잡는 파괴적인 아름다움, 다의성, 어둠 그리고 공포를 부분적으로나마 체험할 수 있는 능력이나 그것을 수용할 수 있는 능력, 또는 자기 자신을 방어하고자 하는 능력이나 다른 사람들을 도우려고 나서는 능력"[18]을 소멸시켰다. 그들이 빼앗긴 것 대신에 그들에게 주

---

17 J. Agee et W. Evans, *Louons maintenant les grands hommes, op. cit.*, p. 309.
18 *Ibid.*, p. 301.

어진 것은 단지 다른 사람들의 아름다움의 그림자, 즉 그들이 자신들의 벽이나 벽난로 위에 늘어놓은 특혜를 받은 사람들의 삶을 담고 있는 이미지들을 인식하는 것이다. 예를 들면 리케츠 씨 가족의 집 벽을 뒤덮고 있는 달력이 보여 주는 아름다움이 그렇다 — 눈 덮인 풍경, 사슴 사냥 장면, 밝은 달빛 아래 노 젓는 인디언 처녀들, 환한 드레스를 입고 흔들 의자에 누워 있는 명랑한 금발의 여인, 파스텔과 같은 구름 속에 있는 발그레한 아기들과 푸른 눈의 젖먹이들, 멀리 트랙터가 보이는 번영의 광경들, 말의 머리를 사랑스럽게 어루만지는 승마복을 입고 있는 젊은 처자들, 고속으로 내달리는 자동차들, 혹은 금장식을 박아넣은 갈색 책상을 보고 경탄하는 젊은 커플, 그리고 화려하거나 그윽하고 혹은 관능적인 수백의 다른 이미지들. 우리는 이것들에 대해 탕문자가 그것들을 실제로 보았고 그것들 하나하나에 주목했는지 의문을 품기 시작하고, 사실상 그것들은 다른 책의 지면에서 가져온 다른 이미지들로 짜깁기된 것은 아닌지 의심하기 시작할 것이다. 이 다른 이미지들이란 이를테면 기념품의 이미지, 성서의 삽화와 하늘색 테두리, 한 왕의 정부의 삶을 그림으로 재현한 접시, 농장 벽에 그려진 미네르바, 그리고 미래의 보바리 부인이 될 어린 엠마 루오의 운명을 못 박고 있는 그 밖의 이미지들이다. 자신의 공모자인 워커 에번스가 신이 자신의 창조물에서 그러하듯 자신의 작품에서 비가시적인 비인칭적 예술가라는 관념을 명시적으로 플로베르에서 빌려왔다면, 데이지는 보다 은밀한 방식으로 플로베르에게서 아주 일상적인 삶을 파헤칠 수 있는 열망과 절대적 고통의 혼미함을 몇몇 이미지로 통찰하는 기예를 빌려왔다. 예를 들면 여학생인 엠마의 몽상을 키웠던 장식된 접시와 삶의 모든 고통을 담아 기혼녀 엠마의 단조로운 일상의 식사에 내어지는 접시 같은 것들 말이다.*

---

* 여기에서 랑시에르는 『마담 보바리』의 다음 구절들을 염두에 두고 있다. "그녀의 나이 열세 살이 되자 부친은 몸소 그녀를 도회지로 데리고 가 수도원에 넣었다. 그들은

따라서 타인들에서 나타나는 아름다움의 이미지는 어떤 고통의 상처다. 어쩌면 이것은 깨진 도자기 인형이 핵심적으로 보여 주고 있는 것일 텐데, 거기에서 에이지는 확실히 헤일 카운티의 엠마인 어린 루이즈 거져 — 진짜 이름은 루실 버로스다 — 의 상처를 확인한다. 열 살이 된 그녀는 배우는 것을 좋아해서 선생님이 되고 싶어 하고, 방문객과 별을 보며 그 지역의 경계 너머로 펼쳐진 미지의 세계에 대해 그에게 묻는다. 그녀의 지루한 학교 교과서들은 이 방문객을 분개케 했는데, 그의 분노는 잠재적 능력에도 불구하고 특정 범주의 인간들에게서 모든 가능성을 앗아간 것에 대한 것이었다. 물론 그는 자신이 죽은 후 오랜 뒤에 어떤 일이 일어날지에 대해서는 알 수가 없었다. 1971년 어느 날 루실/루이즈는 엠마처럼 비소를 먹고 자살한다. 그런데 그것은 그녀가 청춘기에 가졌던 아름다운 꿈이 현실의 벽에 부딪혀 부서졌기 때문이 아니라 청춘기가 오기 전에 그러한 꿈을 가질 가능성조차 빼앗겼기 때문이다.[19]

이러한 비극적 결과가 있기에 앞서 작가 에이지의 탐사보도는 우여곡절을 겪어야만 했는데, 이는 아주 비천한 사람들의 삶을 그들의 운명의 높이로 끌어올리는 데는 시적 소용돌이가 필요했기 때문이다. 에이지가 쓴 텍스트는 단번에 기본 틀을 뛰어넘고 미국 중부를 대표하는 사람들의 '삶과 사정'을 보도하는 칼럼의 기본 노선을 파괴하게 된다. 그래

생-제르베 거리의 여관에 묵었는데, 거기서 저녁식사를 할 때는 드 라 발리에르 양의 이야기를 그림으로 그린 접시들이 나왔다. 그 설명문은 …… 한결같이 종교, 마음의 미묘함, 그리고 궁정의 화려함을 찬양하는 내용이었다"(*Madame Bovary*, p. 48; 김화영 옮김, 56쪽. 약간 수정된 번역). "그러나 그녀가 특히 견디기 어려운 것은 식사 시간이었다. 아래층의 좁은 거실 겸 식당은, 난로에서 연기가 새어나왔고 문은 삐걱거렸고 벽에서는 물이 스며 나왔으며 바닥 타일은 축축했다. 생활의 모든 쓴맛을 그녀의 접시에 담아 차려놓은 것 같았다"(*Ibid.*, p. 91; 김화영 옮김, 99쪽).

19 루실 버로스의 말년에 대해서는 Dale Maharidge et Michael Williamson, *And Their Children after Them. The Legacy of "Let Us Now Praise Famous Men"*, New York, Pantheon Books, 1989를 보라.

서 이 불가능한 기사는 탐사보도 저서의 모든 기준을 깨트리면서 책의 수준으로 확대되었다. 본문의 첫 단어를 '제2권'에 배치하고 있는 두서없는 목차, 연대순의 파괴, 때로는 인접한 단어들의 무의미한 연쇄로 나타나는 한없이 긴 문장들, 집기들이나 소작인들의 삶의 조건들에 대한 기술과 뒤섞여 있는 주관적 몽상들, 책의 진행 중에 지속적으로 다시 자신의 가능성 자체에 대해 의문을 제기하는 것, 자신의 논제에 완전히 낯선 요소들의 삽입, 시작 부분에 서론도 설명문도 해설도 없이 제시된 사진집, 책의 마지막 글이라고 알린 후에 연장되고 있는 텍스트 ……. 이 불가능한 책은 결국 뉴욕의 한 출판사에서 5년 뒤에서야 출간된다. 어떤 반향도 일으키지 못한 채 말이다. 이 실패에는 이유가 여럿 있다. 우선 세계대전과 시선을 다른 곳으로 돌려 자신들 나름의 방식으로 실업과 빈곤의 문제를 해결한 미국의 참전이 있었다. 또한 암울한 시간들이 지나갔고 그와 더불어 이 시골 지역의 불우한 사람들에 대한 관심도 지나갔다는 또 다른 이유가 있다. 그럼에도 불구하고 그사이에 이 관심은 그것을 만족시킬 만한 탐사보도와 예술적 참여의 형태를 발견했다. 에이지가 주제에 어긋나 보이는 듯한 이야기들로 자신의 텍스트를 풍부하게 만드는 일에 쉼없이 정진하고 있을 때, 당시에는 에이지와 워커 데번스보다 훨씬 더 유명했던 남부의 작가와 사진가였던 어스킨 콜드웰과 마거릿 버크-화이트는 『당신은 그들의 얼굴을 보았다』를 출간했다. 여기에서 독자는 거만한 소유주, 누더기를 걸친 흑인 아이, 갈고리처럼 잘못 자리 잡은 송곳니를 가진 백인 아이, 신문지들이 붙어 있는 벽을 배경으로 자신의 옥수수 빵을 향해 몸을 구부리고 있는 흑인 노파, 항아리 속 깃털과 무명인 사진, 홍수로 벽이 휩쓸려 가버린 집 처마 밑의 한 쌍의 남녀, 자신의 어린 딸들과 함께 큰길로 쫓겨난 엄마, 자신들의 집 밖에 서 있는 활기 없는 눈에 깊은 주름 그리고 메마른 몸을 가진 두 노파, 시련의 흔적이 역력한 남성과 남부의 가난한 농부들의 빈곤을 압축적으로 보여 주는 고통스러운 시선의 여성을 볼 수 있다. 작가인 콜드웰이 이들에게 말하도록 시킨 사이에, 사진가 버크-화이트는 원격조정 장치를 가지고 그들이 가장 잘 표현될 수 있는 순간에 곧바로 그들을 포착하기 위해 적절한 순간을 기다렸다. 이 작가들은 고통을 겪었던 『포춘』의 리포터 에이지보다 더 간단하게 자신들의 주관성과 사회학적 관찰을 결합할 줄 알았다. 그것은 사진에 찍힌 개인들의 감정에 대한 자기 자신들의 생각을 표현하는 설명문을 사진 하나하나에 덧붙이는 방식을 통해 이루어졌다. "개를 때려라. 그러면 너에게 복종할 것이다. 흑인들의 경우도 마찬가지라고 사람들은 말한다", "남동생은 11년 전부터 망가지기 시작했다", "앉아 있는 것 말고는 아무것도 할 일이 없는 순간이 왔다", "나는 평생 최선을 다했어. 그런데 결국 남은 것은 별 것 없었어", "평생 목화를 재배하고 나서야 사람은 너무 많은 것을 기대하지 않는 것을 배운다."[20]

또한 같은 시기에 존 스타인벡은 『분노의 포도』를 출간했고, 그리고 곧이어 나온 존 포드의 영화는 가뭄 때문에 목화밭에서 쫓겨나 캘리포니아 지역의 오렌지 과수원 소유주들의 야만적인 착취에 맞닥뜨려야 했던 농부들인 오키스(okies)*에게 하나의 전형이 될 이미지를 부여했다. 뉴딜 문화는 여기에서 절정을 경험했는데, 이것이 자신의 마지막 작품이 될 것이라는 것은 아직 알지 못했다. 어쨌든 에이지는 이 문화에 이방인이었다. 물론 마거릿 버크-화이트의 '삶의 기쁨'에 대해 자신이 쓴 『뉴욕 타임스』 기사를 자신의 책의 부록에 해설 없이 삽입한 것은 하나의 징후로 보아야 한다. 에이지의 조롱은 드러나지 않았지만, 그의 분노는 농업안정국의 한 사진가가 한 영화잡지에 쓴 포드의 영화가 제시하

---

20 Erskine Caldwell et Margaret Bourke-White, *You Have Seen Their Faces*, New York, Modern Age Books, 1937. (저자의 프랑스어 번역.)

• '오키스'는 오클라호마 사람들을 비하해 부르는 말인데, 더 정확하게는 1930년대 대공황, 가뭄, 모래바람 때문에 생계수단을 잃고 오클라호마에서 캘리포니아로 일자리를 찾아나선 사람들을 말한다. 스타인벡의 소설 『분노의 포도』는 바로 이 오키스가 겪었던 아픔과 저항을 소작인 조드(Joad) 일가의 역사를 통해서 그리고 있다. 포드는 1940년에 이 소설을 영화화했다.

고 있는 "현실에 대한 멋지고 감동적인 보고"에 대한 찬양문을 읽을 때는 명확히 나타났다. "나는 『분노의 포도』에는 『바람과 함께 사라지다』만큼이나 비현실성이 존재한다고 생각하며, 이 비현실성은 그것이 인간의 삶, 고통, 존엄성의 근본에 아주 밀접하게 연관된 것이기 때문에 훨씬 더 유해하고, 따라서 그들에게는 훨씬 더 모욕적이라고 생각한다. 또한 그 비현실성은 그 창작자들조차도 속았을 정도로 성공적으로 '현실'로 가장되었다고 생각한다."[21]

그러나 문제의 핵심은, 에이지가 휘트먼-프루스트적이고 휘트먼-플로베르적인 불가능의 시 —오직 이러한 시만이 자신에게 고유한 이 불가능성을 영예롭게 만들 줄 안다— 에 열중하는 동안에 뉴딜 문화를 대표하는 일부 작가들, 사진가들, 그리고 영화인들이 불우한 사람들의 빈곤과 위대함을 놀라운 표현 방식으로 그려냈다는 점이 아니다. 문제는 이 시기 동안에 이 문화 자체가, 그리고 그와 더불어 정치적이고 미학적인 모든 전통이 에이지가 속해 있던 환경에서 점점 더 신뢰를 잃어갔다는 점이다. 사실 뉴딜 문화가 보여 준 과도함은 정치적이고 미학적인 전통의 규범에서 벗어나 있었다. 『이제 훌륭한 사람들을 찬양하자』에서 명백하게 주제에서 벗어난 글 가운데 하나는 정치문화적 극좌파의 가장 영향력이 큰 기관지 가운데 하나인 『당파 평론』(*Partisan Review*)이 1939년에 시행한 "오늘날 미국 작가들에게 제기되는 질문들"에 관한 앙케트에 대해 에이지가 내놓은 —독설로 가득한— 답변이다. 이 평론은 묻는다. 현존하는 경제 체제에 직업으로서의 문학을 위한 자리는 존재하는가? 광고와 선전의 압력에도 불구하고 진지한 비평을 위한 자리는 존재하는가? 1930년대 미국 문학의 경향을 어떻게 판단하는가? 미국의 특

---

21 Michael A. Lofaro et Hugh Davis (éds), *James Agee Rediscovered. The Journals of "Let Us Now Praise Famous Man" and Other New Manuscripts*, Knoxville, University of Tennessee Press, 2005, p. 141. (저자의 프랑스어 번역.)

수한 문화적 요소들에 대한 미국 문학의 무비판적인 강조에 공감할 수 있는가? 그리고 어떤 전통을 활용하는 것이 좋겠는가? 예를 들면 휘트먼보다는 헨리 제임스의 유산이 도래할 미국 문학에 더 적합하다고 보아야 하는가?[22] 우리는 이 모든 질문을 통해 사람들의 노동을 찬양하거나 사회적 빈곤을 보여 주는 모습들을 수집하고 농가의 벽을 장식하고 있는 달력의 그림 같은 모습을 사진에 담도록 화가들, 사진가들, 그리고 작가들을 내몰아서 대도시의 빈곤 구역과 시골의 도로들을 돌아다니게 만드는 휘트먼 식의 참여 문화와 단절하려는 마르크스주의 아방가르드의 열망을 느끼게 된다. 우리는 거기에서 휘트먼 식의 참여 문화에 대항해 자본주의에 대한 마르크스주의적 분석의 엄정성과 비타협적 예술의 엄정성 모두를 긍정하고자 하는 의지를 발견하게 된다.

그런데 이러한 경향에 대한 명시적 선언은 클레멘트 그린버그가 동일한 평론의 다음 호에 출간해 큰 논란을 불러일으킨 논문 「아방가르드와 키치」에서 나타나게 된다. 그린버그는 자신의 분석을 곧바로 자본주의와 문화의 관계라는 포괄적인 틀 속에 위치시킨다. 그의 설명에 따르면, 예술가들을 대중과 연결했던 전통적인 종교적·문화적·양식적 형식들을 자본주의가 파괴하기 시작하면서 자기 자신으로 향할 수밖에 없었던 예술은 번영을 위해서는 일상적 경험의 내용으로부터 관심을 돌려 예술을 자신의 실천 수단에 향하도록 만들어 자신이 사용하는 매체를 예술 혹은 문학의 주제 자체로 만드는 것 외에 다른 길이 없었다. 이러한 시도의 모범적인 표현이 추상화다. 독일에서 건너온 예술가 한스 호프만은 자신의 강의와 강연에서 이 추상화의 의미를 발전시킨 바 있다. 추상화는 스티글리츠 시대에 너무 일찍 시작되었지만 현대미술관(MoMA)의

---

22 "The Situation in American Writing", *Partisan Review*, vol. VI, n° 4. été 1939, pp. 25~51. 에이지의 답변은 다음 호에 출간될 것으로 예고되었지만 평론에는 출간되지 않았다.

개관과 더불어 미국에서의 자신의 두 번째 등장을 준비하게 된다. 그리고 이번에는 성공을 거두게 된다. 그런데 더 나아가 그린버그는 자연스럽게 형성될 관객을 가지고 있지 않은 이 아방가르드 예술을 사회적 엘리트가 지지해야 하며 그것에 자신을 지켜나갈 수 있는 수단을 제공해야 한다고 말한다. 왜냐하면 자본주의가 산출하게 될 두 번째 효과가 첫 번째 효과가 강제했던 자율성을 이제 위협하고 있기 때문이다. "후위" (arrière-garde) 예술의 급속한 발전, 즉 "독일인들이 키치라는 멋진 이름을 부여한 바 있는 어떤 것, 예를 들면 원색화보, 잡지 표지, 삽화, 광고, 경박하고 감상적인 소설, 만화, 틴 팬 앨리(Tin Pan Alley) 음악, 탭댄스, 할리우드 영화 등으로 구성되는 대중적이고 상업적인 예술과 문학"[23]의 발전이 바로 저 두 번째 효과다. 어떤 의미에서 이 예술은 달력 그림들, 가난한 농부들의 벽을 장식했던 고급문화의 찌꺼기들의 예술이다. 이 찌꺼기들은 농부들이 자신들 고유의 예술과 자신들에게 고유한 존엄성의 표현, 즉 나무판자들을 조합하고 의복을 수선하면서, 그리고 수건이나 패턴 종이 위에 보잘것없는 물건들을 놓아두는 방식을 통해 세상과 역사의 폭력에 응답하고 있는 자신들의 방식을 긍정하는 것을 막는다. 책으로 발전된 이 글을 쓰고 수정하기 위해 에이지가 보낸 그 모든 시간은 빈자들의 예술, 엘리트 문화, 그리고 엘리트 문화가 빈자들의 예술에 내보낸 찌꺼기들 사이의 관계를 전복하고자 하는 목표로 향해 있다. 그런데 빈자들의 예술을 그 고유의 상실과 대면시키고 있는 에이지의 불가능의 책이 불러일으킨 소용돌이는 『당파 평론』에 실린 그린버그의 탁월한 비평이 정치문화적 아방가르드의 지위와 역할을 규정한 원환구조 속에 갇혀 폐기된 것으로 나타난다. 그린버그는 빈자들의 삶의 기예에 대한 이

---

[23] C. Greenberg, "Avant-Garde and Kitsch", *Partisan Review*, vol. VI, n° 5, automne 1939, p. 39. John O'Brian (éd.), *The Collected Essays and Criticism*, vol. 1, University of Chicago Press, 1986, p. 11에 재수록. (저자의 프랑스어 번역.)

러한 호의를 버려야 한다고 주장한다. 왜냐하면 바로 거기에, 즉 이전에는 관심을 가진 바 없었던 문화적 자질과 열망을 빈자들이 갖기 시작한 것에 예술을 위협하는 악의 뿌리가 있기 때문이다. "키치는 서유럽과 미국의 대중을 도시화했고, 이른바 보편적 문해력이라는 것을 확립한 산업혁명의 산물이다. 이전에는, 대중문화와 구별되는 공식 문화를 위한 유일한 시장은 읽고 쓸 수 있다는 것 외에 어떤 종류의 교양과 밀접한 관계가 있는 여가를 누린 사람들에 있었다. …… 프롤레타리아로* 도시에 정착한 농민들과 프티부르주아는 유용성의 이유로 읽고 쓰는 것을 배웠지만 전통적인 도시문화를 향유하는 데 필요한 여가와 안락은 얻지 못했다. 그러나 대중문화에 대한 취미를 잃어버리면서 …… 그리고 권태라는 새로운 능력을 발견하면서 새로운 도시 대중은 사회가 자신들의 소비를 위한 특정한 문화 형식을 제공하도록 사회에 압력을 가했다."[24]

 악의 뿌리가 밝혀지자, 해야 할 일도 명확해졌다. 예술과 문화의 미래 자체를 위협하는 적을 물리쳐야 한다. 물론 적은 자본주의다. 그런데 그것은 가장 위험한 형태로 구현된 자본주의다. 즉 읽고 쓰는 것을 배웠고, 예쁜 것들을 좋아하고 자신들의 삶을 예술로 꾸미는 것에 대해 나름대로 자부심을 갖게 된 농부의 자녀들이 그것이다. 문화의 구원을 위해 사회주의의 도래를 소망해야 한다면, 무엇보다도 자본주의 법칙을 알고 있는 지식인과 예술가 자기 고유의 재료와 절차에 전념하는 진지한 예술을 대중오락이나 집 장식과 분리하는 경계를 침투할 수 없는 것으로 만드는 데 열중해야 한다. 예술가들과 작가들이 민중과 '대중문화' 속에서 했던 여행의 시대, 즉 산업사회의 리듬, 노동의 위업과 피억압자들의 싸움, 도시 경험의 새로운 형식들과 그 경험의 사회의 모든 영역으로의 전파를 전달하려고 했던 예술 형식들의 시대는 지나갔다. 그린버그와 그

• 프랑스어 번역에는 '프롤레타리아로'가 누락되어 있다.
24 C. Greenberg, "Avant-Garde and Kitsch", art. cit., pp. 11~12.

주위에 모여들었던 '진지한' 마르크스주의 지식인들과 예술가들은 어떤 미국, 뉴딜의 참여적인 순방 예술로 대표되는 미국, 보다 근본적으로는 휘트먼 식의 문화 민주주의의 미국을 과거의 것으로 넘기고 싶어 했다. 그러나 그들이 종말을 고한 것은 좀 더 넓게 이해된 역사적 모더니즘, 즉 보편적 삶의 모든 진동과 함께하는 예술, 다시 말해 산업, 사회, 도시 생활의 빨라진 리듬과 결합하고, 일상적 삶의 가장 평범한 순간들에 자신의 무한한 울림을 줄 수 있는 예술이라는 관념이다. 아이러니하게도 이후에 후다는 이것을 끝내려고 했던 의지에 이 의지가 파괴하고자 했던 것의 이름을 부여하게 된다. 후대는 이 의지를 모더니즘이라고 부르게 될 것이다.

옮긴이 해제

랑시에르의 무대 개념과 평등주의

1. 무대의 방법

『아이스테시스』는 부제 '미학적 예술체제의 무대들'에서 알 수 있듯이, 무대들(scènes)로 구성되어 있다. 여기에 등장하는 14개의 무대는 18세기 중반에서 20세기 중반에 이르는 역사적 시기의 주요 예술적 사건을 다루고 있다. 이러한 점에서 이 책은 통상적으로 '모던'이라는 용어를 통해 설명되고 분석되었던 시기의 예술을 그 대상으로 삼고 있는 셈이다. 그런데 랑시에르는 이 책에서 '무대'라는 독특한 방법을 통해 '모더니즘' 혹은 '모더니티'에 대한 기존 담론을 대체하는 새로운 서사를 제시한다. 이러한 의미에서 우리는 이 책을 랑시에르가 「서곡」에서 말하고 있듯이, 예술적 모더니티에 대한 하나의 '대항-역사'(contre-histoire)로 읽을 수도 있을 것이다. 그런데 이 새로운 역사 쓰기는 '모더니티'라는 다소 논쟁적이고 따라서 모호할 수밖에 없는 표현을 자신이 엄밀하게 규정하면서 사용하고 있는 '미학적 예술체제'라는 개념으로 대체하는 것으로 요약할 수 있다. 결국 부제(副題) '미학적 예술체제의 무대들'은 『아이스테시스』가 어떤 대상을 어떤 방법을 통해 다루고 있고, 그것을 통해 무엇을 하고자 하는지를 요약해 보여 주고 있는 셈이다.

그런데 이렇게 무대들을 통해 어떤 담론이나 이야기를 제시하는 방법은 『아이스테시스』에만 고유한 것이 아니다. 사실 '무대의 방법'은 랑시에르의 철학 및 미학 전체를 관통하는 그의 고유한 방법론을 구성한다. 랑시에르에게 무대는 어떤 완결된 생각을 표현하는 한갓 외적인 양식이 아니다. 이러한 점에서 랑시에르의 무대의 방법은 연출(opsis, mise en scène)을 예술에서 본질적인 것이 아니라 단지 기예에 불과한 것으로 간주한 아리스토텔레스 시학과 단절한다.[1] 반대로 랑시에르에게 무대는 어떤 것을 탐구하고 이해하는 새로운 방식, 다시 말해 새로운 양식의 합리성이다.[2]

주지하다시피 '방법'은 길을 의미한다. 오랫동안 철학자들은 이 길을 우리가 어떤 것을 올바르게 인식하거나 설명하기 위해서는 반드시 따라야 하는 절차로 이해했다. 요컨대 어떤 대상에 대한 '올바른' 인식을 위해서는 '올바른' 순서와 절차를 따라야 한다고 생각했던 것이다. 그런데 이 방법에서 결정적인 중요성을 갖는 것은 그 출발점이다. 올바른 순서는 올바르게 설정된 출발점에서 따라 나오기 때문이다. 따라서 철학은 출발점에서 시작해야 한다. 이 출발점이 바로 철학자들이 '아르케'[3]라고 불렀던 것이다. 탈레스가 신화의 시대와 단절하면서 철학의 시대를 열었다는 평가를 받는 이유도 바로 그가 아르케가 무엇인지를 묻고 그것으로부터 출발하기 때문이다. 이렇게 해서 인식은 모름지기 현상을 그 본질로부터, 결과나 귀결을 그 원인이나 원리로부터 파악하는 것이라는 철학적 통념이 정립되었다.

---

1 아리스토텔레스, 『시학』, 1450b15-20 참조.
2 Jacques Rancière, *La méthode de la scène*, Lignes, 2018, p. 11 참조.
3 그리스어 'arkhê'는 본래 출발점이라는 뜻으로, 파생적으로 '원리' 또는 '토대'라는 뜻도 있다.

그런데 아르케로부터 출발한다는 것은 많은 것을 함축한다. 아르케는 그것으로부터 필연적으로 따라 나오는 것을 규정하기 때문에, 그것은 그로부터 귀결하는 것들의 필연적 질서와 연관을 자신 안에 함축한다. 따라서 사유가 아르케로부터 출발한다는 것은 무엇보다도 '필연적' 절차와 질서를 따른다는 것을 의미한다. 필연성에 대한 이러한 긍정은 반대로 우연의 길에 대한 부정을 함축한다. 즉 특정한 상황 속에 놓여 있는 사물들의 우연한 연관에 기초한 탐구는 부분적이고 부적합한 인식만을 산출해 사유의 혼란과 방황만을 만들어낼 뿐, 참된 인식이 요구하는 사물에 대한 포괄적이고 본질적인 인식에는 이르지 못하기 때문이다. 이렇게 필연과 우연, 올바른 길과 올바르지 않은 길, 합리적 사유와 경험적 사유의 분할이 정립된다. 그리고 이렇게 '체계적 방법'(méthode architectonique)은 합리성과 동일시된다.

랑시에르의 무대의 방법은 아르케로부터 출발하지 않는다는 점에서 이 오래된 철학적 전통과 단절한다. 그런데 아마도 사람들은 말할 것이다. 그것은 랑시에르에게만 고유한 것이 아니며 많은 현대 철학자가 공유하고 있는 것이라고 말이다. 이러한 의문은 당연히 제기할 만하고, 따라서 충분히 검토할 만한 가치가 있어 보인다. 그리고 아마도 이것은 랑시에르를 동시대 철학자들과 구별하는 고유성을 밝혀줄 것이다.

현대 철학자들이 아르케 개념을 거부하는 기본적인 이유는 그것이 다양한 것을 하나의 통일적 원리로부터 설명하기 위해 설정된다는 점이다. 철학자마다 설정하는 아르케는 다르지만 그것을 통해 하려고 하는 것은 동일하다. 우리는 이해하고 설명하기를 원하고, 따라서 원리나 원인을 찾는다. 그런데 우리는 특정 대상이나 현상에 대해 찾은 이해 원리가 그 대상만이 아니라 보다 많은 대상에, 더 나아가 궁극적으로는 모든 대상에 적용될 수 있기를 바라고 또 그럴 수 있다고 생각한다. 왜냐하면 그것이 단일하고 보편적인 원리가 될 수 있는 한에서 그만큼의 효율성과 원리로서의 자격을 갖게 된다고 생각하기 때문이다. 그러나 이렇게 구축된 아르케의 논리는 그 효율성의 이면으로서 배제의 논리를 함축한다. 첫째, 그것은 자신으로부터 설명할 수 없는 것을 비합리적이거나 병리적인 것으로 간주하고 배제한다. 둘째, 동일한 대상에 대해 주어질 수 있는 다른 이해 가능성을 배제한다. 요컨대, 다른 아르케의 설정 가능성을 배제한다.

대부분의 현대 철학자들이 공유하고 있는 것은 아르케의 개념이 함축하고 있는 이 두 배제 논리 가운데 첫 번째 것에 대한 비판이다. 앞서 말했듯이 아르케는 우리가 세계를 완결된 합리적 체계로 표상하도록 이끈다. 그런데 이것은 사물들이 보여 줄 수 있는 독특한 변이들을 부정함으로써 스스로를 닫혀 있는 절대적 지배체계로 정립하게 된다. 이 억압과 배제의 논리를 배제하기 위해 현대 철학자들은 아르케를 '통일적' 원리로서의 제시를 거부한다. 그들에게 아르케는 주어진 체계 안에서 사유 가능한 것을 정초하고 설명하는 원리가 아니라 오히려 그 체계를 넘어 사유되지 않은 것 또는 사유될 수 없는 것을 포괄할 수 있는 원리가 되어야 하기 때문이다. 이로부터 하나의 역설이 등장한다. 전통 철학에서는 아르케가 다양하고 상이한 것들을 동질적인 어떤 것으로 환원하는 것에 그 요체가 있었다면, 이제 그것은 반대로 이렇게 확립된 동일성을 해체하고 파괴하는 것을 자신의 개념적 역할로 삼기 때문이다. 이러한 의미에서 이 아르케는 '아르케 아닌 아르케'라고 불릴 만하다. 이렇게 현대 철학자들은 아르케를 해체하는 아르케, 권위를 무너뜨리는 권위로 아르케를 설정함으로써, '아르케의 아포리아'라고 부를 수 있는 것을 실천한다. 이러한 맥락에서 주제적으로 등장한 것이 바로 우리가 현대 철학자들에게서 쉽게 마주하는 '차이'(différence), '다수성'(multiplicité), '타자'(Autre) 등의 개념이다. 이들 개념은 모두 전통적인 아르케 개념을 대체하는 아르케로서 현대 철학의 주춧돌을 구성한다.

그런데 랑시에르가 보기에 이들 개념은 여전히 전통적인 아르케 개념으로부터 완전히 벗어나고 있지 못하다. 여전히 그것은 아르케이고, 따라서 그것에는 출발점의 역할이 부여되기 때문이다. 요컨대, 여전히 많은 현대 철학자는 철학은 아르케로부터 시작해야 한다는 생각을 공유하고 있다. 그들은 세상을 동일성의 원리로부터 설명하고자 하는 이론적 관점은 거부하지만, 이 아르케의 부정을 다른 아르케를 통해 정초하고자 한다. 이렇게 함으로써 그들은 사람들이 오랫동안 철학의 본성이라고 생각했던 것, 즉 아르케르부터 출발해야 한다는 요구에 여전히 충실하다.

랑시에르의 '무대의 방법'은 이 철학적 요구와 단절하고 있다는 점에서 급진적이다. 그것은 출발점에서가 아니라 발생의 '특정한 상황' 혹은 '맥락'에서 출발하기 때문이다. 이 점에서 무대의 방법은 규정된 개념으로부터 출발하는 전통 철학과는 다르게 새롭게 구성되고 형성되는 개념들과 사유들을 보여 준다.[4] 그러나 이 주장에 대해서도 우리는 의문을 가질 수 있다. 이것은 과연 랑시에르에만 고유한 것인가?

사실, 어떤 것을 이해하기 위해 그것의 '발생'을 탐구해야 한다는 생각은 철학사에서 그리 낯선 주장이 아니다. 예를 들면, 국가가 무엇인지를 이해하기 위해 그 원리인 '정의'가 무엇인지를 탐구한 플라톤과는 다르게, 홉스와 같은 근대 철학자들은 국가가 어떻게 발생했는지를 물은 바 있다. 그리고 이러한 '발생적 방법'(méthode génerique)은 한 철학체계는 그것을 탄생시킨 환경(milieu)에 대한 탐구를 통해 이해할 수 있다는 철학사적 방법론으로 확장되어 많은 연구자에 의해 받아들여졌다. 실제로 질 들뢰즈(Gilles Deleuze)는 스피노자에 관한 연구서에서 일반적으로 사람들은 한 철학자의 제1원리에서 출발하지만 자신은 스피노자를 그 환경을 통해 지각하고 이해하려 한다고 말한 바 있다.[5] 들뢰즈의 이러한 생각은 보다 일반론적인 다음의 언급에서 좀 더 명확하게 드러난다. "중요

---

4 J. Rancière, *La méthode de la scène*, p. 13 참조.
5 Gilles Deleuze, *Spinoza. Philosophie pratique*, Minuit, p. 164(박기순 옮김, 『스피노자의 철학』, 민음사, 1999, 18쪽).

한 것은 시작이나 끝이 아니라 가운데(milieu)입니다. 사물과 사유는 환경(milieu)에 의해서 자라나고 성장합니다. 자리 잡아야 할 곳은 바로 그곳입니다."[6] 유사한 생각은 랑시에르가 분할과 불평등의 논리에 기대어 있다고 비판했던 루이 알튀세르(Louis Althusser)에서도 나타난다. 그는 관념론과의 대비 속에서 유물론을 규정하면서 후자를 "어디에서 오는지(기원), 어디로 가는지(목적)도 모른 채, 달리는 기차에 올라타는"[7] 것에 비유한 바 있는데, 이는 명시적으로 출발점에서 시작해야 한다고 생각한 철학자들의 오랜 믿음을 부정하고 있는 것으로 볼 수 있다. 이 점에서 그는 들뢰즈의 생각에 합류하고 있는 것처럼 보인다.

이렇게 보면 랑시에르의 무대의 방법은 이 동시대 철학자들의 주장과 다르지 않아 보인다. 그러나 랑시에르는 이러한 겉보기의 유사성이 가리고 있는 진정한 차이가 있다고 주장한다. 그에 따르면 알튀세르의 경우, 중간 혹은 환경으로부터 출발해야 한다는 요구는 기원을 관념이 아니라 물질적 생산으로 대체하는 '유물론적 기원'에 관한 논제로 전환될 위험성이 있다. 실제로 마르크스주의 역사에서 등장한 '구체적 상황에 대한 구체적 분석'과 '기원(상품 분석)으로부터의 출발' 사이에서의 동요는 알튀세르에게 그대로 전이되어 나타나고 있기 때문이다. 그는 한편으로는 정신과 물질의 단순한 대립이 아니라 구체적 상황에 대한 분석에 근거한 마르크스주의를 강조하면서도, 다른 한편으로는 제1원리를 둘러싼 관념론과 유물론 사이의 투쟁으로 끊임없이 회귀하기 때문이다.[8] 동일한 것이 발생에 대한 탐구가 궁극적으로는 '차이의 존재론'으로 귀결되고 있는 들뢰즈에서도 마찬가지로 발견된다.

---

6 G. Deleuze, *Pourparlers*, Minuit, 1990, p. 219.

7 Louis Althusser, "Portrait du philosophe matérialiste", dans *Écrits philosophiques et politiques*, tome I, STOCK/IMEC, 1994, p. 581.

8 J. Rancière, *Les mots et les torts. Dialogue avec Javier Bassas*, La Fabrique, 2021, pp. 30~32 참조.

결국 우리가 이들에게서 발견하게 되는 것은 아르케의 아포리아를 존재 자체의 원리로 삼는 존재론이다. 랑시에르가 거부하는 것은 바로 이러한 존재론의 절대화이다. 그리고 바로 이 점에서 그는 동시대의 다른 철학자들과 구별된다. 그가 보기에 전통적인 아르케 개념과의 완전한 단절은 존재론적 절대화에 대한 거부로까지 나아가야 한다. 이러한 이유에서 그는 "존재로서의 존재에 관한 이론으로부터 정치나 예술 또는 문학에 대한 이해를 도출할 수 없다"[9]라고 주장한다.

그런데 이 주장에 대해 오해해서는 안 된다. 그는 특정한 정치나 예술이 그 귀결로서 특정한 존재론을 함축할 수 있다는 것을 부정하지 않는다. 그에 따르면 정치나 예술은 특정한 상황 속에서 구성된 사유, 특별히 감각계를 재구성하는 사유이다. 그런데 이 사유가 존재에 대한 일반적 이해로 연장될 수 있는 한에서, 그것은 기존의 사유체계와 존재 이해와 대립할 수 있다. 이러한 이유에서 우리는 정치와 예술에서 '존재론적 갈등' 내지는 '불일치'를 확인할 수 있다.[10]

결국 그가 반대하는 것은 특정 존재론으로부터 정치나 예술을 설명하는 것이다. 요컨대, 랑시에르는 여기에서 존재의 원리를 출발점으로 삼는 입장과 그것을 귀결이나 도달점으로 열어 놓는 입장을 명확히 구별한다. 그가 특별히 이러한 구별을 강조하는 이유는 전자의 관점이 다음과 같은 난점을 가지기 때문이다. 첫째, 존재론은 너무 일반적이고 추상적이어서 그것으로부터 특정 시대의 특정 예술 형식을 이끌어내기란 불가능하다. 왜냐하면 둘 사이의 연관이 너무 포괄적이고 느슨하기 때문이다. 이 경우 존재론은 충분한 설명적 효율성을 가질 수 없다. 그리고 그러한 한에서 우리가 출발점으로 삼는 존재론이 어떤 것이든 크게 문제

---

9 J. Rancière, "A few remarks on the method of Jacques Rancière", *Parallax*, 2009, vol. 15, no 3, p. 117.
10 *Ibid.*, p. 119 참조.

되지 않는다. 요컨대, 존재론에서의 차이는 실제로는 무의미하다. 그렇게 된다면 존재론으로부터 출발한다는 것이 무슨 소용이 있겠는가? 둘째, 반대로 그 존재론이 존재에 대한 '특정한' 이해이고, 그러한 한에서 제한적이고 배타적이라면, 그것은 어떤 예술이 함축할 수 있는 다른 존재론적 이해의 가능성을 배제한다. 사실, 존재론은 우리의 사유가 어떤 '구체적' 상황으로부터 출발해 구축할 수 있는 가장 일반적이고 추상 수준이 높은 사유에 상응한다. 보편적 원리로부터 그 귀결을 연역하는 경우와 다르게, 구체적인 것의 사유로부터 보편적인 것의 사유로 상승하는 것, 즉 어떤 보편적 원리를 설정하는 것은 논리적 추론이 아니라 창조적 상상이다. 이러한 의미에서 존재론적 해석은 상상의 자율성에 의존해 있는 열려 있는 문제로 보아야 한다. 특정 존재론으로부터 출발하는 것은 이 열린 가능성을 봉쇄하는 것과 같다. 이것은 우리가 앞에서 언급한 아르케 개념이 함축하고 있는 두 배제의 논리 가운데 두 번째 것에 상응한다. 결국 랑시에르가 아르케가 아니라 상황으로부터 출발하는 것을 자신의 방법론으로 주장할 때, 그가 말하고자 하는 것은 단순히 존재론의 부정이 아니라 특정 존재론을 절대화하는 것에 대한 거부이고, 존재론을 자유로운 해석의 영역으로 남겨두어야 한다는 요청이기도 하다. 이러한 한에서 사유의 자유는 보장될 수 있기 때문이다.

결국, 그가 관심을 갖는 것은 통일적 원리가 아니라 차이나 다수성을, 또는 관념이 아니라 물질을 새로운 아르케로 제시하는 것이 아니다. 오히려 그가 보고자 하는 것은 새로운 사유의 구체적 발생 상황과 과정이다. 무대는 바로 이 과정을 보여 주는 방법이다. 뒤에서 보겠지만 이 무대의 방법은 새로운 합리성의 구성이 아르케로부터 시작하는 철학자들에게서가 아니라 오히려 사유의 능력이 없다고 여겨지는 사람들, 다시 말하면 원리를 통해 '설명'하기보다는 그저 보고 듣는 것을 '기술'할 뿐이라고 간주하는 사람들에게서 일어난다는 점을 보여 주게 될 것이다.

2. 평등의 방법

앞에서 언급했듯이, 아르케로부터 출발해야 한다는 철학적 요청은 설명의 이념에 기초해 있다. 그런데 랑시에르는 자신의 책 『무지한 스승』(Le maître ignorant)에서 이 설명의 논리가 함축하고 있는 필연적 귀결 가운데 하나가 바로 지능의 불평등이라는 논제임을 밝히고 있다. 설명은 원리나 원인을 찾아 그것으로부터 그 귀결을 보여 주는 작업이다. 그런데 이 원리에 대한 인식이 완전한 것이 되기 위해서는 이 원리를 근거짓는 원리, 즉 원리의 원리를 밝혀야 한다. 그리고 이 탐구는 궁극적이고 최종적인 원리에 이를 때까지 계속되어야 한다. 그런데 여기에 다음과 같은 문제가 드러난다. 첫째, 원리에 대한 탐구가 이렇게 이어지는 한에서 대부분의 사람은 이 탐구 과정에서 길을 잃고 멈출 수밖에 없다. 그리고 그들은 '나는 더 이상 알지 못한다'는 것을 인정할 수밖에 없으며, 그래서 이제 그들은 자신들의 무지를 일깨워 줄 누군가를, '나는 알고 있다'고 주장하는 사람, 즉 설명자를 요청하게 된다. 이렇게 원리를 통해 인식할 수 있는 지능과 스스로의 힘으로는 그것을 파악할 수 없는 지능 사이의 분할이 확립된다. 둘째, 내가 어떤 원리를 찾아냈다고 하더라도, 그것으로 충분한지 아니면 그 원리의 원리를 물으며 더 나아가야 하는지를 나는 알 수 없다. 그래서 나는 여기에서도 '나는 알지 못한다'고 고백할 수밖에 없다. 그리고 마찬가지로 여기에서도 이미 그 원리에 대한 인식을 갖고 있기 때문에 그것을 평가하고 판단해 줄 수 있는 자, 즉 스승이 등장한다. 이렇게 설명하고 평가하는 스승은 지능 사이의 거리를 메꾸어주는 역할을 떠맡는데, 역설적으로 이 거리의 삭제는 그 간극을 전제하는 한에서만 성립한다는 점에 주목할 필요가 있다. 요컨대, 설명의 논리는 지능의 불평등을 전제한다.

철학자들은 우월한 지능과 열등한 지능 사이의 차이를 다음과 같이 요약한다. 전자가 "사물들을 근거들을 통해 인식하고 방법에 따라 단순한 것에서 복잡한 것으로, 부분에서 전체로 나아가"는 반면, 후자는 "지각들을 무작위로 등록하고, 그것을 습관과 욕구의 좁은 고리 안에서 경험을 매개로 간직하고, 해석하고, 되풀이한다."[11] 그런데 후자가 열등하다고 일컬어지는 데에는 철학자들이 '사유하다' 혹은 '이해하다'에 대해 가지고 있는 특정한 이해가 놓여 있다. 그들에게 보고 지각하고 기억하는 것은 진정한 사유가 아니다. 이런 이유로 사실들의 기록과 기억인 일기·팸플릿·비망록 등은 엄밀한 학문 영역에 들어갈 권리를 가지지 못했다. 그것들은 학문이 요구하는 것, 즉 원리로부터 출발하지도, 따라서 체계적이지도 않기 때문이다.

랑시에르는 이러한 생각에 문제를 제기한다. 왜 이러한 글들은 사유의 재료로 간주할 뿐 그 자체로 하나의 사유, 더욱이 합리적 사유의 한 형태로 볼 수 없는가?[12] 이 질문과 더불어 근본부터 다시 생각할 필요가 있었다. 도대체 사유란 무엇인가? 이 질문과 관련해 랑시에르는 사람들이 가지고 있는 통념 하나를 지적한다. 지각하고 기억하는 능력은 이해하고 판단하는 능력과 다르며, 둘은 서로 다른 지능에 속한다는 생각이 그것이다. 그러나 인간에게 무엇을 보거나 지각하는 행위는 이미 많은 것을 함축한다. 다른 동물과 다르게 인간은 무엇을 볼 때 그와 동시에 그것을 자신이 이전에 본 것에, 또는 그것과 유사하거나 인접해 있는 것에 관계하면서 그것을 이해하려 한다. 이 이해의 행위에서 우리가 확인할 수 있는 것은 반복하고, 비교하고, 조합하고, 그래서 결국은 무엇을 만드는 작업이다. 사실, 지능이 하는 일은 이것이 전부이다.[13] 어린아이가 언어를

---

11 J. Rancière, *Le maître ignorant*, p. 16(양창렬 옮김, 『무지한 스승: 지적 해방에 대한 다섯 가지 교훈』, 궁리, 2008, 20쪽. 번역은 약간 수정됨).
12 푸코가 했던 것과 유사하게, 철학자들의 책이 아니라 노동자의 일기·신문·팸플릿 등의 문서고에 주목하고, 거기에 함축되어 있는 정치적 의미를 가시화한 랑시에르의 작업은 이러한 질문으로부터 출발했다고 할 수 있다.
13 *Ibid.*, pp. 62~64, 94~95(양창렬 옮김, 『무지한 스승』, 76~78, 111~12쪽) 참조.

배울 때에도, 그리고 학자가 복잡한 논변을 펼칠 때에도 동일한 지능의 작용이 있을 뿐이다. 서로 다른 두 지능이 있는 것이 아니다.

그럼에도 불구하고 사람들이 어떤 것을 이해하는 데에 특별한 지능의 작용이 필요하다고 믿는 이유는 보이는 것 또는 쓰여진 것 배후에 그것을 이해하게 해줄 근거나 원리가 있다고 믿기 때문이다. 그리고 사람들은 이 이유 또는 근거를 파악하기 위해서는, 보고 기억하는 지능의 작용을 넘어서는 다른 특별한 지능이 필요하다고 생각한다. 따라서 문제는 이 이중화, 가시계와 가지계, 현상과 본질, 가상과 실재, 표면과 깊이를 나누는 존재론적 이중화, 그리고 이와 상응하게 지성과 감성을 나누는 인식론적 이중화이다.

랑시에르의 무대의 방법은 정확히 이 이중화에 대한 안티테제이다. 무대는 가상(apparence)과 관련이 있다. 무대는 현시의 공간이기 때문이다. 그러나 랑시에르에게 가상은 무대 밖의 현실과 대치되지 않는다. 오히려 무대 위의 가상은 가상에 대립하는 다른 가상이다. 이 말은 반대로 이것을 의미하기도 한다. 즉 무대에서 가시화되는 것은 현실에 대립하는 또 다른 현실이라고 말할 수 있다. 이렇게 보면 무대의 방법은 현실, 좀 더 정확히 말하면 현실의 원리라고 주장하는 것을 괄호 침으로써 그 현실을 재구성하는 일이다.[14]

이러한 이유에서 랑시에르는 이해하는 행위는 배후에 놓여 있는 어떤 것을 찾는 행위가 아니라 '번역하는' 것임을 강조한다.[15] 주어진 텍스트에 상응하는 어떤 것을 제시하는 것인 한에서 번역은 반복의 작업이다. 물론, 이 반복의 가능성은 번역자가 저자와 동일한 인간이라는 공통

---

14 이렇듯 가상을 실재에 대한 관심과 탐구라는 관점에서 폄하하는 것이 아니라 그것을 현실의 자유로운 재구성으로 긍정했던 관점은 프리드리히 실러에게서 발견된다. 프리드리히 실러, 윤선구 외 옮김, 『프리드리히 실러의 미적 교육론』, 대화문화아카데미, 2015, 225~39쪽 참조.

15 *Ibid.*, pp. 20, 108~09 (양창렬 옮김, 『무지한 스승』, 24, 126~27쪽) 참조.

의 토대 위에서, 하나가 다른 하나를 이해하고자 하는 의지를 가지고 있다는 전제 위에서 이루어진다. 요컨대, 번역은 그가 느끼고 생각하는 것을 나도 느끼고 생각할 수 있다는 가능성을 전제하고 바로 이 공통성(인간성)을 옮기는 행위이다. 그런데 이러한 번역은 동일한 것의 반복일 수 없다. 그 이유는, 두 이성적 존재의 소통이 생각과 생각의 직접적 전달이 아니라 생각에서 언어로, 그리고 언어에서 생각으로의 전환을 통해 이루어질 수밖에 없는데, 생각과 언어 사이에는 어쩔 수 없는 간극이 존재한다는 점에서 찾을 수 있다. 나는 나의 생각을 전달하기 위해 언어를 사용해 표현하지만, 이 표현된 언어는 나의 생각을 온전히 표현하기에는 항상 부족하거나 과하다. 내가 첨삭하면서 다시 말할 수밖에 없는 이유가 여기에 있다. 그리고 이것은 무한정 지속될 수밖에 없다. 플라톤 이후 수많은 플라톤주의자가 그를 대신해 그가 말하려고 했던 바가 무엇인지를 끊임없이 말하고 있는 이유도 여기에 있다.

이렇게 모든 언어는 반복되면서 다른 언어와 다른 이야기를 무한히 만들어낼 수밖에 없다.[16] 그런데 철학자들은 바로 이 언어의 무한성을 오랫동안 경계해 왔다. '말의 과잉'은 질서를 파괴하는 근원이 된다고 생각했기 때문이다. 잘 알려져 있듯이, 플라톤이 '문자'를 비판했던 것도 바로 이러한 이유에서였다. 그에게 사유는 로고스와 로고스의 대화를 통해 이루어진다. 그러나 죽어 있기 때문에 침묵할 수밖에 없는 로고스인 문자는 질문에 대답할 수 없다. 더욱이 문자는 죽어 있는 것이기에 마치 유령처럼 때와 장소를 가리지 않고, 그리고 신분, 연령, 인종, 계층 등

---

16 *Ibid.*, pp. 105~06(양창렬 옮김, 『무지한 스승』, 123~24쪽) 참조. 언어의 본성으로부터 헤테로토피아로서의 문학적 공간을 이끌어내는 푸코에서도, 언어는 이미 말해진 것을 반복하고 반영하는 무한한 거울(miroir à l'infini)과 같은 것으로 이해된다. 이에 대해서는 Michel Foucault, "Le langage à l'infini", *Dits et écrits*, I, Gallimard, 1994, p. 251 및 박기순, 「푸코의 헤테로토피아 개념」, 『미학』, 제83권 제1호, 2017, 122~26쪽 참조.

에 관계없이 모든 사람에게 전해질 수 있다. 여기에서 쓸데없는 말이 양산될 가능성, 사유할 능력이 없는 사람에 의해 잘못 이해된 말이 산출될 가능성이 생길 수 있다.17 그래서 문자는 '말 많은 벙어리'(muet bavard)와 같다. 이 말의 과잉을 제어하기 위해 플라톤은 말의 자격을 갖춘 말(logos)과 그렇지 않은 말(phone), 말할 자격을 갖춘 자와 그렇지 않은 대중을 구별하는 것이 필요하다고 생각했고, 그리고 같은 이유에서 다중에게 말할 자격을 부여하는 민주주의를 비판한 것이다.

그러나 민주주의의 옹호자인 랑시에르는 말의 무한한 유통과 재생산에서 새로운 사유 및 세계 재구성의 가능성을 발견한다. 그는 플라톤이 고발한 문자의 위험이 근대인들에게는 정치적 주체화의 토대가 되었다고 생각한다. 그에 따르면, 이러한 점은 근대 소설에서 잘 드러나고 있다. 예를 들면, 『마담 보바리』의 엠마, 『마을 신부』의 베로니크, 그리고 『적과 흑』의 줄리앵으로 하여금 자신들의 처지나 한계를 벗어나 다른 방식으로 보고 다른 삶을 꿈꾸게 했던 것은 바로 '책'과의 만남이었다.18 인쇄술의 발달로 가능해진 담론의 광범위한 유통을 통해 사람들은 이제 자신들의 처지와 위치에 어울리지 않는 담론이나 이야기를 접할 수 있게 되었다. 말하자면 시골 농부의 딸이 낭만적인 사랑 이야기를 읽고, 노동자가 서정시를 감상하거나 철학적 주제를 토론할 수 있게 된 것이다. 그리고 이와 더불어 은폐되어 왔던 하나의 비밀이 드러난다. 누구나 생각하고 말할 수 있는 권리를 가지고 있다는 사실이 그것이다. 근대 민주주의는 바로 이러한 발견에 기초해 있다.

이렇게 무대의 방법은 평등의 방법임이 드러난다. 그것이 무엇보다도

---

17 플라톤, 『파이드로스』, 275d~e 참조. 이에 대한 랑시에르의 논의는 *Le philosophe et ses pauvres*, Fayard, 1983, pp. 66~69와 *Le partage du sensible*, pp. 13~14 참조.

18 이에 대해서는 J. Rancière, *Politique de la littérature*, Galilée, 2007, pp. 59~83; *La chair des mots. Politique de l'écriture*, Galilée, 1998, pp. 115~36; 『아이스테시스』, 제3장 참조.

사회적 질서 속에서 규정된 정체성과 그것에 부여된 경계를 벗어나 모두가 동등하게 사유하고 말할 수 있는 권리가 있음을 현시하는 작업인 한에서 그러하다. 그리고 그것이 평등의 실험인 한에서 그 무대는 기존의 세계 및 질서와 단절하는 새로운 세계의 구성을 보여 주게 된다.

3. 무대와 언어의 정치

무대의 방법이 곧 평등의 방법임을 보여 주었던 앞선 논의를 통해 우리는 자연스럽게 정치가 무대 구성의 작업, 즉 '연출법'(dramaturgie)이라는 결론에 이르게 된다. 잘 알려져 있듯이 '평등' 개념은 프랑스 현대 철학의 지형에서 랑시에르를 다른 철학자들과 구별해 주는 개념적 지표라고 할 수 있다. 그러나 이것은, 랑시에르가 차이 또는 사건의 철학처럼 평등을 존재론적 '원리'로 삼고 있음을 의미하지 않는다. 그에게 평등은 하나의 '전제'(supposition), 임의의 어떤 말하는 존재와 다른 말하는 존재 사이에 설정된 전제이다.[19] 따라서 그것은 어떤 존재 원리가 아니라 실험되고 입증되어야 할 어떤 것이다.

그렇다면 이러한 전제를 가능케 하는 것은 무엇인가? 일차적으로 그것은 '말한다'는 사실 자체에서 찾을 수 있다. 말은 소통하려는 의지에서 나오는 행위로서, 말을 듣는 다른 존재가 나의 말을 이해할 수 있다는 믿음을 전제한다. 따라서 말의 행위는 상대방이 발화자의 말을 이해할 수 있는 동등한 이해 능력과, 또 그 발화된 말에 응답할 수 있는 동등한 말의 능력을 가지고 있음을 전제하는 한에서만 성립한다. 요컨대, 우리가 평등하다고 전제하는 것은 바로 우리 인간이 말하는 존재, 즉 로고스

---

19 J. Rancière, *La Mésentente*, Galilee, 1995, p. 53(진태원 옮김, 『불화』, 도서출판 길, 2015, 64쪽) 참조.

의 존재이기 때문이다. 우리 인간이 평등한 것은 평등하게 태어났기 때문이 아니다. 다시 말해 평등은 원초적 사실이 아니라 우리가 말한다는 사실에 함축되어 있는 전제이다.

따라서 랑시에르에게 평등은 말하는 존재 사이에 존재하는 평등이다. 그러나 이 평등은 위계적 정치질서 속에서 은폐되거나 부정되어 왔다. 로고스를 소유하고 있는 자와 그렇지 못한 자의 구별에 의해 정치 질서가 구성되었기 때문이다. 이것은 아주 먼 옛날에 로고스를 가지고 있지 않은 존재로 간주되었던 어린아이·여성·노예만의 이야기가 아니다. 그것은 삶의 유지에 필요한 것을 생산하는 일에 전념해야 하기 때문에 사유를 위한 여가를 가질 수 없는 과거와 현재의 모든 대중, 랑시에르가 몫이 없는 자들, 즉 '빈자들'(pauvres)이라는 이름으로 부르고 있는 모든 사람의 이야기이다. 사유할 능력이 없다고 여겨진 이들의 말은 '터무니없는 말', '말도 안 되는 말', '정신 나간 소리' 등으로 치부되었다. 그들은 원리를 파악하고 논리적으로 추론할 수 있는 능력이 없기 때문에, 그들이 할 수 있는 것은 단지 로고스를 소유한 사람들의 명령에 복종하는 것이다. 명령하는 자가 마지막에 덧붙이는 '내 말 알아들었어?'는 실제로는 '너희는 내 말을 이해할 필요도 없고, 또 이해할 능력도 없다. 너희는 내 말에 복종하기만 하면 된다'를 의미할 뿐인 거짓 질문이다.[20] 명령하는 자는 상대방에게 자신의 말에 대한 응답을 기대하지 않기 때문이다.

랑시에르가 '치안'(police)이라는 말로 부르고 있는 정치질서는 이렇게 말과 소리, 말할 자격을 가진 자와 그렇지 못한 자의 분할에 기초해 있다. 이 점에서 치안은 말한다는 사실에 함축되어 있는 평등을 부정하고 은폐한다. '정치'(politique)는 바로 이 은폐된 전제를 가시화하는 것에 있다. 다시 말해 그것은 몫이 없는 존재들이 자신들의 말도 동등하게 하나의 말임을, 그래서 자신들도 말할 자격이 있는 존재임을 보여 줌으

---

20 *Ibid.*, p. 73(진태원 옮김, 『불화』, 2015, 85쪽).

로써 이 분할과 불평등의 논리에 평등의 논리를 대립시키는 것이다. 따라서 정치는 두 언어, 즉 말과 소리가 존재하는 것이 아니라 하나의 동일한 언어가 존재한다는 것, 다시 말해 언어의 동등성(égalité)과 공통성(communauté)을 주장하고 또 그것을 수행적으로 보여 주는 행위이다.

이렇게 정치는 스스로가 말하는 존재임을 논증하는 말의 무대(scène de parole)를 구성하는 것에 있다.[21] 랑시에르는 이러한 유형의 말의 상황을 '불화'(mésentente)라고 부른다.[22] 따라서 그에게 정치는 이 '불화' 개념으로 요약할 수 있다. 그런데 랑시에르가 특별히 이 말의 상황을 불화로 부르고 있는 이유는 단순히 두 언어가 대립하고 불일치하기 때문이 아니다. 만약 그렇다면 불화는 장-프랑수아 리오타르(Jean François Lyotard)가 말하는 '쟁론'(différend), 즉 완전히 이질적인 언어 체제 사이의 대립과 다르지 않을 것이다. 그러나 랑시에르의 '불화'는 두 언어 사이의 차이와 대립이 현시되는 말의 상황이 아니라 그것들 사이의 공통성과 동등성을 인정할 것인지, 따라서 모두에게 말할 수 있는 자격을 인정할 것인지의 문제가 논점 자체를 구성하고, 바로 여기에서 대화 상대자가 서로 불일치하는 말의 상황이다. 요컨대, 그것은 불평등을 주장하는 언어와 평등을 입증하는 언어가 부딪히는 말의 무대인 것이다. 이러한 의미

---

21 이러한 맥락에서 랑시에르는 "무대 개념은 말에 대한 어떤 특권과 연결되어 있다"라는 점을 명확히 한다(*La méthode de la scène*, p. 12).

22 *Ibid*., p. 12(진태원 옮김, 『불화』, 도서출판 길, 2015, 17쪽). 이 점에서 '불화'는 프랑스어 'mésentente'를 온전히 옮기고 있지 못하다. 우리말 '불화'는 단순한 갈등 상태를 지시할 뿐인 데 반해, 랑시에르가 분명히 말하고 있듯이 'mésentente'는 특정 유형의 말의 상황, '말들 사이의 불일치'를 의미하기 때문이다. 더욱이 랑시에르에서 이 불일치가 오인(méconnaissance) 또는 오해(malentendu)로 환원되지 않는, 말 그대로 '특정 유형'의 말의 상황을 지시한다는 사실은 번역의 어려움을 배가한다. 종종 그러하듯이 어떤 번역어도 원어의 의미를 온전히 담아내지 못하는 상황이 있을 수 있고, 이 경우에 번역자는 불가피한 선택을 할 수밖에 없다. 따라서 독자에게 필요한 것은 그러한 선택이 함축하고 있는 불가피한 제한과 한계를 이해하는 것이고, 더 나아가 그것을 텍스트에 대한 이해를 통해 극복하는 것이다.

에서 무대는 어떤 로고스도 절대적이지 않다는 것, 즉 로고스의 분열을 가시화한다.[23]

말(로고스)은 나누고 구별하며, 그렇게 구별된 것들의 관계 설정을 통해 세상을 이해한다.[24] 그런데 이 말이 공동체의 산물인 한에서 그것은 그 사회의 위계적 분할과 질서를 반영하고 그것을 절대화한다. 이렇게 로고스는 동일자와 타자, 지성과 감성, 과학과 비과학, 가지계와 가시계, 중요한 것과 하찮은 것의 구별을 통해 질서를 구축한다. 랑시에르가 말하는 언어의 정치, 즉 말의 무대를 구성하는 정치는 이 분할을 중지하는 언어를 대립시킴으로써 세계를 재구성한다.

4. 역사적 무대의 고고학

실제로 랑시에르는 1970년대 초 자신의 스승이었던 알튀세르와의 결별을 선언한 이후,[25] 몫 없는 자들의 목소리가 가시화되었던 정치 무대를 탐구하는 데 집중했다. 68혁명을 통해 자발적 사회운동이라는 현실과 대중에 대한 의식화 교육을 주장한 마르크스주의 이론 사이의 간격

---

23 이러한 이유에서 랑시에르에게 합리성(rationalité)은 항상 이성의 절대성이나 보편성이 아니라 '이성의 분열'(division des raisons)로 나타난다. J. Rancière, *La méthode de la scène*, p. 13 참조.

24 로고스의 고유한 작용이 분별하는 것에 있다는 점은 성서에서도 잘 드러난다. 성서에 따르면 태초에 말씀(Logos)이 있었고, 이 말씀이 바로 신이었다(「요한복음」 1:1). 세계 창조는 바로 이 말에 의해 이루어졌는데, 그것의 본질적 작용이 바로 나누고 분별하는 것이었다. 실제로 세상을 창조하면서 말이 했던 것은 하늘과 땅, 빛과 어둠, 물과 바다를 나누고, 바다에 자라는 것과 창공에 날아다니는 것을 구별하는 것이었다(「창세기」 1:1-21).

25 J. Rancière, *La leçon d'Althusser*, Gallimard, 1974 참조. 이 결별이 랑시에르 철학사상의 전개에서 갖는 의미에 대해서는 박기순, 「알튀세르와 랑시에르」, 『시대와 철학』 제21권 제3호, 2010, 181~208쪽 참조.

을 확인한 랑시에르는 노동운동이 출현한 시발점으로 되돌아가 노동자의 정체성과 그들의 해방운동이 보여 주었던 실제 모습이 무엇이었는지를 재검토하는 작업에 착수한다. 19세기 프랑스 노동자의 해방운동에 대한 이 '고고학적' 탐구는 랑시에르가 1974년에 장 보레이(Jean Borreil)와 준비에브 프레스(Geneviève Fraisse) 등과 함께 세운 '반란 이데올로기 연구소'(Centre de recherches sur les idéologies de la révolte)를 중심으로 진행되었다. 그리고 당시 랑시에르의 연구는 이 연구소의 기관지라고 할 수 있는 『논리적 반란』(Révoltes logiques)을 통해 출간되었고, 이후 2003년에 『민중의 무대들』이라는 제목의 모음집 형태로 재출간되었다.[26]

랑시에르가 거의 10여 년에 걸쳐 19세기 프랑스 노동해방운동사의 문서고를 파헤쳐 발견한 것은 자본주의 사회에서 자신들이 어떤 조건에서 어떻게 착취당하고 있는지를 모르는 노동자에 대한, 이른바 과학적 인식을 소유한 엘리트의 의식화 교육이 아니었다. 반대로 그것은 자신의 사회적 처지가 강제하는 삶의 방식을 거부하고 스스로 자신의 생각과 꿈을 이야기한 노동자의 말이었다. 따라서 이들의 반란은 단순히 빈곤의 절규나 권력에 길들여지지 않은 자의 일시적 소요가 아니었다. 그들의 반란에는 이유가 있었고, 그들은 그것을 자신들의 언어로 표현했다. 따라서 이 저항은 '논리적 반란'이라는 역설적 이름으로 불릴 만하다. 왜냐하면 이 반란은, 일반적으로 어떤 연속적 과정의 결과로서 그 필연성이 설명되고 정당화되는 조직적 저항인 '혁명'(révolution)과는 다르게, 어떤 필연성에 의해서도 정당화되지 않는 일시적이고 자연발생적인 저항이지만 이유와 근거가 현시되는 무대라는 점에서 그렇다.[27] 이러한

---

[26] J. Rancière, *Les scènes du peuple*, Horlieu Éditions, 2003 참조. 다른 한편으로 랑시에르와 알랭 포르(Alain Faure)는 1830년과 1851년 사이에 프랑스 노동자들이 직접 쓴 글 가운데 일부를 『노동자의 말』이라는 모음집 형태로 출간했다. A. Faure et J. Rancière(éd.), *La parole ouvrière(1830/1851)*, pp. 10~18, 1976(réédition, La Fabrique, 2007) 참조.

맥락에서 랑시에르는 "우리가 반란이라고 부르는 것은 말과 이유의 무대"[28]라는 점을 분명히 한다.

그런데 이렇게 랑시에르가 현재의 진단을 위해 과거의 역사적 무대로 되돌아갔을 때, 그것은 이 역사를 살아 있는 전통으로 삼아 스스로를 그 전통의 정당한 계승자로 주장하기 위한 것이 아니다. 실제로 랑시에르는 노동운동사에 대한 역사적 탐구를 통해 우리가 유산으로 물려받아야 할 단일한 "노동자의 도소리는 존재하지 않는다"는 것, 오히려 "무대에서 드러난 [노동자의] 주체성을 매번 분할하는 분열된 논쟁적 목소리가 있다"라는 것을 확인하게 된다.[29]

따라서 랑시에르의 기획에서 중요한 것은 이론적 표상들(représentations)의 배후에 놓여 있는 실재(réalité) 혹은 진리(vérité)를 드러내는 일이 아니다. '진정한' 노동자의 목소리와 같은 것은 존재하지 않기 때문이다. 오히려 이 말의 무대가 드러낸 진실은 그들의 말의 진리가 아니라 그들이 이 말을 통해 수행적으로 보여 주었던 것, 즉 그들도 '마찬가지로' 말할 줄 아는 존재라는 사실, 즉 평등의 이념이다. 그리고 이와 함께 드러난 진실은 이 평등을 은폐하는 다양한 장벽들(barrières)이 사회에 존재한다는 사실이었다. 이 장벽들은, 사유할 수 있는 여가가 있는 사람들과 노동의 필요에 종속되어 있는 사람들 사이의 고전적 분할이 자본주의 체제 아래에서 재생산되는 다양한 형태를 보여 주었다.

이후의 랑시에르의 철학적 작업은 바로 이러한 연구 결과로부터 출발

---

27 '논리적 반란'이라는 표현은 랭보가 파리코뮌 직후에 쓴 시 「민주주의」(Démocratie)에서 반어적으로 표현한 시구 "우리는 논리적 반란을 말살할 것이다"(Nous massacrerons les révoltes logiques)에서 가져온 것이다.
28 J. Rancière, *Les scènes du peuple*, p. 9.
29 *Ibid.*, p. 11. 실제로 노동운동사는 노동자의 분열과 논쟁, 그리고 혁명적이고 진보적인 전통을 이어받았다고 간주되는 노동자의 반-페미니즘, 나치 치하에서의 협력 등 수많은 이탈을 보여 주었다. 따라서 이 역사 속에서 '진정한' 노동자의 정체성과 연속성은 존재하지 않았다.

한다. 첫째, 랑시에르의 국가박사학위논문이었던 『프롤레타리아의 밤. 노동자의 꿈의 아카이브』[30]는 직접적으로 19세기 노동자들의 말의 무대가 어떤 점에서 고유한 의미의 '정치'를 구성하는지를 밝힌다. 앞에서 언급한 바와 같이, 그에게 정치는 불평등의 논리에 평등의 논리를 대립시키는 행위이다. 그런데 이 정치에서 논점을 형성하는 것은 랑시에르가 '감각계의 분할'(partage du sensible)이라고 부르는 것이다. 그는 이마누엘 칸트(Immanuel Kant)의 감성론에 기대어 이 분할을 삶을 일차적으로 규정하는 시공간의 분할로 이해한다. 자본주의 체제는 노동자의 삶을 일하는 낮의 시간과 내일의 노동을 위해 노동력을 회복해야 하는 밤의 시간으로 분할했다. 이 분할은 노동에 종속된 존재의 삶의 양식을 근본적으로 규정한다. 이 점에서 그들은 여가 시간이 있어 자유롭고, 또한 바로 그러한 이유에서 공적인 업무인 정치에 참여할 수 있는 계급과 구별된다. 랑시에르에 따르면, 이 위계적 분할에 대한 노동자계급의 정치적 저항은 기계를 파괴하고 파업을 하는 것에서가 아니라 오히려 그들이 노동력 회복을 위해 잠을 자야 하는 시간에 책을 읽고, 시와 수필을 쓰고, 신문을 만드는 등의 활동을 함으로써 자신들에게 강제되었던 시간 분할을 중지했던 것에서 시작되었다. 그들은 이를 통해 자신들도 '마찬가지로' 사유하는 존재, 말하는 존재임을 입증하고 있기 때문이다.

둘째, 노동자 해방이 무엇보다도 이 지적 평등을 현시하는 '지적 해방' (émancipation intellectuelle)의 문제라는 점이 드러난 후, 랑시에르는 이제 이 지적 평등이라는 논제를 철학적으로 발전시킬 필요성을 느끼게 된다. 그에게 그 기회를 제공한 것은 1818년 루뱅 대학 불문학 담당 외국인 강사가 된 조제프 자코토(Joseph Jacotot, 1770~1840)의 교육적 모험과 그 교훈이었다.[31] 자코토는 프랑스혁명을 완수하고자 했던 시대를 대표한

---

30 J. Rancière, *La nuit des prolétaires. Archives du rêve ouvrier*, Fayard, 1981.
31 Joseph Jacotot, *Enseignement universel. Langue maternelle*, V. Largier, 1823.

'진보'의 이념이 지적 불평등, 즉 우월한 지능과 열등한 지능 사이의 분할을 전제하고 있다는 점을 비판하면서, 해방은 지적 평등의 토대 위에서만 실현될 수 있다는 점을 강조했다. 랑시에르는 '자코토'라는 역사적 인물과 그의 사상을 다시 무대화하면서 지적 평등의 교육학적·정치적·철학적 함의를 탐구한다.[32] 그런데 랑시에르가 자신의 철학적 논의가 지니는 고유성으로 언급한 바 있듯이, 이 연구는 1930년대 프랑스의 교육학적 상황에 대한 논쟁적 개입의 성격을 갖는다. 특히 그것은 학교가 보편 교육이라는 허울 아래 이미 존재하는 사회적 불평등을 재생산하고 있다고 주장하는 피에르 부르디외의 '사회학적 관점'을 비판적으로 겨냥하고 있다. 랑시에르는 이렇게 불평등을 전제하는 관점에 서는 한 부르디외의 사회학적 분석은 정치적 주체화를 사유할 수 있는 가능성을 배제하게 된다고 비판한다. 따라서 랑시에르에게 무엇보다도 중요한 것은 사회경제적 조건들로 환원되지 않는 정치의 고유성을 사유하는 것이었고, 그는 그것의 토대를 불평등한 분할의 논리를 전복하는 말하는 존재들의 평등, 즉 '지적 평등'에서 찾게 된다.

마지막으로 예술과 정치의 관계를 새롭게 사유할 수 있었던 계기를 랑시에르에게 제공한 것도 19세기 민중운동에 대한 이 시기의 탐구였다. 능동적이고 혁명적인 민중, 이 새로운 민중을 무대로 옮기는 예술은 어떤 것이어야 하는가의 문제는 19세기에 중요한 논점을 형성하고 있었다. 특별히 '민중극'(théâtre du peuple)이 이 논쟁의 중심에 위치해 있었는데, 그것은 연극이 "본질적으로 대중의 예술, 즉 단지 즐기기 위해서가 아니라 자신들의 통일성을 표현하기 위해 운집한 민중의 예술"[33]로 간주되었기 때문이다. 그런데 이 생각 자체는 아주 오래된 것이었다. 실

---

32 J. Rancière, *Le maître ignorant. Cinq leçons sur l'emancipation intellectuelle*, Fayard, 1987 (양창렬 옮김, 『무지한 스승』, 궁리, 2008).

33 J. Rancière, "Que peut être aujourd'hui un théâtre politique?", dans *Le Monde*, le 10 juillet 2009.

제로 플라톤은 극장에서는 훌륭한 것과 그렇지 못한 것이 군중의 함성으로 판정되는 '관객정치'(theatrokratia)가 이루어지고 있음을 언급하면서 이 '민주주의'(demokratia) 형태가 극장 밖에서 초래할 위험을 지적한 바 있다.[34] 그러나 19세기 민중극은 이 고전적 관념을 정반대의 관점에서 자기의 것으로 삼는다. 즉 연극은 이제 민중이 어떤 분할과 분열도 없이 통일체를 형성할 수 있게 해주는 예술 형식으로 간주된다.[35] 요컨대, 진정한 민중은 극장에서, 그들이 능동적으로 참여하는 연극을 통해 만들어진다고 이해되었다. 그러나 정치혁명을 미학적으로 확장하고자 했던 19세기의 이 낭만주의적 기획은 모순에 봉착한다. 모두의 장소가 되어야 하고, 모두가 하나가 됨으로써 민중이 탄생해야 할 극장에 민중이 사라지고 없기 때문이다. "좀 더 정확히 말하자면, 파리에는 두 부류의 민중이 있다. 빈곤에서 벗어나 곧바로 부르주아계급에게 매혹되어 거기로 흡수된 민중과, 보다 운좋은 형제들에게 패배하고 버려져 여전히 빈곤 속에서 살고 있는 민중이 그것이다. 첫 번째 부류의 민중은 더 이상 민중극을 보러 가길 원하지 않고, 두 번째 부류의 민중은 노동에 지치고 피로에 짓눌려 그곳에 갈 수가 없다."[36] 이렇게 민중극이 자신의 이상과는 반대로 민중을 통합하기보다는 분할하는 한에서, 민중의 정치와 민중에 대한 미적 교육을 연극이라는 예술 형식의 힘에 맡기고자 한 시도는 자기모순에 빠질 수밖에 없었다. 따라서 예술의 정치성을 사유하기 위해서는 새로운 관점이 필요했다. 무엇보다도 정치에 대한 새로운 이해가 필요했고, 이를 통해 예술과 정치의 관계를 새롭게 사유할 필요가 있었다. 랑시에르가 『불화』에서 정치를 감각계의 (재)분할로 규정하는 '정치의 감

---

34 플라톤, 『법률』, 제6권, 700e~701a 참조.
35 이러한 입장의 대표자는 쥘 미슐레(Jules Michelet)였다. 이에 대해서는 J. Rancière, *Les scènes du peuple*, pp. 173~75 참조.
36 Maurice Pottecher, *Le Théâtre du peuple*, Paris, 1899, p. 106(J. Rancière, *Les scènes du peuple*, p. 193에서 재인용).

성학'(esthétique de la politique)을 제시하고,[37] 바로 이것과 연계해『감각계의 분할. 미학과 정치』,『미학 안의 불편함』,『문학의 정치』, 그리고『아이스테시스』등의 저작에서 예술의 정치성, 특별히 그가 '미학의 정치'(politique de l'esthétique)라고 부르고 있는 것을 제시할 때, 이 모든 것은 19세기 민중극이 제기한 문제와 논쟁에 대한 랑시에르의 성찰의 결과라고 할 수 있다.

5. 무대들의 재연출과 평등주의적 글쓰기

이렇게 랑시에르의 철학적 작업 전체는, 말하자면 '말의 무대들'에 대한 탐구로 이해할 수 있다. 그런데 이 글의 모두에서 언급한 바와 같이, 랑시에르의 이 탐구는 그 자체로 또 다른 무대 구성의 작업이다. 말하자면 그의 철학은 무대들을 다시 무대로 옮기는 무대 구성, 즉 재연출(remise en scène)의 작업이라고 할 수 있다.

이것은 다음을 의미한다. 첫째, 무대 구성의 작업은 항상 특정한 상황을 전제하며, 그 상황에 대한 논쟁적 개입의 형태를 띤다. 19세기 노동운동사에 대한 연구가 68혁명 직후의 상황, 특히 운동의 현실과 이론 사이의 괴리라는 문제적 상황에 대한 인식에서 추동되었고, 자코토의 교육적 모험에 대한 탐구 또한 '보편 교육'을 둘러싼 1930년대 프랑스에서의 논쟁, 특히 부르디외의 사회학적 관점에 대한 비판적 개입이라는 성격을 갖는다는 점은 앞에서 이미 언급한 바 있다. 더 나아가『불화』,『민주주의에 대한 증오』등과 같은 랑시에르의 정치철학적 작업은 한편으로는

---

[37] "나의 책『불화』는 정치의 논점인 감각계의 분할을, 따라서 어떤 정치의 감성학을 다루는 데 할애되었다"(*Le partage du sensible*, p. 7). "따라서 정치의 바탕에는 '감성학'이 존재한다"(*Ibid.*, p. 13).

마르크스주의적 실험의 실패에서 '해방의 정치' 자체의 폐기를 도출해 냈던 다양한 비판적 논의에 대한 응답이었고, 다른 한편으로는 경제적 차원으로 환원되지 않는 정치의 고유성과 자율성을 되찾아야 한다는 주장 아래 실제로는 정치를 엘리트 집단에 의한 행정 관리로, 말하자면 인권, 민주주의, 폭력, 이주노동자(혹은 배제된 자), 젠더, 소수자, 민족 혹은 인종 등을 정치적 개념과 문제로서가 아니라 법적·행정적 관리와 조정의 문제로, 혹은 윤리적이고 인도주의적인 고려의 문제로 전락시키는 현실 상황에 대한 개입이었다.

이것은 랑시에르의 미학적 작업의 경우에도 마찬가지다. 근대 이후 독일 낭만주의에서부터 러시아 구축주의에 이르기까지 예술을 삶과 일치시키고자 한 시도는 예술의 정치성을 사유한 근대적 담론을 형성했다. 그런데 20세기에 접어들면서 이 담론은 유토피아주의로 비판되고 부정되었다. 주지하다시피 이 비판을 이끌었던 것은 포스트모더니즘 담론이었는데, 랑시에르가 보기에 그것의 본질은 예술은 이제 개념이 아니라 감각을, 그리고 재현이 아니라 재현 불가능한 타자를 증언해야 한다고 주장함으로써 몫 없는 자들의 주체화를 사유하기보다는 그들을 한갓 대상으로, 배려와 환대의 윤리적 대상으로 만드는 예술의 '윤리적 전회'에 있었다. 예술의 정치성을 재사유하고자 했던 그의 미학적 작업은 이 전회에 대한 비판적 개입으로 이해될 수 있다.[38]

둘째, 이 글을 시작하면서 언급했듯이 랑시에르에게 무대의 방법은 새로운 양식의 '합리성'을 보여 준다. 우리는 앞에서 이 합리성은 절대적 타당성이 아니라 오히려 '이성의 분열', 논리의 분열에서 성립한다는 점을 언급한 바 있다. 실제로 랑시에르는 자신의 방법을 상황에 대한 논

---

38 이른바 '윤리적 전회'에 대한 랑시에르의 비판적 논의는 그의 저작에서 광범위하게 나타나고 있지만, 특별히 『미학 안의 불편함』에 수록된 「미학과 정치의 윤리적 전회」에서 집중적으로 제시하고 있다.

쟁적 개입이라고 말한 바 있는데, 이때 '논쟁적'이라는 말의 의미는 흔히 이해되는 것처럼 한 특정한 입장에 대한 다른 한 특정한 입장으로부터의 문제제기나 비판을 의미하지 않는다. 오히려 그것은 논쟁의 대상이 되지 않는다고 간주되는 개념들이 사실은 논쟁적이고 정치적인 대상이라는 점을 드러내는 데 있다. 예를 들면, 통상 절차와 제도로 이해되는 '민주주의'나 분과학문으로의 '미학'은 그 자체가 결코 중립적인 용어가 아니며, 오히려 그러한 이해들이 다른 가능한 해석들을 가로막는 특정한 관점일 뿐이라는 것을 보여 주는 것은 랑시에르 철학의 가장 중요한 문제의식 가운데 하나이다.

셋째, 무대의 방법은 새로운 '문체'(style), 말하자면 그 방법론이 함축하고 있는 '평등주의적 글쓰기'(écriture égalitaire) 양식을 보여 준다. 여기에서 평등주의적 문체는 랑시에르가 자신의 철학적 담론을 독자인 대중이 이해할 수 있도록 설명하는 방식을 의미하지 않는다. 그가 『무지한 스승』에서 주장하고 있듯이, 이러한 평등주의는 설명자와 독자 사이의 불평등, 달리 말하면 철학적 언어와 일상적 언어, 추상 개념과 구체적 언어, 그리고 논변과 이야기 사이의 간격을 전제하고 있기 때문이다. 이렇게 오랫동안 사람들은 사유의 언어와 사유되고 설명되어야 할 재료로 간주되는 언어, 지성의 언어와 감각의 언어 사이에 위계적 차이를 설정해 왔다. 랑시에르의 글쓰기는 정확히 이 차이를 부정한다. 그의 평등주의는 이 두 종류의 언어가 사실은 동일한 대상에 대해 말하는 동등한 사유의 언어라는 점을 긍정함으로써 그것이 서로 만나고 교차하는 '평등의 평면'(plan d'égalité)을 구축하는 데에 있다. 따라서 그에게 "글쓰기는 '동일한' 사물에 대해 말하지만 통상적으로 서로 소통이 없는 세계에 속해 있는 이질적인 담론을 사실상 만나게 하는 방법"[39]이다.

실제로 그의 저작에는 철학 텍스트, 노동자의 편지나 에세이, 우화, 예

---

39 J. Rancière, *Les mots et les sorts*, p. 21.

술작품에 대한 기술 등이 서로 연결되고 교차하는데, 여기에서 연결은 하나가 다른 하나를 인과관계로 설명해 주는 수직적 논리가 아니라 반대로 수평적 관계를 통해 이루어진다. 따라서 그것은 '체계'가 아니라 '네트워크'(réseau) 또는 '짜임새'(tissu)를 형성한다고 말하는 것이 적절하다. 이 네트워크는 '재정식화'나 '바꾸어 말하기', '응축', '비교', 그리고 '전위' 등을 통해 구축된다.[40] 그리고 랑시에르의 이러한 글쓰기 방식은 그의 저작을 특징짓는 고유한 문체가 된다. 우리는 이것을, 예를 들면 랑시에르가 『프롤레타리아의 밤』에서 노동자들의 언어를 자신의 무대로 옮겨와 그것을 자신의 담론과 연결할 때, 『무지한 스승』에서 19세기 초 자코토의 교육적 모험과 담론을 현재의 현실과 소통시킬 때, 그리고 『불화』에서 플라톤과 아리스토텔레스의 철학적 논변을 아벤티누스의 우화와 비교할 때 확인할 수 있다.

그의 이러한 글쓰기 방식 때문에 종종 우리는 우리가 읽고 있는 것이 '그의' 논제인지, 아니면 그가 다루고 있는 저자의 것인지를 묻게 되지만, 랑시에르에게는 그것이 누구에 속하는지는 중요하지 않다. 왜냐하면 사유는 특정한 누구에게 속하는 것이기보다는 유통되고 번역되면서 다른 누군가의 것이 되기 때문이다.[41] 따라서 그것은 모두의 것이며 또한 동시에 누구의 것도 아닌 것이다.

이러한 글쓰기 방식은 『아이스테시스』에도 여실히 나타나고 있다. 랑시에르가 이 책 「서곡」에서 밝히고 있듯이, 그가 여기에서 실천하고 있는 '무대의 방법'은 특정한 예술적 사건과 관련해 하나의 '해석적 네트워크'(réseau interprétatif)를 구성하는 것에 있다. 그는 각각의 무대를 특

---

40 *Ibid*., p. 20.
41 랑시에르는 『무지한 스승』에서 '사유는 번역'이라는 논제를 주장한 바 있다. 그에 따르면, "이해하는 것은 번역하는 것, 다시 말해 어떤 텍스트에 상응하는 것을 제시하는 것에 다름 아니다. 그것은 결코 그것의 근거를 제시하는 것이 아니다"(*Maître ignorant*, p. 20, 양창렬 옮김, 『무지한 스승』, 24쪽. 번역은 약간 수정됨).

정한 예술적 사건을 다루는 발췌된 짧은 텍스트로부터 시작한다. 그러나 그렇다고 해서 그가 이 텍스트에 설명의 특권을 부여하는 것은 아니다. 이 텍스트는 그 예술적 사건과 관련 있는 다양한 감각적 및 관념적 요소의 네트워크가 구축되는 출발점일 뿐이다. 따라서 『아이스테시스』에서 '무대'는 이 텍스트를 중심으로 구축되는 네트워크이고, 바로 이것을 통해서 어떤 공연이나 작품이 예술로서 지각되고, 더 나아가 예술적 혁신으로 평가된다. 이 책의 제목이기도 한 '아이스테시스', 그리고 이와 동일한 의미로 사용하고 있는 '감각적 짜임새'라는 표현은 정확히 이 해석적 네트워크를 지시한다. 랑시에르에 따르면, 아이스테시스는 매체나 기예가 다르고 그 목적도 다른 것을 공히 예술로 지각하게 해주는 경험 양식이다. 그런데 이것은 "완전히 물질적인 조건들, 즉 퍼포먼스와 전시의 장소들, 유통과 재생산의 형식들", 그리고 "그 작품들을 식별하는 지각 양식들, 정서 체제들, 범주들", 더 나아가 "그것들을 분류하고 해석하는 사유 도식들"[42]을 포괄하는 네트워크를 통해 규정된다.

따라서 아이스테시스, 즉 감각적 짜임새는 랑시에르가 '예술체제' (régime des arts)라고 부르는 것 가운데 하나이다. 그에게 예술체제는 특정한 대상 혹은 동작을 예술로서 간주할 수 있도록 해주는 지각 체계를 의미하기 때문이다. 예술을 모방(미메시스)으로서의 이미지라는 범주 아래에서 사유하고 있는 플라톤의 '윤리적 이미지 체제', 그리고 예술을 재현 규범을 통해 규정하고 있는 아리스토텔레스의 '재현적 예술체제'와는 다르게, 근대에 형성된 '미학적 예술체제'에서 문제가 되는 것은 예술이 생산되고 지각되는 감각적 짜임새이다. 무대의 방법을 통해 구축되는 이 감각적 짜임새는 사물을 보는 우리의 시선이 위계적 분별의 원리인 이성의 지배로부터 벗어나는 것에서 성립한다. 따라서 이제 미학체제에서 예술은 더 이상 이성의 개념에 의해 규정되지 않는다. 예술은 어

---

42 『아이스테시스』, 「서곡」, 7쪽.

떤 것이 감각되고 느껴지는 특정한 방식과 개념으로 구성되는 특정 담론이 '수평적으로' 교차되고 연결되면서 만들어지는 네트워크를 통해 사유된다. 『아이스테시스』의 14개 무대는 이 네트워크의 구체적 예라고 할 수 있다.

6. '자유와 평등'의 이념과 현대 정치철학

랑시에르의 무대의 방법은 평등의 방법에 다름 아니라는 것, 그리고 그것은 필연적으로 합리성의 새로운 형식과 문체에서의 혁신을 함축한다는 것을 우리는 앞에서 살펴보았다. 이러한 이유에서 평등은 통상 랑시에르 철학을 대표하는 개념적 지표로 간주된다. 그런데 주지하다시피 이 평등 개념은 랑시에르가 창조한 그만의 독창적인 것도 아니고 또한 결코 새로운 것도 아니다. 그것은 우리 시대가 근대의 유산으로 물려받은 공통의 자산에 속한다. 랑시에르의 평등 개념은 이 유산을 전유하는 현대적인 여러 방식 가운데 하나라고 할 수 있다.

따라서 랑시에르 철학의 고유성은 근대적 자산에 대한 그의 독특한 전유 방식에서 찾아질 수 있다. 이 점과 관련해 랑시에르와 동일한 철학적 문제의식에서 출발하고 있지만 서로 상이한 길을 개척한 동시대 철학자들과의 간단한 비교는 그의 평등주의 철학, 특히 『아이스테시스』에서 전개되고 있는 '모더니티에 대한 미학적 재해석'을 이해하는 데 도움이 될 것이다.

랑시에르의 정치철학은 마르크스주의 전통, 좀 더 정확하게 말하자면 그의 스승 알튀세르가 제기한 마르크스주의의 재정립이라는 과제를 그 출발점으로 삼고 있다. 동료 철학자 에티엔 발리바르(Étienne Balibar)와 알랭 바디우(Alain Badiou)도 그들이 스승과 맺었던 관계의 양상은 랑시에르와 달랐지만 이 점에서는 크게 다르지 않았다. 요컨대, 발리바르는 자신의 스승처럼 마르크스주의를 현재화하는 데 관심을 가졌던 가장 충실한 알튀세르주의자였고, 바디우는 알튀세르가 개척한 길과는 상대적으로 먼 우회적인 자신만의 길을 개척했으며, 랑시에르는 자신의 스승을 정면으로 반박하며 그와의 돌이킬 수 없는 결별을 선언하는 방식을 택했다. 하지만 이들 모두는 해방으로서의 정치를 재사유하고자 하는 공통의 목표를 가지고 있었고, 그 기획에서 가장 중요한 논점을 '주체(화)'로 생각했다. 또한 포스트 담론이 근대적 폭력의 뿌리로 비판했던 '보편성의 정치'를 재정립하고자 했다는 점도 이들의 공통된 문제의식이었다. 그리고 무엇보다 결정적으로 그들이 공유하고 있는 것은 이 철학적 작업에서 적극적으로 전유하고자 했던 것이 근대의 유산인 '자유와 평등의 이념'이었다는 점이다.[43]

먼저 발리바르의 경우를 보자. 그의 스승이었던 알튀세르가 직면한 가장 큰 난점 가운데 하나는 그가 말한 이데올로기적 지배로부터 주체화를 이끌어내기 어렵다는 것이었다. 잘 알려져 있듯이, 이것은 랑시에르가 알튀세르와 갈라서는 결정적 이유가 되기도 했다. 그런데 발리바르는 다른 접근 방식을 보여 준다. 우선 그는 지배 이데올로기는 피지배 대중의 상상이 투여되면서 보편화된 관념으로서 대중의 체험된 경험으로 성립한다는 점을 지적한다. 따라서 그에 따르면 지배 이데올로기는 역설적으로 지배자들의 이데올로기가 아니라 피지배 대중의 이데올로기이다. 정의·자유·평등·노동·행복 등이 그러한 이데올로기를 구성하는데, 이것은 단지 세계에 대한 수용과 승인뿐만 아니라 저항과 반란의 토대가 된다.[44] 발리바르의 이러한 재해석에서 중추 역할을 하는 것은 그의 '초개

---

43 이 세 현대 철학자가 근대적 유산인 자유와 평등의 이념을 전유하는 방식에 대한 이후의 논의는 졸고 「포스트-알튀세르주의자들: 주체 개념을 중심으로」(한국철학사상연구회, 『다시 쓰는 마르크스주의 사상사』, 오월의책, 2013, 333~82쪽)에 기초하고 있다.

44 Étienne Balibar, "Le non-contemporain", Écrits pour Althusser, La Decouverte, 1991,

체성'(transindividualité) 개념인데, 이것은 보편과 개별, 전체와 개체 가운데 무엇이 더 일차적인가라는 선택적 문제설정에서 벗어나 둘의 동시적 발생 과정을 통해 알튀세르가 제기한 바 있는 '주체 없는 주체화'를 사유하도록 해준다. 또한 그것은 '보편적인 것'을 외부로부터 개체에 부과되는 규범으로 보는 것이 아니라 개체에 의해 내재적으로 형성되고 수용되는 것으로 봄으로써 보편적 가치에 근거한 정치, 말하자면 '보편성의 정치'(politics of the universal)를 확립한다.[45]

그런데 발리바르는 우리가 이러한 주체 개념을 근대의 역사적 유산으로 가지고 있다고 말한다. 1789년의 「인권과 시민권 선언」(Déclaration des droits de l'homme et du citoyen)에 등장하는 '시민' 개념이 바로 그것이다. 여기에서 시민은 바로 인간 본성의 동등성, 즉 '평등'을 통해 규정하고 있다. 따라서 시민권의 절대성은 모든 위계적 차별에 저항하고 그것을 무화(無化)하는 평등에 기초해 있다고 할 수 있다. 발리바르는 더 나아가 시민의 절대적 평등은 그가 절대적으로 자유로운 한에서만 성립하기 때문에, 평등과 자유는 분리될 수 없는 상호함축적 관계를 가지고 있다고 주장한다. 이를 지시하기 위해 그는 두 용어를 결합해 '평등자유'(égaliberté)라는 신조어를 만들어냈다. 결국, 정치가 시민이라는 주체에 기초하고 있고 이 시민이 평등자유에 의해 규정되는 한에서, 발리바르에게 정치는 평등과 자유의 실천에 다름 아님이 드러난다. 이렇게 그의 정치철학은 근대적 이념의 현재화라는 형태를 띠게 된다.

바디우는 아주 다른 경로를 통해서이기는 하지만 유사한 결론에 도달

---

pp. 114~15 참조.
45 발리바르는 이 초개체성 개념을 스피노자와 시몽동을 경유해 발전시키고 있다. 이에 대해서는 É. Balibar, *Spinoza politique. Le transindividuel*, II-1: "Individualité et transindividuel chez Spinoza", PUF, 2019 참조. '보편성의 정치'에 대해서는 특히 É. Balibar, "On Universalism: In Dialogue with Alain Badiou", *On Universals: Constructing and Deconstruction Community*, trans. by J. D. Jordan, Fordham University Press, 2020, pp. 84~95 참조.

한다. 알튀세르와 마찬가지로 바디우도 마르크스주의의 위기에 대한 의식과 그것의 재정립이라는 문제설정으로부터 출발한다. 그에 따르면 그 위기는 정치의 위기 말하자면 정치를 사회경제적 조건에 준거시킨 것에서 온 위기였다. 따라서 재정립되어야 할 것은 자본주의 분석으로서의 마르크스주의가 아니라 보편적인 정치적 사유로서의 마르크스주의였다. 바디우는 이제 이 정치적 마르크스주의의 기원을 찾아 나선다. 그리고 그는 그것을 19세기 혁명적 노동운동이라는 정치적 '사건'에서 발견한다.[46] 요컨대 바디우에 따르면, 마르크스주의는 이 사건에 대한 사유였다.

마르크스주의 정치는 이후 '공산주의'라는 보편적 이름으로 불렸는데, 바디우는 그것의 핵심을 '비-지배'(non-domination)로 규정한다. 그런데 문제는 공산주의 정치를 어떻게 이론적으로 정초할 수 있는가 하는 것이다. 발리바르에서와 마찬가지로 여기에서도 관건은 '주체'에 대한 사유였다. 그러나 발리바르와 다르게 바디우는 이 문제를 '사건의 존재론'이라는 자신만의 고유한 길을 통해 탐구한다. 아주 간단하게 말하자면, 바디우의 가장 중요한 존재론적 논제는 '하나는 존재하지 않는다'는 주장이다. 이것은 다음을 의미한다. 주어진 상황을 규정할 수 있는 단일한 원리는 존재하지 않으며, 그것을 재현하고 구성하는 지식체계를 벗어나는 요소가 상황 안에는 반드시 존재한다는 것이다. 따라서 모든 상황은 바디우가 '사건'이라고 부르고 있는 것을 허용한다는 의미에서 열려져 있고, 또 같은 의미에서 무한하다고 일컬어진다. 그런데 이 사건의 존재는 객관적으로 논증될 수 없다. 그것은 주어진 체계를 벗어나 있는 것이기 때문이다. 따라서 그것은 오직 그 사건에 의해 추동되는 주체의

---

[46] 랑시에르와 마찬가지로 바디우 또한 정치를 재사유하기 위해 19세기 노동운동으로 되돌아간다. 그런데 랑시에르가 이 노동운동에서 주목한 것이 노동자의 '말의 무대'였다면, 바디우는 노동운동을 '사회체의 히스테리적 징후'로, '사건'으로 보고 있다는 점이 다르다. Alain Badiou, *Peut-on penser la politique?*, Le Seuil, 1985, p. 20 참조

선언에 의해서만 승인될 수 있으며, 그리고 그것의 보편적 진리도 그 사건의 귀결을 충실하게 탐구하는 주체에 의해 구성된다.

그런데 정치의 경우, 상황의 이러한 무한성은 '평등주의 원리'(principe égalitaire)라는 주체적 보편성의 형태로 나타난다.[47] 공산주의의 이념인 비-지배는 바로 이 원리에 기초한다. 그리고 공산주의 정치가 국가라는 과잉적 힘의 지배를 제한하는 것에서 성립하는 한에서, 그것은 또한 자유를 함축한다. 이렇게 바디우는 마르크스주의 정치를 재사유하기 위해 자신의 존재론적 개념을 경유하지만, 결국 그의 정치철학이 보여 주는 것은 근대적 이념인 평등과 자유의 현대적 전유이다. 그리고 그것은 보편성의 구성을 평등주의 원리에 기초해 설명함으로써 근대적 계몽주의와 그것의 귀결인 제국주의의 덫에서 벗어난 '보편성의 정치'를 제시한다.

앞에서 살펴본 것처럼 랑시에르의 경우 이 점은 더욱 두드러지게 나타난다. 그의 출발점도 스승 알튀세르였다. 그러나 알튀세르의 이데올로기론을 재해석하면서 주체화의 개념적 가능성을 모색한 발리바르와 다르게, 랑시에르는 알튀세르에게서 스스로 사유할 수 없는 대중과 진리를 독점하는 계급 사이의 거리를 설정하는 불평등의 논리를 발견하고 그와 단절하는 길을 선택한다. 또한 그는 해방의 정치가 유토피아주의로 낙인 찍히던 상황에서 그 정치의 가능성을 재확립하기 위해 19세기 노동운동으로 되돌아가지만, 거기에서 '사건과 주체'라는 철학적 논제의 한 예를 발견하기보다는 노동자들의 말의 무대, 말하는 존재들의 평등을 실험하고 입증하는 무대를 확인한다.

이렇게 랑시에르에게 본질적인 것은 말들의 동등성, 혹은 말하는 존재들의 평등이다. 정치는 바로 이 평등을 현시하는 것에 있다. 다시 말해 그것은 '당신들은 우리와 다르고, 우리의 언어를 이해하지 못한다'고 주장하는 지배자의 분할과 불평등의 언어/논리에 '우리도 당신들과 마찬

---

47 A. Badiou, *Abrégé de métapolitique*, Le Seuil, 1998, p. 157 참조.

가지로 인간이며, 당신들과 마찬가지로 보고 느끼고 생각하는 존재'라고 주장하는 공통성과 평등의 언어/논리를 대립시키는 것이다. 이러한 이유로 이들의 언어/논리는 그 본성상 보편성을 갖는다. 그들의 언어/논리가 특정 정체성(계급, 민족, 인종, 성 등)을 대변하지 않는 것은 그들이 몫을 가지지 못한 자들이고, 특정한 정체성의 자격으로 정치에 참여하는 자들이 아니기 때문이다. 민주주의 정치의 주체인 데모스(demos), 즉 민중은 귀족이나 부유한 자들이 내세우는 자격을 갖추고 있지 않다. 그들이 정치에 참여할 수 있는 자격으로 내세우는 것은 역설적으로 어떤 자격이나 몫이 없음을 의미하는 단순한 사실로서의 자유이다. 민주주의는 이 자유를 정치 참여의 권리를 의미하는 자유로 전환하는 일종의 부당함에 기초하고 있다. 이렇게 특정한 정체성이 아니라 오히려 아무것도 가지고 있지 않은 존재의 자격으로 말하기 때문에 그들의 언어/논리는 역설적으로 특정 계층이나 분파가 아니라 모두를 대변하는 보편적 성격을 갖는다. 그들은 아무것도 아니기 때문에 전체가 될 수 있다(nous ne sommes rien, soyons tout). 이렇게 공동체의 한 부분일 뿐인 데모스가 전체와 동일시되는 한에서, 데모스는 '보편성의 정치'의 주체가 된다. 68혁명을 상징했던 슬로건은 이 점을 잘 표현하고 있다. '우리는 모두 독일의 유대인이다.' 이 슬로건은, 유대인들도 우리와 동등한 자격과 권리를 지닌 인간이기 때문에 그들이 받고 있던 차별과 배제는 그들만의 문제가 아니라 우리 모두의 문제, 공동체 전체의 문제라는 점을 확인시켜 주고 있다.

'포스트모던'이라는 말이 등장하면서 거대한 단절과 전환이 이야기되던 때가 있었다. 그리고 그와 더불어 '근대' 혹은 '모던'으로 지칭된 것은 극복되어야 할 과거로 여겨졌다. 그러나 오늘날 '포스트모던'은 그 자체가 재평가되어야 할 이론적 대상이 되었다. 그리고 사실 사람들이 생각했던 것과는 달리, 자신의 철학이 포스트모더니즘으로 분류되는 것을 받아들이는 현대 사상가는 많지 않다. 오히려 적지 않은 현대 철학자들은 자유와 평등의 이념에 규정될 수 있는 '모더니티'에 준거하고 있고, 그것을 적극적으로 재해석하면서 자신의 철학을 전개해 가고 있다. 이 점을 가장 명시적으로 보여 주고 있는 철학자가 바로 '평등의 철학자' 랑시에르이다. 그리고 이 점에 관한 한 발리바르와 바디우와 같은 동시대의 다른 주요 사상가 또한 랑시에르에 합류하고 있다.

7. 자유와 평등의 이념과 미학적 모더니티

다소 거칠게 말하자면, 고대 그리스 사상을 이끌었던 것은 자연을 '조화로운 전체'로 이해하는 관점이었다. 이상적인 정치공동체와 예술은 이 자연에서 각각 정의와 아름다움의 모델을 발견했다. 반면 근대 철학은 '자유와 평등'이라는 이념에 의해 추동되고 전개되었다고 할 수 있다. 물론, 이것은 자본주의의 형성과 발전이라는 사회경제적 변화를 그 배경으로 하고 있다. 자본주의 경제체제는 신분적 예속에서 벗어난 자유로운 대중을 산출했다. 그리고 이것은 철학체계 전체의 혁신을 이끌게 된다. 따라서 자유와 평등은 단지 정치철학에만 국한된 개념이 아니라 모더니티의 이념 그 자체에 다름 아니었다.

이 근대적 이념에 부응하는 철학적 혁신은 근대의 출발점으로 간주되고 있는 르네 데카르트(René Descartes)에서 이미 나타난다. 잘 알려져 있듯이 그는 책에 쓰여 있는 철학자들의 가르침이나 경험을 통해 획득한 모든 것이 확실한 인식을 우리에게 주지 못한다는 것을 깨닫고, 결국은 자신이 가지고 있는 사유 능력으로 그것을 찾겠다고 결심한다. 그의 주저 『성찰』은 사유 주체인 '나'의 1인칭 형태로 서술된 사유의 기록이다. 이러한 방식으로 자신의 사유 과정을 보여 주면서 데카르트는 이 사유의 길이 자신과 더불어 누구라도 동행할 수 있는 보편적인 길임을 강조한다. 왜냐하면 인간은 모두 '양식'(bon sens), 즉 이성을 가지고 있기 때문이다. 이렇게 그는 랑시에르가 말한 '지능의 평등'이라는 철학적 논제에 상응하는 것을 제시했다.

그러나 데카르트의 평등주의는 제한적이었다. 그는 지성과 감성 사이에 설정된 전통적인 위계적 구별을 그대로 받아들였을 뿐만 아니라 정신과 물질을 독립적인 두 영역으로 보았던 자신의 이원론이 보여 준 근대적 성취에도 불구하고, 인간 정신을 기계적 법칙에서 벗어나 있는 일종의 '왕국 속의 왕국'으로 간주함으로써 물체의 수동성과 정신의 능동성이라는 전통적 논제에 충실한 모습을 보여 주었기 때문이다.

이러한 점에서 데카르트로 대표되는 이 '철학적 모더니티'는 자유와 평등의 근대적 이념을 온전히 표현하지 못했다. 물질과 정신, 필연과 자유, 감성(상상)과 지성, 과학과 도덕 사이의 이원론적 분리가 극복되지 못했기 때문이다. 그것의 극복은 이 과제가 더욱 첨예하게 의식되었던 시대에, 그리고 이 시대적 과제를 자신의 것으로 삼을 줄 알았던 칸트에게서, 특별히 자연과 자유라는 두 영역의 통합을 과제로 제시했던 그의 제3비판서인 『판단력 비판』에서 실현된다. 이러한 관점에서 보았을 때, 자유와 평등의 이념에 의해 추동되었던 모더니티는 그 전개 과정을 통해 예술을 규정하는 근대적 사유 체제로서의 '미학'에서 온전히 표현되었다고 할 수 있다. 이러한 의미에서 '미학적 모더니티'는 모더니티의 완성이라고 말할 수 있을 것이다. 동시에 그것은 어떤 의미에서는 현대 철학의 출발점이기도 하다고 말할 수 있는데, 그 이유는 많은 현대 철학자가 칸트의 『판단력 비판』을 중요한 준거로 삼고 있기 때문이다.

그런데 그들이 미학적 모더니티를 해석하는 방식은 동일하지 않다. 정치철학 분야에서 살펴본 것과 유사하게 여기에서도 랑시에르의 입장은 동시대의 다른 철학자와 구별되는 그만의 고유성을 갖는다.

알렉산더 고틀리프 바움가르텐(Alexander Gottlieb Baumgarten)이 '감각적 인식의 학문'으로 명명하고 칸트가 체계화했던 '미학'(aesthetica)의 근대적 성립은 예술이 이성적 인식의 영역에서 벗어나 독립적인 인식 대상으로 등장했음을 의미한다. 이것은 한편으로는 생활세계로부터 물리적으로 분리된 '미술관'(museum)의 본격적 발전을 통해 가능했는데, 왜냐하면 미술관이라는 '분리된 공간'은 사회학적 시선에서 벗어난, 달리 말하자면 유용성과 중요성의 위계적 구별의 논리에서 자유로운 시선으로 사물을 볼 수 있는 물리적·제도적 조건을 제공했기 때문이다. 그리고 다른 한편으로 예술이라는 자율적 영역의 성립은 요한 게오르크 하만(Johann Georg Hamann)과 프리드리히 하인리히 야코비(Friedrich Heinrich Jacobi) 등의 철학자가 주도한 '이성의 권위'에 대한 도전이라는 당대의 이론적 환경을 그 배경으로 하고 있다. 이러한 관점에서 볼 때, 칸트 미학은 이러한 물질적·이론적 환경의 변화에 대한 응답이라고 할 수 있다.

결국 칸트의 『판단력 비판』이 보여 주고 있는 것은 '예술의 자율성'에 대한 사유라고 할 수 있다. 잘 알려진 것처럼 그는 '무관심성' 개념을 통해 예술, 좀 더 정확히 말하면 어떤 것을 아름다운 예술로 지각하는 심미적 경험의 고유성을 이론화했다. 그리고 랑시에르는 칸트에 충실하게 이 무관심성, 혹은 초연함(indifférence)의 개념에 특별한 중요성을 부여한다. 그런데 흥미롭게도 바로 이 점에서 랑시에르는 칸트 미학을 재해석하고 있는 그의 동시대 철학자, 예를 들면 리오타르나 들뢰즈와 구별된다. 그리고 이러한 사실은 어떤 점에서 랑시에르가 그들과 다르게 미학적 모더니티를 '자유와 평등'이라는 근대적 이념의 관점에서 해석하고 있는지를 보여 주게 될 것이다.

사실, 예술에 대한 고전적 이해에서 어떤 것을 예술로 만드는 것은 바로 이성의 규범에 따라 구성된 이야기, 그리고 이 이야기가 전달하는 윤리-정치적 가치이다. 칸트의 무관심성은 정확히 이러한 이성의 지배로부터의 독립을 의미한다. 그렇다면 이 독립은 구체적으로 무엇을 의미하는가? 바로 이 지점에서, 그리고 이와 관련해 칸트의 『판단력 비판』을 재해석하는 방식에서 현대 철학자들은 갈라선다.

1) 반-재현주의 미학 : 리오타르와 들뢰즈

리오타르의 경우, 그가 『판단력 비판』을 전유하는 방식은 매우 독창적이다. 잘 알려져 있듯이, 그는 칸트의 '미의 분석론'과 '숭고의 분석론'을 분리하고 후자에 특권적 지위를 부여한다. 아름다움이 상상력과 지성의 '일치'에서 성립하는 한에서, 그것은 감각적 대상을 그 총체성 속에서, 즉 특정한 '형태'가 투여된 물질로서 현시할 수 있다는 것을 전제한다. 그런데 리오타르에게 이것은 아름다움이 여전히 이성 개념의 지배 아래에서 완전히 벗어나지 못했음을 보여 주는 것이었다. 그가 보기에 이 한계를 벗어나는 것은 숭고에서이다. 칸트에 따르면, 숭고의 경험은 절대적으로 큰 것에 마주하여 상상력이 그것을 현시할 수 없는 한계에 부딪힐 때 일어난다. 따라서 숭고에서는 아름다움의 판정에서 나타난 능력들(상상력과 지성)의 일치는 불가능해진다. 이 불일치 혹은 분열은 감성적 영역에서 그것을 하나의 대상으로 재현할 수 없음을 의미한다. 그래서 이 불일치는 초감성적 영역으로의 이행, 다시 말해 상상력을 지성이 아니라 이성의 이념에 연관시킬 것을 요청한다. 이렇게 칸트에서 숭고는 과도한 것이 촉발하는 감성적 현시의 불가능성과, 그리고 그로부터 요청된 이성에 의한 초감성적 현시를 지시한다.

이러한 관점에서 볼 때, 아름다움과 구별되는 숭고의 가장 중요한 변별적 특징은 능력의 불일치라고 볼 수 있다. 그런데 리오타르는 여기에서 '능력의 불일치'보다는 '현시할 수 없는 것'(l'imprésentable)의 존재 자체에 주목한다. 리오타르에게 현시할 수 없는 것은 감각적 물질이다. 오랫동안 물질적인 것은 이성의 법칙에 의해 규정되는 순수하게 수동적인 존재로 간주되었다. 그런데 숭고의 감정은 이 무형적인 것의 힘을 증언하고, 그와 동시에 이 타자에 마주하면서 이성이 겪는 당혹감, 혼돈, 불안함을, 다시 말해 이성의 무능력을 드러낸다. 리오타르는 이 숭고에 주목하면서 그것을 미학 일반의 주제로 전환한다. 그래서 그는 "1세기 전부터 예술은 더 이상 미가 아니라 숭고에 속하는 어떤 것을 주요 주제로 갖는다"⁴⁸라고 주장하기에 이른다. 요컨대, 이제 예술은 '현시할 수 없는 것'의 존재를 증언하는 부정적 기능만을 갖는다.

그런데 리오타르의 이러한 해석은 칸트가 말한 것과 정확히 일치하지 않는다. 사실, 칸트가 숭고에 대해 말하는 것은 이성의 무능력이 아니라 초감성적 영역에서 법제자의 역할을 떠맡는 그것의 능력이기 때문이다. 그렇다면 왜 리오타르는 이렇게 칸트의 말에 충실하지 않은 해석을 제시하는가? 그는 칸트를 배반하는 것이 곧 그에게 충실하는 것이라고 생각한다. 왜냐하면 그가 보기에 칸트 미학의 핵심은 이성의 전제적 권위로부터의 해방이고, 그리고 그것은 숭고에서, 다시 말해 현시 불가능한 것의 승인에서 온전히 나타나기 때문이다.

이러한 해석은 그의 철학사상이 갖는 근본적 문제의식과 궤를 같이한다. 그가 주목한 것은 자신이 겪는 부당함(tort)을 논증할 수 있는 언어체제를 갖지 못한 절대적 희생자의 존재이다. 그는 아우슈비츠의 비극은 우리에게 그것을 사유의 과제로 제기한다고 생각했다. 그 비극은 '합리성'에 내재된 폭력이 어디까지 갈 수 있는지를, 그리고 그만큼 재현 불가능한 타자에 대한 무조건적인 연대가 얼마나 절박한 요구인지를 보여주었다. 이것을 통해 우리는 왜 리오타르가 숭고를 가장 중요한 미학적 주제로 삼았는지, 그리고 왜 칸트를 거슬러 칸트를 해석했는지를 이해할 수 있게 된다.

이렇게 리오타르가 예술의 자율성을 이론적으로 정립했던 『판단력 비판』에서 감각적 물질이라는 타자에 대한 부정적 현시로서의 숭고를 주제화했다면, 마찬가지로 숭고에 특별한 지위를 부여한 들뢰즈는 거기에서 '발생'의 이념을 발견한다. 들뢰즈의 칸트 해석은 본질적으로 칸트의 '초월적 분석론'을 '초월적 발생론'으로 재해석하는 것이다. 칸트가 사물을 규정하는 초월적인 인식 조건을 탐구했다면, 들뢰즈는 그 인식 조

---

48 Jean-François Lyotard, *L'inhumain*, Galilée, 1988, p. 147.

건을 주어진 선험적 형식으로 보기보다는 그것이 어떻게 발생했는지에 관심을 갖는다.[49]

칸트의 숭고 분석에 특별한 중요성을 부여하고, 또한 그것을 토대로 칸트 철학 전체를 재해석하는 들뢰즈의 전략은 전적으로 이 발생론적 관심에서 나온 것이다. 왜냐하면 발생을 명시적으로 보여 주고 있는 것이 『판단력 비판』, 그리고 그 가운데에서도 '숭고의 분석론'이기 때문이다. 들뢰즈는 취미 판단이 상상력과 지성의 일치에서 성립한다면, 이 일치는 어떻게 발생하는가의 문제를 제기한다. 그리고 그 답을 그는 숭고 분석에서 발견한다. 들뢰즈에 따르면, '상상력과 이성의 일치'로 규정되는 숭고는 역설적이다. 왜냐하면 "이성과 상상력은 긴장, 모순, 고통스러운 파열의 한가운데에서 일치하기" 때문이다. "일치가 있지만, 그것은 부조화의 일치, 고통 속에서의 조화이다."[50] 아름다움의 판단은 비록 주관적이긴 하지만 대상의 형태를 전제한다. 그래서 상상력과 지성의 자유로운 일치는 어떤 의미에서 상정된다.[51] 반면 숭고에서 상상력과 이성의 일치는 분열과 모순 속에서, 따라서 결코 상정될 수 없는 조건 속에서 발생한다. 이것을 좀 더 일반화한다면 이렇게 말할 수 있을 것이다. 조화나 질서는 불일치나 분열을 그 발생의 토대로 갖는다. 들뢰즈는 숭고에서 발견한 이 모델을 토대로 취미 판단에서의 '상상력과 지성의 자유로운 일치'를 재해석한다. 그에 따르면, 이 일치는 상상력이 지성 개념들의 규정적 지배력에서 벗어나고, 그와 동시에 개념들은 무한한 확장 가능성을 갖게 되는 불일치 상태를 겪으면서 이루어진다.[52] 그리고 마침내 들뢰즈

---

49 "그러나 심미적 『판단력 비판』에서 칸트는 능력의 첫 번째 자유로운 일치[상상력과 지성의 일치]에서 그 능력의 발생 문제를 제기한다. 그는 이를 통해 다른 비판서에서는 여전히 부재했던 궁극적 토대를 발견한다. 이제 칸트의 비판작업 일반은 단순한 '조건짓기'를 그치고 초월적 형성, 초월적 문화, 초월적 발생이 된다"(G. Deleuze, "L'idée de genèse dans l'esthétique", dans L'Île déserte, Minuit, 2002, p. 86).
50 *Ibid.*, p. 87.
51 *Ibid.*, pp. 90~91.

는 이 능력들의 불일치, 즉 '균열된 자아'(le Je fêlé)를 『순수이성 비판』의 '규정적 판단력'에서도 찾아낸다. 그에 따르면, 데카르트는 코기토를 통해 자아의 '존재'를 확신하게 되지만, 그것의 '동일성'(identité)은 오직 신의 보증을 통해서만 획득될 수 있다는 것을 보여 주었다. 그런데 칸트에서 신의 존재는 증명될 수 없기 때문에 신의 자리는 비게 되고, 그 결과로 자아의 동일성과 통일성은 보증되지 못한다. 그리고 이것은 자아의 분열 가능성을 제기한다. 실제로 들뢰즈는 '개념의 자발성'을 통해 규정되는 능동적 자아와, '인상 수용성'에 의해 규정되는, 능동적 자아에 선행하는 타자로서의 수동적 자아 사이의 균열을 발견하게 된다. 물론, 이 균열은 칸트 자신에 의해 봉합되지만, 이 '은밀하지만 폭발적인 순간'은 이후 횔덜린, 셸링, 쇼펜하우어, 니체 등에서 재등장하면서 차이 개념의 역사를 만들어내게 될 것이다.[53] 이렇게 들뢰즈에게서 칸트의 『판단력 비판』, 그 가운데에서도 '숭고의 분석론'은 칸트의 인식론을 발생론적 관점에서 재해석하면서 그것을 이른바 '생성의 존재론'으로 전환하는 데 결정적인 역할을 하게 된다.

리오타르와 들뢰즈는 칸트의 『판단력 비판』에서 각자의 철학적 문제의식을 배경으로 각각 감각적 사건이라는 '타자를 증언하는 예술'과 '발생의 이념'을 발견하고 있지만, 둘은 모두 숭고에 특별한 중요성을 부여하면서 일종의 '반-재현주의'의 기치를 내세운다는 공통점을 갖는다. 그리고 이 점에서 두 철학자는 지성의 장막을 걷어내고 사물의 '깊이'(profondeur)를 탐구하고자 했던 모리스 메를로-퐁티(Maurice Merleau-Ponty)와 같은 프랑스의 현상학적 미학 전통을 이어받고 있다고 할 수 있다. 이들을 포함한 적지 않은 프랑스 현대 철학자들에게 재현은 의식의 특정 프레임 안에 사물을 가두어 놓는 일종의 폭력의 논리에 다

---

52 *Ibid.*, pp. 91~93 참조.
53 G. Deleuze, *Différence et répétition*, PUF, 1968, pp. 116~18 참조.

름 아니다. 따라서 이들은 반-재현의 방법을 통해서만 사물 자체로 다가갈 수 있다고 믿었다. 형태보다는 색채를 강조한 메를로-퐁티의 세잔론, 자신의 숭고 미학의 전형을 바넷 뉴먼(Barnett Newman)의 추상화에서 발견한 리오타르, 그리고 프랜시스 베이컨(Francis Bacon)의 탈-형상화에서 감각의 논리를 보았던 들뢰즈는 이러한 반-재현주의를 전형적으로 보여 준다.

2) 랑시에르의 '자유와 평등의 미학'

랑시에르는 이러한 반-재현주의 전통에 대립한다. 물론, '미학적 예술체제'는 아리스토텔리스의 『시학』이 제시한 바 있고, 17세기까지 예술을 이해하는 지배적인 패러다임이었던 '재현적 예술체제'와의 단절 속에서 성립한다. 그러나 이것은 재현 '체제', 즉 예술적 재현에 특정한 규범을 부여하는 체제와의 단절이지, 재현 자체에 대한 부정을 의미하는 것은 아니다. 오히려 랑시에르가 미학체제를 통해 보여 주려는 것은 어떻게 새로운 주제와 재현 방식이 예술의 영역으로 침투해 우리의 예술적 경험 양식을 변화시키고 확장했는가 하는 것이다.

이러한 관점은 미학체제가 이론적으로 제시되고 있는 칸트의 『판단력 비판』을 랑시에르가 해석하는 방식에서 잘 드러난다. 우선 리오타르나 들뢰즈와 다르게 랑시에르는 '숭고의 분석론'에 특별한 중요성을 부여하지 않는다. 그에게 아름다움의 미학과 숭고의 미학 사이에는 어떠한 단절도 없다. 왜냐하면 심미적 경험에서 능력의 일치는 리오타르가 경계했던 이성의 능동적 힘에 의한 고전적인 의미의 일치나 조화가 아니기 때문이다. 지성과 상상력의 '자유로운' 일치는 그 자체로 불일치(dissensus)를 의미한다. 따라서 그것은 오히려 고전적 패러다임과의 단절, 감성과 상상력을 이성의 규범에 종속시키는 재현체제와의 단절을 함축한다. 따라서 불일치를 찾기 위해 특별히 숭고의 감정에 주목할 필요가 없다.[54]

① 초연함과 유희의 자유

칸트가 심미적 판단에 대한 분석에서 말하는 일치가 실제로는 불일치라고 말할 수 있는 이유는 그것이 '자유로운 유희'를 통한 일치이기 때문이다. 따라서 칸트에 뒤이어 그의 분석을 발전시키고 있는 프리드리히 실러(Friedrich Schiller)가 강조하고 있듯이, 주목할 필요가 있는 것은 '유희' 개념이다.[55] 유희는 무엇보다도 중지를 의미한다. 말하자면 그것은 이성의 필연성에서 오는 강제와 감각적 충동에서 오는 강제 모두의 중지이다. 바로 이 점에서 유희는 인간을 자유롭게 한다.

이 자유는 좀 더 구체적으로는 '사회학적 시선', 말하자면 정신적 존재인 자유인과 몸과 감각의 존재인 생산 대중을 분할하고, 그리고 이에 상응하게 예술(fine arts)과 수공업 기술(mechanical arts), 이성과 감성, 정신과 물질을 구별한 불평등의 시선으로부터의 자유이다. 랑시에르가 보기에 위계적 질서와 조화라는 고전적 모델과 단절하는 모더니티는 바로 이 자유에서 성립한다. 그가 여러 번 언급하고 있듯이, 귀스타브 플로베르(Gustave Flaubert)는 이 '미학적 시선'을 '사물을 보는 절대적 방식'이라는 문구로 표현한 바 있다. 여기서 '절대적'이라 함은 우리의 시선을 특정한 방식으로 규제하고 강제하는 모든 것으로부터의 독립과 자유를 의미한다.

그런데 이 미학적 시선에 드러나 있는 근대적 '자유' 개념을 정확히 이해할 필요가 있다. 이 자유는 의지의 자유, 말하자면 어떤 강제도 없이 '자의적으로' 자신이 원하는 것을 선택할 수 있는 전능한 신의 자유와는 완전히 다르다. 그것은 헤겔이 무리요의 그림에 관해 쓴 글을 랑시에르가 인용하면서 언급한 것처럼[56] 오히려 어떤 것도 결핍되어 있지 않기

---

54 J. Rancière, *Malaise dans l'esthétique*, p. 131(주형일 옮김, 『미학 안의 불편함』, 인간사랑, 2018, 156~57쪽) 참조.

55 프리드리히 실러, 윤선구 외 옮김, 『프리드리히 실러의 미적 교육론』, 대화문화아카데미, 2015, 125~41쪽 참조.

때문에 아무것도 원하지 않는 신에서 발견할 수 있는 자유이다. 이러한 이유에서 랑시에르는 『아이스테시스』에서 이 자유를 '초연함'(indifférence)이라는 개념으로 설명한다. 사지(四肢)와 머리가 잘린 헤라클레스 조각상이 보여 주는 부동성과 무표현성, 무리요의 「거지 아이」에서 나타나는 무념무상, 그리고 네덜란드 풍속화에 등장하는 상념 없는 놀이는 초연함의 미학을 보여 준다.

이 초연함은 일종의 단절 혹은 어긋남에서 성립한다. 헤라클레스의 능동적 힘은 부동성에 의해 표현되고, 「거지 아이」를 궁핍과 욕구의 존재로 바라보는 사회학적 시선은 올림포스의 신에 비유될 만큼 아무것도 원하지 않는 무념무상의 표상을 통해 반박된다. 이러한 의미에서 초연함은 무엇보다도 "감각적 형식과 특정한 의미의 표현 사이에 설정된 모든 규정된 관계와의 단절"[57]을 의미한다. 이제 감성 형식은 독립적으로, 그리고 어떤 규범에 얽매이지 않은 채 무엇을 의미하고 표현한다. 사회적 활동 방식(poiesis)과 감각적 존재 방식(aisthesis)의 합치를 매개하던 재현 규범(mimesis)이 사라지면, 이제 예술에서 유일하게 문제가 되는 '아이스테시스' 그 자체가 된다. 말하자면 아이스테시스가 절대화된다.

② 스피노자의 평행론과 미학적 모더니티

이 '아이스테시스'의 자율성은 궁극적으로는 정신의 지배로부터 물질의 독립으로 나타난다. 랑시에르는 이것을 『아이스테시스』에서 다양한 예술적 사건 속에서 탐구하고 드러낸다. 예를 들면, 휘트먼의 시에 등장하는 물질적이고 통속적인 사물들의 나열은 그 자체가 세계 전체의 호흡, 즉 정신적인 것을 표현하며(제4장), 입센 연극의 상징주의적 연출에서 문과 창문은 무대 장식이 아니라 그 자체가 주요 등장인물이 된다

---

56 『아이스테시스』, 제2장, 53~54쪽.
57 『아이스테시스』, 제1장, 49쪽.

(제7장). 같은 맥락에서 연출가 크레이그가 보여 준 것처럼 무대 공간의 물리적 배치인 연출은 아리스토텔레스가 생각한 것처럼 예술 외적인 부가적 요소가 아니라 시의 언어 속에 표현된 말해지지 않은 역량을 펼치는 그 자체가 예술적 언어로 자리매김된다(제10장). 그리고 논리적 연관이 없는 이미지들을 연결하는 베르토프의 몽타주는, 특정 이데올로기나 체제에 의해 규정되는 공산주의가 아니라 모든 물리적 활동의 등가성이라는 영화적 공산주의를 제시한다(제13장).

이렇게 물질적 사물은 더 이상 사유의 특정 도식에 의해 포착되어야 하는 대상이 아니라 그 자체가 정신적인 것을 담지하고 표현하는 것으로 제시된다. 이러한 관점에서 랑시에르는 『아이스테시스』에서 '상징주의'에 특별한 중요성을 부여한다. 그에게 상징은 추상적 사유의 비유적 표현, 다시 말해 이미지를 이미 주어진 어떤 관념에 결합하는 것에서 성립하지 않는다. 사자를 용기에, 개는 충실성에, 비둘기를 평화에 결합하는 것처럼 말이다. 오히려 상징은 "전체의 역량을 담지하고 있지만 전체로부터 떨어져 나온 단편이다. 그것이 전체의 역량을 담지하게 되는 것은, 우리가 그것이 물질적 사물로서 갖는 고독성으로부터 그것을 구해내 다른 단편들에 관련시키고 전체의 호흡이기도 한 대기를 이들 단편 사이로 유통시키는 한에서이다." 이러한 의미에서 상징주의는 정신과 물질의 고전적 대립을 해체한다. 그래서 상징주의 미학은 관념론적이면서 동시에 유물론적이라고 할 수 있다. 왜냐하면 그것은 "사물과 물질적 활동의 다양성 속에 숨겨져 있는 정신적 역량을 규정하는 데 열중"한다는 의미에서 관념론적이며, "정신성에 어떤 독자적 세계를 허용하지 않으며, 정신성을 단지 감각적 형태들과 활동들을 통합하는 유대관계로" 만든다는 의미에서 유물론적이다.[58]

정신적인 것과 물질적인 것 가운데 어느 하나가 지배적 우위를 갖는

---

58 『아이스테시스』, 제4장, 117쪽.

것이 아니라 마치 동전의 양면처럼 하나가 다른 하나를 표현하고 있다는 점에서, 우리는 상징주의 미학의 형이상학적 기원을 스피노자의 평행론에서 찾을 수 있다. 앞에서 우리는 철학적 모더니티의 출발점이었던 데카르트를 언급하면서 그의 이원론이 물질계를 정신에 독립적인 자율적 영역으로 정립하기는 했지만 둘 사이의 '동등성'에는 이르지 못했다는 점을 지적했다. 그리고 이러한 관점에서 그의 평등주의는 제한적이었다고 말한 바 있다. 스피노자의 평행론은 데카르트 이원론의 이러한 한계를 극복하고 있다는 점에서 '자유와 평등의 모더니티'의 형성이라는 관점에서 주목할 필요가 있다. 이것은 특히 데카르트의 이원론을 극복하고자 한 그의 형이상학이, 첫 두 비판서인 『순수이성 비판』과 『실천이성 비판』에서 드러난 이론과 실천, 필연과 자유의 이원론을 극복하고자 했던 『판단력 비판』의 기획을 선취하고 있다는 점에서 그러하다.

　주지하다시피 스피노자의 형이상학은 신 개념에 대한 새로운 이해를 중심으로 구축된다. 그가 보기에 사람들이 신에 대해 갖는 가장 일반적인 관점은 신을 마치 인간처럼 바라보는 것이다. 그래서 그들은 신의 탁월성은, 그들이 생각하기에 인간의 가장 큰 탁월성으로 간주되는 자유를 절대적인 방식으로 가지는 것, 다시 말해 어떤 강제도 없이 자신이 원하는 모든 것을 할 수 있는 절대적 자유에 있다고 생각했다. 이 자유 개념은 물질계를 지배하는 필연성과 대조된다는 점에서 이원론의 연장선상에 있다. 스피노자는 이렇게 인간의 것을 신에게 부여하는 것을 거부함으로써 신을 탈인격화한다. 그리고 이러한 그의 비인격적 신 개념은 그의 평행론으로 체계화된다.

　스피노자의 평행론에서 주목해야 하는 것은 그가 정신뿐만 아니라 물질을 신의 본질에 속하는 것으로 보았다는 점이다. 바로 이 때문에 그는 무신론자로 비판받았다. 왜냐하면 신학자들이 보기에 필연적 법칙이 지배하는 영역인 물질을 신의 본질에 속하는 것으로 보는 것은 신에게서 자유를 박탈하는 것이기 때문이다. 그러나 스피노자는 다르게 생각했다.

그에 따르면, 그것은 신의 자유를 부정하지 않는다. 왜 그럴 수 있는가? 자유에 대한 이해가 다르기 때문이다. 그의 평행론 원리에 따르면, 관념들의 세계와 물질적 사물들의 세계는 동일한 신의 서로 다른 두 표현이다. 따라서 그것들은 동일한 것이고 동등한 것이다.[59] 이러한 평행론의 관점에서 보면 정신의 능동적 표현인 자유는 물질의 수동성 및 필연성과 대립하는 것이 아니라 그것과 동일한 것이 되어야 한다. 그렇다면 그러한 자유는 어떤 자유인가? 우리는 이미 이러한 자유 개념을 앞에서 확인한 바 있다. 헤겔이 무리요의 아이들에서 보았던 자유가 그것이다. 결국 스피노자가 이해한 신의 자유는 무리요의 아이들이 보여 주었던 자유, 즉 아무것도 욕망하지 않고 어떤 목적이나 의도도 가지지 않기 때문에 무엇이든 될 수 있고 무엇이든 할 수 있는 무한한 가능성을 보여 주는 자유와 동일하다. 이러한 관점에서 볼 때 헤겔이 무리요의 아이들을 신에 비유한 것은 충분히 납득할 만하다. 이로부터 올림포스의 신들과 스피노자의 신, 그리고 무리요의 아이들의 동일성이 확립된다. 물론, 앞에서 설명한 것처럼 이 동일성의 근거는 초연함 혹은 무관심성의 자유이다.

칸트와 실러가 근대 미학을 이론적으로 확립하면서 주제화하고 있는 것이 바로 이 자유 개념이다. 그들에게서 그것은 '자유로운 유희'라는 용어로 등장한다. 따라서 우리는 이렇게 말할 수도 있을 것이다. 칸트와 실러의 유희 개념은 스피노자의 '새로운'(modern) 형이상학, 즉 '스피노자주의적 모더니티'의 미학적 전유이다. 반대로 자유의지도 없고 어떤 목

---

59 스피노자 철학의 언어로 말하자면, 신의 본질은 무한히 많은 속성으로 구성되는데 그 가운데 우리가 알고 있는 것이 바로 연장 속성(물질)과 사유 속성(정신)이다. 요컨대 동일한 신의 본질은 연장 속성으로도, 그리고 사유 속성으로도 표현된다. 그리고 물체들은 연장 속성의 양태들이고 관념들은 사유 속성의 양태이다. 그래서 "관념들의 질서 및 연관은 사물들의 질서 및 연관과 동일하다"(스피노자, 『윤리학』, 제2부, 정리 7).

적도 가지지 않는 스피노자의 신은 '유희하는 신'으로 재규정될 수 있을 것이다. 스피노자에게서 정신계와 물질계가 신 안에서 그 본질의 동일하고 동등한 표현으로서 서로 일치하는 것처럼 마찬가지로 칸트와 실러에게서 유희는 상반된 것들, 말하자면 무의지와 의지, 무지와 앎, 수동과 능동, 필연과 자유의 일치를 가능케 한다. 이러한 이유에서 랑시에르는 미학적 예술체제를 '상반된 것들의 동일성'으로 정의하고 있다.[60]

③ 민주주의 존재론과 미학체제

자유로운 유희에 의한 일치는 지배-종속의 관계에 의한 일치의 부정이고 그것과의 단절이다. 오히려 '유희하는 자유'에 의한 일치는 동등성, 즉 평등의 관계 속에서의 일치를 의미한다. 이러한 의미에서 모더니티가 새로운 자유 개념에 기초하고 있다면, 그것은 필연적으로 서로 분리 불가능한 '자유와 평등' 이념에 의해 규정되는 모더니티일 수밖에 없다. 우리가 앞에서 모더니티는 데카르트의 제한적 평등주의에서가 아니라 칸트와 실러의 미학적 모더니티에서 그 완성된 형태를 갖추게 된다고 말한 이유가 여기에 있다.

따라서 모더니티의 전개와 발전 과정에서 주목할 필요가 있는 것은 이 평등의 이념이 어떻게 자유와의 필연적 연관 속에서 이론화되고, 또 어떤 구체적 형태로 실험되고 실천되었는지 보는 것이다. 당연히 여기에서도 새로운 자유 개념을 제시한 스피노자 철학이 출발점이 될 수 있다. 존재론적 위계질서가 궁극적으로 물질에 대한 정신의 존재론적 우월성을 통해 정립된다는 것을 고려할 때, 존재론적 평등은 정신과 물질의 동등성을 주장한 스피노자의 평행론에서 분명한 형태로 가시화되었다고 할 수 있기 때문이다. 신의 자유가 무의지의 자유인 한에서, 신은 자신의 자의적 선택에 따라 행위하지 않으며, 따라서 예외적이고 특별한 것

---

60 J. Rancière, *Le partage du sensible*, pp. 31~33 참조.

들, 말하자면 기적과 같은 것을 통해 자신의 역량과 본성을 표현하지 않는다. 그는 자신의 본성의 필연성에 따라 행위하며, 그렇기 때문에 신성(divinity)은 이 세상에 존재하는 모든 것에 내재해 있다. 따라서 신의 관점에서는 유용한 것과 해로운 것, 중요한 것과 하찮은 것, 특별한 것과 평범한 것의 구별은 존재하지 않는다. 모든 것은 신의 본성과 역량을 각자의 방식으로 표현하기 때문이다. 그렇기 때문에 무리요가 거리의 어린 거지들에서 어떤 신성을 포착해낼 수 있었던 것은 결코 놀라운 일이 아니다.

스피노자의 존재론이 이렇게 자유와 평등 이념에 기초하고 있는 한에서 우리는 그것을 '민주주의 존재론'(ontology of democracy)으로 규정할 수 있을 것이다. 근대 민주주의 또한 동일한 이념에 토대하고 있기 때문이다. 실제로 스피노자는 자신의 존재론과 민주주의의 연관성을 간접적으로 표현하고 있다. 그는 '절대적'이라는 표현을 오직 두 개념에 국한해서만 사용하는데, 신과 민주주의가 그것이다. 신, 다시 말해 자연(Deus sive Natura)과 정치체제인 민주주의는 무한한 다양성을 통해 성립하고 존속하는 체계이다. 이 절대적 다양성은 그 안에 존재하는 모든 것이 그것을 구성하고 유지하는 일에 참여할 수 있는 자유롭고 평등한 권리를 갖는 데서 오는 것이다. 그리고 그러한 한에서 그것은 절대적으로 다양하고 풍부한 본질을 갖게 되고, 그리고 그로 인해 결코 파괴될 수 없는 절대적 체제가 된다. 그런데 이 세상 모든 것 가운데 오직 인간과 인간의 행복에 관련된 것에만 관심을 가졌던 스피노자는 자신의 정치철학을 통해 '정치적 민주주의'에 대해서는 중요하게 논의하고 있지만 '존재론적 민주주의'에 대해서는 구체적 탐구를 보여 주지 않는다. 그의 철학에서 그것은 공백으로 남아 있다. 그것은 스피노자의 모더니티를 전유하고 있는 미학체제의 틀 안에서 다양한 예술적 실천을 통해 탐험될 것이다.

랑시에르는 미학체제의 주요 예술적 혁신을 다루고 있는 『아이스테시스』에서 바로 이 존재론적 민주주의를 탐구한다. 우선 무엇보다도 그는 유용한 것과 해로운 것, 의미 있는 것과 무의미한 것, 큰 것과 작은 것 등을 분별함으로써 위계질서를 구축하는 이성의 규범으로부터 벗어날 때, 모든 것은 평등하게 나타난다는 사실을 반복해서 강조한다. 그에게 미학체제는 바로 이 평등을 탐험하고 현시하는 사유 체제이다. 이 점은 무엇보다도 재현의 주제에 따라 장르를 위계적으로 구별한 전통적 관점의 해체에서 잘 드러난다. 주지하다시피 근대 이전까지 신화나 성서 이야기, 그리고 주요 역사적 사건을 다룬 역사화나 왕족과 귀족을 그린 초상화는 고귀한 주제를 다룬 고귀한 장르에 속했던 반면, 서민의 일상적 삶을 재현한 풍속화, 자연 사물을 그린 풍경화, 그리고 가장 쓸모없는 죽어 있는 사물을 그린 정물화는 저속한 장르로 간주되었다. 그러나 미학체제에서 예술은 그 재현 주제들에 차별을 두지 않는다. 미학적 시선은 그것들에 대해 무관심하고 초연하다. 그런데 역설적으로 이 초연함은 세상의 모든 것에 시선을 주는 평등주의 시선에 다름 아니다. 이제 이 시선 속에서 모든 것은 동등하게 예술적 재현의 대상이 된다. 따라서 랑시에르가 인용하고 있듯이, "우주를 구성하는 모든 것, 즉 가장 고귀한 물건에서부터 가장 하찮은 물건에 이르기까지, 천상의 시스티나 성모에서부터 플랑드르의 술주정뱅이에 이르기까지 모든 것"[61]이 예술의 영역에 속할 수 있는 '평등한' 권리를 갖게 되었다.

이것은 랑시에르가 '미학적 분리'라고 말한 데서 가능해졌다. 이러한 분리는 한편으로 18세기에 미술관의 본격적 발전이라는 제도적 변화와, 다른 한편으로는 이에 상응하게 사물을 보는 시선과 사유의 변화를 통해 일어났다. 어원적으로 예술의 신인 뮤즈를 위한 신전이라는 의미의 미술관(museum)은, 신전이 본성상 그러하듯 무엇보다도 '분리의 공간', 세속적이고 사회적인 것으로부터 떨어져 있는 '신성한 공간'으로 규정될 수 있다. 미술관이 사회적 공간에 대해 갖는 물리적 분리는 새로운 시

---

61 *Le Globe*, 17 septembre 1824(『아이스테시스』, 제2장, 64쪽에서 재인용).

선을 가능케 하는 상징적 공간이 된다. 예를 들면, 꽃병이나 동전 혹은 방패 등과 같은 고대 문명의 유물이 미술관이라는 분리의 장소에 놓일 때, 그것들은 자신들이 가졌던 본래의 목적과 유용성을 상실한다. 미술관에서 그것들을 '몇 발자국 떨어져' 바라보는 우리의 시선은 그것들이 산출되었던 시대와의 시간적 거리, 그리고 그것들이 가졌던 삶의 맥락으로부터의 공간적 거리를 동시에 가질 수밖에 없다. 따라서 과거 문명의 흔적과 증언으로서 그것을 탐구하는 고고학자가 아니라면, 우리는 그것들이 어떤 의도에서 누구를 위해 만들어졌는지에 대해 무관심하다. 이러한 점에서 우리의 시선은 우리 앞에 놓인 유물이나 재현된 주제가 담고 있는 '이야기'나 '예시적 가치' 등에 초연하다(indifferent).

오히려 새로운 미학적 시선 속에서 각각의 사물에서 주목되는 것은 그것이 지닌 상징화 능력이다. 이 세계에 존재하는 모든 것은 아무리 작고 하찮은 것처럼 보일지라도 전체의 호흡과 파동을 각자의 방식대로 표현하고 있다. 랑시에르가 이러한 관점을 상징주의로 규정하면서 강조하고 있다는 것을 우리는 앞에서 언급한 바 있다. 상징주의가 이렇게 이해되는 한에서, 랑시에르가 명확한 언어로 말하고 있듯이, "상징주의 시학은 평등주의 시학"[62]이라고 할 수 있다. "하나의 풀잎은 별들의 노고만큼 가치를 지닌다"[63]라고 주장한 휘트먼의 시학적 논제는 이 존재론적 민주주의의 미학적 표현이라고 할 수 있을 것이다. 플로베르 또한 『마담 보바리』를 아무것에 대해서도 이야기하지 않는 책이라고 말하면서, 예술에서는 이제 아름다운 주제도 상스러운 주제도 없음을 강조한다. 그래서 그는 휘트먼처럼 "우리는 풀잎 하나의 역사에 크나큰 사랑을 투여할 수 있다"[64]라고 쓰고 있다. 왜 풀잎만이겠는가? 이번에는 나뭇잎들이 존재

---

62 『아이스테시스』, 제4장, 118쪽.
63 Walt Whitman, *Feuille d'herbe*, *op. cit*., p. 109(『풀잎』, 96쪽).
64 "Lettre à Louise Colet du 22 avril 1854", dans G. Flaubert, *Correspondance*, vol. 4, p. 62.

론적 평등을 미학적으로 논증하기 위해 소환된다. 연인 루이즈 콜레에게 쓴 편지에서 플로베르는 나뭇잎들은 서로 다르지만 그것은 '다같이' 흔들린다고 말하면서 사물들의 '미시적 평등'을 긍정한다. 그런데 이 평등, 혹은 이 민주주의를 정치적 민주주의와 혼동해서는 안 된다. 플로베르는 정치적으로는 민주주의자가 아니었지만, 존재론적 민주주의의 옹호자, 그리고 문학을 통해 이 민주주의를 실천하고 있다는 점에서 '문학적 민주주의'의 대변자였다.[65]

플로베르의 문학적 민주주의가 표방하고 있는 미학적 관점은 『아이스테시스』 제9장에서 다루고 있는 로댕의 조형예술에서 재등장한다. 나뭇잎의 흔들림이나 먼지 소용돌이 같은 미시적 사건에 주목하는 플로베르의 평등주의 문체는 조형예술을 표면의 예술로 전환시킨 로댕과 공명한다. 로댕은 신체를 탐구하고자 했다. 그러나 그가 표현한 것은 특정 서사나 담론에 의해 형상화된 신체나 조화로운 전체로서의 유기체적 신체가

---

[65] 플로베르에서 나타나는 존재론적 민주주의와 미학적 민주주의 사이의 이러한 연관은 그가 이 세계의 창조자인 신과 예술가에 동일한 위상을 부여하고 있는 것에서 보다 명확하게 드러난다. 그는 루이즈 콜레에게 이렇게 쓰고 있다. "자신의 작품 속에서 저자는 이 우주 안의 모든 곳에 현존하지만 그 어디에서도 비가시적인 신처럼 존재해야 합니다. 예술은 제2의 자연인바, 이 자연의 창조자는 유사한 절차에 따라 행위해야 합니다. 모든 원자(atomes)에서, 말하자면 모든 양상에서 우리는 숨어있는 무한한 평정(impassibilité)을 느낍니다"("Lettre à Louise Colet du 9 décembre 1852", dans G. Flaubert, *Correspondance*, vol. 3, p. 62). 여기에서 플로베르는 첫째, 신은 모든 것에 내재해 있다는 것, 둘째, 따라서 그 신은 '평정', '비가시성', '비인격성'(impersonnalité) 등으로 규정될 수 있다는 것, 셋째, 예술가는 그의 작품과 관련해 이러한 신과 동일한 방식으로 이해되어야 한다는 것을 주장한다. 다른 한편, 우리는 여기에서 플로베르의 이러한 신 개념과 그의 편지에서 가장 많이 언급된 철학자였고 그 자신이 열렬한 독자이기도 했던 스피노자의 신 개념 사이의 동일성을 확인하게 된다. 스피노자와 플로베르의 관계에 대해서는 Albert Gyergai, "Flaubert et Spinoza", *Les Amis de Flaubert*, 39 (Décembre 1971), pp. 11~22과 Andrew Brown, "'Un assez vague spinozisme': Flaubert and Spinoza", *The Modern Language Review*, vol. 91, no. 4 (Oct., 1996), pp. 848~65 참조.

아니었다. 오히려 그것은 표면들을 통해 구성되는 신체, 말하자면 외부와의 만남 속에서 무수한 모습으로 변모하고 파편화되는 단편적 부분으로 구성되는 신체였다. 따라서 중요한 것은 서사가 아니라 그 서사를 떠받치고 있는 무한히 많은 감각적 사건과 양상이고, 유기체적 구조 자체와 그 구조에 의해 분배되는 부분의 기능이 아니라 그 자체가 하나의 독립적 개체이기도 한 자율적 부분이다. 요컨대, 그에게 손은 잡는 기능으로 환원되지 않는다. 그에게는 무수한 손이 있다. 울부짖는 손, 잠자고 있는 손, 깨어나고 있는 손, 걷고 있는 손 등등, 이들 다양한 손은 각자가 자신만의 고유한 이야기를 지니고 있다. 삶이라는 비가시적 역량은 신체의 모든 부분에, 그것의 미세한 떨림과 변화 속에 산재해 있다. 따라서 삶을 이해하고자 한다면 신체에 나타나는 모든 것을, 그것이 아무리 작고 일시적인 것일지라도 주의깊게 관찰해야 한다. 로댕이 지칠 줄 모르는 관찰자였던 이유가 여기에 있다.[66]

이상에서 살펴본 것처럼 랑시에르는 누구보다도 확실한 '민주주의'의 옹호자이다. 그는 자신의 정치철학을 담은 주저 『불화』에서 정치를 민주주의의 동의어로 이해했다. 이제 그는 『아이스테시스』에서 미학을 민주주의와 동일한 것으로 제시한다. 우리는 이 책에서 미학은 민주주의 체제에 다름 아니라는 것을 확인하게 될 것이다. 실제로 랑시에르는 장식예술과 순수예술, 장인과 예술가의 분리가 더 이상 성립할 수 없음을 논증하는 곳에서 이렇게 말하고 있다. 갈레와 랄리크의 장식품에 새겨진 식물 문양들, 셰레의 포스터 도안, 로이 풀러의 춤추는 천 너울이 표현하

---

[66] "로댕은 자신이 시선을 주었던 모든 곳에 존재했던 삶을 파악했다. 그는 아주 사소한 장소들에서 그 삶을 파악했고, 그것을 관찰하고 그것을 추적했다. 그는 그 삶이 주춤거렸던 길들에서 그것을 기다렸고, 그것이 질주했던 곳에서 그 삶에 다시 합류했으며, 동등하게 위대하고 동등하게 힘이 넘치고 동등하게 매혹적인 그것을 도처에서 발견했다. 신체의 어느 부분도 무의미하거나 하찮지 않았다. 모든 것이 살아 있었기 때문이다"(R. M. Rilke, *Auguste Rodin*, 『아이스테시스』, 제9장, 240쪽에서 재인용).

는 형상은 "자연의 흩태들이 보여 주는 위대한 민주주의"이다.[67] 왜냐하면 그 다양한 감각적 형태는 자기 자신을 넘어 초감각적 의미를 현시할 수 있는 능력과 권리를 가지고 있고, 이를 통해 세계 전체를 무한히 풍부한 의미로 구성하기 대문이다.

④ 미학의 메타정치

그런데 자연 사물들이 갖는 상징화 능력에, 다시 말해 그것들의 말할 권리에 기초하고 있는 이 민주주의 체제는 그것들에게 말할 권리를 부여하는 시적 재능을 상관자로서 갖는다. 랑시에르는 에머슨을 인용하면서 모든 사물, 모든 감각적 형태는 이중의 의미, 아니 백 가지 이상의 의미를 가지고 있으며, 시적 재능은 바로 그것들을 탐험할 수 있는 능력에 다름 아님을 분명히 한다.[68] 그런데 랑시에르에게서 이 재능은 일부 예외적인 사람에게만 존재하는 특별한 능력이 아니다. 그것은 그가 『무지한 스승』에서 지능의 평등을 논증하면서 말했던 그 보편적 지능이다. 그에 따르면, 각각의 지능은 사물의 진리에 다가가는 각자의 궤도를 만드는 작업이다. 이렇게 평등하지만 서로 다른 지능에 의해 '진리의 부재하는 중심'으로 다가가는 수많은 궤도가 그려진다.[69]

이 지점에 이르러 우리는 마지막으로 랑시에르의 미학적 민주주의에 대해 다음과 같은 질문을 던질 수 있다. 미학적 민주주의는 정치적 민주주의와 어떤 관계가 있는가? 이 질문은 미학적 민주주의가 함축하는 예술의 정치성이 무엇을 의미하는지에 관한 것이기도 하다. 랑시에르가 여러 번 밝히고 있듯이, 예술은 그 사회비판적 기능을 통해 정치성을 갖게 되는 것이 아니다. 정치적 민주주의는 인간이 갖는, 말할 수 있는 평등한

---

67 『아이스테시스』, 제8강, 225쪽 참조.
68 『아이스테시스』, 제4강, 118쪽 참조.
69 J. Rancière, *Le maître ignorant*, pp. 99~102(양창렬 옮김 『무지한 스승』, 116~20쪽) 참조.

권리에 기초해 있다. 반면 미학적 민주주의는 사물들이 갖는 말할 수 있는 평등한 권리, 그것들의 동등한 상징화 능력에 토대하고 있다. 이 말은 전자는 인간의 정치적 공동체에 관계하는 반면, 후자는 사물의 공동체에 관계한다는 것을 의미하기도 한다. 따라서 둘 사이에는 어떤 직접적 연관도 없다. 어떤 예술작품이 인간 혹은 인간의 삶을 그리고 있다고 하더라도, 그때 그 인간은 자연 공동체의 일원으로서이지 정치공동체의 일원으로서가 아니다. 동일한 관점에서 비판적 참여예술은 그것이 정치공동체에 직접 관계하는 한에서 미학체제가 함축하는 예술의 정치성과는 무관하다.

그렇다면 미학체제의 예술이 갖는 정치성은 어떤 것인가? 이 질문에 대한 답변의 원형은 칸트와 더불어 미학체제를 이론적으로 정립했고, 칸트 미학에서는 충분히 논의되지 않았던 자율적 예술의 정치성이라는 문제를 주제화했던 실러에서 찾을 수 있다. 실러는 프랑스혁명이라는 정치혁명이 실패로 귀결된 후 무엇보다도 '인간의 미적 교육'의 필요성을 절감했다. 정치혁명은 미학혁명 없이는 불완전한 것일 수밖에 없다고 생각한 것이다. 실러가 이렇게 생각한 이유를 이해하기 위해서는 미학적 체제에서 예술이 삶과 맺는 이중의 관계를 이해해야 한다.

자율적 예술은 삶을 지배하는 규범과 규칙에 대한 단절에서 성립한다. 그런데 이 단절은 삶 자체와의 분리가 아니라는 점을 주목해야 한다. 오히려 그것은 사회적 삶의 논리 안에서 자신의 권리를 인정받지 못했던 것들의 삶으로의 침투, 그리고 그것을 통한 삶의 확장으로 이해되어야 한다. 실러는 삶과 세계의 이러한 확장을 가능케 하는 심미적 경험의 상태를 '심미적 상태'(ästhetischer Zustand)로 규정한다. 그에 따르면, 바로 이 마음의 정조는 인간을 어떤 제한도 없는 무제한성으로 이끈다. 이러한 의미에서 심미적 상태는 모든 것을 가능케 하는 발생적 토대라고 할 수 있다.[70] 또한 이 점에서 그것은 '미학적 자연상태'로 간주될 수 있을 것이다. 자연상태가 위계적 질서에 자유롭기 때문에 모두가 평등한 권리를 누리는 자유와 평등의 상태이고, 그래서 모든 정치공동체의 발생적 토대인 것처럼 자율적 예술 속에서 성립하는 심미적 상태 또한 마찬가지로 모든 가능한 감성적 공동체의 발생적 조건이기 때문이다.

이렇게 여기에서 우리는 '정치와 미학의 평행론'이라고 부를 수 있는 것을 발견하게 된다. 둘은 모두 자유와 평등이라는 근대적 이념의 동일한 뿌리에서 형성된 것으로서 그것의 서로 다른 두 표현에 다름 아니기 때문이다. 이 평행론은 예술이 어떤 의미에서 정치와 직접적으로 관계하지 않는지를 설명해 준다. 자율적 예술은 정치공동체의 일에 무관심하다. 이러한 의미에서 그것은 사람들의 통상적 분류법에 따라 '순수예술'이라 불릴 수도 있다. 그런데 이 순수예술은 '간접적으로', 그러나 또한 어떤 의미에서는 '근본적으로' 정치와 관계한다. 정치의 주체는 인간이다. 그런데 이 인간은 심미적 상태에서 온전한 의미의 인간이 된다.[71] 달리 말하면 인간은 거기에서 생성되고 확장된다. 인간에 대한 미적 훈련과 교육이 필요한 이유이다. 랑시에르는 이러한 의미에서 미학체제의 예술에 고유한 정치성을 '메타정치'(métapolitique)라고 부른다.[72] 그는 이 메타정치를 다음과 같이 규정한다. "심미적 경험과 교육이 약속하는 것은 정치적 해방을 위해 예술 형식들이 줄 수 있는 도움이 아니다. 그것들이 약속하는 것은 자신들에게 고유한 정치, 정치 주체들이 불화를 통해 창출하는 형식들에 자기 고유의 형식들을 대립시키는 정치이다. 이 정치는 차라리 메타정치라고 불러야 할 것이다. 일반적으로 메타정치는 무대를 바꾸어가면서, 말하자면 민주주의적 외양들과 국가적 형식들로부터

---

70 프리드리히 실러, 윤선구 외 옮김, 『프리드리히 실러의 미적 교육론』, 181~82쪽.
71 실러는 『인간의 미적 교육에 관한 편지』에서 "인간은 완전한 의미에서의 인간일 경우에만 유희하고, **인간은 유희하는 경우에만 완전한 인간**"이라고 쓰고 있다(같은 책, 138쪽, 강조는 저자).
72 "요컨대, 뒤에 나오는 논의들은 예술의 식별 체제로서 미학이 어떻게 자신 안에 정치 혹은 메타정치를 담지하고 있는지 보여 줄 것이다"(J. Rancière, *Malaise dans l'esthétique*, p. 26; 주형일 옮김, 『미학 안의 불편함』, 43쪽. 번역은 수정됨).

그것들의 토대가 되는 은밀한 운동들과 구체적 에너지들의 하부 무대로 이행하면서 정치적 불화의 궁극적 지점에까지 가려는 사유이다."[73] 여기서 말하는 정치의 궁극적 토대는 무엇을 지시하는 것일까? 물론, 그것은 마르크스주의 메타정치가 탐구했던 하부구조, 즉 사회경제적 토대를 의미하지 않는다.[74] 미학이 탐구하는 토대는 좀 더 근본적이다. 그것은 세상의 모든 것에 내재하는 역량이고, 그 역량이 사물 사이에서 펼쳐지는 다양한 방식이다. 그리고 동시에 이들 사물과 소통하면서 확장되고 생성되는 인간 자신이다. 한마디로 자연과 인간이다. 적어도 존재론적 민주주의가 확립되고 자유로운 대중이 형성된 근대 이후에 자연과 인간을 탐구한 것은 자율적 예술이었다. 따라서 미학체제에 고유한 정치는 정치의 발생적 토대에 대한 탐구라는 의미에서 마땅히 '메타정치'라 불려야 할 것이다.

한 예를 제시하는 것으로 미학의 메타정치에 관한 이 논의를 마무리하도록 하자. 랑시에르는 정치적 예술을 다루고 있는 『해방된 관객』의 한 장(章)에서 프랑스 예술가 집단 '도시 야영'(Campement urbain)이 파리 교외에서 2003년부터 2008년 동안 진행한 미학적 프로젝트 '나와 우리'(Je et Nous)에 대해 논의하고 있다.[75] 파리 북부 교외는 주로 빈곤한 이민자 계층 사람들이 사는 지역으로, 범죄나 폭력 등 다양한 사회적 문제가 집중적으로 제기되는 곳이다. 이 문제의 원인에 대한 사람들의 표준적 진단은 개인주의에 의한 사회적 유대의 상실이었다. 그러나 '도시 야영' 집단의 미학적 기획은 정반대의 생각에 기초해 있었다. 그들은 사람들이 '유대'를 강조하는 곳에 오직 한 사람만이 들어갈 수 있는 '완전히 쓸모없고 취약하며 비생산적인' 공간을 마련했다. 누구나 들어갈 수 있지

---

73 *Ibid.*, p. 49(주형일 옮김, 『미학 안의 불편함』, 66~67쪽. 번역은 수정됨).
74 마르크스주의 정치를 메타정치로 규정하고 있는 랑시에르의 논의에 대해서는 *La Mésentente*, pp. 118~31(진태원 옮김, 『불화』, 2015, 137~53쪽) 참조.
75 J. Rancière, *Le spectateur émancipé*, pp. 71~72(양창렬 옮김, 『해방된 관객』, 89~91쪽).

만 모두로부터 분리돼어 있는 이 공간은 명상과 사색의 장소가 될 것이다. 이 분리, 이 비어 있는 장소는 사람을 자유롭게 한다. 좁은 공간에서 대식구가 함께 규율을 지키며 살아야 했던 교외 사람들의 삶의 조건은 '우리', 평등하고 자유로운 '우리'를 불가능한 것으로 만들었다. '나와 우리'라는 이 미학 프로젝트는 '나'는 분리됨으로써만 비로소 '우리'를, 규칙에 의해 지배되는 공동체가 아니라 구성원 각자가 자율적 공동체를 형성할 수 있다는 점을 확인해 주고 있다. 이 프로젝트에 참여했던 히잡을 쓴 한 여성 주민이 입은 티셔츠에는 그녀 자신이 선택한 문구가 새겨져 있었는데, 이 문구만큼 미학의 정치가 무엇인지를 잘 보여 주는 것은 없을 것이다. "나는 내가 채울 수 있는 비어 있는 말을 원한다(Je veux un mot vide que je puisse remplir)."

8. 'partage du sensible'(감각계의 분할)의 번역에 대하여

랑시에르의 미학을 소개하는 이 글을 마무리하면서 번역에 관한 문제를 간단하게 언급하고자 한다. 사실 한 언어를 다른 언어로 옮기는 일은, 언어가 그것이 속한 문화와 역사 전체를 담지하고 있는 것인 한에서 결코 간단한 문제가 아니다. 번역은 단순히 언어 하나만의 문제가 아니며, 고려해야 할 문화적 맥락, 용어의 역사, 다른 개념과의 연관성 등 그야말로 많은 것이 고려되어야 하는 작업이다. 따라서 일반적으로, 둘론 몇몇 예외의 경우가 없는 것은 아니지만, 어떤 번역은 맞고 또 어떤 번역은 틀렸다고 말하기가 어렵다. 결국 번역은 많은 경우 선택의 문제에 속하기 때문이다.

따라서 우리가 하고자 하는 것은 랑시에르의 번역과 관련해 특정 번역의 잘잘못을 따져보는 것이 아니다. 번역에 관한 논의, 혹은 더 나아가 논쟁이 의미가 있는 것은 그것이 문제가 되는 개념이나 철학에 대한 보다 깊은 이해를 낳도록 도움이 되는 경우에 한에서일 것이다. 이하의 논의가 그러한 쓸모가 있기를 바라면서 이야기를 시작해 보자.

우리가 여기에서 검토하려 하는 것은 랑시에르 정치철학과 미학 모두에 걸쳐 있는 핵심 개념 가운데 하나인 'partage du sensible'이다. 왜 이것의 번역이 문제인가? 우선 무엇보다도 번역어가 아주 다양하다는 점을 지적할 수 있다. '감성(각)의 분할', '감각적인 것의 나눔', '감성(각)적인 것의 분할', '감각(성)의 분배' 등이 모두 'partage du sensible'의 번역어로 사용되고 있다. 물론, 우리는 이어지는 논의를 통해 이 번역상의 혼란을 종결짓겠다는 야심찬 의도를 가지고 있지 않다. 그것은 불가능하다. 각각의 선택에는 그에 상응하는 나름대로 합당한 이유가 있을 것이기 때문이다. 그리고 뒤에서 보겠지만 이러한 혼란 자체 또한 충분히 그럴 만한 이유가 있기 때문이다. 그럼에도 불구하고 이 용어의 번역에 관해 논의하고자 하는 것은, 이 용어의 번역과 관련해 고려해야 할 것이 무엇인지, 그리고 그렇게 보았을 때 어떤 번역어가 보다 적절할 수 있는지를 모색하기 위함이다. 물론, 이 논의가 혼란을 더 가중시킬 수도 있을 것이다. 그러나 앞에서도 말했듯이 혼란 자체는 전혀 문제가 되지 않는다. 그 가중된 혼란이 'partage du sensible'의 이해, 더 나아가 랑시에르 정치철학과 미학의 이해에 도움이 된다면 말이다.

우선 'le sensible'의 번역 문제부터 검토해 보자. 우선 이 용어를 지각능력으로서의 '감성'으로 이해하는 것은 부적절해 보인다. 비록 랑시에르가 'partage du sensible'을 설명하면서 칸트의 감성학을 언급하고 있지만, 그것은 'partage du sensible'이 시공간적 분할을 의미한다는 점을 말하기 위해서이다.[76] 칸트의 감성학이 보여 주고 있듯이, 사물들은 시공간이라는 형식, 좀 더 정확히 말하면 시공간적 분할의 체계 속에서 지각된다. 칸트는 이 분할의 체계 자체를 '감성'으로 이해했다. 따라서

76　J. Rancière, *Le partage du sensible*, pp. 13~14 참조.

칸트의 '감성' 개념에는 'le sensible'이 아니라 'partage du sensible'이 상응한다. 이러한 맥락에서 랑시에르는 근대에 감성학(l'esthétique)은 'partage du sensible'로, 그리고 'le sensible'에 대한 담론으로 등장하게 되었다고 말한다.[77] 반면 'le sensible'은 이 분할의 체계 속에서 감각에 의해 파악되는 것, 즉 감각에 상관적인 것을 지시한다. 따라서 'partage du sensible'은 감각된 것이 특정한 질서 속에서 보이거나/보이지 않고 들리거나/들리지 않는 것으로, 또는 말로 인정되는 것/단지 소리에 불과한 것으로 분할된다는 사실을 지시한다. 이러한 관점에서 볼 때, 'le sensible'을 감성이 아니라 '감각적인 것'으로 옮기려 하는 의도는 충분히 이해할 수 있다. 그러나 이 번역어가 갖는 문제는 무엇보다도 '감각적인 것'이라는 표현이 우리말에 낯선 표현이기에, 그것이 정확히 무엇을 의미하는지를 직관적으로 이해하기 어렵다는 데 있다. 더욱이 이것이 '나눔'이라는 단어와 결합해 '감각적인 것의 나눔'이 되면, 그 의미는 더욱 모호해지고 거의 이해 불가능한 말이 되어버린다.

따라서 다른 번역어의 가능성을 검토할 필요가 있다. 우리는 '감성'이나 '감각적인 것' 대신에 '감각계'라는 번역어가 그 대안이 될 수 있다고 생각한다. 플라톤에서부터 랑시에르가 준거하고 있는 칸트에 이르기까지 많은 철학자는 구별되는 두 인식 능력인 감성과 지성에 의해 지각되거나 인식되는 대상들의 영역을 나누었다. 그것이 바로 'le sensible'(감각 가능한 것/감각의 영역)과 'l'intelligible'(이해 가능한 것/지성의 영역)이다. 시각에 의해 포착되는 감각 형태들이나 색상들, 그리고 청각에 의해 지각되는 소리들이 전자에 속하는 반면, 후자에는 수학적 대상이나 사물들의 본질 및 법칙들이 속한다.[78] 철학자들은 이 두 대상 혹은 영역

77　J. Rancière, *La Mésentente*, p. 88 (진태원 옮김, 『불화』, 도서출판 길, 2015, 103쪽).
78　사실, 'partage du sensible'은 이 두 대상 및 영역이 서로 관계맺는 특정한 방식을 지시한다. 즉 특정한 감각적 사실이 이성의 질서 속에서 규정되는 방식이 곧 'partage du sensible'이다. 뒤에서 보겠지만 'partage'는 이성에 고유한 작업이다.

을 지시하는 말로 각각 '감각계'(mundus sensibilis)와 '예지계'(mundus intelligibilis)라는 표현을 사용했다. 이러한 철학사적 맥락을 고려할 때, 'le sensible'을 '감각계'로 번역하는 것은 적절하고 자연스러운 선택일 수 있다. 그리고 랑시에르의 텍스트는 우리의 이러한 선택을 뒷받침해 주고 있다. 칸트를 따라 랑시에르는 사물들을 일차적으로 규정하는 것은 그것들이 감각적으로 (즉 시공간의 형식 속에서) 존재하는 방식(aisthesis)이라고 생각한다. 사물들의 이 감각적 존재 방식이 다름 아닌 감각 세계를 규정한다. 이러한 맥락에서 랑시에르는 'fabrique du sensible'(감각계의 구축)을 "공통의 **감각 세계의 구성**"(constitution d'un monde sensible commun)으로 이해한다(강조는 인용자).[79] 여기에서 확인할 수 있듯이 'le sensible'은 'le monde sensible'(감각 세계)로 새겨지고 있다. 이러한 해석을 보다 직접적으로 뒷받침해 주는 랑시에르의 언급도 존재한다. 『철학자와 그 빈자들』의 영어판 후기에서 랑시에르는 'partage du sensible'에 대해 다음과 같이 설명한다. "나는 정치의 형식들은 무엇보다도 감각계의 특정한 분할(a certain division of the sensible) 형식들이라는 점을 강조하고자 했다. 나는 이 문구[감각계의 분할]를 감각적 명증성을 통해 몫들과 사회적 당파들의 분배에 선행하는 **지각 세계의 분할**(cutting up [découpage] of the perceptual world)로 이해한다"(강조는 인용자).[80]

이제 'partage'의 번역 문제로 넘어가 보자. 랑시에르는 앞에서 언급한 '감각계의 구축'에 대한 설명에서 그것을 'partage du sensible'과 근본적으로는 같은 것으로 제시하면서, 이러한 동일화가 보여 주는 중요한 함축을 드러낸다. 랑시에르에 따르면, 공통의 감각 세계를 구성하는 일은 존재들을 나누고 배분하는 작용, 보이거나/보이지 않는 것으로 분할하

---

79 J. Rancière, *Le partage du sensible*, p. 66.
80 J. Rancière, *The Philosopher and His Poor*, trans. by J. Drury *et al.*, Duke University Press, 2003, p. 225.

는 작용에 토대하고 있다. 이러한 이유에서, 즉 공동체의 구성이 어떤 분할에 기초해 있다는 것을 보여 주고 있다는 점에서 'partage du sensible'은 '감각계의 구축'에 함축되어 있기는 하지만 드러나 있지 않은 복합성 혹은 이중성을 보여 준다. 따라서 랑시에르는 'partage'를 이중의 의미로, 즉 '공통성'(communauté)과 '분리'(séparation)의 의미로 이해해야 함을 역설한다.[81]

'partage'가 함축하고 있는 이러한 이중성은 '나눔'이라는 번역어의 선택을 정당화하는 근거가 될 수 있다. 실제로 프랑스어의 'partager'와 마찬가지로 우리말 '나누다'에는 어떤 공통의 것에 대한 분유 혹은 참여의 뜻이 함축되어 있다. 그렇다면 이 공통성과 분배를 동시에 함축하고 있는 이 나눔은 랑시에르의 'partage du sensible'의 의미를 온전히 전달하고 있는가? 이를 평가하기 위해서는 우선 'partage' 개념에 함축되어 있는 공통의 것이 무엇인지를 정확히 할 필요가 있다. 'partage du pain'에서 분유되는 공통의 것이 빵인 것처럼 우리는 자연스럽게 'partage du sensible'에서 나눔의 대상이 되는 공통의 것이 'le sensible'이라고 생각할 수 있다. 그리고 이러한 추론이 맞다면 'partage du sensible'을 '감각적인 것의 나눔'으로 옮기는 것이 적절할 수도 있다. 그러나 이 추론은 '감각적인 것의 나눔'이라는 번역을 이해 불가한 것으로 만든다. 감각적인 것을 나누어 갖는다? 분유한다?

따라서 앞선 추론을 다시 생각해 보아야 한다. 적어도 '감각적인 것의 나눔'이 보여 준 난점은 'partage du sensible'을 'partage du pain'과 같은 방식으로 이해해서는 안 된다는 것을 가르쳐 준다. 즉 'partage'를 '분유'나 '나누어 가짐'으로 이해한다면 그 나누어 갖는 공통의 것은 'le sensible'이 되어서는 안 된다. 그렇다면 랑시에르가 'partage du sensible'의 'partage'가 함축하고 있다고 말하는 그 공통성은 정확히 무엇을 지

---

81 J. Rancière, *La Mésentente*, pp. 48~49(진태원 옮김, 『불화』, 2015, 58~59쪽).

시하는가? 그것은 말하는 모든 존재가 공유하고 있는 것, 즉 로고스 혹은 로고스가 하는 일(사유 혹은 정치)이다. 감각계는 이 로고스가 관여하는 영역이다. 그런데 문제는 이 로고스가 감각계와 관계맺는 방식이 이중적이라는 데 있다. 로고스 자체가 이중성을, 말(parole)과 말에 대한 셈(compte)이라는 이중성을 가지고 있기 때문이다.[82]

로고스가 셈과 동일시되는 경우, 세계는 로고스를 가진 자와 로고스를 가지지 못한 자, 셈해지는 것과 셈해지지 못한 것, 보이는 것과 보이지 않는 것으로 분할된다. 그리고 '분할'의 작용에 다름 아닌 이 로고스를 통해 사물들의 위계적 질서가 성립한다. 랑시에르가 '치안'(police)이라는 개념으로 지시했던 것도, 그리고 'partage du sensible'이 지시하는 것도 바로 이 분할의 체계이다. 따라서 'partage du sensible'이라는 '용어 자체'에는 어떤 공통성의 의미도 드러나 있지 않다.[83] 공통의 어떤 몫에 대한 나눔의 의미는 전혀 존재하지 않는다. 사실 공통성, 즉 모든 인간이 동등하게 로고스를 분유하고 있다는 사실 자체는 은폐되어 있다. 'partage du sensible'에는 오직 몫을 가진 자와 갖지 못한 자의 분할, 보이는 것과 보이지 않는 것의 분할만이 있을 뿐이다.

이전에 철학자들은 정치 혹은 정의를 "공통의 것의 나눔(partage du commun)을 규정하는 질서"[84]로 이해했다. 예를 들면 플라톤은 이 '공통의 것의 나눔'을, 누군가가 이익을 얻으면 다른 누군가는 손해를 보는 산술적 평등이 아니라 모두에게 합리적인 분할의 원칙에 따라 분배되는 기하학적 평등에 따른 분배로 이해하고자 했다. 그러나 랑시에르는 이

82　*Ibid.*, p. 71(진태원 옮김, 『불화』, 2015, 83쪽).
83　이러한 관점에서 앞에서 인용한 『철학자와 그 빈자들』의 영어판 후기에서 'partage du sensible'이 '**division** of the sensible'로 옮겨지고 있고, 같은 의미로 '**cutting up [découpage]** of the perceptual world'라는 표현이 사용되고 있는 것은 충분히 납득할 만하다.
84　*Ibid.*, p. 23(진태원, 옮김, 『불화』, 2015, 29쪽).

플라톤의 철학적 기획은 정의의 정치가 아니라 오히려 그것을 봉쇄하는 논리임을 'partage du sensible'이라는 개념을 통해 보여 주고자 한다. 'partage'는 공통의 어떤 것의 나눔이 아니라 사물들을 근원적으로 규정하는 감각적 존재 방식 차원에서 분할과 분리의 불평등한 질서를 만들어내는 작용이기 때문이다.

그런데 랑시에르는 역설적으로 이 분할과 지배-피지배의 위계적 질서가 어떤 공통성의 전제 위에서만 성립한다는 점을 강조한다. 공동체 구성원 모두가 말하는 존재인 한에서, 예를 들면 노예가 주인의 말을 이해하는 한에서만 질서가 유지될 수 있기 때문이다. 그런데 이렇게 모두가 말하는 존재라는 점이 인정된다면, 즉 모두가 로고스라는 공통성을 평등하게 분유하고 있다는 점이 받아들여진다면, 감각계를 분할한 셈으로서의 로고스는 그 절대성을 상실하게 된다. 이제 다른 말도 말로서의 자격을 주장할 수 있기 때문이다. 그리고 이 말 혹은 로고스는 감각계에 다른 방식으로 관여하게 될 것이다. 그리고 그것은 감각계를 재구성함으로써 기존의 질서와 대립하는 불일치의 무대를 창출할 것이다. 이렇게 정치는 로고스의 이중성, 말하자면 말로서의 로고스와 셈으로서의 로고스 사이의 거리, 말이라는 공통성과 셈이라는 분할 사이의 관계 속에서 사유된다. 여기에서 확연하게 드러나듯이 'partage'에 함축되어 있는 공통성은 (전통 정치철학에서처럼) 'partage'의 대상이라기보다는 분할의 질서가 토대하고 있지만 자신의 유지를 위해 은폐하고 부정하고 있는 어떤 것이다.

이렇듯 'partage du sensible'이 함축하는 공통성과 분할의 관계는 'partage du pain'에서의 공통성과 분할의 관계와는 다르다는 점을 이해할 필요가 있다. '나눔'이 프랑스어 'partage'에 가장 상응하는 번역어임에는 의문의 여지가 없다. 그러나 그 말의 통상적 의미는 오히려 랑시에르의 'partage du sensible'이라는 개념의 이해를 가로막는다. 그것은 랑시에르가 'partage du sensible'을 통해 비판하고 있는 것, 즉 'partage du commun'에 대한 고전적 이해의 논리로 그것을 가두어 놓기 때문이다. 이렇게 볼 때, 'partage du sensible'에 대한 번역의 문제는 한국어와 프랑스어라는 서로 다른 두 언어 사이의 간격의 문제가 아니다. 그것은 일상 언어와 철학적 개념 사이, 전통 철학의 개념과 랑시에르 개념 사이의 거리를 이해하는 문제라고 할 수 있다. 'partage du sensible'을 이해하는 일은 이 양자 사이에 존재하는 연속성과 단절을 동시에 고려하는 것을 통해 이루어질 수 있다. 그러나 그것을 번역하는 일은 이러한 이해만으로 충분하지는 않다. 번역은 선택의 작업이기 때문이다.

우리가 'partage'의 번역어로 '나눔'이 아니라 '분할'을 선택한 이유는 무엇보다도 앞에서 언급한 대로 랑시에르의 'partage'가 갖는 지배적인 의미(몫을 가진 자/가지지 못한 자의 분할, 보이는 것과 보이지 않는 것의 분할)를 부각하는 데에는 '나눔'보다는 '분할'이 적절하기 때문이다. 더 나아가 우리말의 '분할'이 'partage'가 함축하는 '공통성'을 배제하는 것도 아니다. 예를 들면 랑시에르가 쓰고 있는 'partage égalitaire'라는 표현은 '평등주의적 분할'로 번역될 수 있다. 평등주의적 나눔이나 분유보다는 덜 정확하기는 하지만, 그렇다고 잘못된 이해를 불러일으킬 여지가 있는 것은 아니다. 요컨대, '분할'은 'partage du sensible'이 랑시에르 저작에서 갖는 일반적이고 지배적인 의미를 명시적이고 직관적으로 보여 줄 뿐만 아니라 오해나 잘못된 해석의 가능성도 최소화한다. 당연히 이 번역어는 한계 속에서 이루어진 선택이다. 따라서 그것은 랑시에르의 개념 'partage du sensible'이 가지는 개념적 복합성을 온전히 드러내지 못한다. 앞에서도 말했지만, 이것은 프랑스어와 한국어 사이의 차이 때문이 아니라 철학적 개념의 복합성과 일상 언어 사이의 거리에서 생기는 한계이다. 따라서 이 한계의 극복은 번역어의 선택이 아니라 연구와 분석의 작업을 통해 이루어져야 할 것이다.

옮긴이의 말

　자크 랑시에르는 오랫동안 잊힌 철학자였다. 국내에서뿐만 아니라 해외에서도 마찬가지였다. 1970년대 초, 스승 루이 알튀세르와 다소 격렬한 방식으로 단절한 후 10여 년 동안 19세기 노동운동 문서고를 파헤치는 일에 몰두할 때는 말할 것도 없고, 이후 이 연구의 결과로 『프롤레타리아의 밤』(1981), 『철학자와 그 빈자들』(1983), 『무지한 스승』(1987), 『불화』(1995) 등과 같은 주요 저작이 출간되었을 때에도 랑시에르는 동시대의 다른 프랑스 철학자들과 달리 그다지 주목을 받지 못했다. 그가 학계에서 관심을 받고 논의되기 시작한 것은 2000년대 이후, 특별히 『감각계의 분할』(2002), 『이미지의 운명』(2003), 『미학 안의 불편함』(2004) 등과 같은 미학 관련 저서들이 출간되기 시작하면서부터였다. 물론, 이렇듯 국제무대에 등장하면서 앞서 출간된 정치철학 관련 연구도 새롭게 주목받고 연구되기 시작했지만, 학계에서 랑시에르에 대한 관심을 촉발했던 것은 그의 미학이었다.
　이러한 사정은 국내에서도 마찬가지였다. 1990년대 초 알튀세르와 함께 『자본 읽기』를 쓴 저자 가운데 하나로 국내에 소개된 후 오랫동안 잊

455

혀 있다가, 2008년 이후 『감각계의 분할』, 『정치적인 것의 가장자리에서』, 『무지한 스승』, 『미학 안의 불편함』이 한꺼번에 출간되고, 그리고 때맞춰 랑시에르 자신이 한국을 방문해 여러 차례 강연하면서 한국 무대에 본격적으로 등장했다. 그리고 해외에서와 마찬가지로 국내 랑시에르 연구도 정치철학보다는 미학에 더 집중되어 있다.

그렇다면 이렇게 국내외를 막론하고 많은 연구자가 랑시에르의 미학 사상에 관심을 갖는 이유는 무엇인가? 우리가 보기에 그것은 랑시에르가 '예술의 정치성'에 대한 새로운 이해를 제시하고 있기 때문이다. 근대 미학을 구성하는 '예술의 자율성'이 결코 예술의 타율성, 달리 말하면 예술과 삶의 관계(정치성)를 결코 배제하지 않으며 오히려 함축한다는 통찰은 그동안 유토피아주의 혹은 전체주의라는 비판에 직면해 있던 비판적 예술에 자신을 극복할 수 있는 새로운 지평을 마련해 주었다.

이러한 사실은 랑시에르가 국내에 소개된 직후 국내 문학계에서 촉발된 이른바 '문학의 정치성'에 대한 논쟁을 통해 좀 더 잘 드러난다. 1970~80년대 비판적 현실 운동과 함께 발전한 이른바 '실천문학' 혹은 '민중문학'이 1990년대에 순수문학적 글쓰기로 변모한 이후, 예술과 문학에서 정치성에 대한 담론은 사라졌다. 그러나 2008년 촛불시위에서 나타난 정치의 부활은 예술(문학)의 정치성에 대한 논의를 재점화했다. 그런데 이 정치성은 더 이상 과거의 비판적 예술이 보여 주었던 정치성과는 다른 것이어야 했다. 그리고 이 요구에 정확히 부응한 것이 바로 랑시에르의 미학이었다.

이러한 관심을 반영하기라도 하듯, 랑시에르의 미학 관련 저술들은 그동안 대부분 국내에 번역·소개되었다. 그리고 이번에 랑시에르 미학의 대표적인 저작이라고 할 수 있는 『아이스테시스』가 국내 독자들을 찾아가게 되었다. 이 책이 랑시에르 미학의 주저로 받아들여지고 있는 데에는 몇 가지 이유가 있다. 첫째, 『아이스테시스』는 특정 분야에 한정된 다른 미학 관련 저작과 다르게 미술사, 소설, 시, 회화, 조각, 디자인, 무용,

체조, 사진, 영화, 연출, 탐사보도 등 거의 모든 예술 분야를 총괄하고 있다. 둘째, 『아이스테시스』의 기획 자체가 갖는 중요성 때문이다. 옮긴이 해제에서도 언급한 것처럼 이 책이 보여 주고자 하는 것은 결국 미적 모더니티에 대한 새로운 역사 쓰기이다. 이 기획이 중요한 이유는 현재의 지배적인 미학적 담론, 즉 모던과 포스트모던 사이에 단절을 설정하는 담론에 대한 랑시에르의 비판적이고 논쟁적인 개입은 결국 모더니티와 그 역사에 대한 새로운 이해와 서술을 통해 총괄되고 완성되기 때문이다. 셋째, 예술에 대한 랑시에르의 논의들은 그의 '미학적 예술체제' 개념으로 환원된다. 『아이스테시스』는 바로 이 미학체제에 속하는 예술적 사건에 대한 본격적이고 상세한 논의를 담고 있다. 따라서 미학체제가 무엇인지를 이해하기 위해서는 랑시에르가 이 책에서 무대화하고 있는 예술적 사건을 주목해야 한다. 넷째, 『아이스테시스』는 『감각계의 분할』, 『미학적 무의식』, 『미학 안의 불편함』, 『이미지의 운명』과 같은 미학 관련 연구들, 그리고 『문학의 정치』, 『침묵의 말』, 『말의 살』 등과 같은 문학 관련 저술들, 그리고 『영화 우화』와 『영화의 간격들』과 같은 영화 관련 저작들 이후에 출간되었지만, 어떤 의미에서는 이 모든 연구를 이해할 수 있게 해주는 논리적 선행 연구의 성격을 갖는다. 왜냐하면 『아이스테시스』는 옮긴이 해제에서 강조해 말했듯이, 무대들, 말하자면 랑시에르 미학을 구성하는 주요 개념과 이론이 어떤 맥락에서 어떤 방식으로 형성되었는지를 보여 주는 무대의 책이기 때문이다. 이러한 의미에서 이 책은 랑시에르 미학 사상의 발생론적 출발점을 구성한다.

 이 책을 국내 독자들에게 소개하는 역할을 맡은 번역자로서 적지 않은 고민이 있었다. 번역은 텍스트(texte)를 한 콘텍스트(contexte)에서 다른 콘텍스트로 옮기는 일이다. 물론, 콘텍스트가 달라짐으로써 그 텍스트는 독창적인 이해와 해석의 가능성을 갖는다. 그러나 다른 한편으로 그것은 텍스트 자체의 이해 가능성을 방해하는 장벽이기도 하다. 이러한 상황에서 당연히 번역자의 고민은 후자의 부정적 요소를 가능한 한 줄이되, 그것이 전자가 함축하는 독자가 갖는 독서의 자유로움과 즐거움을 방해하지 않도록 적절한 개입의 수준을 찾는 데에 있다. 이 책에 번역자가 추가한 적지 않은 옮긴이 주는 이러한 고민의 결과이다.

사실, 이 책의 번역을 맡은 것은 아주 오래전의 일이다. 이 책은 그 물리적 두께 못지않게 그것을 이해하고 옮기기 위해 필요한 시간의 두께가 큰 편에 속한다. 이 책이 다루는 시기가 결코 짧지 않은 데다가 다루는 분야도 다양했기 때문에 그 콘텍스트를 탐구하는 작업에 적지 않은 시간을 보내야 했다. 그럼에도 불구하고 이제야 이 책이 세상에 나오게 된 것은 전적으로 번역자의 게으름 탓이다. 이 더딤을 묵묵히 기다려준 도서출판 길의 이승우 편집장에게 깊은 감사의 뜻을 전한다. 그리고 보다 읽기 쉽게 글을 다듬어준 편집자 이남숙 님께도 이 자리를 빌려 감사한 마음을 표현한다. 마지막으로 기꺼이 내가 쓴 모든 글의 첫 번째 독자가 되어 항상 솔직한 평가를 해주는 나의 동반자 유혜종에게도 한결같은 고마움을 전한다.

2024년 5월
옮긴이 박기순

찾아보기

| ㄱ |

간, 알렉세이(Gan, Aleksei) 349
갈레, 에밀(Gallé, Émile) 211, 213, 224, 225, 228
강스, 아벨(Gance, Abel) 173
게르치노, 조반니(Guercino, Giovanni) 55
고갱, 폴(Gauguin, Paul) 190, 243, 255, 321
고티에, 테오필(Gautier, Théophile) 11, 65, 66, 140~47, 152
공쿠르, 에드몽 드(Goncourt, Edmond de) 133, 211, 225
공쿠르, 쥘 드(Concourt, Jules de) 211
그로피우스, 발터(Gropius, Walter) 47
그뢰즈, 장-바티스트(Greuze, Jean-Baptiste) 26, 27, 33
그린, 한스 발둥(Grien, Hans Baldung) 21
그린버그, 클레멘트(Greenberg, Clement) 12, 241, 294, 386~88
글루크, 크리스토프 빌리발트(Gluck, Christoph Willibald) 284

| ㄴ |

나폴레옹(Napoléon) 23, 56, 85, 86, 92
네르발, 제라르 드(Nerval, Gerard de) 144
노발리스(Novalis) 109
노베르, 장-조르주(Noverre, Jean-Georges) 14, 28~30, 34, 42, 140
니진스키, 바츨라프(Nijinsky, Vaslav) 298
니체, 프리드리히(Nietzsche, Friedrich) 23, 47, 166, 265, 266, 269, 311, 317

| ㄷ |

다 빈치, 레오나르도(da Vinci, Leonardo)

59, 158
다비드, 자크-루이(David, Jacques-Louis) 62, 76
단테(Dante) 103, 245, 246, 279
달랑베르, 장 르 롱(d'Alembert, Jean le Rond) 45
덩컨, 이사도라(Duncan, Isadora) 170~72, 210, 265, 282, 297, 305
데이비슨, 조지(Davidson, George) 325
데카르트, 르네(Descartes, René) 268
델뤽, 루이(Delluc, Louis) 297, 299, 305
델사르트, 프랑수아(Delsarte, François) 135, 171
도른, 볼프(Dohrn, Wolf) 286
도우, 헤릿(Dou, Gerrit) 61
두제, 엘레오노라(Duse, Eleanora) 274, 303, 304
뒤보스 신부(l'abbé Dubos) 28, 140
뒤러, 알브레히트(Dürer, Albrecht) 31
드 라보르드, 레옹(de Laborde, Léon) 226, 227
드가, 에드가르(Degas, Edgar) 315
드니, 모리스(Denis, Maurice) 190
드마쉬, 로베르(Demachy, Robert) 322, 323
드뷔로, 가스파르(Deburau, Gaspard) 131, 132, 138, 139, 143~45, 147
드뷔시, 클로드(Debussy, Claude) 205
들라크루아, 외젠(Delacroix, Eugène) 75
들뢰즈, 질(Deleuze, Gilles) 97, 99
디드로, 드니(Diderot, Denis) 14, 27~30, 33, 34, 186, 187, 270

| ㄹ |

라반, 루돌프(Laban, Rudolf) 34, 172, 210, 258
라블레, 프랑수아(Rabelais, François) 303
라스 카즈, 에마뉘엘 드(Las Cases, Emmanuel de) 86
라신, 장 바티스트(Racine, Jean Baptiste) 28
라파엘로(Raffaello) 28, 39, 53~55, 58, 64, 73~75, 328
라퐁텐, 장 드(La Fontaine, Jean de) 169
랄리크, 르네(Lalique, René) 211, 213, 215, 225
랑보송, 이바노에(Rambosson, Yvanohé) 257
러스킨, 존(Ruskin, John) 11, 215~24, 226, 227, 229~31, 233, 237, 331, 332
레닌, 블라디미르(Lenin, Vladimir) 308, 339
레싱, 고트홀트 에프라임(Lessing, Gotthold Ephraim) 29, 241, 242, 247, 258
레이놀즈, 조슈아(Reynolds, Joshua) 59
레제, 페르낭(Léger, Fernand) 296
레클리드, 리샤르(Lesclide, Richard) 133
로댕, 오귀스트(Rodin, Auguste) 13, 239~44, 246~52, 254~56, 259~61, 330, 333
로덴바흐, 조르주(Rodenbach, Georges) 161, 162
로드첸코, 알렉산드르(Rodechenko,

Alxender) 308, 341, 344, 349
로랭, 장(Lorrain, Jean) 175
로빈슨, 헨리 피치(Robinson, Henry Peach) 318
로이드, 해럴드(Lloyd, Harold) 153
로이스, 테오도르(Reuss, Theodor) 210
로제-막스, 클로드(Roger-Marx, Claude) 157, 158, 162, 168, 211~13, 215, 224~27, 229, 231, 243
로젠바이크, 프란츠(Rosenweig, Franz) 72
로젠펠드, 폴(Rosenfeld, Paul) 314~17, 336
로크, 존(Locke, John) 108
롤랑, 로맹(Rolland, Romain) 47
롬브로소, 체사레(Lombroso, Cesare) 148
루게, 아르놀트(Ruge, Arnold) 114
루도비코(Ludovico) 39
루벤스, 파울(Rubens, Paul) 55, 57, 61, 63, 64
루셀, 케르-자비에(Roussel, Ker-Xavier) 190
루소, 장-자크(Rousseau, Jean-Jacques) 14, 16, 45, 47~49, 88~92
루카치, 죄르지(Lukács, György) 94
루트만, 발터(Ruttmann, Walter) 359
뤼녜-포, 오렐리앵(Lugné-Poe, Aurélien) 181~83, 190, 194
뤼드, 프랑수아(Rude, François) 242
르 브룅, 샤를(Le Brun, Charles) 25, 60, 61
르 코르뷔지에(Le Corbusier) 234, 376
르그랑, 폴(Legrand, Paul) 145, 146
리글, 알로이스(Riegl, Alois) 236

리머슈미트, 리하르트(Riemerschmid, Richard) 236
리베라, 호세 데(Rivera, José de) 55
리비, 하나(Ribi, Hana) 270
리슈팽, 장(Richepin, Jean) 133, 143
리스타, 조반니(Lista, Giovanni) 167
리오타르, 장-프랑수아(Lyotard, Jean-François) 177
릴-아당, 빌리예 드(l'Isle-Adam, Villiers de) 175
릴케, 라이너 마리아(Rilke, Rainer Maria) 34, 240~43, 248~52, 255~61

| ㅁ |

마네스, 요세프(Mànes, Josef) 260
마르크스, 카를(Marx, Karl) 47, 114, 115, 130
마리보, 피에르 드(Marivaux, Pierre de) 81
마리에트, 피에르-장(Mariette, Pierre-Jean) 26
마블, 앤드루(Marvell, Andrew) 48
마신, 레오니드(Massine, Leonid) 298
마야콥스키, 블라디미르(Mayakovsky, Vladimir) 344
마이어, 카를(Mayer, Carl) 359
마테를링크, 모리스(Maeterlinck, Maurice) 118, 181~86, 188, 201, 202, 205, 206, 243, 269, 271, 272, 275, 301
마티스, 앙리(Matisse, Henri) 334
말라르메, 스테판(Mallarmé, Stéphane) 11, 117, 118, 126, 135, 143, 156, 157, 159~67, 169, 170, 174~76,

178, 189, 201, 206, 209~11, 243, 271, 275, 298, 300
매슈스, 톰(Mathews, Thom) 147
메디치, 마리 드(Medici, Marie de) 63, 64
메랑트, 루이(Mérante, Louis) 169
메이예르홀트, 프세볼로드(Meyerhold, Vsevolod) 47, 151, 152, 207, 293, 301, 306
메취, 가브리엘(Metsu, Gabriel) 64, 69
메츠, 크리스티앙(Metz, Christian) 311
멜빌, 허먼(Melville, Herman) 97
멤링, 한스(Memling, Hans) 58, 65
모네, 클로드(Monet, Claude) 243, 254, 255, 322
모루아, 앙드레(Maurois, André) 309
모리스, 윌리엄(Morris, William) 211, 212, 229
모저, 콜로만(Moser, Koloman) 173
모켈, 알베르(Mockel, Albert) 174
모클레르, 카미유(Mauclair, Camille) 159, 170, 173, 243
모파상, 기 드(Maupassant, Guy de) 101
몬드리안, 피트(Mondrian, Piet) 11
몰리에르(Moliere) 128
몽테스키외(Montesquieu) 42
몽포콩, 베르나르 드(Montfaucon, Bernard de) 40
무르나우, 프리드리히(Murnau, Friedrich) 359
무리요, 바르톨로메 에스테반(Murillo, Bartolomé Esteban) 12, 53~56, 58, 59, 67, 75, 219, 309
무테시우스, 헤르만(Muthesius, Hermann) 233, 234
미르보, 옥타브(Mirbeau, Octave) 243, 254
미슐레, 쥘(Michelet, Jules) 245
미켈란젤로(Michelangelo) 21, 39
밀레, 장-프랑수아(Millet, Jean-François) 225
밀턴, 존(Milton, John) 48

| ㅂ |

바그너, 리하르트(Wagner, Richard) 160, 162, 194, 196~98, 200~02, 204, 243, 282, 284, 289, 299
바로, 장-루이(Barrault, Jean-Louis) 138, 139
바르부르크, 아비(Warburg, Aby) 23
바사리, 조르조(Vasari, Giorgio) 39, 55
바스티앵-르파주, 쥘(Bastien-Lepage, Jules) 322
바움가르텐, 알렉산더 고틀리프(Baumgarten, Alexander Gottlieb) 5
바이런, 조지 고든(Byron, George Gordon) 138
바토, 장-앙투안(Watteau, Jean-Antoine) 297
반 다이크(Van Dyck) 57
발레리, 폴(Valéry, Paul) 271
발몬트, 드미트리비치(Balmont, Dmitrievich) 129
발자크, 오노레 드(Balzac, Honoré de) 83, 85, 94~96, 98, 166, 246, 253, 309, 333, 367
방빌, 테오도르 드(Banville, Theodore de) 133~35, 137, 139, 143, 151, 152
버크, 에드먼드(Burke, Edmund) 31, 158, 220

버크-화이트, 마거릿(Bourke-White, Margaret) 368, 383, 384
베렌스, 페터(Behrens, Peter) 163, 229~31, 233, 234, 236
베르그송, 앙리(Bergson, Henri) 304
베르나르, 에밀(Bernard, Émile) 321
베르니니, 잔 로렌초(Bernini, Gian Lorenzo) 22, 33, 241
베르토프, 지가(Vertov, Dziga) 12, 13, 15, 118, 130, 311, 340~44, 346, 347, 349~52, 354, 357~60, 362, 363
베르트랑, 알루아시위스(Bertrand, Aloysius) 127
베이던, 로히어르 판 데르(Weyden, Rogier van der) 65
베츠, 모리스(Betz, Maurice) 242
베토벤, 루트비히 판(Beethoven, Ludwig van) 160, 195, 319
벤야민, 발터(Benjamin, Walter) 77
벨데, 헨리 반 데(Velde, Henry van de) 234
벨라스케스, 디에고(Velázquez, Diego) 55, 59
벨로리, 조반니 피에트로(Bellori, Giovanni Pietro) 25, 39, 40, 55
보나르, 피에르(Bonnard, Pierre) 190
보나파르트, 조제프(Bonaparte, Joseph) 56
보들레르, 샤를(Baudelaire, Charles) 100, 127, 147
보르헤스, 호르헤 루이스(Borges, Jorge Luis) 14
보링거, 빌헬름(Worringer, Wilhelm) 233

보티첼리, 산드로(Botticelli, Sandro) 182, 297
볼테르(Voltaire) 138
뵈클린, 아르놀트(Böcklin, Arnold) 315
부르크하르트, 야코프(Burkhardt, Jacob) 23
부알로, 니콜라(Boileau, Nicolas) 36
뷔르거, 빌헬름(Bürger, Wilhelm) → 토레, 에티엔 조제프 테오필
뷔야르, 에두아르(Vuillard, Édouard) 181, 190
브라우어, 아드리안(Brouwer, Adriaen) 59, 64
브라크, 조르주(Braque, Georges) 334
브라크몽, 오귀스트(Bracquemond, Auguste) 211
브레송, 로베르(Bresson, Robert) 76
브리크, 오시프(Brik, Osip) 357, 358
블랑키, 루이 오귀스트(Blanqui, Louis Auguste) 253
비그만, 마리(Wigman, Mary) 171, 172, 258
비어즐리, 오브리(Beardsley, Aubrey) 297
비엘레-그리팽, 프랑시스(Vielé-Griffin, Francis) 129
비엘리, 안드레이(Bielyï, Andreï) 191
비제바, 테오도르 드(Wyzewa, Théodore de) 174
비코, 잠바티스타(Vico, Giambattista) 222
비트루비우스(Vitruvius) 31, 158
빌리예 드 릴-아당, 오귀스트 드(Villiers de L'Isle-Adam, Auguste de) 175
빙켈만, 요한 요아힘(Winckelmann,

Johann Joachim) 6, 11, 13, 20~24, 26~28, 31, 32, 34, 35, 37, 38, 42, 44, 45, 48~50, 61, 64, 70, 71, 190, 214, 236, 247, 248, 252, 266, 309

| ㅅ |

사르트르, 장-폴(Sartre, Jean-Paul) 196
상드라르, 블레즈(Cendrars, Blaise) 295
생-레알, 세자르 비샤르 드(Saint-Réal, César Vichard de) 109
샤르코, 장-마르탱(Charcot, Jean-Martin) 148
샤르팡티에, 알렉상드르(Charpentier, Alexandre) 211
샤를로(찰리 채플린) 292, 294, 296, 297, 300~03, 305~10
샹플뢰리(Champfleury) 144, 145, 150
세넬릭, 로렌스(Senelick, Laurence) 274
세넷, 맥(Sennett, Mack) 301
세뤼지에, 폴(Sérusier, Paul) 190
세베리니, 지노(Severini, Gino) 173
세잔, 폴(Cézanne, Paul) 334, 377
셰레, 쥘(Cheret, Jules) 173, 211, 225
셰익스피어, 윌리엄(Shakespeare, William) 23, 50, 141, 275, 276, 280, 284, 297, 298, 303
셸리, 메리(Shelley, Mary) 309
셸링, 프리드리히 빌헬름 폰(Schelling, Friedrich Wilhelm von) 72, 109, 119, 174
쇤베르크, 아르놀트(Schoenberg, Arnold) 236, 237
쇼, 조지 버나드(Shaw, George Bernard) 325
쇼펜하우어, 아르투어(Schopenhauer, Arthur) 160, 166, 198, 204, 253, 258, 265, 317, 337
숀, 테드(Shawn, Ted) 171
수르바란, 프란시스코 데(Zurbarán, Francisco de) 56
술트, 장-드-디외(Soult, Jean-de-Dieu) 56, 57
쉬플렛, 앤드루(Shifflett, Andrew) 48
슈나바르, 조제프(Chenavard, Josephe) 65, 66
슈미트, 카를(Schmitt, Carl) 285
슈클로프스키, 빅토르(Chklovski, Viktor) 291~93, 358
슈타이너, 루돌프(Steiner, Rudolf) 210
슈텐베르크, 게오르기(Stenberg, Georgii) 346
슈텐베르크, 블라미디르(Stenberg, Vladimir) 346
슐레겔, 아우구스트 빌헬름 폰(Schlegel, August Wilhelm von) 109
슐레머, 오스카(Schlemmer, Oskar) 306
스빌로바, 엘리자베타(Svilova, Yelizaveta) 12
스크리브, 외젠(Scribe, Eugène) 144
스타니슬랍스키, 콘스탄틴(Stanislavsky, Konstantin) 274, 277, 279, 301
스타이컨, 에드워드(Steichen, Edward) 326, 330, 333
스타인벡, 존(Steinbeck, John) 384
스탕달(Stendhal) 81, 82, 85, 87, 90, 92, 109, 253
스턴, 로렌스(Sterne, Laurence) 93, 165
스테인, 얀(Steen, Jan) 69
스테파노바, 바르바라(Stepanova,

Varvara) 308, 344
스트랜드, 폴(Strand, Paul) 335, 336
스트린드베리, 아우구스트(Strindberg, August) 205
스티글리츠, 앨프리드(Stieglitz, Alfred) 314~16, 318, 322, 324, 326, 328, 329, 331~37, 386
시세리 안토니오(Ciseri, Antonio) 193
실러, 프리드리히 폰(Schiller, Friedrich von) 5, 14, 16, 50, 71, 90, 112, 113, 119, 214, 217, 252, 280
실리, 조지(Seeley, George) 326

| ㅇ |

아고스티노(Agostino) 39
아담, 폴(Adam, Paul) 157, 161, 163
아도르노, 테오도르(Adorno, Theodor) 177, 237
아라공, 루이(Aragon, Louis) 297
아리스토텔레스(Aristoteles) 5, 93, 165, 185, 186, 189, 192, 203
아리스토파네스(Aristophanes) 303
아우어바흐, 에리히(Auerbach, Erich) 8, 82
아피아, 아돌프(Appia, Adolphe) 162, 192, 194, 196, 197, 201~03, 207, 210, 281~84, 286~90, 293
안니발레(Annibale) 39
알레비, 레옹(Halévy, Léon) 193
앙크탱, 루이(Anquetin Louis) 321
에디슨, 토머스(Edison, Thomas) 175, 176, 308
에머슨, 랠프 왈도(Emerson, Ralph Waldo) 103~05, 108, 109, 111, 112, 115, 119, 122~24, 129, 130, 174
에머슨, 피터 헨리(Emerson, Peter Henry) 318, 319, 321, 322, 324
에번스, 워커(Evans, Walker) 366, 368, 372, 373, 377~81, 383
에번스, 프레더릭(Evans, Frederick) 319, 324, 327
에이지, 제임스(Agee, James) 12, 366~68, 371, 372, 375, 376, 379, 381~87
엡스탱, 장(Epstein, Jean) 292, 293, 295
엥겔, 요한 야코프(Engel, Johann Jakob) 140
예이젠시테인, 세르게이(Eisenstein, Sergei) 130, 311, 351, 352
오리에, 알베르(Aurier, Albert) 254
오키프, 조지아(O'Keeffe, Georgia) 336, 337
우라조프, 이스마일(Urazov, Ismail) 340, 342
울프, 버지니아(Woolf, Virginia) 9, 166, 380
위고, 빅토르(Hugo, Victor) 75, 76, 95, 330
위구네, 폴(Hugounet, Paul) 151
위스망스, 조리스-카를(Huysmans, Joris-Karl) 133, 184
유진, 프랭크(Eugene, Frank) 324
유트케비치, 세르게이(Yutkevich, Sergei) 153
입센, 헨리크(Ibsen, Henrik) 181~84, 187~91, 194, 201, 202, 205, 243, 274, 280, 284

| ㅈ |

자야스, 마리우스 드(Zayas, Marius de) 334
자크-달크로즈, 에밀(Jacques-Dalcroze, Émile) 46, 172, 283~86, 289, 297
장 파울(Jean Paul) 166
제임스, 헨리(James, Henry) 386
제프루아, 귀스타브(Geffroy, Gustave) 243~45, 247, 253, 254, 256
조이스, 제임스(Joyce, James) 166, 380
졸라, 에밀(Zola, Émile) 98, 133, 148, 182, 253, 254
짐멜, 게오르크(Simmel, Georg) 232

| ㅊ |

채플린, 찰리(Chaplin, Charlie) 11, 153, 291~99, 304, 305, 311
체호프, 안톤(Tchekhov, Anton) 101
추콥스키, 코르네이(Chukovsky, Kornei) 129

| ㅋ |

카르네, 마르셀(Carné, Marcel) 139
카바넬, 알렉상드르(Cabanel, Alexandre) 254
카우프만, 미하일(Kaufman, Mikhail) 13
카위삭, 루이 드(Cahusac, Louis de) 28, 30, 140
칸, 귀스타브(Kahn, Gustave) 243, 249
칸딘스키, 바실리(Kandinsky, Wassily) 11, 69, 235
칸트, 이마누엘(Kant, Immanuel) 5, 36, 37, 68, 90, 108, 218
칼라일, 토머스(Carlyle, Thomas) 108, 109, 111
칼차비지, 라니에리(Calzabigi, Ranieri) 29
캐핀, 찰스(Caffin, Charles) 326, 329
케세비어, 거트루드(Käsebier, Gertrude) 326
케일뤼스, 안 클로드 드(Caylus, Anne Claude de) 26, 40, 41
케일뤼스 백작 → 케일뤼스, 안 클로드 드
켈너, 카를(Kellner, Carl) 210
코레조(Correggio) 54, 73
코로, 장 바티스트 카미유(Corot, Jean Baptiste Camille) 297
코르네유, 피에르(Corneille, Pierre) 140
코번, 앨빈 랭던(Coburn, Albin Langdon) 326
코진체프, 그리고리(Kozintsev, Grigoriy) 153
코테라, 얀(Kotěra, Jan) 260
콜드웰, 어스킨(Caldwell, Erskine) 383
콜레, 루이즈(Colet, Louise) 214, 215, 246
콜리지, 새뮤얼 테일러(Coleridge, Samuel Taylor) 108, 119, 174
콩트, 오귀스트(Comte, Auguste) 135
쿠아펠, 앙투안(Coypel, Antoine) 26
쿨레쇼프, 레프(Kuleshov, Lev) 311
크레이그, 에드워드 고든(Craig, Edward Gordon) 207, 264~66, 269~82, 284, 289, 293, 304
크레인, 월터(Crane, Walter) 211
크롬랭크, 페르낭(Crommelynck, Fernand) 152
크리지트스키, 콘스탄틴(Kryzhitsky,

Konstantin) 153
클라이스트, 하인리히 폰(Kleist, Heinrich von) 33, 34
키츠, 존(Keats, John) 368
키튼, 버스터(Keaton, Buster) 153

| ㅌ |

타틀린, 블라디미르(Tatlin, Vladimir) 344
탈마, 프랑수아 조제프(Talma, François Joseph) 29, 42
테니르스, 다비드(Teniers, David) 59, 61, 64, 69
테일러, 리처드(Taylor, Richard) 303, 352, 363
테일러, 프레더릭 윈즐로(Taylor, Frederic Winslow) 152, 310, 346
테일러 남작(Baron Taylor) 193
텐, 이폴리트(Taine, Hippolyte) 259, 283
토레, 에티엔 조제프 테오필(Thoré, Théophile) 64, 65
톨스토이, 레프(Tolstoy, Lev) 253
투키디데스(Thucydides) 71
투퍼, 마틴 파쿼(Tupper, Martin Farquhar) 127
툴루즈-로트레크, 앙리 드(Toulouse-Lautrec, Henri de) 173
트라우베르크, 레오니드(Trauberg, Leonid) 153
티크, 루트비히(Tieck, Ludwig) 166

| ㅍ |

파르미자니노(Parmigianino) 54, 73

팔기에르, 알렉상드르(Falguière, Alexandre) 161
페르메이르, 요하네스 얀(Vermeer, Johannes Jan) 65
펠리비앵, 앙드레(Félibien, André) 25, 55
포, 에드거 앨런(Poe, Edgar Allan) 175
포드, 존(Ford, John) 384
포르, 엘리(Faure, Élie) 297, 299, 305, 311
포스트, 에밀리(Post, Emily) 370
포이어바흐, 루트비히(Feuerbach, Ludwig) 198, 204
포킨, 미하일(Fokine, Mikhail) 298
포테르, 파울루스(Potter, Paulus) 64
포포바, 류보프(Popova, Lyubov) 152, 344
퐁사르, 프랑수아(Ponsard, François) 145
푸도프킨, 프세볼로트(Pudovkin, Vsevolod) 311
푸생, 니콜라(Poussin, Nicolas) 39, 40
퓌이요, 콩스탕(Puyo, Constant) 322, 323
푹스, 게오르크(Fuchs, Georg) 236
풀러, 로이(Fuller, Loïe) 11, 13, 155~63, 167, 168, 170~76, 211, 225, 226, 243, 298
프로조르, 모리스(Prozor, Maurice) 188
프루동, 피에르-조제프(Proudhon, Pierre-Joseph) 227
프루스트, 마르셀(Proust, Marcel) 221, 378~80, 385
프뤼돔, 쉴리(Prudhomme Sully) 150
플라우투스(Plautus) 303
플라톤(Platon) 31, 46, 122
플래허티, 로버트(Flaherty, Robert) 353
플로베르, 귀스타브(Flaubert, Gustave)

161, 214, 215, 222, 246, 248, 381, 385
플로티노스(Plotinos) 110
플루타르코스(Plutarchos) 39
피셔, 테오도르(Fischer, Theodor) 286
피카비아, 프랑시스(Picabia, Francis) 334
피카소, 파블로(Picasso, Pablo) 297, 334, 336
픽, 루푸(Pick, Lupu) 359
필, 로제 드(Piles, Roger de) 55, 59
필딩, 헨리(Fielding, Henry) 81
필립스, 캐서린(Philipps, Katherine) 48

| ㅎ |

하르트만, 사다키치(Hartmann, Sadakichi) 329
하인, 루이스(Hine, Lewis) 328, 336
할스, 프란츠(Hals, Frans) 65
함순, 크누트(Hamsun, Knut) 353, 354
헤겔, 게오르크 빌헬름 프리드리히(Hegel, Georg Wilhelm Friedrich) 14, 43, 44, 51, 54, 58, 59, 65, 66, 68~

70, 72~77, 112, 113, 115, 119, 190, 191, 214, 216, 217, 220~22, 252, 258, 259, 282, 283, 309, 334, 357
헤로도토스(Herodotos) 264
헬렌스, 프란츠(Hellens, Franz) 307
호가스, 윌리엄(Hogarth, William) 31, 32, 158, 165
호메로스(Homeros) 103, 112, 116, 120, 222
호프만, 한스(Hoffmann, Hans) 386
화이트, 클래런스(White, Clarence) 326
휠덜린, 프리드리히(Hölderlin, Friedrich) 72
휘슬러, 제임스 맥닐(Whistler, James McNeill) 315, 322, 329, 330
휘트먼, 월트(Whitman, Walt) 11, 110, 119~22, 124~30, 171, 353, 374, 375, 379, 385, 386, 389
힐, 데이비드 옥타비우스(Hill, David Octavius) 77
힐데브란트, 요한 루카스 폰(Hildebrandt, Johan Lucas von) 20